文/白/对/照

纲鉴易知录

四

〔清〕吴乘权 编撰
张宏儒 主编

团结出版社

目 录

纲鉴易知录卷四四

唐纪　太宗文武皇帝 ·· *1938*

纲鉴易知录卷四五

唐纪　太宗文武皇帝 ·· *1980*
　　　高宗皇帝 ·· *1986*

纲鉴易知录卷四六

唐纪　高宗皇帝 ·· *2022*
　　　中宗皇帝（附武后） ·· *2028*

纲鉴易知录卷四七

唐纪　中宗皇帝（附武后） ·· *2078*
　　　睿宗皇帝 ·· *2134*

纲鉴易知录卷四八
唐纪　玄宗明皇帝 …………………………………… *2146*

纲鉴易知录卷四九
唐纪　玄宗明皇帝 …………………………………… *2192*

纲鉴易知录卷五十
唐纪　玄宗明皇帝 …………………………………… *2236*

纲鉴易知录卷五一
唐纪　肃宗皇帝 ……………………………………… *2278*

纲鉴易知录卷五二
唐纪　代宗皇帝 ……………………………………… *2324*

纲鉴易知录卷五三
唐纪　代宗皇帝 ……………………………………… *2370*
　　　德宗皇帝 ……………………………………… *2378*

纲鉴易知录卷五四
唐纪　德宗皇帝 ……………………………………… *2418*

纲鉴易知录卷五五
唐纪　德宗皇帝 ……………………………………… *2464*
　　　顺宗皇帝 ……………………………………… *2484*

宪宗皇帝 *2492*

纲鉴易知录卷五六
唐纪 宪宗皇帝 *2510*

纲鉴易知录卷四四

唐纪

太宗文武皇帝

【纲】丁酉,十一年,春正月,作飞山宫。

【纲】定律令。 【目】房玄龄等先受诏定律令,凡定律五百条,立刑名二十等,比隋律减大辟九十二条,减流入徒者七十一条;凡削烦去蠹,变重为轻者,不可胜纪。又定令一千五百九十余条。

旧制释奠于太学,以周公为先圣,孔子配飨;玄龄等以孔子为先圣,颜回配飨。

自张蕴古之死,法官以出罪为戒;时有失入者,又不加罪。上尝问大理卿刘德威曰:"近日刑网稍密,何也?"对曰:"此在主上,不在群臣。律文,失入减三等,失出减五等。今乃失入无辜,失出获罪,是以吏各自免,竞就深文,陛下倘一断以律,则此风立变矣。"上悦,从之。由是断狱平允。上又尝曰:"法令不可数变,数变则烦,官长不能尽记,吏得为奸。自今变法,宜详慎之。"

【纲】二月,幸洛阳宫。 【目】上至显仁宫,官吏以阙储偫,被遣。魏徵谏曰:"陛下以储偫遣官吏,臣恐承风相扇,异日民不聊生,殆非行幸之本意也。昔炀帝讽郡县献食,视其丰俭以为赏罚,故海内叛之。此陛下所亲见,务何欲效之乎!"上惊曰:"非公不闻此言。"因谓长孙无忌等曰:"朕昔过此,买饭而食,僦舍而宿;今供顿如此,岂得犹嫌不足乎!"至洛阳宫西苑,泛积翠池,顾谓侍臣曰:"炀帝作此宫苑,结怨于民,今悉为我有,正由宇文述、虞世基之徒内为谄谀,外蔽聪明故也,可不戒哉!"

太宗文武皇帝

【纲】贞观十一年（丁酉，637），春正月，营造飞山宫。

【纲】修定律令。　【目】房玄龄等人先前受诏修定律令，共定律五百条，立刑名二十等，比隋律减掉大辟九十二条，减流放做劳役七十一条；举凡删烦就简，去除弊刑，改重为轻，不可胜数。又删定律令一千五百九十余条。

武德朝旧制度：在太学行释奠礼，以周公为先圣，孔子配享从祀。房玄龄等建议以孔子为先圣，颜回配享。

自从张蕴古死后，法官都以开罪释放为戒；当时误抓入狱，并不加罪。太宗曾问大理寺卿刘德威："近来判刑的较多较重，为什么？"刘德威答道："这关键在于皇上，责任不在臣下。律文写道：错判入狱的减官三等，错放人则减官五等。如今错判了人无事，错放了人却要获罪，所以官吏为求自免，竞相定罪，深文周纳。陛下倘若一律以法律为依据，则此风气立刻改变。"太宗高兴，听从其意见。从此断案大多平允公正。太宗又曾说道："法令不可以多次变更，多变则烦琐，长官不能完全记住条文，吏卒得以为害。今后要变更法令，应当十分谨慎。"

【纲】二月，太宗巡幸洛阳宫。　【目】太宗到达显仁宫，当地官员因缺乏储备，被斥责。魏徵劝谏说："陛下因为缺乏储备便斥责官吏，我担心此风气盛行，以后就会造成民不聊生，这并非陛下巡幸各地的本意。从前隋炀帝让各地郡县进献食品，视其进献多少作为赏罚的根据，所以天下百姓叛离。这是陛下亲眼所见，为什么又要效法呢！"太宗惊讶道："没有你，我便听不到这类话。"进而对长孙无忌等人说："朕从前经过这里，买饭而食，租房舍而宿；如今供奉简单，怎么就能嫌其做得不够呢！"到了洛阳宫西苑，在积翠池泛舟，对大臣们说："隋炀帝修建这个宫苑，百姓积怨较多，如今全都归我所有，正是因为宇文述、虞世基之流在宫内谄谀，在宫外堵塞君主视听的缘故，能不引以为戒吗？"

【纲】三月,以王珪为魏王泰师。　【目】上谓泰曰:"汝事珪,当如事我。"泰见珪,辄先拜,珪亦以师道自居。

【纲】以南平公主嫁王敬直。　【目】敬直,珪之子也。先是,公主下嫁,皆不以妇礼事舅姑,珪曰:"主上钦明,动循礼法,吾受公主谒见,岂为身荣,所以成国家之美耳。"乃与其妻就席坐,令公主执笲,行盥馈之礼。是后公主始行妇礼。

【纲】诏议封禅礼。　【目】秘书监颜师古等议其礼,房玄龄裁定之。

【纲】秋七月,谷、洛溢,诏百官极言过失。　【目】大雨、谷、洛溢,入洛阳宫,坏官寺、民居,溺死者六千余人。诏:"水所毁宫,少加修缮,才令可居。废明德宫玄圃院,以其材给遭水者。令百官上封事,极言朕过。"

侍御史马周上疏,以为:"三代及汉,历年多者八百,少者不减四百,良以恩结人心,人不能忘故也。自是以降,多者六十年,少者才二十余年,皆无恩于人,本根不固故也。今之户口不及隋之什一,而给役者兄去弟还,道路相继;营缮不休,器服华侈。陛下少居民间,知民疾苦,尚复如此,况皇太子生长深宫,不更外事,万岁之后,固圣虑所当忧也。臣观自古百姓愁怨,国未有不亡者。人主当修之于可修之时,不可悔之于既失之后。贞观之初,天下饥歉,斗米直匹绢,而百姓不怨者,知陛下忧念不忘故也。今比年丰穰,匹绢得粟十余斛,而百姓怨咨者,知陛下不复念之,多营不急之务故也。自古以来,国之兴亡,不以蓄积多少,在于百姓苦乐。且以近事验之,隋贮洛口仓而李密因之,东都积布帛而世充资之,西京府库亦为国家之用,至今未尽。夫蓄积固不可无,要当人有余力,然后收之,不可强敛以资寇敌也。夫俭以息人,贞观之初,陛下所亲行也,岂今日而难

【纲】三月,任命王珪为魏王李泰的老师。 【目】太宗对李泰说:"你事奉王珪当如待我一样。"李泰见到王珪,辄先行拜见礼,王珪也以师礼自居。

【纲】太宗将南平公主嫁给王敬直为妻。 【目】王敬直是王珪的儿子,先前,公主下嫁,都不以媳妇礼事奉公婆。王珪说:"如今皇上圣明,行为举止都依循礼法。我接受公主行礼,难道是为自身荣耀?只是为了成就国家的美名。"于是和他的妻子就席而坐,让公主拿着盛枣、栗、腵脩的竹器,行媳妇侍公婆的盥馈之礼。此后公主开始普遍行公婆礼。

【纲】太宗下诏令大臣们讨论登泰山封禅的礼仪。 【目】秘书监颜师古等人讨论封禅礼仪,房玄龄予以裁定。

【纲】秋七月,谷、洛二河水涨满,太宗颁诏令文武百官上书议论朝政的过失。 【目】天降大雨,谷水、洛水涨满,大水漫入洛阳宫,毁坏官家寺庙与百姓住房,溺死六千多人。太宗降诏:"洛阳宫被毁坏的部分,稍加修缮,才可以居住。废除明德宫玄圃院的营建,将建筑材料供给那些遭水灾的百姓。命令文武百官上书言事,畅言朕的过失。"

侍御史马周上奏疏认为:"夏、商、周三代以及汉代,历经年代多者八百年,少者不少于四百年,这是因为上古帝王以恩惠结合人心,人们不能忘怀的缘故。汉以后各王朝,多者六十年,少则二十多年,均因对百姓不施恩惠,根基不牢固的缘故。如今全国的户口不及隋朝的十分之一,而服劳役的兄去弟归,道路相连;营缮之事无休无止,器物用具和服饰十分华丽奢侈。陛下年轻时生长在民间,深知百姓的疾苦,尚且如此;何况皇太子生长在深宫高院,不熟悉外面的事物,陛下辞世后,固然应是圣上所忧虑的。我观察自古以来,百姓愁苦怨恨,其国家没有不灭亡的。君主修德行应当于可修之时,不可等到失去国家之后再去后悔。贞观初年,全国欠收闹饥荒,一斗米值一匹绢,而老百姓毫无怨言,是因为知道陛下忧国忧民、不忘百姓的缘故。如今连年丰收,一匹绢可得粟十余斛,然而老百姓怨声不断,是知道陛下不再顾念百姓,多经营对于国家来说不是急务的事情。自古以来,国家的兴亡,不在于积蓄的多少,而在于百姓的苦乐。就以近代以来的历史加以考察,隋朝广贮洛

之乎！欲为长久之计，但如贞观之初，则天下幸甚。又陛下宠遇诸王过厚，亦不可不深思也。魏武帝爱陈思王，及文帝即位，遂遭囚禁。然则武帝爱之，适所以苦之也。又，百姓所以治安，惟在刺吏、县令，今重内官而轻州县，刺史多用武臣，或京官不称职始补外任，边远之处，用人更轻。所以百姓未安，殆由于此。"疏奏，上称善久之，谓侍臣曰："刺史朕当自选，县令宜诏京官五品以上各举一人。"

魏徵上疏曰："人主善始者多，克终者寡，岂取之易而守之难乎？盖以殷忧则竭诚以尽下，安逸则骄恣而轻物；尽下则胡、越同心，轻物则六亲离德，虽震之以威怒，亦皆貌从而心不服故也。人主诚能见可欲则思知足，将兴缮则思知止，处高危则思谦降，临满盈则思抑损，遇逸乐则思撙节，在宴安则思后患，防壅蔽则思延纳，疾谗邪则思正己，行爵赏则思因喜而僭，施刑罚则思因怒而滥，兼是十思，而选贤任能，则可以无为而治矣！"

又曰："陛下欲善之志不及于昔时，闻过必改少亏于曩日，谴罚积多，威怒微厉，乃知贵不期骄，富不期侈，非虚言也。在昔隋之未乱也，自谓必无乱，其未亡也，自谓必无亡，故赋役无穷，征伐不息，以致祸将及身而尚未之寤也。夫鉴形莫如止水，鉴败莫如亡国。伏愿取鉴于隋，去奢从约，亲忠远佞，以今之无事，行昔之恭俭，则尽善尽美矣。夫取之实难，守之甚易，陛下能得其所难，岂不能保其所易乎！"

口仓（今河南巩县东南）而被李密所利用，东都积存布帛而王世充得以借力，西京的府库也被我大唐朝廷所用，至今仍未用完。积蓄储备固然不可缺少，也要量力而行，不可强加聚敛，拱手留给敌方。节俭以平息人的怨气，贞观初年，陛下已经亲自实行了，今日再如此做有什么难的吗？想要谋划长治久安的政策，只要像贞观初年那样，那就是天下的幸事。陛下宠爱厚待诸王，也应当有所深思。魏武帝宠爱陈思王曹植，等到文帝即位，曹植便遭到囚禁。武帝的过分宠爱，正是使他倍受其苦。另外，百姓得以安定，只在于刺史和县令。如今重视中央的官吏轻视地方官员，刺史多用武将出身的，或者是京官不称职的，才给他补个外官，边远地区用人更加轻视。所以百姓不安定，原因大概就在于此。"奏疏上奏后，太宗称赞很久，对身边的大臣说："刺史应当由朕亲自选拔；县令应诏令朝官五品以上官员各举荐一人。"

魏徵上奏疏言道："君主善始者较多，能够善终的不多，难道是取得天下容易而守成难吗？这是因为殷鉴不远知道竭尽心力以待下，时间一长追求安逸则骄横恣肆妄为；诚心对待下属则胡越族与朝廷同心，恣肆妄为则六亲离心离德，即使以皇威圣怒相震慑，也都是表面服从而内心不服。君主如果真能做到见到欲求的东西而想到知足，将要大兴土木而想到适可而止，身处高远而想到谦卑，遇充盈而想到损抑，见安逸享乐而想到节制，身居安逸而想到事后隐藏的祸患，为防遭蒙蔽则想到接受不同意见，痛恨邪恶小人则要自己端正，行封赏则要想到会因自满而僭越，施刑罚则想到因为恼怒而滥杀无辜，君主兼有这十思，而且能够选贤任能，这样就可以达到无为而无不为的治世了。"

又说道："陛下从善如流、闻过必改的精神都不如从前，谴责惩罚渐多，逞威发怒有些严厉了，由此可知富贵时不希望引来骄横奢侈，这并非虚妄之言。当年隋朝未发生大乱时，自认为不会发生变乱，未灭亡时，自认为不会灭亡，所以不停地征派赋税劳役，不停地东征西伐，以致祸乱将要及于自身还尚未知觉。所以说了解事物的形态莫如水静止如镜面，惩戒失败莫如国家的灭亡。深望陛下能够借鉴隋朝的灭亡，去除奢侈，立意俭约，亲近忠良，远离邪佞，以现在的平静无事，继续执行过去的勤勉节俭，才能达到尽善尽美。取得天下实属困难，而守成较

又曰:"今立政致治,必委之君子;事有得失,或访之小人。其待君子也敬而疏,遇小人也轻而狎。狎则言无不尽,疏则情不上通。夫中智之人,岂无小慧,然才非经国,虑不及远,虽竭力尽诚,犹未免有败,况内怀奸宄,其祸岂不深乎!夫虽君子不能无小过,苟不害于正道,斯可略矣。陛下诚能慎选君子,以礼信用之,何忧不治!不然,危亡之期,未可保也。"上赐手诏褒美曰:"得公之谏,朕知过矣。当置之几案以比弦、韦。"

【纲】冬十月,猎洛阳苑。　【目】上猎洛阳苑,有群豕突出,前及马镫;民部尚书唐俭投马搏之,上拔剑斩豕,顾笑曰:"天策长史,不见上将击贼邪,何惧之甚!"对曰:"陛下以神武定四方,岂复逞雄心于一兽!"上悦,为之罢猎。

【纲】以武氏为才人。　【目】故荆州都督武士彟女,年十四,上闻其美,召入后宫。

【纲】戊戌,十二年,春二月,赠隋尧君素蒲州刺史。　【目】诏曰:"君素,虽桀犬吠尧,有乖倒戈之志,而疾风劲草,实表岁寒之心;可赠蒲州刺史。"

【纲】闰月,帝还宫。

【纲】宴五品以上于东宫。　【目】上曰:"贞观之前,从朕经营天下,玄龄之功也。贞观以来,绳愆纠谬,魏徵之功也。"皆赐之佩刀。上谓徵曰:"朕政事何如往年?"对曰:"威德所加,比往年则远矣;人心悦服则不逮也。"上曰:"何也?"对曰:"陛下往以未治为忧,故日新;今以既治为安,故不逮。"上曰:"今日所为,亦何以

为容易,陛下能够取得较难的一步,难道不能保全较容易的吗?"

又说道:"如今确立政策,达到大治,必然委之于君子;政治得失,有时要询访小人。对待君子敬而远之,对待小人轻佻又亲昵;亲昵则无话不说,疏远则下情难以上达。智力中等的人,岂能没有小聪明!然而并没有经国的才略,考虑问题不远,即使竭尽诚意,也难免有败绩,更何况内心怀有奸诈,对国家的祸患能不深吗!虽然君子也不能没有小过失,假如对于正道没有太大的害处,就可以略去不计较。陛下如果真能慎择君子,礼遇信任加以重用,何愁不能达致天下大治呢!否则的话,很难保证危亡不期而至呀。"太宗赐给魏徵手书诏令,夸赞道:"得到您的谏言,朕已知错了。当把你的箴言放在几案上,来比拟于西门豹、董安于佩戴韦弦以自警。"

【纲】冬十月,太宗到洛阳苑狩猎。 【目】太宗到洛阳苑狩猎,有一群野猪跑出林中,直奔到马前将要咬到马镫;民部尚书唐俭策马近前与猪搏斗。太宗拔剑砍死野猪,回头对唐俭笑着说:"天策长史没看见朕要杀死野兽吗,为什么如此害怕呢?"唐俭答道:"陛下以神威圣武平定天下,怎么能对一头野兽再逞威风呢?"太宗高兴,为此停止捕猎。

【纲】册封武则天为才人。 【目】已故荆州都督武士彟的女儿,年方十四岁,太宗听说她貌美,召入后宫。

【纲】贞观十二年(戊戌,638),春二月,追赠隋将领尧君素为蒲州(治河东,今山西芮城西北)刺史。 【目】太宗下诏说:"尧君素虽然如同桀犬吠虎,与倒戈的情况相乖违,然而疾风知劲草,实表明其岁寒之心。可追赠为蒲州刺史。"

【纲】闰二月,太宗回到长安宫中。

【纲】太宗在东宫宴请五品以上官员。 【目】太宗说:"贞观年以前,跟随朕夺取与治理天下,都是房玄龄的功劳。贞观年以来,纠正朕的过失,主要是魏徵的功劳。"都赐给他们佩刀。太宗对魏徵说:"朕治理国政与往年相比如何?"答道:"威德加于百姓,比往年差得远了;人心悦服也不如以前。"太宗问:"为什么?"魏徵答道:"陛下以前以天下未能大治为忧虑,所以每日都有新的作为;如今既得到治理又较

异于往年邪？"对曰："陛下初年，恐人不谏，常导之使言，中间悦而从之。今则勉强从之，而犹有难色也。"上曰："其事可得闻欤？"对曰："陛下昔欲杀元律师，孙伏伽以为法不当死，陛下赐以兰陵公主园，直百万。或云'太厚'，陛下云：'朕即位以来，未有谏者，故赏之'，此导之使言也。司户柳雄妄诉隋资，陛下欲诛之，纳戴胄之谏而止，是悦而从之也。近皇甫德参上书谏修洛阳宫，陛下恚之，虽以臣言而罢，勉从之也。"上曰："非公不能及此。人苦不自知耳！"

【纲】夏五月，永兴公虞世南卒。 【目】世南外和柔而内忠直，上尝称世南有五绝：一德行；二忠直；三博学；四文辞；五书翰。世南尝献《圣德论》，上赐诏曰："卿论朕太高，朕何敢当！然卿适睹其始，未睹其终，若朕能慎终如始，则此论可传；不然，恐徒使后世笑卿也。"

【纲】冬十二月，以马周为中书舍人。 【目】周有机辨，岑文本常称："马君论事，援引事类，扬搉古今，举要删烦，会文切理，一字不可增减，听之靡靡，令人忘倦。"

【纲】以霍王元轨为徐州刺史。 【目】元轨好读书，恭谨自守，举措不妄。与处士刘玄平为布衣交。人问玄平王所长，玄平曰："无长。"问者怪之。玄平曰："人有所短，乃见所长，至于霍王，无所短，何以称其长哉！"

【纲】己亥，十三年，春正月，加房玄龄太子少师。 【目】房玄龄为太子少师。太子欲拜之，玄龄不敢谒见而归，时人美其有让。

玄龄以度支系天下利害，尝有阙，求其人未得，乃自领之。

安定，所以不如以前勤勉了。"太宗说："今日所做的与往年有什么不同呢？"答道："陛下即位之初唯恐臣下不行谏，常常引导他们讲真话，听到高兴处便乐而听从。如今则是勉强听从，却面有难色。"太宗说："可以举例说明吗？"答道："陛下以前曾想杀掉元律师，孙伏伽认为依法不当处死，陛下赐给他兰陵公主的园地，价值上百万。有人说：'赏赐太丰厚了'，陛下说：'朕即位以来，没有听到行谏的人，所以要重赏'。这是为了引导众人行谏。司户柳雄假冒隋朝所授官资，陛下想要杀掉他，又采纳戴胄的谏言而作罢。这是乐而听从的例子。近来皇甫德参上书谏阻修缮洛阳宫，陛下内心愤恨，虽然因为我直言相谏而作罢，但只是勉强听从啊。"太宗说："不是您不能有这样的见解，人苦于不能自知呀！"

【纲】夏五月，永兴公虞世南辞世。 【目】虞世南外表温和柔顺而内里忠正耿直，太宗曾称赞他有五绝：一道德高尚，二忠正耿直，三知识广博，四写得一手好文章，五擅长书法。虞世南曾献呈《圣德论》，太宗手赐诏令说："你对朕评价过高，朕怎敢承担！然而你只是看见了开始，并未见到终结，如果朕能够慎始慎终，则此议论可传之久远；否则的话，恐怕只会让后人笑话你。"

【纲】冬十二月，任命马周为中书舍人。 【目】马周机敏善辩，岑文本常称赞他："马君议论事情，旁征博引，纵横古今，提纲挈领，删繁就简，用词准确，切中事理，一字不可增，也不可减，听者入神，难以忘怀，全无倦意。"

【纲】任命霍王李元轨为徐州刺史。 【目】李元轨喜好读书，谦恭谨慎，举止文雅，与处士刘玄平为布衣之交。人们询问刘玄平霍王的长处，玄平说："没什么长处。"问的人觉得很奇怪。玄平说："人有短处才能见到他的长处；至于霍王，没有短处，我怎么能说出他的长处呢？"

【纲】贞观十三年（己亥，639），春正月，加封房玄龄为太子少师。【目】封房玄龄为太子少师。太子想要向他行弟子礼，玄龄却不敢谒见太子，转身回到家中，当时人称赞他有谦让之风。

房玄龄认为度支郎中一职关系国家利害，曾有空缺，未找到合适

上尝问侍臣："创业与守成孰难？"玄龄曰："草昧之初，与群雄并起，角力而后臣之，创业难矣！"魏徵曰："自古帝王，莫不得之于艰难，失之于安逸，守成难矣！"上曰："玄龄与吾共取天下，出百死得一生，故知创业之难；徵与吾共安天下，常恐骄奢生于富贵，祸乱生于所忽，故知守成之难。然创业之难既已往矣，守成之难方当与诸公慎之！"玄龄等拜曰："陛下之言及此，四海之福也。"

【纲】永宁公王珪卒。　【目】珪性宽裕，自奉养甚薄。三品以上当立家庙，珪祭于寝，为法司所劾。上不问，命有司为之立庙以愧之。

【纲】二月，以尉迟敬德为鄜州都督。　【目】上尝谓敬德曰："人或言卿反，何也？"对曰："臣从陛下征伐四方，身经百战，今之存者，皆锋镝之余也。天下已定，乃更疑臣反乎！"因解衣投地，出其瘢痍。上流涕而抚之。上又尝谓敬德曰："朕欲以女妻卿，何如？"敬德谢曰："臣妻虽陋，相与共贫贱久矣。臣虽不学，闻古人富不易妻，此非臣所愿也。"乃止。

【纲】夏五月，旱。诏五品以上言事。　【目】魏徵上疏，言："陛下志业，比贞观之初，渐不克终者几十条。"其一，以为"顷年轻用民力。乃云：'百姓无事则骄佚，劳役则易使。'自古未有因百姓逸而败、劳而安者，此恐非兴邦之言也。"上深奖叹，报云："已列诸屏障，朝夕瞻仰，仍录付史官。"

【纲】冬十一月，以杨师道为中书令，刘洎为黄门侍郎、参知政事。

人选,于是便自己兼领此职。

太宗曾问身边大臣:"创业与守成哪个更难?"房玄龄说:"建国之初,与各路英雄一起角逐争斗,而后使他们臣服,还是创业艰难!"魏徵说:"自古以来的帝王,莫不是从艰难境地中取得天下,又于安逸中失去天下,还是守成难!"太宗说:"玄龄与朕共同夺取天下,出生入死,所以深知创业的艰难;魏徵与朕共同安定天下,常常担心富贵导致骄奢,忘乎所以而产生祸乱,所以更体会到守成的艰难。然而创业的艰难,已成过去的往事,守成的艰难,正应当与诸公慎重对待!"房玄龄等拜谢道:"陛下说这一番话,是国家百姓的福气呀。"

【纲】永宁公王珪去世。【目】王珪性情宽和大度,自己的奉养却很微薄。按规定三品以上大臣可以立家庙祭祀三代祖先,王珪只在内室祭祀,被有关司法官署弹劾。太宗不予过问,只是命令有关部门为他立家庙以羞愧他。

【纲】二月,任命尉迟敬德为鄜州(治洛交,今陕西洛川西北)都督。【目】太宗曾对尉迟敬德说:"有人说你要谋反,为什么?"敬德答道:"我跟随陛下征伐四方,身经百战,身上留下的都是刀剑箭头的痕迹。现在天下已经安定,便要怀疑我谋反吗?"因而脱下衣服置在地上,露出身上的疮疤。太宗流泪安抚他。太宗又曾对敬德说:"朕想把女儿许配给你,怎么样?"敬德辞谢道:"我的妻子虽然微贱,但与我同甘共苦好多年了。我虽然才疏学浅,听说过古人富贵了不换妻子,此并非我的本愿。"太宗只好作罢。

【纲】夏五月,大旱。太宗诏令五品以上官员上书言事。【目】魏徵上奏疏言道:"陛下的治国大业,与贞观初年相比,不能善始善终的有十条。"其中一条为:"近年以来轻易动用民力,说是:'百姓无事则产生骄逸之心,役使他们劳作则容易听差。'自古以来没有因百姓安逸而致败亡,因劳苦而达到天下安定的,这恐怕不是振兴国家的至理名言。"太宗大加赞扬,对他说:"朕已列于屏风上,早晚观看,并将你的谏言抄给史官。"

【纲】冬十一月,任命杨师道为中书令,刘洎为黄门侍郎、参知政事。

【纲】十二月，太史令傅奕卒。 【目】傅奕精究术数之书，而终不之信，遇病，不呼医饵药。有僧自西域来，能咒人使立死，复咒即生。上试之，验，以告奕。奕曰："此邪术也。臣闻邪不干正，请使咒臣，必不能行。"上命僧咒奕，奕初无所觉，须臾，僧忽僵仆，遂不复苏。又有婆罗门僧，言得佛齿，所击辄碎，长安士女辐凑如市。奕谓其子曰："吾闻有金刚石者，性至坚，物莫能伤，惟羚羊角能破之，汝往试焉。"其子如言，叩之，应手而碎，观者乃止。奕年八十五卒。临终戒其子，无得学佛书。又集魏、晋以来驳佛教者为《高识传》十卷，行于世。

【纲】以侯君集为交河大总管，将兵击高昌。

【纲】庚子，十四年，春二月，诣国子监。 【目】上幸国子监，观释奠，命祭酒孔颖达讲《孝经》，赐诸生帛有差。是时上大征天下名儒为学官，数幸国子监，使之讲论，学生能明一大经以上皆得补官。增筑学舍千二百间，增学生满三千二百六十员，自屯营飞骑，亦给博士，使授以经，有能通经者，听得贡举。于是四方学者云集京师，乃至高丽、百济、新罗、高昌、吐蕃诸酋长，亦遣子弟请入国学，升讲筵者至八千余人。上以师说多门，章句繁杂，命颖达与诸儒定《五经》疏，谓之《正义》，令学者习之。

【纲】夏五月，侯君集灭高昌，以其地为西州。

【纲】冬十一月，诏李淳风考定《戊寅历》。
【纲】以太常卿韦挺为封禅使。 【目】百官复请封禅，诏许之也。

【纲】十二月，太史令傅奕去世。　【目】傅奕精心研究术数方面的书籍，最终还是不相信这些，自己有病，不找医生不吃药。有个从西域来的和尚，能念咒语让人立刻死去，又念咒使之复活。太宗派人尝试，均很灵验，将此事告诉傅奕。傅奕说："这是妖邪之术。我听说邪不压正，请求让他对我念咒语，必然不会灵验。"太宗命令和尚对傅奕念咒，傅奕起初没有感觉；过了一会儿，和尚忽然直挺挺倒下，再没有醒过来。又有一个印度婆罗门教和尚，自称得到佛的牙齿，用它击打东西无坚不摧。长安城男男女女观看热闹如同赶集一样。傅奕对他的儿子说："我听说有一种金刚石，非常坚硬，没有什么东西能够损坏它，只有羚羊角能撞破它，你前去试一试。"傅奕的儿子听其父的话，拿出羚羊角叩打，随手而破碎，观看的人这才散去。傅奕享年八十五岁去世。临终前，告诫他的儿子不得学佛教书籍。又曾搜集魏晋以来驳斥佛教的言论编为《高识传》十卷，流传于世。

【纲】任命侯君集为交河（今新疆吐鲁番西）大总管，领兵进攻高昌。

【纲】贞观十四年（庚子，640）；春二月，太宗前往国子监。【目】太宗临幸国子监，观看释奠礼，命国子监祭酒孔颖达讲解《孝经》，赏赐诸生不同的绢帛。此时太宗大量征召全国名儒学者为学官，多次亲临国子监，让他们讲论古代经典，学生中如有能通晓一种大经的都补为官员。又扩建学舍一千二百间，增加学生满三千二百六十人，连屯营飞骑，也派去博士，给他们传授经典，有能通晓经义者，便可入贡举。于是全国各地学者云集长安，甚至高丽、百济、新罗、高昌、吐蕃等族首领也派他们的子弟请求入国子监学习，一时间就读学生达八千多人。太宗认为古书师出多门，注释也较为繁杂，便命孔颖达与其他名儒学者共同撰定《五经》的注疏，称之为"正义"，令学生们研习。

【纲】夏五月，侯君集领兵灭掉高昌，将其领地改为西州（今新疆吐鲁番东南）。

【纲】冬十一月，诏令李淳风考定《戊寅历》。

【纲】任命太常寺卿韦挺为封禅使。　【目】文武百官又上书请求封禅，太宗降诏准许。

【纲】十二月,以张玄素为银青光禄大夫。 【目】上闻玄素在东宫数谏争,擢银青光禄大夫,行左庶子。玄素尝为刑部令史,上尝对朝臣问之,玄素深以为耻。谏议大夫褚遂良上疏,以为:"君能礼其臣,乃能尽其力。玄素虽出寒微,陛下重其才,擢至三品,翼赞皇储,岂可复对群臣穷其门户乎!"孙伏伽亦尝为令史,及贵,或于广坐自陈往事,一无所隐。

【纲】辛丑,十五年,春正月,以文成公主嫁吐蕃。

【纲】夏四月,命太常博士吕才刊定阴阳杂书。 【目】上以近世阴阳杂书,讹伪尤多,命太常博士吕才刊定上之;才皆为之叙,质以经史。其叙《宅经》曰:"近世巫觋妄分五姓,如张、王为商,武、庾为羽,似取谐韵;至于以柳为宫,以赵为角,又复不类。或同出一姓,分属宫商;或复姓数字,莫辨徵羽。此则事不稽古,义理乖僻者也。"叙《禄命》曰:"禄命之书,多言或中,人乃信之。然长平坑卒,未闻共犯三刑;南阳贵士,何必俱当六合!今亦有同年同禄而贵贱悬殊,共命共胎而夭寿更异,此皆禄命不验之著明者也。"其叙《葬》曰:"古者卜葬,盖以朝市变迁,泉石交侵,不可前知,故谋之龟筮。近代或选年月,或相墓田,以为穷达寿夭皆因卜葬所致。按礼:天子、诸侯、大夫葬皆有月数,是古人不择年月也。《春秋》:'九月丁巳,葬定公,雨,不克葬,戊午,日下昃,乃克葬。'是不择日也。郑葬简公,司墓之室当路,毁之则朝而窆,不毁则日中而窆,子产不毁,是不择时也。古之葬者皆于国都之北,兆域有常处,是不择地也。今以妖巫妄言,遂于辟踊之际,择地选时以希富贵。或云辰日不可哭泣,遂莞尔而对吊客;或云同属忌于临圹,遂吉服不送其亲。伤教败礼,莫斯为甚!"识者以为确论。

【纲】十二月,任命张玄素为银青光禄大夫。 【目】太宗听说张玄素在东宫多次劝谏太子,便提升他为银青光禄大夫,行左庶子职。玄素曾做过隋朝刑部令史,太宗曾当着大臣们的面问他,他感到羞耻。谏议大夫褚遂良上奏疏言道:"君主如果能以礼待臣下,臣下才能尽心竭力。玄素虽然出身微贱,陛下看重他的才能,提拔至三品高官,辅佐太子,怎么可以当着大臣们的面揭他的老底呢?"孙伏伽也曾做过令史,等到富贵时,有时仍在大庭广众面前自陈往事,毫无隐瞒。

【纲】贞观十五年(辛丑,641),春正月,太宗将文成公主许嫁给吐蕃王。

【纲】夏四月,命令太常博士吕才刊定阴阳占卜类书籍。 【目】太宗认为近代以来的阴阳占卜类杂书讹误较多,命太常博士吕才刊定后奏上。吕才每本书都写有序,质证于经史书籍。他为《宅经》作序,认为:"近代巫觋阴阳之术妄自划分五姓,如张、王为商,武、庚为羽,似乎是取其谐韵;至于以柳姓为宫,以赵姓为角,又不伦不类。或者同出于一姓,却分属宫、商;或者属于复姓的几个字,却不能分辨徵、羽二调。这些都是不符合古代事例,也大大违背义理。"序《禄命》认为:"福禄性命之书,说多了总能说中,人们便相信它。然而长平之战,坑杀赵国士兵,没有听说他们都犯了三刑;汉光武帝时南阳人多富贵,又何必符合六种生辰相合的贵命?如今也有虽然同年同禄命却贵贱相差悬殊,共命运同胞兄弟却寿命长短有异,这些都是福禄性命不征验的明显证明。"吕才为《葬》作序认为:"古代占卜丧葬,是因为城邑集市不断变化,泉水和石块交互侵蚀,不可以预先知道,所以要谋求于龟筮占卜之类。近年来丧葬或选年月,或相土为墓,认为富贵与贫贱、长寿与夭折都是由于占卜丧葬的缘故。按《周礼》的说法,天子、诸侯与士大夫的丧葬都有规定的月数,这说明古人不做年月的挑选。《春秋》写道:'九月丁巳(九日),安葬鲁定公,赶上下大雨,没有安葬,戊午(十日)太阳西斜,才将定公安葬'。这说明也不选择日期。郑国安葬简公,看守陵墓的房子正好挡在安葬的道上,拆毁它则可以早晨入葬,不拆它则要等到中午才能落葬,子产决定不拆毁而葬,这是不选择时辰。古人安葬均在京城的北面,墓地有固定的地方,这便是不选择墓地。如今因巫术妄

【纲】五月,有星孛于太微,诏罢封禅。

【纲】起复于志宁为太子詹事。 【目】詹事于志宁遭母丧,起复旧职。太子治宫室,妨农功;好郑、卫之乐,宠昵宦官;役使司驭不许分番;私引突厥入宫。志宁上书切谏;太子大怒,遣刺客张师政、纥干承基杀之。二人入其第,见志宁寝处苫块,竟不忍杀。

【纲】遣职方郎中陈大德使高丽。 【目】大德初入其境,欲知山川风俗,所至城邑,以绫绮遗其守者,遂得游历。见中国人隋末从军没于高丽者,因问亲戚存没,大德曰:"皆无恙。"咸涕泣相告。数日后,隋人望之而哭者,遍于郊野。大德归言于上,上曰:"高丽本四郡地耳,吾发卒数万,取之不难。但山东州县凋瘵未复,吾不欲劳之耳!"

【纲】冬十一月,以李世勣为兵部尚书。 【目】并州长史李世勣,在州十六年,令行禁止,民夷怀服。上曰:"隋炀帝劳百姓,筑长城,以备突厥,卒无所益。朕惟置李世勣于晋阳,而边尘不惊,其为'长城',岂不壮哉!"因有是命。

【纲】壬寅,十六年,春正月,魏王泰上《括地志》。 【目】泰好学,司马苏勖说泰,以古之贤王皆招士著书,故泰奏请修《括地志》。于是大开馆舍,门庭如市。至是,上之。

【纲】夏六月,诏太子用库物,有司勿为限制。

说的缘故，于是便在捶胸顿足极度悲哀之际，选择墓地希望能得到官爵；痛苦不堪的时节，希望选择安葬时辰来获取财物好处。有的说逢辰日不能哭泣，于是便挤笑面对吊客；有的说家人中有忌讳去葬地的，于是便身着吉服不去送亲人葬。伤风败俗破坏礼教，没有比这些更为严重的了！"有识之士认为很正确。

【纲】五月，有异星在太微垣出现，太宗下诏停止封禅。

【纲】重新任命于志宁为太子詹事。　【目】太子詹事于志宁母丧丁忧离职，不久重新上任。太子修筑宫室，妨碍农事；又喜好郑、卫等淫靡之音，宠幸宦官；役使皇厩驾驭手，不让他们到二宫值宿；又私下带引突厥人进入宫中。于志宁上书直言切谏；太子大为恼怒，派刺客张师政、纥干承基去杀他。二人进入于志宁的宅第，见志宁躺在苫席上，头枕着土块，最后不忍心杀他。

【纲】派遣职方郎中陈大德出使高丽。　【目】陈大德起初进入高丽境内，很想知道当地山川名胜与风俗，经过某一城镇，将绫罗绸缎送给当地官员，于是得以游历各地。见到隋朝末年从军留在高丽的中原人，他们纷纷向他打听亲属的情况，陈大德说："均安然无恙。"他们含着泪相互转告。几天后，隋末去高丽的人望见他就哭，城郊野外都是人。陈大德回到朝中，将此情况禀告太宗，太宗说："高丽原本是汉武帝时设立的四郡之一，我大唐如果发动数万兵力攻打高丽，并非难事。只是关东一带州县年成不好，朕不想再疲劳百姓。"

【纲】冬十一月，任命李世勣为兵部尚书。　【目】并州（治太原，今山西太原西南）长史李世勣，在并州任职十六年，令行禁止，百姓顺服安定。太宗说："隋炀帝疲劳百姓，修筑长城，用以防备突厥的进攻，最终毫无用处。朕只是将李世勣安置在晋阳，而边境安宁，将他比作'长城'，岂不是更为壮美吗！"因而任命他为兵部尚书。

【纲】贞观十六年（壬寅，642），春正月，魏王李泰进呈《括地志》一书。　【目】李泰勤勉好学，司马苏勖劝说李泰：古代的贤能王子均招徕学者著书立说，故而李泰奏请修撰《括地志》。于是大开馆舍，延请人才，门庭若市。到此时修成进呈太宗。

【纲】夏六月，太宗下诏令说太子所用库府器物，各有关部门不要

【纲】秋七月,以长孙无忌为司徒,房玄龄为司空。

【纲】九月,以魏徵为太子太师。　【目】初,魏徵有疾,上手诏问之,且言:"不见数日,朕过多矣。若有闻见,可封状进来。"徵上言:"比者弟子陵师,奴婢忽主,下多轻上,渐不可长。"又言:"陛下临朝,常以至公为言,退而行之,未免私僻。或畏人知,横加威怒,欲盖弥彰,竟有何益!"徵宅无堂,上命辍小殿之材以构之,五日而成,仍赐以素屏、褥、几、杖等以遂其所尚。徵上表谢,上手诏曰:"处卿至此,盖为黎元与国家,何事过谢!"会上问侍臣以国家急务,褚遂良曰:"太子、诸王宜有定分,此为最急。"时太子承乾失德,魏王泰有宠,群臣日有疑议,故遂良对及之。上乃曰:"方今群臣,忠直无逾魏徵,我遣傅太子,用绝天下之疑。"乃以徵为太子太师。徵以疾辞,上曰:"知公疾病,可卧护之。"徵乃受诏。

房玄龄、高士廉遇少府少监窦德素于路,问:"北门近何营缮?"德素奏之,上怒,让玄龄等曰:"君但知南牙政事,北门小营缮,何预君事!"玄龄等拜谢。魏徵进曰:"玄龄等为陛下股肱耳目,于中外事岂有不应知者!使所营是则当助成之,非则当请罢之;不知何罪而责,亦何罪而谢也!"上甚愧之。

【纲】西突厥寇伊州,安西都护郭孝恪击败之。　【目】初,高昌既平,岁发兵千余人戍守其地,褚遂良上疏曰:"陛下取高昌,调人屯戍,破产办装,死亡者众。设使张掖、酒泉有烽燧之警,陛下岂得高昌一夫斗粟之用?终当发陇右诸州兵食以赴之耳。然则河西

加以限制。

【纲】秋七月,任命长孙无忌为司徒,房玄龄为司空。

【纲】九月,任命魏徵为太子太师。 【目】起初,魏徵患病,太宗手书诏令探问病情,且说:"几天不见,朕的过错又多起来。你如果听到或看到什么,可以封上状子呈进来。"魏徵上书言道:"近来弟子冒犯老师,奴婢忽视主子,下属多轻视上级,此风不可长。"又说道:"陛下临朝听政,常把公正挂在嘴边,退朝后的所作所为,未免有所偏私。有时害怕别人知道,横施神威圣怒,这样欲盖弥彰,有什么好处呢?"魏徵的宅院没有厅堂,太宗命令将停建小殿的材料拿去建造厅堂,五日即完工,还赐给他质地平常色彩单调的屏风、褥子、几案和手杖等,以迎合他的俭朴崇尚。魏徵上表谢恩,太宗手书诏令说:"朕这样对待你,都是为了黎民百姓和国家,何必过于客气呢?"赶上太宗问群臣国家最急的事务是什么?褚遂良说:"太子和诸位亲王应各有名分,这为国家急务。"当时太子承乾德行欠缺,魏王李泰得到宠爱,众大臣愈益产生疑议,所以褚遂良才有此回答。太宗说道:"当今的大臣们,忠直没人能超过魏徵,我派他教导太子,以此断绝天下人的疑虑。"于是任命魏徵为太子太师。魏徵以患病为由推辞,太宗说:"朕知道你有病,可以躺在床上辅佐太子。"魏徵这才接受诏令。

房玄龄、高士庆在路上遇见少府少监窦德素,问道:"北门近来在营建什么工程?"窦德素将此情况上奏让太宗知道。太宗大怒,责备房玄龄等人说:"你们只须知道外朝的政事,内朝小小的营建工程与你们有什么相干!"玄龄等人磕头谢罪。魏徵近前说道:"房玄龄等人是陛下的心腹大臣,对于内外朝的事,岂有不应知道的道理?假如营建得对,则理当助成其事,如不当则应请求停止。不知因什么罪而遭斥责,又有什么可谢罪的?"太宗听后十分惭愧。

【纲】西突厥进犯伊州(治伊吾,今新疆伊吾),安西都护郭孝恪将其击败。 【目】起初,高昌平定后,唐朝每年征发一千多名士卒驻守在当地。褚遂良上奏疏言道:"陛下攻取了高昌,征调人马驻扎戍边,破产以置备行装,很多人死亡。假使张掖、酒泉有烽火报警,陛下难道还指望用高昌的一个兵一斗粮吗?最终还是要征发陇右各州兵马粮

者,中国之心腹;高昌者,他人之手足;奈何糜弊本根以事无用之土乎!愿择高昌子弟,使君其国,永为藩辅,内安外宁,不亦善乎!"上弗听。及是,上悔之,曰:"魏徵、褚遂良劝我复立高昌,吾不用其言,今方自咎耳。"

【纲】冬十月,郢公宇文士及卒。 【目】上尝止树下,爱之,士及从而誉之不已。上正色曰:"魏徵常劝我远佞人,我不知佞人是谁,意疑是汝,今果不谬!"士及叩头谢。至是,卒,谥曰纵。

【纲】许以新兴公主嫁薛延陀。 【目】上谓侍臣曰:"薛延陀屈强莫比,今御之有二策:苟非发兵殄灭之,则与之婚姻以抚之耳。"房玄龄对曰:"兵凶战危,臣以为和亲便。"先是契苾何力归省其母于凉州,会契苾部落皆欲归薛延陀,何力不可,部落执之以降。何力拔佩刀东向大呼曰:"岂有大唐烈士而受屈虏庭!"因割左耳以自誓。上闻契苾叛,曰:"何力心如铁石,必不叛我。"会有使者自薛延陀来,具言其状。上即命兵部侍郎崔敦礼持节使薛延陀,许以新兴公主妻之,以求何力,何力由是得还。

【纲】癸卯,十七年,春正月,郑公魏徵卒。 【目】魏徵寝疾,上与太子同至其第,指衡山公主欲以妻其子叔玉。徵薨,陪葬昭陵。上自制碑文,书石,谓侍臣曰:"人以铜为镜,可以正衣冠;以古为镜,可以见兴替;以人为镜,可以知得失;魏徵没,朕亡一镜矣!"

【纲】图功臣于凌烟阁。 【目】上命图画功臣长孙无忌、赵郡王孝恭、杜如晦、魏徵、房玄龄、高士廉、尉迟敬德、李靖、萧瑀、段志玄、刘弘基、屈突通、殷开山、柴绍、长孙顺德、张亮、侯君集、

草再赴前方。然而河西地带，乃是我大唐的心腹；高昌，不过是他人的手足；为什么要荒废根本来用于无用的土地呢！望陛下选择高昌王族子弟，使其成为高昌一国之主，永远作为大唐的屏障，内部安定外围宁静，不是很好的事吗？"太宗不听从其意见。等到此时突厥，太宗十分后悔，说道："魏徵、褚遂良都劝朕再立高昌国王，朕不采纳他们的建议，如今正是咎由自取呀！"

【纲】冬十月，郢公宇文士及去世。【目】太宗曾经停靠在一棵树下，十分爱惜它，宇文士及在身边称赞不已，太宗正颜厉色说："魏徵常常劝朕要远离小人，朕不知小人是指谁，怀疑是你，果不其然！"宇文士及磕头谢罪。到此时死去，加谥号称纵。

【纲】太宗答允将新兴公主嫁给薛延陀。【目】太宗对身边大臣说："薛延陀强硬难驯服，如今制御它有两个办法：如果不发兵将其消灭，就与他们通婚以安抚他们。"房玄龄应对说："出兵征战凶多吉少，我认为和亲为上策。"先前，契苾何力回故地凉州看望老母，正赶上契苾各部落都想归附薛延陀，何力不同意，契苾人将他捆绑起来投降薛延陀部。契苾何力拔出佩刀面向东方大声喊道："岂有大唐英烈之士受你们的污辱！"于是将左耳割掉发誓不从。太宗听说契苾何力叛离，说："何力心如铁石般坚定，肯定不会背叛我。"恰巧有使者从薛延陀那里归来，详悉讲述了真情。太宗随即命令兵部侍郎崔敦礼持旄节出使薛延陀，答允将新兴公主嫁与真珠可汗为妻，以换回契苾何力，何力因此得以回到朝中。

【纲】贞观十七年（癸卯，634），春正月，郑公魏徵去世。【目】魏徵卧病不起，太宗与太子一同到其住处，指着衡山公主，想要将她嫁给魏徵的儿子魏叔玉。魏徵死后，陪葬在昭陵。太宗亲自撰写碑文，书写墓碑，对身边的大臣说："人们用铜做成镜子，可以用来整齐衣帽；将古代历史作为镜子，可以观察到历朝的兴衰隆替；将人比作一面镜子，可以确知个人行为的得失。魏徵死去了，朕失去了一面绝好的镜子。"

【纲】在凌烟阁画上朝廷功臣的画像。【目】太宗下令在凌烟阁上画上功臣长孙无忌、赵郡王李孝恭、杜如晦、魏徵、房玄龄、高士廉、尉迟敬德、李靖、萧瑀、段志玄、刘弘基、屈突通、殷开山、柴绍、

张公谨、程知节、虞世南、刘政会、唐俭、李世勣、秦叔宝等于凌烟阁。

【纲】夏四月，太子承乾谋反，废为庶人；立晋王治为皇太子，贬魏王泰为东莱郡王。　【目】太子承乾喜声色畋猎，所为奢靡。魏王泰多能，有宠，潜有夺嫡之志，折节下士以求声誉。太子畏其逼，阴养刺客纥干承基等，谋杀之。吏部尚书侯君集怨望，以太子暗劣，欲乘衅图之，因劝之反，太子大然之。驸马都尉杜荷谓之曰："天文有变，当速发，但称暴疾危笃，主上必亲临视，因兹可以得志。"会承基坐事系狱，当死。上变，告太子谋反。敕大理、中书、门下参鞫之，反形已具。上谓侍臣曰："将何以处承乾？"群臣莫敢对，通事舍人来济进曰："陛下不失为慈父，太子得尽天年，则善矣！"上从之，诏废承乾为庶人，幽之。君集、荷等皆伏诛。

承乾既获罪，魏王泰日入侍奉，上面许立为太子，岑文本、刘洎亦劝之。长孙无忌固请立晋王治，上乃诏立晋王治为皇太子，时年十六。谓侍臣曰："我若立泰，则是太子之位可经营而得。自今太子失道，藩王窥伺者，皆两弃之，传诸子孙，永为后法。"乃降泰爵东莱郡王，幽之北苑。

【纲】以太子太保萧瑀、詹事李世勣，同中书、门下三品。【目】诏以长孙无忌为太子太师，房玄龄为太傅，萧瑀为太保，李世勣为詹事，瑀、世勣并同中书，门下三品。同三品自此始。又以李大亮、于志宁、马周、苏勖、高季辅、张行成、褚遂良皆为僚属。

世勣尝得暴疾，方云"须灰可疗"，上自剪须，为之和药。又尝

长孙顺德、张亮、侯君集、张公谨、程知节、虞世南、刘政会、唐俭、李世勣、秦叔宝等人的画像。

【纲】夏四月，太子李承乾图谋反叛，被废为平民。改立晋王李治为皇太子，将魏王李泰贬为东莱郡王。　【目】太子李承乾贪恋声色及打猎，极为奢侈。魏王李泰多才多艺，得到太宗宠爱，便暗地里产生夺嫡而立的想法，于是折节礼贤下士以捞取好名声。太子惧怕李泰威逼自己的位置，暗中豢养刺客纥干承基等人，想要杀掉他。吏部尚书侯君集一直有积怨，他认为太子心怀不满，行事卑劣，便想乘机图谋，因而劝太子谋反，太子非常赞同他的意见。驸马都尉杜荷对太子说："天象有变化，应当迅速发兵，殿下只需称得暴病危在旦夕，皇上必然亲自来探视，这样就可以得手。"正赶上纥干承基因牵连到李祐谋反的事被关押在狱中，按其罪刑，应当处死，便上书告发太子李承乾谋反。太宗敕令大理寺、中书省和门下省一同参与审问，谋反的情形已经昭彰。太宗对身边大臣说："你们看将如何处置李承乾？"众位大臣不敢应答，通事舍人来济进前道："陛下不失为慈父的形象让太子得以颐养天年，就算不错了。"太宗听从他的意见，下令将李承乾废黜为平民，幽禁起来。侯君集、杜荷等人都被处斩。

李承乾已经获罪幽禁，魏王李泰便每天进宫侍奉太宗，太宗当面许诺立他为太子，岑文本、刘洎也劝立李泰。长孙无忌执意请求立晋王李治。太宗于是下诏立晋王李治为皇太子，时年十六岁。太宗对大臣们说："朕若是立李泰为太子，那就表明太子的位置可以苦心经营而得到。自今往后，太子失德背道，而藩王企图谋取的，两人都要弃置不用，这一规定传给子孙后代，永为后代效法。"于是降李泰的爵位为东莱郡王，幽禁在北苑。

【纲】任命太子太保萧瑀、太子詹事李世勣为同中书门下三品。【目】太宗下诏任命长孙无忌为太子太师，房玄龄为太傅，萧瑀为太保，李世勣为詹事，萧瑀、李世勣同为同中书门下三品。同中书门下三品这一位同宰相的要职从此开始。又任命李大亮、于志宁、马周、苏勖、高季辅、张行成、褚遂良皆为太子宾客。

李世勣曾得暴病，药方称"胡须烧成灰可以治病"，太宗剪下自己

从容谓曰:"朕求群臣可托幼孤者,无以逾公,公往不负李密,岂负朕哉!"世勣流涕辞谢,啮指出血。

上自立太子,遇物则诲之:见其饭,则曰:"汝知稼穑之艰难,则常有斯饭矣。"见其乘马,则曰:"汝知其劳,而不竭其力,则常得乘之矣。"见其乘舟,则曰:"水所以载舟,亦所以覆舟。民犹水也,君犹舟也。"见其息于木下,则曰:"木从绳则正,后从谏则圣。"

上疑太子柔弱,密谓长孙无忌曰:"雉奴懦,恐不能守社稷;吴王恪英果类我,我欲立之,何如?"无忌固争,以为不可。上曰:"公以恪非己之甥邪?"无忌曰:"太子仁厚,真守文良主。储副至重,岂可数易!"上乃止。谓恪曰:"父子虽至亲,及其有罪,则法不可私。汉立昭帝,燕王不服,霍光折简诛之,此不可以不戒!"

上谓群臣曰:"吾如治年时,颇不能循常度。治自幼宽厚,谚曰'生狼犹恐如羊',冀其稍壮,自不同耳。"无忌对曰:"陛下神武,乃拨乱之才;太子仁恕,实守文之德也。"

【纲】六月,薛延陀来纳币,诏绝其昏。

【纲】秋七月,贬杜正伦为交州都督。 【目】初,太子承乾失德,上密谓庶子杜正伦曰:"吾儿果不可教,当来告我。"正伦屡谏,不听,乃以上语告之。承乾表闻,上责正伦,正伦对曰:"臣以此恐之,冀其迁善耳。"及承乾败,正伦左迁交州。

的胡须,为他配药。太宗曾郑重地对李世勣说:"朕一心想找一个可以托孤的大臣,无人能超过你。往年你曾经不负于李密,岂能辜负朕!"李世勣流泪谢恩,并咬破指头沾血为誓。

太宗自从立李治为太子后,遇事即教诲他;看见他用饭,就说:"你知道耕稼的艰难,才能常吃上这些饭。"看见他骑马,就说:"你知道马也要劳逸结合,不要耗尽马的力量,才能经常骑着它。"看见他坐船,则说:"水能够载船,也能够翻船,百姓便如同这水,君主便如同这船。"看见李治在树下休息,则说:"木头经过墨线处理才能正直,君主能纳谏者才为圣君。"

太宗疑心太子性格柔弱,私下对长孙无忌说:"李治性格懦弱,恐怕不能守护好社稷江山;吴王李恪英武果断很像我,我想要立他为太子,怎么样?"长孙无忌执意争辩,认为不能这么做。太宗说:"你这是因为李恪不是你的外甥吧?"长孙无忌说:"太子仁义厚道,真正是文雅君主。太子皇储的位置至关重大,怎么可以多次更改呢?"太宗这才作罢。太宗对李恪说:"父子之间虽然是至亲,一旦有罪,则天下的法令不能够偏私。汉朝时立了昭帝,燕王刘旦不服,霍光以半页文书就杀了他,这不能不深以为戒!"

太宗对众大臣说:"朕像李治这个年龄,不能够循规蹈矩,照常规办事。李治自幼就待人宽厚,古谚说:'生男孩如狼,还担心他像羊一样。'希望他稍稍强壮些,自然有所不同呀。"长孙无忌应对说:"陛下神明英武,乃是拨乱反正的大才;太子仁义宽厚,实是守成修文德之才。"

【纲】闰六月,薛延陀派人前来交纳钱币,太宗诏令断绝与其通婚。

【纲】秋七月,贬黜杜正伦为交州(治宋平,即今越南河内)都督。
【目】起初,太子李承乾失德谋叛,太宗私下对左庶子杜正伦说:"我儿如果真不可教诲,一定要来告诉我。"杜正伦多次谏阻太子,太子不听,于是杜正伦便将太宗的这一番话告诉太子。李承乾上表章给太宗,太宗责怪杜氏,杜正伦答道:"我想用陛下的话恐吓他,希望他能弃恶从善。"等到李承乾谋反事败露,将杜正伦降为交州都督。

【纲】踣魏徵碑。　【目】初,魏徵尝荐杜正伦、侯君集有宰相才。至是,正伦以罪黜,君集谋反诛,上始疑徵阿党。又有言徵自录前后谏辞以示起居郎褚遂良者,上愈不悦。乃罢叔玉尚主,而踣所撰碑。

【纲】房玄龄等上《高祖》《今上实录》。　【目】上尝谓褚遂良曰:"卿知《起居注》,所书可得观乎?"对曰:"史官书人君言动,备纪善恶,庶几人君不敢为非!未闻自取而观之也。"上曰:"朕有不善,卿亦记之邪?"对曰:"臣职当载笔,不敢不记!"黄门侍郎刘洎曰:"借使遂良不记,天下亦皆记之矣!"上又谓监修国史房玄龄曰:"朕之心异于前世帝王,所以欲观国史,盖欲知前日之恶,为后来之戒耳!公可撰次以闻。"谏议大夫朱子奢上言:"陛下独览《起居》,于事无失。若以此法传示子孙,或有饰非护短,史官不免刑诛,则莫不顺旨全身,千载何所信乎!"上不从。玄龄乃与给事中许敬宗等删为《高祖》《今上实录》;书成,上之。上见书六月四日事,语多微隐,谓玄龄曰:"昔周公诛管、蔡以安周,季友鸩叔牙以存鲁,朕之所为,亦类是耳,史官何讳焉!"即命直书其事。

【纲】九月,新罗乞兵伐高丽,遣使谕之。　【目】新罗遣使言百济与高丽连兵,谋绝新罗入朝之路,乞兵救援。上遣使赍玺书谕之。盖苏文不奉诏。使还,上曰:"盖苏文弑君,不可以不讨。"谏议大夫褚遂良曰:"今中原清晏,四夷詟服,陛下之威望大矣。乃欲渡海远征小夷,万一蹉跌,伤威损望,更兴忿兵,则安危难测也。"李世勣劝上伐之。上遂欲自征高丽,遂良复谏曰:"天下譬犹一身:两京,心腹也;州县,四肢也;四夷,身外之物也。高丽罪大,诚当

【纲】毁坏魏徵的墓碑。　　【目】起初,魏徵曾荐举杜正伦、侯君集有宰相之才。到此时,杜正伦因获罪遭贬黜,侯君集因谋反被处死,太宗开始怀疑魏徵结党营私。又有人称魏徵自己抄录前后在朝中的谏言给起居郎褚遂良看,太宗更加不高兴,于是便罢除魏叔玉娶公主一事,并毁坏所撰魏徵碑石。

【纲】房玄龄等人呈上《高祖实录》和本朝实录。　　【目】太宗曾对褚遂良说:"你掌管《起居注》,书中内容可以看一看吗?"答道:"史官书写君主的言行举止,善恶之事记载无遗,这样君主便不敢做坏事!未听说有君王自己翻看《起居注》的。"太宗说:"朕有不良行为,你也记录吗?"答道:"我的职掌理当秉笔直书,不敢不记录!"黄门侍郎刘洎说:"假使褚遂良不记下来,天下百姓也都要记下的!"太宗又对监修国史的房玄龄说:"朕的志向不同于前代君王,所以想要亲自翻阅国史,是想知道先前的过失,以作为后来的借鉴!希望你写完以后让我看看。"谏议大夫朱子奢上书言道:"陛下唯独要翻阅《起居注》,这对于史官记事当然无所损失。假如将此规定传示给子孙后代,后代偶有掩饰过错袒护短处的君王,史官不免要遭受刑罚,如此则都顺从旨意以保全性命,悠悠千载的历史,又有什么可信的呢!"太宗不听其意见,房玄龄便与给事中许敬宗等人删改成《高祖实录》和本朝实录,呈上太宗。太宗看到里面记载武德九年六月四日玄武门之变,用辞多隐讳曲折,便对房玄龄说:"历史上周公诛灭管叔、蔡叔以定周朝,季友毒死叔牙以保全鲁国,朕当年的所作所为,正与此类似,史官有什么可隐讳的!"命秉笔直书当时的历史事实。

【纲】九月,新罗请求唐朝出兵进攻高丽,太宗派使臣劝说。【目】新罗派使臣来唐朝,称百济与高丽两军联合,企图断绝新罗到唐朝朝贡的道路,请求派兵增援。太宗派使节带着皇帝的玺书前往劝说高丽,盖苏文不尊奉唐朝的诏令。使节回到唐朝,太宗说:"盖苏文杀死其国王,不能不征伐他。"谏议大夫褚遂良说:"如今中原平定,四方民族归服,陛下的威望无以伦比。现在却要渡海去远征小小的高丽,万一遭遇挫折,损害威望,再引起士兵们的不满,则朝廷的安危难以预测呀!"李世勣劝太宗讨伐高丽。太宗于是想要亲自征伐高丽,褚遂良又

致讨,但命一、二猛将将四五万众,取之如反掌耳。今太子新立,幼稚,诸王陛下所知,一旦弃金汤之全,逾辽海之险,以天下之君,轻行远举,皆臣之所甚忧也。"群臣亦多谏者,上皆不听。

【纲】徙故太子承乾于黔州,顺阳王泰于均州。

【纲】甲辰,十八年,春三月,以薛万彻为右卫大将军。 【目】上尝谓侍臣曰:"于今名将,惟世勣、道宗、万彻三人而已。世勣、道宗不能大胜,亦不大败;万彻非大胜,即大败。"

【纲】秋七月,以刘洎为侍中,岑文本、马周为中书令。 【目】文本既拜,还家,有忧色。母问其故,文本曰:"非勋非旧,滥荷宠荣,位高责重,所以忧惧。"语贺客曰:"今受吊,不受贺也。"

上文学辩敏,群臣言事者,引古今以折之,多不能对。刘洎上书谏曰:"以至愚而对至圣,以极卑而对至尊,虚襟以纳其说,犹恐未敢对扬;况动神机,纵天辩,饰辞而折其理,引古以排其议,欲令凡庶何阶应答!且多记损心,多语损气,愿为社稷自爱。"上飞白答之曰:"非虑无以临下,非言无以述虑,比有谈论,遂致烦多,轻物骄人,恐由兹道,形神志气,非此为劳。今闻谠言,虚怀以改。"

【纲】九月,以诸遂良为黄门侍郎,参预朝政。 【目】上尝问褚遂良曰:"舜造漆器,谏者十余人,此何足谏!"对曰:"奢侈者,危亡之本。漆器不已,将以金玉为之;忠臣爱君,必防其渐,若祸乱已成,无所复谏矣!"上曰:"然。朕见前世帝王拒谏者,多云业已为之,终不为改;如此,欲无危亡,得乎!"

劝谏道:"天下便如同人的整个身体,长安洛阳如同是心脏;各州县如同四肢;四方少数民族,乃是身外之物。高丽罪大恶极,理当讨伐,然而命令一二个猛将率领四五万兵众,攻取高丽便易如反掌。如今太子刚刚封立,年龄还很幼小;其他藩郡诸王情况,陛下也都清楚。一旦弃朝廷安危于不顾,身赴辽东的危险境地,身为一国之主,轻易远行动武,这些都是我所深感忧虑的。"众大臣也多谏阻,太宗均不听。

【纲】将原太子李承乾流放到黔州(治彭水,今四川彭水),顺阳王李泰流放到均州(治武当,今湖北均县北)。

【纲】贞观十八年(甲辰,644),春三月,任命薛万彻为右卫大将军。 【目】太宗曾对身边大臣说:"当今称得上名将的,只有李世勣、李道宗、薛万彻三人。李世勣与李道宗不能取得大胜,但也没有大败,万彻则不是大胜,即是大败。"

【纲】秋七月,任命刘洎为侍中,岑文本、马周为中书令。 【目】岑文本官拜中书令后,回到家中,面有忧色。他的母亲问他什么原因,文本说:"我不是勋臣也不是故旧,承蒙如此恩宠,官位高责任重,所以忧心忡忡。"对来祝贺的客人说:"现在只接受吊问,不接受贺喜。"

太宗喜好文学,又才思敏捷善辩论,众位大臣上书言事,太宗引征古今事例提问,臣下多答不上来。刘洎上书劝谏道:"以最愚蠢对最圣明,以最卑贱的对最尊贵的,虚心接纳臣下的意见,还担心臣下们未敢应对;何况陛下又灵动神思,发挥天辩巧慧,修饰辞藻以批驳他们的道理,引征古事以排解众议,想要凡夫俗子如何应答呢!而且博闻多记则损伤心思,多说话则伤气,望陛下以江山社稷为重而自爱身体。"太宗书写飞白书答道:"没有思考便无法治理天下,没有言语则无法表述思想,近来议论国事,过分烦苛,放荡骄横,恐怕即由此产生,身心也由此导致疲劳。如今听到你的直言谠论,当虚心改正。"

【纲】九月,任命褚遂良为黄门侍郎,参预朝政。 【目】太宗曾问褚遂良:"舜帝制造漆器,谏阻者有十多个人,值得这么多人劝谏吗?"答道:"奢侈是导致危亡的根本。漆器不够了,会用金玉代替;忠臣爱护君主,一定要防微杜渐,如果祸乱已经形成,便无从劝谏了!"太宗说:"是这样。朕见前代那些拒绝劝谏的,大多说已经如此了,最终也改不

上谓长孙无忌等曰："人苦不自知其过，卿可为朕明言之。"无忌对曰："陛下武功文德，臣等将顺之不暇，又何过之可言！"上曰："朕问公以己过，公等乃曲相谀说。朕欲面举公等得失以相戒而改之，何如？"皆拜谢。上曰："长孙无忌善避嫌疑，敏于决断，而总兵攻战，非其所长。高士廉临难不改节，当官无朋党，所乏者骨鲠规谏耳。唐俭言辞辨捷，善和解人，事朕三十年，遂无言及于献替。杨师道性行纯和，而情实怯懦，缓急不可得力。岑文本性质敦厚，持论恒据经远，自当不负于物。刘洎性最坚贞，有利益，然意尚然诺，私于朋友。马周见事敏速，直道而言，朕比任使，多能称意。褚遂良学问稍长，性亦坚正，每写忠诚，亲附于朕，譬如飞鸟依人，人自怜之。"

【纲】冬十月，帝如洛阳，命房玄龄留守。十一月，以张亮、李世勣为行军大总管，诏亲征高丽。　【目】十一月，上至洛阳。上闻洺州刺史程名振善用兵，召问方略，嘉其才敏，劳勉之。名振失不拜谢，上试责怒以观其所为。名振谢曰："疏野之臣，未尝亲奉圣问，适方心思所对，故忘拜耳。"举止自若，应对愈明辨。上乃叹曰："奇士也！"即日拜右骁卫将军。以张亮为平壤大总管，帅兵四万，舰五百，自莱州泛海趋平壤；又以李世勣为辽东大总管，帅步骑六万及兰、河降胡趋辽东，手诏谕天下，以"高丽盖苏文弑主虐民，今问其罪，所过营顿，无为劳费。"

【纲】十二月，武阳公李大亮卒。　【目】大亮恭俭忠谨，每直宿必坐寐达旦。房玄龄每称其有王陵、周勃之节，至是，副玄龄守京师。卒，遗表请罢高丽之师。谥曰懿。

了;如此下去,不危亡才怪呢!"

太宗对长孙无忌等人说:"人们苦于不能自知其过错,你可以为朕言明。"长孙无忌说:"陛下的文德武功,我们这些人承顺都应接不暇,又有什么过错可言呢?"太宗说:"朕向你们询问我的过失,你们却要曲意逢迎使我高兴。朕想当面列举出你们的优缺点以相互鉴戒改正,你们看怎么样?"众人急忙磕头称谢。太宗说:"长孙无忌善于避开嫌疑,应答敏捷,长于决断;然而领兵作战,并非他所擅长。高士廉面临危难不改气节,做官没有私结朋党;所缺乏的是直言规谏。唐俭言辞敏捷善辩,善解人意;事奉朕三十年,却很少讲到朝政得失。杨师道性情温和,而性格实怯懦,缓急之务不可依托。岑文本性情质朴敦厚;然而持论多引经据典,自然与事理不甚切合。刘洎性格最坚贞,讲究功德;然而尚然诺重信用,对朋友有私情。马周处事敏捷,直抒胸臆,朕以前委任他做事,多能称心如意。褚遂良年长学问大,性格也耿直坚贞,每每倾注他的忠诚,亲附于朕,如同飞鸟依人,人见了自然怜悯。"

【纲】冬十月,太宗前往洛阳,命令房玄龄留守长安。十一月,任命张亮、李世勣为行军大总管,诏令天下亲征高丽。 【目】十一月,太宗到了洛阳。太宗听说洺州(治永年,今河北永年东南)刺史程名振善于用兵打仗,便召见他问以方略,赞许他才思敏捷,予以嘉勉。程名振失礼不拜谢,太宗假装恼怒,以观察他的态度。程名振谢罪道:"我本是个粗疏之臣,未曾亲身恭奉过皇上的垂问,刚才只想着如何回答,忘了拜谢了。"举止自如,应答更是清楚。太宗感叹道:"真是奇人!"当日拜封为右骁卫将军。任命张亮为平壤(今朝鲜平壤)道行军大总管,率领兵马四万人,战船五百艘,从莱州渡海直逼平壤;又任命李世勣为辽东大总管,率领步骑兵六万人以及兰州(治金城,今甘肃兰州)、河州(治抱罕,今甘肃临夏)投降的胡族兵马进逼辽东,又手书诏令天下:"高丽盖苏文杀死君主,肆虐百姓,如今朕要亲自去兴师问罪。所经过各个地区,不要劳费百姓。"

【纲】十二月,武阳懿公李大亮去世,追谥称为懿。 【目】李大亮恭谨、节俭、忠诚,每天晚上坐着睡到天亮,房玄龄称赞他有王陵、周勃的气节,此时,协助房玄龄守御京城,他去世后,遗书请求停止进攻

【纲】故太子承乾卒。

【纲】乙巳,十九年,春正月,帝发洛阳。

【纲】封比干墓。 【目】诏谥殷太师比干曰忠烈,命所司封其墓,春秋祠以少牢,给五户洒扫。上至邺,自为文祭魏太祖,曰:"临危制变,料敌设奇,一将之智有余,万乘之才不足。"

【纲】三月,至定州。诏皇太子监国。发定州。

【纲】夏四月,诸军至玄菟、新城。
【纲】李世勣拔盖牟城。
【纲】五月,张亮拔卑沙城。
【纲】帝渡辽,拔辽东城。
【纲】进攻白岩城,六月,降之。

【纲】进攻安市城,大破其救兵于城下。 【目】车驾至安市城,攻之。高丽北部耨萨延寿、惠真,帅兵十五万救安市。上命李世勣将步骑万五千陈于西岭;长孙无忌将精兵万一千,自山北出狭谷以冲其后;上自将步骑四千为奇兵,挟鼓角,偃旗帜,登北山;敕诸军闻鼓角齐出备击。延寿等见世勣布阵,勒兵欲战。上望见无忌军尘起,命作鼓角,举旗帜,诸军鼓噪并进,延寿等大惧,欲分兵御之,而阵已乱。会有龙门薛仁贵大呼陷阵,所向无敌;大军乘之,高丽兵大溃。延寿、惠真帅众请降。举国大骇,后黄城、银城皆自拔遁去,数百里无复人烟。上乃更名所幸山曰驻跸山,刻石纪功焉。驿书报太子及高士廉等曰:"朕为将如此,何如?"

高丽。

【纲】前太子李承乾去世。

【纲】十九年(乙巳,645)春正月,太宗亲自率各路大军从洛阳出发东征。

【纲】为比干修墓。【目】太宗下诏追谥殷商的太师比干为忠烈,命令有关部门为其修墓,春秋两季用羊祭祀,又命令五户人家常年扫墓。太宗到达邺县后,又亲自撰文祭奠魏太祖,评价道:"临危处理急变,料敌设置奇兵,作为一位将领智慧有余,作为帝王则才智不足。"

【纲】三月,太宗车驾到达定州(治安喜,今河北定县),诏令天下由太子治理国家。从定州出发继续东征。

【纲】夏四月,各路兵马抵达玄菟、新城(今辽宁新宾北)。

【纲】李世勣部队攻下盖牟城(今辽宁盖平)。

【纲】五月,张亮攻下卑沙城(今辽宁海城境内)。

【纲】太宗率兵渡过辽泽,攻下辽东城。

【纲】唐军进攻白岩城(今辽宁辽阳东北),六月,白岩城守军投降。

【纲】唐军进攻安市城(今辽宁盖平西北),在城下大败救援安市城的军队。【目】太宗车驾到达安市城,命令部队攻城。高丽北部酋长高延寿、高惠真率兵十五万人救援安市。太宗命令李世勣率领一万五千名步骑兵在西岭布阵,长孙无忌率领一万一千名精锐士兵,从山的北面穿越峡谷冲击高丽军队的后尾。太宗自己率步骑兵四千,挟带鼓和号角,放倒旗帜,登上北山;敕令各路兵马听到鼓和号角声一齐出兵进击。高延寿等人只见李世勣在布阵,便勒令士兵欲战。太宗望见长孙无忌的部队尘土飞扬,便令擂鼓、吹号角,高举大旗,各路兵马鼓噪呐喊着一同进攻。高延寿等人大为恐慌,想要分兵几路迎战唐军,然而阵形已经乱了。正赶上龙门人薛仁贵大声呼喊着冲锋陷阵,所向无敌;唐军乘胜追击,高丽兵大败。高延寿、高惠真率众请求投降。高丽全国震惊,后黄城、银城百姓都自行逃出城去,几百里内不再有人烟。太宗将所途经的山改名为驻跸山,在石头上刻字记功。太宗传驿书给太子和高士廉等人说:"朕作为将领如此,怎么样?"

【纲】秋九月,帝攻安市城,不下,诏班师。 【目】上以辽左早寒,草枯水冻,士马难久留,且粮食将尽,敕班师。

【纲】冬十月,遣使祀魏徵,复立所仆碑。 【目】凡征高丽,拔十城,斩首四万余级,战士死者几三千人,战马死者什七、八。上以不能成功,深悔之,叹曰:"魏徵若在,不使我有是行也!"命驰驿祀徵以少牢,复立所制碑,召其妻子诣行在,劳赐之。

【纲】丙午,二十年,春正月,帝还京师。
【纲】秋八月,遣李世勣击薛延陀,降之。敕勒诸部遣使请吏。 【目】回纥等十一姓各遣使归命,乞置官司。上大喜,遣使纳之。诏曰:"朕聊命偏师,遂擒颉利;始弘庙略,已灭延陀。铁勒百万户,请为州郡;混元以降,殊未前闻,宜备礼告庙,仍颁示普天。"勒石于灵州。

【纲】冬十月,贬萧瑀为商州刺史。 【目】瑀性狷介,与同僚多不合,尝言:"房玄龄等朋党不忠,但未反耳。"上不听,瑀内不自得,因自请出家,既而悔之。上以瑀反复不平,贬商州刺史。

【纲】十二月,帝生日,罢宴乐。 【目】上谓长孙无忌等曰:"今日吾生日,世俗皆为乐,在朕翻成伤感。今君临天下,富有四海,而承欢膝下,永不可得,此子路所以有负米之恨也。《诗》云:'哀哀父母,生我劬劳。'奈何以劬劳之日更为欢乐乎!"因泣数行下,左右皆悲。

【纲】幸房玄龄第。 【目】房玄龄尝以微谴归第,褚遂良谏曰:

【纲】秋九月,太宗攻打安市城,未攻下,下令班师回朝。 【目】太宗认为辽东一带早寒,草木干枯水结冰,士兵马匹都不宜久留,而且粮食快要用光了,下令班师回朝。

【纲】冬十月,太宗派使者祭祀魏徵,重新竖立石碑。 【目】此次征伐高丽,共攻克十座城,杀死高丽兵四万多人,唐朝将士死近三千人,战马损失十之七八。太宗认为未能最后取胜,深感懊悔,叹道:"如果魏徵在世的话,不会让我此番出兵的!"命人乘驿马昼夜兼程到京城,用猪羊祀魏徵,重新竖立被毁坏的石碑,征召他的妻子儿女到太宗所在行宫,亲自慰问赏赐。

【纲】二十年(丙午,646),春正月,太宗回到京城。

【纲】秋八月,派李世勣进攻薛延陀,降服了他。敕勒各部争着派使者归附唐朝。 【目】回纥等十一姓都派使者请求归附,成为唐朝的州郡,太宗大喜,派使者收纳了他们。下诏说:"朕随意任命偏师进击,就生擒了颉利;刚刚弘远社稷祖庙,就已经灭掉了薛延陀。铁勒族一百万户,要求改为唐朝州郡建置;开天辟地以来,前所未闻,应当预备礼仪上告祖庙,还要颁示普天下百姓。"于是在灵州(治回乐,今宁夏灵武西南)刻石碑记事。

【纲】冬十月,将萧瑀贬为商州(治上洛,今陕西商县)刺史。 【目】萧瑀性情耿介狷狂,与同僚们多不合,曾说道:"房玄龄等朋党对皇上不忠,只是尚未谋反罢了。"太宗不听,萧瑀内心很不自在,于是请求出家做和尚,不久又反悔了。太宗认为萧瑀反复无常,把他贬为商州刺史。

【纲】十二月,太宗生日,停止饮宴作乐。 【目】太宗对长孙无忌等人说:"今天是朕的生日,对世俗的人来说这是个欢宴作乐的日子,在朕心里反成了伤感的事。如今朕治理天下,四海之内皆为大唐所有,然而承欢在父母膝下,永远不可能了,这正如子路在双亲死后无法再为他们背米的遗憾之情。《诗经》上说:'可怜父母,生我辛劳。'为什么还要在父母辛劳的日子里饮宴作乐呢?"说完珠泪双流,身边的人都很悲哀。

【纲】太宗临幸房玄龄的宅第。 【目】房玄龄曾因太宗小有谴责

"玄龄翼赞圣功，冒死决策，选贤立政，勤力为多。自非罪在不赦，不可遐弃。若以其衰老，亦当退之以礼。"上然之，因幸芙蓉园。玄龄敕子弟汛扫门庭，曰："乘舆且至！"有顷，上幸其第，因载玄龄还宫。

【纲】丁未，二十一年，春正月，诏以来年仲春有事于泰山。

【纲】以牛进达、李世勣为行军大总管，伐高丽。

【纲】夏四月，作翠微宫。 【目】初，上得风疾，苦京师盛暑，命修终南山太和废宫为翠微宫。

【纲】以李素立为燕然都护。

【纲】五月，如翠微宫。 【目】冀州进士张昌龄献《翠微宫颂》，上爱其文，命于通事舍人里供奉。初，昌龄与王公治皆有文名，考功员外郎王师旦知贡举，黜之，上问其故。师旦曰："二人文体轻薄，终非令器。若置之高第，恐后进效之，伤陛下雅道。"上善其言。

【纲】以李纬为洛州刺史。 【目】初，上以纬为户部尚书。时房玄龄留守京师，有自京师来者，上问："玄龄何言？"对曰："玄龄但云李纬美髭鬓。"上遽改除洛州刺史。

【纲】秋七月，作玉华宫。

【纲】八月，诏停封禅。 【目】以薛延陀新降，土功屡兴，河北水灾故也。

【纲】骨利干遣使入贡。 【目】骨利干于铁勒诸部为最远，昼长夜短，日没后，天色正曛，煮羊胛适熟，日已复出矣。

【纲】立皇子明为曹王。 【目】曹王明母杨氏，巢剌王之妃

回到家中,褚遂良劝谏道:"房玄龄从高祖举义旗反隋时就有辅佐之功,武德九年又冒死建议陛下发动政变,选拔贤才、执掌朝政,大臣中以玄龄最为辛劳。如果不是罪不可赦,则不应把他远远抛弃而不用。陛下如果认为他老迈无用,也应当以礼节辞退。"太宗表示赞同,巡幸芙蓉园,房玄龄让晚辈们立即洒扫门庭,说道:"皇上的乘辇就要到了。"过了一会,太宗果然临幸他的宅第,于是用车马载着玄龄一同返回宫中。

【纲】二十一年(丁未,647),春正月,太宗诏令第二年仲春将要行幸泰山(今山东泰安北)。

【纲】任命牛进达、李世勣为行军大总管,攻打高丽。

【纲】夏四月,修建翠微宫。　【目】月初,太宗染上风寒,苦于京城炎热酷暑,于是命人修缮终南山废弃的太和宫,改为翠微宫。

【纲】任命李素立为燕然都护。

【纲】五月,太宗临幸翠微宫。　【目】冀州(治信都,今河北衡水西南)进士张昌龄进献《翠微宫颂》,太宗喜欢他的文字,命他供奉在通事舍人班子里。起初,张昌龄与王公治都有擅长做文章的名声,考功员外郎王师旦掌管贡举事,没取他们,太宗问其原因。王师旦道:"二人的文体轻薄,终究成不了大器,如果让他们中高第,恐怕后来的人效法他们,有伤陛下的雅道。"太宗赞同他的观点。

【纲】任命李纬为洛州(治河南,今河南洛阳)刺史。　【目】起初,太宗任命李纬为户部尚书。当时房玄龄留守京城,有人从京城来到太宗处,太宗问:"房玄龄讲些什么?"回答说:"房玄龄只说李纬是个美髯公。"太宗即刻改任李纬为洛州刺史。

【纲】秋七月,营建玉华宫。

【纲】八月,诏令停止封禅事。　【目】因为薛延陀新近投降,屡兴土木工程,河北地区又遭受水灾,因而停止封禅。

【纲】骨利干派使者入贡。　【目】骨利干是铁勒各部中地处最为遥远的一个,昼长夜短,太阳落山后,尚有余晖,煮羊胛刚熟,太阳又出地平线了。

【纲】立皇子李明为曹王。　【目】曹王李明的母亲杨氏,原是巢刺

也，有宠于上。文德皇后之崩也，欲立为皇后。魏徵谏曰："陛下方比德唐、虞，奈何以辰嬴自累！"乃止。寻以明继元吉后。

【纲】冬十一月，徙顺阳王泰为濮王。

【纲】十二月，遣阿史那社尔等击龟兹。

王李元吉的妃子,受到太宗的宠爱;文德皇后死后,太宗想要立她为皇后。魏徵劝谏道:"陛下正以德与唐尧、虞舜相比,为什么反倒效法晋文公娶辰嬴自累呢?"于是太宗停止立后。不久,又以李明为李元吉的继嗣。

【纲】冬季,十一月,改封顺阳王李泰为濮王。

【纲】十二月,诏令阿史那社尔等人讨伐龟兹。

纲鉴易知录卷四五

唐纪

太宗文武皇帝

【纲】戊申，二十二年，春正月，作《帝范》以赐太子。 【目】上作《帝范》十二篇以赐太子，曰《君体》《建亲》《求贤》《审官》《纳谏》《去谗》《戒盈》《崇俭》《赏罚》《务农》《阅武》《崇文》。且曰："修身治国，备在其中。一旦不讳，更无所言矣。然汝当更求古之哲王为师，如吾，不足法也。夫取法于上，仅得其中；取法于中，不免为下。吾即位已来，不善多矣。顾弘济苍生，肇造区夏，功大益多，故人不怨，业不堕，然比之尽美尽善，固多愧矣。汝无我之功勤，而承我之富贵，竭力为善，则国家仅安，骄惰奢纵，则一身不保。且成迟败速者，国也；失易得难者，位也；可不惜哉！可不慎哉！"

【纲】中书令马周卒。

【纲】遣薛万彻伐高丽。

【纲】结骨俟利发入朝。 【目】结骨人皆长大，赤发绿睛，自古未通中国，至是，其俟利发失钵屈阿栈来朝。请除一官，诏以为坚昆都督。是时四夷君长争入献见，每元正朝贺，常数百千人。上曰："汉武帝穷兵三十余年，所获无几，岂如今日绥之以德，使穷发之地，尽为编户乎！"

【纲】如玉华宫。 【目】上营玉华宫，务为俭约，惟寝殿覆瓦，余皆茅茨，然所费已巨亿计。充容徐惠上疏曰："今东征高丽，西讨龟兹，营缮相继，服玩华靡。夫以有尽之农功，填无穷之巨浪，图未获之他众，丧已成之我军。地广非常安之术，人劳乃易乱之源也。珍玩技巧，乃丧国之斧斤；珠玉锦绣，实迷心之鸩毒。作法于俭，犹

太宗文武皇帝

【纲】贞观二十二年（戊申，648），春正月，太宗作《帝范》篇赐给太子。　【目】太宗作了《帝范》十二篇赐给太子，各篇名是《君体》《建亲》《求贤》《审官》《纳谏》《去谗》《戒盈》《崇俭》《赏罚》《务农》《阅武》《崇文》。并且说："修身治国的道理，都在这十二篇之中了。我一旦逝去，就没有别的话可说了。你应当以古代的先哲圣王为师，像我，则不足效法。效法上等的，反得其中；效法中等的，不免为下。我即位以来，过失多了。回顾起来我普济苍生，创建大唐，功劳大，好处多，所以百姓没有怨言，江山巩固；然而与尽善尽美相比，实在是多有惭愧。你没有我这些功劳勤苦，而继承我的富贵，竭力为善，则天下就可安定，如果骄奢懒惰，则自身难保。况且成功来之不易，败亡则可迅速招致，是指国家而言；失去容易而得之较难，是指皇位，能不珍惜吗！能不谨慎吗！"

【纲】中书令马周去世。

【纲】派薛万彻攻打高丽。

【纲】结骨首领到了唐朝。　【目】结骨人身材都很高大，红头发，绿眼睛，自古以来从未与中原王朝建立过联系。如今，结骨首领失钵屈阿栈来到唐朝，请求唐皇封他一个官职。太宗任命他为坚昆都督。这时，四方国家的君主争先恐后派使者进贡朝见，每年正月初一前来朝贺的人成百上千。太宗说："汉武帝穷兵黩武三十多年，所获无几；岂能与今日以德服远、使不毛之地都成为大唐编户相比。"

【纲】太宗行幸玉华宫。　【目】太宗营造玉华宫，要求务必节俭，除居住的殿宇用瓦覆盖外，其余的都用茅草压顶，然而耗资巨大，仍以亿计。宫中九嫔之一的充容徐惠上书劝谏道："现在东征高丽，西征龟兹，又相继营造了翠微、玉华二宫，而且穿用颇为华丽奢侈，这是以有限的农业收成，去填充无穷尽的欲望，图谋那些未归附的国家，损失已具规模的大唐军队。地域辽阔并非长久安定的策略，百姓劳苦才是容

恐其奢；作法于奢，何以制后！"上善其言，甚礼重之。

【纲】三月，故隋后萧氏卒。

【纲】夏五月，宋公萧瑀卒。

【纲】杀华州刺史李君羡。　【目】太白屡昼见，太史占云："女主昌。"民间又传《秘记》云："唐三世之后，女主武王代有天下。"上恶之。以武卫将军李君羡小名五娘，而官称封邑皆有"武"字，出为华州刺史。御史复奏君羡谋不轨，上遂诛之。上尝密问太史令李淳风："《秘记》所云，信有之乎？"对曰："臣仰稽天象，俯察历数，其人已在宫中，自今不过三十年，当王天下，杀唐子孙殆尽，其兆既成矣。"上曰："疑似者尽杀之，何如？"对曰："天之所命，人不能违也。王者不死，徒多杀无辜。且自今以往三十年，其人已老，庶几颇有慈心，为祸或浅。今借使得而杀之，天或生壮者肆其怨毒，恐陛下子孙无遗类矣！"上乃止。

【纲】司空、梁公房玄龄卒。　【目】玄龄留守京师，疾笃，上征赴玉华宫，肩舆入殿，相对流涕，因留宫下，候问不绝。玄龄谓诸子曰："吾受主上厚恩，今天下无事，惟东征未已，群臣莫敢谏，吾知而不言，死有余责。"乃上表曰："《老子》曰：'知足不辱，知止不殆。'陛下威名功德亦可足矣，拓地开疆亦可止矣。且陛下每决一重囚，必令三复五奏、膳素止乐者，重人命也。今驱无罪之士卒，委之锋刃之下，使之肝脑涂地，独不足愍乎！向使高丽违失臣节，诛之可也；侵扰百姓，灭之可也；他日能为中国患，除之可也。今无此三条而坐烦中国，内为前代雪耻，外为新罗报仇，岂非所存者小，所损者

易动乱的根源。各种珍玩、技巧，乃是丧国殃民的匠艺，珠宝绸缎，实为迷乱心灵的毒药。制定法令要求节俭，还担心民风奢侈；如果法令本身就主张奢侈，怎么可以作为后人的法度呢！"太宗非常欣赏她的话，待她十分有礼。

【纲】三月，隋朝萧皇后去世。

【纲】夏五月，宋公萧瑀去世。

【纲】处死华州（治郑县，今陕西华县）刺史李君羡。　【目】金星多次在白天出现，太史占卜说："女主将兴起。"民间又广传《秘记》中言："唐朝三世之后，女主武王将取代李氏拥有天下。"太宗非常厌恶这些。因为武卫将军李君羡小名五娘，而官衔、封邑里都有一个"武"字，于是让他出任华州刺史。御史又上奏李君羡图谋叛乱，太宗于是杀了李君羡。太宗曾经秘密地问太史令李淳风："《秘记》上所说的，真有其事吗？"李淳风回答说："我仰观天象，俯察历数，这个人现在已在宫中了。从今往后不超过三十年，这个人当做天下的君王，并将大唐皇室子孙杀灭殆尽，其征兆已经形成了。"太宗说："凡是有疑的统统杀掉，怎么样？"李淳风回答："此乃天命，人力不能违抗。未来称王的人死不了，反而白白地杀死无辜。而且今后三十年，那个人也已经老了，也许存有慈善心肠，祸害或者会小些。如今即使找到此人将其杀死，上天或者会降生更加强壮的发泄其怨毒，恐怕陛下的子孙就没有幸免的了。"太宗于是不再过问此事。

【纲】司空、梁公房玄龄去世。　【目】房玄龄留守京城，病的很重，太宗征召他到玉华宫，乘坐轿子进入殿内，与太宗相对流泪，太宗将房玄龄留在宫中，经常去问候病情。房玄龄对他的儿子们说："我蒙受皇上的隆恩，如今天下无事，只有东征高丽一事未终止。众位大臣都不敢劝谏，我明知其非而不劝谏，真是死有余辜啊。"于是上书劝谏："《老子》说：'知足不会遭到困辱，适可而止不会遇到危险。'陛下功成名就也可知足了，开拓疆土也当适可而止了。而且每次判决一个死刑犯人，陛下一定命令三次复议、五次上奏，进素食，禁音乐，这是重视人的生命啊。如今驱使无罪的士卒，让他们往刀口上碰，使他们肝脑涂地，难道他们不足让人怜悯吗！假使高丽违背臣属的礼节，可以诛灭他

大乎！愿陛下许高丽自新，焚凌波之船，罢应募之众，自然华、夷庆赖，远肃迩安。臣旦夕入地，倘蒙录此哀鸣，死且不朽！"上自临视，握手与诀，悲不自胜。卒，谥曰文昭。

【纲】秋九月，以褚遂良为中书令。

【纲】冬十月，帝还宫。

【纲】十二月，阿史那社尔击龟兹，执其王布失毕。

【纲】己酉，二十三年，春三月，帝有疾，诏太子听政。夏四月，如翠微宫。

【纲】五月，以李世勣为叠州都督。【目】上谓太子曰："李世勣才智有余，然汝与之无恩。我今黜之，若其即行，俟我死，汝用为仆射，亲任之；若徘徊顾望，当杀之耳。"乃左迁世勣为叠州都督；世勣受诏，不至家而去。

【纲】卫公李靖卒。

【纲】帝崩，长孙无忌、褚遂良受遗诏辅太子。还宫发丧，罢辽东兵。【目】上苦痢增剧，太子昼夜不离侧，或累日不食，发有变白者。上召长孙无忌、褚遂良入卧内，谓之曰："太子仁孝，善辅导之！"谓太子曰："无忌、遂良在，汝勿忧天下！"又谓遂良曰："无忌尽忠于我，我有天下，多其力也，我死，勿令谗人间之。"仍令遂良草遗诏。有顷，上崩。秘不发丧。无忌等请太子先还，大行御马舆继至，发丧，宣遗诏，罢辽东之役及诸土木之功。

【纲】以于志宁、张行成为侍中，高季辅为中书令。

【纲】六月，太子即位。【目】高宗初即位，召朝集使谓曰：

们；侵扰百姓，可以灭掉他们；以后会成为中原的祸患，也可以除掉他们。如今他们没犯这三条罪而只是骚扰中原，我们兴兵对内称为隋炀帝雪耻，对外称为新罗报仇，岂不是得到的少，失去的多吗！希望陛下能容许高丽悔过自新，焚毁准备渡海的船只，停止召募兵众，自然举国安定，远近归服。我不久就会死去，倘若承蒙陛下记住一个将死者的哀鸣，死了也将不朽。"太宗亲去探视，握着房玄龄的手与他告别，悲痛得不能自禁。房玄龄去世，谥号文昭。

【纲】秋九月，任命褚遂良为中书令。

【纲】冬十月，太宗车驾回到京城。

【纲】十二月，阿史那社尔出击龟兹，生擒龟兹国王布失毕。

【纲】贞观二十三年（己酉，649）；春三月，太宗有病，诏令太子听政。夏四月，太宗行幸翠微宫。

【纲】五月，任命李世勣为叠州（治合川，今青海西宁西北）都督。 【目】太宗对太子说："李世勣才智有余，然而你对他没有恩德。我现在将他降职，假若他即刻就走，等我死后，你可再重用他为仆射，视为亲信；如果他徘徊观望，应当杀掉他。"于是把李世勣降为叠州都督，李世勣接受诏令，没有回家即去上任。

【纲】卫公李靖去世。

【纲】太宗去世，长孙无忌、褚遂良受遗诏辅佐太子。回到京城发丧，召回辽东的征战兵士。 【目】太宗吐泄得非常严重，太子昼夜不离身边，有时几日不进食，头发有的已变白。太宗召长孙无忌、褚遂良进入卧室，对他们道："太子仁义孝敬，望你们善加辅佐教导。"对太子说："有无忌、遂良在，你不用为大唐江山担忧。"又对褚遂良说："无忌对我竭尽忠诚，我能拥有江山，无忌出了大力。我死后，不要让小人进谗言挑拨离间。"仍令褚遂良草拟遗诏，过了不久，太宗去世。秘不发丧。无忌等人请太子先回到皇宫，太宗的遗体被安放在马车里相继而至。发丧，宣示太宗遗诏，废止辽东的征战及各项土木工程。

【纲】任命于志宁、张行成为侍中，高季辅为中书令。

【纲】六月，太子即位。 【目】高宗初即位，召集朝集使对他们说："朕初即帝位，有对百姓不利的事情全部上书奏陈，未说彻底的可以

"朕初即位，事有不便于百姓者悉宜陈，不尽者更封奏。"自是日引刺史十人入阁，问以百姓疾苦，及其政治。尝问大理卿唐临系囚之数，对曰："见囚五十余人，惟二人应死。"上悦。上尝录系囚，前卿所处者多号呼称冤，临所处者独无言。上怪问其故，囚曰："唐卿所处，本自无冤。"上叹息良久，曰："治狱者不当如是邪！"有洛阳人李泰弘诬告长孙无忌谋反，上立命杀之。无忌、遂良同心辅政，上亦尊礼二人，恭己以听之，故永徽之政，百姓阜安，有贞观之遗风。

【纲】秋八月，地震。

【纲】葬昭陵。　【目】阿史那社尔、契苾何力请殉葬，上遣人谕以先旨，不许。蛮夷君长为先帝所擒服者，颉利等十四人，皆琢石为象，列于北司马门内。

【纲】九月，以李勣为左仆射。

【纲】冬十二月，诏濮王泰开府置僚属。

高宗皇帝

【纲】庚戌，高宗皇帝永徽元年，春正月，立妃王氏为皇后。

【纲】辛亥，二年，春正月，以黄门侍郎宇文节、中书侍郎柳奭同三品。

【纲】壬子，三年，春正月，以褚遂良为吏部尚书、同三品。

【纲】秋七月，立陈王忠为皇太子。　【目】王皇后无子，其舅柳奭为后谋，以忠母微贱，劝后请立为太子；上从之。

【纲】冬十一月，濮阳王泰卒。

【纲】癸丑，四年，春二月，散骑常侍房遗爱及高阳公主谋反，伏诛，遂杀荆王元景、吴王恪，流宇文节于岭表。　【目】初，房遗

再次上书陈述。"从此每天召见十名刺史进入宫中，询问民间百姓疾苦及其从政得失。曾经问大理寺卿唐临在押的囚犯数目，答道："现关押五十多人，只有二人应当处死。"高宗听后十分高兴。高宗曾亲自召见关押的犯人，前任大理寺卿处置过的犯人大多喊冤，唐临处置的犯人则不发一言。高宗感到奇怪，询问原因，囚犯们说："唐临判处的，本来就不冤枉。"高宗感叹很久，说道："治理刑狱的官员不都应当如此吗？"有一个洛阳人李弘泰诬告长孙无忌谋反，高宗立刻命人杀了他。长孙无忌、褚遂良同心协力辅佐朝政，高宗也尊重礼遇二人，谦恭地听取二人的意见，故而永徽年间的朝政，百姓安康，有贞观朝的遗风。

【纲】秋八月，发生地震。

【纲】在昭陵安葬太宗皇帝。　【目】阿史那社尔、契苾何力请求自杀殉葬，高宗派人告诉他们先帝遗旨不允许。被太宗擒获归服的各部族首领颉利等十四人，都雕刻自己的石人像，排列在北司马门内。

【纲】九月，任命李世勣为左仆射。

【纲】冬十二月，诏令濮王李泰开设府衙安置僚属。

高宗皇帝

【纲】唐高宗永徽元年（庚戌，650），春正月，立妃子王氏为皇后。

【纲】永徽二年（辛亥，651）春正月，任命黄门侍郎宇文节、中书侍郎柳奭二人为同中书门下三品。

【纲】永徽三年（壬子，652）春正月，任命褚遂良为吏部尚书、同中书门下三品。

【纲】秋七月，高宗立陈王李忠为皇太子。　【目】王皇后没有子嗣，她的舅舅柳奭为她谋划，因为李忠生母出身微贱，劝说皇后请求高宗立为皇太子。高宗依从。

【纲】冬十一月，濮阳王李泰去世。

【纲】永徽四年（癸丑，653）春二月，散骑常侍房遗爱和高阳公主谋反，被诛杀，一同被杀的还有荆王李元景、吴王李恪，流放宇文节到岭表（即岭南，今广东、广西）。　【目】当初，房遗爱娶太宗的女儿高阳

爱尚太宗女高阳公主，公主骄恣甚，与浮屠辩机等数人私通。事觉，怨望，遂使掖庭令陈玄运伺宫省机祥。遗爱亦与驸马都尉薛万彻、柴令武，谋奉荆王元景为主以举事。至是，公主谋黜遗爱兄遗直封爵，使人诬告遗直罪。上令长孙无忌鞫之，更获遗爱及主反状。吴王恪有文武才，素为物情所向，太宗欲立之，无忌固争而止，遂与无忌相恶，无忌欲因事诛之。遗爱因言与恪同谋，冀得免死。于是遗爱、万彻、令武皆斩，元景、恪、高阳、巴陵公主并赐自尽。恪且死，骂曰："长孙无忌窃弄威权，构害良善，宗社有灵，当族灭不久！"宇文节、江夏王道宗、执矢思力并坐与遗爱交通，流岭表。道宗素与无忌及褚遂良不协，故皆得罪。罢玄龄配飨。

【纲】甲寅，五年，春三月，以太宗才人武氏为昭仪。 【目】初，萧淑妃有宠，王后疾之。上之为太子也，入侍太宗，见才人武氏而悦之。太宗崩，武氏出为尼。忌日，上诣寺行香，见之，泣。后闻之，阴令长发，纳之后宫，欲以间淑妃之宠。武氏巧慧，多权数，初入宫，屈体事后；后数称其美，未几大幸，拜为昭仪，后及淑妃宠皆衰，更相与谮之，上皆不纳。昭仪欲追赠其父而无名，故托以褒赏功臣，遍赠屈突通等，而武士彟预焉。

【纲】夏闰四月，帝在万年宫，夜大水。 【目】上在万年宫，夜，大雨，山水冲玄武门；卫士皆走。郎将薛仁贵曰："天子有急，敢畏死乎！"登门桄大呼以警宫内。上遽出乘高，俄而水入寝殿，漂溺三千余人。

【纲】六月，恒州大水。 【目】漂溺五千余家。

公主为妻，公主十分骄横，与僧人辩机等数人私通。事情败露后，怨气很大，于是指使掖庭令陈玄运窥探皇宫内部鬼神祸福。并且与附马都尉薛万彻、柴令武密谋奉荆王李元景为皇帝，从而发动谋反。此时，高阳公主图谋罢免房遗爱的哥哥房遗直的官职，指使人诬告房遗直有罪。高宗令长孙无忌审问其事，又得到房遗爱与高阳公主谋反的罪状。吴王李恪文武全才，李恪平素为人心所向，太宗想要立他为太子，长孙无忌极力反对才作罢，由此李恪与长孙无忌关系恶化。无忌想要找借口诛杀李恪。房遗爱便自称与李恪是同谋，希望因此得免一死。于是高宗诏令将房遗爱、薛万彻、柴令武处斩，赐李元景、李恪、高阳、巴陵公主自尽。李恪临死的时候，大骂道："长孙无忌玩弄权术，残害忠良，假如宗庙有灵的话，会在不久后灭他一族。"宇文节、江夏王李道宗、执矢思力因与房遗爱交结串通而获罪，被流放到岭表。李道宗与长孙无忌、褚遂良关系不和，故而都获罪。罢免房玄龄付祭帝庙的殊荣。

【纲】永徽五年（甲寅，654），春三月，封太宗的才人武氏为昭仪。　【目】起初，萧淑妃得高宗宠幸，王皇后十分忌妒。高宗做太子的时候，进寝宫侍奉太宗，看见才人武氏十分喜欢。太宗驾崩后，武氏出家做了尼姑。太宗忌日，高宗到感业寺行香拜佛，见到了武氏，伤心地流泪。王皇后听说此事后，暗中让武氏留发，劝说高宗纳武氏入后宫，想以武氏离间高宗对萧妃的宠爱。武氏机灵聪慧，足智多谋，刚入宫时，侍奉皇后十分谦恭有礼；王皇后多次称赞她。不久大得宠幸，拜为昭仪，王皇后与萧妃均失宠，二人相继诬告武氏，高宗均不予采纳。武昭仪想要追赠她的父亲武士彟的官爵，而苦于没有名义，于是假托要褒奖功臣，追赠屈突通等人官爵，武士彟便在其中。

【纲】夏季，闰四月，高宗住在万年宫，夜间山洪暴发。　【目】高宗住在万年宫，夜间，天下大雨，山洪冲击玄武门，宿卫士兵纷纷逃散。右领军郎将薛仁贵说："天子有危难，宿卫士兵怎么能怕死呢？"登上门框大声呼喊警告皇宫里的人。高宗急忙出宫登上高处，一会儿大水淹没寝宫，溺死三千多人。

【纲】六月，恒州（治真定，今河北正定）发大水。　【目】水漫五千多家。

【纲】冬十月，筑长安外郭。 【目】雍州参军薛景宣上言："汉惠帝城长安，寻晏驾；今复城之，必有大咎。"于志宁等以景宣言涉不顺，请诛之。上曰："景宣虽狂妄，若得罪恐绝言路。"遂赦之。

上尝出畋遇雨，问谏议大夫谷那律曰："油衣若为则不漏？"对曰："以瓦为之必不漏。"上悦，为之罢猎。

引驾卢文操盗左藏物，上命诛之。谏议大夫萧钧谏曰："文操情实难原，然法不至死。"上乃免之，顾侍臣曰："此真谏议也！"

上尝谓五品以上曰："顷在先帝左右，见五品以上论事，或仗下面陈，或退上封事，终日不绝；岂今日独无事邪！何公等皆不言也？"

【纲】大稔。
【纲】以长孙无忌子三人为朝散大夫。 【目】王皇后、萧淑妃与武昭仪更相潜诉，后宠虽衰，然上未有意废也。会昭仪生女，后怜而弄之，后出，昭仪潜扼杀之。上至，昭仪阳欢笑，发被观之，女已死矣，即惊啼。问左右，左右皆曰："皇后适来此。"上大怒曰："后杀吾女！"昭仪因泣数其罪。后无以自明，上由是有废立之志。又恐大臣不从，乃与昭仪幸长孙无忌第，酣饮极欢，拜无忌宠姬子三人皆为朝散大夫，仍载金宝缯锦十车，以赐无忌。上因从容言皇后无子，以讽无忌，无忌对以他语，上与昭仪皆不悦而罢。礼部尚书许敬宗亦数劝无忌，无忌厉色折之。

【纲】乙卯，六年，夏五月，以韩瑗为侍中，来济为中书令。

【纲】冬十月,修筑长安外城。 【目】雍州参军薛景宣上书道:"汉惠帝修筑长安城,不久死去;如今又要修筑,恐怕会有大的不幸。"于志宁等人认为薛景宣言语不敬,请求将他处斩。高宗说:"景宣虽然出言狂妄,如获罪恐怕会断绝人们直言上书。"于是宽赦了薛景宣。

高宗曾出城游猎,遇上大雨,便问谏议大夫谷那律道:"遮雨的油衣怎么样才能不漏水?"答道:"用瓦片做的,肯定不会漏。"高宗听后高兴,因此停止打猎。

引驾卢文操偷盗国库物资,高宗下令将其处死。谏议大夫萧钧劝谏说:"卢文操犯的罪确实难以原谅,然而依法不至于判死刑。"高宗于是免其一死,并对身边的侍臣称赞萧钧说:"这才是真正的谏议大夫!"

高宗曾对五品以上官员说:"不久以前在先帝身边,看见五品以上官员议论朝政,有的在立仗的诸卫士面前陈情奏事,有的退朝后上书陈奏,连日不断。难道现在无事可奏吗?你们为什么都不上书言事呢?"

【纲】这一年大丰收。

【纲】任命长孙无忌的三个儿子为朝散大夫。 【目】王皇后、萧淑妃、武昭仪之间相互诬告诽谤,王皇后虽然失宠,但高宗并未有废后的想法。正巧武昭仪生下一个女儿,皇后怜爱她逗弄她玩,皇后离开之后,武昭仪暗里将女孩掐死。高宗来到以后,武昭仪假装欢笑,打开被子观看孩子,发现女孩已经死了。武氏大声哭闹。高宗问身边的人,身边的人都说:"皇后刚刚来过这里。"高宗大怒道:"皇后杀了我的女儿。"武昭仪借机哭泣着数落皇后的罪过。皇后无法为自己申辩,高宗从此有了废皇后立武昭仪为后的打算。又担心大臣们不服,于是与武昭仪一同临幸长孙无忌的宅第,宴饮酣畅欢乐到极点,酒席上将无忌宠姬的三个儿子都拜为朝散大夫,又命人装载十车金银财宝、锦缎丝绸赐给无忌。高宗乘机讲到王皇后没有子嗣,以此暗示无忌,无忌答非所问,高宗和武昭仪在不愉快中结束了这场酒宴。礼部尚书许敬宗也多次劝说无忌,无忌正言厉色斥责了他。

【纲】永徽六年(乙卯,655)夏五月,任命韩瑗为侍中,来济为中书令。

【纲】秋七月,贬柳奭为荣州刺史。 【目】初,武昭仪诬王后与其母为厌胜,禁不得入宫,因并贬奭。

【纲】以李义府为中书侍郎。 【目】中书舍人李义府为长孙无忌所恶,左迁壁州司马。义府问计于中书舍人王德俭,德俭曰:"上欲立武昭仪,恐宰臣异议。君能建策立之,则转祸为福矣。"义府然之,叩阁表请。上悦,留之,超拜中书侍郎。于是卫尉卿许敬宗、御史大夫崔义玄、中丞袁公瑜皆潜布腹心于昭仪矣。

【纲】八月,以裴行俭为西州长史。 【目】长安令裴行俭闻将立武昭仪,以国家之祸必由此始,与长孙无忌、褚遂良私议其事。袁公瑜闻之,以告昭仪母杨氏,行俭坐左迁。

【纲】九月,贬褚遂良为潭州都督。 【目】上召长孙无忌、李勣、于志宁、褚遂良入内殿。遂良曰:"今日之召,多为中宫,上意既决,逆之必死。太尉元舅,司空功臣,不可使上有杀元舅、功臣之名。遂良起于草茅,无汗马之劳,致位至此,且受顾托,不以死争之,何以下见先帝!"勣称疾。无忌等入,上曰:"武昭仪有子,欲立为后,何如?"遂良对曰:"皇后名家子,先帝为陛下娶之。临崩,执陛下手谓臣曰:'朕佳儿佳妇,今以付卿。'非有大故,不可废也。"上不悦而罢。明日,又言之,遂良曰:"陛下必欲易皇后,请择令族,何必武氏。武氏经事先帝,众所共知,万代之后,谓陛下为何如!臣今忤陛下意,罪当死。"因置笏于殿阶,叩头流血曰:"还陛下笏,乞放归田里。"上大怒,命引出。昭仪在帘中大言曰:"何不扑杀此獠!"无忌曰:"遂良受先朝顾命,有罪不可加刑。"于志宁不敢言。韩瑗因泣涕极谏,上不纳。瑗又上疏曰:"妲己倾殷,褒姒灭周,每览前古,常兴叹息,不谓今日尘黩圣代。陛下不用臣言,臣恐宗庙不

【纲】秋七月,将吏部尚书柳奭贬为荣州(今四川荣县西南)刺史。　【目】起初,武昭仪诬陷王皇后和她的母亲魏国夫人柳氏求巫祝诅咒别人,高宗敕令禁止柳氏进入宫内,并将王皇后舅舅柳奭贬职。

【纲】任命李义府为中书侍郎。　【目】中书舍人李义府为长孙无忌所厌恶,降职为壁州司马。李义府向中书舍人王德俭问计,德俭说:"高宗想要立武昭仪为皇后,担心宰相们会有异议。你如果能建议立武氏为后,就能转祸为福了。"李义府采纳了他的话,叩门向高宗上表章,请求立武昭仪为后。高宗十分高兴,留下他官居原职,不久提拔为中书侍郎。于是卫尉卿许敬宗、御史大夫崔义玄、御史中丞袁公瑜都暗中派心腹人向武氏表示效忠。

【纲】八月,贬裴行俭为西州(治高昌,今新疆吐鲁番)长史。【目】长安县令裴行俭听说高宗要立武昭仪为皇后,认为国家的灾难必将从此开始,便与长孙无忌、褚遂良私下议论此事。袁公瑜听说后,告知了武昭仪的母亲杨氏,裴行俭因此被贬。

【纲】九月,贬褚遂良为潭州(治长沙,今湖南长沙)都督。　【目】高宗宣召长孙无忌、李世勣、于志宁、褚遂良进入内殿。褚遂良说:"今日皇上宣召,多半是为了中宫的事,皇上的主意既已定了,违抗者必是死罪。太尉是国舅,司空是功臣,不可以让皇上承当杀国舅、功臣的名声。我褚遂良是平民起家,无汗马功劳,到了这个地位,而且接受顾命托孤,不以死谏诤,无颜去见先帝。"李世勣称病未去内殿。无忌等人到了内殿,高宗说:"武昭仪有子嗣,朕想立她为皇后,怎么样?"褚遂良回答说:"皇后出身名家,是先帝为陛下娶的。先帝临死时,拉着陛下的手对我说:'朕的好儿子、好儿媳,今天就交给你了。'皇后未有什么大的过错,不能废掉。"高宗十分不高兴,只好作罢。第二天又言及此事,褚遂良说:"陛下一定要更换皇后,请求遴选世家望族,何必非武氏不可。武氏曾经侍奉过先帝,这是众所周知的,千秋万代之后,人们将怎么评价陛下呢!我今日触怒陛下,罪该处死。"说完将朝笏放在殿内台阶上,头磕得血流满面,说道:"还给陛下朝笏,乞求放我回家去。"高宗大怒,命人将他带出去。武昭仪在隔帘内大声说道:"何不就地杀了这老东西。"长孙无忌道:"褚遂良是先朝顾命大臣,有罪也不可加

血食矣！"来济上表曰："王者立后，上法乾坤，必择礼教名家，幽闲令淑，副四海之望，称神祇之心。汉成以婢为后，卒使社稷倾沦。惟陛下察之！"上皆不纳。

他日，李世勣入见，上问之曰："朕欲立武昭仪为后，遂良固执以为不可。事当且已乎？"对曰："此陛下家事，何必更问外人！"上意遂决。许敬宗宣言于朝曰："田舍翁多收十斛麦，尚欲易妇；况天子立一后，何豫诸人事而妄生异议！"昭仪令左右以闻。贬遂良为潭州都督。其后韩瑗上疏为遂良讼冤曰："遂良体国忘家，损身徇物，风霜其操，铁石其心，社稷之旧臣，陛下之贤佐。无罪斥去，内外咸嗟！愿鉴无辜，稍宽非罪。"上不听。

【纲】冬十月，废皇后王氏为庶人，立昭仪武氏为皇后。【目】百官朝后于肃仪门。故后王氏、淑妃萧氏，并囚于别院，上尝念之，间行至其所，呼之。王后泣对曰："至尊若念畴昔，使得再见日月，幸甚。"上曰："朕即有处置。"武后闻之，大怒，遣人断去手足，投酒瓮中，曰："令二妪骨醉！"数日而死，又斩之。后数见王、萧为祟，如死时状，故多在洛阳，不敢归长安。

【纲】以中书侍郎李义府参知政事。【目】义府容貌温恭，与人语，必嬉怡微笑，而狡险忌刻，故时人谓义府笑中有刀；又以其柔而害物，谓之"李猫"。

【纲】丙辰，显庆元年，春正月，以太子忠为梁王，立代王弘为皇太子。【目】弘，武后所生也，生四年矣。初，许敬宗奏曰："在

刑。"于志宁不敢说话。韩瑗趁机流着泪极力劝谏,高宗不予采纳。韩瑗又上书劝谏道:"妲己倾覆殷朝,褒姒灭了周朝,每次观览前朝史事,都要发出感慨,没想到今天会玷污圣上的时代。陛下不采纳大臣们的劝谏,我担心宗庙不能享有祭祀了。"来济上表章劝谏道:"君主册立皇后,应该依据天理,必须选择名门礼教之家的淑女,幽雅娴静,贤淑美好,才能不辜负国内人民的厚望,称神灵的心愿。汉成帝以婢女为皇后,不久,社稷倾覆,希望陛下明察。"高宗对这些谏言都不予采纳。

又一天,李世勣入宫见高宗,高宗问他:"朕想要立武昭仪为皇后,褚遂良固执己见认为不可以,事情只好停止了吗?"李世勣回答说:"这是陛下的家事,何必要问外人呢!"高宗废后的主意决定下来,许敬宗在朝中畅言道:"庄稼汉多收了十斛麦子,还想换个老婆呢!何况天子要立皇后,人们何必管那么多事而妄生异议呢?"武昭仪让身边的人将此话讲给高宗听。高宗贬褚遂良为潭州都督。事后韩瑗上书为褚遂良申冤道:"褚遂良为国家大计忘记自己的家,生命财产都愿奉献,品行高尚,忠心坚定,是国家的旧臣,陛下的贤助。他没犯什么罪,就被斥退,朝廷内外都为此叹息!希望陛下念他无辜,稍微宽恕他无罪。"高宗未采纳他的意见。

【纲】冬十月,废皇后王氏为平民,立昭仪武氏为皇后。 【目】百官在肃仪门朝拜武皇后。原皇后王氏、原淑妃萧氏一同被囚禁在后宫别院,高宗曾思念她们,私下去囚禁她们的地方,呼喊她们。王氏哭泣着回答说:"至尊如果思念从前的情分,让我们再见天日,我们将非常欣慰。"高宗说:"朕会有所安排。"武后听说后,大怒,派人将王氏、萧氏砍去手足,投入酒瓮中,说:"让这两个女人连骨头都喝醉。"数日后王氏、萧氏死去,又被砍下脑袋。武后多次看见王氏和武氏的鬼魂作祟,如同死时模样,因而她多居住在洛阳,不敢回长安。

【纲】任命中书侍郎李义府参知政事。 【目】李义府容貌温和谦恭,与别人说话,必定露出愉快的微笑,而内心却狭诈阴险、忌妒刻毒,所以当时人说李义府笑里藏刀;又因他阴柔害人,被人称为"李猫"。

【纲】显庆元年(丙辰,656),春正月,封太子李忠为梁王。立代王李弘为皇太子。 【目】李弘,是武后的儿子,已经四岁。起初,许敬宗

东宫者,所出本微;今知国家已有正嫡,必不自安,恐非宗庙之福。"于是遂废忠而立弘。忠既废,官属无敢见者;右庶子李安仁独候见,涕泣拜辞而去。

【纲】二月,赠武士彠司徒,赐爵周国公。

【纲】秋七月,贬王义方为莱州司户。 【目】李义府恃宠用事。洛州妇人淳于氏,美色,系大理狱,义府属大理丞毕正义枉法鞫之,将纳为妾。事觉,义府逼正义自缢以灭口。上知而不问。侍御史王义方欲奏弹之,先白其母曰:"义方为御史,视奸臣不纠则不忠,纠之则身危而忧及于亲为不孝,奈何?"母曰:"昔王陵之母,杀身以成子之名。汝能尽忠以事君,吾死不恨!"义方乃奏曰:"义府擅杀六品寺丞;就云自杀,亦由畏义府威,杀身以灭口。如此,则生杀之威,不由上出,渐不可长。"对仗,叱义府令下,义府顾望不退。义方乃三叱,义府始趋出,义方乃读弹文。上以义方毁辱大臣,贬之。

【纲】九月,括州暴风,海溢。

【纲】丁巳,二年,春三月,以褚遂良为桂州都督,李义府兼中书令。

【纲】夏五月,帝始隔日视事。

【纲】秋八月,贬韩瑗、来济、褚遂良皆为远州刺史。 【目】许敬宗、李义府诬奏韩瑗、来济与褚遂良潜谋不轨,以桂州用武之地授遂良,欲为外援。遂皆坐,贬瑗振州、济台州、遂良爱州、柳奭象州。

【纲】以许敬宗为侍中,杜正伦为中书令。

上奏说:"东宫之人,出身微贱;现在知道国家已有真正的嫡长子,心里一定不安。恐怕不利于宗庙社稷。"于是高宗废黜李忠,立李弘为皇太子。李忠被废以后,原来的官属没有人敢同他见面,只有右庶子李安仁等候他,哭泣着向他拜别告辞。

【纲】二月,追赠武士彟为司徒,赐给周国公的爵位。

【纲】秋七月,贬王义方为莱州(治掖县,今山东掖县)司户。【目】李义府依仗皇帝的宠信当权。洛州(治河南,今河南洛阳)妇女淳于氏,长得漂亮,被囚禁在大理监狱,李义府嘱咐大理寺丞毕正义违法将她释放,准备纳她为妾。事情败露后,李义府逼迫毕正义自杀。高宗知道这些情况,但不追究。侍御史王义方准备上奏检举李义府,事先告诉母亲说:"我任御史,发现奸臣不检举就是不忠,检举则自身危险,让亲人担心就是不孝,我该怎么办?"母亲说:"从前王陵的母亲,杀身以成全儿子的美名,你能尽忠以侍奉君主,我死而无憾!"王义方于是上奏:"李义府擅自杀害六品寺丞,即使毕正义是自杀,也是由于畏惧李义府的威势,自杀灭口,这样,生杀之权不是出自皇上,这种情况不应让其继续发展。"于是当堂对质,并呼喊李义府退下,李义府观望不退,王义方三次呼喊,李义府才退出,王义方便宣读检举的表章。高宗认为王义方诋毁污辱大臣,将他贬职。

【纲】九月,括州(治括苍,今浙江丽水括苍山下)刮起大暴风,海水外溢,淹没四千余家。

【纲】显庆二年(丁巳,657),春三月,任命褚遂良为桂州(治临桂,今广西桂林)都督。李义府兼中书令。

【纲】夏五月,高宗开始隔日治理政事。

【纲】秋八月,贬韩瑗、来济、褚遂良都为远州的刺史。 【目】许敬宗、李义府诬奏侍中韩瑗、来济与褚遂良私下图谋不轨,因为桂州是军事要地,授任褚遂良为桂州都督,是要利用他为外援。于是都被贬职,贬韩瑗为振州(治宁远,今海南三亚)刺史、来济为台州(治临海,今浙江临海)刺史、遂良为爱州(治九真,今越南清化境)刺史,柳奭为象州(治阳寿,今广西象州)刺史。

【纲】任命许敬宗为侍中,杜正伦为中书令。

【纲】冬十月,以洛阳宫为东都。

【纲】以刘祥道为黄门侍郎,知选事。

【纲】戊午,三年,冬十一月,贬杜正伦为横州刺史,李义府为普州刺史。 【目】李义府有宠于上,诸子孩抱者并列清贯。而义府贪冒无厌,卖官鬻狱,其门如市。中书令杜正伦每以先进自处,由是有隙,讼于上前。上两责之。

【纲】鄂公尉迟敬德卒。

【纲】爱州刺史褚遂良卒。

【纲】己未,四年,夏四月,以于志宁同三品,许圉师参知政事。

【纲】削太尉赵公长孙无忌官封,黔州安置。 【目】武后以长孙无忌受重赐而不助己,深怨之。以于志宁中立不言,亦不悦。令许敬宗伺其隙而陷之。会人告太子洗马韦季方罪,敕敬宗与侍中辛茂将鞫之。季方自刺,不死,敬宗因诬奏季方欲与无忌谋反。上泣曰:"我家不幸,往年高阳公主与房遗爱谋反,今元舅复然,将若之何?朕决不忍加刑于无忌。"敬宗对曰:"汉文帝,汉之贤主也,其舅薄昭,止坐杀人,帝使公卿哭而杀之,后世不以为非。今无忌谋移社稷,其罪与昭不可同年而语。陛下少更迁延,臣恐变生肘腋,悔无及矣!"上以为然,竟不引问。诏削无忌官封,黔州安置。敬宗又奏无忌谋逆,由褚遂良、柳奭、韩瑗构扇而成,于志宁亦其党也。于是诏追削遂良官爵,除奭、瑗名,免志宁官。

【纲】六月,改《氏族志》为《姓氏录》。 【目】初,太宗修《氏族志》,升降去取,时称允当。至是,许敬宗等以其书不叙武氏本

【纲】冬十月,以洛阳宫为东都。

【纲】任命刘祥道为黄门侍郎,主持吏部选任职官的事。

【纲】显庆三年(戊午,658),冬十一月,贬杜正伦为横州(治宁浦,今广西横县)刺史,李义府为普州(治安岳,今四川安岳北)刺史。
【目】李义府受到高宗的宠信,连他还在怀抱中的儿子都列名于清高尊贵的官职,而且李义府非常贪得无厌,卖官或利用诉讼受贿,门庭若市。中书令杜正伦常以老资格自居,因此两人产生仇怨,诉讼到高宗面前,高宗两方都加以责备。

【纲】鄂忠武公尉迟敬德去世。

【纲】爱州刺史褚遂良去世。

【纲】显庆四年(己未,659),夏四月,任命于志宁为同中书门下三品,许圉师参知政事。

【纲】削除太尉赵公长孙无忌职务和封地,在黔州安置。 【目】武后因长孙无忌受到优厚的赏赐而不肯帮助自己,十分怨恨他,又因于志宁持中立态度,也不高兴。因而命令许敬宗寻机陷害他们。这时正有人告发太子洗马韦季方有罪,高宗命令许敬宗与侍中辛茂将审讯他。韦季方自杀,结果没有死,许敬宗因此诬奏韦季方想与长孙无忌谋反。高宗流泪说:"我家不幸,往年高阳公主与房遗爱谋反,现在大舅父如此,该怎么办?朕决不忍心对无忌用刑。"许敬宗回答说:"汉文帝是汉朝的圣明君主,他的舅父薄昭只犯了杀人的罪,汉文帝便让百官哭泣迫他自杀,后代人不认为其不对。现在长孙无忌图谋窃取国家政权,他罪恶之大与薄昭不能同年而语。陛下稍经拖延,我恐怕事变即刻发生在身边,后悔都来不及!"高宗以为他说的对,居然没有召见长孙无忌加以审问,下令削除长孙无忌职务和封地,在黔州安置。许敬宗又上奏道:"长孙无忌图谋叛逆,是由褚遂良、柳奭、韩瑗煽动而成,于志宁也是同党。"于是高宗下令削除褚遂良官爵,削除柳奭、韩瑗官爵,免去于志宁官职。

【纲】六月,唐高宗下令改《氏族志》为《姓氏录》。 【目】起初,太宗命人撰修《氏族志》,姓氏地位的升或降、姓氏的收录或删除,当时被人称为处理得合理恰当。此时,许敬宗等人以它不叙述武氏本源

望，奏请改之，以后族为第一等，其余悉以仕唐官品高下为准。于是士卒以军功至位五品者，豫士流，时人谓之"勋格"。

【纲】秋七月，杀长孙无忌、柳奭、韩瑗。【目】七月，诏御史追柳奭、韩瑗枷锁诣京师，敬宗又遣袁公瑜诣黔州，再鞠长孙无忌，逼令自杀。诏斩瑗、奭。瑗已死，发验而还。

【纲】贬高履行为永州刺史，于志宁为荣州刺史。

【纲】庚申，五年，夏四月，作合璧宫。
【纲】秋七月，废梁王忠为庶人。
【纲】冬十月，初令皇后决百司奏事。【目】上初苦风眩，不能视百司奏事，或使皇后决之。后性明敏，涉猎文史，处事皆称旨。由是始委以政事，权与人主侔矣。

【纲】辛酉，龙朔元年，夏四月，遣兵部尚书任雅相等征高丽。

【纲】六月，徙潞王贤为沛王。【目】沛王贤闻王勃善属文，召为修撰。时诸王斗鸡，勃戏为《檄周王鸡文》。上见之，怒曰："此乃交构之渐。"斥勃出沛府。

【纲】铁勒犯边，诏武卫将军郑仁泰等将兵讨之。

【纲】壬戌，二年，春三月，郑仁泰等败铁勒于天山。【目】铁勒九姓闻郑仁泰至，合众十余万以拒之，选骁健者数十人挑战，薛仁贵发三矢，杀三人，余皆下马请降，仁贵悉坑之，度碛北，击其余众，获叶护兄弟三人而还。军中歌之曰："将军三箭定天山，壮士长歌入汉关。"思结、多滥葛等部落先保天山，闻之，皆降。

和声望为由，上奏请求修改，以皇后家族为第一等，其余全部按照在唐朝做官的官品高低为标准。自此士卒因军功提升到五品官位，便进入士人一流，当时人称这为"勋格"。

【纲】秋七月，处死长孙无忌、柳奭、韩瑗。　【目】七月，唐高宗诏令御史追捕柳奭、韩瑗押送到京城，许敬宗又派袁公瑜到贵州，再次审讯长孙无忌谋反罪行，逼其上吊自杀。高宗命令将韩瑗、柳奭斩首。韩瑗已死，使者开棺验尸后返回。

【纲】贬高履行为永州（治零陵，今湖南零陵）刺史，于志宁为荣州刺史。

【纲】显庆五年（庚申，660），夏四月，造合璧宫。

【纲】秋七月，废黜梁王李忠为平民。

【纲】冬十月，高宗开始让皇后决断各部门上奏的事情。　【目】高宗开始因风邪头重眼花，不能看各部门奏事的奏章，有时让皇后决定。皇后聪敏机智，广泛阅读文史书籍，处理事情都符合高宗的旨意。从此高宗将国家政事委托她，她的权势与皇帝一般大小。

【纲】龙朔元年（辛酉，661），夏四月，高宗派兵部尚书任雅相等人征伐高丽。

【纲】六月，将潞王李贤降为沛王。　【目】沛王李贤听说王勃擅做文章，便召他为修撰。当时诸位亲王喜好斗鸡，王勃戏作《檄周王鸡文》。高宗看到后，发怒说："这是互相陷害的根由。"将王勃驱逐出沛王府。

【纲】敕勒部侵犯唐朝边境，高宗诏令武卫将军郑仁泰等领兵讨伐。

【纲】龙朔二年（壬戌，662），春三月，郑仁泰等人在天山（即祁连山）一带大败敕勒兵。　【目】敕勒九姓听说郑仁泰领兵临近，纠合十余万兵众抵抗，挑选数十名骁勇善战的人迎战。薛仁贵连发三支箭，射死三人，其余人纷纷下马投降。薛仁贵将他们全部活埋，并越过漠北，进击其余众，俘获叶护兄弟三人而回。军中歌颂道："将军三箭定天山，壮士长歌入汉关。"思结、多滥葛等部落原想保守天山，听说唐朝大兵来临，纷纷投降。

【纲】冬十月,西突厥寇庭州,刺史来济死之。 【目】西突厥寇庭州,刺史来济将兵拒之,谓其众曰:"吾久当死,幸蒙存全以至今日,当以身报国。"遂不释甲胄,赴敌而死。

【纲】癸亥,三年,春正月,以李义府为右相,夏四月,除名,流巂州。 【目】义府兼知选事,恃势卖官,怨讟盈路,上从容戒之。义府勃然变色曰:"谁告陛下?"缓步而去。上不悦。义府又与术者微服出城,候望气色,或告义府阴有异图。鞠之有实,诏除名,流巂州。朝野称庆。

【纲】蓬莱宫成。 【目】门曰丹凤,殿曰含元,移仗居之,命故宫曰西内,新宫曰东内,亦曰大明宫云。

【纲】甲子,麟德元年,秋七月,诏以三年正月封禅。

【纲】冬十二月,杀同三品上官仪,刘祥道罢,梁王忠赐死。【目】初武后屈身忍辱,奉顺上意,故上排群议而立之;及得志,专作威福,上动为所制,不胜其忿。会宦者王伏胜,发其使道士郭行真出入禁中,为厌祷事,上密召上官仪议之。仪因言:"后专恣,请废之。"上即命草诏。左右奔告于后,后遽诣上自诉。上羞缩不忍,乃曰:"我初无此心,皆上官仪教我。"仪先与伏胜俱事故太子忠,后于是使许敬宗诬奏仪、伏胜与忠谋大逆。仪下狱,及伏胜皆死,赐忠死于流所。右相刘祥道坐与仪善,罢,朝士流贬者甚众。自是,上每视事,则后垂帘于后,政无大小,皆预闻之。天下大权,悉归中宫,天子拱手而已,中外谓之"二圣"。

【纲】冬十月，西突厥兵进犯庭州（治金满，即今新疆吉木萨尔西北破城子），刺史来济战死。 【目】西突厥兵进犯庭州，刺史来济领兵抵抗，对部下说："我早就该死了，有幸活到今日，应当以身报国。"于是不解铠甲头盔，在战斗中死去。

【纲】龙朔三年（癸亥，663），春正月，任命李义府为右相；夏四月，又将他除名，流放到巂州（治越巂，今四川西昌）。 【目】李义府主管官吏的选拔，倚仗权势公然卖官，天下怨声载道，高宗温和地告诫他，李义府脸色骤变，问道："是谁告诉陛下的？"缓步离去。高宗不高兴。李义府又和方术之士穿便装出城，观望墓宅云气。有人告发李义府暗中图谋不轨。朝廷将李义府逮捕审讯，所犯罪行均属实，高宗下诏削除他的名籍，流放到巂州。朝廷和民间欢呼庆贺。

【纲】蓬莱宫（今陕西西安东北）建成。 【目】蓬莱宫的城门称丹凤门，宫殿叫含元殿，高宗迁移仪仗到该处居住，将原来居住的殿命名为西内；新宫殿叫东内，也称为大明宫。

【纲】麟德元年（甲子，664），秋七月，唐高宗下诏将于麟德三年正月封禅泰山。

【纲】冬十二月，处死同东西台三品上官仪，罢除刘祥道官职，赐梁王李忠死。 【目】起初武后能委屈忍辱，顺从高宗的意志，所以高宗排除众议，立她为皇后；等到她得志之后，专权作威作福，高宗受她的牵制，非常恼怒。此时太监王伏胜揭发武后让道士郭行真出入宫禁，行"厌胜"的迷信活动，高宗秘密召集上官仪商议此事。上官仪因此进言道："皇后专权蛮横，请皇上废黜她。"高宗随即命他草拟诏令。皇帝身边的人奔走告诉武后，武后迅即赶到高宗处哭诉。高宗羞愧畏缩，不忍废黜，说道："朕最初并无这个想法，都是上官仪给我出的主意。"上官仪先前与王伏胜一同事奉原太子李忠，武后于是让许敬宗上奏疏诬陷上官仪、王伏胜和李忠图谋叛乱。上官仪被关在狱中，后与王伏胜一同被处死，赐李忠自尽于流放处所。右相刘祥道因与上官仪关系密切获罪，被罢官，朝廷官员流放贬谪的很多。此后，高宗每次临朝听政，武后都在后面垂帘听政，无论大小政事，都得参与。天下大权统归于武后，高宗不过是拱手闲人，朝廷内外称之为"二圣"。

【纲】乙丑，二年，冬十月，车驾发东都；十二月，至泰山。
【目】上发东都，至濮阳，左相窦德玄骑从。上问："濮阳谓之帝丘，何也？"德玄不能对。许敬宗自后跃马而前曰："昔颛顼居此，故谓之帝丘。"上称善。敬宗退谓人曰："大臣不可以无学。"德玄曰："人各有能有不能，吾不强对以所不知，此吾所能也。"李勣曰："敬宗多闻，信美矣；德玄之言，亦善也。"

张公艺九世同居，北齐、隋、唐皆旌表其门。上幸其宅，问所以能之故，公艺书"忍"字百余以进。上善之，赐以缣帛。

【纲】丙寅，乾封元年，春正月，封泰山，禅社首。

【纲】车驾还过曲阜，祠孔子。【目】赠太师，祭以少牢。

【纲】至亳州，尊老君为太上玄元皇帝。【目】至亳州，谒老君庙，上尊号。

【纲】李义府卒。【目】自义府之贬，朝士日忧其复入；至是，众心乃安。

【纲】夏四月，车驾还京师。五月，铸乾封泉宝钱。

【纲】秋七月，以刘仁轨为右相。【目】初，仁轨为给事中，按毕正义事，李义府怨之，出为青州刺史。会讨百济，仁轨当浮海运粮，遭风失船，命监察御史袁异式往鞫之。义府谓曰："君能办事，勿忧无官。"异式至，谓仁轨曰："君宜早自为计。"仁轨曰："仁轨当官失职，国有常刑，公以法毙之，无所逃命。若使遽自引决以快仇人，窃所未甘！"乃具狱以闻。上命除名，以白衣从军自效。及为大司宪，异式惧，不、自安，仁轨沥觞告之曰："仁轨若念畴昔之事，有如此觞！"既知政事，荐为司元大夫。监察御史杜易简谓人曰："斯所谓矫枉过正矣！"

【纲】麟德二年（乙丑，665），冬十月，高宗车驾从东都洛阳出发；十二月，到达泰山。 【目】高宗从洛阳出发，到达濮阳，左相窦德玄骑马随行。高宗问道："濮阳称为帝丘，为什么？"窦德玄不能回答。许敬宗自后面跃马进前说道："从前颛顼居住在这里，所以称为帝丘。"高宗称赞他。许敬宗退后对人说："大臣不能没有学问。"窦德玄说："每人都各有能与不能的方面，我不能勉强回答我所不知道的问题，这正是我能的一方面。"李勣说："许敬宗见多识广，诚然很好；窦德玄的话也很不错。"

张公艺九代人同居一处，北齐、隋、唐各朝均表彰其家门。高宗亲临他家住宅，问他所以能够共居的原因，张公艺书写一百多个"忍"字进献。高宗称赞他，赐给他绢帛。

【纲】乾封元年（丙寅，666），春正月，登泰山行封禅大礼，又在社首山祭祀。

【纲】高宗车驾自泰山返京途经曲阜（今山东曲阜东北），祭祀孔子。 【目】追赠孔子太师封号，用羊祭祀。

【纲】车驾到达亳州，尊奉太上老君为太上玄元皇帝。 【目】车驾到亳州，拜谒太上老君庙，上尊号。

【纲】李义府去世。 【目】李义府遭贬黜后，朝中大臣常常担心他会被重新起用，到此时，人心才安定下来。

【纲】夏四月，高宗车驾回到长安。五月，铸造"乾封泉宝"新钱。

【纲】秋七月，任命刘仁轨为右相。 【目】起初，刘仁轨任给事中，弹劾毕正义事，李义府非常忌恨他，派他出任青州（治益都，今山东益都）刺史。遇上讨伐百济，刘仁轨负责从海上运送粮食，遇上大风，船被掀翻，朝廷命监察御史袁异式前往审讯刘仁轨。李义府对袁异式说："你能够办好这件事，不愁没有官当。"袁异式到达后，对刘仁轨说："你应及早为自己打算。"刘仁轨说："我当官不称职，国家有正当的刑罚，你依法将我处死，我没有什么可逃避的。如果让我仓猝自尽以使仇人高兴，我实不甘心！"于是袁异式将全部定案的材料上报。高宗下令除去刘仁轨的名籍，以平民身份从军效力。到后来刘仁轨官做大司宪，袁异式畏惧，内心很不安，刘仁轨将杯里的酒洒在地上，对他说：

【纲】九月，刘祥道卒。 【目】子齐贤嗣，齐贤为人方正，上甚重之，为晋州司马。将军史兴宗从猎苑中，因言晋州产佳鹞，请使齐贤捕之。上曰："刘齐贤岂捕鹞者邪！"

【纲】冬十二月，以李勣为辽东大总管，伐高丽。

【纲】丁卯，二年，春正月，耕藉田。 【目】有司进耒耜，加以雕饰。上曰："耒耜农夫所执，岂宜如此之丽！"命易之。既而耕之，九推乃止。

【纲】戊辰，总章元年，夏四月，彗星见于五车。 【目】彗星见，上避正殿，减膳，彻乐。许敬宗等奏请复常，曰："彗星见东北，高丽将灭之兆也。"上曰："朕之不德，谪见于天，岂可归罪小夷！且高丽之百姓，亦朕之百姓也。"不许，彗寻灭。

【纲】秋七月，李勣拔平壤，高丽王藏降，高丽悉平。 【目】薛仁贵破高丽于金山，乘胜将攻扶余城，诸将以其兵少，止之。仁贵曰："兵不必多，顾用之何如耳？"遂为前锋，以进与高丽战，大破之，遂拔扶余城。

侍御史贾言忠奉使自辽东还，上问："诸将孰贤？"言忠对曰："薛仁贵勇冠三军，庞同善持军严整，高侃忠果有谋，契苾何力沉毅能断；然夙夜小心，忘身忧国，皆莫及李勣也。"勣等进攻大行城，拔之，诸军皆会，进至鸭绿栅，破之。围平壤，月余，高丽王藏降，高丽悉平。

【纲】冬十二月，置安东都护府。
【纲】京师、山东、江、淮旱，饥。

"我刘仁轨如果记着过去的事,就如同这杯中酒一样!"刘仁轨主持政事后,推荐袁异式为司元大夫。监察御史杜易简对人说:"这就是所谓矫枉过正了。"

【纲】九月,刘祥道去世。 【目】刘祥道的儿子刘齐贤继承封爵,刘齐贤为人正直,高宗非常器重他,任命他为晋州(治临汾,今山西临汾)司马。将军史兴宗曾随从唐高宗在苑中打猎,说到晋州出产好鹞,请求高宗命刘齐贤捕捉,高宗说:"刘齐贤难道是捕鹞的吗?"

【纲】冬十二月,任命李勣为辽东大总管,讨伐高丽。

【纲】乾封二年(丁卯,667),春正月,高宗举行亲耕藉田礼。【目】有关部门送来耒耜等农具,上面加以雕刻装饰。高宗说:"耒耜是农夫们使用的,怎么能这般华丽呢!"命人更换。不久耕地,推九个往返便停止。

【纲】总章元年(戊辰,668),夏四月,彗星出现于五车星位。【目】彗星出现,高宗回避正殿,减少膳食,撤除音乐。许敬宗等人上奏请求恢复平常状况,说:"彗星出现在东北方位,是高丽即将灭亡的征兆。"高宗说:"这是上天指责朕不施恩德,怎么可以归罪于小国呢?况且高丽的百姓,也是朕的百姓呀。"不应允,不久彗星消失。

【纲】秋七月,李勣攻占平壤,高丽国王高藏投降,高丽全部平定。 【目】薛仁贵在金山(今辽宁康平)大败高丽兵,想要乘胜攻取扶余城(今辽宁昌图北),众位将领认为兵力太少,劝阻他。薛仁贵说:"兵不必多,就看你如何使用了。"于是亲自充任前锋,与高丽兵交战,将高丽兵打得大败,于是攻下扶余城。

侍御史贾言忠出使从辽东返回,高宗问他道:"众位将领中谁最优秀?"贾言忠答道:"薛仁贵勇冠三军,庞同善治军严整,高侃忠义果敢有谋略,契苾何力沉着坚毅能决断;然而日夜小心,忘记个人而忧心国家,没人能赶得上李勣。"李勣等进攻大行城,并拔下城池,各路兵马汇合,进军到鸭绿栅(今朝鲜新义州东北),将城池攻下。围困平壤,一个多月后,高丽国王高藏投降,高丽全部平定。

【纲】冬十二月,唐朝设置安东都护府。

【纲】京城、山东、江淮一带遭旱灾,闹饥荒。

【纲】己巳，二年，春二月，以卢承庆为司刑太常伯。　【目】承庆尝考内外官，有一官督运，遭风失米，承庆考之曰："监运损粮，考中下。"其人容色自若，无言而退。承庆重其雅量，改注曰："非力所及，考中中。"既无喜容，亦无愧词。又改曰："宠辱不惊，考中上。"

时渭南尉刘延祐，弱冠，政事为畿县最，李勣谓曰："足下春秋甫迩，遽擅大名，宜稍自贬抑，无为独出人右也！"

【纲】秋九月，大风，海溢。

【纲】冬十一月，李勣卒。　【目】上尝谓侍臣曰："朕虚心求谏而竟无谏者，何也？"李勣对曰："陛下所为尽善，群臣无得而谏。"

勣寝疾，谓弟弼曰："我见房、杜平生勤苦，仅立门户，遭不肖子荡覆无余。吾此诸子，今以付汝，谨察视之。其有志气不伦，交游非类者，皆先挝杀，然后以闻。"

勣为将，有谋善断，从善如流。战胜则归功于下，所得金帛，悉散之将士，故人思致死，所向克捷。临事选将，必訾相其状貌丰厚者遣之。或问其故，勣曰："薄命之人，不足与成功名。"

闺门雍睦而严。其姊尝病，勣亲为作粥，风回，爇其须鬓。姊曰："仆妾幸多，何自苦如是！"勣曰："非然也；顾姊老，勣亦老，虽欲久为姊煮粥，其可得乎！"

常谓人："我年十二三时为亡赖贼，逢人则杀。十四五为难当贼，有所不惬则杀之。十七八为佳贼，临陈乃杀人。二十为大将，用兵以救人死。"卒，谥贞武，孙敬业嗣。

【纲】定铨注法。　【目】时承平既久，选人益多，司刑少常伯

【纲】总章二年（己巳，669），春二月，任命卢承庆为司刑太常伯。 【目】卢承庆曾经考核朝廷内外官员，有一名官吏督办漕运，因途中遇大风粮食受损，卢承庆考核评议道："监运损失粮食，考评中下。"那名官员神态自若，没有讲话即退下去。卢承庆看重他有肚量，改注评语道："非人力所能及，考评中中。"这位官员既不高兴，也没有表示愧疚的话，卢承庆又改写为："遇宠辱而不惊，考评中上。"

当时渭南（今陕西渭南）县尉刘延祐刚满二十岁，政绩在京城长安附近各县中最为突出。李勣对他说："您还这么年轻，就赢得较大名声，应该自我稍加损抑，不必忙于出人头地。"

【纲】秋九月，刮大风，海水外溢。

【纲】冬十一月，李勣去世。 【目】高宗曾对身边大臣说："朕虚心求谏可是竟然没有谏诤的，这是为什么？"李勣答道："陛下所做的都很好，大臣们没什么可谏的。"

李勣病重，对他的弟弟李弼说："我观察房玄龄、杜如晦平生勤苦，仅得树立门户，却被不肖子孙荡然废毁。我这些子孙现在全都托付给你，望你严格监督他们。如有胸无大志，滥交广结者，均可先将他们乱棍打死，然后上报朝廷。"

李勣身为将领，多谋善断，从善如流。仗打胜了则归功于下属，所得金银财宝，全都散发给手下将士，所以人人想着拼死命，军队所向披靡。临战选拔将领，一定挑那些相貌强壮忠厚的人充任。有人问他是什么原因，李勣说："薄命的人，不足以成就功名。"

家中和睦而严肃。他姐姐曾患病，李勣亲自为她煮粥，风向逆转，烧焦了头发和眉毛。他姐姐说："仆人和婢妾那么多，何必自己吃这样的苦！"李勣说："不是这样，看着姐姐年老，我自己也老了，虽想长期为姐姐煮粥，能做得到吗！"

李勣常对人说："我十二三岁时是蛮横的贼，逢人便杀。十四五岁是难以抵挡的贼，有所不愉快就杀人。十七八岁时成为好贼，临阵才杀人。二十岁做大将，用兵使人免除死难。"李勣死后，谥号贞武，他的孙子李敬业承袭封爵。

【纲】制定铨选注授官职的办法。 【目】当时，唐朝天下太平已

裴行俭，始与员外郎张仁祎设长名姓历榜，引铨注之法。又定州县升降、官资高下。其后遂为永制，无能革之者。

大略唐之选法，取人以身、言、书、判，计资量劳而拟官。始集而试，观其书、判；已试而铨，察其身、言；已铨而注，询其便利；已注而唱，集众告之。然后类以为甲，各给以符，谓之告身。

有刘晓者，上疏论之曰："今选曹以检勘为公道，书判为得人，殊不知考其德行才能，况书判借人者众矣。又礼部取士，专用文章为甲乙，故天下之士皆舍德行而趋文艺，有朝登甲科而夕陷刑辟者，虽日诵万言，何关理体？文成七步，未足化人。取士以德行为先，文艺为末，则多士雷奔，四方风动矣。"

【纲】庚午，咸亨元年，秋八月，关中旱，饥。闰月，皇后以旱请避位，不许。

【纲】壬申，三年，秋八月，许敬宗卒。

【纲】冬十一月，以邢文伟为右史，王及善为右千牛卫将军。
【目】太子弘罕接宫臣，典膳丞邢文伟辄减所供膳，上书谏，太子纳之。上闻之曰："直士也。"擢为右史。太子因宴集，命宫臣掷倒，次至右奉裕率王及善，及善曰："掷倒自有伶官，臣若奉令，恐非所以羽翼殿下也。"太子谢之。上闻之，赐及善缣百匹，寻迁右千牛卫将军。

【纲】甲戌，上元元年，春三月，以武承嗣为周国公。

久，使补授职的人越来越多，司刑少常伯裴行俭与员外郎张仁祎开始设立候选人名资历的长榜，制定铨选注授官职的办法。并且规定州县官升降办法和官资高低等次。此后即成为制度，无人能改变它。

大略唐朝铨选官员的办法，一般根据人的体貌、言辞、书法、文理，计算资历、衡量劳绩而分别授任官职。首先集中考试，看书法好坏，文理优劣；入选后再察看其体貌是否丰伟，言辞是否准确；入选的可以注授官职，但要征询本人意见；入选注授官职的人，在应试人中公开宣布。然后逐级上报，吏部按照皇帝旨意授官，分别发给凭信，称为"告身"。

有个叫刘晓的人，向高宗上奏疏议论道："如今主持人才选拔的官员，以考核功过为公平之事，以书法和文理优劣作为选人标准，却不知道考查人的道德品行和才能，更何况假借别人的书法和判文的人多的是。还有，礼部开科取士，专以文章好坏分等级差别，所以天下的士人都舍弃道德品行而追求文章技艺，结果出现了早晨荣登甲科进士，晚上却因犯罪而被处死刑的，这样的人即使能够一日诵读万言，对治道又有什么益处呢？行走七步之内写成文章，也不足以造就人才。如果选拔人才以道德品行为优先条件，文章技艺置于后，那么众多的士人就会竞相奔涌而来，四方就会闻风响应。"

【纲】咸亨元年（庚午，670），秋八月，关中地区大旱，闹饥荒。闰八月，皇后因为旱情严重，请求回避风仪之位，高宗没有应允。

【纲】咸亨三年（壬申，672），秋八月，许敬宗去世。

【纲】冬十一月，任命邢文伟为右史，王及善为左千牛卫将军。
【目】太子李弘很少接近自己的属臣，典膳丞邢文伟便减少他的膳食，并上书规劝太子，太子接受了他的意见。高宗听说后言道："这是正直之士。"提拔他为右史。太子举行宴会时，命自己的属官表演掷倒（即倒立拿大鼎）的杂技，依次轮到右奉裕率王及善，王及善说："表演掷倒，本是乐官的职责，我如果执行您的命令，恐怕就失去辅佐殿下的身份了。"太子向他道歉。高宗听说后，赐给王及善绸缎一百匹，不久又提升他为左千牛卫将军。

【纲】上元元年（甲戌，674），春三月，封武承嗣为周国公。

【纲】秋八月，帝称天皇，后称天后。

【纲】九月，追复长孙无忌官爵。 【目】以无忌曾孙翼袭爵赵公，听陪葬昭陵。

【纲】大酺。 【目】大酺，上御翔鸾阁观之。分音乐为东西朋，使雍王贤主东朋，周王显主西朋，角胜为乐，郝处俊谏曰："二王春秋尚少，志趣未定，当推梨让枣，相亲如一。今分二朋，递相夸竞，非所以崇礼义，劝敦睦也。"上瞿然，曰："卿远识，非众人所及也。"遽止之。

【纲】乙亥，二年，春三月，天后祀先蚕。 【目】天后祀先蚕于邙山之阳；百官及朝集使皆陪位。

时上苦风眩，议使天后摄政。郝处俊谏诤曰："天子理外，后理内，天之道也。昔魏文帝著令，虽有幼主，不许皇后临朝，所以杜祸乱之萌。陛下奈何以高祖、太宗之天下，不传之子孙而委之天后乎！"中书侍郎李义琰曰："处俊之言至忠，陛下宜听之！"上乃止。

天后多引文学之士元万顷、刘祎之等，使之撰《列女传》《臣轨》《百僚新戒》《乐书》，凡千余卷。时密令参决表奏，以分宰相之权，时人谓之"北门学士"。

【纲】夏四月，太子弘薨，谥孝敬皇帝，立雍王贤为太子。【目】太子弘仁孝谦谨，上甚爱之，中外属心。天后方逞其志，太子奏请，数迕旨。天后怒。太子薨，时人以为天后鸩之也。诏追谥为孝敬皇帝。

【纲】秋八月，以戴至德、刘仁轨为左右仆射，张文瓘为侍中，郝处俊为中书令，李敬玄同三品。 【目】刘仁轨、戴至德更日受牒

【纲】秋八月，高宗改称天皇，皇后武则天称天后。

【纲】九月，追认并恢复长孙无忌的官爵。　【目】命长孙无忌的曾孙长孙翼承袭赵公爵位，准许长孙无忌的遗体陪葬唐太宗的昭陵。

【纲】朝廷大摆酒宴。　【目】朝廷大摆酒宴，高宗登临翔鸾阁观看。分乐队为东西两部，让雍王李贤主持东半部，周王李显主持西半部，互比胜负取乐，郝处俊劝谏道："雍王和周王年纪较轻，志趣尚未定形，应当推梨让枣，互谅互让，亲密无间。现在分作两部分，互相夸耀竞争，这并不是崇尚礼义，鼓励亲爱和睦的本意了。"高宗非常惊讶地说道："你的远见卓识，不是大家能够赶得上的。"于是立即下令停止比赛。

【纲】上元二年（乙亥，675），春三月，天后武则天祭祀先蚕神。【目】天后武则天在邙山南侧祭祀先蚕神；文武百官及各地方派来的使者都出席陪祭。

当时高宗苦于风眩病困扰，商议由天后武则天代理国家政事。郝处俊劝谏说："皇帝治理外朝，皇后治理后宫，这是天经地义的。从前魏文帝曹丕曾发布命令，即使皇帝年幼，也不许皇后临朝听政，为的是防止祸乱发生。陛下为何不将高祖、太宗打下的天下传给子孙，而托付给天后呢！"中书侍郎李义琰说："郝处俊讲的话最为忠诚，望陛下依从。"高宗于是放弃原来的打算。

天后广泛招揽文人学者如元万顷、刘祎之等人，让他们撰写《列女传》《臣轨》《百僚新戒》《乐书》，共一千多卷。并时常让他们参与裁决表章奏疏，以分割宰相的权力，当时人称之为"北门学士"。

【纲】夏四月，太子李弘去世，加谥号为孝敬皇帝，改立雍王李贤为太子。　【目】太子李弘仁义孝敬，谦恭谨慎，高宗非常喜欢他，也得到朝廷内外的爱戴。天后武则天正谋划个人企图，太子奏事多次违反她的旨意，因而武则天十分忌恨他。太子死去，当时人认为是天后将他毒死的。高宗下诏追谥李弘为孝敬皇帝。

【纲】秋八月，任命戴至德、刘仁轨为左右仆射，张文瓘为侍中，郝处俊为中书令，李敬玄为同中书门下三品。　【目】刘仁轨、戴至德隔日轮流受理诉讼，刘仁轨常用动听的言辞答应诉讼人的要求，戴至德一

诉，仁轨常以美言许之，至德必据理难诘，未尝与夺，实有冤结者，密为奏辨。由是时誉皆归仁轨。或问其故，至德曰："威福者人主之柄，人臣安得盗取！"上闻之，深重之。

有老妪欲诣仁轨陈牒，误诣至德，至德览之未终，妪曰："本谓是解事仆射，乃不解事仆射邪！归我牒！"至德笑而授之。时人称其长者。

文瓘时兼大理卿，囚闻改官，皆恸哭。文瓘性严正，诸奏议，多所纠驳，上甚委之。

【纲】吐蕃寇鄯州。

【纲】丙子，仪凤元年，秋九月，以狄仁杰为侍御史。 【目】将军权善才、中郎将范怀义误斫昭陵柏，当除名；上特命杀之。大理丞狄仁杰奏："罪不当死。"上曰："我不杀，则为不孝。"仁杰固执不已，上怒，令出，仁杰曰："犯颜直谏，自古以为难。臣以为遇桀、纣则难，遇尧、舜则易。夫法不至死，而陛下特杀之，是法不信于人也，人何所措其手足！且张释之有言：'设有盗长陵一抔土，陛下何以处之？'今以一柏杀二将军，后代谓陛下为何如矣！臣不敢奉诏者，恐陷陛下于不道，且羞见释之于地下也。"上怒解，遂贷之。仍擢仁杰为侍御史。

初，仁杰为并州法曹，同僚郑崇质当使绝域。崇质母老且病，仁杰曰："彼母如此，岂可复使之有万里之忧！"诣长史蔺仁基，请代之行。仁基素与司马李孝廉不协，因相谓曰："吾辈岂可不自愧乎！"遂相与辑睦。

【纲】丁丑，二年，春正月，耕藉田。

定要据理认真责问,未曾轻易答应或否定,确实有冤枉的,才私下向皇帝上奏申辩。因此当时的赞誉之词都倾向于刘仁轨。有人问是何缘故,戴至德说:"刑罚和赏赐都是皇帝的权力,臣下怎么敢盗用呢!"高宗听说此事后,非常器重戴至德。

有一个老妇人要找刘仁轨呈送诉讼状子,误送给戴至德,至德还未看完状子,老妇人便说:"原来以为是懂事的仆射,竟是不懂事的仆射,把状子还给我!"戴至德笑着还给她。当时人称赞他是谨慎厚道的人。

张文瓘当时兼任大理寺正卿,囚犯们听说他改任侍中,都大声痛哭。张文瓘秉性严肃正直,各部门奏疏,多被他纠正驳回,高宗很依靠他。

【纲】吐蕃进犯鄯州(治湟水,今青海乐都)。

【纲】仪凤元年(丙子,676),秋九月,任命狄仁杰为侍御史。

【目】将军权善才、中郎将范怀义误砍昭陵柏树,论罪应当除去名籍;高宗特别下令要处死他们。大理丞狄仁杰上奏称:"按罪不当处死。"高宗说:"我不杀他们,便是不孝。"狄仁杰固执己见,高宗恼怒,命令他出去,狄仁杰说:"冒犯皇帝的威严,直言劝谏,自古以来就是很难做到的事。我认为这类事遇到桀、纣则困难,遇到尧、舜就很容易。依法不当处死,陛下却特意要处死他们,这是法令不能取信于民,人们将何所适从呢!而且汉朝张释之曾说过:'假如有人盗取高祖长陵上的坏土,陛下将如何处分他?'现在因为一棵柏树而杀死两位将军,后代将如何评说陛下呢?我所以不奉诏令处死他们,是恐怕使陛下陷入于无道的处境,而且无脸面见张释之于九泉之下的缘故。"高宗怒气消解,于是宽恕了二人。不久又提升狄仁杰为侍御史。

起初,狄仁杰任并州(治太原,今山西太原西南)法曹,同事郑崇质应当出使边远地区。郑崇质的母亲年老多病,狄仁杰说:"你母亲的情况如此,怎么可以让她有万里之外的忧虑呢!"于是找到长史蔺仁基,请求由自己代他述职。蔺仁基一向与司马李孝廉不和,此时相互言道:"我们难道不自感到羞愧吗?"于是两人和睦相处。

【纲】仪凤二年(丁丑,677),春正月,高宗举行藉田礼。

【纲】夏四月,河南、北旱。

【纲】秋八月,徙周王显为英王。

【纲】命刘仁轨镇洮河军。

【纲】戊寅,三年,春正月,百官四夷朝天后于光顺门。

【纲】以李敬玄为洮河道大总管。 【目】刘仁轨有奏请,多为李敬玄所抑,由是怨之。知敬玄非将帅才,荐之使守西边。敬玄固辞。上曰:"仁轨须朕,朕亦自往,卿安得辞!"乃以敬玄代仁轨,大发兵讨吐蕃。

【纲】夏五月,幸九成宫。 【目】山中雨寒,从兵有冻死者。

【纲】秋九月,还京师。

【纲】李敬玄与吐蕃战,败绩。 【目】李敬玄将兵十八万,与吐蕃将论钦陵战于青海之上,副总管刘审礼深入,败没,敬玄按兵不救,狼狈还走,收余众还鄯州。

敬玄之西征也,监察御史娄师德应猛士诏从军,及败,敕师德收集散亡,军乃复振。因命使于吐蕃,吐蕃将论赞婆迎之。师德宣导上意,谕以祸福,赞婆甚悦,为之数年不犯边。

上以吐蕃为忧,悉召侍臣谋之,或欲和亲,或欲严备,俟公私富实而讨之,或欲亟发兵击之。议竟不决。太学生魏元忠上封事曰:"理国之要,在文与武。今言文者则以辞华为首而不及经纶,言武者则以骑射为先而不知方略,故陆机著论《辩亡》,无救河梁之败,养由基射穿七札,不济鄢陵之师,此已然之明效也。古语有之:'兵无强弱,将有巧拙。'故选将当以智略为本,勇力为末。今朝廷用人,类取将门子弟及死事之家,彼皆庸人,岂足当阃外之任!古之名将皆出贫贱而立殊功,未闻其家代为将也。夫赏罚者,军国之切务,近日征

【纲】夏四月,黄河南、北地区大旱。

【纲】秋八月,改封周王李显为英王。

【纲】命令刘仁轨镇守洮河军(在鄯州城内,即今青海乐都)。

【纲】仪凤三年(戊寅,678),春正月,唐朝文武百官及各族首领在光顺门朝见天后武则天。

【纲】任命李敬玄为洮河道大总管。 【目】刘仁轨每有奏议请求,多被李敬玄压制,从此怨恨他。刘仁轨深知李敬玄并无将帅之才,却推荐他去镇守西部边防地区。李敬玄执意推辞。高宗说:"刘仁轨如果需要朕去,朕也会亲自前往,你又何必推辞呢?"于是便让李敬玄接替刘仁轨的职位,大举发兵讨伐吐蕃。

【纲】夏五月,高宗临幸九成宫。 【目】山中下雨,天气寒冷,侍从士兵有人被冻死。

【纲】秋九月,高宗车驾回到长安。

【纲】李敬玄与吐蕃兵交战,打了败仗。 【目】李敬玄统率十八万兵马,与吐蕃将领论钦陵在青海(今青海西宁西)一带展开激战,副总管刘审礼孤军深入,全军覆没,李敬玄按兵不动,不去救援,狼狈逃跑,收拾余众回到鄯州。

李敬玄西征时,监察御史娄师德应猛士诏从军,西征失败,高宗命令娄师德收罗散兵游勇,军力才重得振兴。于是高宗命娄师德出使吐蕃,吐蕃将领论赞婆迎接他。娄师德传达高宗的旨意,晓以祸福利害,论赞婆听后非常高兴,为此数年不进犯唐朝边境。

高宗一直以吐蕃为可忧虑的事,召集众大臣商议对策,有人提出和亲政策,有人主张严加防备,待公私都富足时再去讨伐,有人提出立即发兵讨伐。讨论到最后也毫无结果。太学生魏元忠上书言道:"治理国家的根本,在于文武之道。如今讲文的人则以言词华丽为首要,而不顾及国家大事,讲武的人则以骑马射箭为先务而不知计策谋略,故而陆机著《辩亡论》,却无救于他在河梁之战中的失败,养由基有射穿七层铠甲的勇力,也不能避免楚军在鄢陵之战中失败,这些都是人所共知的结果。古语说:'兵没有强盛和衰弱,将却有聪明和笨拙。'所以选择将领应当智慧谋略为根本,勇猛力量为次要。如今朝廷重用人,一般都录用

伐，虚有赏格而无事实。盖由小才之吏，不知大礼，徒惜勋庸，恐虚仓库。不知士不用命，所损几何！自苏定方征辽东，李勣破平壤，赏绝不行，大非川之败，薛仁贵、郭待封等不即重诛，臣恐吐蕃之平，非旦夕可冀也。又，出师之要，全资马力。请开蓄马之禁，使百姓皆得畜马；若官军大举，增价市之，则皆为官有矣。"上善其言，召见，令直中书省，仗内供奉。

将门子弟及为国事而死的人的家属,这些人都是平庸之人,怎么能担当军事重任!古代的著名将领都出身贫贱而建立特殊功勋,未曾听说他们家都是世代为将领的。赏功罚罪是军队和国家中最迫切的任务,近来的征伐,徒有赏赐的虚名和无实际内容。这主要是由于才识短小的官吏不识大体,吝啬对有功劳者的奖赏,担心使仓库空虚。却不知士兵不执行命令会有多大的损失!自从苏定方征伐辽东,李勣攻下平壤后,赏赐再没有施行,大非川战败,薛仁贵、郭待封等人不按重罪处死,我只担心平定吐蕃,并非短期内所能指望的。还有,出兵的要领,全仰仗马力。请求废止养马的禁令,使老百姓都能够养马;如果官军大规模行动,则高价购买,这些马匹便都归官家所有。"高宗很赞许魏元忠的奏言,亲自召见他,命他在中书省值班,朝会时供资询垂问。

纲鉴易知录卷四六

唐纪

高宗皇帝

【纲】己卯,调露元年,春正月,幸东都。司农卿韦弘机免。

【纲】夏四月,命太子贤监国。 【目】太子处事明审,时人称之。

【纲】冬十月,单于府突厥反,遂寇定州。

【纲】庚辰,永隆元年,春三月,以裴行俭为定襄道大总管,讨突厥,平之。

【纲】秋八月,贬李敬玄为衡州刺史。

【纲】废太子贤为庶人,立英王哲为皇太子。

【纲】辛巳,开耀元年,春正月,宴百官及命妇于麟德殿。

【纲】三月,以刘仁轨为太子少傅。 【目】少府监裴匪舒善营利,奏卖苑中马粪,岁得钱二十万缗。上以问刘仁轨,对曰,"利则厚矣,恐后代称唐家卖马粪,非嘉名也。"乃止。

匪舒又为上造镜殿,上与仁轨观之,仁轨惊趋下殿。上问其故,对曰:"天无二日,土无二主,适视四壁有数天子,不祥孰甚焉!"上遽令剔去。

【纲】秋七月,征处士田游岩为太子洗马。 【目】游岩隐居泰

高宗皇帝

【纲】调露元年（己卯，679），春正月，唐高宗驾临东都（今河南洛阳），司农卿韦弘机被免职。

【纲】夏四月，命令皇太子李贤代行处理国事。　【目】皇太子李贤处理国事清明审慎，当时的人们都称赞他。

【纲】冬十月，单于大都护府的突厥族阿史德部反叛朝廷，出兵攻扰定州（治安喜，今河北定县）。

【纲】永隆元年（庚辰，680），春三月，任命裴行俭做定襄道（即忻州，治秀容，今山西忻定）大总管，讨伐突厥部族，平息了叛乱。

【纲】秋八月，贬降李敬玄任衡州（治临蒸，今湖南衡阳）刺史。

【纲】废黜皇太子李贤，让他做平民百姓；另立英王李哲做皇太子。

【纲】开耀元年（辛巳，681），春正月，在麟德殿宴请朝廷文武百官及受有封号的贵族妇女。

【纲】三月，任命刘仁轨做太子少傅。　【目】少府监裴匪舒很擅长经营谋利，向唐高宗上书建议出卖皇帝畜养禽兽的园林中积存的马粪，估计一年就可以赚得二十万贯钱。高宗把这个建议拿来询问刘仁轨的意见，仁轨回答说："财利虽然很丰厚，只恐怕后代人传说唐朝帝王家出卖马粪求利，实在不是值得赞美的好名声。"于是，唐高宗制止了这件事。

裴匪舒又给唐高宗建造了一座镜殿，高宗同刘仁轨一起前去观赏，仁轨惊恐地急忙退出殿外。高宗问仁轨惊恐退出的原因，仁轨回答说："天上没有两个太阳，国土也不能有两位君主。刚才观看殿内四周的墙壁，竟同时有好几位皇帝，还有什么事比这更不吉祥呢！"唐高宗立即下令折除了殿壁上的镜子。

【纲】秋七月，唐高宗征召闲居民间的士人田游岩担任太子洗马的

山，上东封，尝幸其庐。征为洗马，无所规益。右卫副率薛俨以书责之，曰："足下负巢、由之峻节，傲唐、虞之圣主，屈万乘之重，申三顾之荣，将以辅导储贰，渐染芝兰耳。皇太子春秋鼎盛，圣道未明，足下乃唯唯而无一谈，悠悠以卒年岁，何以塞圣主调护之寄乎？"游岩不能答。

【纲】冬十月，徙故太子贤于巴州。

【纲】壬午，永淳元年，春二月，立皇孙重照为皇太孙。

【纲】夏四月，关中饥，上幸东都。

【纲】闻喜宪公裴行俭卒。　【目】行俭有知人之鉴。初，王勃与杨炯、卢照邻、骆宾王皆以文章有盛名，李敬玄尤重之，行俭曰："士之致远者，当先器识而后才艺。勃等虽有文华，而浮躁浅露，岂享爵禄之器邪！杨子稍沉静，应至令长；余得令终幸矣。"既而勃堕水，炯终于盈川令，照邻恶疾，赴水死，宾王反诛。行俭为将帅，所引偏裨，后多为名将。

【纲】五月，洛水溢。关中旱，蝗。

职务。【目】田游岩原来在泰山（今山东泰安北，号称东岳）隐居，唐高宗东行到泰山举行祭祀天地的活动时，曾亲自驾临游岩的住所。游岩被征召担任太子洗马后，一直没有做出什么规劝教导皇太子的有益举动，右卫副率薛俨用书信责备游岩说："您自负地认为有古人巢父、许由一样高尚的节操，傲慢地对待像唐尧、虞舜那样圣明的君主。当今的皇帝不惜委屈自己是大国之主的尊贵身份，对你表达了像刘备亲往茅庐三请诸葛亮那种特殊的尊荣，是想依靠你来辅助教导皇太子，逐渐薰染太子，使他形成芝兰一样高洁的品德。皇太子目前正是年轻成长的时候，对做圣明君主的大道理还不完全明白，你却一直在太子面前唯唯诺诺，没有一句对太子有益处的议论；这样庸俗毫无作为地耗尽了岁月，你用什么来满足当今圣明君主把调教保护太子的重任寄托给你的殷切期望呢？"田游岩根本无法回答。

【纲】冬十月，把原皇太子李贤迁徙到巴州（治化城，今四川巴中）居住。

【纲】永淳元年（壬午，682），春二月，立唐高宗的孙子李重照做皇太孙。

【纲】夏四月，关中（今陕西省）发生饥荒。唐高宗驾临东都洛阳。

【纲】闻喜宪公裴行俭去世。【目】裴行俭具有识别人物贤愚善恶的灼见明识。当初，王勃与杨炯、卢照邻、骆宾王都因为擅长文学创作在社会上享有很高的名望，李敬玄更是特别重视他们。裴行俭却说："士大夫中能够有远大成就的人，应当把为人处世的器度与见识放在首要的地位，然后才是注重才学和技艺。王勃等人虽然具有写文章的才华，却品行轻浮骄躁，浅薄外露，难道是能够长远安享官爵厚禄的那类人物吗？杨炯的为人略为深沉宁静，有可能做到县令一类的官职；其余的几个人，能够得到善终就算是幸运了。"后来，王勃因为掉到水里受惊死去，杨炯中年病故在盈川县（今四川筠连境内）县令任上，卢照邻得了十分折磨人的风痹病投水自杀，骆宾王因为参与反对武则天的活动最后被杀。裴行俭曾担任将帅要职，他引荐提拔的副将中有很多人在后来成为著名的将领。

【纲】五月，洛水泛滥。关中发生旱灾、蝗灾。

【纲】秋七月,作奉天宫。 【目】上既封泰山,欲遍封五岳,作奉天宫于嵩山之南。监察御史里行李善感谏曰:"陛下封泰山,告太平,致群瑞,与三皇、五帝比隆矣。数年不稔,饿殍相望,四夷交侵,兵车岁驾。陛下宜恭默思道以禳灾谴,更广营宫室,劳役不休,天下莫不失望。"上不纳。自褚遂良、韩瑗之死,中外以言为讳,几二十年;及善感始谏,天下皆喜,谓之"凤鸣朝阳"。

【纲】冬十月,突厥骨笃禄寇并州,薛仁贵大破之。 【目】突厥余党阿史那骨笃禄、阿史德元珍等招集亡散,据黑沙城反,寇并州。代州都督薛仁贵将兵击之。虏问:"唐大将为谁?"应之曰:"薛仁贵。"虏曰:"吾闻仁贵流象州死矣,何绐我也!"仁贵免胄示之面,虏相顾失色,下马列拜,稍稍引去。仁贵因备击,大破之。

【纲】以娄师德为河源军经略副使。 【目】吐蕃寇河源,师德将兵击之于白水涧,八战八捷。上以师德为比部员外郎、左骁骑郎将、充使,曰:"卿有文武材,勿辞也!"

【纲】癸未,弘道元年,秋七月,诏以来年有事于嵩山;冬十一

【纲】秋七月，下令修建奉天宫。　【目】唐高宗已经到泰山举行过祭祀天地的大典，想遍游五岳（东岳泰山、南岳衡山、西岳华山、北岳恒山、中岳嵩山）并举行这种祭祀天地的活动，就下令在嵩山的南部（今河南登封北）修建奉天宫。监察御史里行李善感劝阻说："陛下亲自到泰山祭祀天地，祷告天地赐给国家太平、百姓吉祥，同三皇、五帝的美德相比已经不分高下了。现在，国内接连几年庄稼不收，饿死的人到处可见；边境四方的夷狄部族又交替前来侵扰，军队被迫年年出征。陛下本应当恭谨宁静地认真思考治国大道，借此免除灾祸；如果一再大规模地修建宫殿居室，使百姓劳苦服役不得休息，天下百姓都会对您深感失望。"唐高宗没有采纳李善感的意见。自从敢于直言的名臣褚遂良、韩瑗被迫害去世后，朝廷内外把直言进谏看成极大的忌讳，已有将近二十年了；到李善感又开始直言进谏，天下百姓都十分欢喜，称赞李善感是"凤鸣朝阳"（意思是说他的举动像《诗经》中歌颂的凤凰在朝阳升起时高声鸣唱那样预示着兴旺吉祥）。

【纲】冬十月，突厥的骨笃禄侵扰并州（治太原，今山西太原西南），薛仁贵把他打得大败溃逃。　【目】曾经反叛朝廷的突厥余党阿史那骨笃禄、阿史德元珍等人，召集当年战败后逃亡流散的部众，占据黑沙城（今陕西榆林境）反抗朝廷，侵扰并州。代州（治雁门，今山西代县）都督薛仁贵率领军队反击来侵的突厥人。突厥人询问："唐朝领兵的大将是谁？"回答说："是名将薛仁贵！"突厥人又说："我们听说薛仁贵被流放到象州（治阳寿，今广西象州），已经死了。怎么还来欺骗我们！"薛仁贵在突厥人面前脱下头盔显出本来面目，突厥人个个惊恐得互相呆望，连脸色都吓变了，慌忙跳下战马一齐拜伏在地，随即带领部众逐渐地退去。薛仁贵乘机奋勇追击，把他们打得大败溃逃。

【纲】任用娄师德担任河源军（治所在今青海西宁东南）经略副使。　【目】吐蕃侵犯河源，娄师德奉命率领军队在白水涧一带阻击来犯的吐蕃人，八次交战，八次获得大胜。唐高宗任命娄师德担任比部员外郎、左骁骑郎将，并兼任河源军经略副使，对师德说："你兼有文韬武略的大才，不要推辞我交给你的重任。"

【纲】弘道元年（癸未，683），秋七月，唐高宗把明年将在嵩山举

月,诏罢之。 【目】诏罢封嵩山,上疾甚故也。

【纲】诏太子监国,以裴炎、刘景先、郭正一兼东宫平章事。

【纲】十二月,帝崩,太子即位。尊天后为皇太后。 【目】上疾甚,夜召裴炎入受遗诏而崩。遗诏太子即位,军国大事有不决者兼取天后进止。中宗即位,尊天后为皇太后,政事咸取决焉。

【纲】以刘仁轨为左仆射,裴炎为中书令,刘景先为侍中。郭正一罢。

中宗皇帝(附武后)

【纲】甲申,中宗皇帝嗣圣元年。

【纲】春正月,立妃韦氏为皇后。以韦弘敏同三品。二月,太后废帝为庐陵王,立豫王旦。 【目】中宗欲以后父韦玄贞为侍中,裴炎固争,中宗怒曰:"我以天下与韦玄贞何不可!而惜侍中邪!"炎惧,白太后,密谋废立。太后集百官于乾元殿,勒兵宣令,废中宗为庐陵王。中宗曰:"我何罪?"太后曰:"汝欲以天下与韦玄贞,何得无罪!"乃幽于别所。立豫王旦为皇帝,妃刘氏为皇后,永平王成器为太子,废太孙重照为庶人,改元文明。旦居别殿,不得有所预,政事皆决于太后。

行祭祀活动的事情通告全国；冬十一月，又下令撤消了原来的通告。
【目】下令取消到嵩山举行祭祀活动的决定，是因为唐高宗本人已经病情沉重。

【纲】下令由皇太子李哲代行处理国事，任命裴炎、刘景先、郭正一兼任东宫平章事，辅助太子。

【纲】十二月，唐高宗去世，太子李哲正式登上皇位，尊称唐高宗的皇后天后武则天做皇太后。　【目】唐高宗病情危急时，连夜把裴炎召唤到皇宫内，将遗嘱交给裴炎，随即就去世了。遗嘱中命令：太子登上皇位后，如果有关国家军政大事有不能做出决定的，应同时听取天后武则天的意见再决定进或退。唐中宗李哲登上皇位后，尊称天后武则天做皇太后。国家军政大事都取决于武则天的意见。

【纲】委任刘仁轨做左仆射，裴炎做中书令，刘景先做侍中。郭正一被罢免官职。

中宗皇帝（附武后）

【纲】中宗嗣圣元年，睿宗文明元年，武后光宅元年（甲申，684）。

【纲】春正月，立唐中宗李哲的妃子韦氏做皇后。任命韦弘敏同三品。二月，武后废黜了唐中宗，贬他去做庐陵王（庐陵即吉州，治庐陵，今江西吉安）；另立唐中宗的弟弟豫王李旦做皇帝。　【目】唐中宗想任用韦皇后的父亲韦玄贞做侍中，裴炎坚持不同意，中宗发怒说："我就是把整个天下的大权都交给韦玄贞，又有什么不行？难道还有必要吝惜一个侍中的职位吗！"裴炎听了惊恐万分，把事情原委向武后报告，秘密谋划好要废黜唐中宗另立皇帝。于是，武后在乾元殿召集朝廷众官，在布置重兵进行恫吓的情况下宣布命令：废黜唐中宗李哲去做庐陵王。中宗申辩说："我有什么罪过？"武后说："你想把天下大权都交给韦玄贞，怎么能说是没有罪！"随即把唐中宗幽禁到正宫外的一个地方。立豫王李旦做皇帝，李旦的妃子刘氏做皇后，永平王李成器做皇太子。同时，把皇太孙李重照贬黜成平民百姓；改用"文明"作为新皇帝唐睿宗的年号。李旦虽然做了皇帝，却被指令居住在皇宫正殿之外的地方，不准

【纲】太后以刘仁轨为西京留守。

【纲】太后始御紫宸殿。

【纲】三月,太后杀故太子贤。

【纲】夏四月,太后迁帝于房州,又迁于均州。

【纲】闰五月,太后以武承嗣同三品。

【纲】秋七月,温州大水。

【纲】八月,葬乾陵。

【纲】括州大水。

【纲】九月,太后改元及服色、官名。　【目】太后改元光宅,旗帜皆从金色,八品服碧,东都为神都,尚书省为文昌台,仆射为左、右相,六曹为天、地、四时六官,门下省为鸾台,中书省为凤阁,侍中为纳言,中书令为内史,御史台分为左右肃政台,其余悉以义类改之。

【纲】太后立武氏七庙。　【目】武承嗣请追王其祖,立武氏七庙,太后从之。裴炎谏,不从。追尊五代祖为公,妣为夫人;高曾祖考为王,妣皆为妃。

【纲】英公李敬业起兵扬州,太后遣将军李孝逸击之。　【目】时诸武用事,唐宗室人人自危,众心愤惋。会柳州司马英公李敬业及弟敬猷、唐之奇、骆宾王、杜求仁、魏思温,皆失职怨望,乃谋起兵。矫诏杀扬州长史,开府库,赦囚徒,旬日间得胜兵十余万。复称嗣圣元年,敬业自称"匡复上将"。

许有干预国事的权力,一切军政大事都由武后来做决定。

【纲】武后任命刘仁轨做西京(今陕西西安)留守。

【纲】武后开始到紫宸殿主持处理国家政事。

【纲】三月,武后逼迫原皇太子李贤自杀。

【纲】夏四月,武后把唐中宗从庐陵迁徙到房州(治房陵,今湖北房县),随即又迁徙到均州(治武当,今湖北均县)。

【纲】闰五月,武后任命武承嗣同三品。

【纲】秋七月,温州(治永嘉,今浙江温州)发大水。

【纲】八月,把唐高宗李治安葬在乾陵(在今陕西乾县西北梁山)。

【纲】括州(治括苍,今浙江丽水东南)发大水。

【纲】九月,武后下令改变年号、官服颜色和官职名称。　【目】武后把年号改称为"光宅",旗帜都用金黄的颜色,八品以下的官吏改穿碧绿色的官服,东都洛阳改称神都,尚书省改称文昌台,仆射改称左相、右相,六曹衙门改用天、地和春、夏、秋、冬四季做六官的名称,门下省改称鸾台,中书省改称凤阁,侍中改称纳言,中书令改称内史,御史台分别改称左、右肃政台,其他的官职也全都按照职称的含义一一分类改变名称。

【纲】武后按照皇帝给本家族七代祖先建造祠庙进行祭祀的制度给武氏家族的祖先建立七庙。　【目】武后的侄子武承嗣请求给武家的历代祖先追封王号,并给武氏祖先建立七庙,武后听从了他的意见。裴炎想要劝阻,武后根本不听。于是,对武氏家族五代以上的祖先都追封了尊崇的称号,男的称"公",女的称"夫人";对高祖、曾祖两代,祖父都称"王",祖母都称"妃"。

【纲】英公李敬业在扬州(治江都,今江苏扬州)发动军队反对武后,武后派遣将军李孝逸前去攻打他们。　【目】当时,许多武氏家族的人把持了朝政大权,唐朝皇族李家的人个个感到自身处境危险,众人内心都充满了愤怒和怨恨。恰巧柳州(治马平,今广西柳州)司马、英公李敬业和他的弟弟敬猷,以及唐之奇、骆宾王、杜求仁、魏思温等人,都

移檄州县,略曰:"伪临朝武氏者,人非温顺,地实寒微。昔充太宗下陈,尝以更衣入侍,泊乎晚节,秽乱春宫。密隐先帝之私,隐图后庭之嬖,践元后于翚翟,陷吾君于聚麀。杀姊屠兄,弑君鸩母,人神之所同嫉,天地之所不容。包藏祸心,窃窥神器。君之爱子,幽之于别室;贼之宗盟,委之以重任。一抔之土未干,六尺之孤何在!"太后见之,问:"谁所为?"或对曰:"骆宾王。"太后曰:"宰相之过也。人有如此才,而使之流落不偶乎!"遣左玉钤卫大将军李孝逸将兵三十万以讨敬业,追削其祖考官爵,发冢斫棺,复姓徐氏。

【纲】太后杀侍中裴炎,以骞味道为内史,李景谌同平章事。
【目】武承嗣与从父弟三思,以韩王元嘉、鲁王灵夔属尊位重,屡劝太后因事诛之。太后谋于执政,裴炎固争。及李敬业举兵,太后问计于炎,对曰:"皇帝年长,不亲政事,故竖子得以为辞。若太后反政,则不讨自平矣。"承嗣因使监察御史崔詧言炎有异图,太后命左肃政大夫骞味道鞫之。凤阁舍人李景谌证炎必反,刘景先、胡元范

因被剥夺了官职对武后心怀不满，于是共同谋划发动军队反对武后。他们假造皇帝的命令杀了扬州刺史，打开官府储存财物兵器的仓库，放出被囚禁在监狱里的人，仅仅十天就聚得勇壮士兵十多万。他们又恢复唐中宗的年号用"嗣圣元年"纪年。李敬业还把自己称作"匡复上将"。

李敬业等人把公开讨伐武则天的文书传送各州县，文书中说："非法篡取皇位的武则天，人品既不温良恭顺，出身也很贫寒卑微。过去，她充当唐太宗的才人，地位本来十分低下，不过是因为太宗皇帝换衣服上厕所一类琐事的需要有机会侍候在太宗身边；到了太宗晚年，她竟用极淫秽的行为来扰乱皇太子居住的春宫。她严密地隐瞒了同已故太宗皇帝间的私情，暗地里图谋在高宗皇帝的后宫赢得宠爱，不仅践踏了皇后的至高尊严，还使我们的君主陷入父子乱伦的耻辱。她杀死姐姐韩国夫人，屠害堂兄武惟良，害死高宗皇帝，毒杀国母王皇后，是人和神都共同憎恶的败类，是天和地都不能容忍的罪人。她还暗藏险恶的祸国野心，在私下里窥伺机会夺取皇帝尊位。唐朝君主心爱的儿子，被幽禁在皇宫正殿之外；奸贼的家族和盟党，却委任他们重要的职位。刚刚去世的高宗皇帝坟墓上新土未干，尚未成年的高宗遗孤中宗皇帝又在什么地方！"武后见到了这篇文书，问："这是谁写的？"有人回答说："是骆宾王。"武后说："这应该算是宰相的一大过错！一个人有这样卓越的才华，怎么能让他流离沦落在朝廷外，不用来辅助朝政呢！"武后派遣左玉钤卫大将军李孝逸率领三十万大军去征讨李敬业，把李敬业已故的祖父徐世勣在死后还享有的官衔和俸禄全部削除，挖开徐世勣的坟墓毁掉他的棺材，并废除原先唐朝皇帝赏赐给徐世勣一家和皇族一同姓李的荣誉，让他们恢复徐姓。

【纲】武后杀死侍中裴炎，任命骞味道做内史，李景谌同平章事。【目】武承嗣和他的堂弟武三思，因为唐高祖的儿子韩王李元嘉和鲁王李灵夔都是尊贵的皇族后裔，又处在重要的地位，曾多次劝说武后找一件事情做借口把他们杀掉。武后和主持朝廷政事的宰相等大臣商议这件事，裴炎表示坚决反对。等到李敬业出兵反对武后，武后向裴炎询问对策，裴炎对答说："现在睿宗皇帝已长大成年，却不亲自主持朝廷军政大事，因此，李敬业这些小人才能拿这件事作为借口反对朝

明其不反，遂并下狱。以骞味道检校内史，李景谌同平章事。斩裴炎于都亭，景先等流贬有差。

【纲】李敬业取润州，李孝逸击杀之。 【目】初，魏思温说李敬业曰："明公以匡复为辞，宜帅大众鼓行而进，直指洛阳，则天下知公志在勤王，四面响应矣。"薛仲璋曰："金陵有王气，且大江天险，足以为固，不如先取常、润，为定霸之基，然后北向以图中原，进无不利，退有所归，此良策也！"思温曰："山东豪杰以武氏专制，愤惋不平，闻公举事，皆蒸麦为粮，伸锄为兵，以俟南军之至。不乘此势以立大功，乃更蓄缩欲自谋巢穴，远近闻之，其谁不解体！"敬业不从，将兵攻取润州，闻李孝逸将至，回军拒之。

孝逸军至临淮，战不利。监军御史魏元忠曰："天下安危，在此一举。今大军久留不进，万一朝廷更命他将以代将军，将军何辞以逃逗挠之罪乎！"孝逸乃引军而前。元忠请先击敬猷，孝逸从之，引兵击敬猷，敬猷走。敬业勒兵阻溪拒守，孝逸进击之，因风纵火，敬业大败，轻骑走。孝逸追之，其将王那相斩敬业等首来降。

廷。如果太后把主持朝政的大权交还给皇帝，这些反叛的人就不用征讨也会自然平息了。"武承嗣借机指使监察御史崔詧控告裴炎有反叛武后的阴谋，武后命令左肃政大夫骞味道严刑审问裴炎。凤阁舍人李景谌出头指证裴炎必反。刘景先、胡元范想证明裴炎不会反叛，就一起被投入监狱。武后任命骞味道做内史，李景谌任同平章事。在都亭把裴炎斩首示众，对刘景先等人分别给予流放或降职的不同惩罚。

【纲】李敬业攻占润州（治丹徒，今江苏镇江）；李孝逸攻击李敬业并把他杀死。【目】起初，魏思温向李敬业建议说："英明的您把辅助唐朝皇室光复帝业作为反对武则天的理由，就应该率领军队大张旗鼓地向前进，把矛头直接指向东都洛阳。这样做，就会使天下百姓都知道您的志向是在替唐朝皇室尽忠效力，四面八方的百姓都会起来响应您的义举了。"薛仲璋却说："金陵（这里指京口，今江苏镇江东南）这个地方有成就帝王事业的好气象，而且长江是天然的险阻，完全可以凭借它作为巩固您地位的屏障。您不如先攻占常州（治晋陵，今江苏常州）、润州等地，作为奠定天下霸主地位的基础，然后再向北方进军，谋取中原的领土。这样，前进能无往不利，后退也有归宿存身的地方，这才是最好的策略。"魏思温争辩说："山东一带的豪杰，因为武则天专横独裁，都愤恨不平；听说您起兵反对武氏，都蒸好麦饼做军粮，举起锄头当武器，一心等候南方义军的到来。您不乘这种有利的形势去建立辅助皇室光复帝业的大功劳，反而畏缩不前，只想给自己找个栖身的巢穴；远近各地的百姓听说这种情况，难道还能有什么人会不离心散去吗！"李敬业不肯听从魏思温的意见，领兵攻占润州；听到李孝逸的军队将要到来的消息，又调动军队回头来抵御李孝逸。

李孝逸的军队前进到临淮（今安徽泗县东南），与李敬业交战，情况不利。监军御史魏元忠对李孝逸说："国家的安定或危亡，就决定在这一次交战的胜负。如今您率领大军长久滞留在这里不能前进，万一武后另外任命别的将领来取代您，您能用什么借口逃避兵法上规定的逗留不前畏怯不进应处死刑的惩罚呢！"李孝逸于是督促军队奋力进攻。魏元忠又建议先出兵攻击李敬猷，李孝逸接受了这个建议，指挥兵士猛攻李敬猷；敬猷仓皇逃走。李敬业统率部队利用一条溪水作为障碍

【纲】乙酉,二年,春正月,帝在均州。

【纲】三月,太后迁帝于房州。

【纲】夏五月,太后制百官及百姓,皆得自举。

【纲】秋七月,太后以僧怀义为白马寺主。 【目】怀义得幸于太后,太后以为白马寺主。出入乘御马,朝贵皆匍匐礼谒,武承嗣、三思皆执僮仆之礼以事之。怀义多聚无赖少年,度为僧,纵横犯法,人莫敢言。御史冯思勖屡以法绳之,怀义遇诸途,令从者殴之,几死。太后托言怀义有巧思,使入宫营造。补阙王求礼表:"请阉之,庶不乱宫闱。"表寝不出。

【纲】丙戌,三年,春正月,帝在房州。

【纲】太后归政于豫王旦,寻复称制。 【目】太后诏复政事于皇帝。睿宗知太后非诚心,奉表固辞;太后复临朝称制。

【纲】三月,太后置铜匦,受密奏。 【目】太后自徐敬业之反,疑天下人多图己,又自以久专国事,内行不正,知宗室大臣怨望,不服,欲大诛杀以威之。乃盛开告密,有告密者,给马供给,使诣行在所。农夫樵人皆得召见,或不次除官,无实者不问。于是四方告密者蜂起。

进行防守，李孝逸长驱直进冲击敬业的防地，并借风势放火助攻；敬业大败，轻装骑马逃走。李孝逸乘胜追击敬业，敬业部下的将领王那相乘机砍下敬业等人的头来向李孝逸投降。

【纲】嗣圣二年（乙酉，685），春正月，唐中宗在均州。

【纲】三月，武后又把唐中宗迁徙到房州。

【纲】夏五月，武后发布命令：朝廷内外九品以上的众官和全国百姓，都可以自己举荐自己。

【纲】秋七月，武后任用和尚怀义做白马寺（在今河南洛阳市郊）住持。　【目】和尚怀义得到武后的宠爱，武后任用他做白马寺的住持。从此怀义出出进进都乘坐皇帝用的马匹，朝廷中的达官贵人见到他都要伏拜在地行礼问候，连武承嗣、武三思也都按照仆役对待主人的礼节恭敬地侍奉他。怀义聚合了许多不务正业的青年人，剃度他们做和尚，横行无忌地违反国法，人们都闭口不敢议论。御史冯思勖曾多次想用法律去约束这些人，怀义在途中遇到了冯思勖，就命令跟随在身边的歹徒行凶殴打冯思勖，几乎把思勖打死。武后借口怀义有灵巧的构思，下令让他到皇宫内负责建造宫室等方面的工作。补阙王求礼上书说："请对怀义施行阉割手术，希望这样能使内宫后妃们居住的地方不发生淫乱的行为。"这个意见被武后悄悄扣压没有做出答复。

【纲】嗣圣三年（丙戌，686），春正月，唐中宗在房州。

【纲】武后把执政大权归还豫王李旦，不久又重新亲自行使皇帝的权力。　【目】武后下令把主持朝廷政事的权力交还给唐睿宗李旦，睿宗知道武后不是诚心这样做，上书坚决推辞；武后又重新临朝行使皇帝权力。

【纲】三月，武后下令铸造铜匦子，专门用来接受各方面向她告密的文书。　【目】自从发生徐敬业的反叛活动后，武后怀疑天下百姓中有很多人都在图谋反对自己；又因为自己长久专断国家政事，在宫内的许多行为也很不端正，心知唐朝皇帝的家族和朝中大臣对自己深怀怨恨、心中不服，就想用大肆屠杀的手段来威吓这些人。于是，就大开告密的方便之门，凡有想要告密的人，都由官府给予马匹，供应食用，让这些人直接到武后自己居住的地方上告。告密的人不论是种田的或是

有鱼保家者,请铸铜为匦,以受天下密奏。其器一室四隔,上各有窍,可入不可出,太后善之。未几,其怨家投匦告保家尝为徐敬业作兵器,遂伏诛。

胡人索元礼因告密召见,擢为游击将军,令按制狱。元礼性殊忍,推一人必令引数千百人,于是周兴、来俊臣之徒效之。兴累迁至秋官侍郎,俊臣至御史中丞,皆养无赖数百人,意所欲陷,则使数处俱告之,辞状俱同。既下狱,则以威刑胁之,无不诬服。又造告密《罗织经》一卷,网罗无辜,织成反状,构造布置,皆有支节。其讯囚酷法,有"定百脉""突地吼""死猪愁""求破家""反是实"等号。中外畏之,甚于虎狼。

【纲】夏六月,太后以岑长倩为内史,以苏良嗣、韦待价为左、右相,韦思谦为纳言。 【目】良嗣为相,遇怀义于朝堂,怀义偃蹇不为礼;良嗣大怒,命左右批其颊。怀义诉于太后,太后曰:"阿师当于北门出入,南牙宰相所往来,勿犯也。"

【纲】秋九月,有山出于新丰。 【目】雍州言新丰县东南有山涌出,太后改新丰为庆山县。江陵人俞文俊上书言:"天气不和而寒

砍柴的，都能得到武后亲自召见，有些人还不按官制规定的次序破格委任官职；即使是没有事实根据进行诬告的人，也不追究其责任。这样一来，四方八面都出现了许多专搞告密活动的小人。

有个名叫鱼保家的人，向武后建议铸造铜匣子，用它来接受各地告密的文书。这种匣子内部分成四格，每格上面各有一个小孔，可以把告密的文书从小孔里放进匣子，却不能随便拿出来。武后认为这个主意很好。可是时过不久，鱼保家的仇人也投书到铜匣子中密告他曾经替徐敬业制作过兵器，他自己也就被杀掉了。

胡族人索元礼因为告密受到武后召见，被提拔做游击将军，并指派他专门审问那些根据皇帝命令投入监狱的要犯。索元礼性情特别残忍，每推究审问一个人，都一定要逼迫他牵连出成百上千的人来。于是，周兴、来俊臣这样一类奸臣都争相仿效索元礼。周兴接连升官一直做到秋官侍郎，来俊臣也被提拔到御史中丞的高位；他们都豢养着好几百个流氓恶棍，只要是他们想要陷害的人，就指使这些流氓恶棍分头从几个地方一起对这个人进行密告，连告密的言词和罪状都相同。一旦被陷害的人抓进了监狱，他们就使用酷刑对人滥加迫害，被害人无不屈打成招。他们还编撰了一卷名叫《罗织经》的专讲告密手段的书，对如何搜罗本来无辜的人给他们编造出谋反一类严重罪状，以及如何虚构情节、捏造罪证等，都讲得有枝有节令人难辨真假。他们审讯囚犯的残酷刑法更是花样百出，有"定百脉""突地吼""死猪愁""求破家""反是实"等许多名目。朝廷内外的官民畏惧这些酷吏，比畏惧虎狼更加厉害。

【纲】夏六月，武后任命岑长倩做内史。任命苏良嗣、韦待价做左、右相，韦思谦任纳言。　【目】苏良嗣任左相时，在朝廷大臣商议国事的殿堂里遇见了和尚怀义，怀义自恃高傲不向良嗣行礼，良嗣大怒，指令身边的侍从狠打怀义的耳光。怀义向武后控诉苏良嗣，武后劝怀义说："亲爱的法师，您本应当从殿堂的北门出进，南衙门是宰相往来的地方，您不要去冒犯他。"

【纲】秋九月，在新丰县（今陕西临潼东北）突然有一座山丘从平地冒出。　【目】雍州（治万年，今陕西西安）的地方官报告说：新丰县

暑并,人气不和而疣赘生,地气不和而塠阜出。今陛下以女主处阳位,反易刚柔,故地气塞隔而山变为灾。陛下谓之'庆山',臣以为非庆也。伏惟侧身修德以答天谴;不然,祸今至矣!"太后怒,流之岭外。

【纲】太后以狄仁杰为冬官侍郎。

【纲】丁亥,四年,春正月,帝在房州。

【纲】夏四月,太后以苏良嗣为西京留守。 【目】时尚方监裴匪躬检校京苑,将鬻苑中蔬果以收其利。良嗣曰:"昔公仪休相鲁,犹能拔葵去织妇,未闻万乘之主鬻蔬果也。"乃止。

【纲】太后杀同三品刘祎之。 【目】祎之窃谓凤阁舍人贾大隐曰:"太后废昏立明,安用临朝称制,不如返政以安天下之心。"大隐密奏之,太后不悦。或诬祎之受金,太后命王本立推之。本立宣敕示之,祎之曰:"不经凤阁、鸾台,何名为敕!"太后怒,赐死。祎之初下狱,睿宗为之上疏申理,亲友皆贺之,祎之曰:"此乃所以速吾死也。"临刑沐浴,神色自若,草谢表,立成数纸。

东南有一座山丘从平地冒出。武后认为这是吉兆,下令把新丰县改名为庆山县。江陵县(今湖北江陵)有个名叫俞文俊的人向武后上书说:"天气不调和,才会冷热混淆不分;人气不调和,才会生出肿瘤病毒;地气不调和,才会有山丘平地冒出。如今陛下以太后的身份处在皇帝的位子上,是把阳刚和阴柔的本来区别完全颠倒了,因此才造成地气阻塞,不能调和顺畅,使山丘平地冒出。这种异变实际是灾祸的征兆。陛下把这种异变称作'庆山',我认为实在不是值得庆喜的事情。我诚恳地希望您用不敢苟安的恭谨态度努力修养品德来回应上天的谴责,不这样做,大祸眼看就会到来!"武后大怒,下令把俞文俊流放到岭南(今广东、广西一带)。

【纲】武后任命狄仁杰做冬官侍郎。

【纲】嗣圣四年(丁亥,687),春正月,唐中宗在房州。

【纲】夏四月,武后任命苏良嗣做西京留守。【目】当时,尚方监裴匪躬受命检查清理京城内皇家畜养禽兽的园林,他打算用出卖园林中所产蔬菜瓜果的办法收聚财利。苏良嗣反对说:"古时候,公仪休做鲁国的宰相,鲁国本来很小,他还能下令拔除君主园林中种植的葵菜、辞退在宫内纺织的女工,为的是维护国君的体统。我从来没有听说过一统天下的堂堂大国君主会出卖蔬菜瓜果求利。"于是制止了这件事。

【纲】武后下令杀了同三品刘祎之。【目】刘祎之背地里对凤阁舍人贾大隐说:"太后已经废黜了昏庸的皇帝另立英明国君,哪里还用得着亲自驾临朝廷去行使皇帝的权力?不如把执政大权交还给睿宗皇帝,用这个办法来安定天下人心。"贾大隐秘密向武后报告了祎之的议论,武后极不高兴。恰逢有人诬告刘祎之收受贿赂,武后立即命令王本立严刑审讯祎之。王本立把武后的命令拿出来向刘祎之宣布,祎之说:"不经过凤阁、鸾台的正式议处,凭什么叫作皇帝的命令!"武后更加大怒,下令将刘祎之判处死刑。刘祎之刚被关进监狱时,唐睿宗李旦曾替他上书申辩是非曲直,祎之的亲戚朋友都来祝贺他,祎之却说:"这恰恰是使我更快被处死的原因啊!"到行刑时,刘祎之沐浴更衣,神态镇静自然;按规定要在临死前写一份表示认罪并感谢皇恩的表文,他不加思索地很快就写完了好几张纸。

【纲】冬十月,太后罢御史监军。 【目】太后欲遣韦待价击吐蕃,韦方质奏请遣御史监军,太后曰:"古者明君遣将,阃外之事悉以委之。比闻御史监军,军中事皆承禀。以下制上,非令典也,且何以责其有功!"遂罢之。

【纲】戊子,五年,春正月,帝在房州。
【纲】二月,太后毁乾元殿作明堂。
【纲】夏五月,太后加号圣母神皇。 【目】武承嗣使人作瑞石,文曰:"圣母临人,永昌帝业"。使人献之,曰:"获之洛水。"太后喜,命曰:"宝图"。诏当拜洛,受图告谢于郊;御明堂,朝群臣。命诸州都督、刺史、宗戚并会神都,先加尊号。

【纲】六月,河南巡抚大使狄仁杰奏焚淫祠。 【目】仁杰以吴、楚多淫祠,奏焚其一千七百余所,独留夏禹、吴太伯、季札、伍员四祠。

【纲】秋八月,琅邪王冲、越王贞举兵匡复,不克而死。太后遂大杀唐宗室。 【目】太后潜谋革命,稍除宗室。韩王元嘉、霍王元轨、鲁王灵夔、越王贞及元嘉子黄公撰、元轨子江都王绪、虢王凤子东莞公融、灵夔子范阳王蔼、贞子琅邪王冲,在宗室中皆以才行有美名,太后尤忌之。元嘉等内不自安,密有匡复之志。及太后受图,召宗室朝明堂,诸王递相惊曰:"神皇欲因此尽收宗室诛之。"撰诈为皇帝玺书,分告诸王,令各起兵。

【纲】冬十月，武后撤消御史监军。【目】武后准备派遣韦待价领兵去攻打吐蕃，韦方质上书建议按旧例派遣御史监军，武后说："古时候的圣明君王派遣大将出去征战，就把在朝廷外行军作战的事情全部委托给他处理。近年听说，设置了御史监军，军队里的大小事情都要通过监军向上禀报。这种用下级来控制上级的做法，本来就不符合国家宪章法典的规定，又靠什么去督促将帅们努力建树战功呢！"于是，撤消了派遣御史监军的做法。

【纲】嗣圣五年（戊子，688），春正月，唐中宗仍在房州。

【纲】二月，武后拆毁乾元殿，改建成明堂。

【纲】夏五月，武后给自己加上了"圣母神皇"的称号。【目】武承嗣指使人制作了块佩带在身上表示吉祥平安的玉石，刻上"圣母临人，永昌帝业"的文字，派人贡献给武后，编造假话说："这是从洛水中得到的宝玉。"武后大喜，把这块玉石称作"宝图"。武后告令天下："要先到洛水朝拜河神，再正式接受宝图；还要举行隆重的祭祀仪式，祭告天地表示感谢；最后再亲自驾临明堂，接受众大臣的朝见和祝贺。"于是，命令全国各州的都督、刺史等文武官员和皇帝的家族、亲戚等都一起到神都洛阳聚会，给武后加封"圣母神皇"的称号。

【纲】六月，河南巡抚大使狄仁杰上书建议焚毁民间滥建的祠庙。【目】狄仁杰因为见到吴(今江苏、浙江一带)楚(今湖南、湖北一带)等地有许多滥建的祠庙，上书建议焚毁了其中的一千七百多处，只保留下夏禹、吴太伯、季札和伍员这四位古人的祠庙。

【纲】秋八月，琅琊王李冲、越王李贞发动军队反对武后，想要恢复李家的正统皇帝地位，没能成功就相继死去。武后于是大肆屠杀李氏家族之人。【目】武后暗地里谋划用顺应天命的借口来改变由李氏世袭皇位的局面，逐渐地排除唐朝皇族李家的人。韩王李元嘉、霍王李元轨、鲁王李灵夔、越王李贞，以及元嘉的儿子黄公李撰、元轨的儿子江都王李绪、虢王李凤的儿子东莞公李融、灵夔的儿子范阳王李蔼、李贞的儿子琅琊王李冲等人，都由于才华出众、品行优良而在皇族中享有很好的名声，武后尤其忌恨这些人。李元嘉等人内心深感自己的地位难保安稳，暗中都怀有恢复李家正统皇帝地位的愿望。到武后准备接受"宝

冲募兵得五千余人，起博州，先击武水，莘令马玄素闭门拒守。冲因风纵火，焚其南门；风回军却，众惧而散。冲还走博州，为门者所杀。太后遣将军丘神勣击之，至博州，冲已死。

越王贞亦举兵于豫州，太后遣将军麹崇裕等讨之，又命张光辅为诸军节度。贞发属县兵得五千人，拒战而溃，遂自杀。初，诸王往来相约结，未定而冲先发，惟贞狼狈应之，诸王皆不敢发，故败。

贞之将起兵也，遣使告寿州刺史赵瓌，瓌妻常乐长公主，谓使者曰："李氏危若朝露，诸王先帝之子，不舍生取义，欲何须邪！大丈夫当为忠义鬼，无为徒死也。"

乃贞败，太后欲悉诛诸王，命监察御史苏珦按之。无验，太后召诘之，珦抗论不回。太后曰："卿大雅之士，朕当别有任使，此狱不必卿也。"使周兴等按之，于是收韩王元嘉、鲁王灵夔、黄公撰、常乐公主于东都，迫使自杀，亲党皆诛。

图"时，下令召集皇族、国戚前往洛阳参加明堂的朝会，李家的这些王公们惊恐万分地相互传递信息说："武则天是想利用这次明堂朝会把皇族李家的人全都抓起来，并把我们杀掉。"于是，李撰伪造了一份盖上皇帝大印的文书，分别通告在各地的李姓王公，命令他们都发动军队来反对武后。

琅邪王李冲招募到五千多士兵，在博州(治聊城，今山东聊城西北)发起反对武后的行动，并首先出兵攻打武水(博州属县，在今山东聊城西南)。莘县(博州属县，今山东冠县东南)县令马玄素紧闭城门进行抵御。李冲借风势在城下放火，想要烧毁莘县县城的南门；不料风势突然转向把火刮了回来，攻城的士兵被迫退却，随后就惊恐万分地各自逃散。李冲退回博州，被守卫城门的士兵杀死。武后派遣将军丘神勣前去攻打李冲，等丘神勣带兵到达博州时，李冲已经死去。

越王李贞也在豫州(治汝阳，今河南汝南)出兵反对武后，武后派遣将军麴崇裕等人前去讨伐李贞，又任命张光辅担任诸军节度统一指挥各路人马。李贞调集豫州下属各县的士兵，一共集合了五千来人，他指挥这支军队来抵御麴崇裕等人，刚一交战就溃败不可收拾，于是李贞自杀而死。起初，李姓众王公相互间来来往往密约结成同盟一致行动，行动计划还没有完全确定，李冲却已自己首先发动，只有他的父亲李贞不得不在仓促慌乱的情况下起兵响应，其他众王公都不敢采取公开行动，所以很快就彻底失败。

李贞在将要发动军队时，派人给寿州(治寿春，今安徽寿县)刺史赵瓌送信告知。赵瓌的妻子常乐长公主是唐高祖的女儿，对前来送信的人说："唐皇李家已经像早晨的露水样处在朝不保夕的危险地步，众位王公都是唐朝前代皇帝的嫡系子孙，不下定决心采取舍生取义的行动，还想等待什么呢！英雄大丈夫就应当做尽忠全义的鬼，不应该忍辱做他人的囚徒俯首被杀。"

到李贞失败后，武后想要把李家众王公全部杀尽，命令监察御史苏珦审问这些人，却一直没有得到充分的证据。武后召见苏珦，责问他为什么迟迟不能定案。苏珦直言争辩，不肯歪曲事实。武后说："您是才德高尚的知名人物，朕理应有别的重要任务委托您去做，这个案子就不

时狄仁杰为豫州刺史。贞党与当坐者六七百家,当籍没者五千口,仁杰密奏:"彼皆诖误,臣欲显奏,似为逆人申理;不言,又乖陛下仁恤之旨。"太后特原之,皆流丰州。道过宁州,宁州父老迎劳之曰:"我狄使君活汝邪!"相携哭于德政碑下,三日而后行。

张光辅将士恃功,多所求取,仁杰不之应。光辅怒曰:"州将轻元帅邪?"仁杰曰:"明公纵将士暴掠,杀已降以为功,恨不得尚方斩马剑,加公之颈,虽死如归耳!"光辅归,奏之,左迁仁杰复州刺史。

霍王元轨、江都王绪、东莞公融、济州刺史薛顗、顗弟绪、绪弟驸马都尉绍,皆坐与二王通谋,为太后所杀。

【纲】太后拜洛受图。明堂成,作天堂。

【纲】己丑,六年,春正月,帝在房州。
【纲】太后大飨万象神宫。

一定由您来处理吧。"另外派了周兴等人负责来审理这个案子。于是，在东都洛阳把韩王李元嘉、鲁王李灵夔、黄公李撰和常乐长公主等人都逮捕入狱，逼迫他们自杀，并把他们的亲属也都一律杀害。

当时，狄仁杰担任豫州刺史。李贞在豫州发动军队反对武后，他的亲属和其他按刑律要牵连判罪的共有六七百户，要没收家财并把本人罚做官府奴仆的多达五千人。狄仁杰向武后秘密上书说："这些人实在都不过是受人连累。我要是公开上书来说明，似乎是在替叛逆的人辩护；如果我闭口不言，又背离了陛下一贯仁爱体恤天下百姓的宗旨。"武后接受狄仁杰的劝告，特别开恩对这些人从宽处理，把他们改判成流放丰州（治九原，今内蒙古杭锦西北）这些被流放的人路过狄仁杰曾经担任过刺史的宁州（治定安，今甘肃宁县），宁州地方一些负责管理乡里行政事务的年高长者前来迎接慰问这些人说："是我们尊敬的狄使君帮助你们死里逃生的呀！"这些被流放的人得知真相，感动得接连不断地前往宁州百姓给狄仁杰树立的德政碑前（碑在今甘肃宁县城西）哭拜谢恩，一连三天，然后才继续前进。

张光辅担任了诸军节度，他部下的将士因为打垮了李贞，自恃有功，向豫州地方政府和百姓大量索取财物。刺史狄仁杰不答应他们的贪求勒索。张光辅发怒说："你这个小小州官竟敢轻视我大元帅吗？"狄仁杰激烈地反驳说："你放纵部下将士凶暴地劫掠搜刮，甚至把已经投降的人无辜残杀冒充自己杀敌有功，我真恨不得有一把尚方宝剑在手中，砍下你的脑袋，就是因此死去，我也会高兴得把死亡看成回家一样！"张光辅回到京城，向武后报告了这件事；武后把狄仁杰降级，派去做复州（治沔阳，今湖北沔阳）刺史。

霍王李元轨、江都王李绪、东莞公李融、济州（治卢县，今山东茌平西南）刺史薛颉、薛颉的弟弟薛绪，以及薛绪的弟弟、驸马都尉薛绍，都被认为与越王李贞父子二人同谋，株连定罪，相继被武后杀害。

【纲】武后拜祭洛水之神，正式接受了"宝图"。明堂建成，称作"万象神宫"。随即又动工兴建"天堂"。

【纲】嗣圣六年（己丑，689），春正月，唐中宗在房州。

【纲】武后在"万象神宫"大摆宴席，宴赏朝中众大臣。

【纲】秋九月,太后以僧怀义为新平道大总管,讨突厥。

【纲】闰月,太后杀同平章事魏玄同。 【目】魏玄同素与裴炎善,时人以其终始不渝,谓之"耐久朋"。周兴素恶玄同,诬之曰:"玄同言后老矣,不若奉嗣君为耐久。"太后怒,赐死于家。或教之告密,冀得召见自陈。玄同叹曰:"人杀鬼杀,等耳,岂能作告密人邪!"乃就死。

彭州长史刘易从,为徐敬真所引,就州诛之。易从为人,仁孝忠谨,将刑于市,吏民怜其无辜,远近奔赴,竟解衣投地,曰:"为长史求冥福。"有司平准,直十余万。

【纲】冬十月,太后杀郑王璥等六人。 【目】初,太后问陈子昂当今为政之要,子昂上疏,以为:"宜缓刑崇德,息兵革,省赋役,抚慰宗室,各使自安。"辞意婉切,其论甚美。至是,又上疏曰:"太平之朝,上下乐化,不宜有乱臣贼子,自犯天诛。比者大狱增多,逆徒滋广,愚臣顽昧,初谓皆实,去月陛下特察李珍等无罪,又免楚金等死,初有风雨,变为景云。臣乃知亦有无罪之人,枉于疏网者。臣闻阴惨者刑也,阳舒者德也;圣人法天,天亦助圣。今又阴雨,臣恐过在狱官,陛下何不悉召狱囚,自诘其罪!有实者显示明刑,滥者严惩狱吏,使天下咸服,岂非至德克明哉!"

【纲】秋九月，武后任命和尚怀义做新平道（旧新平郡，治新平，今陕西邠县）大总管，领兵征讨突厥。

【纲】闰九月，武后把同平章事魏玄同处死。 【目】魏玄同和裴炎一直很友好，裴炎被杀害后玄同的态度仍旧不变，当时的人们因为他这种友情至死不变的坚贞态度，称赞他是"耐久的良友"。周兴一贯忌恨魏玄同，向武后诬告魏玄同说："玄同在背地里狂妄地议论说：'太后年纪已经很老，我们不如拥护辅助将来要继承皇位的豫王李旦，这样会使我们自己的地位更加稳固长久。'"武后大怒，下令逼魏玄同在家里自杀。有人劝说魏玄同向武后告密，希望用这个办法得到武后亲自召见，好乘机向武后陈述自己的无辜。魏玄同感叹说："被人杀死，或是被鬼害死，都是同样的结局，我难道能去做个卑鄙的告密人吗！"于是，从容地自杀了。

彭州（治九陇，今四川彭县）长史刘易从，受徐敬业的弟弟敬真的牵连，武后下令在彭州把他就地处死。刘易从为人仁慈孝顺，忠诚恭谨。当他被绑到市场上将处死刑的时候，彭州的官吏和百姓都同情怜惜他的无辜受害，不分远近纷纷赶到杀场上来，争先恐后地脱下自己的衣服扔在杀场上，说："我们替刘长史祈求能在阴间享受幸福！"彭州衙门的官吏估算了一下扔下的衣物，价值竟多达十几万贯钱。

【纲】冬十月，武后将郑王李璥等六人处死。 【目】原先，武后曾向陈子昂询问当时处置朝廷政事主要应该注意什么，陈子昂上书陈述意见，认为："应该宽缓刑罚，崇尚仁德治国，停止用兵打仗，减免租税劳役，并安抚宽慰皇族，使天下人各自都能安居乐业。"陈子昂的陈述，文辞婉转，用意恳切，议论非常中肯。到这时，陈子昂又向武后上书说："天下太平的朝代，全国上下都把接受朝廷教育管理看成快乐的事，不应该有反叛的逆臣或作乱的坏人甘心去触犯天理王法而被处极刑。近来，动用极刑的重大案件不断增加，被认定是叛逆作乱的人越来越多；愚昧的我迟钝不明真相，原来还认为都是事有实据。直到上个月，陛下凭着您独特超人的圣明觉察了李珍等人确是无罪，又宽大赦免了张楚金等人的死刑；据说，在当初准备处死张楚金等人时，刑场上风雨交加，您赦免他们的命令一到，天空就马上变得晴朗，布满祥云。我这才

【纲】十一月，太后享万象神宫，始用周正。

【纲】太后自名曌，改诏曰"制"。

【纲】除唐宗室属籍。

【纲】庚寅，七年，春正月，帝在房州。

【纲】二月，太后策贡士于洛城殿。　【目】贡士殿试自此始。补阙薛谦光上疏曰："选举之法，宜得实才，取舍之间，风化所系。今之选人，咸称觅举，奔竞相尚，喧诉无惭。至于才应经邦，惟令试策；武能制敌，止验弯弧。昔汉武帝见司马相如赋，恨不同时，及置之朝廷，终文园令，知其不堪公卿之任故也。吴起将战，左右进剑，起曰：'将者提鼓挥桴，临难决疑，一剑之任，非将事也。'然则虚文岂足以佐时，善射岂足以克敌！要在文吏察其行能，武吏观其勇略，考居官之臧否，行举者之赏罚而已。"

知道，实在也有一些本来无罪的人冤枉陷入法网。我听说刑罚是使人感到阴暗凄惨的东西；仁德才能使人感到光明舒和。圣明的人能够效法上天崇尚仁德爱好生灵，上天也就会帮助圣明的人成就永享太平的大业。如今，天气又是连续阴雨不晴，我担心是因为那些掌握刑狱的官吏有了严重过错才冒犯了上天。陛下为什么不全部召见关在监狱里的要犯，亲自来审问核实他们的罪状？属于有确凿罪证的人，就把罪证公布出来按国家法典公开处刑；属于被掌握刑狱的官吏滥捕陷害的情况，就严厉惩处那些违法滥害无辜的官吏；这样做肯定能使普天下的人都心悦诚服，难道不是也能使普天下的人都明白您具有至高无上的仁慈品德吗？"

【纲】十一月，武后在万象神宫举行祭祀和宴会活动，开始使用周朝的历法，把十一月当作一年的头一个月。

【纲】武后给自己新取了一个名字，叫作"曌"。原来把皇帝的命令称作"诏"，武后下令改称作"制"。

【纲】撤消唐朝皇帝李氏家族的人原来都编载到皇族名册中的特权。

【纲】嗣圣七年（庚寅，690），春正月，唐中宗在房州。

【纲】二月，武后在洛城殿亲自对贡士进行考试。【目】由皇帝亲自在金銮殿对贡士进行考试的做法，就是从武后这时开始。补阙薛谦光向武后上书说："选拔举荐人才的办法，应该是为了能够得到有真才实学的人；取舍之间，会直接影响到社会风气的好坏。现时选拔举荐人才的办法，大都由士人自己去寻找举荐自己的人，于是，士人们到处奔走钻营，互相竞争，成了他们共同追求和提倡的风尚，相互间发生争吵喧闹，甚至暗地进行指控诽谤，也不觉得惭愧可耻。再说，本来是要选拔才干能真正治理国家的人，却只要求他们按照几道试题进行答问；本来是要选拔武功能真正制服外来敌人的人，却只要求他们在考场上试验一下弯弓射箭的技巧；这实在也很难得到真正的人才。过去，汉武帝读到司马相如的《子虚赋》十分欣赏，甚至发出了和司马相如生不同时，而不能亲见一面的叹息，等到汉武帝召见了司马相如，把他安置在朝廷做官之后，最终却只让他做到文园令这样一个小小的闲职，

【纲】秋七月,太后流舒王元名于和州,以侯思止、王弘义为侍御史。 【目】醴泉人侯思止,素诡谲无赖。恒州刺史裴贞杖一判司,判司使思止告贞与舒王元名谋反,元名废徙和州,贞亦族灭。思止求为御史,太后曰:"卿不识字!"对曰:"獬豸何尝识字,但能触邪耳。"太后悦,从之。

衡水人王弘义素无行,尝从邻舍乞瓜,不与,乃告县官瓜田中有白兔;县官使人搜捕,蹂践立尽。又见闾里耆老作邑斋,遂告以谋反,杀二百余人。太后擢为殿中侍御史。或告胜州都督王安仁谋反,敕弘义按之。安仁不服,弘义即枷上刿其首。朝士人人自危,每朝辄与家人诀曰:"未知复相见否?"

因为汉武帝经过实际考察，知道了司马相如根本担负不起朝廷公卿的要职重任。战国时的名将吴起将要带兵去作战时，身边的人给他献上了一柄宝剑，吴起却说：'做将领的人，应该能把握战机，适时击鼓发令，指挥军队去打垮敌人，一旦遇到危难就要能果敢坚决地解决部下犹疑难决的问题，使用一柄剑去冲锋杀敌的任务，不是将领应该做的事情。'如果前人这些做法是对的，那么，炫耀书面文章，光说空话，难道就能辅助现时的国家大政吗？仅仅擅长射箭，难道就能征服眼前的敌人吗？我认为选拔人才最主要的办法是：选用文官，要认真考察他们为人的品行和从政的实际能力；选用武官，要深入了解他们有没有不畏强敌的大勇和指挥用兵的韬略；对已经选用的人，要认真考核他们在职位上办事的具体好坏；对举荐别人的人，要严格按照他们的举荐是不是恰当分别进行奖惩。选拔举荐人才的办法，主要也就是这些罢了。"

【纲】秋七月，武后把唐高祖的儿子舒王李元名流放到和州（治历阳，今安徽和县）；任命侯思止，王弘义做侍御史。 【目】醴泉县（今陕西乾县东）有个名叫侯思止的人，一贯奸诈狡滑，反复无常。恒州（治正定，今河北正定）刺史裴贞曾经对下属的一个判司用过杖刑，这个判司指使侯思止出面控告裴贞和舒王李元名一起阴谋反叛；李元名被削除王位流放到和州，裴贞也全家被杀害。事后，侯思止向武后要求当御史，武后说："你一个字都不识，怎么能做大官？"侯思止回答说："传说中的神羊哪里认识字？但是，它却能辨认奸佞，用角去顶触这些坏人。"武后听了很欣赏，就答应了他的要求。

衡水县（今河北衡水西南）有一个名叫王弘义的人，一贯品行恶劣。他曾经有一次向邻居讨瓜吃，人家不给他，他就跑到县官面前去造谣说："这个人的瓜田里有一只奇怪的白兔。"县官派人到瓜田里搜寻白兔，立刻就把田里的瓜秧全都践踏死了。又有一次，王弘义看见乡间的一些老年人在举行祭祀活动，他就跑去控告这些人在一起阴谋造反，害得二百多人被无辜杀害。武后却认为王弘义多次告密有功，把他提拔成殿中侍御史。有人控告胜州（治榆林，今内蒙古托克托东南）都督王安仁阴谋反叛，武后下令让王弘义去审讯王安仁。王安仁不肯认罪，王弘义就在王安仁还戴着枷锁的情况下未经判决砍掉了王安仁的

时法官竞为深酷，惟司刑丞徐有功、杜景俭独存平恕，被告者皆曰："遇来、侯必死，遇徐、杜必生。"有功，名弘敏，以字行。初为蒲州司法，不施敲扑。吏相约有犯徐司法杖者，众共斥之。迨官满，不杖一人，职事亦修。及为司刑丞，酷吏所诬构者，皆为直之，前后所活数十百家。尝廷争狱事；太后厉色诘之，有功神色不挠，争之弥切。太后虽好杀，知有功正直，甚敬惮之。

司刑丞李日知亦尚平恕。少卿胡元礼欲杀一囚，日知以为不可，往复数四，元礼曰："元礼不离刑曹，此囚终无生理！"日知曰："日知不离刑曹，此囚终无死法！"乃以所列状上，日知果直。

【纲】太后杀南安王颖等十二人，及故太子贤二子。 【目】唐之宗室，于是殆尽，其幼弱者亦流岭南。

【纲】九月，武氏改国号曰周，称皇帝。以豫王旦为皇嗣，改姓武氏。 【目】侍御史傅游艺上表请改国号曰周，赐皇帝姓武氏。太后不许；擢游艺为给事中。于是百官、宗戚、百姓、四夷合六万余人，俱上表如游艺所请，太后可之。御则天楼，赦天下，以唐为周。上尊号曰圣神皇帝，以皇帝为皇嗣，赐姓武氏。立武承嗣为魏王，三思为

头。朝廷众官吏因此人人都感到自身处境危险,每次上朝出家门时都要惊惶地同家人告别,说:"不知道还能不能再回来见面?"

当时,执法的官吏们争先恐后地滥用酷刑,只有司刑丞徐有功、杜景俭二人还保持着平和宽容的态度。被控告受审的人都说:"遇到来俊臣、侯思止,我们肯定是死路一条;遇到徐有功、杜景俭,我们就一定能活下去。"徐有功本来名叫"弘敏",人们敬重他,就都称呼他的别名"有功"。原先,徐有功做过蒲州(治河东今山西芮城西北)司法,他从来不愿用杖刑处罚部下;他部下的官吏们相互约定:"如果有受到徐司法杖刑的人,大家就一致拒绝和他共事。"直到徐有功在蒲州任满,他都没对任何人用过杖刑,职务内的事情也处理得有条有理。到徐有功做了司刑丞后,凡是被那些酷吏们诬陷受害的人,徐有功都要尽力替他们纠正冤屈,前后被他救活的有几十上百家。曾经有一次在朝廷里当着武后的面争辩审判案件的事情,武后声色严厉地质问徐有功,有功仍毫无屈服的表示,辩议得更加坚决认真。武后虽然动不动就好杀人,但知道徐有功公正刚直,对他很敬重,也有些畏惧。

司刑丞李日知也主张平和宽容。少卿胡元礼想要判一个人死刑,李日知认为不对,反复争议了多次。胡元礼说:"只要我不离开主掌刑罚的衙门,这个人终究不会有活下去的机会。"李日知也针锋相对地说:"只要我不离开主掌刑罚的衙门,这个人就终究不会被判死刑!"于是,把给这个人罗列的罪状上呈给武后审察,结果证明李日知果然是公平正确的。

【纲】武后杀害了南安王李颖等十二人,还株连到原皇太子李贤的两个儿子也一起被害。 【目】唐朝皇帝李氏家族的人,到这时几乎全被杀尽,其中年幼弱小的也都被流放到岭南。

【纲】九月,武后正式把国号改称作"周朝",自己正式称作皇帝。同时,确定豫王李旦做皇位继承人,命令李旦改姓武。 【目】侍御史傅游艺上书,请求把国号改称周朝,让唐睿宗李旦改姓武。武后开始表示不同意,只把傅游艺提拔做给事中。于是,朝廷众官、武氏家族亲友和国内百姓、四方少数民族共有六万多人,都一起上书提出和傅游艺相同的请求。武后这才表示同意,亲自驾临则天楼,下令赦免全国罪人,

梁王，士蒦兄孙攸暨等十二人皆为郡王。以傅游艺为鸾台侍郎、平章事。游艺期年之中历衣青、绿、朱、紫，时人谓之"四时仕宦"。太后欲以太平公主妻武攸暨，使人杀其妻而妻之。公主多权略，太后以为类己，常与密议天下事。

【纲】冬十月，周以徐有功为侍御史。　【目】道州刺史李行褒兄弟为酷吏所陷，当族。秋官郎中徐有功固争不能得。周兴奏有功故出反囚，当斩，太后免有功官。然太后雅重有功，寻复起为侍御史。有功伏地流涕固辞曰："臣闻鹿走山林而命悬庖厨，势使之然也。陛下以臣为法官，臣不敢枉陛下法，必死是官矣。"太后固授之，闻者相贺。

【纲】辛卯，八年，春正月，帝在房州。

【纲】二月，周流其右丞周兴于岭南。　【目】初，金吾大将军丘神勣以罪诛，或告右丞周兴与神勣通谋，太后命来俊臣鞫之，俊臣与兴方推事对食，谓兴曰："囚多不承，当为何法？"兴曰："此甚易耳！取大瓮，以炭四周炙之，令囚入中，何事不承！"俊臣索大瓮，如兴法，起谓兴曰："有内状推兄，请兄入此瓮！"兴惶恐服罪。法当死，原之，流岭南，在道为仇家所杀。兴与索元礼、来俊臣竞为暴刻，所杀各数千人，破千余家。元礼残酷尤甚，寻亦为太后所杀。

把国号改称周朝。武后自己尊称作"圣神皇帝",让唐睿宗李旦做周朝皇位的继承人,把他改姓武。同时,封武承嗣做魏王、武三思做梁王,武后的父亲士彟的侄孙武攸暨等十二人也都封作郡王。任命傅游艺做鸾台侍郎、平章事。傅游艺在短短一年中连升四级,随着官职变化先后换穿了青、绿、朱、紫四种颜色的官服,当时的人讥讽他是"四时仕官"。武后想把自己的女儿太平公主嫁给武攸暨,先指使人杀害了攸暨的原配,再把太平公主嫁给他。太平公主很会玩弄权术,有善于应付各种变故的谋略,武后认为她很像自己,经常同她一起秘密商议国家大事。

【纲】冬十月,周朝任命徐有功做侍御史。 【目】道州(治营道,今湖南道县)刺史李行褒兄弟被酷吏们陷害,判定应处杀尽家族所有人的极刑;秋官侍郎徐有功坚决反对这种判决,没能成功。酷吏周兴反过来弹劾徐有功是故意替犯有叛逆重罪的人开脱,也罪应判处死刑;武后虽然没按周兴的意见办,仍罢免了有功的官职。但是,武后因为徐有功享有很高的名望,不得不重视他,所以过了不久又任命有功做侍御史。徐有功跪拜在武后面前痛哭流涕地坚决推辞说:"我常听人们议论,野鹿虽然生活在深山密林,它的性命却被手拿屠刀的厨夫掌握着,这都是形势决定了它无法自主。陛下用我做主持刑罚的官员,我又不敢歪曲滥用陛下制定的法典,这种形势也必定会使我死在这个职位上!"武后还是坚持让徐有功做侍御史。听到这个消息的人,都为徐有功重新担任司法要职高兴得相互庆贺。

【纲】嗣圣八年(辛卯,691),春正月,唐中宗在房州。

【纲】二月,周朝把右丞周兴流放去岭南。 【目】起初,金吾大将军丘神勣因犯罪被判死刑,有人控告右丞周兴同丘神勣串通合谋。武后命令来俊臣审讯周兴。来俊臣和周兴正在一起议事进餐的时候,来俊臣突然向周兴提问说:"犯罪的人大多都不肯认罪,应该用什么办法对付他们呢?"周兴回答说:"这件事实在很容易!拿一个大瓦瓮,把燃烧的木炭堆在瓮的四周烘烤,然后让犯人进到瓦瓮里去,他还有什么事情敢不承认!"来俊臣马上叫人拿来一只大瓮,按照周兴说的办法点火烘烤起来,然后站起来对周兴说:"有从宫内发来的命令和控告你的罪状,让我来审问你,现在就请你老兄进到这只大瓮里去吧!"周

【纲】秋九月,周以武攸宁为纳言,狄仁杰同平章事。 【目】太后谓仁杰曰:"卿在汝南,甚有善政,卿欲知谮卿者名乎?"仁杰谢曰:"陛下以臣为过,臣请改之;知臣无过,臣之幸也,不愿知谮者名。"太后深叹美之。

【纲】周杀其同平章事格辅元、右相岑长倩、纳言欧阳通。【目】先是,凤阁舍人张嘉福使洛阳人王庆之等数百人上表,请立武承嗣为皇太子。岑长倩、格辅元以皇嗣在东宫,不宜有此议,由是大忤诸武意,皆坐诛。来俊臣教长倩子引欧阳通,讯之,不服,诈为款,并杀之。太后诏庆之曰:"皇嗣我子,奈何废之?"对曰:"'神不歆非类,民不祀非族。'今谁有天下,而以李氏为嗣乎!"太后不从。庆之屡求见,太后怒,命凤阁侍郎李昭德杖之。昭德引出门,示朝士曰:"此贼欲废我皇嗣,立武承嗣。"命扑之,耳目皆血出,然后杖杀之,其党乃散。昭德因言于太后曰:"天皇,陛下之夫;皇嗣,陛下之子。陛下身有天下,当传之子孙为万代业,岂得以侄为嗣乎!自古未闻侄为天子而为姑立庙者也!且陛下受天皇顾托,若以天下与承嗣,则天皇不血食矣。"太后亦以为然。

兴惊恐万分，当场就认了罪。按照当时的法律，周兴应处死刑；武后宽恕了他，只把他流放去岭南，结果还是在去岭南途中被他的仇人杀死了。周兴和索元礼、来俊臣等人，争先恐后地采用残暴刻毒的手段陷害无辜，他们各自杀害的人都多到好几千，上千个家庭被他们害得家破人亡。索元礼更是特别残忍苛酷，不久也被武后处死。

【纲】秋九月，周朝任命武攸宁做纳言，狄仁杰同平章事。【目】武后对狄仁杰说："你在汝南（即豫州）做官，有很好的政绩。你想要知道在暗地诬告你的人的名字吗？"狄仁杰表示感激武后的恩惠，并推辞说："陛下如果认为我真有过错，我请求允许我改正它；陛下如果了解我本来没错，已经是我最大的幸运；我不愿再知道那些在暗地诬告我的人的名字。"武后很受感动，不禁赞叹狄仁杰品德高尚。

【纲】周朝把同平章事格辅元、右相岑长倩、纳言欧阳通都判处死刑。【目】在这以前，凤阁舍人张嘉福指使洛阳人王庆之等数百人联名给武后上书，要求立武承嗣做皇太子。岑长倩、格辅元认为在太子居住的东宫已经有了皇位继承人，不应再有这种议论；因此严重违逆了武氏众权贵的心意，都被强加上罪名处死。来俊臣又教唆岑长倩的儿子攀扯检举欧阳通，严刑对欧阳通进行审讯，欧阳通不肯认罪，来俊臣就给他捏造罪状，把他和岑长倩、格辅元一起杀害。武后询问王庆之说："现在的皇位继承人本来就是我的儿子。为什么一定要废黜他？"王庆之回答说："《左传》中说过：'神鬼不愿享受异类的祭祀，百姓不愿祭祀异族的人。'如今是谁掌握着主宰天下的大权？难道能用李姓的人来做皇位继承人吗！"武后没有听从王庆之的意见。王庆之不肯罢休，再三要求面见武后申诉自己的理由；武后发怒，命令凤阁侍郎李昭德对王庆之施加杖刑。李昭德把王庆之带出宫门，向在场的朝廷众官说："这个奸贼想要废黜大周朝廷的皇位继承人，另立武承嗣做皇太子。"并命令众官动手摔打王庆之，直到把王庆之摔得眼、耳都鲜血流淌，然后再用大棒把他打死。王庆之的同党也因此吓得一哄散尽。李昭德乘这个机会对武后进行劝告说："唐朝的高宗皇帝，是陛下的丈夫；现在的皇位继承人，是陛下的儿子；陛下亲身掌握了主宰天下的大权，本应当把权柄传给子孙后代使它成为皇帝一家万代不绝的事

【纲】壬辰,九年,春正月,帝在房州。

【纲】周武氏引见存抚使所举人。 【目】初,太后遣使存抚四方。至是,引见其所举人,无问贤愚,悉皆擢用,高者试给、舍、次郎、御吏、遗补、校书郎。试官自此始。时人为之语曰:"补阙连车载,拾遗平斗量;榷椎侍御史,碗脱校书郎。"有举人沈全交续之曰:"糊心存抚使,眯目圣神皇。"御史劾之,太后笑曰:"但使卿辈不滥,何恤人言!"大后虽滥以禄位收人心,然不称职者,寻亦黜之,或加刑诛。挟刑赏之柄以驾御天下,政由己出,明察善断,故当时英贤亦竞为之用。

【纲】周以郭霸为监察御史。 【目】郭霸以谄谀拜监察御史。中丞魏元忠病,霸往问之,因尝其粪,喜曰:"粪甘则可忧;今苦,无伤也。"元忠大恶之。

【纲】周贬狄仁杰、魏元忠为县令。 【目】来俊臣罗告同平章事任知古、狄仁杰、裴行本、司农卿裴宣礼、左丞卢献、中丞魏元忠、潞州刺史李嗣真谋反。先是,俊臣请降敕,一问即承反者,得减死。知古等下狱,俊臣以此诱之,仁杰曰:"大周革命,万物惟新,唐室旧臣,甘从诛戮。反是实!"俊臣乃少宽之。判官王德寿教仁杰

业，难道能够用侄子做皇位继承人吗！自古以来，从来就没有听说过侄子做了皇帝能给姑姑建庙永久祭祀的事情。何况陛下受到天皇唐高宗临终时遗嘱的重托，如果把天下大权交给武承嗣，故去的唐朝天皇也就再不能享受到子孙后代的祭祀供奉了。"武后也认为李昭德说得有理。

【纲】嗣圣九年（壬辰，692），春正月，唐中宗在房州。

【纲】武后接见各路存抚使举荐的人。　【目】原先，武后曾派遣使者到全国各地去对百姓进行安抚救济。到这时，接见了各路存抚使举荐的人，不问是贤能或是愚钝，全都提拔任用，才学比较高的人就分别让他们试任给事中、舍人、次郎、御史、拾遗、补阙、校书郎等类官职。让士人试任官职的做法就是从这时开始。当时的人编出谣谚讽刺这种做法，说："补阙要用车装，拾遗要拿斗量，钉齿耙收不尽遍地侍御史，校书郎好比用模子脱出的碗盏一个样。"有个名叫沈全交的举人又补上了两句说："面糊蒙心的存抚使，眯眼不明的圣神皇。"御史提出弹劾要惩办编谣谚的人，武后笑着说："只要你们这些人不是滥竽充数，又有什么必要害怕人们的闲言议论！"武后虽然滥用官职俸禄去收买人心，但对真正不能称职的人，过不多久就会贬黜不用，或者分别情况给予惩罚甚至处死。武后高居皇位，掌握着刑罚和奖赏的权柄来控制天下百姓，国家政事由自己一人做出决断，又能够明察下情，善于判断，所以当时不少英杰贤能的人才也争先恐后地替她效劳。

【纲】周朝任用郭霸做监察御史。　【目】郭霸因为极会谄媚阿谀，被武后任命做监察御史。有一次，中丞魏元忠患病，郭霸前去问候他，就借机品尝魏元忠的粪便，然后装出高兴的神气说："粪便如果是甜味，就很叫人担忧，如今您的粪便是苦的，您的病肯定不会有危险。"魏元忠对他厌恶到了极点。

【纲】周朝把狄仁杰、魏元忠贬降去做县令。　【目】来俊臣捏造罪状控告同平章事任知古、狄仁杰、裴行本和司农卿裴宣礼、左丞卢献、中丞魏元忠、潞州（治上党，今山西长治）刺史李嗣真等七人合谋反叛。在这以前，来俊臣曾请求武后下过一道命令：凡是一经审问就主动承认有谋反罪责的人，可以从宽减免死刑。任知古等被投入监狱

引平章事杨执柔,仁杰曰:"皇天后土遣狄仁杰为如此事!"以头触柱,血流被面;德寿惧而谢之。仁杰裂衾帛书冤状,置绵衣中,谓德寿曰:"天时方热,请授家人去其绵。"德寿许之。仁杰子得书,持之称变,以闻。太后以问俊臣,俊臣乃诈为仁杰等谢死表上之。

初,平章事乐思晦亦为俊臣等所杀,男未十岁,没入司农。至是,上变,得召见,太后问状,对曰:"臣父已死,臣家已破,但惜陛下法为俊臣等所弄。陛下不信臣言,乞择朝臣之忠清、陛下素所信任者,为反状以付俊臣,无不承反矣。"太后意稍寤,召见仁杰等,问曰:"卿承反何也?"对曰:"不承,则已死于拷掠矣。"太后曰:"何为作谢死表?"对曰:"无之。"出表示之,乃知其诈,于是出此七族。皆贬县令:仁杰彭泽,元忠涪陵。流行本、嗣真于岭南。

【纲】夏五月,禁天下屠杀采捕。 【目】时江、淮旱饥,民不得采鱼虾,饿死者甚众。拾遗张德生男,私杀羊会同僚,补阙杜肃怀

后，来俊臣就利用这道命令来诱逼他们招供。狄仁杰说："大周王朝顺应天命革新旧制度，万事万物都得到完善更新；我这个唐朝皇室的旧臣子，甘心服从处死刑的判决。反是事实。"来俊臣于是对待狄仁杰稍稍宽松。判官王德寿乘机教唆狄仁杰攀引检举平章事杨执柔是同谋，仁杰说："皇天后土差遣我狄仁杰去做这样不仁不义的事情！"边说边把头往柱子上撞，撞得鲜血流淌盖满了整个脸面；王德寿害怕了，只好向仁杰表示歉意不再逼他。狄仁杰撕下被褥上的布，用来写了一份申冤的诉状，把诉状藏在棉衣中，对王德寿说："天气开始炎热，请把这件棉衣交给我家里的人拆去里面的棉絮。"王德寿准许了仁杰的要求。狄仁杰的儿子得到诉状，就拿着诉状说是有非常重大的事变要直接报告武后，乘机把诉状交给了武后本人。武后拿这份诉状来询问来俊臣，来俊臣又赶忙假造了狄仁杰等人已经表示认罪愿受死刑的文书，把它呈给武后。

　　原先，平章事乐思晦也被来俊臣等捏造罪状杀害了。乐思晦的儿子还没满十岁，就被没收罚到司农衙门服劳役。到这时，也说是有非常重大的事变要直接报告武后，得到了武后的召见。武后询问乐思晦的儿子有什么情况，他回答说："我的生身父亲已经被处死，我的家庭也已经破灭，实在没有值得顾惜的东西，只痛惜陛下制定的大法被来俊臣等人玩弄破坏。陛下如果不相信我的话，恳求您在朝廷大臣中选择几位忠诚清廉的、又是陛下一贯信任的人，给这些人也罗列一些谋反的罪状，然后把它交给来俊臣去审讯，肯定不会有一个人敢不承认谋反的罪过。"武后内心稍稍有点醒悟，就召见了狄仁杰等人，问狄仁杰说："你承认谋反是为什么呢？"仁杰回答说："如果不承认，我就早已经死在严刑拷打下了。"武后又问："那又为什么还写出了服罪认死的文书呢？"众人齐声回答说："根本没有这件事。"武后拿出文书给这些人看，才知道原来是伪造的。于是，武后下令释放了这七个人的家族，对他们本人就贬降去做县令：狄仁杰去彭泽县（今江西彭泽东南），魏元忠去涪陵县（今四川涪陵）。裴行本和李嗣真被流放去岭南。

　　【纲】夏五月，下令禁止全国屠宰牲畜和捕捞鱼虾。　　【目】当时，江、淮流域大旱，饥荒严重，百姓不能捕捞鱼虾，被活活饿死的人很

一啖,上表告之。明日,太后对仗,谓德曰:"闻卿生男,甚喜。"德拜谢。太后曰:"何从得肉?"德叩头伏罪。太后曰:"朕禁屠宰,吉凶不预。卿自今召客,亦须择人。"出肃表示之。肃大惭,举朝欲唾其面。

【纲】秋七月,周左相武承嗣罢,以李昭德同平章事。 【目】先是昭德密言于太后曰:"魏王承嗣权太重。"太后曰:"吾侄也,故委以腹心。"昭德曰:"姑侄之亲,何如父子?子犹有篡弑其父者,况侄乎!"太后矍然,遂罢承嗣政事。承嗣亦毁昭德于太后,太后曰:"吾任昭德,始得安眠,彼代吾劳,汝勿言也。"

【纲】周流其御史严善思于驩州。 【目】太后自垂拱以来,任用酷吏,先诛唐宗戚数百人,次及大臣数百家,其刺史、郎将以下,不可胜数。每除一官,户婢窃相谓曰:"鬼朴又来矣。"不旬月,辄遭掩捕、族诛。监察御史严善思,公直敢言。时告密者不可胜数,太后亦厌其烦,命善思按问,引虚伏罪者八百五十余人,罗织之党为之不振,乃相与构善思,坐流驩州。太后知其枉,寻复召之。补阙朱敬则上疏曰:"李斯相秦,用刻薄变诈以屠诸侯,不知易之以宽和,卒至土崩,此不知变之祸也。汉高祖定天下,陆贾、叔孙通说之以礼义,传世十二,此知变之善也。自文明草昧,天地屯蒙,三叔流言,四凶构难,不设钩距,无以应天顺人,不切刑名,不可摧奸息暴。故开告端,以禁异议。然急趋无善迹,促柱少和声,向时之妙策,乃当今之刍狗也。伏愿览秦、汉之得失,考时事之合宜,窒罗织之源,扫朋党

多。拾遗张德生了一个儿子，私下杀了一头羊宴请衙门里的同事表示庆贺。补阙杜肃也被邀赴宴，他却在酒席上偷偷藏起一块羊肉，随后就用这块羊肉做罪证向武后上书控告张德违法。第二天，武后在正殿上排列仪仗召集众大臣议事，对张德说："听说你生了一个儿子，我也很高兴。"张德跪拜表示感谢。武后又说："不知你从哪里弄来的羊肉？"张德大惊，连忙使劲叩头表示认罪。武后却说："朕下令禁止屠宰，同国家的吉凶祸福本来没有关系。不过，你从今往后宴请客人时，也一定要慎重选择人。"说着就把杜肃控告张德的文书拿出来给大家看。杜肃惭愧万分，所有在朝廷上的大臣也都恨得想朝杜肃脸上吐唾沫。

【纲】秋七月，周朝的左相武承嗣被罢官，任命李昭德同平章事。
【目】在这以前，李昭德秘密对武后说："魏王武承嗣的权力过大。"武后说："他是我的亲侄子，所以把心腹机要委托给他。"李昭德又说："姑姑和侄子的关系亲近，但哪里能像父亲和儿子的关系那样？儿子还有为了篡夺皇位杀害自己父亲的，又何况是侄子呢？"武后听了十分震惊，于是下令罢免武承嗣主持政事的职位。武承嗣也在武后面前多方诋毁李昭德，武后说："我任用了李昭德，才能够安稳睡觉，他是在代替我为国操劳。你不要再多说了。"

【纲】周朝把御史严善思流放到巂州（治九德，今越南境内）。
【目】武后自从使用"垂拱"年号以来，信任重用好滥用酷刑的官吏，先杀害了唐朝皇帝李氏的家族和亲戚几百人，随后又祸及朝中大臣数百家，至于刺史、郎将以下的官吏，被害的人更是数也数不清。每任命一个官吏，这个官吏家里的奴仆都会偷偷互相议论说："准备做鬼的材料又来了！"很多人都是在任命后不过十天半月，就遭到了被捕入狱甚至全族被杀害的惨祸。监察御史严善思，公正刚直敢于仗义执言。当时直接向武后告密的人多得数不清，武后也因此厌倦告密的案件过于烦杂，就命令严善思负责去审问处理这些案件；严善思秉公审处，解脱了被迫假认罪的人共计八百五十多人。那些专门捏造罪状陷害无辜的奸党因此也不得任意行凶，就互相勾结一起来陷害攻击严善思，使善思被判罪流放巂州。武后知道善思是受了冤枉，不久又召他回京。补阙朱敬则向武后上书说："李斯担任秦国的宰相，专好用苛刻诡诈的手段去

之迹,使天下苍生坦然大悦,岂不乐哉!"太后善之,赐帛三百段。

【纲】冬十月,周武氏杀豫王妃刘氏。 【目】户婢团儿为太后所宠信,有憾于皇嗣,乃潜皇嗣妃刘氏及德妃窦氏为厌咒。太后杀之,瘗于宫中,莫知所在。德妃父孝谌为润州刺史。有奴妄为妖异,以恐妃母庞氏,因请夜祠祷而发其事。监察御史薛季昶按之,以为当斩,其子希瑊诣侍御史徐有功讼冤,有功论之,以为无罪;季昶奏有功阿党恶逆,罪当绞。令史以白有功,有功叹曰:"岂我独死,诸人永不死邪!"既食,掩扉熟寝。太后召有功,谓曰:"卿比按狱,失出何多?"对曰:"失出,人臣之少过;好生,圣人之大德。"太后默然。由是庞氏得减死,有功亦除名。

屠杀各国诸侯，不懂得国家统一后应该改变这种做法，采用宽仁平和的方法治理国家，最后终于把一统天下的秦朝弄到土崩瓦解的地步，这是不懂得应变造成的灾祸。汉高祖平定了天下，陆贾、叔孙通劝说汉高祖采取了用礼义治国安邦的方略，刘家的皇位一直相传了十二代，这是懂得应变的道理带来的好处。自从'文明'年间睿宗登上皇位，国家政事还处在变化草创的情况，这好比是天地还混沌不清，像周成王的三个叔叔散布流言攻击周公辅政那样的事情，或是像穷奇等四凶阴谋反叛初登皇位的舜帝那样的行为，在我朝也曾经有过。那时，不设立严密的规矩，就没有办法顺应天意和人心；不使用严厉的刑法，就不可能打击奸邪平息暴乱。所以朝廷开始鼓励告密的行为，是想用这种办法来禁止反对朝廷的言行。但是，做事情过于急迫就很难有尽善尽美的结果，弹琴过于匆促就很难奏出和谐动听的乐声；过去的好策略，到现在已经变成像用草编的小狗那样毫无价值的东西了。我恳切地希望陛下借鉴秦、汉两朝治国的得失，认真考察、制定适宜当前国家政事需要的方略，堵塞捏造罪状陷害无辜的祸源，扫除结成朋党违法作奸的劣迹，使普天下的百姓都能平安生活，心情舒畅，这难道不是最令人欢乐的事吗！"武后以为他的意见很好，赏赐给他布帛三百匹。

【纲】冬十一月，武氏杀了豫王李旦的妃子刘氏。　【目】刘氏身边的婢女团儿是武后宠爱信任的人，因为她对豫王李旦怀有仇恨，就背地诬陷豫王的妃子刘氏和德妃窦氏施用妖术诅咒武后。武后把她们处死，埋在皇宫中，众人都不知道在什么地方。德妃的父亲窦孝谌是润州刺史，家中有个奴仆用兴妖作怪的手段来恐吓德妃的母亲庞氏，因此请求夜间到祠庙中去祈祷免灾，暴露了这件事。监察御史薛季昶审问这件案子，认为庞氏应该处斩刑。庞氏的儿子窦希瑊前去拜见侍御史徐有功申诉冤情，有功评论事情是非，认为庞氏是无罪的。薛季昶反过来上书控告徐有功阿谀勾结大逆不道的恶人，论罪应该处绞刑。令史把这个情况告诉徐有功，有功叹息说："难道只有我一个人会死，其他众人都永远不死吗！"安稳地吃过饭，就关起门来睡着了。武后召见徐有功，问有功说："你近来审理案件，判断失误、重罪轻罚的为什么那么多？"有功回答说："判断失误、重罪轻罚，是我这个做臣子的小过错；爱惜生

【纲】周制：宰相撰《时政记》，月送史馆。

【纲】癸巳，十年，春正月，帝在房州。

【纲】周以娄师德同平章事。　【目】师德宽厚清慎，犯而不校。其弟除代州刺史，将行，师德谓曰："吾兄弟荣宠过盛，人所疾也，将何以自免？"弟曰："自今虽有人唾某面，某拭之而已，庶不为兄忧。"师德愀然，曰："此所以为吾忧也！人唾汝面，怒汝也；而汝拭之，则逆其意，而重其怒矣。夫唾，不拭自干，当笑而受之耳。"

【纲】周杀其尚方监裴匪躬。　【目】匪躬坐私谒皇嗣，腰斩于市，自是公卿以下皆不得见。又有告皇嗣潜有异谋者，太后命来俊臣鞠其左右，左右不胜楚毒，皆欲自诬。太常工人安金藏大呼曰："请剖心以明皇嗣不反。"即引佩刀自剖其胸，五脏皆出。太后闻之，令舆入宫，使医内五脏，以桑皮线缝之，傅以药，经宿始苏。太后亲临视之，叹曰："吾有子不能自明，使汝至此。"即命俊臣停推，睿宗由是得免。

【纲】甲午，十一年，春正月，帝在房州。

【纲】秋八月，周以杜景俭同平章事。　【目】太后出梨花一枝

灵、不乱杀人,是圣贤明君的大恩德。"武后听了沉默不语。由于这样,庞氏得到了宽减免处死刑,徐有功却还是受到削除官职的处分。

【纲】周武氏下令订立制度:宰相应负责撰写有关当时处理政事情况的记实资料,按月送交史馆保存。

【纲】嗣圣十年(癸巳,693),春正月,唐中宗在房州。

【纲】周朝任命娄师德同平章事。　【目】娄师德为人处世宽和忠厚,清廉谨慎,有冒犯他的人也从不计较。他的弟弟被任命去代州做刺史,将要动身赴任时,娄师德对弟弟说:"我们兄弟二人得到的荣誉和地位已经过高了,这是招致别人忌恨的事情,你打算用什么办法来使自己避免别人的忌恨呢?"他的弟弟回答说:"从今往后,虽然有人把唾沫吐到我的脸上,我也只是把它抹掉罢了,希望我能不使兄长经常担忧。"娄师德听了满面愁容地说:"这正是使我十分担忧的事情啊!别人把唾沫吐到你脸上,是对你心怀愤怒;你却把吐在脸上的唾沫抹掉,就恰恰触犯了对方的心意,又会更加重他的愤怒了。唾沫这种东西,你不去抹它也自然会干,你应该带着笑容去承受别人吐来的唾沫才好。"

【纲】周朝把尚方监裴匪躬处死。　【目】裴匪躬被判定有私自拜见豫王李旦请托私情的罪过,在街市上被腰斩示众。从这以后,朝廷中位在公卿以下的众官都不能去拜见豫王。又有人控告豫王李旦暗地里有阴谋反叛的活动,武后命令来俊臣严刑拷问豫王身边的侍从,侍从们忍受不住酷刑的折磨,都打算无中生有地承认自己有罪。太常乐工安金藏大声呼喊说:"请把我的心肝挖出来,用它来证明豫王没有谋反。"随即举起身上佩带的刀子把自己的胸膛剖开了,心肝五脏都淌了出来。武后听说了这件事,派医生把安金藏的五脏放回到体内,用桑皮做的线把创口缝合,再敷上药。整整过了一夜,安金藏才开始苏醒。武后亲自到他身边探视,感叹地说:"我有个儿子不能自己证明是无辜的,才使你到了这种痛苦的地步。"立即命令来俊臣停止推问审讯,豫王李旦也因为这样才得幸免。

【纲】嗣圣十一年(甲午,694),春正月,唐中宗在房州。

【纲】秋八月,周朝任命杜景俭同平章事。　【目】武后出示一枝

以示宰相,宰相皆以为瑞。杜景俭独曰:"今草木黄落,而此更发荣,阴阳不时,咎在臣等。"因拜谢。太后曰:"卿真宰相也!"

【纲】九月,周贬来俊臣为同州参军,流王弘义于琼州。

【纲】周贬其内史李昭德为南宾尉。

【纲】冬十一月,周明堂火。 【目】太后命怀义作天堂,日役万人,费以亿计,府藏为空。怀义所度力士为僧者满千人,侍御史周矩疑有奸谋,固请按之。太后命流其党,怀义不问。又命杀牛取血,画大像首高二百尺,云怀义刺膝血为之,张于天津桥南。侍御医沈南璆亦得幸于太后,怀义心愠,乃密烧天堂,延及明堂皆尽,风裂血像为数百段。太后讳之,命更造明堂、天堂。怀义内不自安,言多不顺,太后阴使人殴杀之。

以明堂火,制求直言。获嘉主簿刘知几表陈四事。是时官爵易得而法网严峻,故人竞为趋进而多陷刑戮,知几乃著《思慎赋》,以刺时见志焉。

【纲】乙未,十二年,春正月,帝在房州。

【纲】冬十一月,周安平王武攸绪弃官隐嵩山。 【目】千牛卫将军、安平王武攸绪,少有志行,恬澹寡欲,求弃官,隐于嵩山之阳。太后疑其诈,许之,以观其所为。攸绪遂优游岩壑,冬居茅椒,

在秋天盛开的梨花让宰相们观赏，宰相们都认为这是祥瑞的象征。只有杜景俭一个人反对说："现在草木都已经开始发黄凋落，这枝梨花却重新开得茂盛，出现这种阴阳盛衰不按时节正常变化的怪事，过错都在我们这些做臣子的人身上。"因此跪拜在地上表示自责认罪。武后说："你才是真正的宰相啊！"

【纲】九月，周朝贬降来俊臣去做同州（治冯翊，今陕西大荔）参军，把王弘义流放到琼州（治琼山，今海南琼山）。

【纲】周朝贬降内史李昭德去做南宾县（今四川丰都东南）县尉。

【纲】冬十一月，周朝的明堂被大火烧毁。　【目】武后在垂拱四年（688）命令和尚怀义负责修建明堂，每天动用劳役上万人，消耗的费用要用亿来计算，朝廷库藏的财物因此都用空了。怀义剃度当和尚的勇武男子人数上千，侍御史周矩怀疑怀义有违法作奸的阴谋，坚决要求追查审问他。武后只下命把怀义的一些党羽流放外地，对怀义本人却不加追问。武后又命令杀牛取用牛血，用牛血画成一幅巨大的佛像，光是头部就有二百尺高，向外宣扬说是怀义刺破自己的膝部取血画成的，把画高高张挂在洛阳城内的天津桥南头。侍御医沈南璆也深得武后宠幸，怀义对此内心十分忌恨，于是暗地放火焚烧天堂，火势又蔓延到明堂，两处宫殿都烧成灰烬，还突然刮起一阵狂风把用牛血画的佛像撕碎成好几百块。武后内心很忌讳这件事，又下令重新修建明堂、天堂。和尚怀义心中有鬼，自己总觉得处境不安稳，说话往往不能顺随武后的心意，武后终于暗中派人把怀义活活打死。

因为明堂被大火烧毁，武后下令征求全国上下对朝廷政事的直率意见。获嘉（今河南获嘉）主簿刘知几上书陈述了四条意见。这时，官职爵位极容易得到，但朝廷刑法也十分严酷苛刻，所以，人们都争先恐后地追求升官发财，却又大多数都陷入了被判刑甚至杀身的下场；刘知几因此特意写了一篇《思慎赋》，用文字来讽刺时弊并表明自己的志向。

【纲】嗣圣十二年（乙未，695），春正月，唐中宗在房州。

【纲】冬十二月，周朝的安平王武攸绪抛弃官职到嵩山隐居。【目】千牛卫将军、安平王武攸绪，青年时代就有高尚的志趣和优良的品行，性格恬静淡泊，没有贪求名利的欲望，他要求放弃官职，到嵩山

夏居石室，太后所赐服器皆置不用，买田使奴耕种，与民无异。

【纲】丙申，十三年，春正月，帝在房州。

【纲】周新明堂成。

【纲】冬十月，契丹陷冀州。周以狄仁杰为魏州刺史。

【纲】周以姚元崇为夏官侍郎。　【目】时契丹入寇，军书填委，夏官郎中姚元崇剖析如流，皆有条理，太后奇之，擢为夏官侍郎。

【纲】周以徐有功为殿中侍御史。　【目】太后思徐有功用法平恕，擢拜左台殿中侍御史，远近闻者无不相贺。宗城潘好礼著论，称有功蹈道依仁，固守诚节，不以贵贱死生易其操履。设客问曰："徐公于今，谁与为比？"主人曰："四海至广，人物至多，或匿迹韬光，仆不敢诬，若所闻见，则一人而已，当于古人中求之。"客曰："何如张释之？"主人曰："释之所行者甚易，徐公所行者甚难，难易之间，优劣见矣。张公逢汉文之时，天下无事，守法而已，岂不易哉！徐公逢革命之秋，属惟新之运，人主有疑于上，酷吏恣虐于下；而徐公守死善道，深相明白，几陷囹圄，数挂网罗，岂不难哉！"客曰："使为司刑卿，乃得展其才矣。"主人曰："吾子徒见徐公用法平允，谓可置司刑；仆睹其人，方寸之地，何所不容，若其用之，何事不可，岂直司刑而已哉！"

南麓去隐居。武后怀疑攸绪的做法有假,准许了他的请求,却同时严密观察着他的行为。武攸绪于是悠闲自在地游荡在高山深谷,冬天住在茅屋里,夏天就住进山洞中;武后赏赐的衣服器皿,都搁置一旁不用;自己买了几亩薄田让家中奴仆耕种,和普通百姓几乎没有差异。

【纲】嗣圣十三年(丙申,696),春正月,唐中宗在房州。

【纲】周朝的新明堂建成,号称通天宫。

【纲】冬十月,契丹族出兵攻占冀州(治信都,今河北衡水西南)。周朝任命狄仁杰做魏州(治大名,今河北大名东)刺史。

【纲】周朝任命姚元崇做夏官侍郎。 【目】当时,契丹族出兵攻扰周朝边境州县,军事文书纷纷送到京城积累成堆,夏官郎中姚元崇对这些文书进行分析处理,像流水一样顺畅,并且都有条有理处置恰当。武后认为他是难得的奇才,提拔他做夏官侍郎。

【纲】周朝任命徐有功做殿中侍御史。 【目】武后把徐有功罢官除名后,又思念他掌握刑法公平宽恕的长处,重新提拔他担任殿中侍御史,远近各地听到这个消息的人没有不相互表示庆贺的。宗城县(今河北南宫西南)有个叫潘好礼的人写了一篇文章,极力称颂徐有功从政时力行王道,谨守仁义,修身时保持忠诚坚贞的气节,决不因为地位贵贱或处境安危的不同改变自己的操行。文中用主客二人进行问答的方式,假设客人提问说:"在现在,有谁能和徐公比美呢?"主人回答说:"四海之内,地域极广,出色的人物也极多,有的人隐匿自己的行迹,掩藏本身的光彩,我不敢对他们进行不符实际的评论;如果说到我亲身听见和看见的人物,当今就实在只有徐公一个人,我们应当从古人中间去寻求能和徐公比美的人物。"客人又问:"徐公和汉代的张释之相比怎么样?"主人说:"张释之做的事情本来很容易,徐公做的事情却很难,通过难易间的比较,两人的好坏高低也就看得很清楚了。张公处在汉文帝的时代,天下太平无事,只需要保守原来的法规罢了,这难道不是很容易吗!徐公处在变革旧政、推行新法的时代,正当万事更新的机运,在上面,君主不免会有猜疑忌讳;在下面,苛酷的官吏又任意施行暴虐;但是徐公至死不变地坚持维护完善圣贤大道,不仅经常深刻地阐明圣贤道义,还几乎被投入监狱,先后几次被奸邪牵扯到法

【纲】十一月，周以张昌宗为散骑常侍，张易之为司卫少卿。

【目】昌宗、易之，年少美姿容，太平公主荐之入侍禁中，皆得幸于太后；常傅朱粉，衣锦绣，赏赐不可胜纪。武承嗣、三思、懿宗、宗楚客、晋卿皆候其门庭，争执鞭辔，谓张易之为"五郎"，昌宗为"六郎"。

网中，这难道不是十分艰难吗！"客人说："让徐公去做主持刑法的大臣，就一定能施展他的才干了。"主人却说："你只见到徐公掌握刑法平和公允，就认为可以把他放在主持刑法的位子上；我观察徐公的为人，在他的心胸中有什么不能包容的东西呢？如果真正想重用他，世上有什么事情他做不好？难道只是限于主持刑法罢了！"

【纲】十一月，周朝任命张昌宗做散骑常侍，张易之做司卫少卿。

【目】张昌宗、张易之二人，年轻而且容貌俏美，太平公主举荐他们进入皇宫禁地侍奉武后，都得到武后宠爱，私情很深；他们经常擦粉抹脂，穿着颜色华艳的衣服，武后赏赐给他们的东西多得数不清。武承嗣、武三思、武懿宗和宗楚客、宗晋卿等人都经常侍候在这两人的府第中，出入时都争着替他们拿马鞭牵马，并且按照当时仆人尊称主人的习惯恭敬地叫张易之"五郎"，叫张昌宗"六郎"。

纲鉴易知录卷四七

唐纪

中宗皇帝（附武后）

【纲】丁酉,十四年,春正月,帝在房州。

【纲】夏四月,周以王及善为内史。 【目】王及善已致仕,会契丹作乱,起为滑州刺史。太后召见,问以朝廷得失,及善陈治乱之要十余事。太后曰："外州末事,此为根本,卿不可出。"留为内史。

【纲】六月,周来俊臣伏诛。 【目】来俊臣倚势贪淫,士民妻妾有美者,百方取之;前后罗织诛人,不可胜计。自言才比石勒。监察御史李昭德素恶之,俊臣遂诬昭德谋反,下狱。又欲罗告诸武及太平公主与皇嗣、庐陵王、南北牙同反。诸武及太平公主共发其罪,系狱,有司处以极刑。奏上,三日不出。王及善曰："俊臣,国之元恶,不去之,必动摇朝廷。"吉顼曰："俊臣聚结不逞,诬构良善,赃贿如山,冤魂塞路,国之贼也,何足惜哉！"太后乃下其奏。昭德、俊臣同弃市,时人无不痛昭德而快俊臣,仇家争啖其肉。士民相贺曰："自今眠者背始帖席矣。"

中宗皇帝（附武后）

【纲】嗣圣十四年（丁酉，697），春正月，唐中宗在房州。

【纲】夏四月，周朝任命王及善做内史。　【目】王及善本来已经辞职回家闲居，恰逢契丹军队入境侵扰，又重新任命他做滑州（治白马，今河南滑县东北）刺史。武后亲自召见王及善，向他询问朝廷处理国家政事成功或失败的经验教训，及善陈述了使政治清明、国家安定的重要策略共十余条，武后很欣赏地说："治理外地州县是比较次要的事情，使朝廷政治清明、国家安定才是根本，你不应该出京去做次要的事。"于是把王及善留在朝中做内史。

【纲】六月，周朝的酷吏来俊臣被处死刑。　【目】来俊臣倚仗权势贪享淫欲，无论是士大夫或是平民的妻子婢妾中有容貌美艳的人，他都要想方设法把人强取到手；先后被他捏造罪状无辜杀害的人，数都数不清，他还自己吹嘘说他的才干能同东晋时代后赵的开国君主石勒相比。监察御史李昭德从来就十分憎恶来俊臣，来俊臣因此诬告李昭德阴谋反叛，把昭德投入监狱。来俊臣又想罗列假罪状控告武承嗣等人及太平公主同豫王李旦、庐陵王李哲、朝中南北衙门的众大臣一起阴谋反叛。武承嗣等人及太平公主共同揭发来俊臣的罪恶，把他关进监狱，负责审讯的官吏认为他应该判处极刑。判决来俊臣的文书上呈给武后，过了三天还没有批复出来。王及善说："来俊臣是危害国家的罪魁祸首，不杀掉他，将来一定会扰乱朝廷，不得安稳。"吉顼也说："来俊臣聚合对朝廷心怀不满的坏人结成死党，专门诬陷残害善良的人，他非法掠夺的财物堆积如山，诬陷害死的冤魂多得能阻塞道路，他实在是国家的最大祸害，还有什么理由值得怜惜呢？"武后这才把对来俊臣的判决批复下来。李昭德和来俊臣同时被绑到闹市砍头示众，当时的人，没有一个不因李昭德的冤死感到痛惜，又都为来俊臣被处决拍手称快。来俊臣被处决后，他的仇人都争着要吃他的肉发泄愤恨，官吏和百姓都相互庆贺说："从今往后，睡觉的人才可以安心地背贴床席了！"

【纲】周以武承嗣、武三思同三品。

【纲】秋九月,周以魏元忠为肃政中丞。

【纲】冬闰十月,以狄仁杰同平章事。

【纲】戊戌,十五年,春三月,帝还东都。 【目】武承嗣、三思营求为太子,狄仁杰从容言于太后曰:"太宗栉风沐雨,亲冒锋镝,以定天下,传之子孙。大帝以二子托陛下,陛下今乃欲移之他族,无乃非天意乎!且姑侄之与母子孰亲?陛下立子,则千秋万岁后,配食太庙;立侄,则未闻侄为天子而祔姑于庙者也。"太后曰:"此朕家事,卿勿预知。"仁杰曰:"王者以四海为家,四海之内,何者不为陛下家事!况元首、股肱,义同一体,臣备位宰相,岂得有所不预知乎!"因劝太后召还庐陵王,太后意稍寤。

他日,又谓仁杰曰:"朕梦大鹦鹉两翼皆折,何也?"对曰:"武者,陛下之姓;两翼,二子也。陛下起二子,则两翼振矣。"太后由是无立承嗣、三思之意。

吉顼与张易之、昌宗为控鹤监供奉,顼从容说二人曰:"公兄弟贵宠;天下侧目,不有大功,何以自全?"二人惧,问计。顼曰:"天下未忘唐德,主上春秋高,公何不劝立庐陵王以慰人望!如此,岂徒免祸,亦可以长保富贵矣。"二人以为然。乘间屡为太后言之。太后乃托言庐陵王有疾,遣使召之,及其妃子皆诣行在。承嗣怏怏,遂

【纲】周朝任命武承嗣、武三思同三品。

【纲】秋九月,周朝委任魏元忠做肃政中丞。

【纲】冬闰十月,任命狄仁杰同平章事。

【纲】嗣圣十五年(戊戌,698),春三月,唐中宗回到东都洛阳。

【目】武承嗣和武三思极力钻营,想做皇太子。狄仁杰镇定严肃地对武后说:"太宗皇帝不辞风吹雨打的劳苦,亲身经历刀箭拼杀的艰险,终于平定天下巩固了帝业,把唐朝的一统河山传给子孙后代。高宗皇帝临终时,又把两个儿子郑重托付给陛下。陛下如今竟想把唐朝的皇位转移给不是李姓的人,岂不是违背上天的意愿吗!再说,姑姑和侄子的关系同母亲和儿子的关系究竟谁更亲密呢?陛下立儿子做皇太子,就可以在千年万年之后,永远在唐朝皇家的祖庙中同高宗皇帝一起享受子孙后代的祭祀供奉;如果立侄子做皇太子,那么,我从来就没有听说过侄子做了皇帝会把姑姑供奉在皇家祖庙中永远祭祀的事情。"武后说:"这是朕家里的事情,你没有必要干预和知道。"狄仁杰反驳说:"做帝王的把天下看成自己的家。凡是在四海疆域内发生的事情,有哪一件不是陛下的家里事?况且,皇帝和臣子的关系就像人的头和手脚一样,按理是应该同一整体不可分离;我被您信任并处在宰相的重要位子上,难道还能够有什么事情不参与或不知道吗!"于是,狄仁杰劝告武后把庐陵王李哲召回京城,武后内心也渐渐醒悟。

过了些日子,武后又对狄仁杰说:"朕梦见一只大鹦鹉的两个翅膀都折断了,这是什么预兆呢?"狄仁杰回答说:"武,是陛下的姓;两个翅膀,是您的两位皇子。陛下如果举拔重用两位皇子,就可以使两个翅膀都振奋高飞,前途无量。"武后从这以后再没有立武承嗣或武三思做太子的打算。

吉顼和张易之、张昌宗同时担任控鹤监供奉,吉顼郑重地劝诫这两人说:"您兄弟二人地位尊贵,又深受武后宠爱,天下人都既忌恨又畏惧,不敢正眼相看,您二人如果不能在朝廷中建立大功劳,将来凭什么保全自己的地位?"张易之兄弟听了都很恐惧,向吉顼请教立功自保的办法。吉顼说:"天下百姓没有忘记唐朝李家皇帝的恩德,现在武后年龄已经很老,您二人为什么不用劝告武后立庐陵王李哲做皇帝的办

发病死。

【纲】秋八月,周以狄仁杰兼纳言。 【目】太后命宰相各举尚书郎一人,仁杰举其子光嗣,拜地官员外郎,已而称职。太后喜曰:"卿足继祁奚矣。"

通事舍人元行冲,博学多通,仁杰重之。行冲数规谏仁杰,且曰:"凡为家者必有储蓄脯醢以适口,参术以攻疾。仆窃计明公之门,珍味多矣,行冲请备药物之末。"仁杰笑曰:"吾药笼中物,何可一日无也!"

【纲】九月,突厥陷赵州,周刺史高叡死之。

【纲】周武氏以帝为皇太子、河北道元帅,狄仁杰副之,以讨默啜。

【纲】周以苏味道同平章事。 【目】味道在相位,依阿取容,尝谓人曰:"处事不宜明白,但模棱持两端可矣。"时人谓之"苏模棱"。

法来抚慰满足天下百姓的愿望！如果能这样做，难道仅仅是可以避免灾祸吗？更重要的是也能够长久保持您二人的富贵荣华！"张易之兄弟二人认为吉顼的主意很对，就找机会接连多次向武后提出这方面的建议。武后终于被说服，就借口说是庐陵王在房州有病，派遣使臣前去召李哲回京，连李哲的妃子等人也都一起回到东都洛阳和武后相见。武承嗣因此经常心中抑郁不乐，最后生了一场大病，救治无效死去。

【纲】秋八月，周朝任命狄仁杰兼任纳言。 【目】武后下令要朝中各位宰相每人都举荐一个适合担任尚书郎的人才，狄仁杰举荐了他自己的儿子狄光嗣。光嗣被武后任命做地官员外郎，任职后很快就表现出完全胜任这个职务的才能。武后很高兴地对狄仁杰说："你真正可以算是继承了古代贤相祁奚那种举荐人才极有见识又公正不偏的好品德。"

通事舍人元行冲，学问渊博，对许多朝廷政务都精通，处理熟练，狄仁杰因此一贯很器重他。元行冲曾多次向狄仁杰提出中肯的批评和很好的建议，又曾经对狄仁杰说："凡是懂得治理家务的人，都一定会有丰富的食物储备来满足口腹的需要，也一定会有人参苍术一类的珍贵药物来防治疾病。我私下估计，在您的门庭里，各种珍奇美味一定已经很多了，我只希望您像储备不太重要的药物来防治疾病那样，让我在您门下协助防止处理政事的失误。"狄仁杰理解地笑着说："我药箱里储备的各种防治疾病的药物，怎么能有一天离得开呢！"

【纲】九月，突厥酋长默啜出兵攻占赵州（治平棘，今河北赵县），周朝的赵州刺史高叡死在这场战争中。

【纲】武后立庐陵王（即唐中宗李哲）做周朝的皇太子，命令他担任河北道元帅（唐朝在太宗贞观元年分天下为十道，河北道管辖赵州等三十一州），并任命狄仁杰做李哲的副将，一起带兵去征讨默啜。

【纲】周朝委任苏味道同平章事。 【目】苏味道身在宰相高位，却事无定见，靠阿谀附和去迎合武后及朝中权贵，他曾经对别人说："处理朝廷政务或其他事情，都不适宜采取十分认真明确的态度，这就像是用手摸着正方形的木块去判断它是什么形状，只要同时拿住了木块的两边就可以没有大错了。"当时的人都嘲笑地把他叫作"苏摸棱"。

【纲】冬十月,周以狄仁杰为河北道安抚大使。 【目】时河北人为突厥所驱逼者,虏退,惧诛,往往亡匿。仁杰上疏曰:"边尘暂起,不足为忧,中土不安,此为大事。诸为突厥、契丹胁从之人,皆是计逼情危,且图赊死。今且潜窜山泽,露宿草行,罪之则众情恐惧,恕之则反侧自安,伏愿曲赦河北诸州,一无所问。"制从之。仁杰于是抚慰百姓,河北遂安。

【纲】周以姚元崇同平章事。

【纲】十一月,周以豫王旦为相王。

【纲】己亥,十六年,春正月,帝在东宫。

【纲】秋八月,周纳言娄师德卒。 【目】师德性沉厚宽恕,狄仁杰之入相也,师德实荐之;而仁杰不知,意颇轻之。太后尝问仁杰曰:"师德知人乎?"对曰:"臣尝同僚,未闻其知人也。"太后曰:"朕之知卿,乃师德所荐也,亦可谓知人矣。"仁杰既出,叹曰:"娄公盛德,我为其所包容久矣,吾不得窥其际也。"是时,罗织纷纭,师德久为将相,独能以功名终,人以是重之。

【纲】冬十月，周朝任命狄仁杰做河北道安抚大使。【目】当时，河北的百姓中有不少被逼迫驱使顺从过突厥的人，突厥败退后，这些人害怕周朝给他们定罪杀头，往往离家逃亡躲藏起来。狄仁杰向武后上书说："边境地区短暂地发生战争，并不必十分忧虑；在朝廷治下的中原土地上百姓不得安生，这才是必须重视的头等大事。那些被突厥族、契丹威胁逼迫一度顺从过敌人的人，都是由于无计可施情况危困，只渴求能暂时逃脱死亡。况且，这些人如今都已暗地逃窜到荒山沼泽中，过着露天栖息出入草野的悲惨生活，朝廷再惩罚这些人，就更加会使众多的百姓心情恐惧；朝廷如果能宽恕这些人，就可以使那些心情反复不定的人自然安定下来。我恳切地希望您特别开恩赦免河北各州县的百姓，一个也不要追究。"武后听从了狄仁杰的意见。于是，狄仁杰出任河北道安抚大使前往各州县安抚慰问当地的百姓，河北道各州县也就很快安定下来。

【纲】周朝任命姚元崇同平章事。

【纲】十一月，周朝废除豫王李旦做皇位继承人的资格，改封他做相王。

【纲】嗣圣十六年（己亥，699），春正月，唐中宗李哲住在皇太子居住的东宫中。

【纲】秋八月，周朝的纳言娄师德去世。【目】娄师德性情沉静忠厚，宽宏仁恕，狄仁杰被选进朝廷担任宰相，实在是由于娄师德曾经大力向武后推荐他；但狄仁杰自己不知道事情真相，平日内心里多少有些瞧不起娄师德。武后曾有一次问狄仁杰说："娄师德善于鉴别了解人才吗？"仁杰回答说："我曾经和娄师德同衙共事，从来没听说过他能鉴别了解人才。"武后说："朕能够了解重用你，实在是由于师德对你大力推荐，我看娄师德也可以说是善于鉴别了解人才吧！"狄仁杰辞别武后出宫后，感慨万千地叹息说："娄公真是道德高尚的贤人，我得到他的包涵宽容已经很久了，我真是没有能力看清楚他的仁德胸怀是多么宽宏无边啊！"在这个时候，被诬陷诽谤受到惩处的人多得数不清，娄师德长时间担任将相要职，却很独特地能够在功成名就的情况下平安老死，人们都因为这一点十分敬重他。

【纲】冬十一月,周贬吉顼为安固尉。 【目】太后以顼有干略,以为同平章事,委以腹心。顼与武懿宗争赵州之功于太后前,顼视懿宗声气陵厉,太后由是不悦,曰:"顼在朕前,犹卑诸武,况异时讵可倚邪。"他日,顼奏事,方援引古今,太后怒曰:"卿所言,朕饫闻之,无多言!昔太宗有马,肥逸无能制者。朕为宫女,进言曰:'妾能制之,然须三物:一铁鞭,二铁挝,三匕首。鞭之不服则挝其首,挝之不服则断其喉。'太宗壮朕之志,今日卿岂足污朕匕首邪!"顼皇恐,谢。诸武因共发其弟冒官事,由是坐贬。辞日,得召见,涕泣言曰:"臣永辞阙庭,愿陈一言。"太后问之,顼曰:"合水土为泥,有争乎?"太后曰:"无之。"又曰:"分半为佛,半为天尊,有争乎?"曰:"有争矣。"顼顿首曰:"宗室、外戚各当其分,则天下安。今太子已立,而外戚犹为王,此陛下驱之使他日必争,两不得安矣。"太后曰:"朕亦知之,然业已如是,不可如何。"

【纲】十二月,周以狄仁杰为内史。

【纲】冬十一月,周朝贬降吉顼去做安固县(今浙江瑞安)县尉。
【目】武后原来认为吉顼很有才干和韬略,委任他任同平章事,把自己的一些心腹机密都委托给他处理。吉顼和武懿宗在武后的面前争论收复赵州的功劳应该属于谁,吉顼怒目逼视着武懿宗,说话的声音很高,神情也很严厉,武后由于这件事心里很不高兴,对人说:"吉顼在朕的面前,还敢这样轻视武家众人,何况到了将来我不在的时候,又怎么能依靠他辅助朝政呢!"过了一些日子,吉顼向武后报告请示朝廷政事,吉顼正在引用古今有关事例发挥议论时,武后生气地斥责他说:"你讲的这些东西,朕实在是听厌烦了,不许再多说!过去,太宗皇帝有一匹马,长得高大肥壮又性烈善奔,不听驾驭,宫中没有一个能制服它的人。朕当时是太宗身边的宫女,向皇帝自告奋勇说:'我能够制服它,只不过需要给我三件东西:一是铁鞭,二是铁棒,三是匕首。如果用鞭子抽它还不服,就用铁棒狠打它的头部;如果用棒子打还不服,就用匕首割断它的喉管。'太宗皇帝当场就称赞我的意见有大丈夫的豪壮气概。今天,你难道还值得来玷污我的匕首吗?"吉顼听了惊恐万分,只能拜伏在地上表示认罪。武姓众人借这个机会一起向武后揭发控告吉顼的弟弟曾经冒充朝廷官吏的事情。由于这样,吉顼被定罪贬职。吉顼在要告别朝廷去安固时,得到武后的亲自召见,吉顼痛哭流涕地说:"我这一去可能就是永远离开京城和皇帝身边,希望最后还能向您陈述一点意见。"武后问他想说什么,吉顼说:"我想请问陛下,把水和土搅拌在一起和成泥,会有什么争执吗?"武后说:"当然不会有争执。"吉顼又说:"把和好的泥分成两半,一半塑成佛像,一半塑成天神像,会有什么争执吗?"武后说:"很可能会发生争执。"吉顼一边使劲磕头一边说:"皇帝本姓的家族和皇后娘家的亲戚,如果能各自恰当地享有他们应得的名分和地位,就能保证国家长治久安。现在,陛下已经正式立了皇太子,但是,外姓的后族亲戚还有很多人在做王把持大权,这是陛下在亲自推动他们,促使他们将来必不可免地发生争执,皇太子和那些外姓的后族亲戚两方面将来都不得安宁。"武后说:"朕也很明白这种情况,但是事情已经发展到这种情况,不能再用别的什么办法来改变它了。"

【纲】十二月,周朝任命狄仁杰做内史。

【纲】庚子,十七年,春正月,帝在东宫。

【纲】夏六月,司空、梁文惠公狄仁杰卒。 【目】太后信重仁杰,群臣莫及,常谓之"国老"而不名。仁杰好面引廷争,太后每屈意从之。尝从太后游幸,遇风巾坠,马惊不止,太后命太子追执其鞚而系之。屡以老疾乞骸骨,不许。每入见,太后常止其拜,曰:"每见公拜,朕亦身痛。"及薨,太后泣曰:"朝堂空矣!"自是朝廷有大事,众或不能决,太后辄叹曰:"天夺吾国老何太早邪!"

太后尝问仁杰:"朕欲得一佳士用之,谁可者?"仁杰曰:"有张柬之者,其人虽老,宰相才也。"太后擢为洛州司马。数日,又问,仁杰对曰:"前荐柬之,尚未用也。"太后曰:"已迁矣。"对曰:"臣所荐者可为宰相,非司马也。"乃迁秋官侍郎,卒用为相。仁杰又尝荐夏官侍郎姚元崇,监察御史桓彦范、太州刺史敬晖等数十人,卒成反正之功。或谓仁杰曰:"天下桃李,悉在公门矣。"仁杰曰:"荐贤为国,非为私也。"中宗复位,赠司空,睿宗时追封梁国公。

【纲】嗣圣十七年，（庚子，700），春正月，唐中宗仍在东宫。

【纲】夏六月，司空梁文惠公狄仁杰去世。【目】武后多年信赖重用狄仁杰，朝廷中的其他许多大臣都比不上他；武后常常尊敬地叫狄仁杰作"国老"，不直接称呼他的名字。狄仁杰惯好当面指正别人的失误，甚至在朝廷上公开和武后进行争论，武后常常是不得已地改变自己的本意去接受狄仁杰的意见。狄仁杰曾经有一次跟随武后外出巡游，遇上大风刮掉了头巾，他骑的马也因此受惊狂奔不止；武后急忙下令，让皇太子亲自追上去抓住奔马，替仁杰把马系好。狄仁杰曾经多次用年老多病做理由请求准许他辞官回家安享晚年，武后都不答应。狄仁杰每次上朝廷谒见武后时，武后都不让他行跪拜的大礼，并且说："每次看见您跪拜行礼，朕也感到自己身体酸痛不安。"到狄仁杰去世后，武后伤心流泪地说："我感到朝廷殿堂里像空空无人一样！"从这以后，凡是朝廷里发生了重大的事情，遇到有群臣不能及时做出决定的情况，武后总是会不禁感叹说："老天爷为什么过早地夺去了我的国老！"

武后曾经询问狄仁杰："朕想得到一位德才兼备的人才，提拔重用他，您认为谁可以胜任呢？"仁杰回答说："有一位名叫张柬之的人，他虽然年纪已老，但确实是一位当宰相的人才。"武后下令把张柬之提升做洛州（治河南县，今河南洛阳）司马。过了一些日子，武后又询问狄仁杰有什么好人才可以担当重任，仁杰回答说："我上次已向您推荐了张柬之，至今还没有用他。"武后说："我已经提升他的官职。"仁杰回答说："我向您推荐的人是可以担任宰相的大才，不止是做一个小小的司马。"于是，武后立即又提升张柬之做秋官侍郎，后来终于任命张柬之做了宰相。狄仁杰曾经先后举荐过夏官侍郎姚元崇、监察御史桓彦范、太州（即华州，治郑县，今陕西华县）刺史敬晖等几十位卓有才干的人，后来就是依靠这些人扶助唐中宗李哲才成就了恢复唐朝国号拨乱反正的大功。当时有人对狄仁杰说："全国上下得到举荐重用的优秀人才，几乎都集中在您一个人的门庭下了。"仁杰坦然地回答说："我举荐贤能的人才是为了国家大业，并不是为了把他们收在个人门庭下谋取私利！"后来，唐中宗李哲重新登上皇位，给狄仁杰追赠了司空的官号；

【纲】冬十月，周复以正月为岁首。

【纲】辛丑，十八年，春正月，帝在东宫。 【目】是岁，武邑人苏安恒，上疏太后曰："陛下钦先圣之顾托，受嗣子之推让，敬天顺人，二十年矣。今太子春秋既壮，陛下年德既尊，何不禅位东宫，使临宸极，亦何异陛下之身哉！诸武皆得封王，而陛下二十余孙无尺寸之土，此非长久之计也。"疏奏，太后召见，赐食，慰谕而遣之。

【纲】三月，雨雪。 【目】苏味道以雪为瑞，帅百官入贺。殿中侍御史王求礼止之曰："三月雪为瑞雪，腊月雷为瑞雷乎？"味道不从。既入，求礼独不贺，进言曰："今阳和布气，草木发荣，而寒雪为灾，岂得诬以为瑞！贺者皆谄谀之士也。"太后为之罢朝。

时又有献三足牛者，宰相复贺。求礼飏言曰："凡物反常皆为妖，此鼎足非其人，政教不行之象也。"太后为之愀然。

唐睿宗李旦继位做皇帝时，又追封狄仁杰做梁国公。

【纲】冬十月，周朝修改历法，重新用正月作为一年开始的月份。

【纲】嗣圣十八年（辛丑，701），春正月，唐中宗在东宫。　【目】这一年，武邑县（今河北衡水东北）有个名叫苏安恒的人向武后上书说："陛下得到已故的圣明皇帝高宗临终遗命决定请您参与朝政的郑重嘱托，又接受已经定为皇位继承人的豫王李旦自动推让给您的执政大权，敬奉上天旨意顺从百姓心愿地主持国家政事，已经整整有二十年了。如今，唐朝的皇太子已是长成壮年，陛下本身既已年岁甚高，又已赢得了仁德布天下的尊崇声望，为什么还不及时把皇位禅让给东宫太子？扶持皇太子登上皇位去主持朝政，又同陛下亲身在朝主政有什么差别呢？武姓的许多人都已经得到了您封赏的王号和各种权力，但是，陛下身边有二十多位唐朝皇帝的子孙至今没能得到您一尺一寸领地的封赏，这实在不是国家长治久安的办法。"苏安恒的书文上呈给武后以后，武后亲自召见苏安恒，赏赐他在朝廷中进餐，对他进行抚慰教导后才送他回原籍。

【纲】三月，天降大雪。　【目】苏味道认为三月降雪是吉庆祥瑞的征兆，要带领文武众官进朝向武后表示庆贺。殿中侍御史王求礼劝止苏味道说："时到三月降雪如果可以认为是吉祥的雪，那么，腊月隆冬响雷也可以说是吉祥的雷吗？"苏味道不肯听从王求礼的劝阻。当苏味道带领众官进入朝廷后，只有王求礼一人不向武后表示庆贺，并劝谏武后说："如今春天到来，暖和的气候遍布天下，地上的草木都在发芽开花欣欣向荣，却突然降下寒冷的大雪危害万物正常生长，难道能把这种灾变歪曲说成是吉祥吗！向您表示庆贺的，实在都只是一些阿谀逢迎想用谎言取宠的小人。"武后由于王求礼的严词规劝，下令中止了众官朝拜祝贺的活动。

当时，又有人向武后贡献了一头只有三条腿的怪牛，宰相苏味道等又乘机向武后表示庆贺。王求礼却慷慨激昂地反对说："凡是天地间的事物出现违反正常情况的变异，都是妖孽，如今生出了只有三条腿的怪牛，就是三公大臣不能真正胜任职责，教育治理百姓的圣贤大道没能正常施行的象征。"武后由于王求礼的这番议论十分震惊，久久怃戚无言。

【纲】夏六月,周以李迥秀同平章事。 【目】迥秀母本微贱,妻叱媵婢,母闻之不悦,迥秀即时出之。或问:"何遽如是?"迥秀曰:"娶妻本以养亲;今乃违忤颜色,安敢留也!"

【纲】冬十一月,周以崔玄暐为天官侍郎。 【目】天官侍郎崔玄暐,性介直,未尝请谒。执政恶之,改文昌左丞。月余,太后谓玄暐曰:"闻卿改官,令史设斋自庆,此欲盛为奸贪耳;今还卿旧任。"乃复拜天官侍郎。

【纲】周以郭元振为凉州都督。
【纲】壬寅,十九年,春正月,帝在东宫。 【目】是岁,苏安恒复上疏曰:"臣闻天下者,神尧、文武之天下也,陛下虽居正统,实因唐氏旧基。当今太子迥回,年德俱盛,陛下贪其宝位而忘母子深恩,将以何颜见唐家之宗庙哉!今天意人事,还归李家。陛下虽安天位,殊不知物极则反,器满则倾。臣何惜一朝之命,而不安万乘之国哉!"太后亦不之罪。

【纲】周设武举。
【纲】秋九月朔,日食,不尽如钩。

【纲】夏六月，周朝任命李迥秀同平章事。　【目】李迥秀的母亲原来出身低下贫贱，有一次李迥秀的妻子恶言责骂身边的婢女，李迥秀的母亲听到后很不高兴，李迥秀立即就和他的妻子离婚把妻子赶出了家门。有人问李迥秀说："你为什么突然这样做？"李迥秀回答说："娶妻子本来是为了让她帮助我供养侍奉双亲，如今她竟违背母亲的心意触怒了老人家，我怎么还敢把她留在家中呢！"

【纲】冬十一月，周朝任命崔玄暐做天官侍郎。　【目】天官侍郎崔玄暐，性情耿介刚直，从来没有过到朝廷权贵的门下拜谒讨好乞请庇护的行为。主持朝政的权贵们因此忌恨崔玄暐，免掉了他的天官侍郎，让他改任文昌左丞。过了一个多月，武后又召见崔玄暐对他说："听说你改任文昌左丞以后，有些令史竟高兴得摆设酒宴来庆贺，这些人实在是想利用你改任职务的机会放肆无忌地去做奸邪贪赃的坏事；现在，我决定恢复你原来担任的官职。"于是，又重新任命崔玄暐出任天官侍郎。

【纲】周朝任命郭元振担任凉州（治姑臧，今甘肃武威）都督。

【纲】嗣圣十九年（壬寅，702），春正月，唐中宗在东宫。　【目】这一年，苏安恒再次向武后上书说："我听说，当今的天下本来是唐高祖神尧皇帝、唐太宗文武皇帝相继艰辛缔造的天下，陛下虽然名正言顺地身居皇帝宝座，实际是借助了唐朝皇帝李姓几代人原来奠定的坚固基础。现时唐朝皇太子已经从贬居的地方召回东宫，并且，皇太子的年龄已是壮年，品德修养也日渐成熟。陛下却贪恋本来应该属于太子的皇帝宝座，忘记了母亲本应扶持太子继承皇位的骨肉恩情，将来能有什么脸面去会见供奉在唐朝皇帝李家祠庙中的先帝呢！如今，无论是上天的旨意还是百姓的愿望，都希望把皇帝的宝座归还给李家。陛下目前虽然还安稳地处在至高无尚的皇位上，难道不懂得事物发展到极尽的地步就会走向它的反面，器皿装得太满就容易倾倒？我个人有什么理由爱惜自己短暂的生命却不为国家的长治久安尽忠直言呢！"武后也没有因为苏安恒的犯上直言怪罪他。

【纲】周朝开始设置考选武举人的制度。

【纲】秋季，九月初一，日半蚀，可以看见残日像细细的弯钩。

【纲】冬十二月,周以张嘉贞为监察御史。 【目】侍御史张循宪为河东采访使,有疑事不能决,问侍吏曰:"此有佳客,可与议事者乎?"吏言前平乡尉张嘉贞有异才,循宪召见,询之;嘉贞为之条析理分,莫不洗然,循宪因请为奏,皆意所未及。及还,太后善之,循宪具言嘉贞所为,且请以己官授之。太后曰:"朕宁无一官自进贤邪!"因召嘉贞与语,大悦,即拜监察御史;擢循宪司勋郎中,赏其得人也。

【纲】癸卯,二十年,春正月,帝在东宫。

【纲】夏闰四月,周改文昌台为中台。

【纲】秋九月朔,日食既。

【纲】周贬魏元忠为高要尉,流张说于岭南。 【目】初元忠为洛州长史,张易之奴暴乱都市,元忠杖杀之。及为相,太后欲以易之弟昌期为雍州长史,问宰相:"谁堪雍州者?"元忠以薛季昶对。太后曰:"昌期何如?"元忠曰:"昌期少年,不闲吏事,不如季昶。"太后默然而止。元忠又尝面奏:"臣承乏宰相,不能尽忠死节,使小人在侧,臣之罪也!"太后不悦。由是诸张深恶之,乃谮元忠尝言:"太后老矣,不若挟太子为久长。"太后怒,下元忠狱。

【纲】冬十二月，周朝任命张嘉贞做监察御史。　【目】侍御史张循宪担任河东采访使，遇到了疑难的事情不能立即做出决断，就询问部下的官吏说："这里有才识出色的人能请来同我一起商议处理疑难的事情吗？"部下向他推荐，说过去担任过平乡县（今河北巨鹿县）县尉的张嘉贞有特别卓出的才干。张循宪立即请张嘉贞来见面，向张嘉贞征询处理疑难事情的办法；张嘉贞帮助张循宪把疑难的事情逐条逐点地进行分析，没有一点不是清晰透彻的。张循宪因此请求张嘉贞替自己撰写上呈给武后的文书，嘉贞写出的文书中有很多内容都是张循宪本人原来没有想到的。等到张循宪处理完公事返回朝廷，武后称赞他把疑难的事情处理得很妥善。张循宪全面不漏地向武后介绍了张嘉贞帮助处理这些事情的情形，并且请求武后把自己担任的官职转授给张嘉贞。武后说："朕难道没有一个官职可以用来由我自己提拔重用贤能的人才吗！"于是，亲自召见张嘉贞，同嘉贞进行了认真交谈，对嘉贞的卓出才识十分欣赏，立即下令任命张嘉贞做监察御史；同时，又提升张循宪担任司勋郎中，奖赏他发现了卓出人才。

【纲】嗣圣二十年（癸卯，703），春正月，唐中宗在东宫。

【纲】夏闰四月，周朝把文昌台改称中台。

【纲】秋季，九月初一，日全蚀。

【纲】周朝贬降魏元忠去做高要县（今广东高要）县尉，把张说流放到岭南。　【目】当初，魏元忠担任洛州（治洛阳，今河南洛阳市郊）长史时，张易之的家奴倚势行凶扰乱京都市场的秩序，魏元忠把这个恶奴判处极刑用大棍打死。到魏元忠提升当了宰相后，武后想任命张易之的弟弟张昌期做雍州（治万年，今陕西西安）长史，故意事先征询宰相们的意见，说："谁能够胜任雍州长史的职务？"魏元忠提出薛季昶的名字来回答武后。武后又问："张昌期怎么样？"魏元忠反对说："昌期还很年轻，不熟悉处理政事的规矩，实在比不上薛季昶。"武后听了沉默不语，勉强放弃了任用张昌期的打算。魏元忠又曾经当面对武后说："我勉力承担了暂时缺乏合适人选的宰相职务，却没能竭尽忠诚为维护宰相应有的节操道义不惜生命，这才使得一些奸邪不肖的小人乘隙活动在您的身边，实在是我的罪过啊！"武后听了十分反感。由

昌宗密引凤阁舍人张说，赂以美官，使证元忠；说许之。太后召说入，凤阁舍人宋璟谓曰："名义至重，鬼神难欺，不可党邪陷正！若获罪流窜，其荣多矣。若事有不测，璟当叩阁力争，与子同死。努力为之，万代瞻仰，在此举也！"殿中侍御史张廷珪曰："朝闻道，夕死可矣。"左史刘知几曰："无污青史，为子孙累！"及入，太后问之，说未对。昌宗从旁迫趣说，使速言。说曰："陛下视之，在陛下前，犹逼臣如是，况在外乎！臣实不闻元忠有是言。"易之、昌宗遽呼曰："张说与元忠同反！"太后问其状，对曰："说尝谓元忠为伊、周；伊尹放太甲，周公摄王位，非欲反而何？"说曰："易之小人，徒闻伊、周之语，安知伊、周之道！伊尹、周公为臣至忠，古今慕仰。陛下用宰相，不使学伊、周，当使学谁邪？"太后曰："说反复，宜并系治之。"他日，更引问说，对如前。

于这些原因，张易之兄弟众人都对魏元忠深怀仇恨，就极力在暗中散布流言诬陷魏元忠，指控魏元忠曾经对人说过："太后已经老了，依靠皇太子才是真正的长久之计。"武后因此恼怒万分，立即把魏元忠投入监狱。

张昌宗暗地引诱拉拢凤阁舍人张说，用将来给他委任好官职作为交换条件，让张说出头指证魏元忠确有不法言行。张说答应了张昌宗的要求。武后下令召张说入宫去作证，凤阁舍人宋璟事先对张说进行劝诫说："为人在世，名誉和道义是最最重要的事情，无论暗地里做了什么违反道义的坏事，最终都无法欺骗监视人间善恶的鬼神，你万万不能去和奸邪小人结党营私陷害正人君子！如果你因为反对张昌宗等人受到惩罚被流放远地，实际可以给你自己赢得许多荣誉；如果事情出现预料外的坏结果，把你判处极刑，我一定会到朝廷中面见武后替你辩护申冤，实在无法挽回局面也甘愿和你一起去死。希望你努力去做君子道义应该做的事，为你自己赢得千秋万代都受人景仰的好名誉，就在于你这一次的行动了！"殿中侍御史张廷珪说："孔夫子曾经说过，只要早晨懂得了圣贤大道，就是晚上去死也可以心满意足了。我们不能忘记孔圣人的教导！"左史刘知几也告诫张说："你千万不能让自己在历史上留下污点，连累后代子孙也因为你蒙受耻辱！"等到张说等人来到朝廷中，武后向张说询问事情真相，张说没有马上回答。张昌宗在旁边公开威胁逼迫张说，要张说快些说话。张说对武后说："请陛下认真看看这种情形！在陛下面前，有人还这样放肆地威逼我，又何况是在朝廷外面呢！我实在没有听见过魏元忠有那些被人指控的不法言论。"张易之、张昌宗两人气急败坏地大声喊叫："张说和魏元忠是同谋反叛！"武后问他们有什么证据，张易之又用谎言回答说："张说曾经说过魏元忠是当代的伊尹、周公。商朝的伊尹曾经把新继位的国君太甲放逐到外地，周朝的周公曾经在周成王年幼时代替国君摄理朝政。把魏元忠比作这两个人，不是想要造反犯上又是干什么呢？"张说反驳说："张易之实在是不懂道理的卑鄙小人，他只听说了关于伊尹、周公的一些传说，又哪里真正懂得伊尹、周公的圣贤大道！伊尹、周公，做臣子时对国君无比忠诚，古往今来的人都钦佩敬仰他们。陛下任用宰相辅

朱敬则抗疏理之曰："元忠素称忠正，张说所坐无名，若令抵罪，失天下望。"竟贬元忠高要尉，流说岭表。元忠入辞，言曰："臣老，向岭南，十死一生。但陛下他日必思臣言。"因指昌宗、易之曰："此二小儿，终为乱阶。"

殿中侍御史王晙复奏申理元忠，宋璟谓之曰："魏公幸已得全，今子复冒威怒，得无狼狈乎！"晙曰："魏公以忠获罪，晙为义所激，颠沛无恨。"璟叹曰："璟不能伸魏公之枉，深负朝廷矣。"

太后尝命朝贵宴集，易之兄弟皆位宋璟上。易之素惮璟，欲悦其意，虚位揖之曰："公方今第一人，何乃下坐？"璟曰："才劣位卑，张卿以为第一，何也？"天官侍郎郑杲谓璟曰："中丞奈何卿五郎？"璟曰："以官言之，正当谓卿。足下非张卿家奴，何郎之有！"举坐悚惕。时自武三思以下，皆谨事易之兄弟，璟独不为之礼。诸张积怒，尝欲中伤之；太后知之，故得免。

助您处理朝政，不让宰相们学习伊尹、周公尽忠竭诚的榜样，又应该让他们向什么人学习呢？"武后说："张说前后反复无常，应该和魏元忠一起关押惩治！"另一天，又再次提审追问张说，张说的回答仍然和原来一样，不肯改口。

朱敬则愤愤不平地直言上书替魏元忠等辩理说："魏元忠一贯被人们称赞是忠诚正直的人，张说被牵连受罚也没有确凿正当的理由，如果还是要强使他们承担罪责受到惩罚，一定会失去天下人心。"武后仍然不听，最后还是把魏元忠贬降去高要县做县尉，把张说流放到岭南。魏元忠去高要前进宫向武后告辞，对武后说："我已经年老力衰，这次去岭南荒僻的地方，十有八九会死在那里不能生还。但是，陛下将来一定会想起我今天说的话。"因此愤怒地指着张昌宗、张易之二人说："这两个卑鄙小人，最终将是祸乱国家的根源！"

殿中侍御史王晙又再次上书替魏元忠申辩是非曲直，宋璟对王晙说："魏公已经侥幸保全性命，现在你又去冒犯武后的威严触怒她，能不使你自己陷入窘迫艰危的境况吗？"王晙回答说："魏公由于为国尽忠受到惩罚，我是被道义激励替魏公申辩，即使颠沛流离，绝无半点遗憾。"宋璟感动又惭愧地叹息说："我没有能够替魏公表白和纠正他蒙受的冤屈，实在是深深地辜负了朝廷啊！"

武后曾经有一次下令让朝廷中的权臣贵官集合在一起举行宴会，张易之兄弟都被安排在等级比宋璟还高的座位上。张易之平日一贯有些畏惧宋璟，想要讨好宋璟让他心里高兴，就故意把自己的座位空出来，礼貌谦恭地请宋璟去坐，并且说："您才是当今头等尊贵的人物，为什么却会在等级低下的座位上？"宋璟回答说："我本来才识拙劣地位低下，张卿却认为我是头等尊贵的人，这是为什么？"天官侍郎郑杲插嘴对宋璟挑衅地说："宋中丞怎么能用皇帝陛下那种口气把五郎称作张卿呢！"宋璟驳斥郑杲说："按照张易之在朝廷中担任的官职来说，我正应该称他作张卿表示尊重。先生您并不是张卿家中的奴仆，又有什么理由像奴仆尊称主人那样把他称作五郎！"所有在座的人听了这些话都感到十分震惊。当时，从官职高到同三品的武三思往下数，有很多朝中大臣都恭敬谨慎地侍奉张易之兄弟，唯独宋璟不肯用礼让尊

【纲】甲辰,二十一年,春正月,帝在东宫。

【纲】周平章事朱敬则致仕。 【目】敬则为相,以用人为先,自余细务不之视。

【纲】夏四月,周以天官侍郎崔玄暐同平章事。

【纲】周以姚元崇为春官尚书。

【纲】秋七月,周以杨再思为内史。 【目】再思为相,专以谄媚取容。司礼少卿张同休,易之之兄,尝因宴集戏再思曰:"杨内史面似高丽。"再思欣然,剪纸帖巾,反披紫袍,为高丽舞,举坐大笑。时人或誉张昌宗之美曰:"六郎面似莲花。"再思曰:"不然,乃莲花似六郎耳。"

【纲】周贬戴令言为长社令。 【目】左补阙戴令言,作《两足狐赋》以讥杨再思,出为长社令。

【纲】九月,周以姚元之为灵武道安抚大使。冬十月,以秋官侍郎张柬之同平章事。 【目】元之将行,太后令举外司堪为宰相者,对曰:"张柬之沉厚有谋,能断大事,且其人已老,惟陛下急用之。"太后遂以柬之同平章事,时年且八十矣。

【纲】十二月,周以阳峤为右台侍御史。 【目】桓彦范、袁恕己共荐阳峤为御史。杨再思曰:"峤不乐搏击之任,如何?"彦范曰:"为官择人,岂必待其所欲!所不欲者,尤须与之,所以长难进之

敬的态度对待他们。张易之兄弟众人积郁了满腔怒火，曾经想在武后面前进谗言伤害宋璟；武后心中了解宋璟的为人和他同张氏兄弟间的矛盾，因此宋璟能够免遭诬害。

【纲】嗣圣二十一年（甲辰，704），春正月，唐中宗在东宫。

【纲】周朝的平章事朱敬则告老辞职。　【目】朱敬则当宰相时，总把选拔使用人才看成头等大事，除此以外的细小事务都不亲自过问。

【纲】夏四月，周朝任命天官侍郎崔玄暐任同平章事。

【纲】周朝任命姚元崇做春官尚书。

【纲】秋七月，周朝任命杨再思做内史。　【目】杨再思担任宰相要职，却专门用阿谀谄媚的手段去讨好别人。司礼少卿张同休，是张易之的哥哥，曾经在一次宴会上当众戏弄杨再思说："杨内史的面貌极像高丽的人。"杨再思听了竟做出一副高兴的样子，还用纸剪成高丽人的头巾贴在额上，脱下宰相的紫色官袍反穿起来，当众跳起高丽的舞蹈，引得在座的人全都捧腹大笑。当时，有的人称赞张昌宗的美貌说："张六郎的面容像莲花一样艳丽。"杨再思却说："这种比喻不恰当，其实是莲花长得像张六郎。"

【纲】周朝贬降戴令言去做长社（今河南许昌）县令。　【目】左补阙戴令言，曾经写过一篇《两足狐赋》，用来讽刺杨再思的为人奸诡，因此被贬出朝廷去做长社县令。

【纲】九月，周朝任命姚元之（即姚元崇，元之是元崇的别名）任灵武道（灵武道设置在灵州，今宁夏灵武西南）安抚大使。冬十月，任命秋官侍郎张柬之同平章事。　【目】姚元之将要出发到灵州去上任，武后要他举荐宫外各衙门中能够胜任宰相要职的人，元之回答说："张柬之沉稳忠厚，又很有谋略，能够帮助您决断国家大事，而且，他已经年老，恳切地希望陛下能尽快地任用他。"武后于是任命张柬之同平章事。这时，柬之已经年近八十岁。

【纲】十二月，周朝任命阳峤做右台侍御史。　【目】桓彦范、袁恕己两人一起推荐阳峤担任御史。杨再思说："阳峤不乐意担任职责是打击惩治坏人的御史职务，怎么办呢？"桓彦范说："选择人来担任官职，

风,抑躁求之路。"乃擢为右台侍御史。

【纲】乙巳,神龙元年,春正月,张柬之等举兵讨武氏之乱,张易之、昌宗伏诛。帝复位,大赦。 【目】太后疾甚,易之、昌宗居中用事,张柬之、崔玄暐与中台右丞敬晖、司刑少卿桓彦范、相王司马袁恕己谋诛之。柬之谓羽林大将军李多祚曰:"将军富贵,谁所致也?"多祚泣曰:"大帝也。"柬之曰:"今大帝之子为二竖所危,将军不思报大帝之德乎!"多祚曰:"苟利国家,惟相公处分。"遂与定谋。

初,柬之与荆府长史杨元琰相代,同泛江,至中流,语及太后革命事,元琰慨然有匡复之志。及柬之为相,引元琰为右羽林将军,谓曰:"君颇记江中之言乎?今日非轻授也。"柬之又用彦范、晖及右散骑侍郎李湛皆为羽林将军,委以禁兵。易之等疑惧,乃更以其党武攸宜参之,易之等乃安。俄而姚元之自灵武至都,柬之、彦范相谓曰:"事济矣!"遂以其谋告之。彦范以事白其母,母曰:"忠孝不两全,先国后家可也。"

时太子于北门起居,彦范、晖谒见,密陈其策,太子许之。柬之、玄暐、彦范乃与左威卫将军薛思行等帅羽林兵五百余人至玄

难道一定要等到他本人愿意担任才行吗！越是人们不想担任的官职，越应该督促他去担任，这样做正好可以助长知难而进的好风气，抑制投机巧取官职的途径。"于是，武后下令提升阳峤担任右台侍御史。

【纲】神龙元年（乙巳，705），春正月，张柬之等人发动军队讨伐武氏扰乱国家的行为，张易之、张昌宗兄弟都被杀死。唐中宗李哲恢复了皇帝的地位，下令赦免天下罪人。　　【目】武后病情沉重，张易之、张昌宗二人乘机在宫中把持了朝廷大权，张柬之、崔玄暐和中台右丞敬晖、司刑少卿桓彦范、相王司马袁恕己等人共同策划惩办张易之兄弟。张柬之对羽林大将军李多祚说："将军的富贵是谁给的？"李多祚流着眼泪说："是先朝大帝高宗皇帝。"张柬之又说："现在，大帝的儿子被张易之、张昌宗两个不肖小人迫害，处境危险，您难道不想如何来报答大帝对您的恩德吗？"李多祚坚决回答说："如果能对国家有利，一切都听从您的决定和安排。"于是相互一起议定了行动计划。

原先，张柬之同杨元琰曾先后交替担任荆州（治江陵，今湖北江陵县）都督府长史的职务，两人在交接职务时一同坐船游览长江，船到了江中无人处，谈话涉及武后改变唐朝正统制度的事情，杨元琰曾慷慨激昂地表示出想辅助唐朝皇帝恢复帝业的志向。到了张柬之担任宰相后，他又引荐杨元琰担任右羽林将军，并对元琰说："将军还多少能记起当年在长江中流说过的话吗？今天请您来担任右羽林将军并不是随意轻率的安排！"张柬之又任用桓彦范、敬晖及右散骑侍郎李湛等人都担任羽林将军，把指挥保卫皇帝的羽林军的大权委托给这些人。张易之等人对这种做法曾心有疑忌，常加戒备。张柬之于又任用张易之的党羽武攸宜参与指挥禁兵的工作，张易之等人才安心不再猜疑。不久，姚元之从灵武回到京城，张柬之和桓彦范等人互相庆幸地说："大事能够成功了！"就把他们的计划告诉了姚元之。桓彦范把准备讨伐武氏这件事告知自己的母亲，他的母亲鼓励他说："对国家尽忠和对父母尽孝这两件事，往往是不能同时都做得很完善。你可以先考虑为国尽忠的大事，然后再考虑家事。"

这时，还是皇太子的唐中宗李哲常常在皇宫的北门一带出入，桓彦范、敬晖找了一个机会去拜见他，把准备讨伐武氏的计划禀告给唐

武门,遣多祚、湛及内直郎王同皎诣东宫迎太子。斩关而入,斩易之、昌宗于庑下。进至太后所寝长生殿,太后惊起,问曰:"乱者谁邪?"多祚等对曰:"易之、昌宗谋反,臣等奉太子令诛之。"太后见太子曰:"小子既诛,可还东宫。"彦范进曰:"昔天皇以爱子托陛下,今年齿已长,久在东宫,天意人心,久思李氏。愿陛下传位太子,以顺天人之望!"于是以太后制命太子监国,明日,太后传位于太子。中宗复位,大赦,惟易之党不原。

【纲】迁太后于上阳宫,上尊号曰则天大圣皇帝。

【纲】以张柬之、袁恕己同三品,崔玄暐为内史,敬晖、桓彦范为纳言,李多祚等进官、赐爵有差。

【纲】二月,复国号曰唐。流贬周宰相韦承庆、房融、崔神庆于岭南。

【纲】以杨再思同三品。

【纲】姚元之为亳州刺史。　【目】太后之迁上阳宫也,则三品姚元之独呜咽流涕。桓彦范、张柬之谓曰:"今日岂公涕泣时邪!"元之曰:"前日从公诛奸逆,人臣之义也;今日别旧君,亦人臣之义也,虽获罪,实所甘心。"遂出为亳州刺史。

中宗,唐中宗也准许了他们的计划。张柬之、崔玄暐、桓彦范于是约同左威卫将军薛思行等人一起带领羽林兵五百多人来到洛阳宫的玄武门前,派李多祚、李湛和内直郎王同皎先去东宫迎接皇太子。李多祚等人砍开皇宫的大门闯进内宫,在大殿的走廊上就把张易之、张昌宗兄弟乱刀砍死。李多祚等人又前进到武后的卧室长生殿,武后被兵士行动的声音惊醒,慌忙起来询问:"扰乱内宫的是些什么人?"李多祚等人大声回答说:"张易之、张昌宗兄弟阴谋反叛,我们已经遵奉皇太子的命令把他们杀掉了。"武后出来和皇太子相见,对太子说:"张易之等不法小人已经杀掉,你可以再回到东宫去做太子。"桓彦范上前对武后说:"过去,天皇高宗皇帝把心爱的儿子托付给陛下照顾;现在,太子已经年长成人,住在东宫也已经很久了,上天的旨意和百姓的心愿早都想要李家的后代来主持朝政。希望陛下马上把皇位传授给太子,用这种行动来顺应上天和百姓的共同愿望!"于是,当场用武后的名义发布命令,任命皇太子代行处理国事。第二天,武后正式把皇位传授给太子。唐中宗李哲重新登上了皇位后,发布命令赦免天下罪人,只是对张易之兄弟的党羽不予宽恕。

【纲】把武后迁往洛阳宫西边的上阳宫居住,同时给武后封了一个尊崇的称号,叫作"则天大圣皇帝"。

【纲】任命张柬之、袁恕己同三品,崔玄暐做内史,敬晖、桓彦范做纳言;对李多祚等人,也分别情况给予晋升官职或赐加俸禄的不同奖赏。

【纲】二月,正式恢复唐朝的国号。把周朝的宰相韦承庆、房融、崔神庆等人贬黜官职流放到岭南。

【纲】任命杨再思同三品。

【纲】姚元之离京出任亳州(治谯县,今安徽亳县)刺史。 【目】对武后被迁居到上阳宫的决定,只有同三品姚元之一个人伤心流泪表示同情。桓彦范、张柬之责备姚元之说:"今天是全国大喜的日子,难道是您应该伤心哭泣的时刻吗!"姚元之申辩说:"前些日子,我跟从你们一起讨伐张易之等奸邪叛逆的小人,是出于做臣子应尽的道义;今天,我因为和原来的国君分别伤心流泪,也是出于做臣子应尽的道

【纲】复立韦氏为皇后,赠后父玄贞上洛王。 【目】上之迁房陵也,与后同幽闭,备尝艰危,情爱甚笃。尝与后私誓曰:"异时幸复见天日,当惟卿所欲,不相禁御。"至是,上每临朝则后必施帷帐坐于殿上,预闻朝政,如武后在高宗之世矣。桓彦范上表曰:"书称:'牝鸡之晨,惟家之索。'自古帝王,未有与妇人共政而不破国亡身者也。"先是,胡僧慧范与张易之兄弟善,韦后亦重之。至是,复出入宫掖,彦范表言"慧范执左道以乱政",请诛之。上皆不听。

【纲】以武三思为司空。 【目】二张之诛也,洛州长史薛季昶谓张柬之、敬晖曰:"二凶虽除,产、禄犹在,去草不去根,终当复生。"二人曰:"大事已定,彼犹机上肉耳,夫何能为!"季昶叹曰:"吾不知死所矣。"朝邑尉刘幽求亦谓柬之等曰:"三思尚存,公辈终无葬地;若不早图,噬脐无及。"不从。上女安乐公主适三思子崇训。上官仪女孙婉儿者,没入掖庭,辩慧能文,明习吏事。太后爱之,及上即位,使掌制命,益委任之,拜为婕妤。三思通焉,故婉儿党于武氏,又荐三思于韦后,上遂与三思图议政事,柬之等皆受制于三思矣。上使后与三思双陆,而自为点筹;三思遂与后通,由是武氏之势复振。柬之等数劝上诛诸武,不听。上遂以三思为司空,同三品。

义。即使因此受到惩罚，也实在是我心甘情愿的事情。"于是，决定让姚元之离开朝廷去做亳州刺史。

　　【纲】重新立唐中宗的妻子韦氏做皇后，赐给韦皇后的父亲韦玄贞"上洛王"的封号。　　【目】唐中宗当被贬黜迁徒到房州的时候，和韦皇后一起被软禁不得自由，历尽了艰苦危难，两人间的感情十分深厚。唐中宗曾经同韦皇后私下立下誓言说："将来如果能够幸运地重见光明掌握大权，应该一切都只按照你的愿望去做，对你的行为绝不加干涉禁止。"到这时，唐中宗每次驾临朝廷议政，韦后就一定要在金殿上挂起帐幔，自己亲自坐到帐幔后面参与议论和处理朝廷政事，简直就与当年武后在唐高宗做皇帝时干涉朝政的情况一模一样。桓彦范向唐中宗上书劝谏说："《书经》中曾经说：'母鸡像公鸡那样啼鸣报告天将破晓，是预示着家庭将要败落穷困的凶兆。'自古以来的历代帝王中，凡是让女人同时参与和干涉朝政的人，没有一个不是最后落得国家破败自身惨死的地步！"在这以前，有个叫慧范的胡族和尚和张易之兄弟关系亲密，韦后也很看重他。到了这时，和尚慧范又在韦后庇护下经常出入深宫内院。桓彦范上书说："和尚慧范是在利用邪门歪道扰乱国家政事。"并请求唐中宗杀掉慧范。唐中宗对这些意见都不肯采纳。

　　【纲】任命武三思担任司空。　　【目】在张易之、张昌宗二人被杀后，洛州长史薛季昶对张柬之、敬晖两人说："两个凶顽小人虽已被铲除，像汉代吕后篡权时乘机祸乱国家的吕产、吕禄一类小人还在朝中，这就同铲除毒草没有连根除尽一样，终久会要重新蔓延危害人们。"张柬之两人不在意地说："朝廷大局已经稳定，剩下的几个小人不过像是放在案板上的肉块，他们还能有什么作为呢！"薛季昶忧愤地叹息说："我真不知道将来我们这些人会死在什么地方啊！"朝邑（今陕西大荔东南）县尉刘幽求也对张柬之等人说："武三思还在，你们这些人恐怕最后连安葬自己的地方也找不到；如果不及早打算除尽祸根，将来恶人得逞时，你们想要后悔也会像用嘴去咬自己的肚脐那样根本办不到了！"张柬之等人仍然不采纳这种意见。唐中宗的女儿安乐公主，竟嫁给了武三思的儿子武崇训。唐太宗时的著名诗人上官仪有个名叫婉儿的孙女，当初上官仪因反对武则天做皇后被杀害后，上官婉儿被朝

【纲】三月,征武攸绪为太子宾客。 【目】以安车征武攸绪,既至,除太子宾客;固请还山,许之。

【纲】夏五月,赐敬晖等五人王爵,罢其政事。 【目】敬晖等畏武三思之谮,以考功员外郎崔湜为耳目。湜见上亲三思而忌晖等,乃悉以晖等谋告三思;三思引为中书舍人。先是殿中侍御史郑愔谄事二张,坐贬,亡入东都,谒三思,初见,哭甚哀,既而大笑。三思怪之,愔曰:"愔始哀大王将戮死而灭族,后乃喜大王之得愔也。大王虽得天子之意,然彼五人皆据将相之权,胆略过人,废太后如反掌,日夜切齿,欲噬大王之肉,此愔所以为大王寒心也。"三思大惧,与之登楼,问自安之策,引为中书舍人,与崔湜皆为三思谋主。三思与韦后日夜谮晖等,云"恃功专权,将不利于社稷。不若封以王爵,罢其政事,外不失尊宠功臣,内实夺之权"。上以为然,封敬晖为平阳王,桓彦范为扶阳王,张柬之为汉阳王,袁恕己为南阳王,崔玄暐为博陵王,皆罢政事。三思令百官修复太后之政,不附武氏者斥之,为五王所逐者复之,大权尽归三思矣。

廷没收到宫内当宫女。由于上官婉儿聪明善于言词，擅长写诗作文，又熟悉朝廷官吏处理政事的规矩，武后曾经对她十分宠爱。到唐中宗登上皇位，中宗又让上官婉儿主持起草皇帝命令的工作，对婉儿更加信赖重用，把婉儿封作宫中女官，叫作"上官婕妤"。武三思同上官婉儿相互勾结又有男女私情，所以上官婉儿和武三思等人结成党羽，又极力在韦后面前推荐武三思。唐中宗也因此经常同武三思一起商议朝廷政事，张柬之等人都逐渐被武三思控制了。唐中宗为了讨好韦后，让她经常和武三思在一起玩一种叫作"双陆"的赌博游戏，并且亲自在旁边帮他们清点作为赌注的筹码。武三思就又和韦后勾结，发生了男女私通的关系，因此武氏众人的势力又重新猖獗起来。张柬之等人见到这种情况后，接连多次劝说唐中宗把武氏众人杀掉，唐中宗都不采纳。于是，唐中宗任命武三思做司空、同三品。

【纲】三月，下令征召隐居在嵩山附近的武攸绪进京担任太子宾客。　【目】派出用蒲草裹住车轮行动安稳的车子去迎接武攸绪回京，攸绪到了京城后，任命他做太子宾客；但是，武攸绪坚决要求回到嵩山去隐居，唐中宗只好准许了他的请求。

【纲】夏五月，对敬晖等五人封王号、赐俸禄，同时却罢免了他们主持朝廷政事的实际官职。　【目】敬晖等人畏惧武三思的流言诬陷，派考功员外郎崔湜作为他们的耳目去探听武三思的动静。崔湜看见唐中宗亲近信任武三思却对敬晖等人心怀疑忌，就全部把敬晖等人暗中谋划的事情告诉了武三思；武三思引荐崔湜担任了中书舍人。在这以前，殿中侍御史郑愔曾谄媚投靠张易之兄弟，因此被判罪贬职，他暗中逃到东都洛阳，设法去拜见武三思，刚见面的时候，他十分悲恸地大哭了一场，哭完又放声大笑起来。武三思对郑愔的举动感到很奇怪，郑愔辩解说："我开始时大哭，是因为大王您将会被人杀害，而且会株连杀尽您的家族，心中十分悲哀；后来我又大笑，是因为大王您得到了我的帮助，就可以免除灾害，心中十分高兴。眼前，您虽然受到皇帝陛下的亲信，感到心满意足，但是，与您作对的那五个人都掌握着将相的大权，并且都是胆识韬略远远高于众人，连废除武太后都像翻转手掌一样不费气力，现在正不分日夜地咬牙切齿想要咬大王的肉，这就是我

【纲】以宋璟为黄门侍郎。 【目】上嘉宋璟忠直,累迁黄门侍郎。武三思尝以事属璟,璟正色拒之曰:"今太后既复子明辞,王当以侯就第,何得尚预朝政!独不见产、禄之事乎!"

【纲】以杨元琰为卫尉卿。 【目】先是元琰知三思浸用事,请弃官为僧,上不许。敬晖闻而笑之。元琰曰:"功成名遂,不退将危。此乃由衷之请,非徒然也。"及晖等得罪,元琰独免。

【纲】以韦安石为中书令,魏元忠为侍中。

替大王感到忧惧惊心的理由。"武三思听了这番议论也不禁十分心惊，就请郑愔一同上楼密谈，向郑愔请问保证自身安全的计策。后来，郑愔也被武三思引荐担任了中书舍人，和崔湜一起都成为替武三思出谋划策的主要人物。武三思和韦后一起日夜不断地在唐中宗面前恶言陷害敬晖等人，对唐中宗说："让这些人自恃有大功劳专横地掌握了国家大权，一定会对国家十分不利。不如表面上对他们封王号、赐俸禄，同时就借机罢免他们主持国家政事的实际官职。这样做，从表面上看，这几个人仍然是受到尊重宠信的大功臣；实际上，却已经剥夺了他们主持国家政事的权力。"唐中宗认为这些主意很有道理，就封敬晖做平阳王（封地在今山西临汾县西南），桓彦范做扶阳王（封地在今安徽亳县），张柬之做汉阳王（封地在今湖北武汉市汉阳镇），袁恕己做南阳王（封地在今河南南阳市），崔玄暐做博陵王（封地在今河北深县），同时把他们五人原来担任的要职都罢免了。武三思随即又命令朝廷众官吏恢复太后武则天执政时的各种章程，凡是不肯依附投靠武氏的人都把他们排斥出朝廷，被敬晖等五人过去驱逐出朝廷的人完全恢复官职，朝廷的大权全部都落到了武三思的手中。

【纲】任命宋璟做黄门侍郎。　【目】唐中宗很赞赏宋璟的忠诚正直，接连提升他，任命他担任经常能在宫内接近皇帝的黄门侍郎。武三思曾想私下嘱托宋璟去替他办事，宋璟十分严肃地拒绝武三思说："现在，武太后已经把皇位交还给圣明的中宗皇帝，你本应当按照皇帝还留给你的公侯身份本分地守住自己的地位，怎么还继续来干涉朝廷大政呢！你难道没有看见汉朝的吕产、吕禄借吕后势力干涉朝政最后落得可悲下场的事情吗？"

【纲】任命杨元琰做卫尉卿。　【目】在这以前，杨元琰看见武三思逐渐攫取了朝廷大权，曾请求辞掉官职去当和尚，唐中宗没有答应。敬晖听说了杨元琰的请求，就讥笑他。杨元琰说："已经在事业上成功又赢得了很高的名望，如果再不及时抽身退隐就一定会很危险。希望辞官这件事是发自我内心的请求，并不是仅仅做个样子算了。"等到敬晖等人都受了惩罚，只有杨元琰一个人能得幸免。

【纲】任命韦安石做中书令，魏元忠做侍中。

【纲】洛水溢。

【纲】秋七月,河南、北十七州大水,制求直言。

【纲】冬十一月,群臣上皇帝、皇后尊号。

【纲】皇太后武氏崩。 【目】太后崩于上阳宫,年八十一,遗制去帝号。上居谅阴,以中书令魏元忠摄冢宰三日。元忠素负忠直之望,中外赖之;武三思矫太后遗制,慰谕元忠,赐实封百户。元忠捧制,感咽涕泗,见者曰:"事去矣!"

【纲】丙午,二年,春正月,制太平、安乐公主各开府置官属。

【纲】二月,制僧慧范、道士史崇恩等并加五品阶。

【纲】置十道巡察使。

【纲】三月,杀驸马都尉王同皎。 【目】初,宋之问及弟之逊皆坐附会张易之贬岭南,逃归东都,匿于友人王同皎家。同皎疾武三思及韦后所为,每与所亲言之,辄切齿。之逊密告三思,三思使人告同皎与武当丞周憬等谋杀三思,废皇后。皆坐斩;之问、之逊并除京官。

【纲】大置员外官。 【目】置员外官,自京师及诸州凡二千余人,宦官超迁七品以上员外官者又将千人。魏元忠自端州还,为

【纲】洛水泛滥。

【纲】秋七月,黄河南、北十七个州的地方都洪水成灾。唐中宗下令征求官民对朝廷提出的直率意见。

【纲】冬十一月,朝廷众大臣给唐中宗和韦皇后献上尊贵的称号:中宗号应天皇帝,韦后号顺天皇后。

【纲】太后武则天去世。 【目】太后武则天在上阳宫去世,享年八十一岁,留下遗嘱命令免去生前做皇帝时的称号。唐中宗按制度住在居丧守灵的地方,委托中书令魏元忠代替主持朝政三天。魏元忠一贯在社会上享有忠诚正直的崇高声望,朝廷内外的人都很信赖他。武三思假造了一份武后的遗嘱,对魏元忠表示抚慰,并赏赐给元忠实有百户人丁的封地。魏元忠不辨真假内情,捧着武后的假遗嘱感动得泣不成声满脸热泪。看见这种情形的人叹息说:"魏元忠在朝廷上不可能再有什么作为了!"

【纲】神龙二年(丙午,706),春正月,唐中宗亲自下令:武后的女儿太平公主和韦后的女儿安乐公主,各自都可以按照宰相等三公重臣的规格公开建造官府、任命官吏。

【纲】二月,唐中宗又亲自下令:和尚慧范、道士史崇恩等人,一起加封五品的官阶。

【纲】设置十道巡察使。

【纲】三月,把附马都尉王同皎处死。 【目】原先,宋之问和他的弟弟之逊两人,都因为投靠依附张易之被判罪,流放到了岭南。后来,宋之问兄弟私下逃回东都洛阳,躲藏在好朋友王同皎的家中。王同皎对武三思和韦后私相勾结做的那些坏事十分仇恨,每当同亲近的人谈到这些事情,都忍不住会流露出咬牙痛恨的感情。宋之逊把王同皎的言行秘密报告给武三思,武三思就指使人去控告王同皎和武当(即均州)丞周憬等人在一起阴谋要杀死武三思、废黜韦皇后。王同皎等人都被定罪判处斩刑;宋之问、宋之逊兄弟却一起被任命担任了京城的官职。

【纲】大量设置各衙门正员以外的官职。 【目】在各衙门设置正员以外的官职,从京城到地方各州共计任命了两千多人,官内的宦官被

相,不复强谏,惟与时俯仰,中外失望。酸枣尉袁楚客以书责之,曰:"主上新服厥命,惟新厥德,当进君子,退小人,以兴大化,岂可安其荣宠,循默而已!今不早建太子,择师傅而辅之,一失也;公主开府置僚属,二失也;崇长缁衣,借势纳赂,三失也;俳优小人,盗窃品秩,四失也;有司选贤,皆以货取势求,五失也;宠进宦者,殆满千人,六失也;王公贵戚,赏赐无度,竞为侈靡,七失也;广置员外官,伤财害民,八失也;先朝宫女,出入无禁,交通请谒,九失也;左道之人,荧惑主听,窃盗禄位,十失也。凡此十失,君侯不正,谁正之哉!"元忠得书,愧谢而已。

【纲】夏五月,葬则天皇后于乾陵。

【纲】六月,贬敬晖、桓彦范、张柬之、袁恕己、崔玄暐为远州司马。　【目】武三思使郑愔告敬晖等与王同皎通谋,贬晖崖州、彦范泷州、柬之新州、恕己窦州、玄暐白州司马,员外长任,削其勋封。

【纲】秋七月,立卫王重俊为皇太子。

破格提升成七品以上员外官的人又将近上千。魏元忠从端州（治高要县，今广东高要县）回到京城后，重新做了宰相，但是，他不再像被贬去高要以前那样坚决对皇帝进行规谏，只不过是随波逐流敷衍应付地过日子，朝廷内外都对他感到十分失望。酸枣（今河南延津县北）县尉袁楚客用书信来责备魏元忠，说："当今皇上是新近才承担起他的神圣使命，要帮助他实行新政，用他的高尚品德治理好国家，就应该大力引荐正人君子，坚决斥退奸邪小人，用这种办法来振兴教化百姓的事业。一个做宰相的人，难道能够只图安享自己得到的荣耀和宠信，因循苟且默默无为地过日子就罢了！现在，不能尽早地确定皇太子的人选，无法及时选择好老师来辅导将来皇位继承人的成长，是第一个大失误；两位公主像三公重臣一样公开建造官府、任命官吏，是第二个大失误；崇拜重用和尚、道士，使他们能凭借手中的势力违法受贿，是第三个大失误；从事戏乐歌舞的卑贱小人本来世代不准做官，却让他们用不法的手段窃取了官职，是第四个大失误；衙门官吏选举人才，都要靠钱财或权势来求取，是第五个大失误；破格提升宦官担任员外官，将近一千人，是第六个大失误；对王公贵戚的赏赐没有限度，争先恐后地讲究排场奢侈，是第七个大失误；大量设置员外官，浪费钱财苦害百姓，是第八个大失误；先朝武后时的宫女，出入宫庭不受约束，都在暗地勾结私通消息，是第九个大失误；搞邪门歪道的坏人，蛊惑欺骗皇上，窃取了官位俸禄，是第十个大失误。一共有这样十大失误，您身为宰相不去坚决纠正它，又靠谁来纠正呢？"魏元忠收到书信，也只是表示惭愧认错罢了。

【纲】夏五月，把太后武则天安葬在乾陵。

【纲】六月，把敬晖、桓彦范、张柬之、袁恕己、崔玄暐贬降到偏远州去担任司马的职务。　【目】武三思指使郑愔控告敬晖等人有和王同皎勾结合谋的罪过，把敬晖贬做崖州（治舍城，今海南琼山东南）司马，桓彦范贬做泷州（治泷水，今广东罗定南）司马，张柬之贬做新州（治新兴，今广东新兴）司马，袁恕己贬做窦州（治信义，今广东信宜南）司马，崔玄暐贬做白州（治博白，今广西博白）司马，并且命令永远只能担任正员以外的官职，把这五人的勋爵封号全都削除。

【纲】秋七月，立卫王李重俊做皇太子。

【纲】敬晖、桓彦范、张柬之、袁恕己、崔玄暐为武三思所杀。
【目】武三思阴令人疏皇后秽行，榜于天津桥，请加废黜。上大怒，命李承嘉穷核其事。承嘉奏言："敬晖等所为，请族诛之。"上可其奏。大理丞李朝隐奏称："晖等未经推鞫，不可遽就诛夷。"乃长流晖于琼州，彦范于瀼州，柬之于泷州，恕己于环州，玄暐于古州。崔湜说三思遣使矫制杀之。三思问谁可者，湜以大理正周利用先为五王所恶，贬官，乃荐之。三思使摄侍御史，奉使岭外。比至，柬之、玄暐已死，执彦范、晖、恕己，皆杀之。利用还，擢拜御史中丞。

三思既杀五王，势倾人主，常言："我不知代间何者谓之善人，何者谓之恶人；但于我善者则为善人，于我恶者则为恶人耳。"时宗楚客、宗晋卿、纪处讷、甘元柬皆为三思羽翼。周利用、冉祖雍、李俊、宋之逊、姚绍之皆为三思耳目，时人谓之"五狗"。

【纲】冬十月，车驾还西京。

【纲】十一月，以窦从一为雍州刺史。【目】太平公主与僧寺争碾硙，雍州司户李元纮判归僧寺。从一惧，命改判。元纮大署判后曰："南山可移，此判无动！"从一不能夺。

【纲】丁未，景龙元年，秋七月，太子重俊起兵诛武三思、武崇训，兵溃而死。【目】皇后以太子重俊非其所生，恶之；武三思尤

【纲】敬晖、桓彦范、张柬之、袁恕己、崔玄暐全都被武三思杀害。　【目】武三思暗地指使人把韦皇后的淫秽行为一条一条地写出来，公开张贴在天津桥（东都洛阳城内）旁，表示要求废黜韦后。唐中宗万分震怒，命令李承嘉彻底追究这件事情的根源。李承嘉歪曲事实向唐中宗禀报说："这是敬晖等人干的事情，请皇上把他们判处杀绝家族的重刑。"唐中宗认可了李承嘉的意见。大理丞李朝隐上书给唐中宗说："敬晖等人还没有经过认真推问审讯，不能仓促间就对他们采用斩尽杀绝的刑罚。"于是把敬晖等人判处终身流放，敬晖流放到琼州（治琼山，今海南琼山），桓彦范流放到瀼州（治瀼江，今广西上思南），张柬之流放到泷州，袁恕己流放到环州（治正平，今广西环江西北），崔玄暐流放到古州（治乐古，今越南境内）。崔湜劝说武三思派遣一个使者假传皇帝命令把这五个人都杀掉。武三思问崔湜谁可以充当这个使者，崔湜因为大理正周利用曾经得罪敬晖等人被贬官，就推荐了周利用。武三思委派周利用做代理侍御史，用皇帝使者的身份前往岭外。周利用到达岭外时，张柬之、崔玄暐已经去世，就逮捕了桓彦范、敬晖和袁恕己，把他们都杀害了。周利用回到京城，正式被任命做御史中丞。

武三思已经杀害了敬晖等五位王公，权势实际超越唐中宗之上，经常肆无忌惮地说："我不知道人世间什么样的人应该叫作善人，什么样的人又应该叫作恶人！只要是对我有好处的人我就认为他是善人，只要是对我不利的人我就认为他是恶人。"当时，宗楚客、宗晋卿、纪处讷、甘元柬等都是武三思的死党。周利贞、冉祖雍、李俊、宋之逊、姚绍之都甘愿做武三思的耳目，充当帮凶，当时的人们把这五个帮凶叫作"五狗"。

【纲】冬十月，唐中宗回到西京（今陕西西安）。

【纲】十一月，任命窦从一做雍州刺史。　【目】太平公主同寺庙争夺磨米的碾子，雍州司户李元纮判决碾子应归寺庙所有。窦从一怕因此得罪公主，命令李元纮改判。元纮在判决书后写上几个大字说："南山可以移动，这个判决无法改动！"窦从一始终没能强迫李元纮改判。

【纲】景龙元年（丁未，707），秋七月，太子李重俊发动军队杀了武三思、武崇训，后来军队溃败，重俊自己也被杀害。　【目】韦后因为太

忌太子。上官婕妤以三思故,每下制敕,推尊武氏。驸马武崇训又教安乐公主请废太子。太子积不能平,与李多祚等矫制发羽林兵三百余人,杀三思、崇训于其第。太子与多祚斩关而入,叩阁索上官婕妤。上乃与韦后、安乐公主、上官婕妤登玄武门楼以避之。上俯谓多祚所将千骑曰:"汝辈皆朕宿卫之士,何为从多祚反!苟能斩反者,勿患不富贵。"于是千骑斩多祚等,余众皆溃,太子亦为左右所杀。

【纲】贬魏元忠为务川尉,道卒。 【目】元忠以武三思擅权,意常愤郁。及太子重俊起兵,遇元忠子太仆少卿升于永安门,胁以自随;太子死,升为乱兵所杀。元忠扬言曰:"元恶已死,虽鼎镬何伤!但惜太子陨没耳。"宗楚客等共诬元忠,云:"与太子通谋,请夷三族。"制不许,乃贬务川尉,行至涪陵而卒。

【纲】戊申,二年,春二月,赦。 【目】宫中言皇后衣笥裙上有五色云起,上令图以示百官,侍中韦巨源请布之天下,从之,仍赦天下。迦叶志忠奏:"昔神尧未受命,天下歌《桃李子》;文皇未受命,天下歌《秦王破阵乐》;则天未受命,天下歌《妩媚娘》;皇后未受命,天下歌《桑条韦》,谨上《桑条韦歌》十二篇,请编之乐府,皇后祀先蚕则奏之。"太常卿郑愔又引而申之。上悦,皆受厚赏。

子李重俊不是她亲生的儿子，一直很仇视重俊；武三思更是特别忌恨李重俊做了太子。上官婕妤因为和武三思有私情的原故，每次颁发皇帝的命令文告，都要推崇武三思等人助长他的声势。驸马武崇训又教唆妻子安乐公主出面要求废黜皇太子。太子心中积满怨恨不能平息，和李多祚等人假传皇帝命令发动羽林兵三百多人，把武三思、武崇训父子杀死在他们的府第中。随后，李重俊又和多祚砍开宫门直入内宫，猛敲内宫的大门索取上官婕妤。唐中宗于是同韦后、安乐公主、上官婕妤等跑上玄武门的门楼，凭借高楼躲避乱军。唐中宗在门楼上向下对李多祚带领的千骑官说："你们都是替朕担任警卫的亲近士兵，为什么却跟随李多祚造反犯上！如果你们能够杀掉领头造反的人，不用担心得不到大富大贵。"于是，千骑官把李多祚等人杀死，其余的士兵都溃散逃走，太子李重俊也被身边的士兵杀害。

【纲】贬降魏元忠去做务川县（今贵州务川）县尉。元忠在赴任的途中死去。　【目】魏元忠因为武三思独揽朝政大权，内心经常愤恨难消，抑郁不平。太子李重俊发动军队时，在宫外永安门附近遇见了元忠的儿子、太仆少卿魏升，就强制魏升跟随自己入宫；后来太子被杀，魏升也被乱军杀害。魏元忠事后故意对外人宣扬说："武三思等罪魁祸首已经杀掉，不要说我的儿子是死在乱军中，即使是受到用鼎锅煮死的极刑又有什么关系！我只是惋惜皇太子也不幸早逝。"宗楚客等人共同诬陷魏元忠，说："元忠和太子私通合谋，请皇上对他判处杀绝父、母、妻三族亲属的极刑。"唐中宗表示不同意，于是贬降元忠去做务川县尉。元忠走到涪陵（今四川涪陵），中途病逝。

【纲】景龙二年（戊申，708），春二月，下令大赦。　【目】内宫中的人传说，韦后衣箱的裙幔上有五彩颜色的云霞升起。唐中宗下令把它画成图画，拿来展示给朝廷众官吏观赏。侍中韦巨源请求把这幅图画传布全国，唐中宗听从了他的意见，又下令大赦全国罪人表示喜庆。迦叶志忠上书说："过去，唐高祖神尧皇帝还未正式做皇帝时，天下百姓就到处传唱《桃李子》这首歌谣；唐太宗文武皇帝还未正式做皇帝时，天下百姓又到处传唱《秦王破阵乐》这首乐府歌；武则天还未正式做皇后时，天下百姓就到处传唱《妩媚娘》这首歌曲；当今韦皇后还未正式

【纲】三月,朔方总管张仁愿筑三受降城。 【目】初,朔方军与突厥以河为境,仁愿于河北筑三受降城,首尾相应,以绝其南寇之路。自是,突厥不敢度山畋牧,减镇兵数万人。仁愿建城,不置瓮门守具。或问之,仁愿曰:"兵贵进取。寇至,当并力出战,回首望城者斩之,安用守备生其退恧之心也!"其后常元楷为总管,始筑瓮门。人以是重仁愿而轻元楷。

【纲】夏四月,置修文馆学士。 【目】置修文馆学士,选公卿善为文者李峤等二十余人为之。陪侍游宴,赋诗属和,使上官昭容第其甲乙。于是天下靡然,争以文华相尚,儒学忠谠之士莫得进矣。

【纲】秋七月,以张仁愿同三品。

【纲】始用斜封墨敕除官。 【目】安乐、长宁公主、上官婕妤皆依势用事,请谒受赇,降墨敕除官,斜封付中书,时人谓之"斜封官"。其员外、同正、试、摄、检校、判、知官凡数千人。上及皇后、公主多营佛寺。左拾遗辛替否上疏曰:"臣闻古之建官,员不必备,故士有完行,家有廉节,朝廷有余俸,百姓有余食。今陛下百倍行赏,十倍增官,使府库空竭,流品混淆。陛下又以爱女之故,竭人之力,费人之财,夺人之家;爱数子而取三怨,使战士不尽力,朝士不

做皇后时，天下百姓也到处传唱《桑条韦》这首乐曲。我现在恭谨地呈上《桑条韦歌》歌词十二篇，请求皇上下令给它谱出乐曲，由掌管宫廷音乐的乐府正式规定在皇后祭祀蚕神时演奏它。"太常卿郑愔又把这些歌词引申补充，为韦后歌功颂德。唐中宗大喜，对郑愔等人都给予重赏。

【纲】三月，朔方（治灵州，今甘肃灵武西南）军总管张仁愿修建三座受降城。 【目】当初，朔方军和突厥用黄河作为边界；张仁愿在黄河北岸修建了三座受降城，能互相接应，用来断绝突厥向南方侵扰的道路。从这以后，突厥再不敢越过阴山山脉来放牧游猎，唐朝因此削减了镇守边境的兵士数万人。张仁愿修建受降城时，不修遮挡城门的外城墙，也不设置守城的器械。有人问他为什么这样做，仁愿回答说："用兵最重要的方法是奋勇前进去夺取胜利。敌人到来时，应该齐心合力出城去作战，只要是回头看望城防的人就应把他砍头示众，怎么能用那些准备防守的东西来助长兵士们畏缩后退的心情！"在张仁愿以后，常元楷担任朔方军总管，才开始修筑遮挡城门的外城墙。人们因为这种情况都很尊重张仁愿，却轻视常元楷。

【纲】夏四月，设置修文馆学士的官职。 【目】设置修文馆学士的官职，从朝廷公卿中选拔擅长写文章的李峤等二十多人担任这个职务。学士们经常陪伴帝后出游或侍从在宴乐场合，吟诗作赋，相互唱和，然后让上官昭容来评定众人作品的优劣次序。于是，全国上下都争先恐后地仿效这种风气，相互间极力推崇华丽淫艳的文风，真正遵循孔孟儒家学说的正直人士很难再得到进取功名的机会。

【纲】秋七月，任命张仁愿同三品。

【纲】开始采用把皇帝亲笔书写的命令斜封起来下发以直接任命官职的做法。 【目】安乐公主、长宁公主和上官婕妤等都依仗自己的特殊势力窃取了干预朝政的权力，他们接受别人的请求和贿赂公开卖官，颁发皇帝亲笔书写的命令直接任命官职，只把皇帝的命令斜封起来交给中书去执行，不通过正常任命官职的程序。当时的人把通过这种办法任命的官吏叫作"斜封官"。其中，用员外、同正、试任、代理和检校官、判官、知官等不属于正规名目滥任的官吏共计有好几千人。唐中宗、韦后和几位公主，又大量修建寺庙。左拾遗辛替否向唐中宗上书

尽忠，人既散矣，独提所爱，何所归乎！君以人为本，本固则邦宁，邦宁则陛下之夫妇母子长相保矣。若以造寺必为理体，养人不足经邦，缓其所急，急其所缓，亲未来而疏见在，失真实而冀虚无；一旦风尘再扰，霜雹荐臻，沙弥不可操干戈，寺塔不足攘饥馑，臣窃惜之。"疏奏，不省。

【纲】冬十一月，安乐公主适武延秀。　【目】武崇训之弟延秀，美姿仪，善歌舞，公主悦之。崇训死，遂以延秀尚焉。

【纲】征武攸绪入朝。　【目】召武攸绪于嵩山。敕礼官于两仪殿设位，行问道之礼，令攸绪以山服见，不名不拜。攸绪至，趋立辞见班中，再拜而退。屡加宠锡，皆辞不受；亲贵谒候，寒温之外，不交一言。

说:"我听说,古代的朝廷设置官吏时,官员不一定都任命齐备,所以,人们对官职都很珍重,希望得到官职的士人有完美的品行,已经得到官职的家庭有清廉的节操,朝廷有剩余的俸禄,百姓有富裕的衣食。如今,陛下超过正规上百倍地施行奖赏,超过正规成十倍地增设官吏,使朝廷的仓库空无积存,也使官吏的人品好坏混淆。陛下又因为宠爱女儿的缘故,为了满足她们的奢望,耗尽了百姓的劳力,浪费了百姓的财物,破坏了百姓的家庭。仅仅宠爱这几个人,就自己招来了耗人劳力、费人财物、破人家庭三方面的强烈怨恨,使军队的兵士不愿尽力去作战,使朝廷的臣子不愿尽忠去报国,全国上下的人心都已经涣散,只有您独自一人扶持爱护心爱的女儿,哪里还能有她们平安归宿的地方!君王要把百姓当作立国的根本,根本牢固才能邦国安宁,邦国安宁才能使陛下的夫妇母女长远相互保全。如果认为建造寺庙也必定要按照皇家的身份去大肆铺张,却不重视皇家俸禄供养的人根本不能胜任治国安邦的重任,这实在是本末倒置,把本应该紧迫去做的事拖延着不做,却把本可以暂缓去做的事反看成当前的急需。这样重视遥远未来的幻想却忽略现时存在吉凶,丢失真正能治国安邦的根本却把希望寄托在虚无的鬼神身上,如果有一天战争的风尘再来侵扰,或是霜雪冰雹等天灾接连袭来,众多的和尚不能拿起刀枪去保卫国家,高耸的庙塔也不能抵御百姓的饥寒,我实在是为国家那样的不幸哀伤啊!"辛替否的文书上呈给唐中宗,唐中宗仍然毫不醒悟。

【纲】冬十一月,安乐公主嫁给了武延秀。　【目】武崇训的弟弟延秀,仪容美丽,风姿动人,又擅长歌舞,安乐公主早就暗中喜欢他。武崇训被杀后,就由武延秀娶了自己原来的嫂嫂。

【纲】征召武攸绪回京朝见唐中宗。　【目】唐中宗下令把武攸绪从嵩山隐居的地方召回京城。又命令主持礼仪的官吏在两仪殿摆设座位,举行皇帝向武攸绪请教治国之道的礼仪,让攸绪仍旧穿着隐居时的便衣和唐中宗相见,见面时不报名字也不行跪拜的大礼。武攸绪来到两仪殿,快步走过去站在向皇帝告辞和从外地入京朝见皇帝的官员们站的队列中,恭敬地跪拜行礼后就马上退出了殿堂。唐中宗接连多次给武攸绪优厚的赏赐,他都坚决推辞不肯接受;亲属和朝中权贵们来

【纲】以婕妤上官氏为昭容。

【纲】己酉,三年,春二月,幸玄武门,观宫女拔河。 【目】幸玄武门与近臣观宫女拔河。上每与近臣宴集,令各效伎艺以为乐。国子司业郭山恽独歌《鹿鸣》《蟋蟀》。明日,赐山恽敕,嘉美之。又尝宴侍臣,使各为《回波辞》,谏议大夫李景伯曰:"回波尔持酒卮。微臣职在箴规。侍宴既过三爵,喧哗窃恐非仪。"上不悦。萧至忠曰:"此真谏官也。"

【纲】三月,以韦巨源、杨再思为左右仆射、同三品,以宗楚客为中书令,萧至忠为侍中,韦嗣立同三品,崔湜、赵彦昭同平章事。【目】监察御史崔琬对仗弹宗楚客、纪处讷潜通戎狄,受其货赂,至生边患。故事,大臣被弹,俯偻趋出,立于朝堂待罪。至是,楚客更忿怒作色,自陈忠鲠,为琬所诬。上竟不穷问,命琬与楚客结为兄弟以和解之,时人谓之"和事天子"。崔湜通于上官昭容,故引以为相。时政出多门,滥官充溢,人以为三无坐处,谓宰相、御史及员外官也。

拜望问候武攸绪,他除开简单地问寒问暖以外,再不肯和人们多交谈一句。

【纲】任命婕妤上官婉儿做昭容。

【纲】景龙三年(己酉,709),春正月,唐中宗驾临玄武门,观看宫女们进行拔河比赛。 【目】唐中宗驾临玄武门,同亲近的大臣们一起观看宫女进行拔河比赛。唐中宗每次同亲近的大臣们聚会宴饮,总要命令大臣们各自献演一种歌舞游艺的节目,用这种方式助兴取乐。国子司业郭山恽有一次特意选择了《诗经》中的《鹿鸣》和《蟋蟀》两首诗在宴席上演唱,暗中寄托着不应因为爱好饮宴游乐荒废了圣贤大道的意思。第二天,唐中宗专门赐给郭山恽一份嘉奖令,称赞他的行为。唐中宗又曾经有一次宴请谏院的各位言官,让大家分别用乐府《回波乐》的曲调即席填词演唱。谏议大夫李景伯唱道:"唱起回波曲举起酒杯,我的职责就是规谏不恰当的行为;陪侍宴饮已经喝过了三杯酒,再大声歌笑恐怕与礼仪有点违背。"唐中宗听了觉得很扫兴,萧至忠从旁劝解说:"这样的人才是真正的谏言官啊!"

【纲】三月,任命韦巨源、杨再思分任左、右仆射,并同三品;又任命宗楚客做中书令,萧至忠做侍中,韦嗣立同三品,崔湜、赵彦昭同平章事。 【目】监察御史崔琬在唐中宗摆设仪仗召集大臣们议事的场合公开弹劾宗楚客、纪处讷二人暗中勾结北方的戎狄,认为是他们收受戎狄的财物贿赂,才引起了边境的战乱。按照旧有的规定,朝廷大臣被弹劾时,本人应该立即低头弯腰退出议事的正殿,站到平日众官吏商议政事的朝堂里等待判处。这一次,宗楚客却在当场表现出气愤不平的神情,在唐中宗面前表白自己一贯忠心耿耿,完全是受到了崔琬的诬告陷害。唐中宗竟也不再彻底查问是非真相,只是命令崔琬和宗楚客两人在他面前结拜成异姓兄弟,用这种办法来劝两人解除纠纷重新和好,当时的人们因此背地里叫唐中宗为"和事天子"。崔湜由于和上官昭容私下勾结互相利用,所以被上官昭容在唐中宗面前极力引荐当上了宰相。当时,制度紊乱,权力分散,许多衙门或权贵都擅自对政事做出决定,滥用的官吏充满了朝廷上下,人们讽刺这种现象说是"三无坐处",意思是指宰相、御史和员外官这三种官员多得连衙门里都坐不下。

【纲】夏五月,流郑愔于吉州,贬崔湜江州司马。 【目】崔湜、郑愔俱掌铨衡,倾附势要,赃贿狼藉,选法大坏。御史靳恒、李尚隐对仗弹之,下狱,流贬远州。

【纲】庚戌,四年,夏五月,宴近臣。 【目】国子祭酒祝钦明自请作《八风舞》,摇头转目,备诸丑态。钦明素以儒学著名,卢藏用曰:"祝公《五经》扫地尽矣。"

【纲】六月,皇后韦氏弑帝于神龙殿,以裴谈、张锡同三品,张嘉福、岑羲、崔湜同平章事。立温王重茂。 【目】许州参军燕钦融上言:"皇后淫乱,干预国政,宗楚客图危社稷。"上面诘之。钦融抗言不挠,楚客矫制扑杀之,上意怏怏,由是后及其党始惧。散骑常侍马秦客、光禄少卿杨均皆幸于后,恐事泄;安乐公主亦欲后临朝,以己为皇太女;乃相与合谋,于饼餤中进毒,中宗崩。

韦氏秘不发丧,召宰相入禁中,征诸府兵屯京城;以裴谈、张锡同三品,张嘉福、岑羲、崔湜同平章事;太平公主与上官昭容谋草遗制,立温王重茂为太子,皇后知政事,相王旦参谋政事。宗楚客曰:"相王与皇后,嫂叔不通问,听朝之际,何以为礼!"遂率诸宰相表请罢相王政事。乃发丧,皇后摄政,改元唐隆。太子即位,年十六。宗楚客、叶静能与诸韦劝后遵武后故事,以韦氏子弟领南北军。楚

【纲】夏五月，把郑愔流放去吉州（治庐陵，今江西吉安），贬降崔湜去江州（治浔阳，今江西九江）做司马。　　【目】崔湜和郑愔都主持对官吏进行考核量才选官的要职，他们本人却依附权势结党营私，贪赃受贿徇情卖官，搞得乌烟瘴气，使考核选用官吏的法规彻底被破坏。御史靳恒、李尚隐公开对两人的罪行提出弹劾，因此他们都被逮进监狱，最后分别受到了流放或贬降去偏远州县的惩处。

【纲】景龙四年（庚戌，710），夏五月，唐中宗宴请近侍诸大臣。【目】国子祭酒祝钦明在宴席上自动要求表演《八风舞》，跳舞的时候摇头摆脑双眼乱转，做尽了各种各样的丑姿怪态。祝钦明本来一直是因为精通儒家孔孟的学说在社会上有些名气，这次献丑后，卢藏用讥刺他说：“祝公真好比是在用儒家的《五经》扫地，把儒家的声誉都毁尽了！”

【纲】六月，韦后在神龙殿害死了唐中宗，任命裴谈、张锡同三品，张嘉福、岑羲、崔湜同平章事。立温王李重茂做皇帝。　　【目】许州（治长社县，今河南许昌市）参军燕钦融向唐中宗上书说：“皇后韦氏品行淫乱，又违法干涉朝廷政事；宗楚客身为重臣，却阴谋危害国家。”唐中宗召见燕钦融当面质问他有什么根据，钦融据实直言毫不妥协。宗楚客假传唐中宗的命令，把燕钦融活活打死。唐中宗因此经常流露出不愉快的意思，韦后和她的那些党羽也因此开始惧怕自己被揭露。散骑常侍马秦客、光禄少卿杨均都得到韦后宠爱，有男女私情，害怕事情真相被揭露；安乐公主也希望生母韦后登位当皇帝，好把自己封作皇太女。于是，这些人相互串通共同策划阴谋，在给唐中宗吃的面饼中放下毒药，中宗被毒死。

韦后隐瞒真相，不公布唐中宗去世的消息，暗地召唤宰相们到内宫中来，同时调集各州军队进驻京城进行弹压；任命裴谈、张锡同三品，张嘉福、岑羲、崔湜同平章事。太平公主和上官昭容一起策划伪造唐中宗的遗嘱，在遗嘱中命令：立温王李重茂做皇太子，由韦后主持朝廷政事，相王李旦协助议处政事。宗楚客说：“皇后和相王是嫂嫂和小叔的关系，礼仪规定叔嫂间不能相互接触交谈，如果让相王协助皇后议处政事，到上朝商议政事的时候，应该行什么样的礼仪呢？”宗楚

客等上书称韦氏宜革唐命，谋害少帝，深忌相王及太平公主，密与韦温、安乐公主谋去之。

【纲】临淄王隆基起兵讨韦氏，并其党皆伏诛。隆基为平王，以钟绍京、刘幽求参知机务，李日知同三品，萧至忠等贬官有差。
【目】相王子临淄王隆基罢潞州别驾，在京师阴聚才勇之士，密谋匡复。会兵部侍郎崔日用以楚客谋告隆基，乃与太平公主及公主子薛崇暕、苑总监钟绍京、尚衣奉御王崇晔、前朝邑尉刘幽求、折冲麻嗣宗谋先事诛之。会韦播数搒捶万骑，万骑皆怨。果毅葛福顺、陈玄礼见隆基诉之，隆基讽以诛诸韦，皆踊跃自效。或谓隆基当启相王，隆基曰："我曹为此以徇社稷，事成福归于王，不成以身死，不以累王也。且万一不从，将败大计。"遂不启。微服与幽求等入苑中，逮夜，天星散落如雪，幽求曰："天意若此，时不可失！"于是福顺直入羽林营，斩诸韦典兵者以徇，曰："韦后鸩杀先帝，谋危社稷，今夕当共诛之，立相王以安天下。敢有怀两端助逆党者，罪及三族。"羽林士皆欣然听命。

客于是率领宰相们上书要求免除相王李旦参谋政事的职务。然后才正式公布唐中宗去世的消息办理丧事，由韦后代理主持朝政，更改年号为"唐隆"。太子李重茂登皇位的这一年，才十六岁。宗楚客、叶静能和韦姓的众权贵共同劝说韦后沿用武则天执政时的旧章程，任用韦姓的子弟来指挥驻在京城守卫皇宫的南、北二军。宗楚客等又秘密向韦后上书，建议韦氏应该取代唐朝李氏的地位，变革旧的制度，并阴谋暗害少帝李重茂；他们都十分忌恨相王李旦和太平公主，就和韦后的哥哥韦温、安乐公主等一起秘密谋划铲除李旦等人。

【纲】临淄王李隆基发动军队讨伐韦氏，把韦后和她的党羽上官昭容、宗楚客等人一并杀死。李隆基被封作平王；任命钟绍京、刘幽求参知机务，李日知同三品。萧至忠等人分别给予贬降官职的处分。 【目】相王李旦的儿子临淄王李隆基原来担任潞州（治上党，今山西长治）别驾，被免职，回到京城后他暗中聚合多才勇武的人，秘密谋划光复李家皇权。恰巧兵部侍郎崔日用把宗楚客等人阴谋暗害少帝、铲除相王的活动报告了李隆基，隆基就和太平公主及公主的儿子薛崇暕、苑总监钟绍京、尚衣奉御王崇晔、原任朝邑县（今陕西朝邑）县尉刘幽求、折冲麻嗣宗等人共同商议，决定在宗楚客等发动事变以前杀掉这些人。又正逢韦播多次鞭挞羽林兵中的万骑官，这些万骑官都怨恨在心。果毅葛福顺、陈玄礼来拜见李隆基，把羽林兵中的情况告诉了隆基；隆基婉转地劝说他们发动军队杀掉韦氏众人，他们都踊跃地表示自己愿意效力。有人对李隆基建议，应当把反对韦后的计划报告相王李旦；隆基反对说："我们这些人要做这件事情，是决心为国家献身。大事成功了，福分禄位都归相王享受；事情不成功，我们就用生命报国，不应该用这件事去牵累相王。况且，相王知道了这件事后，万一不同意我们的做法，反倒会破坏我们的计划。"于是决定不向相王报告。李隆基更换衣服伪装后同刘幽求等人暗地潜入内宫园林中埋伏，到了深夜，天上的星星突然像下雪一样四散殒落，刘幽求对隆基说："这是上天在显示它的意愿，希望韦氏众人像这些星星一样殒灭，我们不能失去这种大好的时机！"于是，葛福顺直接闯进羽林兵驻扎的营房，杀死了掌管羽林兵的韦姓众人，砍下他们的头来示众，说："韦后毒死了中宗皇帝，阴谋危害国家，

隆基勒兵入玄武门，诸卫兵皆应之。斩韦后及安乐公主、武延秀、上官昭容。幽求曰："众约今夕共立相王，何不早定！"隆基止之，比晓，内外皆定。隆基乃出见相王，叩头谢不先白之罪。相王曰："社稷宗庙不坠于地，汝之力也。"遂迎相王入辅少帝。

闭城门，收捕诸韦亲党及宗楚客、晋卿、纪处讷、赵履温、张嘉福、马秦客、杨均、叶静能等，皆斩之。尸韦后于市，诸韦襁褓儿无免者。

封隆基为平王，押左右厢万骑，赐崇暕爵立节王。以绍京守中书侍郎，幽求守中书舍人，并参知机务。武氏宗属，诛窜殆尽。以李日知、钟绍京并同三品。隆基二奴王毛仲、李守德，皆超拜将军。诸宰相萧至忠等，贬官有差。

【纲】相王旦即位，废重茂复为温王。

【纲】立平王隆基为皇太子。 【目】上将立太子，以宋王成器嫡长，平王隆基有功，疑不能决。成器辞曰："国家安则先嫡长，危则先有功；苟违其宜，四海失望，臣死不敢居平王之上。"刘幽求曰："除天下之祸者当享天下之福。平王拯社稷之危，救君亲之难，论功、语德，无可疑者。"上从之。

今天晚上我们应当共同效力把这些叛逆杀尽，拥立相王李旦做皇帝来安定天下。如果有胆敢心怀异议帮助逆党的人，一定要判处杀绝三族的极刑！"羽林士兵都高兴踊跃地听从隆基等人指挥。

李隆基指挥军队杀进玄武门，各处守卫皇宫的士兵都主动响应隆基的行动。韦后和安乐公主、武延秀、上官昭容等，都被杀死在宫中。刘幽求说："我们众人已经预约今天就共同拥立相王当皇帝，为什么不尽早把这件事情决定下来！"李隆基劝阻了刘幽求。到了天亮，皇宫内外都已平定下来，李隆基于是出宫去拜见相王李旦，一边叩头一边请求相王宽恕他没有事先报告的罪过。相王说："唐朝的国家政权和李家的祖先祠庙能够避免被人毁灭的厄运，都是由于你的力量。哪有什么罪过！"于是，李隆基等人迎接相王进宫，请他辅助少帝李重茂主持朝政。

李隆基等命令严闭京城的城门，四处搜捕韦姓众人的亲戚和党羽，宗楚客、宗晋卿、纪处讷、赵履温、张嘉福、马秦客、杨均、叶静能等人，都逮捕起来一律处死。韦后的尸体被陈放在闹市上示众，韦姓家族中连还在襁褓中的婴儿也没有一个能够幸免。

封李隆基做平王，统帅全国左、右厢诸军；赐给薛崇暕立节王的称号。任命钟绍京做守中书侍郎，刘幽求做守中书舍人，一同参知机务。武氏家族的人，到这时也陆续被处死、流放，铲除殆尽。任命李日知、钟绍京并同三品。李隆基身边的两个奴仆王毛仲、李守德，都破格提拔做将军。韦后时的几个宰相如萧至忠等，轻重不同地贬降了官职。

【纲】相王李旦正式登基做皇位，废黜少帝李重茂，让他重新去做温王。

【纲】立平王李隆基做皇太子。【目】相王李旦登上皇位后，准备正式确立皇太子，因为宋王李成器是嫡亲的长子，平王李隆基却为李旦做皇帝立下了大功，对这两人中立谁做太子久久犹疑不能做出决定。李成器主动推辞说："在国家安定的情况下，就可以按传统先立嫡亲长子做太子；在国家动荡有危难的情况下，就应该先选择对稳定国家有功的人做太子；如果违背了这种适宜形势需要的做法，天下人都会感到失望。我到死也不敢处在比平王更高的位子上！"刘幽求也说："解除了

【纲】加太平公主实封万户。 【目】公主沉敏多权略,武后以为类己,独爱幸;及诛张易之,公主有力焉。中宗之世,韦后、安乐皆畏之,又与太子共诛韦氏。既屡立大功,益尊重,上尝与之议政。宰相进退系其一言,荐士骤历清显者,不可胜数,权倾人主,其门如市。

【纲】秋七月,追复故太子重俊位号及敬晖、桓彦范、崔玄暐、张柬之、袁恕己、李多祚等官爵。

【纲】以宋璟同三品。 【目】璟与姚元之协心革中宗弊政,进忠良,退不肖,赏罚尽公,请托不行,纪纲修举,当时翕然以为复有贞观、永徽之风。

【纲】八月,罢斜封官。
【纲】冬十月,以薛讷为幽州经略节度大使。

【纲】十一月,以姚元之为中书令。
【纲】葬定陵。 【目】朝议以韦后有罪,不应祔葬,乃追谥故英王妃赵氏为和思皇后,招魂祔葬。

【纲】许公苏瓌卒。 【目】制起复瓌子颋为工部侍郎,颋固辞。上使李日知谕旨,日知还奏曰:"臣见其哀毁,不敢发言。"上乃

国家的祸患的人，就应当享受主宰国家的福分。平王拯救国家的危亡，解除国君和亲人的灾难，不论是讲功劳还是讲品德，都没有应该犹疑不决的理由。"唐睿宗李旦接受了他们的意见。

【纲】加赐给太平公主实有万户人丁的封地。　【目】太平公主深沉机敏又很有权谋韬略，武后就认为她很像自己，对她特别喜爱重信；到诛除张易之等人的时候，太平公主又曾经出力有功。唐中宗执政时，韦后和安乐公主都很畏惧她，后来又和太子李隆基一起策划铲除了韦氏的势力。到唐睿宗做皇帝时，太平公主已经先后多次建立了特大功劳，名望更加尊崇，地位更加贵重，唐睿宗曾经多次和她一起商议朝廷政事。朝中宰相的进用或黜退，往往取决于太平公主的一句话；被她推荐很快就提拔到高位要职的人，数都数不清；这时，太平公主权势显赫超过国君，人们来往奔走在她门下，人多得像闹市一样。

【纲】秋七月，追复已故的唐中宗的儿子李重俊的皇太子地位和称号，已故的敬晖、桓彦范、崔玄暐、张柬之、袁恕己、李多祚等人，也都追复生前的官职爵禄。

【纲】任命宋璟同三品。　【目】宋璟和姚元之协力同心地革除唐中宗执政时存在的许多弊端，引进忠诚贤良的君子，斥退作奸舞弊的小人，施行奖赏或惩罚都公正合理，私相拜托求情谋私的活动再不能通行，法纪严明制度完善，使当时的人们很快就觉得又有了唐太宗贞观年间和唐高宗永徽年间那种清平兴旺的气象。

【纲】八月，罢免"斜封官"计数千人。

【纲】冬十月，任命薛讷做幽州（治蓟县，今北京西南）经略节度大使。

【纲】十一月，任命姚元之做中书令。

【纲】把唐中宗安葬在定陵（今陕西铜川南）。　【目】安葬唐中宗时，朝廷众大臣认为中宗皇后韦氏有淫乱祸国等大罪，不应该按传统和中宗一起合葬，因此追封唐中宗做英王时的王妃赵氏"和思皇后"的尊号，举行招魂仪式让赵氏名义上同唐中宗合葬在定陵。

【纲】许公苏瓌去世。　【目】命令苏瓌的儿子苏颋在父亲丧期未满时就复任工部侍郎，苏颋坚决推辞。唐睿宗又派李日知亲自去向苏颋

听其终制。

【纲】十二月,以西城、隆昌二公主为女官。 【目】上以二女为女官,以资天皇、太后之福,欲为造观。谏议大夫甯原悌上疏切谏,上虽不能从而嘉其切直。二公主后改号金仙、玉真公主。

【纲】以宋璟为吏部尚书,姚元之为兵部尚书。
【纲】贬祝钦明、郭山恽为诸州长史。 【目】侍御史倪若水奏弹钦明、山恽乱常改作,希旨病君;于是左授。时侍御史杨孚弹纠不避权贵,权贵毁之,上曰:"鹰搏狡兔,须急救之,不尔必反为所噬。御史绳奸慝亦然。苟非人主保卫之,则亦为奸慝所噬矣。"

睿宗皇帝

【纲】辛亥,睿宗皇帝景云二年。

【纲】春二月,命太子监国,以宋王成器为同州刺史,豳王守礼为豳州刺史,太平公主蒲州安置。 【目】初,太平公主以太子年少,意颇易之;既而惮其英武,数为流言,云:"太子非长,不可立。"每觇伺其所为,纤悉必闻于上。与益州长史窦怀贞结党,欲危太子,邀韦安石至其第,安石固辞不往。上尝密召安石谓曰:"闻朝廷皆倾心东宫,宜察之。"对曰:"陛下安得亡国之言!此乃太平之谋耳。太子有功于社稷,仁明孝友,天下所知,愿陛下无惑。"上瞿然曰:"朕知之矣,卿勿言。"宋璟与姚元之密言于上曰:"宋王陛下之元子,豳王高宗之长孙,公主交构其间,将使东宫不安。请出宋王、豳王皆为刺

传达他的旨意,李日知回朝廷后,向睿宗报告说:"我亲眼看到苏颋因为父丧悲哀得身体都损坏了,没有敢开口提到要他任职的事。"睿宗只好让苏颋按制度在家过满三年服丧的时间。

【纲】十二月,命令西城公主、隆昌公主二人做女道士。 【目】唐睿宗命令两个公主做女道士,是为了给天皇唐高宗和太后武则天积福,并想正式给她们建造道观。谏议大夫宵原悌上书恳切地劝阻这种做法,睿宗虽然没能听从他的意见,却嘉奖他的诚恳刚直。两个公主后来改称作金仙公主、玉真公主。

【纲】任命宋璟做吏部尚书,姚元之做兵部尚书。

【纲】把祝钦明、郭山恽降职派去做州长史。 【目】侍御史倪若水上书弹劾祝钦明、郭山恽,认为这两个人扰乱常规胡作非为,用阿谀迎合皇帝旨意的行为使君主蒙垢受病;于是,决定把这两人降职改任州长史。当时,侍御史杨孚坚决弹劾揭发不法行为,不畏惧权臣贵官的威势,权贵们纷纷诋毁他。唐睿宗说:"打猎时放出雄鹰去搏击狡兔,猎人必须赶紧跟上去援助它,不这样做,鹰一定会反被狡兔咬伤。朝廷的御史制裁纠正奸邪罪恶的行为,也和这种情况一样,如果不是君主坚决保护他,就也会被奸臣恶人伤害。"

睿宗皇帝

【纲】景云二年(辛亥,711)。

【纲】春二月,命令太子李隆基代行处理国事,任命宋王李成器做同州(治冯翊,今陕西大荔)刺史,豳王李守礼做豳州(治新平,今陕西邠县)刺史;把太平公主安置在蒲州(治河东,今山西芮城西北)居住。 【目】起初,太平公主认为太子李隆基年轻幼稚,内心觉得他容易对付;不久之后,又开始对李隆基的英明武勇感到畏惧,多次散布流言蜚语中伤隆基,说:"太子不是长子,不应该立。"并经常暗中监视隆基的行动,连很小的事情也一定要详尽地向睿宗报告。太平公主还同益州(治成都,今四川成都)长史窦怀贞结成同党,想要危害隆基;公主邀请韦安石到她府中去,安石坚决推辞不肯前往。唐睿宗曾经秘密召见韦安石,对安石说:"听说朝廷上下众人都内心向着东宫太子,应该认真观察

史,太平公主、武攸暨皆于东都安置。"上曰:"朕惟一妹,岂可远置东都!诸王惟卿所处。"顷之,上谓侍臣曰:"术者言五日中当有急兵入宫,卿等为朕备之。"张说曰:"此必奸人欲离间东宫。愿陛下早使太子监国,则流言自息矣。"元之曰:"张说所言,社稷之至计也。"上悦。以宋王成器为同州刺史,豳王守礼为豳州刺史,太平公主蒲州安置,命太子监国。

【纲】复斜封官。 【目】殿中侍御史崔涖言于上曰:"斜封官皆先帝所除,姚元之等建议夺之,彰先帝之过,为陛下招怨。众口沸腾,恐生非常之变。"太平公主亦以为言,上然之。制诸斜封官,并量材叙用。

【纲】贬姚元之为申州刺史,宋璟为楚州刺史。寝二王刺史之命。 【目】太平公主闻姚元之、宋璟之谋,大怒,以让太子。太子惧,奏二人离间姑、兄,故有是命。

了解他的情况。"安石回答说:"陛下怎么能听信这种会使国家危亡的话!这一定是太平公主的阴谋蛊惑。太子对国家有大功劳,又为人仁慈贤明,孝顺友爱,这是普天下百姓都知道的事情。希望陛下千万不要受人迷惑。"唐睿宗警醒地对韦安石说:"朕知道你说的情况了,你也千万不要对别人说。"宋璟和姚元之秘密对唐睿宗建议说:"宋王,是陛下的长子;豳王,是高宗的长孙,按传统他们都有继承皇位的资格,现在又加上太平公主在中间挑拨生事,必定会使东宫太子不得安宁。希望您命令宋王、豳王出京到地方去当州刺史,把太平公主和她的丈夫武攸暨都迁出京城安置到东都洛阳。"睿宗说:"朕只有太平公主这一个亲妹妹,难道能把她安置到东都那样遥远的地方去!至于宋王等人完全可以按你的处置办法去做。"过不多久,唐睿宗突然对身边的侍臣说:"占卜的术士对我说五天内会有突然发动的军队闯进宫来。你们要及早替朕准备好对策。"张说劝解说:"这一定是奸邪小人想离间东宫太子和您的关系制造的谣言。希望陛下尽快地决定让太子代行处理国事,这样做了就可以使流言蜚语自然平息。"姚元之也说:"张说的意见,是安定国家的最好策略。"唐睿宗听了很高兴。于是,派宋王李成器去做同州刺史,豳王李守礼去做豳州刺史,太平公主夫妇迁到蒲州安置。公布命令由太子李隆基代行处理国家政事。

【纲】对原已罢免的"斜封官"复职任用。 【目】殿中侍御史崔湜向唐睿宗建议说:"斜封官都是已故中宗皇帝任命的,姚元之等人建议剥夺了这些人的官职,不仅是在暴露中宗皇帝的过失,也给陛下招来许多人的怨恨。现在,被免官的众人议论纷纷如同水在沸腾,恐怕会发生突然的重大变故。"太平公主也对这件事情提出了相同的意见。唐睿宗认为这些意见是对的。于是发布命令:所有的斜封官,全都按照本人才干的高低重新分级任用。

【纲】贬降姚元之去做申州(治义阳,今河南信阳南)刺史,宋璟去做楚州(治山阳,今江苏淮安)刺史。停止执行派宋王、豳王去做刺史的命令。 【目】太平公主知道了姚元之、宋璟二人给唐睿宗出的主意,怒气冲天,拿这件事情来严厉地责问太子李隆基。隆基畏惧太平公主,只好说是姚元之、宋璟二人在离间他和姑姑、哥哥间的关系,因此

【纲】夏五月,召太平公主还京师。

【纲】六月,置十道按察使。

【纲】冬十一月,召司马承祯至京师,寻许还山。 【目】上召天台道士司马承祯,问以阴阳数术。对曰:"道者,损之又损,以至于无为,安肯劳心以学数术乎!"上曰:"理身无为则高矣,如理国何?"对曰:"国犹身也,顺物自然而心无所私,则天下理矣。"上叹曰:"广成之言,无以过也。"承祯固请还山,上许之。尚书左丞卢藏用指终南山谓承祯曰:"此中大有佳处,何必天台!"承祯曰:"以愚观之,此乃仕宦之捷径耳!"藏用尝隐终南,则天时征为左拾遗,故承祯言之。

【纲】壬子,太极元年,春正月,以萧至忠为刑部尚书。 【目】萧至忠自托于太平公主,公主引为尚书。华州长史蒋钦绪,其妹夫也,谓之曰:"如子之才,何忧不达?勿为非分妄求!"至忠不应。钦绪退而叹曰:"九代卿族,一举灭之,可哀也哉!"至忠素有雅望,尝自公主第门出,遇宋璟,璟曰:"非所望于萧君也。"至忠笑曰:"善乎宋生之言!"遽策马而去。

才有贬降姚元之、宋璟二人和不再派宋王、豳王去外地当刺史的这些命令。

【纲】夏五月,下令把太平公主从蒲州召回京城。

【纲】六月,在全国十道分别设置按察使。

【纲】冬十一月,召道士司马承祯进京,随即又准许他返回天台山。　【目】唐睿宗下令召天台山(今浙江天台西北)道士司马承祯来京城,拿测算阴阳五行、观察天象、占卜吉凶等方面的问题向他请教。承祯避免正面回答,说:"做道士的人,一而再再而三地减损自己的物质享受和精神欲望,因此到了一切听随自然不求有作为的地步,又怎么会愿意劳累自己的心神去学习观天占卜之类的技术呢!"睿宗说:"用听随自然不求有作为的道理来修养自身,当然是很高明的了。但是,用这种道理来治理国家会怎么样呢?"承祯回答说:"治国也如同修身一样,顺应万事万物天然生成的本性,又能够做到内心没有私念和贪欲,就可以把天下治理好。"睿宗感慨地叹息说:"古人广成子提倡清静无为的议论实在是高明,没有任何人能够超过他啊!"司马承祯坚持请求让他回天台山去,睿宗终于准许了他的请求。尚书左丞卢藏用指着京城附近的终南山(今陕西西安南)对司马承祯说:"这座山里就有一些很美好迷人的地方,为什么一定要回天台山呢?"承祯说:"用我愚钝的眼光来观察这座山,这里只不过是去做官求荣的方便途径罢了!"卢藏用做官前就曾经在终南山里隐居,武则天执政时征召他做了左拾遗,后来一直在朝廷做官,所以司马承祯暗含讽刺地说了这番话。

【纲】太极元年(壬子,712),春正月,任命萧至忠做刑部尚书。【目】萧至忠自己向太平公主请求举荐重用,公主向睿宗引荐帮他当上了刑部尚书。华州(治郑县,今陕西华县)长史蒋钦绪,是萧至忠的妹夫,对萧至忠说:"像你这样的才干,何必还担忧自己不能成功出名?千万不要去追求那些不是你本应该得到的东西!"至忠沉默不语。蒋钦绪离开萧至忠后叹息说:"已经相传九代都有好名声的家族,因为一次非分的举动将把它毁灭,实在是叫人伤心啊!"萧至忠过去本来有美好的声望,曾经有一次,萧至忠从太平公主府走出来时遇到了宋璟,宋璟对他说:"这不是人们期望你萧先生去做的事情啊!"萧至忠笑着说:"很

【纲】秋七月,彗星出西方,入太微。

【纲】八月,帝传位于太子。太子即位,尊帝为太上皇。【目】太平公主使术者言于上曰:"彗所以除旧布新,又帝座及心前星皆有变,皇太子当为天子。"上曰:"传德避灾,吾志决矣。"公主及其党皆以为不可。太子闻之,固辞。上曰:"汝为孝子,何必待柩前然后即位邪!"太子流涕而出。制传位于太子,太子又上表辞。太平公主劝上自总大政。上乃谓太子曰:"汝以天下事重,欲朕兼理之邪?朕虽传位,岂忘家国!其军国大事,当兼省之。"

玄宗即位,尊睿宗为太上皇。上皇自称曰朕,命曰诰,五日一受朝于太极殿。皇帝自称曰予,命曰制、敕,日受朝于武德殿。三品以上除授及大刑政,乃奏上皇决之。大赦,改元。

【纲】立妃王氏为皇后。

【纲】流刘幽求于封州。【目】初,河内人王琚预于王同皎之谋,上之为太子也,琚至长安见上。至庭中,故徐行,宦者曰:"殿下在帘内。"琚曰:"何谓殿下?今独有太平公主耳!"上遽召见,与语,琚曰:"韦庶人弑逆,人心不服,诛之易耳。太平公主凶猾无比,大臣多为之用,琚窃忧之。"上引与同榻坐,泣曰:"主上同气,唯有太

好啊！宋生说的话确实很对。"说完就急忙用鞭子打马离开了太平公主府。

【纲】秋七月，彗星从西方出现，飞进北斗星南边的太微垣。

【纲】八月，唐睿宗把皇位传给太子李隆基。李隆基正式登上皇位，尊称唐睿宗为太上皇。　　【目】彗星出现后，太平公主指使观天占卜的术士去向唐睿宗说："扫帚是用来除旧布新的工具；近来，形状像扫帚的彗星在天上出现，帝座星和心前星也都发生了变化，这是皇太子将要由他自己来做皇帝的象征。"睿宗回答说："把皇位传给有德的人避免天降灾难。我的主意早已经打定了。"太平公主和她的党羽们都认为这种做法不行。李隆基听说了这件事，也坚决推辞。睿宗说："你是孝顺的儿子，为什么一定要等待你站到我的棺材前面然后才登位当皇帝呢！"李隆基听了这番话，痛哭着离开睿宗身边。唐睿宗下令正式把皇位传给太子，李隆基又上书推辞。太平公主也乘机来劝说睿宗自己总揽朝廷大政。睿宗于是对李隆基说："你是把国家的事情看得很重要，想要朕和你一起来治理国家吗？朕虽然把皇位传给了你，难道会忘掉李氏家族和整个国家的前途！国家的军政大事，我会和你一起来管理处置它们。"

　　唐玄宗李隆基正式登上皇位，尊称睿宗为太上皇。太上皇称自己为"朕"，称自己的命令为"诰"，每隔五天一次在太极殿接受众大臣的朝见。玄宗皇帝称自己为"予"，称自己的命令为"制""敕"，每天都在武德殿接受众大臣的朝见。遇有三品以上官吏的任免和重大刑罚、政令一类的事情，就报告太上皇，请太上皇裁决这些事情。下令赦免全国罪人；改变纪元年号，称作"先天"元年。

【纲】唐玄宗立妃子王氏做皇后。

【纲】把刘幽求流放去封州（治封川，今广东封川）。　　【目】当初，河内县（今河南沁阳）有个叫王琚的人参与过王同皎在唐中宗神龙年间反对武氏众人的活动。李隆基做了皇太子以后，王琚到京城长安来拜见隆基。王琚来到东宫的庭院中，故意慢慢走，宫中的宦官说："太子殿下在大堂旁边的屋子里。"王琚突然说："谁是太子殿下？现在宫内只有一个太平公主罢了！"李隆基急忙请王琚见面，同他认真交谈，王琚说：

平,言之恐伤主上之意,不言为患日深,为之奈何?"琚曰:"天子之孝,当以安宗庙社稷为事,岂顾小节!"上悦。及即位,以为中书侍郎。是时,宰相多太平公主之党,仆射刘幽求与羽林将军张暐谋,使言于上曰:"窦怀贞、崔湜、岑羲皆因公主得进,日夜为谋不轨,若不早图,一日事起,太上皇何以得安!请速诛之。"上以为然。暐泄其谋,上大惧,遽列上其状。有司奏流幽求于封州,张暐于丰州。

【纲】冬十二月,刑部尚书李日知致仕。 【目】日知在官,不待捶挞而事集。刑部有令史,受敕三日,忘不行。日知怒,欲捶之,既而谓曰:"我欲捶汝,天下人必谓汝能撩李日知瞋,受李日知杖,不得比于人,妻子亦将弃汝矣。"遂释之。吏皆感悦,无敢犯者。

"已经废黜成平民的韦皇后当年害死国君大逆不道,人们的心里都不服从她,杀掉她是很容易的事情。太平公主却凶狠狡猾无人可比,朝中大臣又有很多人替她效力,我内心时刻都为这种情况担忧。"隆基拉着王琚的手请他和自己并肩坐在床榻上,流着眼泪说:"和皇上一母同胞的亲人,仅仅只有太平公主。我想揭露她的行为,但又实在害怕伤害了皇上的意愿;如果沉默不说,造成的祸患肯定一天比一天更深重。我应该怎么来对付这件事情呢?"王琚说:"做皇帝的人讲究孝道,应该把安定皇家祖先的祠庙和整个国家作为自己最重要的责任,难道能只顾虑那些细小的礼节吗!"李隆基听了很高兴。隆基正式登位做了皇帝后,就任命王琚做中书侍郎。这时,宰相中间多数人都是太平公主的党羽,仆射刘幽求同羽林将军张暐商议,让张暐去对玄宗皇帝说:"窦怀贞、崔湜、岑羲都是借太平公主的势力得到提拔重用,现在他们正不分日夜地阴谋发动叛乱,如果不及早采取对付他们的办法,一旦叛乱的事情发生,太上皇怎么能得到安宁!请皇上尽快除掉这些人。"玄宗认为这个意见很对。不料张暐泄露了准备铲除太平公主党羽的计划,玄宗大惊,急忙把刘幽求等人的活动逐条写出来呈报给睿宗。主持刑法的官吏上书给睿宗,决定把刘幽求流放到封州,张暐流放到丰州。

　　【纲】冬十二月,刑部尚书李日知告老辞官。　【目】李日知在刑部任上时,不用对部下进行鞭挞就能把各种事务办好。刑部有一个令史,接到命令三天竟忘了去执行。李日知发怒,想要鞭挞他,过了一会儿又对这个人说:"我想鞭挞你,天下的人一定会说你能招惹得李日知发怒;受到我李日知的杖刑惩罚,就再也不能和别人平等相比,连你的妻子也一定会抛弃你。"于是又释放了这个人。李日知部下的官吏们既又感动又高兴,没有一个敢去触犯他的人。

纲鉴易知录卷四八

唐纪

玄宗明皇帝

【纲】癸丑,玄宗明皇帝开元元年,春二月,御楼观灯,大酺。【目】开门然灯,大酺合乐。上皇与上御门楼临观,以夜继昼,凡月余。左拾遗严挺之上疏谏,以为:"酺者因人所利,合醵为欢。今乃损万人之力,营百戏之资,非所以光圣德美风化也。"敕以挺之忠直,宣示百官,厚赏之。晋陵尉杨相如上疏曰:"隋氏以纵欲而亡,太宗以抑欲而昌,人主不可不慎择也!夫人主莫不好忠正而恶佞邪,然忠正者常疏,佞邪者常亲,以至于覆国危身而不悟,何哉?忠正者多忤意,佞邪者多顺指,积忤生憎,积顺生爱,此亲疏之所以分也。诚能爱其忤以收忠贤,恶其顺以去佞邪,则太宗之业,将何远哉!"上览而善之。

【纲】以高丽大祚荣为渤海郡王。

【纲】夏五月,罢修大明宫。【目】修大明宫未毕,敕以农务方勤,罢之。

【纲】六月,以郭元振同三品。【目】秋七月,太平公主谋逆,赐死;萧至忠、岑羲、窦怀贞、崔湜伏诛。【目】太平公主依上皇之势,擅权用事,宰相七人,五出其门,文武之臣,大半附之。与窦怀贞、岑羲、萧至忠、崔湜、薛稷、僧慧范等谋废立,又与宫人元氏

玄宗明皇帝

【纲】唐玄宗开元元年（癸丑，713），春二月，玄宗登楼观灯，赐臣民大聚饮。　【目】玄宗命令大开宫门燃亮灯火，大布天下聚饮同乐，太上皇睿宗与玄宗一同登上皇宫门楼观看，夜以继日，持续一个多月。左拾遗严挺之上疏劝谏，认为："所谓聚饮，应该凭个人的财力，凑钱饮酒作乐，如今却是损耗万人的财力，以供表演百戏之用，这样做是不能用以光大圣德、美化风尚的。"玄宗下敕书，以严挺之的忠诚和正直昭示百官，并且重重地奖赏了他。晋陵县（今江苏常州）县尉杨相如上疏说："隋王朝因为纵欲而灭亡，太宗皇帝由于抑制欲望而使国家昌盛，为人之主者不能不慎重地选择啊！人主没有不喜欢忠诚正直而厌恶奸佞邪恶的，然而事实却是忠正的人常常被疏远，而佞邪的人又常常被亲近，以至于倾覆了国家、危害了自身而不省悟，这是什么原因呢？忠诚正直的人常常忤逆人主的意愿，而奸佞邪恶的人却总是顺从人主的旨意，积忤逆就会产生憎恨，积顺从则会产生宠爱，这就是亲疏之别的原因所在。如果真的能爱那种敢于忤逆的品德而容纳忠义贤德之士，恨那种逢迎顺从的作风而去除奸佞邪恶之人，则太宗皇帝那样的业绩，难道还会远吗？"玄宗看后认为非常好。

【纲】玄宗任命高丽大祚荣为渤海郡（即渤海国，武则天时靺鞨人大祚荣所建，其地有今朝鲜咸镜、平安等地）郡王。

【纲】夏五月，玄宗命令停止修建大明宫（即蓬莱宫，在今陕西西安东北）。　【目】修建大明宫的工程尚未完成，玄宗就下敕说由于农务正忙，停止修建大明宫。

【纲】六月，玄宗任命郭元振官同三品。　【纲】秋七月，太平公主图谋反叛，玄宗赐她身死；萧至忠、岑羲、窦怀贞、崔湜被杀。　【目】太平公主依仗着太上皇的势力，专权行事，七位宰相中有五位出自她的门下，文武大臣中，有一大半人趋附于她。她与窦怀贞、岑羲、萧至忠、崔湜、薛稷和僧人慧范等人图谋发动政变夺取皇位，又与宫女元氏谋划

谋于赤箭粉中置毒以进。中书侍郎王琚言于上曰："事迫矣，不可不速发。"左丞张说自东都遣人遗上佩刀，荆州长史崔日用入奏事，言于上曰："太平谋逆有日，陛下往在东宫，犹为臣子，若欲讨之，须用谋力。今但下一制书，谁敢不从？万一奸宄得志，悔之何及！"上曰："诚如卿言，直恐惊动上皇。"日用曰："天子之孝在于安四海，若奸人得志，则社稷为墟，安在其为孝乎！请先定北军，后收逆党，则不惊上皇矣。"上以为然，乃与岐王范、薛王业、郭元振、王毛仲、姜皎、李令问、王守一及内给事高力士等定计。以兵三百余人入虔化门，召至忠、羲斩之，怀贞自缢死，戮其尸。

上皇闻变，登承天门楼。郭元振奏，皇帝前奉诰诛窦怀贞等，无他也。上皇乃下诰："自今军国政刑，一取皇帝处分。"徙居百福殿。太平公主赐死，诸子及党与死者数十人。崔湜与右丞卢藏用俱坐私侍公主，流岭南。寻以湜与逆谋，追赐死。

初，太平公主与湜等谋废立，陆象先独以为不可。公主曰："废长立少，已为不顺；且又失德，若之何不去！"象先曰："既以功立，当以罪废。今实无罪，象先终不敢从。"上既诛怀贞等，召象先谓曰："岁寒知松柏，信哉！"时穷治公主枝党，象先密为申理，所全甚多，然未尝自言，时无知者。

【纲】以高力士为右监门将军，知内侍省事。【目】初，太宗定制，内侍省不置三品官，黄衣廪食，守门传命而已。中宗时，七品以上至千余人，然衣绯者尚寡。上在藩邸，力士倾心奉之，及为太子，

在赤箭粉（草药名）中投毒给玄宗饮用。中书侍郎王琚对玄宗说："事情很紧迫呀，不能不迅速采取行动。"左丞相张说从东都洛阳派人送佩刀给玄宗，荆州（治江陵，今湖北江陵）长史崔日用入朝奏报事情，对玄宗说："太平公主谋反已有一段时间了，陛下以往做太子，还算是臣子，如若想讨伐她就必须要使用计谋。如今却只需下一道制书，谁敢不服从？万一奸诈作乱之徒得志，后悔哪还来得及呢？"玄宗说："确实如你所说，我只怕惊动了太上皇。"崔日用说："天子的孝在于安定天下，如果奸人得志，那么国家社稷就变成了废墟，为孝之道在哪里呢？请陛下先控制住京城的军队，然后把谋反的党徒抓起来，就不会惊动太上皇了。"玄宗认为这办法可行，于是就与岐王李范、薛王李业、郭元振、王毛仲、姜皎、李令问、王守一以及宫内给事高力士等商定计策。派兵三百多人进虔化门，然后召萧至忠、岑羲前来，把他们斩死；窦怀贞自缢而死。他们的尸体仍被刀砍。

太上皇得知这一事变后，登上承天门的门楼，郭元振上奏说："皇帝刚才奉太上皇之命杀死了窦怀贞等人，没有别的事。"太上皇于是下令："从今以后国家的军事、政治、刑法等，一律听皇帝处理。"太上皇迁居到百福殿。太平公主被赐死，她的几个儿子以及她的党羽与她同死的有数十人。崔湜与右丞相卢藏用都由于暗地里侍奉太平公主，而被流放岭南。不久，又因为崔湜参与了谋反，而追赐死。

当初，太平公主与崔湜等人谋商政变夺位的时候，在场的只有陆象先一人认为不能那样做。太平公主说："废了年长的而立年少的，已经是不合常理了，何况又有失德政，像这样为什么不可以除去！"陆象先说："既然是因为功劳而即位，就应该由于罪名而废除。现在皇帝确实没有罪，我陆象先终究不敢从命。"玄宗杀了窦怀贞等人后，召见陆象先称赞道："岁寒知松柏，我相信这道理。"当时正在彻底追查和惩治太平公主的余党，陆象先暗中为无辜者申辩，所保全的人很多，然而他却未曾自我表白过，当时没人知道此事。

【纲】玄宗任命高力士为右监门将军，知内侍省事。　【目】当初，太宗规定，内侍省不设三品官，不过穿黄衣吃官粮，守守门禁，传传命令而已。中宗的时候，内侍省官阶在七品以上的达一千多人，但官至五品，

奏为内给事,至是,以诛萧、岑功赏之。是后宦官增至三千人,除三品将军者寖多,宦官之盛自此始。

【纲】以张说为中书令。八月,以刘幽求为左仆射、平章军国大事。

【纲】罢诸道按察使。

【纲】冬十月,引见京畿县令。　【目】引见京畿县令,戒以惠养黎元之意。

【纲】讲武于骊山。　【目】上幸新丰,讲武于骊山之下,征兵二十万,以军容不整,坐兵部尚书郭元振于纛下,将斩之。刘幽求、张说谏曰:"元振有大功于社稷,不可杀。"乃流新州,而斩给事中知礼仪事唐绍。上始欲立威,亦无杀绍之意,将军李邈遽宣敕斩之。上寻罢邈官,废弃终身。时二大臣得罪,诸军震慑失次,惟薛讷、解琬二军不动,上遣轻骑召之,皆不得入其陈。上深叹美之。

【纲】以姚元之同三品。　【目】上欲以姚元之为相,张说疾之,使御史大夫赵彦昭弹之,上不纳。又使殿中监姜皎言于上曰:"陛下常欲择河东总管而难其人,臣今得之矣。"问为谁,皎曰:"元之文武全才,真其人也。"上曰:"此张说之意,汝何得面欺!"皎叩头首服,即召元之诣行在,拜以为相。

上励精为治,每事访之,元之应答如响,同僚唯诺而已。元之尝奏请序进郎吏,上仰视殿屋,再言之,终不应;元之惧,趋出。罢朝,高力士谏曰:"陛下新总万几,宰臣奏事,当面加可否,奈何一不

穿红色官服的还是很少的。玄宗做藩王住府邸时,高力士就倾心侍奉,到做太子时,奏请任高力士为内给事,而这次,又以诛杀萧至忠、岑羲之功奖赏他。此后,宫内宦官增至三千人,授为三品将军的人逐渐增多,宦官势力强盛就是从这时开始的。

【纲】玄宗任命张说为中书令。八月,任命刘幽求为左仆射、平章军国大事。

【纲】玄宗撤消各道按察使。

【纲】冬十月,玄宗召见京畿县令。 【目】玄宗召见京畿县令,是为了告诫官吏要给黎民百姓以恩惠和休养生息的条件。

【纲】玄宗在骊山(在今陕西临潼东南)讲习军事。 【目】玄宗亲临新丰(在今陕西临潼县东北),在骊山下讲武,征集军队二十万人,因为军容不整,恰巧看见兵部尚书郭元振在军旗下,就要斩他。刘幽求、张说劝谏道:"元振对国家有大功,不能杀他。"于是改将郭元振流放到新州(治新兴,即今广东新兴),而斩了给事中知礼仪事唐绍。玄宗本来是想要树立军威,也没有杀唐绍的意思,而将军李邈却赶忙宣示敕令并把唐绍斩了,玄宗紧接着就罢了李邈的官职,并下令将他废弃终身,永不录用。一时间有两位大臣获罪,诸军因受到震慑而乱了秩序,只有薛纳、解琬两军没有动,玄宗派轻骑去召他们,都没能进入他们的阵列,玄宗大为赞叹和夸奖。

【纲】玄宗任命姚元之官同三品。 【目】玄宗想任命姚元之为宰相,张说嫉妒他,指使御史大夫赵彦昭弹劾他,玄宗不理睬。张说又派殿中监姜皎对玄宗说:"陛下一直想挑选一个人担任河东(即河东道)总管,却又难以找到合适的人选,我现在找到合适的人选了。"玄宗问是谁,姜皎说:"姚元之是文武全才,正是最合适的人选。"玄宗说:"这是张说的意思,你怎么能当面欺骗我?"姜皎连忙叩头认罪,玄宗当即召见姚元之,拜他为宰相。

玄宗励精图治,每逢有事询问,姚元之总是应答得响亮干脆,而他的同僚们只不过唯唯诺诺、卑恭顺从罢了。姚元之曾奏请按次序提拔郎吏官员,玄宗听后只是仰头看着屋顶,姚元之第二次提起此事,玄宗还是不做反应,姚元之有些害怕,疾步退了下去。罢朝后,高力士劝

省察！"上曰："朕任元之以庶政，大事当奏闻共议之；郎吏卑秩，乃以烦朕邪！"闻者皆服上识人君之体。

张九龄以元之有重望，为上所信任，奏记劝其远谄躁，进纯厚，略曰："任人当才，为政大体，与之共理，无出此途。向之用人，非无知人之鉴，其所以失溺，在缘情之举。今君侯登用未几，而浅中弱植之徒，已延颈企踵而至，谄亲戚以求誉，媚宾客以取容，岂不有才，所失在于无耻。"元之纳其言。

新兴王晋坐太平公主逆党伏诛，僚吏皆奔散，惟司功李撝步从，不失在官之礼，仍哭其尸。元之曰："栾布之俦也。"擢为尚书郎。

【纲】十二月，改官名。 【目】仆射为丞相，中书为紫微省，门下为黄门省，侍中为监，雍州为京兆府，洛州为河南府，长史为尹，司马为少尹。

【纲】以姚崇为紫微令，张说为相州刺史。 【目】元之避开元尊号，复名崇。崇既为相，张说惧，乃潜诣岐王申款。他日崇对于便殿，行微蹇。上问："有足疾乎？"对曰："臣有腹心之疾，非足疾也。"上问其故。对曰："岐王陛下爱弟，张说为辅臣，而密乘车入王家，恐为所误，故忧之。"遂左迁说为相州刺史。

【纲】刘幽求罢，以卢怀慎同平章事。

【纲】甲寅，二年，春正月，定内外官出入恒式。 【目】制："选京官有才识者除都督、刺史，有政迹者除京官，使出入常均，永为恒

谏道:"陛下刚刚开始总理万机,宰相和大臣们奏事,应该当面加以肯定或否定的判断,怎么能一味不予理睬!"玄宗说:"朕以各种政务交付给姚元之,大事应当奏报给我听并共同商议,区区郎吏职位的提升顺序,也该拿来烦扰朕吗?"听说了这件事的人都说玄宗识人君大体。

张九龄因为看到姚元之享有重望,被玄宗信任,就写信劝他疏远谄媚浮躁的人,而接纳纯朴忠厚的人,大略说:"任人应当重视该人的才能,为政应该重视大体,拿要事与所任用的人共商,用人之道没有离开这条途径的。向来用人,并非没有识别人的标准,之所以失于沉迷,原因在于徇私情。现在你被圣上任用没多久,那些才学浅薄、弱于树立之辈,已经伸长脖子举足而至,向你的亲戚献媚以求得名誉,向你的宾客讨好以取得容纳,难道是没有才吗?他们失去人格的原因就在于无耻。"姚元之听取了张九龄的劝告。

新兴王李晋由于与太平公主同谋反叛被杀,他的幕僚和手下官吏都逃散了,只有司功李㧑走在他的身后,不失新兴王为官时的礼节,仍然哭他的尸首。姚元之说:"这是与西汉栾布一样的人呀!"于是提升他为尚书郎。

【纲】十二月,玄宗下令更改官名。 【目】改仆射为丞相,改中书为紫微省,门下为黄门省,侍中为监,改雍州(治万年,今陕西西安)为京兆府,洛州(治河南,今河南洛阳)为河南府,改长史为尹,司马为少尹。

【纲】玄宗任命姚崇为紫微令,张说为相州(治安阳,今河南安阳)刺史。 【目】姚元之为避"开元"尊号,重新取了个名,叫姚崇。姚崇做了丞相,张说很害怕,于是暗地里到岐王李范那里表示忠诚。此后有一天,姚崇在便殿奏事,行走有些迟缓。玄宗问他:"你患脚病了吗?"姚崇回答说:"我有心腹之患,而不是脚病呀。"玄宗问他怎么回事,他说:"岐王是陛下的爱弟,张说是辅佐朝廷的大臣,然而他却秘密地乘车到岐王家去,恐怕国家大事被他耽误,我就是为了这件事而担忧的。"于是玄宗就把张说降职为相州刺史。

【纲】玄宗罢了刘幽求的官职,任命卢怀慎为同平章事。

【纲】开元二年(甲寅,714),春正月,玄宗制定朝廷内外官员调出调入的程式。 【目】玄宗颁布制书,规定:"从京官中选拔有才识的人

式。"

【纲】以卢怀慎检校黄门监。

【纲】置左右教坊。 【目】旧制,雅俗之乐,皆隶太常。上以太常礼乐之司,不应典倡优杂伎;乃更置左右教坊,以教俗乐,又选乐工宫女数百人,自教之,谓之"皇帝梨园弟子"。

【纲】三月朔,太史奏日食,不应。 【目】太史奏太阳应亏不亏,姚崇表贺,请书史册,从之。

【纲】复置十道按察使。

【纲】夏五月,魏知古罢。 【目】知古本起小吏,姚崇荐之,以至为相。崇意轻之,请知古知东都选事,遣吏部尚书宋璟于门下过官;知古衔之。崇二子分司东都,有所请托;知古归,悉以闻。他日,上问崇:"卿子何官,才性何如?"崇揣知上意,对曰:"臣三子,两在东都为人多欲而不谨;是必以事干知古,臣未及问之耳。"上问:"安从知之?"对曰:"知古微时,臣常卵而翼之。臣子愚,以为知古容其为非,故敢干之耳。"上于是以崇为无私,而薄知古,欲斥之。崇固请曰:"臣子无状,陛下赦之已幸;苟逐知古,累圣政矣。"上久乃许之。知古竟罢为工部尚书。

【纲】六月,以宋王成器等为诸州刺史。 【目】宋王成器、申王成义,上兄也。岐王范、薛王业,上弟也。豳王守礼,从兄也。上素友爱,近世帝王莫能及。初即位,为长枕大被,与兄弟同寝。听朝罢,多从诸王游。在禁中,拜跪如家人礼,饮食起居,相与同之。业尝疾,上亲为煮药,火爇上须,左右惊救之。上曰:"但使饮此而愈,

出任都督、刺史,在地方有政绩的人,可以授以京官的职务,要让朝廷内外的官员经常调换,这要成为一项永恒的制度。"

【纲】玄宗任命卢怀慎为检校黄门监。

【纲】玄宗下令设置左、右教坊。 【目】以往的制度规定,音乐无论雅与俗,都隶属于太常职掌。玄宗认为太常对礼乐的管理,不宜包括女乐杂技等,于是改设左、右教坊,以教俗乐,然后又选数百名乐工和宫女,亲自指教他们,称之为"皇帝梨园弟子"。

【纲】三月初一,太史上奏说此日本该发生日食的,然而却没有应验。 【目】太史上奏说太阳本该出现缺损却没有出现,姚崇上表祝贺,请求把这件事记到史册上去,玄宗同意了。

【纲】玄宗重新设置十个道的按察使。

【纲】夏五月,玄宗罢了魏知古的官。 【目】魏知古原起于小官吏,姚崇推荐他,以至于做了宰相。姚崇有意轻慢他,请他掌管东都选事,派吏部尚书宋璟在门下省复审查过官,魏知古因此记恨姚崇。姚崇的两个儿子分掌东都,有私相请托之事,魏知古回来后,全部报告了。此后有一天,玄宗问姚崇说:"你的儿子任什么官职,才能和品性怎么样?"姚崇揣知了玄宗问话的用意,就回答说:"我有三个儿子,其中有两个在东都任职,为人多有欲求而又不谨慎,必然以私事干扰魏知古,我还没来得及问他呢。"玄宗问:"你从哪里知道这件事的?"姚崇回答说:"魏知古地位卑微的时候,我常常像雌鸟护蛋一样用翅膀保护和培养他,我的儿子愚笨,认为魏知古会容忍他们做不对的事,所以敢打扰他。"玄宗因此认为姚崇无私,而轻视魏知古,想罢斥他。姚崇坚持请求说:"我的儿子没规矩,陛下赦他们无罪已是万幸,如若驱逐魏知古,会有损于圣明的政治啊!"玄宗许久才答应他的请求。然而魏知古最终还是被降为工部尚书。

【纲】六月,玄宗任命宋王李成器等人为各州的刺史。 【目】宋王李成器、申王李成义,都是玄宗的兄长。岐王李范,薛王李业,都是玄宗的兄弟。豳王李守礼,是玄宗的堂兄。玄宗素来与兄弟们相友爱,这是近几代帝王都比不上的。玄宗刚即位时,做了很长的枕头和很大的被子,与兄弟们一同就寝。上朝听政结束后,常常与诸王一起游玩。在

须何足惜！"成器尤恭慎，未尝及时政，妄结交；上愈信重之，故谗间无自而入。群臣以成器等地逼，请循故事出刺外州。乃以成器领岐州，成义领豳州，守礼领虢州，范领济州，业领同州，到官但领大纲，州务皆委上佐。是后，诸王领州者并准此。

【纲】秋七月，焚珠玉锦绣于殿前。【目】上以风俗侈靡，制："乘舆服御、金银器玩，令有司消毁，以供军国之用；其珠玉、绵绣，焚于殿前；后妃以下，皆毋得服。自今天下更毋得采珠玉，织锦绣等物。"罢两京织锦坊。

【纲】作兴庆宫。【目】宋王成器等请献兴庆坊宅为离宫；许之，仍赐成器等宅，环于宫侧。又于宫西南置楼，西曰："花萼相辉"，南曰"勤政务本"。

【纲】八月，以武后《鼎铭》颁告中外。【目】太子宾客薛谦光，以武后鼎铭有云"上天降鉴，方建隆基"，为上受命之符，献之。姚崇表贺，请宣示史官，颁告中外。

【纲】敕诸州修常平仓法。

【纲】冬十二月，立皇子嗣真为郢王，嗣谦为皇太子。【目】上长子嗣真，母曰刘华妃。次子嗣谦，母曰赵丽妃；丽妃以倡进，有宠，故立之。

【纲】乙卯，三年，春正月，以卢怀慎为黄门监。【目】怀慎清

宫内,兄弟间互相跪拜,行家人长幼之礼,饮食起居,都与兄弟们在一起。薛王李业曾经患病,玄宗亲自为他煎药,胡须被火烧着了,周围人大惊失色,赶忙去救他。而玄宗却说:"只要能使我的兄弟饮了这药之后身体痊愈,我的胡须有什么可惜的!"宋王李成器为人尤其谦恭谨慎,从来不曾参与时政和随意结交友人,玄宗对他更加信任和尊重,因此挑拨和诬陷的话根本无从进入。朝中大臣们认为宋王李成器等人的封地太逼近京师,请求玄宗找个缘由让他们出任外州刺史。于是玄宗让李成器受领岐州,李成义受领豳州(治新平,今陕西邠县),李守礼受领虢州(治弘农,在今河南灵宝南),李范受领济州(治卢县,在今山东茌平西南),李业受领同州(治冯翊,今陕西大荔)。诸王到官只掌管大政,日常州务都由玄宗派人辅佐。此后,诸王辖领州地都以此为例。

【纲】秋七月,玄宗命令在宫殿前焚烧珍珠宝玉和丝织锦绣等物。【目】玄宗因为当时风气过于奢侈浪费,颁布制书,命令:"车乘和服装、金银宝器,令主管部门销毁,以供军队和国家使用;那些珠宝玉器、丝织锦绣,统统在殿前焚毁,后妃以下的人,都不能穿戴。从今以后全国上下再不能采集珠宝玉器,织造丝帛锦绣等物。"同时还命令取消了两京织锦坊。

【纲】玄宗命令修建兴庆宫。【目】宋王李成器等请求进献兴庆坊宅第作为离宫,玄宗同意,并赐李成器等人的住宅环绕在兴庆宫的周围,又在兴庆宫的西面和南面各建了一座楼,西面的题作"花萼相辉",南面的题作"勤政务本"。

【纲】八月,玄宗将武则天皇后的《鼎铭》颁告朝内外。【目】太子的宾客薛谦光,以武后鼎器铭文中所说"上天降鉴,方建隆基"一句,作为玄宗的受命之符,献给玄宗。姚崇上表祝贺,请求将这个《鼎铭》向史官宣读和出示,并向朝廷内外颁布。

【纲】玄宗敕令各州修定常平仓法。

【纲】冬十二月,玄宗立皇子嗣真为郢王,嗣谦为皇太子。【目】玄宗的长子嗣真,母亲是刘华妃;次子嗣谦,母亲是赵丽妃。丽妃以歌舞艺人进身,受玄宗宠爱,所以立她的儿子为太子。

【纲】开元三年(乙卯,715),春正月,玄宗任命卢怀慎为黄门

谨俭素，不营资产，俸赐随散亲旧，妻子不免饥寒，所居不蔽风雨。姚崇谒告十余日，政事委积，怀慎不能决，惶恐，入谢。上曰："朕以天下事委姚崇，以卿坐镇雅俗耳。"崇既出，须臾，裁决俱尽，颇有得色，顾谓紫微舍人齐澣曰："我为相，可比何人？"澣未对。崇曰："何如管、晏？"澣曰："管、晏之法虽不能施于后，犹能没身。公所为法，随复更之，似不及也。"崇曰："然则竟何如？"澣曰："可谓救时之相耳。"崇喜，投笔曰："救时之相，岂易得乎！"怀慎自以其才不及崇，每事推之，时人谓之"伴食宰相"。

【纲】夏四月，山东大蝗。　【目】山东蝗，民不敢杀，拜祭之，姚崇遣御史督州县捕而瘗之。议者以为蝗多，除不可尽，崇曰："河南、北之人，流亡殆尽，岂可坐视，借使除之不尽，犹胜养以成灾。"上乃从之。卢怀慎以为杀蝗太多，恐伤和气。崇曰："昔楚庄吞蛭而愈疾，孙叔杀蛇而致福，奈何不忍于蝗而忍人之饥死乎！若使杀蝗有祸，臣请当之。"

【纲】秋九月，置侍读官。

【纲】丙辰，四年，春正月，以鄫王嗣真为安北大都护。陕王嗣升为安西大都护。　【目】二王皆不出阁，诸王遥领节度自此始。

【纲】以倪若水为汴州刺史。　【目】上欲重都督、刺史，选京官才望者为之，然当时犹轻外任。扬州采访使班景倩入为大理少卿，过大梁，若水饯之，望其行尘，久之，谓官属曰："班生此行，何

监。【目】卢怀慎为人清廉谨慎节俭朴素，不经营资产，薪俸和恩赐的财物随时散发给亲朋故友，而他的妻子和子女却免不了要忍饥受寒，所住的房屋遮挡不住风雨。姚崇请假十余天，政事多有积压，卢怀慎不能决断，十分惶恐，进皇宫谢罪。玄宗说："朕以国家之事托付姚崇，以你坐镇那些雅仕俗流吧。"姚崇复出，很快便将堆积的事务全部裁决完毕，他很洋洋自得的样子。看着紫微舍人齐澣说："我作为宰相，可比作什么人？"齐澣没有回答，姚崇自己说："比管仲、晏婴怎么样？"齐澣说："管仲、晏婴的办法虽然不能施行于身后，然而却能坚持终身。您所制定的办法，随变化而更改，好像比不上管仲和晏子。"姚崇说："那么究竟怎样？"齐澣说："可称为拯时救事的宰相吧。"姚崇听了很高兴，扔下笔说："救时之相，难道是容易找到的吗？"卢怀慎自认才干比不上姚崇，每每遇事都推诿，当时人称他为"伴食宰相"。

【纲】夏四月，山东发生严重蝗灾。【目】山东的蝗虫，老百姓不但不敢杀灭，反而还要拜祭它，姚崇派御史督促各州县对蝗虫加以捕杀，并埋入土里。议论的人认为蝗虫太多，不可能除尽。姚崇说："河南、河北道的人口，已经流亡得几乎没有了，难道可以坐视不管？即使不能全部灭除也胜过不去治它而养成大灾。"玄宗于是同意了他的意见。卢怀慎认为杀蝗虫过多，恐怕要伤和平之气。姚崇说："当年楚庄王因为吞食了蚂蟥而使久病得愈；楚国的令尹孙叔敖杀死和掩埋了一条两个头的蛇，而招致福禄。为什么不忍心于蝗虫被杀而忍心于人的饥饿死亡呢！倘使杀蝗虫有祸，那么我请求承当。"

【纲】秋九月，玄宗设置侍读官。

【纲】开元四年（丙辰，716），春正月，玄宗任命郐王李嗣真为安北大都护（当时府治中受降城，在今内蒙古乌喇特中后联合旗西，黄河北岸），陕王李嗣升为安西大都护（府治在交河城，即今新疆吐鲁番）。【目】郐、陕二王都没离开朝廷去辖地，诸王遥领节度使的职务就是从这时开始的。

【纲】玄宗任命倪若水为汴州（治浚仪，在今河南开封北）刺史。【目】玄宗想要重用都督、刺史，从京官中选择有才干有威望的人担任，然而当时人们还很轻视朝廷以外的官职。扬州（治江都县，即今江苏扬

异登仙！"上尝遣宦官诣江南取鵁鶄、鸂鶒等，欲置苑中，所至烦扰。若水言："今农桑方急，而罗捕禽鸟，水陆传送，道路观者，岂不以陛下为贱人而贵鸟乎！"上手敕谢之，纵散其鸟。

【纲】山东复大蝗。【目】山东蝗复大起，姚崇又命捕之。倪若水谓："蝗乃天灾，非人力所及，宜修德以禳之。刘聪时，尝捕埋之，为害益甚。"拒不从命。崇牒若水曰："刘聪伪主，德不胜妖；今日圣朝，妖不胜德。古之良守，蝗不入境。若其修德可免，彼岂无德致然！"因敕使者察捕蝗者勤惰以闻，由是不至大饥。

【纲】召新除县令，试理人策。【目】或言于上曰："今岁选叙太滥，县令非才。"上悉召至殿庭，试理人策。惟韦济词理第一，擢为醴泉令。余二百人不入第，且令之官；四十五人放归学问。

【纲】夏六月，太上皇崩。冬十月，葬桥陵。【目】十一月，黄门监卢怀慎卒。【目】怀慎疾亟，上表荐宋璟、李杰、李朝隐、卢从愿；上深纳之。既薨，家无余蓄，惟老苍头，请自鬻以办丧事。

【纲】以源乾曜同平章事。十二月，以宋璟为西京留守。【目】姚崇无居第，寓居冈极寺，以病谒告，上遣使问之，日数十辈。源乾曜奏事称旨，上曰："此必姚崇之谋。"或不称旨，则曰："何不与姚

州）采访使班景倩入朝任大理少卿，途经汴州，倪若水为他饯行，长时间地望着他行程上的尘土，对部属们感叹道："班生此行，与登临仙境有什么不同！"玄宗曾派遣宦官到江南去收取鸂鶒、鸀鸅等禽鸟，想把它们放置在皇家园林中。宦官所到之处多有烦扰当地之举。倪若水说："现在农桑之事正紧迫，却要捕捉禽鸟，从水路、陆路一站站相继传送，沿途看到这情形的人，难道不会认为陛下是在做以人为贱而以鸟为贵的事情吗？"玄宗听到这件事后，亲手书写敕书向倪若水致谢，并放走了那些鸟。

【纲】山东再一次发生严重蝗灾。　【目】山东蝗虫又一次大规模出现，姚崇再次下令捕杀。倪若水声称："蝗虫是天灾，不是人力所能控制的，应该修德政来消除灾祸。刘聪的时候，曾经捕埋蝗虫，而蝗虫为害更加严重。"他拒不服从姚崇的命令。姚崇在写给倪若水的文书中说："刘聪是伪皇帝，德行不足以战胜妖孽；当今是圣明之朝，妖孽不足以战胜德行。古往今来的好太守，蝗虫不进入他的境内。如若修德可以免灾，山东那里难道是无德而招致灾祸的吗？"于是命令使者严察捕蝗者的勤奋和怠惰并向上报告，因此才没有酿成大饥荒。

【纲】玄宗召集新任命的县令，用治理人事的策略考他们。【目】有人对玄宗说："今年选拔官吏过多，县令都不是富有才干的人。"玄宗把新选的县令全部召到朝殿，以治理人事的策略考他们。只有韦济一人应答中言辞道理数第一，被提拔为醴泉县（今陕西乾县东北）县令，其余二百人都不及格，权且命他们上任，另有四十五人被放回地方去读书。

【纲】夏六月，太上皇驾崩。冬十月，葬于桥陵（今陕西蒲城南）。【纲】十一月，黄门监卢怀慎去世。　【目】卢怀慎病重时，曾上表推荐宋璟、李杰、李朝隐、卢从愿，玄宗全部接受了他的推荐。他死后，家里没有多余的积蓄，只有一个老家奴，请求把自己卖掉，用所得的钱给主人办丧事。

【纲】玄宗任命源乾曜为同平章事。十二月，任命宋璟为西京留守。　【目】姚崇没有府宅，借住在罔极寺内，他因病请假时，玄宗派使者去问候他，一天内就有数十位之多。源乾曜奏事正合玄宗旨意的，玄

崇议之！"

崇子彝、异，颇受赂遗，为时所讥。又崇所亲信主书赵诲受赂，事觉。崇由是请避位，荐广州都督宋璟自代。上将幸东都，以璟为刑部尚书、西京留守，遣内侍杨思勖迎之。璟风度凝远，人莫测其际，在涂不与思勖交言。思勖素贵幸，归，诉于上，上嗟叹良久，益重璟。

【纲】闰月，姚崇、源乾曜罢，以宋璟为黄门监，苏颋同平章事。【目】璟为相，务在择人，随材授任，使百官各称其职；刑赏无私，犯颜正谏，上甚敬惮。

突厥默啜自武后世为中国患，朝廷旰食，倾天下之力不能克；郝灵荃得其首，自谓不世之功。璟以天子好武功，恐好事者竞生心徼幸，痛抑其赏，逾年始授郎将；灵荃恸哭而死。

璟与颋相得甚厚，璟每论事则颋助之。璟尝谓人曰："吾与苏氏父子同居相府，仆射宽厚，诚为国器，若献可替否，则黄门过其父矣。"

姚、宋相继为相，崇善应变成务，璟善守法持正；二人志操不同，然协心辅佐，使赋役宽平，刑罚清省，百姓富庶。唐世贤相，前称房、杜，后称姚、宋，他人莫得比焉。二人每进见，上辄为之起，去则临轩送之。及李林甫为相，虽宠任过于姚、宋，然礼遇殊卑薄矣。

紫微舍人高仲舒博通典籍，齐澣练习时务，姚、宋每坐二人以

宗就说："这一定是姚崇的主意。"有时不合玄宗的旨意，就说："为什么不与姚崇商议这件事？"

姚崇的儿子姚彝、姚异，接受了不少贿赂，被当时人们所讥讽，加上姚崇的亲信主管文书的赵诲受贿，事情被人发现。姚崇因此请求辞职，推荐广州（治南海，今广东广州）都督宋璟接替他的职务。玄宗将要到东都去，任命宋璟为刑部尚书、西京留守，派内侍杨思勖前去迎接他。宋璟风度凝重深沉，人们揣测不出他的心思，在赴任的路途中他不与杨思勖搭话。杨思勖素来显贵，得玄宗宠幸，他回到宫中，向玄宗诉说了这件事，玄宗慨叹了好久，因此更加看重宋璟了。

【纲】闰月，玄宗罢免了姚崇、源乾曜的官职，任命宋璟为黄门监，苏颋为同平章事。　【目】宋璟担任宰相，以选拔人才为要务，量才授任，使百官都能称职；他量刑与赏赐都不徇私情，不怕冒犯龙颜而正直地进谏，玄宗对他非常敬畏。

突厥人默啜从武后时代起世为中原的祸患，玄宗为此而忧虑，不能按时吃饭，倾全国之力仍不能战胜他。郝灵荃杀死了默啜，自称立了盖世之功，宋璟因为玄宗喜好武功，恐怕好事的人借着这一点以侥幸之心竟相邀功，所以忍痛压制了郝灵荃的受赏，过了一年才授他以郎将的职位，郝灵荃因此恸哭而死。

宋璟与苏颋交情很厚，宋璟每次议论事情，苏颋都支持和帮助他。宋璟曾对人说："我与苏氏父子一同身居相府，仆射（苏颋父亲苏环为仆射）为人宽厚，实在是治国的人才，假如以贤者可以取代无能者来打比方，那么苏颋胜过他的父亲啊！"

姚崇、宋璟相继做宰相，姚崇善于应变而成就事业，宋璟则善于信守法度以主持公道；两个人志向和操守不同，然而能够齐心辅佐玄宗，使当时的税收和徭役制度宽大平和，刑罚清明，百姓富有。唐代的贤相，前有房玄龄、杜如晦，后有姚崇、宋璟，其他人没有能和他们相比的。姚崇和宋璟每次进见，玄宗都要为他们而站起，离开时则到殿前送他们。到李林甫任宰相时，虽然宠爱和信任超过姚崇、宋璟，然而礼遇却是非常微薄了。

紫微舍人高仲舒博通经典著作，齐澣熟悉时政事务，姚崇、宋璟

质所疑，既而叹曰："欲知古，问高君，欲知今，问齐君，可以无阙政矣。"

广州请为璟立遗爱碑。璟请禁之，以革谄谀之风，于是他州皆不敢立。山人范知璿献所为文，璟判之曰："观其良宰论，颇涉谄谀；文章若高，宜从举选，不可别奏。"

【纲】罢十道按察使。

【纲】丁巳，五年，春正月，太庙四室坏。行幸东都。 【目】上将幸东都，会太庙四室坏，上素服避殿。以问宋璟、苏颋，对曰："陛下三年之制未终，遽尔行幸，恐未契天心，故灾异为戒；愿且停之。"姚崇曰："太庙屋材，皆苻坚时物，朽腐而坏，适与行会，何足异也！百司供拟已备，不可失信；但迁神主于太极殿，更修太庙耳。"上大喜，从之。遂幸东都。

【纲】秋九月，复旧官名。令史官随宰相入侍，群臣对仗奏事。【目】贞观之制，中书、门下及三品官入奏事，必使谏官、史官随之，有失则匡正，美恶必记之；诸司皆正衙奏事，御史弹百官，服豸冠，对仗读弹文；故大臣不得专君，而小臣不得为谗慝。及许敬宗、李义府用事，政多私僻，奏事官多俟仗下，于御座前屏人密奏，监察御史及待制官远立以俟其退；谏官、史官皆随仗出，仗下后事，不复预闻。武后以法制群下，谏官、御史得以风闻言事，互相弹奏，于是多以险诐相倾。宋璟欲复贞观之政，制："自今事非的须秘密者，皆令对仗奏闻，史官自依故事。"

每次向他们两位跪拜而质疑求教之后都感叹地说:"想知道古事,就去问高仲舒先生,想了解当前的时事,就去问齐澣先生,这样就可以不犯错误了。"

广州请求为宋璟树立一块遗爱碑。宋璟请求玄宗禁止这件事,以革除谄媚阿谀的风气,于是其他各州也都不敢立功德碑了。山野之人范知璿献上所写的文章,宋璟批评他说:"看这篇《良宰论》,很有些谄媚阿谀的味道,如果文章的水平高,就应该参加科举评选,不能另外上奏。"

【纲】玄宗罢免十道按察使。

【纲】开元五年(丁巳,717),春正月,太庙的四间房屋毁坏了。玄宗前往东都。　【目】玄宗正准备到东都去,碰巧遇到太庙四间房屋毁坏,玄宗身穿白色的孝服坐在别殿中,就此事来问宋璟和苏颋,他们回答说:"陛下三年服丧之期尚未完结,急促出行,怕是不合天意,所以用灾祸变异作为惩戒。"姚崇却说:"太庙房屋的材料,都是苻坚时代的物产,因腐朽而坏损,不过是恰巧与陛下出行碰到了一起,有什么值得奇怪的。现在百官的供给都已备好,不能失信,只需把神主牌位迁到太极殿,然后翻修太庙也就可以了。"玄宗听了很高兴,同意了他的意见,于是去往东都。

【纲】秋九月,玄宗命令恢复旧官名,命令史官随宰相进宫侍候,群臣面对仪仗奏事。　【目】贞观时的制度规定,中书门下以及三品官入宫奏事,必须让谏官、史官跟随,有过失就及时加以匡正,好的坏的都必须记下来;各主管部门都要到正殿奏事,御史弹劾百官,要头戴法冠,对着仪仗读劾文;因此大臣不能独对君王,而小臣也不能谗恶。到了许敬宗、李义府主事时,政治多隐秘邪恶,奏事的官员大多等到仪仗退下之后,在皇帝座前背着别人秘密奏报,而监察御史以及待制官则远远地站着等候密奏的人退下去。谏官和史官都跟随着仪仗退出,仪仗撤下以后的事情,就不再能参与和知晓了。武后以法律管制群臣,谏官和御史能够凭借传闻说事,互相弹劾,于是朝中官员多以邪谄之言互相倾轧。宋璟想要恢复贞观时的政治,所以规定:"从现在起,事情凡不是一定得保密的,都要让奏者对着仪仗奏报,史官自然还要按旧例记事。"

【纲】冬十二月,诏访逸书。

【纲】戊午,六年,春正月,禁恶钱。

【纲】征嵩山处士卢鸿为谏议大夫,不受。

【纲】夏四月,敕度郑铣、郭仙舟为道士。　【目】河南参军郑铣、朱阳丞郭仙舟投匦献诗,敕曰:"观其文理,乃崇道法;至于时用,不切事情。宜从所好。"度为道士。

【纲】秋八月,令州县岁十二月行乡饮酒礼。

【纲】冬十一月,帝还西京。

【纲】己未,七年,夏五月朔,日食。　【目】上素服以俟变,彻乐减膳,命中书、门下察系囚,赈饥乏,劝农功。宋璟奏曰:"陛下勤恤人隐,此诚苍生之福。然臣闻日食修德,月食修刑;亲君子,远小人,绝女谒,除谗慝,所谓修德也。君子耻言浮于行,苟推至诚以行之,不必数下制书也。"

【纲】秋九月,徙宋王宪为宁王。

【纲】庚申,八年,春正月,宋璟、苏颋罢。　【目】先是,朝集使往往赍货入京师,将还,多迁官;璟奏一切勒还,以革其弊。璟又疾负罪而妄诉不已者,悉付御史台治之,人多怨之者。会天旱,优人作魃状戏于上前,问魃:"何为出?"对曰:"奉相公处分。"又问:"何故?"对曰:"负冤者三百余人,相公悉以系狱,故不得不出尔。"上心以为然。时江、淮间恶钱尤甚,璟使监察御史萧隐之括之。隐之严急烦扰,怨嗟盈路,于是贬隐之官,罢璟、颋,弛钱禁,而

【纲】冬十二月，玄宗颁布诏令，访查和寻求散失的书籍。

【纲】开元六年（戊午，718），春正月，禁止使用私铸的质料薄劣的钱。

【纲】玄宗征召嵩山隐士卢鸿为谏议大夫，卢没有接受。

【纲】夏四月，玄宗下敕书批准郑铣、郭仙舟出家为道士。 【目】河南参军郑铣，朱阳县（今河南灵宝西）县丞郭仙舟投匦进献颂诗（匦，铜制的方函，臣民可以投书其中，用以诉冤、告发和进献赋颂等），玄宗下敕说："看这诗的文理，是崇尚道法的，但至于现实使用，就不切合事物的情理了。应该听凭他们去干所喜欢干的事情。"于是让他们出家做了道士。

【纲】秋八月，玄宗敕令各州县年终十二月在本地施行乡饮酒礼。

【纲】冬十一月，玄宗返回西京。

【纲】开元七年（己未，719），夏季，五月初一，出现日食。 【目】玄宗身着白色衣服等待太阳的变化，并且下令撤销了娱乐，减少了膳食，命令中书、门下两省检查在押囚犯的情况，赈济饥饿贫困的人，鼓励农业耕作。宋璟上奏说："陛下勤于抚恤人们的困苦，这实在是百姓的福气。然而我听说日食出现的时候应该整饬德政，月食出现的时候应该整饬刑律。与君子亲近，与小人疏远。杜绝通过女子进行请托，消除谗佞邪恶，这就是所谓整饬德政。君子以所说的话超过所做的事为耻，如果能推行至诚，也就不必屡次下制书了。"

【纲】秋九月，玄宗将宋王李宪迁为宁王。

【纲】开元八年（庚申，720），春正月，宋璟、苏颋被罢官。【目】在这以前，朝集使（各道派使者朝集于京师，谒见皇帝宰相，称为朝集使）往往带着货物入京师，要回去时，大多已升了官职。宋璟奏请玄宗一律令他们返回，以此革除朝集使以进贡求升迁的弊端。宋璟还痛恨那些有罪而又不停申诉的人，把他们全部交付御使台惩治，所以有不少人怨恨他。这时恰巧遇到天旱，杂戏艺人装作旱鬼的样子在玄宗面前表演。戏中有人问旱鬼："你为什么要出来？"旱鬼回答说："我是奉了宰相的命令而来的。"又问："怎么回事？"旱鬼回答说："有三百多

恶钱复行矣。

【纲】夏五月,复置十道按察使。

【纲】以源乾曜为侍中,张嘉贞为中书令。 【目】乾曜上言:"刑要之家,多任京官,使俊乂之士沉废于外。臣三子皆在京,请出其二。"上从之。于是出者百余人。嘉贞吏事强敏,刚躁自用。引进苗延嗣、吕太一、员嘉静、崔训与论政事。四人颇招权,时人语曰:"令会四俊,苗、吕、崔、员。"

【纲】六月,瀍、谷溢。 【目】漂溺几二千人。

【纲】辛酉,九年,春正月,改蒲州为河中府,置中都。

【纲】二月,以宇文融为劝农使。 【目】监察御史宇文融上言:"天下户口逃移,巧伪甚众,请加简括。"源乾曜赞成之。敕有司议招集流移、按诘巧伪之法以闻。制:"州县逃亡户口听百日自首,或于所在附籍,或牒归故乡,各从所欲。过期不首,谪徙边州。"以融充使,奏置劝农判官十人,分行天下。其新附客户,免六年赋调。使者竞为刻急,州县承风劳扰,百姓苦之。阳翟尉皇甫憬上疏言之,坐贬。州县希旨,虚张其数,或以实户为客,凡得户八十余万,田亦如之。

【纲】夏六月,罢中都。 【目】蒲州刺史陆象先政尚宽简,吏

个负冤之人，宰相把他们全部治了罪，因此我不得不出来了。"玄宗心里认为确实是这么回事。此时江淮地区私铸劣钱非常多，宋璟派监察御史萧隐之前去搜查收缴。萧隐之的态度严厉急迫，对当地形成了极大的烦扰，以至沿途满是怨恨喊冤的人。于是玄宗贬了萧隐之的官，罢免了宋璟、苏颋的宰相，放松了铸钱的禁令，使得私铸劣钱又盛行起来。

【纲】夏五月，玄宗重新设置十道按察使。

【纲】玄宗任命源乾曜为侍中，张嘉贞为中书令。　【目】源乾曜上奏说："有成就的显要人家的子弟，大多担任京官，从而使一些有才干的俊义之士被埋没废弃在外地。我有三个儿子都在京城，请派其中的两个到外地去。"玄宗同意了。于是派往外地的计有百余人。张嘉贞为官强悍机敏，刚愎自用。他招来苗延嗣、吕太一、员嘉静、崔训等人共同讨论政事，这四个人很能揽权，当时人们有"令公四俊，苗、吕、崔、员"之说。

【纲】六月，瀍水（发源于今河南孟津西北，经洛阳入洛水）、谷水（源于今河南陕县东，经洛阳入洛水）泛滥。　【目】淹死近两千人。

【纲】开元九年（辛酉，721），春正月，玄宗改蒲州（蒲州治河东，今山西芮城西北）为河中府，并设为中都。

【纲】二月，玄宗任命宇文融为劝农使。　【目】监察御史宇文融上奏说："天下人口逃离迁移，投机取巧伪装假冒的很多，请加以核查和管束。"源乾曜赞成这个意见。玄宗敕令主管部门商议制定招集流民和审讯取巧假冒者的法律草案呈报上来。然后，玄宗颁布制令："各州县逃亡的人口在百日之内听凭他们自首，或在所在地附属入籍，或重归故里，各从所欲。过期不自首的，以有罪遣送边远地方。"任命宇文融充当劝农使，宇文融奏请设置劝农判官十位，分头巡察各地。那些新归附所在地的客户，得免六年赋税和征调。劝农使们竞相加紧逼迫，州县秉承上风烦劳搅扰，百姓叫苦不迭。阳翟县（今河南禹县）县尉皇甫憬上疏反映此事，因而获罪被贬了官职。各州县为了迎合上峰的旨意，虚报夸张新入籍的人数，有的以原有的住户为外来户，共登记新户籍八十余万，田地也是如此。

【纲】夏六月，玄宗取消中都。　【目】蒲州刺史陆象先治政崇尚宽

民有罪,晓谕遣之。尝谓人曰:"天下本无事,但庸人扰之耳。苟清其源,何忧不治!"

【纲】秋九月,梁文献公姚崇卒。以张说同三品。

【纲】冬十一月,安州别驾刘子玄卒。 【目】子玄即知几也,以字行。初,著作郎吴兢撰《则天实录》,言宋璟激张说使证魏元忠事。后说修史见之,谬曰:"刘五殊不相借!"兢起对曰:"此兢所为,史草具在,不可使明公枉怨死者。"同僚皆失色。其后说阴祈兢改数字,兢曰:"若徇公请,则此史不为直笔,何以取信于后!"

【纲】壬戌,十年,春正月,幸东都。

【纲】夏五月,伊、汝水溢。 【目】漂溺数千家。

【纲】六月,博州河决。

【纲】秋,安南乱,遣内侍杨思勖讨平之。

【纲】始募兵充宿卫。 【目】初,诸卫府兵,自成丁从军,六十而免,其家不免杂徭,浸以贫弱,逃亡略尽,百姓苦之。张说建议,请召募壮士充宿卫,不问色役,优为之制,逋亡者必争出应募;上从之。旬日得精兵十三万,分隶诸卫,更番上下。兵农之分,自此始矣。

【纲】癸亥,十一年,春正月,帝北巡;诏潞州给复五年;以并州为太原府,置北都。

【纲】二月,张嘉贞罢。 【目】张说与嘉贞不平,会嘉贞弟嘉祐赃发,说劝嘉贞素服待罪于外,遂左迁幽州刺史。初,广州都督

松大度，官吏和民众有罪，开导明白之后就将其放还。他曾对人说："天下本来没事，只不过有庸人扰乱它罢了，如果把事情的本源搞清明，什么样的忧患能治不好呢！"

【纲】秋九月，梁文献公姚崇去世。玄宗任命张说同三品官。

【纲】冬十一月，安州（治安陆，今湖北安陆北）别驾刘子玄去世。　【目】刘子玄即刘知几，以字行世。当初，著作郎吴兢撰写《则天实录》，上面记有宋璟鼓动张说让他证实魏元忠一事。后来张说撰写历史时看到这段记载，妄言道："刘子玄死不肯相帮。"吴兢挺身回答说："这是我干的，史书的草稿都在，不能让您冤枉已死的人。"同僚们都大惊失色。此后张说暗地里求吴兢更改几个字，吴兢说："如果我顺从您的请求，那么这一史事就不是秉笔直书，还拿什么取信于后人！"

【纲】开元十年（壬戌，722），春正月，玄宗到东都去。

【纲】夏五月，伊水（出今河南卢氏东南，向东北流入洛水）、汝水（出今河南安阳北，向东流入淮水）泛滥。　【目】淹没了数千家。

【纲】六月，博州（治聊城，今山东聊城东北）黄河水决堤。

【纲】秋季，安南（今越南）发生叛乱，玄宗派内侍杨思勖征讨并平定了那里。

【纲】开始征募兵力扩充宿卫部队。　【目】当初，各卫府兵，从刚成年就从军，六十岁才退役，这么多年里，他们的家庭始终不得免除各种徭役，在贫困中挣扎，所以这些府兵差不多逃跑光了，百姓苦于这种府兵制。张说向玄宗建议，请求颁布制令，招募壮年人充当宿卫，被招募者不再承担各种名目的劳役，制度调整合理了，逃跑的人必然会争先出来应征。玄宗接受了这个建议。这样一来，十天内就征得精兵十三万，把这些兵力分别划归各卫，轮班调换分别职守。兵士与农民相区别，就是从这时开始的。

【纲】开元十一年（癸亥，723），春正月，玄宗到北方巡视，诏令潞州（治上党，今山西长治）免除赋役五年，改并州（治太原，在今山西太原西南）为太原府，并设为北都。

【纲】二月，张嘉贞被罢免。　【目】张说与张嘉贞不和，正巧遇到张嘉贞的兄弟张嘉祐贪赃事发，张说劝张嘉贞身穿白色衣服在朝廷

裴伷先下狱，上与宰相议其罪。嘉贞请杖之，说曰："刑不上大夫，为其近君，且所以养廉耻也。盖士可杀不可辱。臣向巡北边，闻姜皎杖于朝堂；皎官登三品，亦有微功，奈何以皂隶待之！事往，不可返，岂宜复蹈前失。"上深然之。嘉贞不悦，退谓说曰："何论事之深也！"说曰："宰相时来则为之，若大臣皆可笞辱，行及吾辈矣！此言非为伷先，乃为天下士君子也。"嘉贞无以应。

【纲】三月，帝至西京。

【纲】夏五月，置丽正书院。　【目】上置丽正书院，聚文学之士，或修书，或侍讲；以张说为使。有司供给优厚，中书舍人陆坚以为无益，徒费，欲奏罢之。说曰："自古帝王于无事之时，莫不崇宫室，广声色；今天子独延礼文儒，发挥典籍，所益者大，所损者微。陆子之言，何不达也！"

【纲】冬，始置长从宿卫。　【目】命尚书左丞萧嵩，与京兆、蒲、同、岐、华州长官，选府兵及白丁一十二万，谓之"长从宿卫"，一年两番，州县毋得役使。

【纲】十二月，改政事堂为中书门下。

【纲】甲子，十二年，夏五月，停按察使。

【纲】复以宇文融为劝农使。　【目】制听逃户自首，辟所在闲田，随宜收租，毋得差科、征役，租调一皆蠲免。遣宇文融巡行州县，议定赋役。

【纲】六月，制选台阁名臣为诸州刺史。　【目】上以山东旱，命

外面待罪，于是张嘉贞被降职出任幽州（治蓟县，今河北蓟县）刺史。当初，广州都督裴伷先入狱，玄宗与宰相议论他的罪，张嘉贞请求对他施以杖刑，张说却说："刑不上大夫。因为他们接近君王，并且这是用以养成廉耻心的尊贵地位。总之，士可杀不可辱。当初，我巡查北部边境时，听说姜皎在朝堂上受杖刑，姜皎官至三品，也有一定功劳，为什么像对待小官吏那样对待他！那件事已成过去，不能复返，难道还要重犯以前的错误吗？"玄宗深感是这么个道理。张嘉贞很不高兴，退朝后对张说说："谈论事情何必这么深刻透辟！"张说说："宰相碰到机会就那样做，如若大臣都可以被笞打侮辱，那么也会施行到我们头上的。我讲这番话并不只是为了裴伷先，而是为了天下文人君子啊！"张嘉贞无话可答了。

【纲】三月，玄宗到达西京。

【纲】夏五月，玄宗设立丽正书院。　【目】玄宗设置丽正书院，聚集擅长文章和学问的士人，或者撰写著作，或者讲学，任命张说为修学使。主管部门供给优厚，中书舍人陆坚认为这没有益处，白白花费钱财，想奏请停止此举。张说说："自古以来，帝王在平安无事的时候，没有不崇尚宫室、推广声色的，如今天子单单将礼遇延伸到文人学者，弘扬和阐发经典书籍，所带来的益处非常大，所造成的损失非常小。您的话，多么不通情达理呀！"

【纲】冬季，开始设置长从宿卫。　【目】玄宗命令尚书左丞萧嵩，与京兆（即雍州）、蒲州、同州、岐州、华州（治郑县，今陕西华县西北）的长官，征选府兵及白丁（未入军籍的成年丁男）共十二万，称之为"长从宿卫"，一年调换两次，州县不得役使。

【纲】十二月，改政事堂为中书门下。

【纲】开元十二年（甲子，724），夏五月，停设按察使。

【纲】玄宗再一次任命宇文融为劝农使。　【目】玄宗下制书，听凭逃离故土的人自首，任他们开辟所在之处闲置的土地，适当收租，不得向他们征派劳役和赋税，租税徭役等一切都免除。派宇文融巡察各州县，议定赋役的征调办法。

【纲】六月，玄宗制令选尚书名臣出任各州刺史。　【目】玄宗因为

选台阁名臣出为刺史。初,张说引崔沔为中书侍郎。故事,承宣制皆出宰相,侍郎署位而已。沔曰:"设官分职,上下相维,各申所见,事乃无失。侍郎,令之贰也,岂得拱默而已!"由是事多异同,说因是出之。

【纲】秋七月,以杨思勖为辅国大将军。　【目】溪州蛮覃行璋反,以思勖为招讨使,击擒之,故有是命。

【纲】废皇后王氏。

【纲】八月,以宇文融为御史中丞。　【目】融为御史中丞,乘驿周流天下,事无大小,州县先上劝农使,然后申中书;省司亦待融指撝,然后处决。上将大攘四夷,急于用度,融以岁终所增缗钱数百万,悉进入官,由是有宠。议者多言烦扰,上令百寮议之。公卿畏融,皆不敢言。户部侍郎杨玚独抗议,以为:"括客免税,不利居人;征籍外田税,使百姓困弊,所得不补所失。"未几,出为华州刺史。

【纲】冬十一月,帝如东都。

【纲】群臣请封禅。　【目】时张说首建封禅之议,而源乾曜不欲为之,由是与说不平。

【纲】乙丑,十三年,春二月,以宇文融兼户部侍郎。　【目】制以所得客户税钱均充所在常平仓本,又委使司与州县议作劝农社,使贫富相恤,耕耘以时。

【纲】更命长从宿卫为彍骑。　【目】总十二万人,分录十二卫、六番。

山东大旱，命令选尚书名臣出朝任刺史。当初，张说引荐崔沔为中书侍郎，按旧制，秉承宣示皇帝制令的事务都出自宰相，侍郎不过处于从属于地位而已。崔沔说："设置了官位，就该分担职务，上下互相维系，各自申明见解，事情才能没有失误。侍郎是又一个发布命令的官，岂能只是拱手不作声而已！"从此两个人遇事多有意见不合，张说趁此机会让崔沔出任了刺史。

【纲】秋七月，玄宗任命杨思勖为辅国大将军。　【目】溪州（治大乡，今湖南龙山东）土人覃行璋造反，玄宗派杨思勖任招讨使，击败并抓获了覃行璋，所以就有了辅国大将军的任命。

【纲】玄宗废王氏皇后。

【纲】八月，玄宗任命宇文融为御史中丞。　【目】宇文融任御史中丞，乘坐驿车周游各地，事情不分大小，州县都要先上报劝农使，然后再申报中书省，省司的事务也有待宇文融指挥之后再行处理解决。玄宗想要下大力排除外族的侵扰，急需费用，宇文融就将年终所增收的缗钱共数百万全部收入官府，他因此而得到宠信。议论的人大多说这样做给地方造成烦扰，玄宗命令大臣们讨论这件事。公卿大臣们畏惧宇文融，都不敢讲话。唯独户部侍郎杨玚提出抗议，认为："允许客户开垦田地并免除他们的赋税，不利于使百姓长久定居；而征收薄籍以外扩出的田地的税，则使百姓贫困，所得不能补尝所失。"此后没过几天，杨玚就被派出任华州刺史。

【纲】冬十一月，玄宗到达东都。

【纲】群臣奏请玄宗举行祭祀天地的典礼。　【目】当时张说首先提出举行祭祀典礼的建议，而源乾曜不愿意做这件事，因此与张说不和。

【纲】开元十三年（乙丑，725），春二月，玄宗任命宇文融兼任户部侍郎。　【目】玄宗下令将所收缴上来的客户税钱全部补充所在地的常平仓的库藏，又委托派往各地的使司官员与州县商议设立劝农社，使贫富相互救济，耕种不失时机。

【纲】玄宗下令更改长从宿卫的名称为彍骑。　【目】彍骑的编制总共十二万人，分为十二卫、六番。

【纲】选诸司长官为诸州刺史。　【目】上自选诸司长官有声望者十一人为刺史。命宰相、百官饯于洛滨,供张甚盛,自书十韵诗赐之。左丞杨承令在行中,意怏怏;上怒,贬睦州别驾。

【纲】夏四月,更集仙殿为集贤殿。　【目】上与中书门下及礼官学士宴于集仙殿。上曰:"仙者凭虚之论,朕所不取。贤者济理之具,今与卿曹合宴,宜更名曰集贤。"其书院官五品以上为学士,六品以下为直学士;以张说知院事,右散骑常侍徐坚副之。

【纲】秋九月,禁奏祥瑞。

【纲】冬十月,作水运浑天成。

【纲】十一月,封泰山。　【目】车驾发东都,百官、四夷从行。有司辇载供具,数百里不绝。上备法驾,至山足,御马登山。与宰相及祠官俱登,问礼部侍郎贺知章曰:"前代玉牒之文,何故秘之?"对曰:"或密求神仙,故不欲人见。"上曰:"吾为苍生祈福耳。"乃出玉牒,宣示群臣。于是亲祀昊天上帝于山上,群臣祀五帝、百神于山下。明日,祭皇地祇于社首。又明日,御帐殿,受朝觐,赦天下,封泰山神为天齐王。

【纲】以王毛仲为开府仪同三司。　【目】上初即位,牧马有二十四万匹,以王毛仲为闲厩使,张景顺副之。至是,有马四十三万。上之东封,以数万匹从,别色为群,望之如云锦。加毛仲开府仪同三司。

【纲】车驾还,幸孔子宅。

【纲】至宋州。　【目】宴从官于宋州。上谓张说曰:"怀州刺史

【纲】玄宗选派各主管部门的长官担任各州刺史。　【目】玄宗亲自挑选各部门长官中有声望的人计十一位担任刺史。并命令宰相和文武百官在洛水河畔为他们饯行,供设帷帐极为盛大,玄宗还亲自书写十韵诗赐给他们。左丞杨承令在一行之中,心里不乐意,玄宗怒了,贬他为睦州(治雉山,今浙江淳安西南)别驾。

【纲】夏四月,玄宗将集仙殿改名为集贤殿。　【目】玄宗与中书门下及礼官学士在集仙殿聚宴。玄宗说:"仙人倚仗虚幻之说,是朕所不用的。贤人是传播道理的工具,今天与你们共宴,应该更名为集贤。"这个书院中官阶在五品以上的为学士,六品以下的为直学士;玄宗任命张说为集贤院知事,右散骑常侍徐坚为副知事。

【纲】秋九月,玄宗下令禁止奏报吉祥符瑞之事。

【纲】冬十月,水运浑天仪制作完成。

【纲】十一月,玄宗在泰山筑坛祭天地。　【目】玄宗的车驾从东都出发,文武百官、少数民族首领随行其后。各官府车载供奉用具,长达数百里而不断。玄宗备有车驾,到了泰山脚下,就骑马登山。玄宗与宰相及掌管祭祀的官员一起登山,问礼部侍郎贺知章说:"前代祭礼所用的文章,为什么隐藏它?"贺知章回答说:"那是慎密地祈求神仙的,因此不打算让人们看到。"玄宗说:"我是为黎民百姓祈求降福的。"于是拿出前代的祭文,向群臣宣布。玄宗亲自祭祀昊天上帝于泰山顶上,群臣则祭祀五帝、百神于泰山脚下。第二天,玄宗又在社首山祭祀皇地祇。第三天,玄宗坐在以帐幕围成的临时宫殿之内,接受各方朝见,大赦天下,封泰山神为天齐王。

【纲】玄宗任命王毛仲为开府仪同三司。　【目】玄宗刚即位时,有牧马二十四万匹,任命王毛仲为闲厩使,张景顺为副闲厩使。到此时已有马匹四十三万。玄宗东行泰山行封禅之礼时,以数万匹马随行,按颜色分别马群,远远望去有如云彩。所以玄宗加封王毛仲为开府仪同三司。

【纲】车驾返回途中,玄宗亲往孔子故居去祭拜。

【纲】玄宗车驾到达宋州(治宋城,今河南商丘南)。　【目】玄宗在宋州设宴招待随从官员。玄宗对张说说:"怀州(治河内,今河南沁

王丘,饩牵之外,一无他献。魏州崔沔供帐无锦绣,示我以俭。济州裴耀卿表数百言,莫非规谏。且曰:'人或重扰,则不足以告成。'朕常寘之座隅。如三人者,不劳人以市恩,真良吏矣。"顾谓刺史寇泚曰:"比亦屡有以酒馔不丰诉于朕者,知卿不借誉于左右也。"自举酒赐之。由是以丘为尚书左丞,沔为散骑侍郎,耀卿为定州刺史。

【纲】十二月,帝还东都。

【纲】分吏部为十铨,亲决试判。 【目】上疑吏部选试不公,御史中丞宇文融密奏,请分为十铨。以礼部尚书苏颋等十人掌之。试判将毕,遽召入禁中决定,尚书侍郎皆不得预。左庶子吴兢表言:"陛下曲受谗言,不信有司,非居上临人推诚感物之道。昔汉之贤相,尚不对钱谷之数,不问斗死之人;况万乘之君,岂得下行铨选之事乎!"上虽不即从,明年复故。

【纲】大有年。

【纲】丙寅,十四年,夏四月,以李元纮同平章事。张说罢。

【纲】秋七月,河南、北大水。

【纲】八月,魏州河溢。

【纲】以杜暹同平章事。

【纲】丁卯,十五年,夏五月,夏至,赐贵近丝,人一緵。 【目】上命妃嫔以下宫中育蚕,以知女功。至是,以其丝赐贵近。

【纲】秋七月,冀州河溢。

阳)刺史王丘,除活牲口之外,没有任何别的贡献;魏州(治贵乡,今河北大名东)崔沔供设的帷帐中没有锦绣织物。他们用俭朴示意我。济州(治卢县,今山东茌平西南,济水北岸)裴耀卿表奏数百字,没有不属于劝谏的话。并且还说:'人有重大的干扰,就不足以大功告成。'我常把此表放置在座位旁边。像这三个人这样,不烦劳百姓用以买宠,实在是好官吏啊!"玄宗看着宋州刺史寇泚,并对他说:"近日来也屡屡有因为酒食不丰富而向我诉苦的,我知道你是不向我周围的人讨好的。"说完后亲自举酒赐寇泚饮。玄宗因此任命王丘为尚书左丞,崔沔为散骑侍郎,裴耀卿为定州(治安喜,今河北定县)刺史。

【纲】十二月,玄宗回到东都。

【纲】玄宗把吏部分作十个衡量和选拔官吏的部门,并亲自对考试和评判加以裁决。 【目】玄宗怀疑吏部的选拔考试不公正,御史中丞宇文融密奏,请求把吏部分为十个衡量选拔官吏的部门,派礼部尚书苏颋等十人分别掌管它们。考试评判即将完成时,猝然把应试的人召入宫中由玄宗亲自决定取舍,尚书侍郎都不得参与。左庶子吴兢上表说:"陛下深居深宫中容易接受谗言,不信任主管部门,这绝不是居高临下推崇诚信感化事物之道啊。昔日汉代的贤相陈平,尚且应答不出钱粮的数量,丙吉不过问斗殴死伤的人事,何况万乘之君,岂能下行考评官吏的琐事呢!"玄宗虽然没有立即接受吴兢的意见,但第二年还是恢复了原来的办法。

【纲】这一年是个大丰收之年。

【纲】开元十四年(丙寅,726),夏四月,玄宗任命李元纮为同平章事,罢了张说的宰相职位。

【纲】秋七月,河南、河北发大水。

【纲】八月,魏州河水泛滥。

【纲】玄宗任命杜暹为同平章事。

【纲】开元十五年(丁卯,727),夏五月,夏至日,玄宗赏赐高官和近臣丝织品,每人一束。 【目】玄宗命令妃嫔以下的宫女养蚕,用以学习女功。到这时,把养蚕所得的丝赐给高官近臣。

【纲】秋七月,冀州(治信都县,在今河北衡水县西南)河水泛滥。

【纲】许文宪公苏颋卒。

【纲】冬十月,帝还西京。

【纲】戊辰,十六年,春二月,以张说兼集贤院学士。 【目】说虽罢政事,专文史之任,朝廷每有大事,上常遣中使访之。

【纲】改骥骑为羽林飞骑。

【纲】冬,以萧嵩同平章事。

【纲】己巳,十七年,春三月,限明经、进士及第每岁毋过百人。 【目】国子祭酒杨玚奏:"流外出身,每岁二千余人,而明经、进士不能居其什一,则是服勤道业之士不如胥吏之得仕也。臣恐儒风浸坠,廉耻日丧。若以出身人太多,则应诸色裁损。"又奏:"主司帖试明经,不求大指,专取难知,问以孤经绝句,或年月日;请自今并帖平文。"上甚然之。

【纲】夏五月,复置按察使。

【纲】秋八月,以帝生日为千秋节。 【目】八月五日,上以生日宴百官于花萼楼下。丞相源乾曜、张说表请以是日为千秋节,布于天下,咸令宴乐。移社就之。

【纲】工部尚书张嘉贞卒。 【目】嘉贞不营家产,有劝其市田宅者,曰:"吾贵为将相,何忧寒馁!比见朝士广占良田,身没之日,适足为无赖子弟酒色之资,吾不取也。"

【纲】贬宇文融为汝州刺史。 【目】融以治财赋得幸,广置诸使,竞为聚敛,由是上心益侈,百姓苦之。在相位,谓人曰:"使吾居此数月,则海内无事矣。"信安王祎以军功有宠,融疾之,使御史李寅弹之。祎闻之,先以白上。明日,寅奏果入,上怒,融坐贬。既而国用不足,上复思之。会有飞状告融赃贿隐没官钱事,坐流岩州,道

【纲】许文宪公苏颋去世。

【纲】冬十月,玄宗回到西京。

【纲】开元十六年(戊辰,728),春二月,玄宗任命张说兼集贤院学士。　【目】张说虽然罢免了处理政事的职务,专任文史工作,但每逢朝廷有大事,玄宗常常派中使去拜访他。

【纲】玄宗将彍骑的名称改为羽林飞骑。

【纲】冬季,玄宗任命萧嵩为同平章事。

【纲】开元十七年(己巳,729),春三月,玄宗限定明经、进士考中者每年不得超过百人。　【目】国子祭酒杨玚上奏:"九品以外进身做官的,每年有两千余人,而考取明经、进士的人数不能达到它的十分之一,这真是服事勤劳、修炼学业的文人不如小官吏得官容易啊!我担心文儒之风日渐没落,人们的廉耻之心日渐丧失。如果以进身升官的人太多为患,就应该将杂科人数削减。"又说:"主管官员以帖经的形式考试明经,不求大要,专拣难记的,以残章断句来问,有时以年月日来考人。希望从今以后把经帖并还为原样,使文章完整、平易。"玄宗很赞成这个意见。

【纲】夏五月,玄宗重新设置按察使。

【纲】秋八月,规定以帝王的生日为千秋节。　【目】八月五日,玄宗因为过生日而宴请文武百官于花萼楼下。丞相源乾曜、张说上表请将这一天定为千秋节,并向全国公布,令人们宴饮欢庆。把秋社也改到这一天来。

【纲】工部尚书张嘉贞去世。　【目】张嘉贞为官不谋求家产,有人劝他买些田地房宅,他说:"我贵为朝廷将相,为什么要担心遭受饥寒呢?屡见一些朝臣广占良田,而身死之时,那些家产正好成了其无赖子弟贪图酒色的资金,这种做法是我所不取的。"

【纲】玄宗贬宇文融为汝州(治梁县,今河南临汝)刺史。　【目】宇文融因为治理财政税收而得宠,他到处设置使官,拼命从事财物的聚敛,因此玄宗的欲望更加奢侈,百姓却苦于缴纳。宇文融在相位时,对人说:"让我身居相位数月,天下就能平安无事了。"信安王李祎因为有军功而受宠。宇文融妒嫉他,指使御史李寅弹劾他。李祎听说后,就

卒。然是后言财利以取贵仕者,皆祖之。

【纲】庚午,十八年,春正月,以裴光庭为侍中。

【纲】二月,初令百官休日选胜行乐。

【纲】夏四月,以裴光庭兼吏部尚书。 【目】先是,选司注官,惟视其人之能否,或不次超迁,或老于下位,有出身二十余年不得禄者。光庭始奏用循资格,各以罢官若干选而集,官高者选少,卑者选多,无问能否,选满则注,非负谴者,有升无降;庸愚皆喜,谓之"圣书",而才俊之士无不怨叹。宋璟争之不能得。

【纲】六月,以忠王浚领河北道行军元帅,帅十八总管讨奚、契丹。 【目】浚即陕王嗣升,更封改名也。契丹可突干弑其王李邵固,叛降突厥。制以忠王浚领元帅,御史大夫李朝隐、京兆尹裴伷先副之,帅十八总管以讨奚、契丹。命浚与百官相见,张说谓人曰:"吾尝观太宗图像,雅类忠王,此社稷之福也。"然浚竟不行。

【纲】冬十月,是岁天下奏死罪二十四人。

【纲】辛未,十九年,春正月,王毛仲有罪,赐死。 【目】初,毛仲以严察干力有宠,百官附之辐凑。毛仲嫁女,上问:"何须?"毛仲顿首谢曰:"臣万事已备,但未得客。"上曰:"知卿所不能致者一人耳,必宋璟也,朕为汝召客。"明日,诏宰相与诸达官诣之。日中璟乃至,先执酒,西向拜谢,饮不尽卮,遽称腹痛而归。其刚直之操,老

抢先把这件事报告了玄宗。第二天，李寅的奏报果然来了，玄宗很生气，宇文融获罪被贬。此后国家经费不足，玄宗又想起了宇文融。而这时又有人匿名状告宇文融贪污受贿私吞官钱，于是宇文融被判流放岩州（治常乐，今广西横县、贵县之间），中途死亡。然而此后讲财利以求高官的人，都以宇文氏为祖师。

【纲】开元十八年（庚午，730），春正月，玄宗任命裴光庭为侍中。

【纲】二月，开始让官员们休假时选择胜地游览娱乐。

【纲】夏四月，玄宗命裴光庭兼任吏部尚书。　【目】在这以前，吏部选拔官员，只看该人能力怎么样，有的人被越级提拔，有的人却久居低位一直到老，有的人考中科举二十余年还得不到俸禄。裴光庭上任后奏请用人按照资格，将罢了官职的人，无论位高位低各分为若干选而聚集起来，官位高的选少，低的选多，不论有没有能力，选满了就按资历顺序授官，凡不是被免职贬降的，官位都有升无降。平庸无能的人这一下都欢喜了，称裴光庭的奏章为"圣书"，而才能卓越的人就没有不抱怨和悲叹的。宋璟与裴光庭争辩却没能取胜。

【纲】六月，玄宗任命忠王李浚兼河北道的行军元帅，率领十八个州道的行军总管征讨奚和契丹。　【目】忠王李浚即陕王李嗣升，是由于更改封地而改名的。契丹人可突干杀死了契丹王李邵固，叛降突厥，玄宗任命忠王李浚领元帅衔，御史大夫李朝隐、京兆尹裴伷先任副职，统率十八州道总管前去征讨奚和契丹。出发前，玄宗命忠王李浚与朝中官员们相见，张说对人说："我曾观察太宗的画像，严正的仪容很像忠王，这真是国家的福分啊！"然而李浚竟没有前去征讨奚和契丹。

【纲】冬十月，这一年中，全国奏报死罪的人数是二十四人。

【纲】开元十九年（辛未，731），春正月，王毛仲犯了罪，被赐以死刑。　【目】起初，王毛仲以严察和魄力而受宠，百官趋附在他周围有如车辐集中于轴心。王毛仲嫁女儿，玄宗问他："还需要什么？"王毛仲叩头拜谢说："我万事已备，只是没请到客人。"玄宗说："我知道你所不能送达请柬的只有一个人，一定是宋璟，我为你邀请这位客人。"第二天，诏令宰相与各位高官前去参加婚礼。时至中午宋璟才到，他先举酒

而弥笃,如此。

毛仲骄恣日甚,龙武将军葛福顺倚其势,多为不法,毛仲求兵部尚书不得,怏怏,上由是不悦。时上宠任宦官,杨思勖、高力士尤贵幸,毛仲视之若无人。毛仲妻产子,三日,上命力士赐之甚厚,且授儿五品官。毛仲抱儿示力士曰:"此岂不堪作三品邪!"力士归,奏之,上大怒曰:"昔诛韦氏,此贼心持两端;今日乃敢以赤子怨我!"力士因言:"北门奴,官太盛,不早除之,必生大患。"上恐其党惊惧为变,贬毛仲、福顺等于远州,追赐毛仲死。自是宦官势盛,力士尤为上所宠信,表奏皆先呈之,小事即决,势倾内外。

【纲】以诗、书赐吐蕃。 【目】吐蕃使者称公主求《毛诗》《春秋》《礼记》《正字》。于休烈上疏曰:"东平王,汉之懿亲,求《史记》《诸子》,汉犹不与。况吐蕃,国之寇仇,今资之以书,使知权略,愈生变诈,非中国之利也。"裴光庭等奏:"吐蕃久叛新服,因其有请,赐以《诗》《书》,庶使渐陶声教,化流无外。休烈徒知书有权略变诈之语,不知忠、信、礼、义皆从书出也。"遂与之。

【纲】上躬耕于兴庆宫侧。
【纲】三月,置太公庙。 【目】令两京诸州各置太公庙,以张良配享,选古名将以备十哲;以二、八月上戊致祭,如孔子礼。

向西拜谢，还没有饮完一杯酒，就匆匆地借口腹痛回去了。他刚直的品行志节，到年老时更加笃厚，就像这次一样。

　　王毛仲骄横放肆日甚一日，龙武将军葛福顺仗着他的势力，做了许多不法的事情，王毛仲请求兵部尚书的职位而没能得到，很恼怒，玄宗因此对他不高兴。当时玄宗宠任宦官，杨思勖、高力士尤其显贵得宠，而王毛仲看见他们好象目中无人。王毛仲的妻子生儿子，刚满三天，玄宗就命高力士赐他很厚重的礼物，并且授给他的儿子五品官位。王毛仲抱着儿子给高力士看，说："这孩子难道不配作三品官吗？"高力士回到宫中，将此事奏报玄宗，玄宗大怒，说："昔日杀韦氏，此贼怀着二心，动摇不定，今天竟敢拿婴儿来埋怨我！"高力士趁机说："北门的那些奴才（北门，指羽林军诸将，因为唐代禁军在皇宫内北面，故称为北门），官职太强盛，不尽早除掉他们，必然会发生大祸患。"玄宗担心他们会因为惊怕而发起政变，就把王毛仲、葛福顺等人贬到边远的州地，然后又追赐王毛仲死。从此宦官势力强盛，高力士尤其被玄宗宠信，表奏都先呈交给他，小事则由他当即处理，他的权势压倒朝廷内外。

　　【纲】玄宗命令，把《诗经》《尚书》赐给吐蕃（今西藏）。　【目】吐蕃的使者说金城公主要《毛诗》《春秋》《礼记》《正字》。于休烈上疏说："东平王是汉朝的至亲（汉明帝的舅父），求要《史记》《诸子》，汉朝尚且不给，何况吐蕃是我们国家的仇敌。现在用书籍资助他们，使他们懂得权略，他们会愈发善变而狡诈，这对中国来说可不是好事呀！"裴光庭等人奏道："吐蕃背叛很久，最近刚刚臣服，答应他们的请求赐给《诗经》《尚书》，这也许能使他们渐渐地陶醉于我朝的声望和教化，教化的传播没有不能到的地方，于休烈只知道书中有权略变诈的话语，不知道忠、信、礼、义等也都是从书中来的。"玄宗于是给了吐蕃《诗经》《尚书》等书。

　　【纲】玄宗亲自在兴庆官的侧面耕作。

　　【纲】三月，玄宗设置皇帝的祖庙太公庙。　【目】玄宗命令两京诸州各自设立太公庙，把张良附祭于祖庙，选张良、田穰苴、孙武、吴起、白起、乐毅、韩信、诸葛亮、李靖、李勣等十位古代名将作为十哲列侍西侧。以二月、八月上旬的戊日为致祭的日子，礼仪则如同祭祀孔子。

【纲】癸酉,二十一年,春三月,裴光庭卒。

【纲】以韩休同平章事。 【目】上问萧嵩可以代光庭者,嵩欲荐散骑常侍王丘,丘让于韩休。嵩言之,上以为相。休为人陷直,不干荣利,始嵩以为恬和易制,故引之。及与共事,守正不阿,嵩渐恶之。宋璟叹曰:"不意韩休乃能如是!"上或宴乐游猎,小有过差,辄谓左右曰:"韩休知否?"言终,谏疏已至。左右曰:"韩休为相,陛下殊瘦于旧,何不逐之!"上叹曰:"吾貌虽瘦,天下必肥。萧嵩奏事,常顺指,既退,吾寝不安;休常力争,既退,吾寝乃安。吾用休为社稷耳,非为身也。"

【纲】夏六月,制选人有才行者,委吏部,临时擢用。 【目】时虽有此制,而有司以循资格便于己,犹踵行之。

【纲】冬十月,左丞相宋璟致仕,归东都。

【纲】萧嵩、韩休罢。

【纲】以裴耀卿同平章事,起复张九龄同平章事。 【目】休数与嵩争论于上前,面折嵩短。嵩因乞骸骨,上曰:"朕未厌卿,卿何为遽去?"对曰:"陛下未厌臣,故臣得从容引去;若已厌臣,首领且不保,安能自遂!"因泣下。上亦为之动容,乃皆以为丞相,罢政事。时九龄居母丧,自韶州入见,求终丧;不许。

【纲】分天下为十五道,置采访使。 【目】京畿、都畿、关内、河南、河东、河北、陇右、山南东、山南西、剑南、淮南、江南东、江南西、黔中、岭南,凡十五道,各置采访使,以六条简察非法;两畿以中丞领之,余皆择贤刺史领之。惟变革旧章,乃须报可;自余听便宜

【纲】开元二十一年（癸酉，733），春三月，裴光庭去世。

【纲】玄宗任命韩休为同平章事。　　【目】玄宗问萧嵩谁可以代替裴光庭做丞相，萧嵩想推荐散骑常侍王丘，王丘谦让给韩休。萧嵩向玄宗讲了这件事，玄宗就命韩休继任宰相。韩休为人严峻刚直，不参与涉及荣誉和利益之事，开始萧嵩以为他恬淡随和，容易控制，所以引荐了他。及至与他共事，发现他坚持正义而不阿谀，萧嵩逐渐讨厌他了。宋璟感叹说："没想到韩休竟能如此。"玄宗有时宴乐游猎，稍有过差，就对周围的人说："韩休知道不知道？"话刚说完，谏疏已经到了。玄宗身旁的人说："韩休任宰相，陛下特别瘦了已往，为什么不赶走他！"玄宗慨叹道："我的容貌虽然瘦了，而国家必然会肥了。萧嵩奏事，常常顺从我的指挥，退朝后，我睡觉不能安心，而韩休总是竭力争辩，退朝后，我睡得才安心了。我任用韩休是为了国家，不是为了自身呀！"

【纲】夏六月，玄宗命令选有才学、品行好的人，托付给吏部临时选用。　　【目】当时虽然有了这项制度，而主管官吏觉得按着资格提拔有利于自己，所以还是照旧规矩行事。

【纲】冬十月，左丞相宋璟辞官归居，回到东都。

【纲】萧嵩、韩休被罢官。

【纲】玄宗任命裴耀卿为同平章事，同时起用张九龄重新担任同平章事。　　【目】韩休屡屡与萧嵩在玄宗面前争论，当面揭他的短，萧嵩因此请求辞官，玄宗说："朕并没有嫌弃你，你为什么突然要离去？"萧嵩回答说："陛下没有厌弃我，因此我才能从容引退，如果已经厌弃我了，头颈都不能保住，哪里能自己如意！"于是眼泪流下来。玄宗也为此而感动，因而都让他们只担任丞相，而罢了他们同平章事的官事。当时张九龄为母亲居丧，自韶州（韶州治曲江，今广东韶关）前来进见，请求让他完成守丧，玄宗不允许。

【纲】玄宗颁布制书将全国划分为十五道，并各设采访使治理。【目】京畿（治西京城内，今陕西西安）、都畿（治东都城，今河南洛阳）、关内（治京兆，今陕西长安，因为地处函谷关内而得名）、河南（治汴州，今河南开封）、河东（治蒲州，今山西芮城北）、河北（治魏州，今河北大名东）、陇右（治鄯州，今青海乐都）、山南东（治襄州，今湖北襄

从事,先行后开。

樊）、山南西（治梁州，今陕西汉中东）、剑南（治益州，今四川成都）、淮南（治扬州，今江苏扬州）、江南东（治苏州，今江苏苏州）、江南西（治洪州，今江西进贤西北）、黔中（治黔州，今四川彭水）、岭南（治广州，今广东广州），共十五道，各设有采访使，以六条检察不法之事，两畿道由中丞兼任，其余都挑选贤能的刺史兼任。变革规章制度须上报得到许可，其余的事都可以听凭随机处理，先施行后得报告。

纲鉴易知录卷四九

唐纪

玄宗明皇帝

【纲】甲戌,二十二年,春正月,幸东都。

【纲】二月,秦州地震。

【纲】夏五月,以裴耀卿为侍中,张九龄为中书令,李林甫同三品。 【目】张九龄请不禁铸钱,敕百官议之。裴耀卿等曰:"一启此门,恐小人弃农逐利,而滥恶更甚。"秘书监崔沔曰:"若税铜折役,计估度庸,则官冶可成,而私铸无利矣。且钱之为物,贵以通货,利不在多,何待私铸然后足用乎!"右监门录事参军刘秩曰:"夫人富不可以赏劝,贫不可以威禁。若许私铸,贫者必不能为之;臣恐贫者益贫而役于富,富者益富而逞其欲也。"上乃止。

林甫柔佞多狡数,深结宦官及妃嫔家,伺候上动静,无不知之,由是每奏对,常称旨。时武惠妃宠倾后宫,生寿王瑁,太子浸疏薄。林甫乃因宦官言于惠妃,愿尽力保护寿王;妃德之,阴为内助。

【纲】上刈麦于苑中。 【目】上种麦苑中,帅太子以下亲往刈之,谓曰:"此所以荐宗庙,不敢不亲,且欲使汝曹知稼穑艰难耳。"

【纲】以方士张果为银青光禄大夫。 【目】初,张果自言有神仙术,尧时为侍中,多往来恒山中。相州刺史韦济荐之,上遣玺书迎入禁中。以为光禄大夫,号通玄先生。厚赐遣归。后卒,好事者以为

玄宗明皇帝

【纲】开元二十二年（甲戌，734），春正月，玄宗前往东都。

【纲】二月，秦州（治上邽，今甘肃天水西南）发生地震。

【纲】夏五月，玄宗任命裴耀卿为侍中，张九龄为中书令，李林甫官同三品。　【目】张九龄请求不要禁止私人铸钱，玄宗敕令官员们商议此事。裴耀卿等人说："一旦开了这个门，恐怕一些小人会放弃农耕追逐私利，而钱的滥恶也会更加严重。"秘书监崔沔说："如果用缴纳铜钱来折合应该承担的劳役，用市税折算雇佣的费用，那么官府铸钱就够用了，私人铸钱就无利可图了。况且，钱作为一种物质，贵在它能流通，而不在多，为什么要等私人铸了钱，然后充足国家的用度呢！"左监门录事参军刘秩说："大凡人富，就不能用奖赏来劝导他了，而人穷，则难以用权威来禁止他。如果允许私人铸钱，贫穷的人必然不能去做此事，我担心这样一来，会造成贫穷的更贫穷而去给有钱的人充当劳役，富人更富而放纵他的欲求。"玄宗于是不再提此事。

李林甫油滑奸邪，多有狡诈的算计，深交宦官和妃嫔，窥伺玄宗的行止，对玄宗的一切了如指掌，因此每次奏事应对，常常正合玄宗的心意。当时武惠妃深得玄宗宠爱，地位压倒所有的后宫妃嫔，她生了寿王李瑁，而太子则处于被疏远和冷淡之中。李林甫于是托宦官向武惠妃表示愿意尽力保护寿王，惠妃听后，暗中从内部帮助他升官。

【纲】玄宗在皇家园林中割麦。　【目】玄宗在皇家园林中种了麦子，带领太子以及其他皇子亲自去收割，并对他们说："这是用来祭祀祖先宗庙的，我不敢不亲自来，同时也想让你们知道耕种和收获的艰难。"

【纲】玄宗任命方士张果为银青光禄大夫。　【目】当初，张果自称通晓神仙法术，尧帝时做过侍中，他常常往来于恒山（在今河北定县西）之中。相州（治安阳，今河南安阳）刺史韦济推荐了他，玄宗派人拿着盖了御玺的信前去把他接到宫中，封他为光禄大夫，赐号通玄先生，

尸解；上由是颇信神仙。

【纲】冬十二月，幽州节度使张守珪斩奚、契丹王屈烈及可突干。【目】上美守珪之功，欲以为相。张九龄曰："宰相代天理物，非赏功之官也。"上曰："假以名而不使任其职，可乎？"对曰："惟器与名不可以假人，君之所司也。守珪才破契丹，即以为相；若尽灭奚、厥，将以何官赏之！"乃以为羽林大将军、兼御史大夫，赐二子官，赏赉甚厚。

【纲】乙亥，二十三年，春正月，耕藉田，御楼酺宴。【目】上耕藉田，九推乃止；公卿以下皆终亩。上御五凤楼酺宴，时命三百里内刺史、县令各率所部音乐集楼下，较胜负。怀州刺史以车载乐工数百，皆衣文绣。鲁山令元德秀惟遣乐工数人，连袂歌《于蔿》。上曰："怀州之人，其涂炭乎！"立以刺史为散官。德秀性介洁质朴，士大夫服其高。

【纲】三月，张瑝、张琇杀殿中侍御史杨汪以复父仇；敕仗杀之。【目】初，汪既杀张审素，审素二子瑝、绣皆幼，坐流岭表；寻逃归，手杀汪于都城。系表于斧，言父冤状；欲之江外杀与汪同谋者，为有司所得。议者多言二子穉年孝烈，宜加矜宥；张九龄亦欲活之。裴耀卿、李林甫以为坏法，不可。上然之，乃下敕曰："国家设法，期于止杀。各伸为子之志，谁非徇孝之人！展转相仇，何有限极！宜付河南府杖杀。"士民怜之，为作哀诔，敛钱葬之。

给了他极优厚的赏赐，然后放他回去。后来张果死了，有好事的人说他这是要升仙，假托为尸以解化肉体和灵魂。玄宗因而更相信神仙之道了。

【纲】冬十二月，幽州（治蓟县，今河北蓟县）节度使张守珪斩杀奚王屈烈和契丹王可突干。　【目】玄宗赞赏张守珪的功劳，想任他为宰相。张九龄说："宰相是代天子处理事务的，不是用作奖赏功劳的一个官位。"玄宗说："借他以宰相的名称而不让他任宰相的职务，可以吗？"张九龄回答说："唯独标志名位、爵号的器物和官位不可以借人，这是天子赖以掌管政权的东西。张守珪刚打败契丹，就以他为相，如果他彻底消灭奚和突厥，陛下将以什么官位来赏他呢！"于是任命张守珪为羽林大将军，兼御史大夫，并赐他的两个儿子官位，赏赐的物品也极为优厚。

【纲】开元二十三年（乙亥，735），春正月，玄宗亲耕农田，并在宫楼聚宴欢饮。　【目】玄宗耕种藉田，推挖了九次才停下来，公卿及以下官员都耕完了一亩田。玄宗亲自登上五凤楼设宴，同时命令三百里以内的州刺史、县令各率领所属的音乐演奏人员聚集楼下，比赛高低。怀州（治河内县，今河南沁阳）刺史用车载着乐工数百人，全部身穿刺绣的衣服。鲁山县（今河南鲁山县）县令元德秀只派了几名乐工，手拉着手唱《于蔿》歌。玄宗说："怀州的人民，要遭受灾难困苦了！"于是当即贬怀州刺史为散官。元德秀为人性情耿介质朴，士大夫都佩服他的高洁。

【纲】三月，张瑝、张琇杀了殿中御史杨汪以报杀父之仇，玄宗下敕将他们杖杀。　【目】当初，杨汪杀死了张审素，张审素的两个儿子张瑝、张琇那时年龄都还小，受牵连流放岭表，不久之后逃回来，亲手在都城内杀死杨汪，他们把表状系在斧头上，申述父亲的冤枉。他们想到长江以外杀死与杨汪同谋的人，但是被官府抓住。议论此事的人大多说他们兄弟俩虽然年少却忠孝刚烈，应该怜惜和宽恕，张九龄也很想救他们的命。裴耀卿和李林甫却认为这样做会损坏国法，不可行。玄宗同意他们的意见，于是下敕说："国家设置法律，目的在于禁止杀人。如果每个人都这样伸张为人子之志，谁又是不遵循孝道的人呢！像这样辗转地相互仇杀，哪会有极限呢！应该将他们交付河南府（即洛州，今河南洛阳）以杖刑杀死。"官吏和民众怜惜他们，为他们作了悼辞，并

【纲】冬十二月,册寿王妃杨氏。

【纲】丙子,二十四年,春二月,皇太子更名瑛。 【目】诸皇子皆更之,忠王浚改曰玙。

【纲】三月,敕礼部侍郎掌贡举。 【目】旧制,考功员外郎掌贡举。有进士陵侮之,议者以员外郎位卑,不能服众;敕委礼部侍郎。

【纲】夏四月,张守珪使讨击使安禄山讨奚、契丹,败绩。【目】张守珪使平卢讨击使安禄山讨奚、契丹,败绩,守珪奏请斩之。禄山临刑呼曰:"大夫欲灭奚、契丹,奈何杀禄山!"乃更执送京师。张九龄批曰:"昔穰苴诛庄贾,孙武斩宫嫔。守珪军令若行,禄山不宜免死。"上惜其才,赦之。九龄固争曰:"失律丧师,不可不诛。且其貌有反相,不杀必为后患。"上曰:"卿勿以王夷甫识石勒,枉害忠良。"竟赦之。禄山本营州杂胡,初名阿荦山。母再适安氏,冒其姓。后其部落破散,遂与安氏子思顺逃来。狡黠善揣人情,守珪爱之,养以为子。又有史窣干者,与禄山同里闬,亦以骁勇闻。守珪奏为果毅,累迁将军,后入奏事,上与语,悦之,赐名思明。

【纲】秋八月,张九龄上《千秋金鉴录》。 【目】千秋节,群臣皆献宝镜。九龄以为以镜自照见形容,以人自照见吉凶。乃述前世兴废之源,为书五卷,谓之《千秋金鉴录》,上之;赐书褒美。

【纲】冬十月,帝还西京。 【目】上过陕州,以刺史卢奂有异

捐钱埋葬了他们。

【纲】冬十二月,册封杨氏为寿王的妃子。

【纲】开元二十四年(丙子,736),春二月,皇太子李鸿改名为李瑛。 【目】各个皇子都改了名,忠王李浚改名为李玙。

【纲】三月,玄宗敕令礼部侍郎掌管科举考试。 【目】按已往的制度,科举考试由考功员外郎掌管,然而有的进士凌侮他,议论此事的人认为员外郎职位低,不能服众,所以玄宗下敕委托礼部侍郎掌管科举考试。

【纲】夏四月,张守珪派讨击使安禄山讨伐奚、契丹,安禄山战败。 【目】张守珪派平卢(治营州,营州治柳城县,今辽宁朝阳)讨击使安禄山讨伐奚、契丹,安禄山大败。张守珪奏请杀安禄山,安禄山临刑大声喊叫:"张大夫想要消灭奚和契丹,为什么杀我安禄山?"于是张守珪改将他绑缚着送往京城处置。张九龄在奏文中批道:"当初穰苴杀庄贾,孙武斩宫女,张守珪如果想使军令畅行,安禄山就不应该免于一死。"而玄宗却怜惜安禄山的才干,赦免了他。张九龄固执地争辩说:"失掉了纪律也就丧失了军队,不能不杀他。何况他面有反相,不杀必为后患。"玄宗却说:"你不要像王夷甫看石勒那样看安禄山,枉害了忠良。"最终还是赦免了安禄山。安禄山本是营州地方的杂种胡人,原名阿荦山,他的母亲改嫁安氏,他也改姓安。后来他所在的部落破散了,他于是就同安氏的儿子安思顺一起逃奔到唐朝来。安禄山为人狡黠,善揣人意,张守珪喜爱他,把他收为养子。还有个叫史窣干的,与安禄山原是同乡,也以骁勇而闻名,张守珪以他的果敢坚毅,上奏玄宗,使他得以不断升迁,直至做了将军。后来他入朝奏事,玄宗与他谈话,很喜欢他,赐名为思明。

【纲】秋八月,张九龄向玄宗呈献《千秋金鉴录》。 【目】千秋节的时候,群臣都向玄宗进献宝镜。张九龄认为用镜子照自己只可以看见自己的外形容貌,而用他人的成败与自己相对照,才可以看出吉凶福祸。于是论述前世兴衰的原因,写了一部五卷的书,名为《千秋金鉴录》,呈献给玄宗,玄宗见书后赐信称赞他。

【纲】冬十月,玄宗回到西京。 【目】玄宗途经陕州(治陕县,今河

政,题赞于听事而去。

【纲】十一月,赐朔方节度使牛仙客爵陇西县公。 【目】仙客前在河西,能节用度,勤职业,仓库充实,器械精利;上嘉之,欲加尚书。张九龄曰:"不可。尚书,古之纳言,唐兴以来,惟旧相及扬历中外有德望者乃为之。仙客本河、湟使典,今骤居清要,恐羞朝廷。"上曰:"然则但加实封,可乎?"对曰:"封爵所以劝有功也。边将实仓库,修器械,乃常务耳,不足为功。欲赏其勤,赐之金帛可也;裂土封之,恐非其宜。"上默然。李林甫曰:"仙客,宰相才也,何有于尚书!九龄书生,不达大体。"上悦,乃赐仙客爵,食实封三百户。

【纲】裴耀卿、张九龄罢为左右丞相,以李林甫兼中书令,牛仙客同三品。 【目】初,上欲以李林甫为相,问于张九龄,九龄对曰:"宰相系国安危,陛下相林甫,臣恐异日为庙社之忧。"上不从。是时上在位岁久,渐肆奢欲,怠于政事,而九龄遇事无细大皆力争之。

上之在藩也,赵丽妃生太子瑛,皇甫德仪生鄂王瑶,刘才人生光王琚。及即位,幸武惠妃,生寿王琩,丽妃等爱皆弛。太子与瑶、琚以母失职,有怨望语。驸马都尉杨洄尚咸宜公主,常伺三子过失以告惠妃。惠妃泣诉于上,上大怒,欲皆废之。九龄曰:"陛下享国长久,子孙蕃昌,天下之人,方以为庆。今三子皆已成人,不闻大过,奈何一旦以无根之语废之乎!且太子天下本,不可轻摇。昔晋献公听骊姬之谗杀恭世子,三世大乱;汉武帝信江充之诬罪戾太子,京城流血;晋惠帝用贾后之谮废愍怀太子,中原涂炭;隋文帝纳独孤后之言黜太子勇,立炀帝,遂失天下。由此观之,不可不慎。陛下必欲为

南陕县），因为陕州刺史卢奂有突出的政绩而在州府厅堂题写了赞语，然后离去。

【纲】十一月，玄宗赐朔方（治灵州，今宁夏灵武）节度使牛仙客以陇西县公爵位。　【目】牛仙客以前在河西（治凉州城，今甘肃武威），能节约用度，勤于职守，使得那里仓库充实，军用器械精利。玄宗嘉奖他，想任他为尚书，张九龄说："不能这样，尚书就是古时候的纳言，唐朝建立以来，只有原来的宰相及扬名朝廷内外德高望重的人才能担任。牛仙客本是河、湟地区的节度使，今天骤然身居显要，恐怕有辱于朝廷。"玄宗说："那么只给予实地的赐封可以吗？"张九龄回答说："封爵是用来勉励有功者的，边地的将领充实仓库、修整兵器，是日常事务，不足以为功。要奖赏他的勤勉，赐给他金帛就可以了，分土封爵，恐怕不是很合适的。"玄宗听后默然不语。李林甫说："牛仙客是做宰相的人才，哪在于尚书一职，张九龄是书生，不通大体。"玄宗听后高兴了，于是赐牛仙客爵位，给予实封三百户的食邑。

【纲】裴耀卿、张九龄分别被罢为左右丞相，玄宗任命李林甫兼中书令，牛仙客官同三品。　【目】当初，玄宗打算任命李林甫为宰相，征询张九龄的意见，张九龄回答："宰相一身维系着国家的安危，陛下以李林甫为相，我恐怕他日后会变成国家的忧患。"玄宗不听他的意见。此时玄宗在帝位年久，渐渐地变得放纵奢侈了，懒于政务，而张九龄遇事不论大小总是据理力争。

当初玄宗身处藩地时，赵丽妃生了太子李瑛，皇甫德仪生了鄂王李瑶，刘才人生了光王李琚。到了玄宗即帝位之后，宠爱武惠妃，生了寿王李瑁，对赵丽妃等人的爱都疏淡了。太子与李瑶、李琚由于母亲的失宠而心怀不满，讲过怨恨的话。驸马都尉杨洄娶咸宜公主，常常窥伺三个皇子的过失，把它告诉武惠妃，武惠妃于是哭泣着对玄宗诉说，玄宗听后非常生气，想统统废除他们。张九龄说："陛下在位长久，子孙繁盛，天下的人正以此为庆幸呢。现在三个皇子都已长大成人，没听说有什么大的过错，为什么一时间竟以没根据的闲话废掉他们呢？再说，太子是天下的根本，不可以轻易地动摇他的地位。当初晋献公听信骊姬的谗言杀死恭世子，造成了国家的三世大乱；汉武帝听信江充的诬告，治

此，臣不敢奉诏。"上不悦，林甫退而私谓宦官之贵幸者曰："此主上家事，何必问外人！"上犹豫未决。惠妃密使宫奴谓九龄曰："有废必有兴，公为之援，宰相可长处。"九龄叱之，以其语白上；上为之动色，故讫九龄罢相，太子得无动。

林甫日夜短九龄于上，上浸疏之。林甫引萧炅为户部侍郎。炅素不学，尝读"伏腊"为"伏猎"。中书侍郎严挺之言于九龄曰："省中岂容有'伏猎侍郎'！"乃出炅刺岐州，故林甫怨挺之。上积前事，以耀卿、九龄阿党；并拜丞相罢政事。而以林甫为中书令，牛仙客同三品，领节度如故。贬挺之为洺州刺史。上即位以来，所用之相，姚崇尚通，宋璟尚法，张嘉贞尚吏，张说尚文，李元纮、杜暹尚俭，韩休、张九龄尚直，各有所长也。

九龄既得罪，朝廷之士，皆容身保位，无复直言。林甫欲蔽主擅权，明谓诸谏官曰："今明主在上，群臣将顺之不暇，乌用多言！诸君不见立仗马乎？食三品料，一鸣辄斥去，悔之何及！"补阙杜琎尝上书言事，黜为下邽令。自是谏争路绝矣。

仙客既为林甫所引进，专给唯诺而已。林甫城府深密，人莫窥其际。好以甘言啖人而阴中伤之，不露辞色。凡为上所厚者，始则亲结之，及位势稍逼，辄以计去之。虽老奸巨猾，无能逃其术者。

了戾太子的罪，致使京城发生流血事件；晋惠帝听信贾后的诬陷，废了愍怀太子，致使中原地区生灵涂炭；隋文帝采纳独孤皇后的进言，废黜太子杨勇而改立隋炀帝，因此丧失了天下。由此看来，不能不慎重对待此事。陛下一定要这样做，臣不敢遵命。"玄宗听后很不高兴。李林甫在退朝后私下里对宦官中显贵受宠的人说："这是皇上的家事，何必要问外人！"玄宗对此事犹豫不决，武惠妃秘密派宫奴对张九龄说："有废必有兴，你如果能够对此事给以支援，宰相的职位便可以长坐。"张九龄喝斥了来人，把这些话告诉了玄宗，玄宗听后变了脸色，所以直到张九龄罢相，太子的地位始终得以不变。

　　李林甫不论白天黑夜都在玄宗面前说张九龄的不是，使得玄宗渐渐地疏远了张九龄。李林甫推荐萧炅任户部侍郎。萧炅向来不读书，曾把"伏腊"读作"伏猎"。中书侍郎严挺之对张九龄说："尚书省内怎能容有'伏猎侍郎'！"于是萧炅被调出京城任岐州（治雍县，今陕西凤翔南）刺史。所以李林甫怨恨严挺之。玄宗联想前事，认为裴耀卿、张九龄徇私扰法，把他们一并拜为丞相而罢免其参知政事之职，又任命李林甫为中书令，牛仙客官同三品，兼任节度使和以前一样，贬严挺之为洺州（治永年，今河北永年东南）刺史。玄宗即位以来，所任用的宰相，姚崇善于通融，宋璟推崇法治，张嘉贞强调吏治，张说重视文治，李元纮、杜暹善于节俭治国，韩休、张九龄崇尚刚正不阿，各有所长。

　　张九龄既然因为直言而得罪于玄宗，朝廷官员们也就都为了保住自己的官位而不再直言进谏了。李林甫企图蒙蔽玄宗的耳目，自己专权，竟公然对各位谏官说："现在贤明的君主在上，群臣想顺从还来不及呢，不用多言！各位难道没看见那些站立为仪仗的马吗？吃的是等同于三品官俸禄的饲料，谁只要鸣叫一声就立即被赶走，哪里还来得及后悔呢！"补阙官杜琎曾上书论事，被贬黜为下邽县（今陕西渭南东北）县令。从此玄宗的谏诤之路被断绝了。

　　牛仙客既是被李林甫引荐升官的，也就专对李林甫卑躬顺从而已。李林甫城府极深，人们都看不透他的意图，他喜欢用甜言蜜语引诱人而暗地里又陷害人，丝毫不露声色。凡是受到玄宗赏识厚待的人，他起初总是与之亲近结交，而到了那人的地位和权势快要与他平等时，

【纲】丁丑,二十五年,春正月,置玄学博士。 【目】每岁依明经举。

【纲】二月,立明经问义,进士试经法。 【目】敕曰:"进士以声韵为学,多昧古今;明经以帖诵为功,罕穷旨趣。自今明经问大义十条,对时务策三首;进士试大经十帖。"

【纲】夏四月,杀监察御史周子谅,贬张九龄为荆州长史。【目】子谅弹牛仙客非宰相才。上怒甚,命攉于殿庭,绝而复苏,仍杖之朝堂;流瀼州,至蓝田而死。李林甫言:"子谅,九龄所荐也。"乃贬九龄荆州长史。

【纲】废太子瑛、鄂王瑶、光王琚而杀之。 【目】杨洄又谮太子、鄂王、光王潜构异谋,上召宰相谋之。李林甫对曰:"此陛下家事,非臣等所宜预。"上意乃决,使宦官宣制于宫中,废为庶人,寻赐死。

【纲】秋七月,大理寺奏有鹊来巢。赐李林甫爵晋国公,牛仙客豳国公。 【目】大理少卿徐峤奏:"今岁天下断死刑五十八,狱院由来杀气太盛,鸟雀不栖,今有鹊巢其树。"于是百官以刑措表贺。上归功宰辅,故有是命。

【纲】冬十月,开府仪同三司、广平文贞公宋璟卒。

【纲】戊寅,二十六年,春正月,令天下州、县、里皆置学。

【纲】夏六月,立忠王玙为太子,改名亨。 【目】李林甫数劝

他就要想办法除掉那人了。即使是老奸巨滑的人，也没有能逃脱他算计的。

【纲】开元二十五年（丁丑，737），春正月，玄宗设置玄学博士。
【目】玄学博士每年按明经考试选拔。

【纲】二月，玄宗敕令设立明经科试问经义，进士科加试经文的制度。　　【目】玄宗下敕说："考进士科的以音韵为学习内容，大多不懂历史；考明经科的以帖经诵经为本事，很少探求经文的意义。从现在起，明经科要考经文大义十条，对答当时要事的策问三道，进士科则要考帖大经十条。"

【纲】夏四月，玄宗杀监察御史周子谅，贬张九龄为荆州（治江陵，今湖北江陵）长史。　　【目】周子谅弹劾牛仙客，认为他没有宰相之才，玄宗非常恼火，命令把他在殿前暴打，待他昏死又苏醒过来的时候，仍然在朝堂上棍打他，然后把他流放到瀼州（治临江，今广西上思南），他刚刚行至蓝田（今陕西蓝田）就死了。李林甫说："周子谅是张九龄推荐的。"于是玄宗又贬张九龄为荆州长史。

【纲】玄宗废黜太子李瑛、鄂王李瑶、光王李琚，并杀死他们。
【目】杨洄又诬陷太子、鄂王、光王暗地里串通图谋政变，玄宗召宰相谋商此事。李林甫说："这是陛下的家事，不是我们这些人应该参与的。"玄宗的主意这才定了下来。于是派宦官在宫中宣读制书，将太子及两位皇子废黜为平民，不久又赐他们身死。

【纲】秋七月，大理寺奏报有喜鹊前来筑巢。玄宗赐封李林甫晋国公，牛仙客为豳国公。　　【目】大理寺少卿徐峤上奏："今年全国处以死刑的仅五十八人，大理寺的狱院中这一年来杀气太盛，以至鸟雀都不在这里栖息，而现在有喜鹊在这里的树上筑巢了。"于是官员们以刑罚搁置不用为辞，上表祝贺。玄宗将这一功劳归于宰相，因此有了这个敕封。

【纲】冬十月，开府仪同三品、广平文贞公宋璟去世。

【纲】开元二十六年（戊寅，738），春正月，玄宗命令全国各州、县、里都设置学堂。

【纲】夏六月，玄宗立忠王李玙为太子，改名李亨。　　【目】李林甫

上立寿王瑁。上以忠王玙年长,孝谨、好学,意欲立之,犹豫不决。常忽忽不乐。高力士请其故,上曰:"汝揣我何意!"力士曰:"得非以郎君未定邪?"上曰:"然。"对曰:"但推长而立,谁复敢争!"上曰:"汝言是也!"由是遂立玙为太子,更名亨。

【纲】已卯,二十七年,秋八月,追谥孔子为文宣王。 【目】先是,祀先圣、先师,周公南向,孔子东向坐。制:"自今孔子南向坐,被王者之服,释奠用宫悬。"赠弟子为公、侯、伯。

【纲】庚辰,二十八年,春正月,荆州长史张九龄卒。 【目】上虽以九龄忤旨逐之,然爱重其人,每宰相荐士,辄问曰:"风度得如九龄不乎?"

【纲】冬十一月,是岁户、口之数。 【目】户,八百四十一万二千八百;口,四千八百一十四万三千六百。西京、东都米斛直钱不满三百,绢匹亦如之。海内富安,行者万里不持寸兵。

【纲】辛巳,二十九年,春正月,立赈饥法。 【目】制曰:"承前饥馑,皆待奏报,然后开仓。道路悠远,何救悬绝!自今委州县及采访使给讫奏闻。"

【纲】夏闰四月,得玄元皇帝像。 【目】上梦玄元皇帝云:"吾像在京城西南百余里。"遣使求,得之于盩厔。迎至兴庆宫。

【纲】秋七月,洛水溢。 【目】溺死者千余人。
【纲】八月,以安禄山为营州都督。 【目】禄山倾巧,善事人,

多次劝玄宗立寿王李瑁为太子，玄宗却认为忠王李玙年长，为人忠孝谦谨，勤于学习，想要立他为太子，但又犹豫不决，时常恍惚迷惑，闷闷不乐。高力士问其中的原故，玄宗说："你揣测我有什么心思？"高力士说："难道不是因为太子尚未确定吗？"玄宗说："正是为了此事。"高力士说："只要推年长者而立，谁还敢再争！"玄宗说："你的话对呀！"于是就立李玙为太子，改名为李亨。

【纲】开元二十七年（己卯，739），秋八月，玄宗下制书追赠孔子谥号为文宣王。　【目】在这以前，祭祀先圣先师的时候，周公向南而坐，孔子向东而坐。玄宗下制书说："从今以后孔子向南而坐，身披帝王的服装，祭奠时用宫悬的礼仪（宫悬，古时钟磬等乐器悬挂在架上，帝王悬挂四面，象征宫室四面的墙壁，所以称为宫悬），又追赠孔子的弟子为公、侯、伯爵位。

【纲】开元二十八年（庚辰，740），春正月，荆州长史张九龄去世。　【目】玄宗虽然因为张九龄不顺从自己的旨意而放逐了他，但仍然喜欢和敬重他的为人，每当宰相推荐官员的时候，总是要问："风度能比得上张九龄吗？"

【纲】冬十一月，玄宗命令统计本年内全国户、口的数字。　【目】户数，八百四十一万二千八百；人口，四千八百一十四万三千六百；西京、东京每斛米的价格不满三百钱，绢匹也如此。国家富足安定，外出的人远行万里都可以不带任何武器。

【纲】开元二十九年（辛巳，741），春正月，玄宗立赈饥法。【目】玄宗颁布制书说："以前遇到饥荒，都等待奏请朝廷后再开仓救济。道路那么遥远，哪能使那些将要饿死的人得到解救！从今天起，委托州县及采访使先行发放然后奏报朝廷。"

【纲】夏季，闰四月，玄宗得到一幅玄元皇帝（即老子）像。　【目】玄宗梦见了老子，老子说："我的像放于京城西南方一百多里的地方。"玄宗派人去寻找，果然在盩厔（今陕西周至）找到了，玄宗将它迎接到兴庆宫。

【纲】秋七月，洛水泛滥。　【目】淹死了一千余人。

【纲】八月，玄宗任命安禄山为营州都督。　【目】安禄山为人狡

人多誉之。上左右至平卢者，禄山皆厚赂之，由是上益以为贤。又赂采访使张利贞，利贞盛称之。上乃以为营州都督，充平卢军使。

【纲】壬午，天宝元年，春正月，以安禄山为平卢节度使。【目】是时，天下声教所被之州三百三十一，羁縻之州八百，置十节度、经略使以备边，安西节度抚宁西域，治龟兹城；北庭节度防制突骑施、坚昆，治北庭都护府；河西节度断隔吐蕃、突厥，治凉州；朔方节度捍御突厥，治灵州；河东节度与朔方掎角以御突厥，治太原府；范阳节度临制奚、契丹，治幽州；平卢节度镇抚室韦、靺鞨，治营州；陇右节度备御吐蕃，治鄯州；剑南节度西抗吐蕃，南抚蛮獠，治益州；岭南五府经略绥静夷、獠，治广州；此外又有长乐经略，福州领之；东莱守捉，莱州领之；东牟守捉，登州领之：凡镇兵四十九万人，马八万余匹。开元之前，每岁供边兵衣、粮费不过二百万；天宝之后，益兵浸多，每岁用衣千二十万匹，粮百九十万斛，公私劳费，民始困矣。

【纲】群臣请加尊号。【目】陈王府参军田同秀言："玄元皇帝告以'藏灵符，在尹喜故宅'。"上遣使求得之。群臣上表，以"宝符潜应年号，请于尊号加'天宝'字"，从之。

【纲】二月，改官名。【目】侍中、中书令为左、右相，丞相改为仆射；东、北都皆为京，州为郡，刺史为太守。

【纲】以田同秀为朝散大夫。【目】时人皆疑宝符同秀所为也。

诈，善于讨人喜欢，人们对他多有赞誉。玄宗身边的人凡到过平卢的，安禄山都以厚礼贿赂，因此玄宗更加认为他贤良。安禄山又贿赂采访使张利贞，张利贞对他大加称赞。玄宗于是任命安禄山为营州都督，同时充任平卢军使。

【纲】玄宗天宝元年（壬午，742），春正月，玄宗任命安禄山为平卢节度使。 【目】唐王朝的声威和教化所覆盖的州共有三百一十个，联络维系的州共计八百个，设置了十个节度使、经略使以守备边疆。安西节度使安抚西域，治所在龟兹城（今新疆库车、沙雅两县之间）；北庭节度使防御控制西域的突骑施、坚昆，治所在北庭都护府（治金满城，即今新疆乌鲁木齐）；河西节度使断隔吐蕃、突厥，治所在凉州；朔方节度使抵御突厥，治所在灵州；河东节度使与朔方形成掎角之势，共同防御突厥，治所在太原府（即并州，治太原，今山西太原西南）；范阳节度使控制奚和契丹，治所在幽州（治蓟县，今天津蓟县）；平卢节度使镇抚室韦、靺鞨，治所在营州；陇右节度使防御吐蕃，治所在鄯州（治湟水，今青海乐都）；剑南节度使西御吐蕃，南抚蛮獠，治所在益州（治成都，今四川成都）；岭南五府经略使镇抚夷、獠，治所在广州（治南海，今广东广州）。此外还有长乐经略使，由福州（治闽县，即今福建福州市）兼领；东莱的守捉军，由莱州（治掖县，今山东掖县）兼领；东牟的守捉军，由登州（治蓬莱，今山东蓬莱）兼领。总共拥有镇守兵士四十九万人，战马八万余匹。开元以前，每年供给边镇军队的衣服和粮食费用不过二百万，天宝之后，兵力逐渐增多，每年制衣用布一千零二十万匹，粮食一百九十万斛，国家和民间都大受烦劳耗费，老百姓开始贫困了。

【纲】群臣请求玄宗增加尊号。 【目】陈王李珪府中的参军田同秀说："玄元皇帝告诉我说：'我在尹喜故宅藏有灵符'。"玄宗派使者前去寻找，果然得到了灵符。群臣为此上表，言道："宝符暗与年号相应，请陛下在尊号上加'天宝'二字。"玄宗同意了。

【纲】二月，玄宗制令更改官名。 【目】改侍中、中书令为左、右相，改丞相为仆射，改东、北都为东、北京，改州为郡，改刺史为太守。

【纲】玄宗封田同秀为朝散大夫。 【目】当时人们都怀疑宝符是田同秀假造的。

【纲】三月,以韦坚为江、淮租庸转运使。 【目】坚,太子之妃兄也。督江、淮租运,岁增巨万,上以为能,故擢任之。王鉷亦以善治租赋为户部员外郎。

【纲】以卢绚、严挺之为员外詹事。 【目】李林甫为相,凡才望功业出己右者,必百计去之;尤忌文学之士,或阳与之善,而阴陷之。世谓林甫"口有蜜,腹有剑"。上尝陈乐于勤政楼下,垂帘观之。兵部侍郎卢绚谓上已起,垂鞭按辔,横过楼下;绚风标清粹,上目送之。林甫知之,乃召绚子弟谓曰:"交、广藉才,上欲以尊君为之,若惮远行,则当左迁;姑以宾、詹分务东洛,何如?"绚惧,请之,乃除华州刺史。未几,诬其有疾,除员外詹事。

上又尝问林甫:"严挺之可用,今安在?"挺之时为绛州刺史。林甫退,召挺之弟,谕以"上意甚厚,盍称疾求还,可以见上。"挺之从之。林甫以其奏白上云:"挺之老疾,宜且授以散秩,以便医药。"上叹吒久之;亦以为员外詹事。

【纲】秋七月,牛仙客卒,以李适之为左相。

【纲】癸未,二年,春正月,安禄山入朝。 【目】安禄山入朝;上宠待甚厚,谒见无时。禄山奏言:"去秋营州虫食苗,臣焚香祝天云:'臣若操心不正,事君不忠,愿使虫食臣心;若不负神祇,愿使虫散。即有群鸟从北来,食虫立尽。请宣付史馆。"从之。

李林甫领吏部尚书,日在政府,选事悉委侍郎宋遥、苗晋卿。时选人集者以万计,遥、晋卿以御史中丞张倚得幸于上,擢其子奭为首。禄山言于上,上召入面试之,奭手持试纸,终日不成一字,时人

【纲】三月，玄宗任命韦坚任江、淮租庸转运使。【目】韦坚是太子妃子的兄弟，督促江、淮地区的租运，年增加数万，玄宗认为他能干，所以提拔任用他。王鉷也因为善于管理租赋而做了户部员外郎。

【纲】玄宗任命卢绚、严挺之为员外詹事。【目】李林甫任宰相，凡是才能威望功劳业绩在他之上的，他必然千方百计地将其除掉；他尤其忌恨文人学士，有时表面与人友好而暗地里却加以陷害。世人称李林甫"口里有蜜，腹中有剑"。有一次玄宗在勤政楼下设乐演奏，垂帘观看，兵部侍郎卢绚以为玄宗已起驾回官，于是就提鞭按辔，从楼下横穿而过。卢绚风貌标致清纯，玄宗目送他走过。李林甫知道这件事后，就召来卢绚的子弟，对他说："交州、广州需要人才，皇上想让你父亲担当此任，如若他害怕远行，就应该被贬职，姑且以太子宾客或詹事的身分在东都任职，怎么样？"卢绚很恐惧，请求李林甫不要派他远行，竟被任命为华州（治郑县，今陕西华县西北）刺史。没过多久，李林甫又谎称卢绚有病，贬任他为员外詹事。

玄宗有一次曾问李林甫："严挺之这个人可以任用，现在哪里？"严挺之当时为绛州（治正平，今山西侯马西北）刺史。李林甫退朝后召来严挺之的兄弟，告诉他说："皇上对你哥哥情意很深，何不让他称病请求回到朝廷，可以因此晋见皇上。"严挺之听从了他的话，李林甫拿着严挺之的奏书告诉玄宗说："严挺之年老有病，应该授以散官，以便他养病服药。"玄宗对此感叹了很久，最后也任命严挺之为员外詹事。

【纲】秋七月，牛仙客去世，玄宗任命李适之为左相。

【纲】天宝二年（癸未，743），春正月，安禄山入朝。【目】安禄山入朝后，玄宗对他极为宠爱和厚待，他随时都可以晋见。安禄山上奏说："去年秋季营州的庄稼闹虫害，我焚香祷告上天说：'我如果持心不正，事奉君王不忠诚，愿让蝗虫吃了我的心。如果我不辜负神灵，愿使害虫自行消散。'话音刚落，就有一群飞鸟从北方飞来，很快就把害虫吃光了。请把这件事告知史官载入史册。"玄宗答应了。

李林甫兼任吏部尚书，每天都在政府，把选官的事务全部委托给侍郎宋遥和苗晋卿。当时候选的人集合在一起数以万计，宋遥、苗晋卿因为御史中丞张倚受到玄宗的宠幸，就选拔他的儿子张奭作为第一名。

谓之"曳白"。于是三人皆坐贬。

【纲】甲申，三载，春正月，改"年"曰"载"。

【纲】二月，以安禄山兼范阳节度使。【目】河北黜陟使席建侯称禄山公直；李林甫、裴宽亦顺旨称誉其美。由是禄山之宠益固。

【纲】冬，初令百姓十八为中，二十三成丁。

【纲】乙酉，四载，春正月，帝闻空中神语。【目】上谓宰臣曰："朕于宫中为坛，为百姓祈福，自草黄素置案上，俄飞升天，闻空中语云：'圣寿延长。'又炼药成，置坛上，及夜欲收，又闻空中语云：'药未须收，此自守护。'"群臣表贺。

【纲】秋七月，册寿王妃韦氏。八月，以杨太真为贵妃。【目】初，武惠妃薨，后宫无当意者。或言寿王妃杨氏之美。上见而悦之，乃令妃自以其意乞为女官，号太真；更为寿王娶郎将韦昭训女。潜内太真宫中，不期岁，宠遇如惠妃，宫中号曰"娘子"，凡仪体皆如皇后。至是，册为贵妃；赠其父玄琰兵部尚书，以从兄铦为殿中少监，锜为驸马都尉，三姊皆赐第京师，宠贵赫然。杨钊者，贵妃之从祖兄也，不学无行。从军于蜀，至长安，见诸妹，引之见上，得出入禁中，授金吾兵曹参军。

【纲】九月，以韦坚为刑部尚书，杨慎矜为租庸转运使。

【纲】安禄山讨奚、契丹，破之。

【纲】冬，安禄山奏立李靖、李勣庙。【目】禄山奏："臣讨契丹，至北平郡，梦先朝名将李靖、李勣从臣求食。"遂命立庙。又奏："荐享之日，庙梁产芝。"

安禄山把这件事对玄宗说了,玄宗召张奭入宫当面考他,张奭手拿着试纸,整整一天竟没写出一个字,当时人们称他为"曳白"。于是宋遥、苗晋卿、张倚都被贬了官。

【纲】天宝三年(甲申,744),春正月,玄宗敕令改"年"为"载"。

【纲】二月,玄宗任命安禄山兼范阳节度使。　【目】河北黜陟使席建侯称赞安禄山公正直率;李林甫、裴宽也迎合玄宗的心意称颂安禄山的美德。于是安禄山的宠幸地位更加牢固了。

【纲】冬季,玄宗初次诏令百姓十八岁为中男,二十三岁成丁。

【纲】天宝四年(乙酉,745),春正月,玄宗听到空中神灵的话语。【目】玄宗对宰相和大臣们说:"朕在宫中设祭坛,为百姓求祈幸福,亲自在黄绢上写了字放在香案上,不一会儿黄绢飞上天。然后听到空中有说话声,道:'圣寿延长。'朕又炼成仙药,放在祭坛上,到了夜晚准备收起来,又听见空中说道:'药无须收起,这里自有守护'。"于是群臣上表恭贺。

【纲】秋七月,玄宗册封韦氏为寿王妃。八月,封杨太真为贵妃。【目】当初,武惠妃去世后,后宫妃嫔中没有玄宗中意的,这时有人提到寿王李瑁妃子杨氏貌美。玄宗见到后十分喜爱,于是命杨妃以自己的意思请求做女道士,号为太真;另为寿王娶了郎将韦昭训的女儿。然后暗中让太真进宫,不到一年,就宠爱有如武惠妃了,宫中称太真为"娘子",一切礼仪都如同皇后。到了此时就将她册封为贵妃,并追赠她的父亲杨玄琰为兵部尚书,任命她的堂兄杨铦为殿中少监,杨锜为驸马都尉,她的三个姐姐也都被赐与宅第居住京城,一家人都受到恩宠,地位高贵显赫。杨钊是杨贵妃的从祖堂兄,不学无术,行为恶劣,在蜀地从军,到长安见了杨贵妃,杨贵妃引他见了玄宗,从此得以出入宫中,被授予金吾兵曹参军之衔。

【纲】九月,玄宗任命韦坚为邢部尚书、杨慎矜为租庸转运使。

【纲】安禄山征讨奚和契丹,打败了他们。

【纲】冬季,安禄山上奏请求为李靖、李勣建庙。　【目】安禄山奏道:"我前去征讨契丹,到北平郡(即平州,治卢龙,今河北昌黎西北)的时候,梦见前朝名将李靖、李勣向我求讨食物。"于是玄宗下令为他们立

【纲】以王鉷为京畿采访使。 【目】初,上在位久,用度日侈,又不欲数于左、右藏取之。鉷知上旨,岁贡额外钱帛百亿万,贮于内库,以供宴赐,曰:"此皆不出于租、庸、调。"上以鉷为能富国,益厚遇之。中外叹怨。至是,以为御史中丞、京畿采访使。

【纲】丙戌,五载,春正月,贬韦坚为缙云太守,皇甫惟明为播州太守。 【目】李适之性疏率,李林甫尝谓之曰:"华山有金矿,采之可以富国,上未之知也。"他日,适之言之。上以问林甫,对曰:"臣久知之,但华山陛下本命,王气所在,凿之非宜,故不敢言。"上以林甫为爱己,谓适之曰:"自今奏事,宜先与林甫议之。"适之由是束手,而与韦坚益亲,林甫愈恶之。

初,太子之立,非林甫意。林甫恐异日为己祸,欲动摇之。陇右节度使皇甫惟明尝为忠王友,时破吐蕃,入献捷,见林甫专权,劝上去之。林甫知之,使杨慎矜密伺其所为。会正月望夜,太子出游,与坚相见,坚又与惟明会于景龙观。慎矜遂告坚与惟明谋立太子。收下狱,林甫使慎矜等鞫之。上亦疑坚与惟明有谋,而不显其罪,皆贬之。太子表请与妃离昏。

【纲】以王忠嗣为河西、陇右、朔方、河东节度使。 【目】忠嗣始在朔方、河东,每互市,高估马价,诸胡闻之,争以马求市,由是胡马少,唐兵益壮。忠嗣杖四节,控制万里,天下劲兵重镇皆在掌握,与吐蕃战于青海、积石,皆大捷。又讨吐谷浑于墨离军,虏其全部而归。

庙。安禄山后来又上奏说:"祭祀的那天,庙的房梁上生出了灵芝草。"

【纲】玄宗任命王鉷为京畿采访使。 【目】当初,玄宗在位已久,用度一天比一天奢侈,又不想屡屡到左、右藏库去取用品。王鉷明白玄宗的心意,就每年上贡额外钱帛一百万缗,贮存在内库,以供玄宗设宴、行赏之用,声称:"这些钱财都不出自于租、庸、调。"玄宗把王鉷当成能够富国的人才,对他倍加厚待。朝廷内外对此多有感叹和不满。到了此时,玄宗任命王鉷为御史中丞和京畿采访使。

【纲】天宝五年(丙戌,746),春正月,玄宗贬韦坚为缙云(即处州,治丽水,后移治缙云,今浙江缙云)太守,皇甫惟明为播州(治遵义,今贵州遵义市)太守。 【目】李适之性情疏淡率直,李林甫曾对他说:"华山有金矿,开采它可以富国,皇上还不知道呢。"此后的一天,李适之说出了这件事,玄宗就以此事问李林甫,李林甫回答说:"我早已知道这件事,但华山是陛下的本命、王气所在的地方,开凿它很不适宜,所以不敢说出来。"玄宗认为李林甫这是爱护自己,就对李适之说:"从今以后凡奏事,要先同李林甫商议。"李适之从此被束缚了手脚,而与韦坚更亲近,李林甫愈加嫌恶他。

当初,立李亨为太子,不是李林甫的意思,他担心此事日后成为自己的祸患,所以想动摇太子的地位,陇右节度使皇甫惟明曾是太子做忠王时的朋友,此时因打败了吐蕃,入朝报捷,见李林甫专权,就劝玄宗除掉他。李林甫知道这件事后,就派杨慎矜秘密地监视皇甫的所作所为。恰巧正月十五这天夜晚,太子出游,与韦坚相见,韦坚又与皇甫惟明相会在龙景观。杨慎矜于是诬告韦坚与皇甫惟明阴谋立太子为皇帝,把他们抓进了监狱。李林甫派杨慎矜等人审讯他们。玄宗也怀疑韦坚与皇甫惟明有阴谋,但是又没显露出什么罪行,于是将他们都贬了官。太子因此而上表请求与韦妃离婚。

【纲】玄宗任命王忠嗣为河西、陇右、朔方、河东节度使。 【目】王忠嗣原来在朔方、河东两地任节度使的时候,每当与胡人进行贸易,总是高估马价。胡人听说了这个消息,争着拿马来卖,因此他们的马愈来愈少,而唐朝的兵马却更加壮大。王忠嗣手持四节,控制万里之地,天下强兵重镇都在他的掌握之中。他与吐蕃战于青海、积石山(在今青

【纲】夏四月,李适之罢。 【目】韦坚等既贬,适之惧,自求散地,罢政事。初,适之与林甫有隙。适之领兵部尚书,林甫使人发兵部铨曹奸利事,收吏六十余人,付京兆。京兆尹萧炅使法曹吉温鞫之。温置吏于外,先取二重囚讯之,号呼之声所不忍闻。吏闻之大惧,引入皆自诬服,顷刻狱成。

始,太子文学薛嶷荐温才,上召见,顾嶷曰:"是一不良人,朕不用也。"及林甫欲除不附己者,求治狱吏。炅荐温于林甫,林甫大喜。又有罗希奭者,为吏深刻,林甫引为殿中侍御史。二人皆随林甫所欲,深浅锻炼,成狱,无能自脱者。时人谓之"罗钳吉网"。

【纲】秋七月,加岭南经略使张九章三品,以王翼为户部侍郎。 【目】杨贵妃方有宠,中外争献珍玩。九章、翼所献精美,九章加三品,翼为户部侍郎。民间歌之曰:"生男勿喜女勿悲,君今看女作门楣。"妃欲得生荔枝,岁命岭南驰驿致之。尝以妒悍不逊,送归铦第。上遂不食,及夜,高力士奏请迎妃归院,遂开禁门而入。后复以忤旨遣归。吉温因宦官言于上曰:"陛下何爱宫中一席之地,使之就死而辱之于外舍邪!"上赤悔之,遣中使赐以御膳。妃对使者涕泣曰:"金玉珍玩,皆陛下所赐,惟发者父母所与。"乃剪发一缭而献之。上遽召还,宠待益深。

【纲】冬,杀骁卫兵曹柳勣、赞善大夫杜有邻。 【目】有邻女

海甘德),都获得大胜。此后他又征讨吐谷浑于墨离军(即前月氏国,武德初置军,在今新疆境),俘虏了吐谷浑的全部人马,大胜而归。

【纲】夏四月,李适之被罢官。 【目】韦坚等人被贬官后,李适之很害怕,主动请求任散官,不再参知政事。当初李适之与李林甫有隔阂,李适之兼任兵部尚书,李林甫指使人告发兵部选授各曹职官中有违法行贿受贿之事,一下抓了官吏六十余人,交付京兆府处置。京兆尹萧炅派法曹吉温审讯他们。吉温把兵部官吏放在外面,而先拿两个重刑罪犯来审讯,用刑时两个犯人的惨叫声令人不忍听,在押的兵部官吏们都非常恐惧,引入审讯时都先自无辜服罪,顷刻之间这个大冤狱就被铸成了。

先前太子的文学教师薛巘推荐说吉温有才干,玄宗召见吉温后,对薛巘说:"这是一个不好的人,我不用他。"及至李林甫想除掉异己,寻求能够制造冤狱的官吏时,萧炅就向他推荐了吉温,李林甫十分高兴,还有个叫罗希奭的人,为吏十分残酷,李林甫引荐他做了殿中御史。这两个人都按李林甫的意图,无论深还是浅,锻还是炼,一旦冤狱铸成,受牵连的人没有一个能逃脱的。当时人们称他们为"罗钳吉网"。

【纲】秋七月,岭南经略使张九章被加官为三品,王翼被任命为户部侍郎。 【目】杨贵妃新得玄宗宠爱,朝廷内外争相进献珍宝奇玩。张九章、王翼所献物品非常精美,因此张九章被晋加为三品官,王翼被任命为户部侍郎。民间有歌谣讽唱道:"生男勿喜女勿悲,君今看女作门楣。"杨贵妃想吃鲜荔枝,玄宗每年都命岭南节度使派人骑驿马飞驰送来。杨贵妃曾因为嫉妒、泼悍和无礼,被送回她哥哥杨铦的府第。玄宗因此连饭都吃不下,到了夜晚,高力士奏请接贵妃回宫,于是开宫门将她迎入。此后又有一次,杨贵妃由于忤逆玄宗旨意而被遣返回家。吉温利用宦官之口对玄宗说:"陛下为什么舍不得宫中的一席之地,使杨妃去死,而让她受辱没去皇宫以外的地方呢?"玄宗也对此事深深地追悔,派使者给杨贵妃送去自己的饮食。杨贵妃对使者哭泣着说:"我的金玉珍玩,都是陛下赏赐的,只有头发是父母给予的。"于是剪下一绺头发献给玄宗。玄宗于是召她回宫,从此宠爱更深了。

【纲】冬季,玄宗下令杀死骁卫兵曹柳勣和赞善大夫杜有邻。

为太子良娣，其长女为勋妻。勋喜结交豪俊，淄川太守裴敦复、北海太守李邕皆与定交。勋与妻族不协，欲陷之，为飞语告有邻妄称图谶，交构东宫，指斥乘舆。林甫令吉温鞫之，乃勋首谋。遂与有邻皆杖死，太子亦出良娣为庶人。

【纲】丁亥，六载，春正月，杀北海太守李邕及皇甫惟明、韦坚等，王琚、李适之自杀。 【目】江华司马王琚，性豪侈，与李邕皆自谓耆旧，久在外，意怏怏，李林甫恶其负材使气，欲因事除之。别遣罗希奭按邕与裴敦复，皆杖死。邕才艺出众，卢藏用常语之曰："君如干将、莫邪，难与争锋，然终虞缺折耳。"邕不能用。

林甫又奏分遣御史赐皇甫惟明、韦坚等死。希奭所过，杀迁谪者，李适之仰药，琚自缢。

【纲】以安禄山兼御史大夫。 【目】禄山体肥，腹垂过膝。外若痴直，内实狡黠。其在上前，应对敏给，杂以诙谐，上尝戏指其腹曰："此胡腹中何所有？其大乃尔！"对曰："更无余物，止有赤心耳！"上悦。

又尝命见太子，禄山不拜，左右趣之拜，禄山曰："太子何官？"上曰："此储君也，朕千秋万岁后，代朕君汝者也。"禄山曰："臣愚，向者唯知有陛下一人，不知乃更有储君。"不得已，然后拜。上以为信然，益爱之。

禄山得出入禁中，因请为贵妃儿。上与贵妃共坐，禄山先拜贵妃。上问何故，对曰："胡人先母而后父。"上悦。

【纲】冬十月，将军董延光攻吐蕃石堡城，不克。十一月，以哥

【目】杜有邻的女儿是太子的妾,他的大女儿是柳勣的妻子。柳勣喜欢结交豪杰,淄州(治淄川,今山东淄川)太守裴敦复、北海(即青州,治益都,今山东益都)太守李邕,都与他结为至交。柳勣与妻子的家族不和,想陷害他们,写了匿名状告发杜有邻妄称有图谶,交结东宫太子,指责皇上。李林甫令吉温审讯杜有邻,查出是李勣搞的阴谋,于是把他与杜有邻一起用棍杖打死,太子也废除自己的妾,使她成为平民。

【纲】天宝六年(丁亥,747),春正月,玄宗下令杀死北海太守李邕和皇甫惟明、韦坚等,王琚、李适之自杀。 【目】江华(即道州,治营道,今湖南道县)司马王琚,性情豪放骄奢,与李邕都自称老资格,却又长久被排斥于朝廷以外,因此心里很不服气。李林甫恨他们恃才傲物,意气用事,想借故除掉他们。于是另派罗希奭审查李邕和裴敦复,把他们都以杖刑处死。李邕才艺出众,卢藏用常对他说:"你如同干将、莫邪宝剑,其锋利很难与你相争,但最终恐怕要被折损。"李邕未能记取他的话。

李林甫又奏请分别派御史前去赐皇甫惟明、韦坚等人死。罗希奭所经过之处,杀死了所有被贬职的人,李适之服毒,王琚自缢。

【纲】玄宗任命安禄山兼御史大夫。 【目】安禄山身体肥胖,腹部大得垂过膝盖,外表看似憨厚老实,实际上内心狡猾诡诈。他在玄宗面前应对敏捷,还常带着诙谐。玄宗曾戏指他的肚子说:"你这个胡人的肚子里装着什么东西?其大如此!"安禄山回答说:"再没有多余的东西了,只有一颗对陛下的赤心啊!"玄宗听了十分高兴。

玄宗曾命安禄山去见太子,安禄山对太子不施下拜礼,旁边的人催促他下拜,他却说:"太子是什么官?"玄宗说:"太子是王位的继承人,是我去世后,代我做君王统治你的人啊!"安禄山说:"我愚笨,以前只知道有陛下您一个人,不知道还有王位的继承人太子。"不得已,然后才下拜。玄宗认为安禄山讲的是实话,所以更加喜欢他了。

安禄山从此能够出入于宫中,于是趁机请求做杨贵妃的儿子。玄宗与杨贵妃坐在一起,安禄山先拜贵妃,玄宗问他这是什么缘故,他回答说:"我们胡人是以母为先,以父为后的。"玄宗听了很高兴。

【纲】冬十月,将军董延光攻吐蕃石堡城(今青海东部),没能攻

舒翰充陇右节度使，贬王忠嗣为汉阳太守。【目】王忠嗣以部将哥舒翰为大斗军副使，李光弼为河西兵马使。翰本突骑施别部酋长，光弼，契丹王楷洛之子也，皆以勇略为忠嗣所重。每岁积石军麦熟，吐蕃辄来获之，无能御者。翰先伏兵于其侧，虏至，断其后，夹击之，无一人得返，自是不敢复来。

上欲使忠嗣攻吐蕃石堡城，忠嗣上言："石堡险固，吐蕃举国守之，非杀数万人不能克；臣恐所得不如所亡，不如厉兵秣马，俟其有衅，然后取之。"上意不快。

将军董延光请行，上命忠嗣分兵助之。忠嗣不得已奉诏，而不尽如其所欲。李光弼曰："大夫以多杀士卒之故，不欲成延光之功。今以数万众授之而不立重赏，士卒安肯为之尽力乎！然此天子之意也，彼无功，必归罪于大夫。大夫何爱数万段帛，不以杜其谗口乎！"忠嗣曰："今以数万之众争一城，得之未足以制敌，不得亦无害于国，故忠嗣不欲为之。忠嗣今受责，天子不过以一将军归宿卫，其次不过黔中上佐；忠嗣岂以数万人之命易一官乎！"光弼曰："大夫能行古人之事，非光弼所及也。"延光过期不克，言忠嗣沮挠军计，上怒。敕征忠嗣入朝，委三司鞫之。

上闻哥舒翰名，召见，悦之，以为陇右节度使。翰之入朝也，或劝多赍金帛以救忠嗣。翰曰："若直道尚存，王公必不冤死；如其将丧，多赂何为！"三司奏忠嗣罪当死，翰力陈其冤，上感悟，贬忠嗣汉阳太守。

克。十一月，玄宗任命哥舒翰充当陇右节度使，贬王忠嗣为汉阳（即沔州，治汉阳，今湖北武汉旧汉阳县）太守。　【目】王忠嗣任命部将哥舒翰为大斗军（今甘肃永昌西南）副使，李光弼为河西兵马使。哥舒翰本是突骑施别部的酋长，李光弼是契丹王楷洛的儿子，他们都以英勇和富于谋略而被王忠嗣所器重。每年积石军一带麦子成熟时，吐蕃人就来收割，没有人能抵挡。哥舒翰先设伏兵在该地域的两侧，吐蕃人到来后，切断他们的后路，两面夹击他们，最后没有一个吐蕃人能返回去，从此吐蕃人不敢再来了。

玄宗想派王忠嗣进攻吐蕃石堡城，王忠嗣上奏说："石堡城十分险固，吐蕃人举国守卫着它，不战死数万人是不能攻克的，我担心所得不如所失，倒不如厉兵秣马，待此处有机可乘时，再攻取它。"玄宗听后心里很不痛快。

将军董延光请求前去攻打石堡城，玄宗命令王忠嗣分出一部分兵力助董延光出战。王忠嗣不得已只好奉诏行事，却又不完全按董延光的想法去做。李光弼说："您因为士兵将被打死很多的缘故，不想成全董延光的功劳。现在将数万名兵士交给他而不设立重赏，士兵哪里肯为他尽力呢！然而这是天子的主意，他没有战功，必然会归罪于您。您为什么珍惜数万段布帛，而不用它来杜绝他进谗言之口呢？"王忠嗣说："现在以数万人去争一个城堡，即使得到它也不足以制住敌人，而不得到它也无害于国家，因此我不想做这件事。即使我此次受责难，天子也不过把一个将军调回任宿卫，再次不过贬为黔中（今四川彭水）上佐。我岂能拿数万人的性命去换一个官位呀！"李光弼说："您能像古代圣贤那样行事，这不是我所能做得到的。"董延光过了期限而没能攻克石堡城，声言王忠嗣阻挠作战计划，玄宗很生气，下敕书召王忠嗣入朝，委托三司共同审问他。

玄宗听到哥舒翰的名字，召见了他，很喜欢他，任他为陇右节度使。哥舒翰入朝，有人劝他多带金帛用作解救王忠嗣。哥舒翰说："如果正义还存在，王公必然不会蒙冤而死，如果正义已经丧失，多行贿赂又有什么用！"三司上奏王忠嗣罪该一死，哥舒翰竭力陈述他的冤枉，玄宗有所觉悟，于是贬王忠嗣为汉阳太守。

【纲】十二月，以天下岁贡赐李林甫。 【目】命百官阅岁贡物于尚书省，悉以车载赐林甫。上或时不视朝，百司悉集林甫第门，台省为空。林甫子岫为将作监，颇以盈满为惧，尝从林甫游后园，指役夫言曰："大人久处钧轴，怨仇满天下，一朝祸至，欲为此得乎！"林甫不乐曰："势已如此，将若之何！"先是，宰相皆以德度自处，骖从不过数人。林甫自以多结怨，常虞刺客，出则步骑百余人，为左右翼；居则重关复壁，如防大敌，一夕屡徙床，虽家人莫知其处。

【纲】以高仙芝为安西四镇节度使。 【目】仙芝，本高丽人，从军安西。骁勇善骑射，累官四镇节度副使。小勃律王及其旁二十余国，皆附吐蕃，贡献不入，讨之不克。制仙芝为行营节度使，讨之。仙芝虏小勃律王及吐蕃公主而还，上以仙芝为安西四镇节度使。仙芝署封常清判官，任以军事。

自唐兴以来，边帅皆用忠厚名臣，不久任，不遥领，不兼统，功名著者往往入为宰相。其四夷之将，虽才略如阿史那社尔、契苾何力，犹不专大将之任，皆以大臣为使以制之。及开元中，天子有吞四夷之志，为边将者十余年不易，始久任矣；皇子则庆、忠诸王，宰相则萧嵩、牛仙客，始遥领矣；盖嘉运、王忠嗣专制数道，始兼统矣。

李林甫欲杜边帅入相之路，以胡人不知书，乃奏言："文臣为将，怯当矢石，不若用寒族胡人；胡人则勇决习战，寒族则孤立无党，陛下诚以恩治其心，彼必能为朝廷尽死。"上悦其言，始用安禄山。至是，诸道节度使尽用胡人，精兵咸戍北边，天下之势偏重，卒使禄山倾覆天下，皆出于林甫专宠固位之谋也。

【纲】十二月，玄宗把全国当年进贡的物品赏赐给李林甫。 【目】玄宗命令朝廷官员们到尚书省观看当年的贡物，然后全部用车装载着赐给李林甫。玄宗有时不上朝，百官全部聚集到李林甫的府第，台、省等机关变成了空的。李林甫的儿子李岫在朝廷任将作监，颇为父亲权势和钱财过盛而担忧，曾在一次陪李林甫游览后花园时，指着家里的佣人说："您长期担任宰相，结怨结仇的人遍布天下，一旦大祸临头，想成为这样的人恐怕都不能！"李林甫听了不高兴地说："大势已经这样了，能拿它怎么样？"在李林甫之前，宰相都以德行度量自处，随从不过几个人，李林甫因为自知结怨太多，常需防备刺客，外出时总要有步兵骑兵百余人跟随在左右两侧。居家则重门复壁，如同防范大敌，一夜之间要几次改换床铺，就连家人也不知他的住处。

【纲】玄宗任命高仙芝为安西四镇（龟兹、于阗、焉耆、疏勒）节度使。 【目】高仙芝原是高丽人，在安西服兵役，勇猛而擅长骑射，长期任四镇节度副使。小勃律王及其周围的二十余个小国，都归附了吐蕃，不向唐朝纳贡，征讨他们又没能攻克。玄宗下制书命高仙芝任行营节度使，再去征讨。高仙芝俘虏了小勃律王和吐蕃公主凯旋而归，玄宗任命高仙芝为安西四镇节度使。高仙芝任命封常清为节度判官，让他掌管军事。

从唐朝开国以来，边防的统帅都用忠厚名臣，不长期在任，也不能在朝中遥任和兼任他职，功勋和名望卓著的常常入朝做宰相。那些四方异族的将领，即使才略像阿史那社尔、契苾何力那样，还是不让他们专大将之权，一律以朝中大臣为使而管制他们。到了开元时期，天子有吞并周围其他民族的意志，担任边将的人十余年不更换，开始长期任职了；皇子中的庆王、忠王等，宰相中的萧嵩、牛仙客等，开始了遥任；盖嘉运、王忠嗣等一人节制数道，开始了兼任统领。

李林甫企图断绝边帅入朝为相的道路，因为胡人没文化，所以他别有用心地上奏说："文臣出任将帅，怯于面对争战中的箭和石，不如任用出身贫寒的胡人，胡人勇敢善战，而出身低贱就必然孤立没有党派，陛下如果确实能以恩德征服他们的心，他们必能为朝廷以死尽忠。"玄宗很欣赏这番话，开始任用安禄山。到此时，各道节度使全部

【纲】戊子，七载，夏四月，以高力士为骠骑大将军。 【目】力士承恩岁久，中外畏之，太子亦呼之为兄，诸王公呼之为翁，驸马辈直谓之爷。自李林甫、安禄山辈皆因之以取将相。然性和谨少过，不敢骄横，故天子终亲任之，士大夫亦不疾恶也。

初，上自东都还。李林甫、牛仙客知上厌巡幸，乃增近道粟赋及和籴以实关中。数年，蓄积稍丰，上谓力士曰："朕不出长安近十年，天下无事，朕欲悉以政事委林甫，何如？"对曰："天子巡狩，古之制也。且天下大柄，不可假人，彼威势既成，谁敢复议之者。"上不悦。力士自是亦不敢深言天下事矣。

【纲】五月，赐安禄山铁券。
【纲】以杨钊判度支事。 【目】钊善窥上意所爱恶而迎之，以聚敛骤迁，一岁中领十五使，恩幸日隆。

【纲】冬十一月，以贵妃姊为国夫人。
【纲】己丑，八载，春二月，帅群臣观左藏，赐杨钊金紫。【目】是时州县殷富，仓库积粟帛，动以万计。钊请令粜变为轻货，输京师；屡奏帑藏充牣，古今罕俦，故上帅群臣观之，赐钊紫衣金鱼。上由是视金帛如粪壤，赏赐无限。

【纲】夏五月，停折冲府上下鱼书。 【目】先是，折冲府皆有木契、铜鱼，朝廷征发，下敕书、契、鱼，都督、郡府参验皆合，然后遣之。自募置彍骑，府兵日坏，死亡不补，器械耗散略尽。府兵入宿卫者谓之侍官，言其为天子侍卫也。其后本卫多以假人，役使如奴隶；

任用了胡人，精兵全部戍守在北方边境，天下的形势偏重一方，终于使安禄山倾覆了唐王朝。这一切都出自于李林甫专宠和巩固自己地位的种种阴谋。

【纲】天宝七年（戊子，748），夏四月，玄宗任命高力士为骠骑大将军。　　【目】高力士承蒙恩宠多年，朝野内外都敬畏他，连太子也称他为兄，各位王公都称他为翁，驸马之辈直呼他为爷。李林甫、安禄山之辈也都是靠他而取得将相职位的。然而高力士性情温和谨慎，少有过错，不敢骄横。因此玄宗始终亲近和信任，士大夫们也不嫉恨他。

当初，玄宗从东都回来，李林甫、牛仙客知道皇上不喜欢外出巡幸，于是增加京城附近各道的粮赋及官府收购民粮的数量，以充实关中。几年之后，积蓄比较丰厚了，玄宗对高力士说："我不出长安将近十年了，天下太平无事，我想将政务全部委托李林甫，怎么样？"高力士回答说："天子出巡和狩猎，是古代的制度，况且国家大权是不能借给他人的，他的威势一旦形成了，谁还敢再非议他呢！"玄宗听后很不高兴，高力士从此不敢再深言国家大事了。

【纲】五月，玄宗赐安禄山铁券。

【纲】玄宗任命杨钊为判度支事。　　【目】杨钊善于窥测玄宗心中的好恶而迎合他，凭着聚敛钱财而骤然升迁，一年之中身兼十五个使职，恩宠日盛。

【纲】冬十一月，玄宗封杨贵妃的姐姐为国夫人。

【纲】天宝八年（己丑，749），春二月，玄宗率群臣参观左藏仓库，赐杨钊紫衣和金鱼。　　【目】此时州县殷实富足，仓库储存的粮食布帛，数以万计。杨钊奏请下令把各地征收的粮食变卖为钱帛，送到京师，又多次上奏说国库储藏充实盈满，古今罕有可以相比的，因此玄宗率领群臣参观国库，赐杨钊紫衣和金鱼。玄宗由此视黄金布帛如粪土，赏赐没有限度。

【纲】夏五月，玄宗命令停止折冲府上下相对用的铜鱼和敕书。【目】在这以前，折冲府都有木契、铜鱼，朝廷征发府兵时，都要下敕书、木契和铜鱼，都督府、郡府检验完全对合后才能发兵。自从招募和设置彍骑以后，府兵日益衰落，死掉的逃跑的也不加以补充，武器也损

长安人羞之，至以相诟病。其戍边者，又多为边将苦使，利其死而没其财。由是应为府兵者皆逃匿，至是，无兵可交。李林甫遂奏停折冲府上下鱼书；是后府兵徒有官吏而已。彍骑之法，天宝以后，稍亦变废，应募者皆市井负贩、无赖子弟，未尝习兵。时承平日久，议者多谓中国兵可销，于是民间挟兵器者有禁；子弟为武官，父兄摈不齿。猛将精兵，皆聚于西北边，中国无武备矣。

【纲】庚寅，九载，春二月，以姚思艺为检校进食使。【目】时诸贵戚竞以进食相尚，上命宦官姚思艺为检校进食使，水陆珍羞数千盘，一盘费中人十家之产。

【纲】夏五月，赐安禄山爵东平郡王。【目】唐将帅封王自此始。

【纲】秋八月，以安禄山兼河北道采访处置使。

【纲】冬十月，安禄山入朝。

【纲】赐杨钊名国忠。

【纲】辛卯，十载，春正月，为安禄山起第于亲仁坊。【目】命有司为安禄山起第于亲仁坊，敕令但穷壮丽，不限财力。禄山置酒新第，上命宰相赴之。日遣诸杨与之游宴。禄山生日，上及杨妃赐予甚厚。后三日，召入禁中，贵妃以锦绣为大襁褓，裹之，使宫人以彩舆昇之。上闻，问故，左右以贵妃洗禄儿对。上赐贵妃洗儿金银钱，复厚赐禄山，尽欢而罢。自是禄山出入宫掖，通宵不出，颇有丑声闻于外，上亦不疑也。

耗和丢失得差不多没有了。府兵被选入宿卫的称为侍官,是说他们为天子的侍卫。后来府兵大多是雇人顶替而来的,像奴隶一样被役使,长安人常常羞辱他们,甚至以此相互羞辱。那些戍边的府兵,也大多被边将当作苦力加以役使,并吞没他们死后留下的财物而获得好处。因此那些本应充当府兵的人都逃跑和躲藏起来,以至于折冲府没有兵员可交。李林甫于是奏请停止折冲府用于上下相对用以发兵征战的铜鱼和敕书。此后府兵徒有官吏而已,招募彍骑的办法自天宝以后,也逐渐改变和废弛,应募者都是市井商贩和无赖子弟,未经过任何军事训练。当时太平日久,议论的人大多说内地的军队可以削减,于是禁止民间私人携有兵器,子弟做武官的,父兄都排斥和看不起他们。国家的精兵强将,全部集聚在西北边疆,而国内没有什么武备了。

【纲】天宝九年(庚寅,750),春二月,玄宗任命姚思艺为检校进食使。　【目】当时王公贵族皇亲国戚竞相以向玄宗进献食物来比高低,玄宗任命宦官姚思艺为检校进食使,进献的水里和陆地上的珍贵食物多达数千盘,一盘的费用就相当于十户中等人家的财产。

【纲】夏五月,玄宗赐安禄山东平郡王爵位。　【目】唐朝将帅封王就是从这里开头的。

【纲】秋八月,玄宗任命安禄山兼河北道采访处置使。

【纲】冬十月,安禄山入朝。

【纲】玄宗赐杨钊名为国忠。

【纲】天宝十年,(辛卯,751),春正月,玄宗命人在亲仁坊为安禄山建造宅第。　【目】玄宗命令有关部门为安禄山在亲仁坊建起宅第,下敕说只求壮丽,不限财力。安禄山在新建的住宅中摆设酒宴,玄宗命宰相前往赴宴。玄宗每天都派杨家的人与安禄山游玩聚宴。安禄山过生日,玄宗与杨贵妃赏赐给他的礼物十分丰厚。过了三天,又把安禄山召进宫中,杨贵妃用锦绣做成大襁褓,裹住他,让宫女用彩轿把他抬起来。玄宗听到后宫的欢笑声,问那里在干什么,左右的人说这是贵妃在为儿子安禄山行洗礼。玄宗赏赐杨贵妃洗儿金银钱,又重赏安禄山,大家尽兴而散。从此安禄山随便出入皇宫,有时通宵不出宫,有丑闻流传在外,而玄宗却不起疑。

【纲】以安禄山兼河东节度使。　【目】禄山领河东，奏户部郎中吉温为副使，知留后，以大理司直张通儒为判官，委以军事。

林甫与禄山语，每揣知其情，先言之，禄山惊服。每见，虽盛冬，常汗沾衣。林甫引与坐于中书厅，抚以温言，自解披袍以覆之。禄山忻荷，言无不尽，谓林甫为"十郎"。既归范阳，刘骆谷每自长安来，必问："十郎何言？"得美言则喜；或但云"语安大夫，须好检校！"即反手据床曰："噫嘻，我死矣！"

禄山既兼领三镇，日益骄恣。自以曩时不拜太子，见上春秋高，颇内惧；又见武备堕弛，有轻中国之心，孔目官严庄、掌书记高尚因为之解图谶，劝之作乱。禄山以尚、庄、通儒及将军孙孝哲为腹心，史思明、安守忠、李归仁、蔡希德、牛廷玠、向润容、李庭望、崔乾祐、尹子奇、何千年、武令珣、能元皓、田承嗣、田乾贞、阿史那承庆为爪牙。

【纲】秋八月，武库火。
【纲】冬十一月，以杨国忠领剑南节度使。
【纲】壬辰，十一载，春三月，改吏、兵、刑部为文、武、宪部。

【纲】夏，户部侍郎京兆尹王鉷伏诛。　【目】鉷权宠日盛，领二十余使。宅旁为使院，文案盈积，吏求署一字，累日不得前，虽李林甫亦畏避之。供弟户部郎中銲，凶险不法，召术士任海川，问："我有王者之相否？"海川惧，亡匿。供恐事泄，捕得，托以他事杖杀之。事发，鉷赐自尽，銲杖死于朝堂。

【纲】以安思顺为朔方节度使。

【纲】玄宗任命安禄山兼河东节度使。 【目】安禄山兼领河东，奏请户部郎中吉温任副使，知留后事，任命大理司直张通儒为判官，将河东的军事委托给他。

李林甫与安禄山交谈，总是揣度他的心思，先讲出来，令安禄山惊讶叹服，他每次见到李林甫，即使是隆冬季节，也常常大汗沾衣。李林甫领他到中书省的办事厅里同坐，用温和的话语抚慰他，解下自己的披袍给他披上，安禄山十分感激，对李林甫无话不谈，称李林甫为十郎。他回到范阳后，刘骆谷每次从长安来，他必定要问："十郎说了什么话？"如果听到李林甫称赞他，就高兴，有时李林甫只说："告诉安大夫，要好好检点一下！"安禄山听后就两手向后撑着床说："哎呀，我活不成了。"

安禄山兼任三镇节度使后，日益骄横放纵。自忖当初在太子面前不肯下拜，眼见着玄宗年事已高，非常害怕，又看到国家武备松弛衰微，于是产生了轻视中国之心。孔目官严庄、掌书记高尚趁机为他解释符命应验的征兆，劝他作乱。安禄山以高尚、严庄、张通儒及将军孙孝哲等人作为自己的心腹，以史思明、安守忠、李归仁、蔡希德、牛廷玠、向润容、李庭望、崔乾祐、尹子奇、何千年、武令珣、能元皓、田承嗣、田乾真、阿史那承庆等人为爪牙。

【纲】秋八月，武库失火。

【纲】冬十一月，玄宗任命杨国忠兼剑南节度使。

【纲】天宝十一年（壬辰，752），春三月，玄宗制令改称吏部为文部，兵部为武部，刑部为宪部。

【纲】夏季，户部侍郎京兆尹王鉷伏罪被杀。 【目】王鉷的权势和受玄宗宠信日盛一日，身兼二十余使。他的宅第旁边就是使院，案头文书堆得满满的，官吏请他签署个名字，等待多日都不得进前，即使李林甫也要敬畏和躲避他。王鉷的弟弟户部郎中王銲，凶恶阴险，不守国法，召术士任海川来，问道："我有当王的面相吗？"任海川很害怕，就逃跑躲藏起来。王鉷怕此事泄露出去，就把他抓住，以别的事为借口把他杖杀了。事情被人告发，王鉷被玄宗赐以自尽，王銲在朝堂上被杖打身死。

【纲】玄宗任命安思顺为朔方节度使。

【纲】冬十一月,李林甫卒。 【目】上晚年自恃承平,以为天下无复可忧,遂深居禁中,专以声色自娱,悉委政事于林甫。林甫媚事左右,迎合上意,以固其宠;杜绝言路,掩蔽聪明,以成其奸;妒贤嫉能,排抑胜己,以保其位;屡起大狱,诛逐贵臣,以张其势。自皇太子以下,畏之侧足。凡在相位十九年,养成天下之乱,而上不之寤也。

【纲】以杨国忠为右相,兼文部尚书。 【目】国忠为人强辩而轻躁,无威仪。既为相,裁决机务,果敢不疑;攘袂扼腕,公卿以下,颐指气使,莫不震慑。凡领四十余使。台省官有时名,不为己用者皆出之。或劝陕郡进士张彖谒之,彖曰:"君辈倚杨右相如泰山,吾以为冰山耳!若皎日既出,君辈得无失所恃乎!"遂隐居嵩山。

【纲】以吉温为御史中丞。 【目】杨国忠荐之也。温诣范阳辞安禄山,禄山令其子庆绪送至境。温至长安,凡朝廷动静辄报禄山,信宿而达。

【纲】癸巳,十二载,春正月,杨国忠注选人于都堂。 【目】故事,兵、吏部尚书知政事者,选事悉委侍郎以下,三注三唱,仍过门下省审,自春及夏,乃毕。至是,国忠欲自示精敏,乃遣令史先于私第密定名阙。召左相陈希烈及给事中、诸司长官皆集尚书都堂,唱注一日而毕,曰:"今左相、给事中俱在座,已过门下矣。"其间资格差谬甚众,无敢言者。于是门下不复过官,侍郎但掌试判而已。

【纲】冬十一月,李林甫去世。 【目】玄宗晚年自恃太平,认为天下不再有什么可忧虑的事了,于是深居宫中,专以声色自娱,将政事全部托付给李林甫。李林甫巴结玄宗身边的人,迎合玄宗的心意,以巩固自己受宠信的地位,杜绝人们的进谏之路,遮蔽玄宗的耳目,以施行自己的阴谋。他妒贤嫉能,排斥压抑胜过自己的人,以保住自己的地位;他多次制造重大的冤狱,诛杀和驱逐身居高位的大臣,以扩大自己的权势。从皇太子以下,人们都因为畏惧他而不敢正面对着他站立。他在相位十九年,酿成天下大乱之势,而玄宗却对此没有觉察。

【纲】玄宗任命杨国忠为右相,兼文部尚书。 【目】杨国忠为人善辩而又轻率浮躁,没有威严的仪表。做了宰相后,裁决国家大事,十分果敢而不迟疑。在朝廷上常常激愤地捋胳膊挽袖子,抓着手腕,对公卿以下的官员们颐指气使,人们没有不害怕的。他一身兼任四十余使,台省官员中凡享有一时名望而不听命于他的,都被贬为地方官。有人劝陕郡进士张彖去拜见他,张彖说:"你们以为仰仗杨右相犹如仰仗泰山一样牢靠,我以为你们所依靠的不过是座冰山!如果明亮的太阳出现,你们能够不失去所倚靠的这座山吗?"说完就隐居到嵩山去了。

【纲】玄宗任命吉温为御史中丞。 【目】杨国忠引荐吉温入朝作官。吉温临行前到范阳辞别安禄山,安禄山让他的儿子安庆绪把他送到边境。吉温到长安后,凡朝廷内有什么动静就立刻通报安禄山,信函隔一夜就送达给安禄山。

【纲】天宝十二年,(癸巳,753),春正月,杨国忠把候选的官员集合在都堂。 【目】按已往的制度,兵部和吏部尚书兼任宰相的,就把考察和选拔职官的事全部委托侍郎以下的官员去办,经过笔试、面试和拟官注籍三项程序后,再过门下省审定,从春季直到夏季才完毕。到这一次,杨国忠想要显示自己的精明和敏捷,就派令、史官员先在他的私宅密定入选人名,然后把左丞相陈希烈以及给事中、各司长官都召集到尚书都堂,全部选拔程序一天就完毕。他说:"今天左丞相、给事中都在座,已经过门下省审查了。"入选的人中资格差别不合情理的情况太多了,却没有人敢说什么。于是门下省不再审定候选的官员;侍郎也只管考试判文而已。

【纲】二月，追削李林甫官爵，剖其棺。　【目】杨国忠说安禄山使阿布思部落降者诣阙，诬告李林甫与阿布思谋反。上信之，下吏按问；林甫婿谏议大夫杨齐宣惧为所累，证成之。时林甫尚未葬，制削官爵；子孙皆流岭南、黔中；剖棺，抉含珠，褫金紫，更以小棺如庶人礼葬之。

【纲】秋八月，以哥舒翰兼河西节度使。　【目】禄山以李林甫狡猾逾己，故畏服之。及杨国忠为相，视之蔑如也，由是有隙。国忠屡言禄山有反状；上不听。国忠欲厚结陇右节度使哥舒翰与共排安禄山，奏以翰兼河西节度。是时，中国盛强，自安远门西尽唐境，凡万二千里，间阎相望，桑麻翳野，天下称富庶者莫如陇右。翰每遣使入奏，常乘白橐驼，日驰五百里。

【纲】冬十月，以中书舍人宋昱知选事。　【目】前进士刘乃遗昱书曰："禹、稷、皋陶同居舜朝，犹曰载采有九德，考绩亦九载。近代主司，察言于一幅之判，观行于一揖之间，何古今迟速不侔之甚哉！借使周公、孔子今处铨廷，考其辞华，则不及徐、庾，观其利口，则不若啬夫，何暇论圣贤之事业乎！"

【纲】甲午，十三载，春正月，安禄山入朝。　【目】是时杨国忠言禄山必反，且曰："陛下试召之，必不来。"上使召之，禄山即至。见上泣曰："臣本胡人，陛下宠擢至此，为国忠所疾，臣死无日矣！"上怜之，赏赐巨万，由是国忠之言不能入矣。太子亦言禄山必反，上不听。

【纲】加安禄山左仆射。　【目】上欲加安禄山同平章事，已令

【纲】二月，玄宗追削李林甫的官爵，剖开他的棺材。　【目】杨国忠派人劝说安禄山让阿布思部落中投降唐朝的人到朝廷来，然后诬告李林甫与阿布思谋反。玄宗相信了，派官吏去查问，李林甫的女婿谏议大夫杨齐宣怕被牵连进去，就作伪证说有此事。当时李林甫还没有下葬，玄宗下制削去他的官爵，将他的子孙都流放到岭南和黔中，剖开他的棺材，取出口中所含的珠宝，剥去身上穿的金紫官服，改换了小棺材，以平民的礼仪埋葬了他。

【纲】秋八月，玄宗任命哥舒翰兼河西节度使。　【目】安禄山因为李林甫的狡猾超过自己，所以怕他服他，到杨国忠任宰相时，安禄山对他很蔑视，因此两人之间有隔阂。杨国忠多次说安禄山有谋反的征状，玄宗总是不听。杨国忠想要深交陇右节度使哥舒翰，与他一起排斥安禄山，奏请任命哥舒翰兼任河西节度使。此时，中国强盛，从安远门向西全是唐朝境地（安远门，长安西北面第一门），凡一万二千里，村间彼此相望，桑麻遮蔽田野，天下堪称富庶的没有比得上陇右的。哥舒翰每次派人入朝奏事，总是乘坐白骆驼，日行五百里。

【纲】冬十月，玄宗任命中书舍人宋昱为知选事。　【目】前科进士刘乃致信给宋昱说："大禹、后稷和皋陶同时在虞舜朝为官，还说德行有九种，考察一个人的能力业绩也需要九年的时间。而现在掌管选拔官吏的人，察言只以一篇文章为鉴定的依据，观行也只以一个作揖的动作为尺度，为什么古今考察选拔人才时间的长短不同竟这么大！假使周公、孔子现在身处选拔官吏的考场上，考他们的文章，则比不上南朝徐陵和庾信，看他们的口才，则不如汉代的啬夫，哪里有机会论述圣贤的事业呢！"

【纲】天宝十三年（甲午，754），春正月，安禄山入朝。　【目】此时杨国忠进言说安禄山必反，并且说："陛下试召他入朝，他肯定不来。"玄宗派人去召安禄山，安禄山马上就到了。见玄宗后哭着说："我本是胡人，陛下宠爱提拔我到了今天的地步，但却被杨国忠嫉恨，我离死没有几天了。"玄宗听后十分怜惜他，赏赐他数万，从此杨国忠的话再也听不进去了。太子也进言说安禄山必反，玄宗仍然不听。

【纲】玄宗加封安禄山为左仆射。　【目】玄宗想加封安禄山为同平

太常张垍草制。杨国忠曰："禄山虽有军功,目不知书,岂可为宰相!制书若下,恐四夷轻唐。"上乃以禄山为仆射。唐初诏敕,皆中书、门下官有文者为之。乾封以后,始召文士草诸文辞,常于北门候进止,时人谓之"北门学士"。上即位,始置翰林院,密迩禁庭,延文章之士,下至僧、道、书、画、琴、棋、数术之工,皆处之,谓之待诏。刑部尚书张均及弟垍,皆翰林院供奉。

【纲】二月,以杨国忠为司空。

【纲】三月,安禄山归范阳。　【目】禄山辞归范阳。上解御衣以赐之,禄山惊喜。恐杨国忠奏留之,疾驱出关。乘船而下,昼夜兼行,日数百里。

初,上令高力士饯禄山,还,上问:"禄山慰意乎?"对曰:"观其意怏怏,必知欲命为相而中止也。"上以告国忠。国忠曰:"此议他人不知,必张垍兄弟告之也。"上怒,贬均、垍官。

【纲】夏六月朔,日食,不尽如钩。

【纲】剑南留后李宓击南诏,败没。　【目】宓击南诏,全军皆没。杨国忠隐其败,更以捷闻,益发中国兵讨之,前后死者几二十万人,无敢言者。上尝谓高力士曰:"朕今老矣,朝事付之宰相,边事付之诸将,夫复何忧!"力士对曰:"臣闻云南数丧师,又边将拥兵太盛,陛下将何以制之!臣恐一旦祸发,不可复救,何谓无忧也!"上曰:"卿勿言,朕徐思之。"

【纲】秋八月,陈希烈罢,以韦见素同平章事。

章事,已经命令太常张垍草写了制书,杨国忠说:"安禄山虽然有军功,但眼睛不识一个字,怎么可以任宰相!制书如果下达,恐怕四周的夷人会轻视我们大唐王朝。"于是玄宗改任安禄山为仆射。唐代初年皇帝的诏书制敕,都由中书、门下省官员中有文才的人撰写。乾封年以后,才开始召文士起草各种文辞,他们常在北门听候批示,当时的人们称他们为"北门学士"。玄宗即位后,开始设立翰林院,靠近宫庭,延请善写文章的学士,下至僧人、道士以及擅长书、画、琴、棋,精通天文、历法、占卜的人,都被召入其中,统称他们为待诏。刑部尚书张均以及他的弟弟张垍,都是翰林院供奉。

【纲】二月,玄宗任命杨国忠为司空。

【纲】三月,安禄山返回范阳。 【目】安禄山向玄宗告辞回范阳去,玄宗脱下自己的衣服赐给他,安禄山十分惊喜。他怕杨国忠奏请把他留在朝中,所以飞快地骑马出了潼关,然后乘船顺流而下,昼夜兼程,日行数百里。

安禄山走时,玄宗命高力士为他饯行,高力士回到宫中后,玄宗问他:"安禄山感到快慰吗?"高力士回答说:"看他的心情很不满意,一定是知道了想要任他为宰相而又半路罢休了。"玄宗把这件事告诉了杨国忠,杨国忠说:"这个动议别人都不知道,一定是张垍兄弟俩告诉他的。"玄宗大怒,贬了张均、张垍的官职。

【纲】夏季,六月初一,出现日食不是全食,形状像弯钩。

【纲】剑南留后李宓攻打南诏。大败,全军覆没。 【目】李宓攻打南诏,全军覆没,杨国忠隐瞒了他的失败,而改为报捷,再增加国内的兵力前去征讨,前后战死的人几近二十万,而朝中没有一人敢说出事实。玄宗曾对高力士说:"我现在老了,朝廷大事交给宰相主持,边防的事则托付给诸位将领,还有什么可忧虑的呢?"高力士回答说:"我听说云南屡屡战败,再有,守边的将领拥有的兵力太大,陛下将用什么办法控制他们?我恐怕一旦大祸发生,便不可再挽救,怎么能说没有忧患呢?"玄宗说:"你不要再讲了,让我慢慢考虑一下这个问题。"

【纲】秋八月,玄宗罢免了陈希烈的官职,任命韦见素为同平章事。

纲鉴易知录卷五十

唐纪

玄宗明皇帝

【纲】乙未,十四载,春二月,安禄山请以蕃将代汉将,从之。
【目】禄山使副将何千年入奏,请以蕃将三十二人代汉将。韦见素谓杨国忠曰:"禄山久有异志,今又有此请,其反明矣。"明日,入见,上迎谓曰:"卿等疑禄山邪?"见素因极言禄山反已有迹,所请不可许,上不悦,竟从禄山之请。

他日,国忠、见素言于上曰:"臣有策可坐消禄山之谋。若除禄山平章事,召诣阙,以贾循、吕知诲、杨光翙分领范阳、平卢、河东节度,则势自分矣。"上从之。已草制而不发,更遣中使辅璆琳以珍果赐禄山,潜察其变。璆琳受禄山厚赂,还,盛言禄山无二心。上谓国忠等曰:"朕推心待之,必无异志。朕自保之,卿等勿忧也!"事遂寝。

【纲】哥舒翰入朝。
【纲】秋七月,安禄山表请献马,遣中使谕止之。

【纲】冬十月,帝如华清宫。
【纲】十一月,安禄山反,遣封常清如东京募兵以御之。
【目】禄山专制三道,阴蓄异志,殆将十年,以上待之厚,欲俟上晏驾然后作乱。会杨国忠屡言禄山且反,数以事激之,欲其速反以取信于上。禄山由是决意遽反。会有奏事官自京师还,禄山诈为敕书,示诸将曰:"有密旨,令禄山将兵入朝讨杨国忠。"众愕然相顾,莫敢异言。于是发所部兵及奚、契丹凡十五万,反于范阳。命贾循守范

玄宗明皇帝

【纲】天宝十四年（乙未，755），春二月，安禄山请求用蕃人将领取代汉人将领，玄宗批准了。 【目】安禄山派副将何千年入朝奏事，请求用蕃将三十二人取代汉人将领。韦见素对杨国忠说："安禄山早就怀有反叛之心，如今又提出这样的请求，其谋反的倾向已经很明显了。"第二天，两个人进宫见玄宗，玄宗迎接他们说："你们怀疑安禄山吗？"韦见素于是尽力说明安禄山的谋反已有了种种迹象，并说他所提出的请求不能允许，玄宗听后很不高兴，最后还是批准了安禄山的请求。

此后的一天，杨国忠、韦见素对玄宗说："我们有办法消除安禄山的阴谋。如果革除安禄山的同平章事，召他到朝廷来，让贾循、吕知诲、杨光翙分别兼任范阳、平卢、河东节度使，那么安禄山的势力就自然被分解了。"玄宗接受了这个建议。已经草拟了制书但没有及时颁发，又派宫廷使者辅璆琳拿着珍果前去赏赐给安禄山，暗中观察安禄山有什么变化。辅璆琳接受了安禄山厚重的贿赂后，回到朝廷，极力说安禄山没有二心。玄宗对杨国忠等人说："我推心置腹地对待他，他必然不存有叛逆之心。我亲自担保他，你们不要再担忧了。"事情于是止息。

【纲】哥舒翰入朝。

【纲】秋七月，安禄山上表请求献马，玄宗派宫廷使者送谕书制止了他。

【纲】冬十月，玄宗前往华清宫。

【纲】十一月，安禄山反叛，玄宗派封常清前往东京招募兵员以抵御安禄山。 【目】安禄山专制范阳、平卢、河东三道，暗地里蓄谋造反已将近十年，由于玄宗待他恩厚，所以想等玄宗去世后再作乱。但正赶上杨国忠屡次说安禄山将要反叛，多次用事激他，想使他立即造反，以取信于玄宗。安禄山因此决意突然发难。恰好此时有奏事官从京城返回，安禄山便伪造了皇帝敕书，告诉众将领说："皇上有密诏送来，命令我率兵入朝征讨杨国忠。"众将领听后大为惊愕，面面相觑，没有敢

阳,吕知诲守平卢,高秀岩守大同;大阅誓众,引兵而南。时承平久,百姓不识兵革,河北州县望风瓦解。

上闻禄山已反,乃召宰相谋之。杨国忠扬扬有得色,曰:"今反者独禄山耳,将士皆不欲也。不过旬日,必传首诣行在。"上以为然。安西节度使封常清入朝,上问以讨贼方略,常清大言:"请诣东京,开府库,募骁勇,挑马箠度河,计日取禄山之首献阙下!"上悦。以为范阳、平卢节度使。乘驿诣东京募兵,旬日,得六万人;乃断河阳桥,为守御之备。

【纲】帝还京师,安庆宗伏诛,以郭子仪为朔方节度使。

【纲】十二月,以高仙芝为副元帅,统诸军屯陕。 【目】以荣王琬为元帅,高仙芝副之,统诸军东征。仙芝以五万人发京师,遣宦者边令诚监其军,屯于陕。

【纲】禄山陷荥阳,杀其太守崔无诐。
【纲】封常清与贼战于武牢,败绩,禄山遂陷东京。留守李憕、御史中丞卢奕死之。
【纲】高仙芝退保潼关,河南多陷。
【纲】制太子监国。 【目】上议亲征,制太子监国,谓宰相曰:"逆贼横发,朕当亲征,且使太子监国。事平之日,朕将高枕无为矣。"杨国忠大惧,退谓三夫人曰:"太子素恶吾家,若一旦得天下,吾与姊妹并命在旦暮矣!"使说贵妃,衔土请命于上,事遂寝。

说不的。于是发动所属的军队以及奚、契丹等异族军队共十五万人,在范阳起事反叛。安禄山命令贾循镇守范阳,吕知诲镇守平卢,高秀岩镇守大同(治善阳东,同时置马邑,今山西朔县东北);举行了盛大的检阅誓师仪式后,安禄山领兵向南进发。当时唐朝已经太平了很长时间,百姓没见过战争,所以河北各州县一看到征战的势头就崩溃瓦解了。

　　玄宗听说安禄山已经反叛了,立即召宰相商讨对策,杨国忠洋洋得意地说:"现在反叛的只不过安禄山一人罢了,将士们都不愿意这样,过不了十天,必然将他的首级传送到陛下所在之地。"玄宗认为这话很对。安西节度使封常清入朝,玄宗问他平叛讨贼的计策,封常清夸海口说:"请陛下允许我到东京去,打开府库,招募勇士,扬鞭跃马渡过黄河,几天之内就可以取安禄山的首级献于宫殿之下。"玄宗听了很高兴,任命他为范阳、平卢节度使。封常清乘着驿车到东京招募兵士,十天之内,招到了六万人;继而阻断河阳桥(即河桥,在今河南孟县南),作为防守御敌的准备。

　　【纲】玄宗回到京城,安庆宗伏罪被杀;玄宗任命郭子仪为朔方(治灵州回乐,今宁夏灵武西南)节度使。

　　【纲】十二月,玄宗任命高仙芝为副元帅,统领各路军队屯守于陕郡(即陕州,治陕县,今河南陕县)。　【目】玄宗任命荣王李琬为元帅,高仙芝为副帅,统帅各路军队东征。高仙芝率五万人从京城出发,玄宗派宦官边令城任监军,屯守在陕郡。

　　【纲】安禄山攻陷荥阳(今河南荥阳),杀了荥阳太守崔无波。

　　【纲】封常清与叛军战于武牢关(在今河南荥阳西北),大败,安禄山于是攻陷了东京。东京留守李憕、御史中丞卢奕被杀死。

　　【纲】高仙芝退守潼关,河南地区大多沦陷。

　　【纲】玄宗下制命令太子李亨监管朝政。　【目】玄宗拟亲自率兵征讨叛贼,下制命令太子李亨监守朝廷。玄宗对宰相说:"逆贼横行作乱,我应该亲自征伐,权且让太子监国。事态平息后,我将高枕无忧不问朝政了。"杨国忠听后非常恐惧,退朝后对杨姓的三位夫人(即杨贵妃的三个姐姐韩国、虢国、秦国夫人)说:"太子一向憎恶我们杨家,如果一旦他做了皇帝,我与姐妹们的性命就都危在旦夕了。"他让三位夫

【纲】平原太守颜真卿起兵讨贼。 【目】初,真卿知禄山且反,因霖雨,完城浚壕,料丁壮,实仓廪;禄山以其书生,易之。及反,牒真卿将兵防河津,真卿遣平原司兵李平间道奏之。上始闻河北郡县皆从贼,叹曰:"二十四郡,曾无一人义士邪!"及平至,大喜曰:"朕不识颜真卿作何状,乃能如是!"真卿使亲客密怀购贼牒诣诸郡,由是诸郡多应者。召募勇士,旬日至万余人,谕以举兵讨禄山,继以涕泣,士皆感愤。

饶阳太守卢全诚据城不受代;禄山使张献诚将兵万人围饶阳。

【纲】杀高仙芝、封常清,以哥舒翰为副元帅。 【目】边令诚数以事干仙芝,仙芝不从。令诚入奏事,遂言:"常清以贼摇众,而仙芝弃陕地数百里,又盗减粮赐。"上大怒,遣令诚赍敕即军中斩仙芝及常清。上以哥舒翰有威名,且素与禄山不协,召见,拜兵马副元帅,将兵八万以讨禄山。

【纲】禄山遣兵寇振武,郭子仪使兵马使李光弼、仆固怀恩击破之。进围云中,拔马邑。

【纲】常山太守颜杲卿起兵讨贼,河北诸郡皆应之。 【目】禄山之至藁城也,常山太守颜杲卿力不能拒,与长史袁履谦往迎之。禄山辄赐杲卿金紫,质其子弟,使仍守常山;又使其将李钦凑将数千人守井陉口,以备西军。杲卿归途中,指其衣谓履谦曰:"何为着

人去劝杨贵妃口含着黄土请求玄宗不要这样做,让位之事于是作罢。

【纲】平原(即德州,治安德,今山东德州)太守颜真卿起兵讨贼。　【目】当初,颜真卿知道安禄山要反叛,借着连绵大雨之机,在城的四周挖好了深沟,估计了能参战的壮年人数,充实了仓库。安禄山以为颜真卿只不过是一介书生,轻视了他。安禄山起兵造反时,发公文让颜真卿领兵防守黄河渡口,颜真卿派平原郡司兵李平走小路入朝奏报军情。玄宗最初听说河北的郡县都投降了叛贼时,曾感叹说:"二十四个郡,竟没有一个人是义士吗?"及至李平前来奏报时,玄宗大喜,说:"我不知道颜真卿是什么样子,竟能如此!"颜真卿派亲信暗藏着悬赏捉拿叛贼的文告到各郡去,因此各郡多有响应的。他又招募勇士,十天就募到万余人,他向这些人讲明举兵讨伐安禄山的道理,然后激愤地哭了,士兵们也都因此而感愤起来。

饶阳(即深州,治饶阳,今河北献县西北)太守卢全诚占据着郡城不肯受降,安禄山派张献诚率兵万人包围了饶阳。

【纲】玄宗杀了高仙芝、封常清,任命哥舒翰为副元帅。　【目】边令诚多次用事情干涉高仙芝,高仙芝不听他的,于是边令诚就在入朝奏事时说:"封常清用叛军势力强大来动摇军心,而高仙芝则放弃陕地数百里,还盗减军士的粮食和陛下赏赐的物品。"玄宗听后大怒,派边令诚手持敕书到军中斩了高仙芝和封常清。玄宗因为哥舒翰享有威名,并且向来与安禄山不和而召见他,任命他为兵马副元帅,领兵八万去讨伐安禄山。

【纲】安禄山派兵进犯振武(振武军,单于都护府治,今内蒙古和林格尔),郭子仪派兵马使李光弼、仆固怀恩击败了侵犯振武的叛军。然后进军包围了云中郡(治云州,今内蒙古托克托),夺取了马邑(今山西朔县东北)。

【纲】常山(即恒州,治真定,今河北正定)太守颜杲卿起兵讨贼,河北各郡都响应他。　【目】安禄山的军队到了藁城县(今河北藁城),常山太守颜杲卿考虑到自己的兵力不足以抵御叛军,就与长史袁履谦前去迎接安禄山。安禄山赐颜杲卿金紫官服,以他的子弟作为人质,让他仍然据守常山郡,又派自己的部将李钦凑率领数千人据守在井陉口(在

此?"履谦悟其意,乃阴与杲卿谋起兵讨禄山。至是,将起兵,会从弟真卿自平原遣甥卢逖潜告杲卿,欲连兵断禄山归路,以缓其西入之谋。杲卿以禄山命召李钦凑,使帅众受犒;醉而斩之,悉散井陉之众。贼将高邈、何千年适至,皆擒之。杲卿用千年策,张献诚解围遁去。杲卿乃使人入饶阳城,慰劳将士。于是河北诸郡响应,凡十七郡皆归朝廷,兵合二十余万;其附禄山者,惟范阳、卢龙、密云、渔阳、汲、邺六郡而已。

杲卿又密使人入渔阳招贾循,邺城人马燧说循曰:"禄山负恩悖逆,终归夷灭。公若以范阳归国,倾其根柢,此不世之功也。"循然之,犹豫不时发。别将牛润容知之,以告禄山,禄山召循,杀之。马燧亡入西山,隐者徐遇匿之,得免。

禄山欲攻潼关,至新安,闻河北有变而还。

【纲】丙申,十五载,春正月,安禄山僭号。 【目】禄山自称大燕皇帝,改元圣武,以达奚珣为侍中,张通儒为中书令,高尚、严庄为中书侍郎。

【纲】以李随为河南节度使,许远为睢阳太守。

【纲】贼将史思明陷常山,颜杲卿死之。复陷九郡,进围饶阳。 【目】杲卿起兵才八日,守备未完,史思明、蔡希德引兵皆至城下。杲卿告急于太原尹王承业,承业拥兵不救。杲卿昼夜拒战,粮

今河北石家庄西井陉山上），以防备西边来兵。颜杲卿在归途中，指着那套金紫衣对袁履谦说："我为什么要穿这种衣服？"袁履谦明白他的用意，于是暗地里同颜杲卿策划起兵讨伐安禄山。及至正待起兵的时候，恰巧颜杲卿的堂弟颜真卿从平原郡派外甥卢逖秘密地来告诉颜杲卿，想和他联合兵力断绝安禄山的退路，以延缓安禄山向西部进犯计划的实施。颜杲卿于是假借安禄山的命令召李钦凑，让他率部接受犒劳，把他用酒灌醉后杀死，把守井陉关的兵众也都遣散。叛将高邈、何千年正好来到这里，也都被抓获。颜杲卿采用何千年的计策，使张献诚放弃了对饶阳的包围逃走了。颜杲卿便派人入饶阳城，慰劳将士。于是河北各郡都响应，共计十七个郡都归顺了朝廷，兵力合计二十多万，那些归附安禄山的，只不过有范阳、卢龙、密云（即檀州，治密云，今北京市密云）、渔阳（即蓟州，治渔阳，今北京密云西南）、汲（即卫州，治汲县，今河南汲县）、邺（即相州，治安阳，今河南安阳）等六个郡罢了。

　　颜杲卿又秘密派人前往渔阳去招降贾循，郏城（今河南郏县）人马燧劝贾循说："安禄山忘恩负义，倒行逆施，终归要被消灭，您如果将范阳归附国家，倾覆安禄山的根基，这是非凡的功劳啊！"贾循许诺要这样做，但又犹豫没能及时行动。此事被别将牛润容知道了，报告了安禄山，安禄山召见贾循，把他杀死了。马燧逃入西山，隐士徐遇把他藏匿起来，才得以免于一死。

　　安禄山想要攻打潼关，到了新安（今河南新安），听到河北发生变故而返回。

　　【纲】天宝十五年（丙申，756），春正月，安禄山自己称帝封号。
【目】安禄山自称大燕皇帝，改年号为圣武，任命达奚珣为侍中，张通儒为中书令，高尚、严庄为中书侍郎。

　　【纲】玄宗任命李随为河南节度使，许远为睢阳（即宋州，治宋城，今河南商丘南）太守。

　　【纲】叛将史思明攻陷了常山，颜杲卿被杀死，继而，叛军又攻陷九个郡，进而包围饶阳。　　【目】颜杲卿起兵反抗叛贼才八天，防卫的设施尚未完成，史思明、蔡希德就率兵到了城下。颜杲卿向太原（即并州，治太原，今山西太原西南）尹王承业告急求援，王承业按兵不救。

尽矢竭；城遂陷。贼执杲卿及袁履谦等送洛阳。杲卿至洛阳，禄山数之曰："我奏汝为判官，不数年超至太守，何负于汝而反？"杲卿骂曰："汝本营州牧羊羯奴，天子擢汝为三道节度使，恩幸无比，何负于汝而反？我世为唐臣，禄位皆唐有，虽为汝所奏，岂从汝反邪！我为国讨贼，恨不斩汝，何谓反也？臊羯狗，何不速杀我！"禄山大怒，并履谦缚而剐之。二人比死，骂不绝口。颜氏死者三十余人。

思明既克常山，引兵击诸郡之不从者，于是邺、广平、钜鹿、赵、上谷、博陵、文安、魏、信都等郡复为贼守。卢全诚独不从，思明等围之。

【纲】以李光弼为河东节度使。【目】上命郭子仪罢围云中，还朔方，益发兵进取东京；选良将分兵先出井陉，以定河北。郭子仪荐光弼以为河东节度使，分朔方兵万人与之。

【纲】二月，李光弼入常山，执贼将安思义。遂与史思明战，大破之。

【纲】真源令张巡起兵雍丘讨贼。【目】先是，谯郡太守杨万石以郡降安禄山，逼真源令张巡为长史，使西迎贼。巡至真源，帅吏民哭于玄元皇帝庙，起兵讨贼，乐从者数千人；巡选精兵千人西至雍丘，与贾贲合。初，雍丘令令狐潮以县降贼，引精兵攻雍丘；贲出战，败死。巡力战却贼，因兼领贲众。潮复与贼将李怀仙等四万余众奄至城下。巡使千人乘城；自帅千人，分数队，开门突出。巡身先

颜杲卿昼夜抵抗，箭尽粮绝，常山城最终还是沦陷了，叛贼把颜杲卿、袁履谦等人抓获，并押解到洛阳。颜杲卿被押送到洛阳后，安禄山数落他说："我上奏朝廷任命你为判官，没过几年又越级提升你为太守，有什么对不起你的地方，使你背叛我？"颜杲卿大骂道："你本来不过是营州一个牧羊的胡奴，天子提拔你任三道节度使，恩宠无比，有什么对不起你的地方，使你反叛？我世代为唐朝臣子，利禄官位都属于唐朝，虽然是你上奏朝廷任命的，难道能跟从你反叛朝廷吗？我为国讨贼，只恨没能杀了你，怎么是反叛呢？臊胡狗，干吗不快点杀我！"安禄山大怒，把颜杲卿和袁履谦一起捆绑起来，用刀活活剐死。两个人到死还骂不绝口。颜杲卿一家被杀死的有三十余人。

史思明攻克常山郡后，又领兵去讨伐不归顺安禄山的各郡，于是，邺、广平（即洛州，治永年，今河北永年东北）、钜鹿（即邢州，治龙岗，今河北邢台）、赵（即赵州，治平棘，今河北宁晋西北）、上谷（即易州，治易县，今河北易县）、博陵（即定州，治安喜，今河北定县）、文安（即莫州，治漠县，今河北任丘北）、魏（即魏州，治贵乡，今河北大名东）、信都（即冀州，治信都，今河北衡水西南）等郡重新沦为叛军占据。唯独卢全诚不投降，史思明等人就领兵包围了饶阳。

【纲】玄宗任命李光弼为河东节度使。　【目】玄宗命令郭子仪停止包围云中郡的行动，回师朔方，再增加兵力前去攻取东京。命郭子仪选一名良将带一部分军队先出井陉关，以平定河北。郭子仪推荐李光弼任河东节度使，将朔方的兵力分出一万人交他指挥。

【纲】二月，李光弼攻入常山郡，抓获了叛将安思义，然后与史思明交战，大败了叛军。

【纲】真源县（今河南鹿邑东，本名合阳县）县令张巡起兵前往雍丘（今河南杞县），讨伐叛军。　【目】在这以前，谯郡（即亳州，治谯县，今安徽亳县）太守杨万石率郡投降了安禄山，逼着真源县令张巡任长史，向西去迎接叛军。张巡到了真源，率领官吏和民众在玄元皇帝庙中痛哭流涕，然后起兵讨贼，愿意跟随他的有数千人。张巡选精兵一千人向西到了雍丘，与贾贲会合。当初，雍丘县令令狐潮率县降贼，领精兵攻打雍丘，贾贲出城应战，战败而死。张巡力战击退了叛贼，于是兼

士卒，直冲贼陈，人马辟易，贼遂退。明日，复进，蚁附攻城，巡束蒿灌脂，焚而投之，贼不得上。积六十余日，大小三百余战，带甲而食，裹疮复战，贼遂败走，军声大振。

【纲】以李光弼为河北节度使。

【纲】加颜真卿河北采访使。真卿击魏郡，拔之。 【目】先是，清河客李萼，年二十余，为郡人乞师于真卿曰："公首唱大义，河北诸郡恃公以为长城。今清河，公之西邻，国家平日聚江、淮、河南钱帛于彼以赡北军。昔讨默啜，兵甲皆贮其库。窃计财足以三平原之富，兵足以倍平原之强。公诚资以士卒，抚而有之，以二郡为腹心，则余郡如四支，无不随所使矣。"真卿曰："吾兵新集未练，何暇及邻！然子之请兵，欲何为乎？"萼曰："清河非力不足，而借公之师也，亦以观大贤之名义耳。今仰瞻高意，未有决辞定色，仆何敢遽言所为乎！"真卿奇之，欲与之兵。众以为萼年少，轻虑，必无所成，真卿不得已辞之。

萼就馆，复为书说真卿曰："清河去逆效顺，奉粟帛器械以资军，公乃不纳而疑之。仆回辕之后，清河不能孤立，必有所系托，将为公西面之强敌，公能无悔乎？"真卿大惊，遽诣其馆，以兵六千借之；送至境，执手别。因问之曰："兵已行矣，可以言子之所为乎？"萼曰："闻朝廷遣程千里将兵十万出崞口，贼据险拒之，不得前。今

领贾贲的部队。令狐潮又与叛将李怀仙等率四万多人迅疾来到雍丘城下。张巡派一千人登上城墙守卫，又亲自带领一千人，分成几个队，打开城门突然出击，张巡身先士卒，直冲敌人阵中，叛军人马大为惊骇，四处奔逃溃退。第二天，叛军又来攻城，像成群的蚂蚁一样趋附着往城墙上爬。张巡命令士兵把蒿草捆扎起来，浇上油脂，点燃后向叛军投过去，敌人无法登上城墙。经过了六十多天，大小三百多场交战，守城将士披着铠甲进食，带着创伤继续作战，叛军终于败逃了，从而使唐朝军队声威大振。

【纲】玄宗任命李光弼为河北节度使。

【纲】玄宗加封颜真卿为河北采访使。颜真卿进攻魏郡，夺取了它。 【目】在这之前，有个清河郡（即贝州，治清河，今河北南宫东南）来客叫李萼，年纪二十多岁，代表清河郡人向颜真卿请求兵力，他说："您首倡大义，河北各郡都把您看作长城那样可以依靠。现在清河是您的西邻，国家平时聚江、淮以及河南地区的钱和布帛放在那里以供给北方的军队。当年讨伐默啜，兵器都贮藏在清河郡的武库中。我计算那里的财物足可以抵得上三个平原郡的富庶，兵力可以抵得上两个平原郡的强大。您如果真能以士卒相助，安抚并占据那里，以平原、清河两郡作为身体的腹心，那么其他各郡就会像四肢一样，没有不听从指挥的了。"颜真卿说："我的兵士刚刚召集在一起还没有经过训练，哪有闲暇顾到邻郡？然而您借兵是想做什么呢？"李萼说："清河并不是兵力不足，借您的军队，也是以此作为观察大人的名义而已。如今瞻仰大人的意志，还没有决定的言辞和神色，我哪里敢冒然讲出为什么要借兵呢？"颜真卿听了这番话后感到很惊奇，想要借兵给他。周围的人认为李萼年纪太轻，思想太简单，必然无所成就，颜真卿不得已，只好拒绝他。

李萼到了馆舍，又写信给颜真卿说："清河郡脱离叛军，归顺和效忠朝廷，奉献粮食和武器以资养军队，您却不予接纳而怀疑我们的用心。我返回去以后，清河不能孤立存在，必定要有所维系和依托，假如成为您西面的劲敌，您能不后悔吗？"颜真卿见到这封信后大为震惊，马上到李萼下榻的馆舍去，将六千兵士借给他，并亲自送他到边境，与他握手告别，趁机问他说："现在兵士们已经出发了，可以讲出您借兵

当引兵先击魏郡,执其守将;分兵开崞口,以出千里之师,因讨汲、邺以北至于幽陵;然后帅诸问盟,合兵十万,南临孟津,分兵循河,据守要害,制其北走之路。计官军东讨者不下二十万,河南义兵西向者亦不减十万。公但当表朝廷坚壁勿战,不过月余,贼必有内溃相图之变矣。"真卿曰:"善!"命参军李择交等将其兵,会清河、博平兵五千人军于堂邑。禄山所署魏郡太守袁知泰逆战,大败,遂克魏郡,军声大振。

【纲】以贺兰进明为河北招讨使。 【目】时北海太守贺兰进明亦起兵,真卿以书召之并力,进明将步骑五千渡河,真卿陈兵逆之,相揖,哭于马上,哀动行伍。进明屯平原城南,真卿每事咨之,由是军权稍移于进明,真卿不以为嫌,复以堂邑之功让之;敕加进明河北招讨使。

【纲】夏四月,郭子仪、李光弼与史思明战于九门,败之,进拔赵郡。

【纲】五月,郭子仪、李光弼与史思明战于嘉山,大破之,复河北十余郡。 【目】郭子仪、李光弼还常山,史思明收散卒数万踵其后。子仪选骁骑更战,三日,贼疲,乃退。禄山复使蔡希德将步骑二万人北就思明,又使牛廷玠发范阳等郡兵,合五万余人。子仪至恒阳,深沟高垒以待之;贼来则守,去则追之,昼则耀兵,夜斫其营,贼不得休息。数日,子仪、光弼议曰:"贼倦矣,可以出战。"战于嘉山,大破之,斩首四万级,捕虏千余人。思明奔博陵;光弼就围之,军声

的原因了吗？"李萼说："听说朝廷派程千里领兵十万出崞口（崞山之口，崞山在今山西原平西南），叛军占据险要地势阻挡他，使他不能前进。现在正应该率部队先攻打魏郡，抓住那里的守将，然后分出部分兵力去打开崞口，让程千里的部队得以出击，趁势征讨汲、邺两郡以北直至幽陵（即幽州），然后统领各同盟郡，合兵力十万，向南抵达孟津，再分兵沿黄河去占领各个要害地区，断绝叛军向北逃跑的道路。估计官军向东征讨的兵力不下二十万，河南义兵向西讨伐叛军的也不少于十万，您只要上奏朝廷让部队坚守壁垒不与叛军作战，不超过一个月，叛军必然会发生内部崩溃自相残杀的变故。"颜真卿说："说得好！"于是命参军李择交等率领他们的部队，会同清河、博平（即博州，治聊城，今山东聊城东北）两郡的部队五千人，驻扎在堂邑县（今山东聊城西北）。安禄山所署魏郡太守袁知泰迎战三郡军队，大败，于是攻克了魏郡，朝廷军队的声势为之大振。

【纲】玄宗任命贺兰进明为河北招讨使。【目】当时北海（即青州，治益都，今山东益都）太守贺兰进明也起兵讨贼，颜真卿用书信召他联合兵力，贺兰进明率领步兵、骑兵共五千人渡过黄河，颜真卿以军队的阵列迎接他，两人见面互相拱手行礼，在马上痛哭，悲哀之情感动了将士。贺兰进明屯兵平原城南，颜真卿每每遇事都向他咨询，因此军权渐渐地移到贺兰进明手中，颜真卿并不因此生疑，又将堂邑之战的功劳让给他，于是玄宗下敕书加封贺兰进明为河北招讨使。

【纲】夏四月，郭子仪、李光弼与史思明交战于九门县（今河北藁城西北），打败了叛军，进而攻取了赵郡。

【纲】五月，郭子仪、李光弼与史思明战于嘉山，大破叛军，收复河北十几个郡。【目】郭子仪、李光弼返回常山，史思明收罗散兵数万紧随其后。郭子仪选勇猛善战的骑兵轮番出战，三天之后，叛军疲惫不堪，于是退走。安禄山又派蔡希德率步兵、骑兵共二万人向北靠近史思明，再派牛廷玠征发范阳等郡的兵力，合五万余人。郭子仪抵达恒阳（今河北定县西北），深掘壕沟，高筑壁垒以等待敌人，叛军来攻就固守不出，叛军撤退就追击不舍，白天向敌人炫耀军威武力，夜间则偷袭敌营，使叛军不得休息。这样持续几天之后，郭子仪与李光弼商议说：

大振。于是河北十余郡皆杀贼守将而降。渔阳路再绝,贼往来者,多为官军所获,贼众家在渔阳者,无不摇心。禄山大惧,召高尚、严庄诟之曰:"汝教我反,以为万全。今守潼关,数月不能进,北路已绝,诸军四合,万全何在?"尚、庄惧,数日不敢见。田乾真说禄山曰:"自古帝王经营大业,皆有胜败,岂能一举而成!尚、庄皆佐命元勋,一旦绝之,诸将谁不内惧!"禄山即置酒酣宴,待之如初。遂议弃洛阳走归范阳,计未决。

【纲】六月,哥舒翰与贼战于灵宝,大败,贼遂入关。 【目】是时,天下以杨国忠召乱,莫不切齿。王思礼密说哥舒翰使抗表请诛国忠,翰曰:"如此,乃翰反,非禄山也。"或说国忠:"朝廷重兵尽在翰手,翰若援旗西指,于公岂不危哉!"国忠大惧,募万人屯灞上,令所亲杜乾运将之,名为御贼,实备翰也。翰闻之,亦恐为国忠所图,乃表请灞上军隶潼关,召乾运斩之,国忠益惧。

会有告贼将崔乾祐在陕,兵不满四千,皆羸弱无备,上遣使趣翰进兵复陕、洛。翰奏曰:"禄山久习用兵,岂肯无备!是必羸师以诱我,若往,正坠其计中。且贼远来,利在速战;官军据险,利在坚守。况贼势日蹙,将有内变;因而乘之,可不战擒也。要在成功,何必务速!今诸道征兵尚多未集,请且待之。"国忠疑翰谋己,言于上,以贼方无备而翰逗留,将失机会。上以为然,续遣中使趣之,项背

"敌人已经疲倦了,可以出战了。"于是与叛军交战于嘉山(在今河北定县城西),大破敌兵,杀四万多叛军,俘虏一千多人。史思明逃奔博陵,李光弼率兵包围了那里,朝廷军队声势大振。于是河北十多个郡都杀了叛军的守将而归降朝廷。这样,敌人通往渔阳的道路再一次被切断,往来的叛军大多被官军抓获,叛军将士中家在渔阳的,无不思想动摇。安禄山非常恐惧,召高尚、严庄来骂他们说:"你们挑唆我反叛,认为万无一失,如今却被阻于潼关,数月不能进军,北面的道路也已被切断,各路官军从四面合围,万无一失在哪里呢?"高尚、严庄十分害怕,很多天不敢来见安禄山。田乾真劝说安禄山道:"自古以来,帝王从事大业,都有胜有败,哪能一举成功呢?高尚、严庄都是辅佐您成就大业的元勋,一旦与他们绝情,诸将领谁能不心怀恐惧呀!"安禄山听了这话后当即设酒宴与高尚、严庄畅饮,待他们就像当初一样。于是商议放弃洛阳,回归范阳,但议而未决。

【纲】六月,哥舒翰与叛军战于灵宝,大败,叛军随即入关。
【目】此时,天下人都认为是杨国忠招致了这场祸乱,对他无不切齿痛恨。王思礼暗地里劝说哥舒翰,让他上表请求杀死杨国忠,哥舒翰说:"如果这样做,就是我哥舒翰反叛,而不是安禄山了。"有人劝杨国忠说:"朝廷重兵都掌握在哥舒翰手中,他如果挥旗指向西面的京城,对于您来说岂不危险吗?"杨国忠听了这话非常恐惧,招募万人驻守在灞上(在灞水之上,今陕西西安东),令自己的亲信杜乾运率领,名义上是抵御叛军,实际上是防备哥舒翰。哥舒翰听说这件事后,也害怕被杨国忠谋算,于是上表奏请将灞上的军队隶属于潼关军队。并且召杜乾运到潼关杀死了他。杨国忠因此更害怕了。

这时正好有人报告说叛将崔乾祐在陕郡,兵力不足四千,都是疲惫衰弱之徒,而且没有任何防备。玄宗派使臣前去催促哥舒翰进军收复陕郡和洛阳。哥舒翰上奏说:"安禄山一向善于用兵,怎么肯不设防呢?这一定是假作军队疲弱来引诱我,如若前去攻打,就正好落入他的圈套中。况且叛军远道而来,利在速战速决,而官军占据险要,利在坚守,更何况叛军的势力日益减弱,很快就会发生内乱,顺着这个形势而抓住适当的机会,就可以不战而抓获敌人。重要的在于成功,何必操之

相望。翰不得已，抚膺恸哭，引兵出关，遇贼于灵宝西原。乾祐先据险，南薄山，北阻河，隘道七十里。翰使王思礼等将精兵五万居前，庞忠等将余兵十万继之，翰以兵三万登河北阜望之，鸣鼓以助其势。乾祐所出兵不过万人，兵既交，贼偃旗如欲遁者，官军懈，不为备。贼乘高下木石，击杀士卒甚众。道隘，乾祐遣精骑自后击之，官军大败；后军自溃，河北军望之亦溃。独翰与麾下百余骑走入关。乾祐进攻潼关，克之。蕃将火拔归仁等执翰，降贼，俱送洛阳。禄山问翰曰："汝常轻我，今定何如？"翰伏地对曰："臣肉眼不识圣人。"禄山以翰为司空。谓归仁不忠，斩之。于是河东、华阴、冯翊、上洛防御使皆弃郡走。

【纲】帝出奔蜀。　【目】哥舒翰麾下来告急，上始惧，召宰相谋之。杨国忠首唱幸蜀之策，上然之，以崔光远为西京留守。既夕，命龙武大将军陈玄礼整比六军。黎明，上独与贵妃姊妹、皇子、妃、主、皇孙及亲近宦官、宫人出延秋门，妃、主、皇孙之在外者皆委之而去。

上至咸阳望贤宫，日向中，上犹未食，民献粝饭，杂以麦豆；皇孙辈争以手掬食之，须臾而尽。

有父老郭从谨进言曰："禄山包藏祸心，固非一日；有告其谋者，陛下往往诛之，使得逞其奸逆，致陛下播越。是以先王务延访忠

过急呢!现在各道的征兵还大多没有集合起来,请暂且等待一下。"杨国忠怀疑哥舒翰想要谋害自己,对玄宗说:"叛军还没有设防而哥舒翰却停滞不前,将要失去战机。"玄宗以为正确,就一再派宫廷使者去催促哥舒翰出兵,所派出的使者连续不断,前后相望。哥舒翰不得已,抚胸痛哭,率兵出关,在灵宝(今河南灵宝)以西的旷野上与叛军相遇。崔乾祐的军队占据险要地势,南靠着大山,北据黄河天险,还有狭道七十里。哥舒翰派王思礼等率领精兵五万在前面,庞忠等率领其余兵力十万紧跟其后,他自己领兵三万登上黄河北岸的高坡观察形势,命令鸣鼓以助声势。而叛将崔乾祐出兵不过一万,两军刚一交战,叛军就偃旗息鼓做出准备逃跑的样子,官军见此情形斗志大为松懈,没有加以防备,叛军居于高处,从上面投下木头、石头,官军被击死的士兵很多。这里道路狭窄,崔乾祐派精锐骑兵从后面发起攻击,官军大败,跟在后面的军队见前军大败,也不战而逃,黄河北岸的军队见此情形也一下就溃逃了,只有哥舒翰与部下百余骑兵逃入潼关。崔乾祐继而进攻潼关,攻了下来。官军中的蕃人将领火拔归仁等把哥舒翰抓起来,投降了叛军。崔乾祐把哥舒翰和他的部下都押解到洛阳。安禄山问哥舒翰:"你一向看不起我,今天怎么样?"哥舒翰伏地而拜,回答说:"我肉眼不识圣人。"安禄山任命哥舒翰为司空。安禄山说火拔归仁不忠不义,把他杀了。于是河东(即并州)、华阴(即华州)、冯翊(即同州,治冯翊,今陕西大荔)、上洛(即商州,治上洛,今陕西商县)等郡的防御使都弃郡而逃。

【纲】玄宗逃奔四川。　【目】哥舒翰的部下到朝廷来告急,玄宗这才感到恐惧,召宰相前来商议对策。杨国忠首先提出到蜀中避难的计策,玄宗认为可以,任命崔光远为西京留守。天黑以后,命令龙武大将军陈玄礼集合禁军六军。黎明时分,玄宗只携同杨贵妃姊妹、皇子、皇妃、公主、皇孙以及亲近的宦官、宫人从延秋门出皇宫,皇妃、公主、皇孙中凡在宫外居住的都弃而不顾,就此离去。

玄宗来到咸阳望贤宫,已是中午了,玄宗还没吃饭,百姓献来糙米饭,里面掺杂着麦豆,皇孙们争着用手抓起来吃,不一会儿就吃光了。

有一位名叫郭从谨的老人进言说:"安禄山包藏祸心,本不是一天了,有告发他阴谋的,陛下往往杀了人家,使安禄山的奸计能够得逞,

良以广聪明,盖为此也。臣犹记宋璟为相,数进直言,天下赖以安。自顷以来,在廷之臣以言为讳,阙门之外陛下皆不得知。草野之臣,必知有今日久矣,但九重严邃,区区之心无路上达。事不至此,臣何由得睹陛下之面而诉之乎!"上曰:"朕之不明,悔无所及!"慰谕而遣之。命军士散诣村落求食。夜将半,乃至金城县。

【纲】次于马嵬,杨国忠及贵妃杨氏伏诛。 【目】明日,至马嵬驿,将士饥疲,皆愤怒。陈玄礼以祸由杨国忠,欲诛之,因李辅国以告太子,未决。会吐蕃使者二十余人遮国忠马,诉以无食,军士呼曰:"国忠与胡虏谋反!"追杀之,以枪揭其首于驿门外,并杀韩国、秦国夫人。上闻喧哗,出门慰劳,令收队,军士不应。上使高力士问之,玄礼对曰:"国忠谋反,贵妃不宜供奉,愿陛下割恩正法。"上曰:"朕当自处之。"入门,倚杖倾头而立。久之,京兆司录韦谔前言曰:"今众怒难犯,安危在晷刻,愿陛下速决!"因叩头流血。上曰:"贵妃常居深宫,安知国忠反谋?"高力士曰:"贵妃诚无罪,然将士已杀国忠,而贵妃在陛下左右,岂敢自安!愿陛下审思之,将士安则陛下安矣。"上乃命力士引贵妃于佛堂缢杀之。舆尸置驿庭,召玄礼等入观之。玄礼等乃免胄释甲,顿首谢罪,军士皆呼万岁,于是始整部伍为行计。国忠妻子及虢国夫人走陈仓,县令薛景仙诛之。

以致陛下流离失所。先代帝王之所以延访忠良以扩大眼见和耳听的范围，正是出于这个道理呀。我还记得宋璟担任宰相时候，屡屡直言进谏，所以天下得以平安。自近年以来，朝中大臣都以进谏为忌讳，宫门以外所发生的事情陛下都不得而知。那些在朝廷之外的草野臣民，早就知道必然会有今天，但宫禁森严，区区效忠之心没有门路可以上达陛下，事情要不是到了这一步，我哪会有机会一睹陛下容颜并向陛下诉说心里话呢？"玄宗听后说："我不明智，后悔也来不及了！"然后劝慰郭从谨一番，让他走了。玄宗命军士们分散到村落中去寻找食品。将近半夜，才来到金城县（今陕西兴平）。

【纲】次日，玄宗又到了马嵬驿（今陕西兴平西马嵬镇），杨国忠和杨贵妃被杀。　　【目】第二天，玄宗一行来到马嵬驿，将士们又饥饿又疲劳，都很愤怒。陈玄礼因为祸由杨国忠而起，想杀死他，通过李辅国转告太子，太子未做决断。正巧这时随行的吐蕃使者二十余人拦住杨国忠的马，向他诉苦说没有吃的，士卒们就借机喊道："杨国忠与胡人谋反！"并追逐杀死了杨国忠，把他的头颅用枪挑着挂在驿门外示众。同时还杀死了杨贵妃的两个姐姐韩国夫人和秦国夫人。玄宗听到喧哗，走出驿门慰劳军士，命令他们撤下去，士卒们不答应。玄宗又派高力士去问他们还有什么要求，陈玄礼回答说："杨国忠谋反，杨贵妃不应该再侍奉陛下，愿陛下割爱，将杨贵妃正法。"玄宗说："这件事我理应自行处置。"然后进到驿门里面，拄着拐杖侧着头站在那里沉思。过了好一阵儿，京兆司录韦谔上前说道："眼下众怒难犯，生死安危就在顷刻之间，愿陛下速作决断！"说着不停地叩头，以致头破血流。玄宗说："贵妃长年深居宫中，哪里知道杨国忠反叛的阴谋？"高力士说："贵妃确实没有罪，然而将士们已经杀死了杨国忠，而贵妃却仍然留在陛下身边，他们怎能安心呢？愿陛下深思，将士们安宁了陛下才能安全呀！"玄宗这才命令高力士把杨贵妃带到佛堂勒死了她，把她的尸体抬到驿站的庭院中，召陈玄礼等人进来查验。陈玄礼等人见状当即摘掉头盔，脱下铠甲，叩头谢罪，军士们一齐高呼万岁，于是开始整顿部队制定行动计划。杨国忠的妻子和儿子以及虢国夫人逃到陈仓县（今陕西宝鸡东），被县令薛景仙杀死。

【纲】发马嵬，留太子东讨贼。　【目】明日，将发马嵬，朝臣惟韦见素一人，乃以韦谔为御史中丞，充置顿使。将士皆曰："国忠将吏皆在蜀，不可往。"谔曰："不如且至扶风，徐图去就。"众以为然，上乃从之。父老遮道请留，上命太子宣慰之。父老曰："至尊既不肯留，某等愿帅子弟从殿下东破贼，取长安。若殿下与至尊皆入蜀，使中原百姓谁为之主？"须臾聚至数千人。太子不可，涕泣，跋马欲西。建宁王倓与李辅国执鞚谏曰："逆胡犯阙，四海分崩，不因人情，何以兴复！殿下不如收西北边之兵，召郭、李举河北，与之并力东讨逆贼，克复二京，削平四海，使社稷危而复安，宗庙毁而更存，扫除宫禁以迎至尊，岂非孝之大者。何必区区温清为儿女之恋乎！"广平王俶亦劝太子留。父老共拥太子马，不得行。太子乃使俶驰白上。上曰："天也！"命分后军二千人及飞龙厩马从太子，谕之曰："太子仁孝，可奉宗庙，汝曹善辅佐之。"又使谕太子曰："汝勉之，勿以吾为念。西北诸胡，吾抚之素厚，汝必得其用。"且宣旨欲传位太子，太子不受。

【纲】帝至扶风。　【目】上至扶风，士卒流言不逊，陈玄礼不能制。会成都贡春彩十余万匹至，上命陈之于庭，召将士谕之曰："朕昏耄，托任失人，致逆胡乱常，须远避其锋。卿等仓猝从朕，不得别父母妻子，茇涉至此，劳苦至矣，朕甚愧之。蜀路阻长，郡县褊小，人马众多，或不能供，今听卿等各还家，朕独与子孙、中官前行入蜀，亦足自达。今日与卿等诀别，可共分此彩以备资粮。若归，见父母及长安父老，为朕致意，各好自爱也！"因泣下沾襟。众皆哭曰："臣等死生

【纲】玄宗一行从马嵬出发，留太子向东去讨伐叛军。 【目】第二天，玄宗将要从马嵬驿出发，朝臣中只剩下韦见素一人了，于是任命韦谔为御史中丞，并兼任置顿使。将士们都说："杨国忠的武将文官都在蜀地，不能到那里去。"韦谔说："不如暂且到扶风（即岐州，治雍县，今陕西凤翔南），然后慢慢考虑去向。"众人认为这样最好，玄宗也就听从了这个意见。当地的乡亲父老挡住道路请求玄宗留下，玄宗命太子留下劝慰他们，父老们说："陛下既不肯留下来，我们愿带领子弟跟随殿下向东去讨贼，攻取长安。如若殿下与皇上都去往蜀地，谁做中原百姓的主啊！"不一会儿就聚集达数千人。太子不肯，流着眼泪，调转马头准备向西追赶玄宗。建宁王李倓与李辅国抓住太子的马笼头进谏说："叛贼进犯长安，四海之内分崩离析，如果不顺从民心，拿什么来复兴国家？殿下不如收集西北边防的兵力，召郭子仪、李光弼率领河北的兵力，与他们合力向东讨伐叛贼，收复两京，平定四海，使国家从危难中解脱，恢复太平，大唐宗庙从毁坏中重新建立，把皇宫扫除一新以迎接皇帝，这难道不是最大的孝吗？何必以区区冬温夏凊之礼行一般的儿女之爱呢！"广平王李俶也劝太子留下（李倓、李俶都是太子的儿子）。父老乡亲们也都簇拥着太子的马，使他不能行走。太子于是派李俶策马前去报告玄宗。玄宗慨叹说："这是天意啊！"当即命令从后军中分出二千人以及最好的飞龙厩马去跟随太子，并告谕将士们说："太子仁义孝顺，可以继承祖宗大业，你们要好好辅佐他。"又派人告谕太子说："你好自为之，不要为我担心，西北各族胡人，我待他们一向厚道，你一定能够用得上他们。"并且宣旨说要传帝位给太子。太子却不肯接受。

【纲】玄宗抵达扶风。 【目】玄宗抵达扶风，士卒中产生了流言蜚语，很不恭敬，陈玄礼无法制止。恰好此时成都郡（今四川成都）进贡的春织丝绸送到了扶风，玄宗命令把这些丝绸都摆放在庭前，召将士们过来。对他们说："我年老糊涂，任人失当，招致逆胡反叛，祸乱了国家纲常，不得不远行躲避其攻击的锋芒。你们都是仓猝间跟随我出来的，没能与父母妻儿告别，艰苦跋涉来到此地，劳苦至极，我深为愧疚。去往蜀地的道路艰险遥远，那里地方偏僻狭窄，而现在我们人马众多，时常缺乏供给，今天任凭你们各自还家，我只与子孙和宫中侍

从陛下，不敢有贰！"上良久曰："去留听卿。"自是流言始息。

【纲】太子至平凉。

【纲】帝至河池，以崔圆同平章事。

【纲】陈仓令薛景仙杀贼将，克扶风而守之。

【纲】贼将孙孝哲陷长安。 【目】禄山不意上遽西幸，止崔乾祐兵留潼关，凡十日，遣孙孝哲将兵入长安，杀妃、主、皇孙数十人，王、侯、将、相扈从车驾家留长安者，诛及婴孩。陈希烈以晚节失恩，怨上，与张均、张垍等皆降于贼。禄山以希烈、垍为相，自余朝士皆授以官。于是贼势大炽。既陷长安，贼将日夜纵酒，专以声色宝贿为事，无复西出之意，故上得安行入蜀，太子北行亦无追迫之患。

【纲】郭子仪、李光弼引兵入井陉。刘正臣袭范阳，不克。
【目】郭子仪、李光弼闻潼关不守，引兵入井陉，留王俌守常山。刘正臣将袭范阳，未至，史思明击败之。

【纲】帝至普安，以房琯同平章事。 【目】上之发长安也，群臣多不知，至咸阳，谓高力士曰："朝臣谁当来，谁不来？"对曰："张均、张垍受恩最深，且连戚里，是必先来。时论皆谓房琯宜为相，陛下不用，又禄山尝荐之，恐或不来。"上曰："事未可知。"及琯至，上问均兄弟，对曰："臣帅与偕来，逗留不进；观其意，似有所蓄而不能言也。"上顾力士曰："朕固知之矣。"即日以琯为相。陈希烈罢相，上许以垍代之，垍拜谢。既而不用，故垍怀怏怏。

官前行入蜀，完全可以自己到达。现在与各位诀别，可以共同分享这些丝绸作为资费。如果你们能够回到家中，见到你们的父母双亲以及长安的父老，请替我向他们致意，让他们各自珍重啊！"于是忍不住落下眼泪，沾湿了衣襟，众士卒听了这番话都哭了起来，说："我们不论生死都跟随着陛下，不敢有二心！"玄宗沉默了好一会儿，然后说："是去是留听凭你们自愿。"从此流言才平息。

【纲】太子抵达平凉郡（即原州，治平高，今宁夏固原）。

【纲】玄宗抵达河池郡（即凤州，治梁泉，今陕西凤县东北凤州城），任命崔圆为同平章事。

【纲】陈仓县令薛景仙杀死叛将，攻克扶风并据守在这里。

【纲】叛将孙孝哲攻陷长安城。　【目】安禄山没料到玄宗那么快就向西去避难了，命令崔乾祐停止进军留在潼关，十天之后，派孙孝哲率兵攻入长安，杀了皇妃、公主、皇孙数十人，王、侯、将、相中跟随玄宗西行避难而家还留在长安的，家人全部被杀死，甚至包括婴儿。陈希烈由于晚年失去玄宗的信任，而心怀怨恨，于是与张均、张垍等人都投降了叛军。安禄山任命陈希烈和张垍为宰相，其余投降的朝臣也都授以官职。于是叛军势力大盛。攻陷长安后，叛将日夜纵酒，专以声色珍宝财物为事，没有了继续向西出击的意志，因此玄宗得以平安地进入蜀地，太子北行也没有被追击的忧患。

【纲】郭子仪、李光弼率兵入井陉关。刘正臣袭击范阳，未获成功。　【目】郭子仪、李光弼听说潼关失守了，就率兵进入井陉关，留王俌守卫常山郡。刘正臣准备袭击范阳，还没到那里，就被史思明打败了。

【纲】玄宗到达普安郡（今四川剑阁），任命房琯为同平章事。
【目】玄宗从长安出发一事，朝中群臣大多不知道，到了咸阳，玄宗对高力士说："朝中谁会赶来，谁不会来？"高力士回答说："张均、张垍受陛下恩惠最深，并且与陛下连着亲戚关系，一定会最先赶来。时下人们都议论说房琯应该任宰相，而陛下却不用他，加上安禄山曾推荐过他，恐怕他不会来。"玄宗说："事情究竟会怎么样还不可预料。"房琯赶到后，玄宗询问了张均兄弟的情况，房琯回答说："我约他们一起来，他们走到半路就停下来不再走了，看他们的意思，好像有什么事不好讲

【纲】秋七月，太子即位于灵武，尊帝为上皇天帝，以裴冕同平章事。　【目】初，太子至平凉，朔方留后杜鸿渐、水陆运使魏少游、判官崔漪、卢简、李涵相与谋曰："平凉散地，非屯兵之所，灵武兵食完富，若迎太子至此，北收诸城兵，西发河、陇劲骑，南向以定中原，此万世一时也。"乃使涵奉笺于太子。会河西司马裴冕至平凉，亦劝太子之朔方。鸿渐自迎太子于平凉北境，说以兴复之计。少游盛治宫室，帏帐皆仿禁中，饮膳备水陆。太子至，悉命撤之。至是，冕、鸿渐等上太子笺，请遵马嵬之命，不许。笺五上，太子乃许之。是日，即位于灵武，尊帝为上皇天帝，大赦，改元。以杜鸿渐、崔漪并知中书舍人事，裴冕为中书侍郎、同平章事。

时文武官不满三十人，披草莱，立朝廷，制度草创，武人骄慢。大将管崇嗣在朝堂，背阙而坐，言笑自若，监察御史李勉奏弹之，系于有司。上特原之，叹曰："吾有李勉，朝廷始尊。"

【纲】上皇制："以太子充天下兵马元帅，诸王分总天下节制。"

【纲】上皇至巴西。以崔涣同平章事，韦见素为左相。

【纲】李泌至灵武。　【目】初，京兆李泌，幼以才敏著闻。玄宗欲官之，不可；使与太子为布衣交。杨国忠恶之，奏徙蕲春，后隐居颍阳。上自马嵬遣使召之，谒见于灵武。上大喜，出则联辔，寝则对榻，如为太子时，事无大小皆咨之，言无不从。上欲以泌为右相，

出来。"玄宗看一眼高力士说："我早就知道会是这样。"当天就任房琯为宰相。陈希烈罢相时，玄宗许诺让张垍代替陈希烈，张垍当即拜谢，但后来又没任用他，所以他心怀不满。

【纲】秋七月，太子在灵武即帝位，尊玄宗为上皇天帝，任命裴冕为同平章事。 【目】当初，太子抵达平凉郡，朔方郡留后杜鸿渐、水陆运使魏少游、判官崔漪、卢简、李涵在一起商议说："平凉地势分散，不是屯兵之地，灵武郡武备完整口粮富足，如果把太子迎接到这里，北面收编各郡城的部队，西面征发河西、陇右的强悍骑兵，向南平定中原，这正是万世之大业只系于一时呀！"于是派李涵奉笺上奏太子，正巧这时河西郡司马裴冕来到平凉，也劝太子到朔方郡去。杜鸿渐亲自到平凉郡的北部边境迎接太子，用兴复国家之大计劝说太子。魏少游则隆重地布置了宫室，帏帐都仿照皇宫的式样，酒和膳食则备有各种山珍海味。太子到达后，命令将这些布置全部撤掉。这时，裴冕、杜鸿渐等上笺奏给太子，请他遵照玄宗在马嵬下的传位给太子的命令，但是太子不同意。笺奏连上五次，太子才同意。当日，太子在灵武即位，尊玄宗为上皇天帝，大赦天下，更改年号，任命杜鸿渐、崔漪同为知中书舍人事，裴冕为中书侍郎、同平章事。

这时肃宗手下的文武官员还不足三十人，他们披荆斩棘，建立朝廷，但由于制度刚刚设立，武人十分骄横傲慢。大将管崇嗣居然在朝堂上背对着皇帝的座位而坐，并且谈笑自若，监察御史李勉上奏弹劾他，把他抓了起来，肃宗特下令原谅他，并感叹说："我有李勉，朝廷才有尊严！"

【纲】玄宗颁布制书说："任命太子为天下兵马元帅，诸王分别统辖全国的节制。"

【纲】玄宗到达巴西郡（今四川绵阳）。任命崔涣为同平章事，韦见素为左丞相。

【纲】李泌来到灵武。 【目】当初，京兆人李泌，自幼就以才智过人而著名。玄宗想任他为官，他不接受，只好让他以平民身份与太子交友。杨国忠恨他，上奏玄宗把他迁移到蕲春郡（今湖北蕲春北），后又隐居颍阳（今河南登封西南）。肃宗从马嵬驿派使臣去召他，李泌来到灵武与肃宗相见。肃宗大喜，外出则与李泌并排骑马而行，睡觉则床对

泌固辞曰:"陛下待以宾友,则贵于宰相矣,何必屈其志!"上乃止。

【纲】上皇至成都。

【纲】令狐潮围雍丘,张巡击走之。 【目】令狐潮攻雍丘。潮与张巡有旧,于城下相劳苦如平生。潮因说巡曰:"天下事去矣,足下坚守危城,欲谁为乎?"巡曰:"足下平生以忠义自许,今日之举,忠义何在!"潮惭而退。围守四十余日,朝廷声问不通。潮闻上皇已幸蜀,复以书招巡。大将六人,白巡以兵势不敌,且上存亡不可知,不如降贼。巡阳许诺。明日,堂上设天子画像,帅将士朝之,人人皆泣。引六将于前,责以大义,斩之。士心益劝。

城中矢尽,巡缚藁为人千余,被以黑衣,夜缒城下,潮兵争射之;得矢数十万。其后复夜缒人,贼笑不设备,乃以死士五百斫潮营;潮军大乱,焚垒而遁,追奔十余里。潮益兵围之。巡使郎将雷万春于城上与潮相闻,语未绝,贼弩射之,面中六矢而不动。潮疑其木人,使谍问之,乃大惊,遥谓巡曰:"向见雷将军,方知足下军令矣,然其如天道何!"巡谓之曰:"君未识人伦,焉知天道!"未几,出战,擒贼将十四人,斩首百余级。贼乃夜遁。自是,数击破贼军。分别其众,凡胡兵悉斩之;胁从者皆令归业。旬日间,民去贼来归者万余户。

着床，就像当初做太子时那样，事情不论大小都同他商议，李泌的话没有不听的。肃宗想任李泌为右丞相，李泌坚决推辞，说："陛下以宾客朋友的关系对待我，比任我为宰相还尊贵，何必要违背我的意愿呢！"肃宗这才作罢。

【纲】玄宗抵达成都。

【纲】令狐潮围攻雍丘，张巡赶走了他。　【目】令狐潮围攻雍丘，他与张巡有旧交，在城下彼此慰劳辛苦就像已往交好时一样。令狐潮趁机劝说张巡道："唐朝大势已去了，您坚守一座危城，究竟为了谁呢？"张巡说："您平生以忠义自许，今日的行为哪里有忠义可言呢？"令狐潮羞惭难当，退了下去。双方一围一守，相持四十余天，朝廷的消息张巡一点儿也得不到。令狐潮听说玄宗已到了蜀中，就又写信招降张巡。张巡手下的六员大将也向张巡表示自己一方的兵势不足以抵御叛军，况且皇上的生死存亡都不知道，不如投降叛军。张巡表面上许诺了。第二天，他在堂上设置了天子的画像，率领将士朝拜，在场的每个人都哭了。张巡把六位大将叫到近前，以大义斥责他们，并把他们都杀了。这样一来，士兵讨贼报国之心更受到了激励。

城中的箭已经用完了，张巡命令兵士把藁草捆扎成人的样子，共扎了一千多个，还给草人披上黑衣服，入夜以后用绳子拴着垂放到城墙下面，令狐潮的士兵看见后争相射击，于是共获得箭支数十万之多。此后又在夜间用绳子把人放下城去，叛军见了只管取笑而完全不加以防备，于是张巡就以五百名敢死之士杀入令狐潮的大营，敌军顿时大乱，放火点燃营垒逃跑了。张巡的部队追击了十余里才回到城中。令狐潮增加了兵力又来包围张巡。张巡派郎将雷万春在城上与令狐潮对话，话没说完，叛军就用弓箭射击他，雷万春面部中了六箭却依然挺立不动，令狐潮怀疑那是个木头人，派间谍询问，才知道是真人，于是大为惊异，远远地对张巡说："刚才看见雷将军，才知道您军令之严厉，然而这对于天道又如之奈何呢？"张巡对他说："您尚且不懂得人伦纲常，又怎么能够知晓天道！"没过多一会儿，张巡率兵出城迎战，抓获叛将十四人，斩叛军首级一百多个。叛军于是连夜逃跑。自此，张巡又屡次击败叛军，把俘获的那些敌兵区分开来，凡胡兵就都杀掉，胁从的就

【纲】以颜真卿为工部尚书。　【目】初,真卿闻李光弼下井陉,即敛军还平原。及闻郭、李西入,始复区处河北军事。以蜡丸达表于灵武。以真卿为工部尚书,兼御史大夫,领使如故,并致敕书,亦以蜡丸达之。真卿颁下诸郡,又遣人颁于河南、江、淮。由是诸道始知上即位于灵武,徇国之心益坚矣。

【纲】八月,以郭子仪为灵武长史,李光弼为北都留守,并同平章事。　【目】子仪等将兵五万,自河北至灵武,灵武军威始盛,人有兴复之望矣。光弼以景城、河间兵五千赴太原。其后上谓李泌曰:"今子仪、光弼已为宰相,若克两京,平四海,则无官以赏之,奈何?"对曰:"古者有功,则锡以茅土,传之子孙。太宗欲复古制,大臣议论不同而止,由是赏功以官。夫以官赏功有二害,非才则废事,权重则难制。向使禄山有百里之国,亦惜之以遗子孙而不反矣。为今计,莫若疏爵土以赏功臣,则虽大国不过二三百里,可比今之小郡,岂难制哉!"上曰:"善。"

【纲】回纥、吐蕃遣使请助讨贼。

【纲】上皇以第五琦为江、淮租庸使。　【目】贺兰进明遣参军第五琦入蜀奏事,琦言:"今方用兵,财赋为急。财赋所产,江、淮居多。乞假臣一职,可使军无乏用。"上皇以为租庸使。

【纲】上皇遣使奉册宝如灵武。　【目】灵武使者至蜀,上皇喜曰:"吾儿应天顺人,吾复何忧!"制:"自今改制敕为诰,表疏称太上皇。军国事皆先取皇帝进止,仍奏朕知;俟克复上京,朕不复预事。"命韦见素、房琯、崔涣奉传国宝及玉册诣灵武传位。

都令他们回归旧业。十天之内,民众脱离叛军归顺官军的达一万余户。

【纲】肃宗任命颜真卿为工部尚书。　【目】当初,颜真卿听说李光弼率兵攻下井陉关,当即收兵返回平原郡,及至得知郭子仪、李光弼向西进发,才又分别处置河北各郡的军事,用腊丸封装着表书送达灵武。肃宗任命颜真卿为工部尚书,兼御史大夫,并仍然兼领河北采访使等职,并致大赦文书给他,也是以腊丸包装了送达的。颜真卿把赦书颁发给各郡,又派人颁发到河南、江、淮地区。由此各道才知道肃宗已即位于灵武,人们以身报国的意志更加坚定了。

【纲】八月,肃宗任命郭子仪为灵武长史,李光弼为北都留守,二人同为同平章事。　【目】郭子仪等率兵五万,从河北来到灵武,灵武的军威才强盛起来。人们感到复兴大唐有了希望。李光弼率领景城(今河北交河东北)、河间(今河北河间)两县的兵员五千人奔赴太原。此后肃宗对李泌说:"现在郭子仪、李光弼已经担任宰相,若能攻克两京,平定四海,就没有官职可以赏赐他们了。怎么办?"李泌回答说:"古人有了功劳,就赐封为王侯,赏赐用茅草包起的封国色土,使其在封国内立社祭祀,传给子孙。太宗想恢复古制,大臣们议论时意见不同而作罢,从此以官位赏赐有功之人。然而以官赏功有两个害处:不具备才干的人就会使事业废弛,权力过重的人就会难以控制。当初要是让安禄山拥有方圆百里的封地,他也会珍惜并将其留传给子孙而不谋反了。为今后计,不如封爵位和领土用以赏赐功臣,那样即使是大国也不过方圆二三百里,好比现在的一个小郡,怎么会难以控制呢?"肃宗说:"说得对!"

【纲】回纥、吐蕃派使臣前来请求协助大唐讨伐叛军。

【纲】玄宗任命第五琦为江、淮租庸使。　【目】贺兰进明派参军第五琦入蜀向玄宗奏事,第五琦说:"现在正是用兵的时候,财政税收是当务之急。财税的来源大多在江、淮地区。请陛下暂借我一职,我可以让军队不缺乏用度。"玄宗于是任命他为租庸使。

【纲】玄宗派人捧册书和宝玺到灵武。　【目】灵武的使者来到蜀地,玄宗高兴地说:"我儿子应天命顺人心,我还有什么可忧虑的呢!"然后下制书说:"从今以后改制敕为诰令,表疏上一律称太上皇。国家的军政大事都先由皇帝决定行止,然后再奏报我知道;等到收复了京

【纲】禄山取长安乐工、犀、象诣洛阳。　【目】初,上皇每酺宴,先设太常雅乐,继以鼓吹、胡乐、散乐、杂戏;又出宫人舞霓裳羽衣;又教舞马百匹,衔杯上寿;又引犀象入场,或拜,或舞。安禄山见而悦之,至是,命搜捕送洛阳。宴其群臣于凝碧池,盛奏众乐;梨园弟子往往歔欷泣下,贼皆露刃睨之。乐工雷海清不胜悲愤,掷乐器于地,西向恸哭。禄山怒,支解之。

禄山闻向日百姓乘乱多盗库物,既得长安,命大索三日,并其私财尽掠之。民间骚然,益思唐室。民间相传太子北收兵来取长安,日夜望之,或时相惊曰:"太子大军至矣!"则皆走,市里为空。贼望见北方尘起,辄惊欲走。京畿豪杰,往往杀贼官吏,遥应官军;诛而复起,相继不绝,贼不能制。至是,西门之外率为敌垒,贼兵力所及者,南不出武关,北不过云阳,西不过武功。江、淮奏请贡献之蜀、之灵武者,皆自襄阳取上津路抵扶风,道路无壅,皆薛景仙之功也。

【纲】九月,以广平王俶为天下兵马元帅,李泌为侍谋军国元帅长史。　【目】建宁王倓,英果有才略,上欲以为元帅。李泌曰:"建宁诚元帅才;然广平,兄也。若建宁功成,岂可使广平为吴太伯乎!"上曰:"广平,冢嗣也,何必以元帅为重!"泌曰:"广平未正位东宫。今天下艰难,众心所属,在于元帅,若建宁大功既成,陛下虽欲不以为储副,同立功者岂可已乎!太宗、上皇,即其事也。"乃以

城，我就不再参与国事。"玄宗命令韦见素、房琯、崔涣等人捧着传国宝玺和玉册到灵武传帝位。

【纲】安禄山把长安城里的乐工、犀牛、大象等运送到洛阳。
【目】当初，玄宗每次聚会设宴时，都先安排太常府的雅乐，继而是鼓吹、胡乐、散乐、杂戏，然后再由宫人出演霓裳羽衣舞。此后再让一百匹马上场，口衔酒杯跳舞祝寿，再让犀牛和大象入场，或拜或舞。安禄山观看后很喜欢。到了他的军队攻陷长安时，便下令搜捕参加演出的人和动物送到洛阳去。安禄山在凝碧池（今陕西西安东南唐禁苑中）宴请他的臣下，盛奏各种乐曲。参加演出的梨园弟子往往歔欷哭泣，叛贼们都亮出刀刃来斜眼看着他们。乐工雷海清不胜悲愤，把乐器摔到地上，向着西面恸哭起来，安禄山大怒，把他的身体肢解了。

安禄山听说当初百姓乘着战乱盗窃了许多库藏财物，攻占长安后，命令大肆搜索三天，连百姓的私人财产也一并全部掠夺了，百姓因此而骚乱不安，更加怀念唐王朝。民间相传说太子已经从北面集结军队来攻取长安，于是日夜盼望着，有时互相惊喜地转告："太子大军到了！"然后就都跑开，街市上因此为之一空。叛军一望见北方扬起尘土，就惊慌欲逃。京畿地区的英雄豪杰常常杀死叛军的官吏，与官军遥相呼应。一些英雄好汉被杀，另一些英雄好汉又奋起反抗，相继不断，叛军无法制止。到这时，长安城四个方向的大门外全部是叛军的营垒，叛军势力所达到的地区，南不出武关（今陕西商县东），北不过云阳（今陕西三原西南），西不过武功（今陕西兴平西）。江淮地区奏请贡献财物到蜀的、到都灵武的，都从襄阳（今湖北襄樊）出发取道上津（今湖北郧县西北）路再到扶风，一路上没有任何阻塞，这都是薛景仙的功劳。

【纲】九月，肃宗任命广平王李俶为天下兵马元帅，李泌为侍谋军国元帅长吏。　　【目】建宁王李倓英明果敢，颇有才略，肃宗想任他为元帅。李泌说："建宁王李倓确实具有元帅之才，然而广平王李俶是兄长，如果建宁王功成名就，难道可以让广平王成为周代的吴太伯吗？"肃宗说："广平王是嫡长子，将要继承皇位，何必把元帅一职看得那么重？"李泌说："广平王还没有被立为太子，眼下国家正处于危难艰苦之中，众心所向在于元帅，如若建宁王大功告成，即使陛下不想以他为帝

广平王俶为元帅,诸将皆属。俶闻之,谢泌曰:"此固俶之心也!"

上与泌出行军,军士指之,窃言曰:"衣黄者,圣人也,衣白者,山人也。"上闻之,以告泌,曰:"艰难之际,不敢相屈以官,且衣紫袍以绝群疑。"泌不得已,受之;上笑曰:"既服此,岂可无名称!"出怀中敕,以泌为侍谋军国元帅府行军长史。泌固辞,上曰:"朕非敢相臣,以济艰难耳。俟贼平,任行高志。"泌乃受。

【纲】同罗叛,遣郭子仪发兵讨破之。

【纲】遣使征兵回纥。

【纲】帝如彭原。 【目】李泌劝上"且幸彭原,俟西北兵将至,进幸扶风以应之;于时庸调亦集,可以赡军"。上从之。

至彭原,廨舍隘狭,上与张良娣博打子,声闻于外。李泌言诸军奏报停壅,上乃潜令刻干树鸡为子,不欲有声。良娣以是怨泌。

【纲】宝册至自成都。 【目】韦见素等至自成都,奉上宝册,上不肯受,曰:"比以中原未靖,权总百官,岂敢乘危,遽为传袭!"群臣固请,上不许,寘于别殿,朝夕事之,如定省之礼。

上以见素本附杨国忠,意薄之;素闻房琯名,虚心待之。琯见上言时事,辞情慷慨,上为改容,由是军国事多谋于琯。琯亦以天下为己任,知无不为;诸将拱手避之。

位继承人，同他一起建功立业的那些人难道能甘休吗？太宗和太上皇就是这方面的例子。"于是肃宗任命广平王李俶为元帅，各路将领都归他统辖。李俶听到消息，向李泌致谢说："这正是我的意愿。"

肃宗与李泌外出巡视军队，军士们指着他们偷偷议论说："穿黄衣服的是圣人，穿白衣服的是山中隐士。"肃宗听说后，告诉了李泌，并说："现在处于艰难的战乱时期，我不能违背您的意志授官职给你，请您暂且穿上紫袍，也好杜绝人们的猜疑。"李泌不得已接受了紫袍。肃宗笑着说："既然身穿官服，怎么可以没有名称？"于是从怀中拿出敕书，任命他为侍谋军国元帅府行军长史。李泌坚决推辞，肃宗说："我不敢以宰相之职难为您，只想任命您这一职务以度过一时的艰难，等到叛乱平定后，任凭先生实现清高的志向。"李泌这才接受了任命。

【纲】同罗族（敕勒部之一，在薛延陀的北边）反叛，肃宗派郭子仪发兵前去征讨。

【纲】肃宗派使者到回纥去征求援兵。

【纲】肃宗到达彭原（今甘肃庆阳南）。【目】李泌劝肃宗暂且到彭原去，待西北地区的兵将到来，再前往扶风去接应他们；到那时庸调赋税也征收上来了，可以用来供给军队。肃宗采纳了他的建议。

肃宗来到彭原，那里官舍狭窄，肃宗与张良娣玩儿棋击子，声音大得在屋外很远的地方都能听到。李泌说诸军奏报队伍停止不前，道路都堵塞了。肃宗于是暗中命人用干木耳刻了棋子，不想再弄出声响。张良娣因为这件事而对李泌心生怨恨。

【纲】宝玺和玉册从成都送来。【目】韦见素等人从成都而来，奉上传国宝器和玉册，肃宗不肯接受，说："近来由于中原地区未平定，所以我权且管理百官，怎么敢乘国家之危，骤然承袭皇位呢？"群臣坚持请求，肃宗仍然不答应，把宝器、玉册放置在便殿，每日早晚都去行礼，就像子女早晚向亲长行礼问安一样。

肃宗由于韦见素原先曾依附杨国忠而有意冷淡他；又由于久闻房琯的大名而虚心待他。房琯晋见肃宗谈起时事言辞慷慨，肃宗不免为之动情，于是国家军政大事大多与房琯商议。房琯也以国家安危为自己的责任，知道的事情没有不参与发表意见的，诸将领都对他拱手相让。

上皇赐张良娣七宝鞍，李泌曰："今四海分崩，当以俭约示人，良娣不宜乘此。请撤其珠玉付库吏，以赏战功。"上遽从之。建宁王倓泣于廊下，上惊，问之，对曰："臣比忧祸乱未已，今陛下从谏如流，不日当见陛下迎上皇还长安，是以喜极而悲耳。"

上又谓泌曰："良娣，上皇所念。朕欲使正位中宫，何如？"对曰："陛下在灵武，以群臣望尺寸之功，故践大位，非私己也。至于家事，宜待上皇之命，不过晚岁月之间耳。"良娣由是恶泌及倓。

上尝从容与泌语及李林甫，欲敕诸将克长安日，发其冢，焚骨扬灰。泌曰："陛下方定天下，奈何仇死者！彼枯骨何知，徒示圣德之不弘耳。且方今从贼者，皆陛下之仇也，若闻此举，恐阻其自新之心。"上不悦，曰："此贼昔日百方危朕，奈何矜之！"对曰："臣岂不知此！顾以上皇春秋高，闻陛下此敕，必以为用韦妃之故。万一感愤成疾，是陛下以天下之大，不能安君亲也。"言未毕，上流涕被面曰："朕不及此。"

【纲】制谏官言事勿白宰相。

【纲】冬十月朔，日食既。

【纲】加第五琦山南等道度支使。　【目】琦作榷盐法，用以饶。

【纲】以房琯为招讨节度等使，与贼战于陈涛斜，败绩。【目】房琯喜宾客，好谈论，多引拔知名之士，而轻鄙庸俗，人多怨之。北海太守贺兰进明诣行在，上命琯以为御史大夫，琯以为摄御

太上皇赐给张良娣一副七宝马鞍，李泌说："眼下国家分崩离析，应该以节约向人民做示范，张良娣不应该用这个马鞍。请把上面的珠宝取下来交与府库官吏，用于赏赐立有战功的人。"肃宗当即接受了他的意见。这时建宁王李倓在廊下哭泣，肃宗很惊奇，问他为什么哭，他回答说："我近来深为祸乱尚未平息而忧虑，现在看到陛下从谏如流，深感用不了多久就会见到陛下迎接太上皇返回长安，所以喜极而悲了。"

肃宗又对李泌说："张良娣是太上皇所十分挂念的。我想把她立为皇后，你以为如何？"李泌回答说："陛下在灵武时，因为群臣希望报效朝廷，建功立业，所以登上皇位，并不是存私心为了自己。至于家事，还是应该等着太上皇下命令，只不过晚一段时间罢了。"张良娣因此深恨李泌和李倓。

肃宗曾经在闲谈中与李泌谈到李林甫，想下敕书给各位将领，让他们在攻克长安的时候，挖开李林甫的坟墓，焚烧他的尸骨，扬弃他的骨灰。李泌说："陛下正在平定天下，为什么要与死者为仇呢？死者的尸骨有什么知觉，白白地显得圣上的恩德不宽宏罢了。况且现在跟随安禄山反叛的，都是陛下的仇敌，如果听说了陛下的这个做法，恐怕会阻碍他们产生悔过自新的心愿。"肃宗听了很不高兴，说："李林甫这个奸贼当初千方百计想要动摇我的地位，为什么要怜悯他呢？"李泌回答说："我怎么会不知道这些呢？考虑到太上皇年事已高，如果听说陛下的这个敕令，必然会认为陛下这是出于韦妃的缘故，万一激愤成疾，世人会认为这是陛下以那么大的天下，而不能使君亲安生。"话还没说完，肃宗已泪流满面，说："我没考虑到这一点。"

【纲】肃宗下制书，规定谏官进谏言事，不能先向宰相陈述。

【纲】冬季，十月初一，出现日食。

【纲】肃宗加封第五琦为山南等道度支使。【目】第五琦制定食盐专卖法，用以使国家受益。

【纲】肃宗任命房琯为招讨节度等使，让他与叛军交战于陈涛斜（即咸阳斜，今陕西咸阳东），房琯大败。【目】房琯喜欢接交宾客，爱高谈阔论，他引荐和提拔了不少知名人士。但他轻慢和鄙视平庸的人，所以很多人怨恨他。北海郡太守贺兰进明到达肃宗暂居之地，肃宗命房

史大夫。进明入谢,上怪之,进明因言与琯有隙,且曰:"晋用王衍为三公,祖尚浮虚,致中原板荡。今房琯专为迂阔大言以立虚名,所引用皆浮华之党,真王衍之比也!陛下用为宰相,恐非社稷之福"。上由是疏之。

琯请自将兵复两京,上许之。琯请以李揖为司马,刘秩为参谋,悉以戎务委之。曰:"贼曳落河虽多,安能当我刘秩!"二人皆书生,不闲军旅。遇贼将安守忠于咸阳之陈涛斜。琯效古法,用车战,以牛车二千乘,马步夹之;贼顺风鼓噪,牛皆震骇。纵火焚之,人畜大乱,死伤四万余人。上大怒。李泌为之营救,上乃宥之,待琯如初。

【纲】史思明攻陷河北诸郡,饶阳裨将张兴死之。【目】史思明陷河间、景城,又使其将攻平原,颜真卿力不敌,弃郡走。思明攻清河、博平,皆陷之。进围信都,乌承恩以城降。

饶阳裨将张兴,力举千钧,性复明辨;贼攻饶阳,弥年不能下。及诸郡皆陷,思明并力围之,外救俱绝,城陷。擒兴,谓曰:"将军真壮士,能与我共富贵乎?"兴曰:"兴,唐之忠臣,固无降理。今数刻之人耳,愿一言而死。"思明曰:"试言之。"兴曰:"主上待禄山,恩如父子,群臣莫及,不知报德,乃兴兵指阙,涂炭生人。大丈夫不能剪除凶逆,乃北面为之臣乎!且足下所以从贼,求富贵耳,仇如燕巢于幕,岂能久安!何如乘间取贼,转祸为福,长享富贵,不亦美乎!"思明怒,锯杀之,骂不绝口,以至于死。思明还博陵。

琯任命贺兰进明为御史大夫，房琯却任命他为代理御史大夫。贺兰进明入宫拜谢，肃宗问他原因，他于是说明与房琯有矛盾。并说："晋朝任用王衍为三公，尊奉和提倡浮华虚荣，致使中原动荡不安。如今房琯专讲不切实际的大话以图树立虚名，他所引用的人也都是华而不实的浮夸之辈，真可以与王衍并列了！陛下用他作宰相，恐怕不是国家之福！"肃宗从此疏远了房琯。

房琯请求亲自率兵收复两京，肃宗答应了他。房琯请求任命李揖为司马，刘秩为参谋，把军务全部委托给他们两人，并夸口说："叛军中虽然壮士多，但怎么能敌得过我的刘秩！"李揖、刘秩都是书生，不熟悉军旅事务。他们率部在咸阳的陈涛斜与叛军将领安守忠相遇。房琯仿效古人的办法，用车作战，他使用牛驾的车辆千辆，骑兵和步兵护卫在牛车两侧。叛军顺着风向擂鼓呐喊，牛都被震惊了。叛军又纵火烧牛车，人和牲畜顿时大乱，死伤万余人。肃宗听到这个消息后大怒。李泌设法营救，肃宗才赦免了房琯，待他还同过去一样。

【纲】史思明攻陷河北各郡，饶阳副将张兴被他杀死。【目】史思明攻陷河间、景城，又派部将攻打平原郡，颜真卿力不能敌，放弃郡城撤退而走。史思明又攻打清河、博平，都攻陷了。此后，他又进军包围了信都，守将马承恩率城投降。

饶阳偏将张兴，力大能举千钧，性格又精明善断。叛军进攻饶阳，一年都没能攻下。及至其他各郡都攻陷后，史思明就把兵力集中起来全力围攻饶阳。饶阳城的外援全部被断绝，于是被攻陷。张兴被叛军抓住，史思明对他说："将军真是个壮士，能同我共享富贵吗？"张兴说："我张兴是唐朝的忠臣，根本没有投降叛贼的道理，现在是只有几刻钟生命的人了，只希望进一言而死。"史思明说："试着讲讲看。"张兴说："皇上待安禄山情同父子，群臣都比不上，而他不知报答皇上的恩德，反而兴兵作乱，侵入皇宫，涂炭生灵。你身为大丈夫不能灭除凶逆，反而面向北做他的臣下。你之所以追随逆贼，不过是贪求富贵罢了，这有如燕雀在帷幕上筑巢，哪能久安呢？何如乘机杀死叛贼，转祸为福，长享富贵，不也很好吗？"史思明大怒，用锯子锯杀了张兴。张兴骂不绝口，直至身死。史思明杀了张兴后返回博陵。

【纲】回纥遣葛逻支将兵入援。十一月,与郭子仪合击同罗,破之。

【纲】十二月,安禄山遣兵陷颍川,执太守薛愿、长史庞坚,杀之。 【目】上问李泌:"今敌强如此,何时事定?"对曰:"以臣料之,不过二年,天下无寇矣。"上曰:"何故?"对曰:"贼之骁将不过史思明、安守忠、田乾真、张忠志、阿史那承庆等数人而已。今若令李光弼自太原出井陉,郭子仪自冯翊入河东,则思明、忠志不敢离范阳、常山,守忠、乾真不敢离长安,是以两军縶其四将也,从禄山者独承庆耳。愿敕子仪勿取华阴,使两京之道常通,陛下军于扶风,与子仪、光弼互出击之,彼救首则击其尾,救尾则击其首,使贼往来数千里,疲于奔命,我常以逸待劳,贼至则避其锋,去则乘其弊,不攻城,不遏路。来春复命建宁为范阳节度大使,并塞北出,与光弼南北掎角以取范阳,覆其巢穴。贼退则无所归,留则不获安,然后大军四合而攻之,必成擒矣。"上悦。

张良娣与李辅国相表里,皆恶泌。建宁王倓谓泌曰:"先生举倓于上,得展臣子之效,无以报德,请为先生除害。"泌曰:"何也?"倓以良娣为言。泌曰:"此非人子所言,愿王置之。"倓不从。

【纲】张巡移军宁陵,与贼将杨朝宗战,大破之。

【纲】于阗王胜将兵入援。 【目】胜闻乱,使弟曜摄国事,自将兵五千入援。上嘉之,以为殿中监。

【纲】回纥派葛逻支率兵到内地来援战。十一月,与郭子仪合击同罗叛军,打败了敌人。

【纲】十二月,安禄山派兵攻陷了颍川(即许州,治长社,今河南许昌),抓住了太守薛愿、长史庞坚,把他们杀死。 【目】肃宗问李泌:"现在敌人如此强大,什么时候才能平定事态?李泌回答说:"以我的预料,不过两年,天下就没有贼寇了。"肃宗说:"为什么这样讲?"李泌回答说:"叛军中勇猛善战的将领不过史思明、安守忠、田乾真、张忠志、阿史那承庆等几个人而已。现在如果命令李光弼从太原出井陉关,郭子仪从冯翊入河东,那么史思明、张忠志就不敢离开范阳和常山,安守忠、田乾真就不敢离开长安,这样就以两支部队拴住了叛军四员大将,跟随安禄山的人中只剩下阿史那承庆了。希望陛下敕令郭子仪不要攻取华阴,从而使两京之间的道路始终畅通,陛下屯军于扶风,与郭子仪、李光弼交相进击叛军,叛军若是救援前面就攻击其后面,救援后面就攻击其前面。使叛军往来数千里,疲于奔命,我们却始终以逸待劳,叛军来了就避开其锋芒,走了就乘机袭击他们的薄弱之处,不攻城,不挡路。明年春天再任命建宁王为范阳节度大使,依塞北出击,与李光弼形成南北夹击之势,以夺取范阳,倾覆叛军的巢穴。使叛军退则没有能够回去的地方,留则不得安宁,然后各路大军从四面合击,一定能把叛贼擒住。"肃宗听了十分高兴。

张良娣与李辅国内外勾结,都怨恨李泌。建宁王李倓对李泌说:"先生在皇上面前举荐我,我能一展臣子的报效之心,无以报答先生的恩德,请让我为先生消除祸害。"李泌说:"消除什么祸害?"李倓对他提起张良娣。李泌说:"这话可不是为人之子应该讲的,希望建宁王对此事置之不理。"但李倓不听李泌的话。

【纲】张巡把军队转移到宁陵(今河南宁陵南),与叛将杨朝宗交战,大破叛军。

【纲】于阗王尉迟胜领兵入内地援助平叛。 【目】尉迟胜得知安禄山发动叛乱,就让他的弟弟尉迟曜代理国事,亲自领兵五千人入朝相助。肃宗嘉奖了他,任他为殿中监。

纲鉴易知录卷五一

唐纪

肃宗皇帝

【纲】丁酉,二载,春正月,上皇以李麟同平章事,命崔圆赴彭原。

【纲】安庆绪杀禄山。【目】禄山自起兵以来,目渐昏,至是,不复睹物;又病疽,性益躁暴,左右使令,小不如意,动加箠挞,或时杀之。严庄虽贵用事,亦不免箠挞。阉竖李猪儿被挞尤多,左右人不自保。既而嬖妾生子庆恩,欲以代庆绪。庆绪惧,庄谓之曰:"事有不得已者,时不可失。"庆绪从之。又谓猪儿曰:"汝不行大事,死无日矣!"猪儿亦许诺。庄与庆绪夜持兵立帐外,猪儿执刀直入帐中,斫禄山腹,遂死。庄宣言禄山疾亟,立庆绪为太子,袭伪号,然后发丧。

【纲】杀建宁王倓。【目】李辅国本飞龙小儿,粗闲书计,上委信之。辅国外恭谨而内狡险,见张良娣有宠,阴附之。建宁王倓数于上前诋讦二人罪恶,二人谮之曰:"倓恨不得为元帅,谋害广平王。"上怒,赐倓死。于是广平王俶内惧,谋去辅国及良娣。李泌曰:"王不见建宁之祸乎?但尽人子之孝。良娣妇人,委曲顺之,亦何能为!"

【纲】帝如保定。

【纲】贼将尹子奇寇睢阳。张巡入睢阳,与许远拒却之。【目】安庆绪以子奇为河南节度使。子奇以兵十三万趣睢阳,许远告急于张巡,巡自宁陵引兵入睢阳。巡有兵三千人,与远兵合,合

肃宗皇帝

【纲】唐肃宗至德二年（丁酉，757），春正月，太上皇任命李麟为同平章事，命崔圆赴彭原（今甘肃庆阳南）。

【纲】安庆绪杀死安禄山。　【目】安禄山自起兵反叛以来，视力逐渐下降，到了这时已不再能看到物体；同时又生了毒疮，性情更加暴躁，对左右的官员稍不如意，就加以鞭打，有时甚至杀死。严庄虽然尊贵而享有权势，也免不了要遭鞭打。宦官李猪儿受鞭挞尤其多，安禄山身边的人都感到自身难保。不久安禄山的爱妾生了个儿子叫安庆恩，安禄山想以他取代安庆绪为太子。安庆绪很害怕，严庄对他说："事情总有不得已的时候，而机不可失。"安庆绪听从了严庄的劝告。严庄又对李猪儿说："你不干大事，离死就没几天了！"李猪儿也答应了。严庄与安庆绪夜晚手持兵器立在安禄山的帐幕外面，李猪儿持刀直入帐中，猛砍安禄山的腹部，安禄山随即死去。严庄宣告安禄山病危，立安庆绪为太子，承袭安禄山国号，然后发丧。

【纲】肃宗杀了建宁王李倓。　【目】李辅国本来不过是飞龙厩的供役小人，粗通文墨，肃宗信任他。李辅国外表恭顺谦谨而内心狡诈阴险，看到张良娣受肃宗宠爱，就暗中依附于她。建宁王李倓曾多次在肃宗面前揭发他们的罪恶，他们二人就进谗言说："李倓因不能充当元帅而怀恨在心，想要谋害广平王。"肃宗听后大怒，赐李倓自尽。于是广平王李俶心怀恐惧，企图除掉李辅国和张良娣。李泌说："广平王难道没看到建宁王的杀身之祸吗？您只管尽儿子之孝。张良娣不过是一个妇道人家，您对她委屈顺从，她还能做出什么来呢？"

【纲】肃宗到达保定（即泾州，治安定，今甘肃泾川北）。

【纲】叛将尹子奇进犯睢阳（即宋州，治宋城，今河南商丘南）。张巡进入睢阳，与许远一同抵御尹子奇。　【目】安庆绪任命尹子奇为河南节度使。尹子奇率兵十三万进犯睢阳，许远向张巡告急，张巡从宁陵率兵进入睢阳。张巡有士兵三千人，与许远的兵力合在一起，共计

六千八百人。贼悉众逼城，巡督励将士，昼夜苦战，一日或二十合。凡十六日，擒贼将六十余人，杀士卒二万余，众气自倍。远谓巡曰："远懦不习兵，公智勇兼济；远请为公守，公请为远战。"自是之后，远但调军粮，修战具，居中应接而已，战斗筹划，一出于巡；贼遂夜遁。

【纲】郭子仪平河东，贼将崔乾祐败走。

【纲】二月，帝至凤翔。 【目】上至凤翔旬日，陇右、河西、安西、西域兵皆会，江、淮庸、调亦至。长安人闻车驾至，从贼中自拔而来者，日夜不绝。李泌请如前策，遣安西、西域之众并塞东北，取范阳。上曰："朕切于晨昏之恋，不能待此决矣。"

【纲】庆绪使史思明守范阳。 【目】庆绪以史思明为范阳节度使。先是，安禄山得两京珍货，悉输范阳。思明拥强兵，据富资，益骄横，浸不用庆绪之命；庆绪不能制。

【纲】三月，韦见素、裴冕罢，征苗晋卿为左相。

【纲】上皇遣中使祭始兴文宪公张九龄。 【目】上皇思张九龄之先见，为之流涕，遣中使至曲江祭之，厚恤其家。

【纲】尹子奇复寇睢阳，张巡击走之。 【目】尹子奇复引兵攻睢阳。张巡谓将士曰："吾受国恩，所守，正死耳。但念诸君捐躯力战而赏不酬勋，以此痛心耳。"将士皆激励请奋。巡乃椎牛飨士，尽军出战。贼望见兵少，笑之。巡执旗，帅诸将直冲贼阵，贼乃大溃。明日，贼又合军至城下，巡出战，昼夜数十合，屡摧其锋，而贼攻围益急。巡于城中夜鸣鼓严队，若将出击者；贼闻之，达旦儆备。既

六千八百人。叛军出动全部兵力攻城,张巡督促和激励将士们昼夜苦战,有时一天之内交战二十个回合。共作战十六日,抓获叛军将领六十余人,杀死叛军士卒二万余人,部队的士气越发高昂。许远对张巡说:"许远懦弱而又不懂军事,您智勇兼备,我请求做您的后备,请您代我指挥作战。"自此之后,许远只管调配军粮,修理军械,在城中据守接应而已,战斗的筹划全部由张巡做出。叛军攻城不下,于是趁夜逃走。

【纲】郭子仪平定河东(即并州,治太原,今山西太原西南),叛将崔乾祐败逃。

【纲】二月,肃宗到达凤翔(即扶风、岐州,治雍县,今陕西凤翔南)。 【目】肃宗到达凤翔十天,陇右、河西、安西、西域等地的部队都会合到这里,江、淮地区的租赋也送到了。长安人听说圣驾到了,从叛军治下逃出来到凤翔的,日夜不绝。李泌请求按原定战略,派安西、西域的部队一同前往东北方向设防,并攻取范阳。肃宗说:"我切盼收复两京,迎上皇回来,以便晨昏省侍,不能等待你缓慢战略的实施了。"

【纲】安庆绪派史思明防守范阳。 【目】安庆绪任命史思明为范阳节度使。先前安禄山把在两京掳得的珍宝财物全部运到了范阳。史思明拥有强兵,又占据了巨大的资财,更加骄横,逐渐地不听安庆绪的命令,安庆绪对他不能加以控制。

【纲】三月,肃宗罢免了韦见素和裴冕的官职,征召任命苗俊卿为左丞相。

【纲】太上皇派宫廷使者前去祭奠始兴文献公张九龄。 【目】太上皇思念张九龄对安禄山的反叛有先见之明,为此而痛哭流涕,派宫廷使者到曲江祭奠他,并以优厚的待遇抚恤他的家人。

【纲】尹子奇再一次进犯睢阳,张巡击退了他。 【目】尹子奇又率兵来攻睢阳。张巡对将士们说:"我身受国恩,这个城是要以死来守的。只是念及各位为国捐躯奋力作战而奖赏却不足以酬报所立的功勋,为此而痛心啊!"将士们听了他的话,都情绪激动地请求奋战。张巡于是杀牛犒赏将士们,继而全军出城迎战敌军。叛军远远地看到张巡官军人数不多,就嘲笑起他们来。张巡手持战旗,率领诸将冲入敌军阵营,叛军于是全军溃败。第二天,叛军又集合起来拥到城下,张巡出

明，巡乃寝兵绝鼓。贼以飞楼瞰城中，无所见，遂解甲休息。巡与南霁云、雷万春等十余将各将五十骑开门突出，直冲贼营，斩贼将五十余人，杀士卒五千余人。巡欲射子奇而不识，剡蒿为矢，中者喜谓巡矢尽，走白子奇，乃得其状。使霁云射之，中其左目，几获之，子奇乃走。

【纲】夏四月，以郭子仪为司空、天下兵马副元帅，与贼战于清沟，败绩。 【目】初，关内节度使王思礼军武功，贼安守忠等攻之。兵马使郭英乂战不利，思礼退军扶风，贼游兵至大和关，去凤翔五十里，凤翔大骇。上以子仪为司空、副元帅。子仪将兵赴凤翔，贼李归仁以铁骑五千邀之；子仪使其将仆固怀恩等伏兵击之，杀伤略尽。安守忠伪遁，子仪悉师逐之。贼以骁骑九千为长蛇阵，官军击之，首尾为两翼，夹击，官军大溃。子仪退保武功。

是时，府库无蓄积，朝廷专以官爵赏功，诸将出征，皆给空名告身，听临事注名，有至开府、特进、异姓王者。诸军但以职任相统摄，不复计官爵高下。及是，复以官爵收散卒，由是官爵轻而货重，大将军告身一通，才易一醉。凡应募入军者，一切衣金紫，名器之滥，至是，而极焉。

【纲】房琯罢，以张镐同平章事。 【目】琯性高简，时国家多难，而琯不以职事为意，日与刘秩、李揖高谈释、老，或听门客董庭兰鼓琴，庭兰因是大招权利。御史劾之，罢为太子少师。以镐同平章事。上常使僧数百人为道场于内，镐谏曰："帝王当修德以弭乱，未闻饭僧可致太平也！"上然之。

战，一昼夜间交战数十个回合，屡屡挫败敌人攻势，而叛军的围攻更加紧了。于是张巡夜间鸣鼓整队，做出准备出击的样子，叛军听到鼓声，直到天亮始终警戒防备着。天亮以后，张巡却停鼓息兵。叛军登上云梯俯瞰城内，没看到什么，于是解甲休息。这时，张巡与南霁云、雷万春等十几个将领各率五十名骑兵打开城门突然出击，直冲敌军营垒，杀死叛将五十余人，士兵五千余人。张巡想要射击尹子奇，但不认识他，于是就削蒿草做箭头，被射中的敌兵高兴地说张巡没有箭了，跑去告诉尹子奇，张巡便认识了尹子奇的模样，派南霁云射他，射中尹子奇左眼，几乎抓住他，尹子奇于是仓皇逃跑。

【纲】夏四月，肃宗任命郭子仪为司空、天下兵马副元帅，命他与叛军战于清沟（即清渠，今陕西咸阳东），大败。　【目】当初，关内节度使王思礼在武功县（今陕西兴平西）驻扎军队，叛将安守忠进攻武功。兵马使郭英乂出战不利，王思礼撤到扶风，叛军的游动部队到了大和关，距离凤翔只有五十里，凤翔的人们极为恐惧。肃宗任命郭子仪为司空、副元帅。郭子仪率部队赶赴凤翔，叛将李归仁以五千名铁甲骑兵前来挑战；郭子仪派他的部将仆固怀恩等率部设伏袭击李归仁，将其五千铁骑几乎全部杀伤。安守忠假装逃跑，郭子仪率全军追击他，叛军用九千骑兵摆出长蛇阵，官军攻击敌阵，敌阵以首尾两翼夹击，官军大败。郭子仪退守武功。

　　这时候，朝廷府库中已没有财物积蓄，所以朝廷只以官爵赏赐有功的人，各将领出征，都只授给空头任命书，可以随时填上名字，有官爵高达开府、特进、异姓王的。各路军队只以任职高低相互统辖，不再看官爵的高下。到了这次，又以官爵来召集散逃的士卒，因此官爵轻贱而财物贵重，一份大将军的任命书只能换一杯酒。凡是应募从军的人，都可以穿金紫官服，官爵的泛滥，至此达到了极点。

【纲】房琯被罢了官职，肃宗任命张镐为同平章事。　【目】房琯性情高傲简素，这时正值国家多难之际，而他不把职务放在心上，每天与刘秩、李揖高谈佛学和老子道学，或者听他的门客董庭兰演奏琴曲，董庭兰因此而竭力谋求权势与利益。御使弹劾房琯，他被罢官，充当太子少师。肃宗任命张镐为同平章事。肃宗经常让数百名僧人在宫廷内设

【纲】贬郭子仪为左仆射。 【目】子仪诣阙请自贬,以为左仆射。

【纲】秋七月,尹子奇复寇睢阳。 【目】子奇复征兵数万,攻睢阳。城中食尽,将士人廪米日一合,杂以茶纸、树皮为食。士卒消耗至千六百人,皆饥病不堪斗,遂为贼所围。时许叔冀在谯郡,尚衡在彭城,贺兰进明在临淮,皆拥兵不救。城中日蹙,巡乃令南霁云犯围而出,告急于临淮。进明爱霁云勇壮,具食延之,霁云泣曰:"睢阳之人不食月余矣!霁云虽欲独食,且不下咽。大夫坐拥强兵,曾无分灾救患之意,岂忠臣义士之所为乎!"因啮落一指,以示进明曰:"霁云既不能达主将之意,请留一指以示信归报。"座中皆为泣下。霁云去至宁陵,与城使廉坦同将步骑三千人,且战且行,至城下,大战,坏贼营,死伤之外,仅得千人入城。城中将吏知无救,皆恸哭。贼围益急。

初,房琯为相,恶进明,以为河南节度使,而以许叔冀为之都知兵马使,俱兼御史大夫,叔冀遂不受其节制。故进明不敢分兵,非惟疾巡、远功名,亦惧为叔冀所袭也。

【纲】九月,广平王俶、郭子仪收复西京。 【目】上劳飨诸将,遣攻长安,谓郭子仪曰:"事之济否,在此行也!"对曰:"此行不捷,臣必死之。"回纥怀仁可汗遣其子叶护等将精兵四千余人来至凤翔;广平王俶将朔方等军及回纥、西域之众十五万,发凤翔。俶见叶护,约为兄弟,叶护大喜,谓俶为兄。至长安城西,陈于香积寺

道场，张镐进谏说："帝王应当以修治德政来止息战乱，从来没听说过以向僧人施舍来使天下太平的。"肃宗认为他的话很对。

【纲】肃宗贬郭子仪为左仆射。　【目】郭子仪到朝廷来请求贬自己的官职，肃宗于是就贬他为左仆射。

【纲】秋七月，尹子奇再次进犯睢阳。　【目】尹子奇又征集士卒数万，进攻睢阳。睢阳城内粮食极缺，将士们每人每天只能供给一合米，另加茶纸、树皮作为食物。军队损耗严重，只剩下了一千六百人，而且都是饥饿病弱不堪战斗的，于是被叛军围困在城中。这时许叔冀驻守在谯郡（即亳州，治谯县，今安徽亳县），尚衡驻守在彭城（即徐州，治彭城，今江苏徐州），贺兰进明在临淮（即泗州，治临怀，今安徽泗县东北），都掌握着军队而不来救援。城中日益艰难，于是张巡命令南霁云突围而出，到临淮去告急求援，贺兰进明赞赏南霁云的英勇，以丰富的饭食款待他，南霁云哭着说："睢阳城中的将士已有一个多月没有粮食吃了，我虽然想自己饱餐一顿，但难以下咽。大夫拥有强兵，却没有分担灾难解救危急的意图，这难道是忠臣义士所应有的行为吗？"随即咬下一个指头，拿给贺兰进明看，说："我南霁云既不能完成主将的嘱托，请留下一个指头以表示信用而归报主将。"在座的人都被他的行为感动得流下眼泪。南霁云又去往宁陵，与宁陵城使廉坦一同率领步骑兵三千人，一路上边战边进，来到睢阳城下，与叛军激战，破坏了敌营，部队死伤之外，只剩下一千人进入城中。城中的将士和官员们得知救援无望，都痛哭起来。叛军围困得更紧了。

当初，房琯任宰相时，深恨贺兰进明，让他当河南节度使，而又让许叔冀做他的都知兵马使，两人都兼任御史大夫，许叔冀也就不接受贺兰进明的命令。所以贺兰进明不敢分出部分兵力去救援睢阳，并不仅仅是因为嫉妒张巡和许远的功名，也是因为害怕被许叔冀袭击。

【纲】九月，广平王李俶和郭子仪收复了西京长安。　【目】肃宗摆酒宴慰劳各位将领，派他们去攻取长安。席间，肃宗对郭子仪说："平定叛乱，恢复大唐基业的大事，成功与否就在于此行了！"郭子仪回答说："此行如果不能报捷，臣一定去死。"回纥怀仁可汗派他的儿子叶护等将领率精兵四千余人来到凤翔，广平王李俶率朔方等地的军队以

北沣水之东。李嗣业为前军,郭子仪为中军,王思礼为后军。贼将十万陈于其北,李归仁出挑战,官军逐之,逼于其陈;贼军齐进,官军却。李嗣业帅前军各执长刀,如墙而进,身先士卒,所向摧靡。贼伏精骑于陈东,欲袭官军之后,侦者知之,仆固怀恩引回纥就击,尽杀之。李嗣业又与回纥出贼陈后,与大军夹击,自午至酉,斩首六万级,贼遂大溃。安守忠、李归仁与张通儒、田乾真等皆遁。大军入西京。

初,上欲速得京师,与回纥约曰:"克城之日,土地、士庶归唐,金帛、子女归回纥。"至是,叶护欲如约。广平王俶拜于叶护马前曰:"今始得西京,若遽俘掠,则东京之人皆为贼固守,不可复取矣,愿至东京乃如约。"叶护惊跃下马答拜,曰:"当为殿下径取东京。"即与仆固怀恩引回纥、西域之兵自城南过,营于浐水之东。军、民、胡虏见俶拜者皆泣曰:"广平王真华、夷之主!"上闻之喜曰:"朕不及也!"俶整众入城,百姓老幼夹道欢呼悲泣。俶留长安,镇抚三日,引大军东出。

【纲】遣使请上皇还京师。 【目】捷书至凤翔,上即日遣中使啖庭瑶奏上皇。召李泌曰:"朕已表请上皇东归,朕当还东宫,复修人子之职。"泌曰:"上皇不来矣。"上惊,问故。泌曰:"理势自然。"上曰:"为之奈何?"泌曰:"今请更为群臣贺表,言自马嵬请留,灵武劝进,及今成功,圣上思恋晨昏,请速还京师就孝养之意,则可

及回纥、西域的军队共十五万人,从凤翔出发。李俶见到叶护后,认他为兄弟,叶护非常高兴,称李俶为兄长。部队到达长安城西面,在香积寺北面沣水(发源于秦岭,北流至西安入渭水)东岸摆开阵势,李嗣业为前军,郭子仪为中军,王思礼为后军。叛军十万人列阵于官军北面,李归仁出阵挑战,官军追击他,逼进叛军阵地时,叛军一齐进攻,官军退却。李嗣业率领前军将士每人都手持长刀,排成横队,像墙一样推进,他身先士卒,所向披靡。叛军在阵地东面埋伏了精兵,想从后面袭击官军,被官军的侦察人员发现,仆固怀恩率领回纥军队偷偷地靠近敌人伏兵,然后突然发起攻击,将其全部歼灭。李嗣业又与回纥军队一起从叛军阵地后部发起攻击,与大军前后夹击敌人,从午时直至酉时,共杀敌六万,叛军终于彻底溃败,安守忠、李归仁以及张通儒、田乾真等叛将都逃跑了,官军于是进入西京。

当初,肃宗因为急于收复京师,而与回纥相约定:"收复京城之日,土地、士人与庶民都归唐朝所有,而金帛、女子则归回纥。"及至长安攻克后,叶护想按约行事,广平王李俶在叶护的马前下拜说:"现在刚刚收复西京,如果马上就抓人抢掠,那么东京的人就都将为叛军死守,难于再攻取了,希望到东京收复时再履行约定。"叶护听后震惊地从马上一跃而下,回拜说:"我应当为殿下前去攻取东京。"于是他即与仆固怀恩率领回纥、西域的军队从长安城南穿过,驻扎在浐水(发源于今陕西蓝田,流向西北会合灞水入渭水)东岸。军士、百姓和被俘的胡人中凡亲眼看见李俶拜劝叶护的都感动得流着泪说:"广平王真是汉夷各族人民之主。"肃宗闻知此事后高兴地说:"我不如他啊!"李俶整顿队伍进入西京城,城中百姓不论年长年幼都夹道欢呼悲泣。李俶留在长安,镇守和安抚了三天,然后率大军向东进发。

【纲】肃宗派人去请太上皇返回京城。 【目】报捷的信函送达凤翔后,肃宗当天就派宫廷使者啖庭瑶前往蜀郡向太上皇奏报。肃宗召见李泌说:"我已上表请太上皇东归京城,我理当回东宫,重修太子之职。"李泌说:"如果是这样,那么太上皇不会回来了。"肃宗听后很吃惊,问这是什么原因,李泌说:"按常理和情势这是很自然的事。"肃宗说:"那该怎么办呢?"李泌说:"现在请陛下再写一纷群臣贺表,说自

矣。"上即使泌草表。立命中使奉以入蜀，因就泌饮酒，同榻而寝。泌曰："臣今报德足矣，复为闲人，何乐如之！"上曰："朕与先生久同忧虑，今方同乐，奈何遽去！"泌曰："臣有五不可留，愿陛下听臣去，免臣于死。"上曰："何谓也？"对曰："臣遇陛下太早，陛下任臣太重，宠臣太深，臣功太高，亦太奇。此其所以不可留也。"上曰："且眠矣，异日议之。"对曰："陛下不听臣去，是杀臣也。"上曰："不意卿疑朕如此，岂朕而办杀卿邪！"对曰："陛下不办杀臣，故臣求归；若其既办，臣安得复言！且杀臣者，非陛下也，乃'五不可'也。陛下向日待臣如此，臣于事犹有不敢言者，况天下既安，臣敢言乎！"上良久曰："卿以朕不从卿北伐之谋乎！"对曰："非也，乃建宁耳。"曰："建宁为小人所教，欲害其兄，图继嗣，朕以社稷大计，不得已而除之，卿不知邪？"对曰："若有此心，广平当怨之。广平每与臣言其冤，辄流涕呜咽。且陛下昔欲用建宁为元帅，臣请用广平。建宁若有此心，当深憾臣；而以臣为忠，益相亲善，陛下以此可察其心矣。"上乃泣下曰："先生言是也。然既往不咎，朕不欲闻之。"泌曰："臣非咎既往，乃欲陛下慎将来耳。昔天后有四子，长曰太子弘，天后方图称制，恶其聪明，鸩杀之，立次子贤。贤内忧惧，作《黄台瓜辞》，冀以感悟天后。天后不听，贤亦废死。其辞曰：'种瓜黄台下，瓜熟子离离。一摘使瓜好，再摘使瓜稀，三摘犹为可，四摘抱蔓归。'今陛下已一摘矣，慎无再摘！"上愕然曰："安有是哉！朕当书绅。"对曰："陛下但识之于心，何必形于外也！"是时广平王有大功，良娣忌而谮之，故泌言及之。泌复固请归山，上曰："俟将发此议之。"其后成都使还，言上皇初得上表，彷徨不能食，欲不归；及群臣表至，乃大喜，命食作乐，下诰定行日。上召李泌告之曰："皆卿力也。"

从在马嵬坡请求留守中原以来，在灵武群臣力劝陛下即帝位，到今天大功告成，陛下每日从清晨到黄昏，时刻思念太上皇，请太上皇立刻返回京城，成全陛下的孝养之心，就可以了。"肃宗当即命李泌草写表书，并立刻派宫廷使者奉表入蜀，然后与李泌一起饮酒，同床而卧。李泌说："我如今已报答了陛下的恩德，想再度成为悠闲自在的人，有什么事能像这样使我自得其乐！"肃宗说："我与先生长期以来一直同忧虑，现在刚刚开始同欢乐，为什么要突然离去？"李泌说："我有五条不能留下的理由，希望陛下任凭我离去，免我一死。"肃宗说："这是什么意思？"李泌回答说："我与陛下相遇太早，陛下任用我太重，对我宠信太深，我的功劳太高，事迹太奇，这就是我不能留下的理由。"肃宗说："先睡吧，改天再谈这件事。"李泌回答说："陛下不答应我离去，这实际上是杀我呀。"肃宗说："没想到你对我如此疑心，我难道能做出杀死你这样的事吗？"李泌回答说："正因为陛下没杀我，所以我才请求回归故里，如若已经杀了我，我还能请求退隐吗？况且杀我的并非陛下，而是那五条不能留下的理由啊。陛下往日待我这么好，我遇事尚且有不敢进言的，何况天下已经安定，我还敢直言吗？"肃宗听后沉思良久，然后说："你是因为我没听从你北伐的建议吗？"李泌说："不是为了这件事，而是为了建宁王李倓一事。"肃宗说："建宁王受小人的教唆，想谋害他的兄长。图谋做太子，我从国家前途考虑，不得已而除掉他，你难道不知道这个情况吗？"李泌回答说："如果建宁王有这样的居心，广平王理该怨恨他。然而广平王每次同我谈到建宁王的冤屈，就呜咽哭泣。而且陛下当初想要任命建宁王为元帅，我请求任广平王，建宁王如果有谋害广平王，自己做太子的心，理当深深地恨我，而他却认为我忠诚，和我更加亲近友好，陛下通过这件事可以看到他的心地了。"肃宗听后落下泪来，说："先生的话是对的，然而既往不咎，我不想再提这件事。"李泌说："我并不是要追究已往的过错，是想使陛下审慎地处理将来的事情。当年则天皇后有四个儿子，长子是太子李弘，则天皇后刚刚图谋称帝时，因为恨他聪明，就用鸩毒杀死了他，而立次子李贤为太子，李贤心怀忧虑和恐惧，写了《黄台瓜辞》，希望能借此使则天皇后感悟。而则天皇后不听，后来李贤也被废而死。《黄台瓜辞》中说：'种

【纲】冬十月,尹子奇陷睢阳,张巡、许远死之。 【目】尹子奇久围睢阳,城中食尽,议弃城东走。张巡、许远谋曰:"睢阳,江、淮之保障,若弃之去,贼必乘胜长驱,是无江、淮也。且我众饥羸,走必不达。古者战国诸侯,尚相救恤,况密迩群帅乎!不如坚守以待之。"茶纸既尽,遂食马;马尽,罗雀掘鼠;雀鼠又尽,巡出爱妾,杀以食士。城中知必死,莫有叛者,所余才四百人。贼登城,将士病,不能战。巡西向再拜曰:"臣力竭矣,生既无以报陛下,死当为厉鬼以杀贼!"城遂陷,巡、远俱被执。子奇问曰:"闻君每战眥裂齿碎,何也?"巡曰:"吾志吞逆贼,但力不能耳。"子奇以刀抉视之,所余才三四。并南霁云、雷万春等三十六人皆被杀。巡且死,颜色不乱。生致许远于洛阳。

巡初守睢阳时,卒仅万人,城中居人亦且数万,巡一见问姓名,其后无不识者。前后大小战凡四百余,杀贼卒十二万人。巡行兵不依古法,教战陈,令本将各以其意教之。人或问其故,巡曰:"今与胡虏战,云合鸟散,变态不恒,数步之间,势有同异。临期应猝,在

瓜黄台下，瓜熟子离离，一摘使瓜好，再摘使瓜稀，三摘犹为可，四摘抱蔓归。'现在陛下已经一摘了，希望谨慎不要再摘！"肃宗听后惊愕地说："哪会有这样的事呢，我应该把这首辞写在绅带上！"李泌说："陛下只要牢记在心就可以了，何必要在外形上表现呢！"此时广平王有了大功，良娣恨他并且诬陷他，所以李泌才对肃宗谈及此事。李泌一再坚决请求回归山野，肃宗说："等将来再议此事吧！"此后派往成都的宫廷使者回来说玄宗先见到肃宗请求归还帝位的表书，彷徨不定，想不回长安了；等到群臣的表书奉上之后，才大喜，命令准备饮食歌舞，并颁下诰命确定动身的日期。肃宗听后召李泌前来，对他说："这都是你的功劳啊！"

【纲】冬十月，尹子奇攻陷睢阳，张巡、许远被杀死。【目】叛将尹子奇久围睢阳，城中粮食已尽。有人建议弃城向东撤退，张巡、许远商议说："睢阳是江、淮地区的屏障，如果弃它而去，贼兵必然乘胜长驱而下，这样就会使江、淮失陷。况且我们的将士都十分饥饿病弱，要撤退也必定不能到达目的地。古代战国的诸侯尚且知道互相救援，何况我们周围的将领呢！不如坚守以等待援兵。"城中连茶纸都没有了，于是只好吃马，马也杀光吃尽了，就捕雀挖鼠来吃，鼠雀捕吃光了，张巡于是献出自己的爱妾，将她杀死给士兵吃。城中的将士都知道必死无疑，却没有一个叛变的，最后只剩下四百人了。叛军登上了城头，将士们由于病弱而不能作战。张巡向西拜了又拜，说："我的力量已经竭尽了，生既然不能报答陛下，死后一定要做恶鬼去杀叛贼！"睢阳城很快陷落，张巡、许远都被擒。尹子奇问张巡说："听说你每当作战时总是眼眶瞪裂、牙齿咬碎，为什么呀？"张巡说："我志在吞掉叛贼，只恨力不从心呀！"尹子奇就用刀撬开张巡的嘴看，所剩下的牙齿不过三四颗。尹子奇把张巡、南霁云、雷万春等三十六人全部杀死。张巡临死面不改色。尹子奇把许远活着送到洛阳。

张巡起初守睢阳时，士兵仅万人，城中居民也将近数万，张巡一见人就问对方的姓名，到后来没有不认识的人了。张巡在睢阳前后大小战斗共四百余次，杀死叛军十二万人。他用兵不因循古人的办法，教练作战布阵，总是命令部将各以自己的战略意图指教士兵。有人问其

于呼吸之间,而动询大将,事不相及,非知兵之变者也。故吾使兵识将意,将识士情,投之而往,如手之使指。兵将相习,人自为战,不亦可乎!"器械、甲仗皆取之于敌,未尝自修。推诚待人,无所疑虑;临危应变,出奇无穷;号令明,赏罚信,与众共甘苦寒暑,故下争致死力。

张镐闻睢阳围急,倍道亟进,且檄谯郡太守闾丘晓救之;晓不受命。镐至睢阳,城已陷三日矣。镐召晓,杖杀之。

【纲】广平王俶、郭子仪等收复东京。 【目】张通儒等收余众走保陕,安庆绪悉发洛阳兵,使严庄将之,就通儒以拒官军。子仪等与贼遇于新店,贼依山而陈,子仪等初与之战,不利。回纥自南山袭其背,于黄埃中发十余矢。贼惊顾曰:"回纥至矣!"遂溃。官军与回纥夹击之,贼大败走。仆固怀恩等分道追之。庆绪帅其党走河北;杀所获唐将哥舒翰、程千里等三十余人而去。许远死于偃师。

广平王俶入东京。回纥纵兵大掠,意犹未厌,俶患之。父老请率罗锦万匹以赂回纥,回纥乃止。

【纲】李泌归衡山。 【目】泌求归山不已,上固留之,不能得,乃听归衡山。敕郡县为筑室于山中,给三品料。

【纲】帝发凤翔,遣韦见素奉迎上皇。
【纲】严庄来降,以为司农卿。
【纲】陈留人杀尹子奇,举城降。

中的原因,张巡说:"现在是与作乱的胡人作战,他们或聚或散变化不定,几步之内形势就有差异,临时应变,在于呼吸之间,而动不动就要请示大将,事情是来不及的,这是不懂得作战用兵的变化。所以我让兵士知道将领的意图,将领了解兵士的情况,以便指哪儿打哪儿,就像手使用指头那样自如。兵士与将领互相熟悉,人自为战,不也可以吗?"他守城所用的器械、甲胄兵仗等都是从敌人手里缴获的,从没有自己修造过。张巡推诚待人,不存任何疑虑;临危应变,总能出奇致胜;号令严明,赏罚有信,与将士们同甘苦共寒暑,所以他的部下都争相拼死效力。

张镐得知睢阳被围形势危急,日夜兼程急速前往相救,并发文告给谯郡太守闾丘晓去救睢阳,闾丘晓拒不从命。张镐赶到睢阳时,城已陷落三天了。张镐召闾丘晓前来,用棍杖打死了他。

【纲】广平王李俶、郭子仪等收复了东京。 【目】叛将张通儒等收罗余部退保陕州(治陕县,今河南陕县),安庆绪将洛阳的全部兵力交严庄统领,他自己前去与张通儒会合以抵抗官军。郭子仪等与叛军在新店(今河南陕县西)相遇。叛军依山列阵,郭子仪等与敌人初战不利。这时回纥部队从南山袭击敌人后背,在漫天黄尘中发射了十余箭,叛军惊慌地回头看,大喊:"回纥人来了!"随即溃败。官军与回纥军夹击叛军,叛军大败而逃。仆固怀恩等兵分几道追击叛军。安庆绪率部逃往河北,逃走前杀死了所俘获的唐朝将领哥舒翰、程千里等三十余人。许远死于偃师(今河南偃师)。

广平王李俶率兵攻入东京。回纥军队进入洛阳后,放纵兵士大肆掳掠,贪得无厌,李俶深为忧虑。东京父老百姓请求拿出一万匹罗锦贿赂回纥军,回纥军得到后才罢休。

【纲】李泌归隐衡山(即南岳,在今湖南衡山西北)。 【目】李泌不断地请求归山隐居,肃宗执意挽留他,最终还是没能留住,才任凭他回到衡山。肃宗敕令郡县为李泌在山中修筑了房屋,并给他以三品官的俸禄。

【纲】肃宗从凤翔出发回京城,派韦见素入蜀去迎接太上皇。

【纲】严庄前来归降,肃宗任命他为司农卿。

【纲】陈留(今河南开封东南陈留镇)城中的人杀死叛将尹子奇,

【纲】帝入西京。上皇发蜀郡。

【纲】安庆绪走保邺郡。

【纲】以甄济为秘书郎,苏源明知制诰。 【目】初,汲郡甄济有操行,隐居青岩山,安禄山为采访使,奏掌书记。济察禄山有异志,诈得风疾,舁归家。禄山反,使蔡希德引行刑者二人,封刀召之,济引首待刃;希德以实病白禄山,乃免。后庆绪亦使强舁至洛阳,会官军平东京,济起,诣军门上谒。俶遣诣京师,上命馆之于三司,令受贼官爵者列拜以愧其心,以济为秘书郎。

国子司业苏源明亦称病不受禄山官,上擢为考功郎中、知制诰。

【纲】十二月,上皇还西京。 【目】上皇至凤翔,命悉以兵甲输郡库。上发精骑三千奉迎。

上皇至咸阳,上备法驾迎于望贤宫。上皇发行宫,上乘马前引,不敢当驰道。上皇入御含元殿,慰抚百官;乃诣长乐殿谢九庙主,恸哭久之;即日出居兴庆宫。上累表请避位还东宫,上皇不许。

【纲】立广平王俶为楚王。加郭子仪司徒,李光弼司空,功臣进阶赐爵有差。

【纲】追赠死节之士。 【目】李憕、卢奕、颜杲卿、袁履谦、许远、张巡、张介然、蒋清、庞坚等皆加追赠官,其子孙、战亡之家,给复三载。

议者或罪张巡以守睢阳不去,与其食人,曷若全人。其友人李翰为之作传,表上之,曰:"巡以寡击众,以弱制强,保江、淮以待陛下之师,其功大矣。且巡所以固守者,以待诸军之救也。救不至而食

举城归降官军。

【纲】肃宗进入西京,太上皇自蜀郡出发回西京。

【纲】叛将安庆绪退守邺郡。

【纲】肃宗任命甄济为秘书郎,苏源明为知制诰。 【目】当初,汲郡人甄济颇有操行,隐居在青岩山,安禄山任河北采访使时,奏请任他为掌书记。甄济看出安禄山有反叛之心,就诈称得了中风,让人抬着回归故里。安禄山造反后,派蔡希德带领两名剑子手持刀去召他,甄济伸着头等待被刀砍死,蔡希德以甄济确实有病报告了安禄山,他才免于一死。后来安庆绪也派人强把他抬到洛阳,正赶上官军平定东京,甄济于是起来,到军中拜谒李俶。李俶派他前往京师,肃宗命他住在三司馆舍,令那些接受叛贼官爵的人列队拜见他,以使他们内心感到惭愧,并任命甄济为秘书郎。

国子司业苏源明也是一位称病拒不接受安禄山封官的人,肃宗提拔他为考功郎中、知制诰。

【纲】十二月,太上皇回到西京。 【目】太上皇到达凤翔,命令将兵器盔甲全部运进凤翔郡的仓库中。肃宗特派精骑三千前来迎接。

太上皇到达咸阳,肃宗准备了皇帝的车驾在望贤宫迎候。太上皇从行宫起程,肃宗骑马在前面引导,不敢在路中央驰行。太上皇驾临含元殿,抚慰百官,然后到长乐殿拜谢九庙神主,恸哭了很久。当天,太上皇外出到兴庆宫居住。肃宗屡次上表请求避离帝位,回东宫做太子,太上皇都不允许。

【纲】肃宗立广平王李俶为楚王。加封郭子仪为司徒,李光弼为司空,其余功臣加官赐爵不等。

【纲】肃宗追赠死节之士。 【目】李憕、卢奕、颜杲卿、袁履谦、许远、张巡、张介然、蒋清、庞坚等人都被追加了官衔,他们的子孙以及阵亡将士的家人,一律免除三年赋役。

有人议论张巡,怪罪他死守睢阳不肯撤离,与其吃人,何如弃城而保全人命。张巡的朋友李翰为他作传,上奏肃宗说:"张巡以寡敌众,以弱制强,保全江、淮,等待陛下派兵救援,其功劳极大。况且张巡之所以固守睢阳,是想等待各路军队的援救,救兵不到而食物断绝,

尽,既尽而及人,岂其素志哉!设使守城之初已有食人之计,损数百人以全天下,臣犹曰功过相掩,况非其素志乎!"众议由是始息。

【纲】复郡名、官名。

【纲】以良娣张氏为淑妃。

【纲】史思明、高秀岩各以所部来降。 【目】安庆绪忌思明之强,遣阿史那承庆、安守忠往征兵,因密图之。承庆、守忠以五千劲骑自随,至范阳,思明引入内厅乐饮,别遣人收其甲兵。囚承庆等,遣其将窦子昂奉表以所部十三郡及兵八万来降,河东节度使高秀岩亦以所部来降。上大喜,以思明为归义王、范阳节度使,遣内侍李思敬与乌承恩往宣慰,使将所部兵讨庆绪。承恩所至,宣布诏旨,沧、瀛、安、深、德、棣等州皆降,虽相州未下,河北率为唐有矣。

【纲】制陷贼官以六等定罪。 【目】诸陷贼官以六等定罪,重者刑之于市,次赐自尽,次杖一百,次三等流、贬。斩达奚珣等十八人,陈希烈等七人赐自尽。上欲免张均、张垍死,上皇不可,上叩头流涕曰:"臣非张说父子,无有今日。若不能活均、垍死,何面目见说于九泉。"上皇曰:"垍,为汝长流岭南;均为贼毁吾家事,决不可活。"上泣而从命。

【纲】戊戌,乾元元年,春正月,上皇加帝尊号,帝复上上皇尊号。

【纲】二月,以李辅国兼太仆射。 【目】辅国依附张淑妃,势

才杀人而食，哪里是他本来的愿望呢？假使在守城之初已有了吃人的打算，损失数百人而保全天下，我仍然说他功过相抵，何况这并不是他的本意呢！"众人的非议从此才平息了。

【纲】肃宗制令恢复郡名、官名。

【纲】肃宗封张良娣为淑妃。

【纲】史思明、高秀岩各率自己的部队来降。　【目】安庆绪忌恨史思明的势力强大，派阿史那承庆、安守忠前去征调史思明的部队，并趁机偷偷地杀死他。阿史那承庆、安守忠率领五千强劲的骑兵作为护卫来到范阳，史思明领他们到内厅饮酒作乐。同时派人收缴了他们随从军士的武器。然后囚禁了阿史那承庆等人，并派自己的部将窦子昂奉表以所辖十三郡以及兵力八万来归降唐朝，河东节度使高秀岩也率自己的部队来降。肃宗大喜，封史思明为归义王、范阳节度使，派内侍李思敬与乌承恩前往宣封和予以慰劳，并派史思明率部前去讨伐安庆绪。乌承恩在他所到的每一个地方都宣布诏旨，因此，沧州（治清池，今河北沧县东南）、瀛州（治河间，今河北河间）、安州（唐代河北道无安州，此可能指莫州文安郡）、深州（治饶阳，今河北献县西北）、德州（治安德，今山东德州）、棣川（治厌次，今山东惠民南）等州都归降了朝廷，尽管相州（治安阳，今河南安阳）没有归降，西北道基本上都归大唐所有了。

【纲】肃宗下制对于投降叛军的官吏分六等定罪。　【目】那些投降叛军的官吏被分为六等定罪。最重的在市上公开处死，二等的赐他们自尽，三等的杖打一百下，以下三等是流放、贬官。这样，达奚珣等十八人被斩，陈希烈等七人被赐自尽。肃宗想免除张均、张垍的死刑，太上皇不允许，肃宗叩头并痛哭流涕地说："我如果不是有张说父子，就没有今天，若不能免张均、张垍一死，我有什么面目到九泉之下去见张说。"玄宗说："张垍，因为你的请求，将他长期流放岭南，张均为叛贼效命毁我大唐家业，决不能让他活。"肃宗哭泣着服从了命令。

【纲】唐肃宗乾元元年（戊戌，758），春正月，玄宗加封肃宗尊号，肃宗上加玄宗太上皇尊号。

【纲】二月，肃宗任命李辅国兼太仆射。　【目】李辅国依附张淑妃，权势压倒朝野人士。

倾朝野。

【纲】贼将能元皓举所部来降。

【纲】大赦，改元。　【目】尽免百姓今载租、庸，复以载为年。

【纲】三月，徙楚王俶为成王。立淑妃张氏为皇后。

【纲】夏五月，停采访使，改黜陟使为观察使。

【纲】张镐罢。　【目】镐闻史思明请降，上言："思明凶险，因乱窃位，人面兽心，难以德怀，愿勿假以威权。"又言："滑州防御使许叔冀，狡猾多诈，临难必变，请征入宿卫。"上以镐为不切事机，罢为荆州防御使。

【纲】立成王俶为皇太子，更名豫。　【目】张后生兴王佋，才数岁，欲以为嗣，上疑未决，从容谓知制诰李揆曰："成王长，且有功，朕欲立为太子，卿意如何？"揆再拜贺曰："此社稷之福，臣不胜大庆。"上意始决。

【纲】崔圆、李麟罢，以王玙同平章事。

【纲】赠颜杲卿太子太保，谥曰忠节。

【纲】六月，立太一坛。

【纲】史思明反，杀范阳副使乌承恩。　【目】李光弼以史思明终当叛乱，而乌承恩为思明所亲信，阴使图之。又劝上以承恩为范阳节度副使，赐阿史那承庆铁券，令共图思明。上从之。承恩多以私财募部曲，又数衣妇人服诣诸将说诱之，思明闻而疑之。会承恩入京师，上使内侍李思敬与俱宣慰范阳。谋泄，思明执承恩，索其装囊，得铁券及光弼牒，思明遂杀承恩，囚思敬表言之。上遣中使慰谕思明曰："此非朝廷与光弼之意，皆承恩所为，杀之甚善。"思明表求诛光弼。

【纲】叛将能元皓率部来降。

【纲】肃宗大赦天下，更改年号。 【目】肃宗下令将百姓本年的租、庸全部免除，又将"载"改为"年"。

【纲】三月，肃宗改封楚王李俶为成王。立张淑妃为皇后。

【纲】夏五月，肃宗下制取消采访使的官职，改黜陟使为观察使。

【纲】肃宗罢免张镐的官职。 【目】张镐听说史思明请求归降朝廷，上言说："史思明为人凶恶阴险，借着叛乱窃取高位，人面兽心，难以用恩德感化他，希望不要给他以重权。"又说："滑州（治白马，今河南滑县东）防御使许叔冀，狡猾多诈，面临危难时肯定叛变，请召他入京城任警卫。"肃宗认为张镐不切实际，不识时务，因此贬他为荆州防御使。

【纲】肃宗立成王李俶为皇太子，并为他改名叫李豫。 【目】张皇后所生兴王李佋，刚刚几岁，张皇后想立他为太子，肃宗犹豫不定，就以商量的口气对知制诰李揆说："成王年长，并且有功，我想要立他为太子，你认为怎么样？"李揆拜了又拜，恭贺说："这是国家的大福，我为此而感到极大的庆幸。"肃宗这才拿定了主意。

【纲】肃宗罢了崔圆、李麟的官，任命王玙为同平章事。

【纲】肃宗追赠颜杲卿为太子太保，谥号为"忠节"。

【纲】六月，肃宗设立太一坛。

【纲】史思明反叛，杀死范阳副使乌承恩。 【目】李光弼认为史思明终究还是要叛变的，而乌承恩被史思明所亲近信任，于是暗地里让乌承恩谋算史思明。李光弼又劝肃宗任命乌承恩为范阳节度副使，赐给阿史那承庆铁券，让他们两人同谋杀死史思明。肃宗听从了他的意见。乌承恩以私财招募了不少家兵，又多次穿着妇人的衣服到各将领的住处游说劝诱他们，史思明听说后对他起了疑心。正巧乌承恩入京城，肃宗派内侍李思敬与他一同到范阳慰问。乌承恩的图谋不幸泄露了，史思明把乌承恩抓起来，搜查他的行装袋囊，发现了铁券和李光弼的信札，史思明于是杀死乌承恩，并让李思敬上表讲了此事。肃宗派宫廷使

【纲】秋七月，初铸大钱。 【目】铸当十大钱，文曰："乾元重宝"。

【纲】郭子仪、李光弼入朝。八月，以子仪为中书令，光弼为侍中。

【纲】命郭子仪等九节度讨安庆绪，以宦官鱼朝恩为观军容使。 【目】安庆绪之初至邺也，犹据七郡，兵粮丰备，专以缮台沼、酣饮为事。上命朔方郭子仪及淮西鲁炅、兴平李奂、滑濮许叔冀、镇西、北庭李嗣业、郑蔡季广琛，河南崔光远七节度使讨之；又命河东李光弼、泽潞王思礼二节度使，将所部兵助之。上以子仪、光弼皆元帅，难相统属，故不置元帅，但以宦官鱼朝恩为观军容宣慰处置使。观军容之名自此始。

【纲】冬十月，郭子仪等拔卫州，遂围邺城。

【纲】以侯希逸为平卢节度副使。 【目】平卢节度使王玄志卒，上遣中使往抚慰将士，因就察军中所欲立者，授以旌节。高丽人李怀玉为裨将，杀玄志之子，推侯希逸为军使。朝廷因以希逸为节度副使。节度使由军士废立自此始。

【纲】己亥，二年，春正月，史思明自称燕王。

【纲】镇西节度使李嗣业卒于军。

【纲】二月，月食既。 【目】先是百官请加皇后尊号，上以问中书舍人李揆，对曰："自古皇后无尊号，惟韦后有之，岂足为法！"上惊曰："庸人几误我！"会月食，事遂寝。后与李辅国相表里，干预政

者前来告慰史思明说:"这不是朝廷和李光弼的意图,都是乌承恩做的,杀了他非常好。"史思明上表请求杀死李光弼。

【纲】秋七月,开始铸造大钱。 【目】铸造以一当十的大钱,上面印有"乾元重宝"的字样。

【纲】郭子仪、李光弼入朝。八月,肃宗任命郭子仪为中书令,李光弼为侍中。

【纲】肃宗命令郭子仪等九节度使讨伐安庆绪,任命宦官鱼朝恩为观军容使。 【目】安庆绪初到邺郡时,还占据着七个郡,武器和粮食都很充足,但他专以修建楼台池沼和痛饮为事。肃宗命令朔方节度使郭子仪以及淮西(治蔡州,今河南汝南)节度使鲁炅、兴平(治金城,今陕西兴平)节度使李奂、滑濮节度使许叔冀、镇西(治河州,今甘肃临夏)及北庭(治金满城,即今新疆乌鲁木齐)节度使李嗣业、郑蔡(治郑州,今河南郑州)节度使季广琛、河南(治汴州城,今河南开封)节度使崔光远等七人讨伐安庆绪,又命河东李光弼、泽潞(治潞州城,今山西长治)王思礼两节度使率所属部队助战。肃宗认为郭子仪、李光弼都是元帅,难以互相统属,所以不设元帅,只以宦官鱼朝恩为观军容宣慰处置使。观军容之名就是从这里开始的。

【纲】冬十月,郭子仪等攻克卫州(治汲县,今河南汲县),然后包围邺城。

【纲】肃宗任命侯希逸为平卢节度副使。 【目】平卢节度使王玄志去世,肃宗派宫廷使者前往抚慰将士,并借此机会观察军中将士希望立谁为节度使,以便授以旌节。高丽人李怀玉为偏将,他杀死了王玄志的儿子,推举侯希逸为平卢军使。朝廷于是就任命侯希逸为节度副使。节度使由军中将士废立就是从这时开始的。

【纲】乾元二年(己亥,759),春正月,史思明自称燕王。

【纲】镇西节度使李嗣业战死军中。

【纲】二月,出现月全食。 【目】此前,百官请求加封皇后尊号,肃宗以此事征询中书舍人李揆的意见,李揆回答说:"自古以来皇后都没有尊号,只有韦后有尊号,岂能成为定制!"肃宗吃惊地说:"这些庸人几乎误了我的大事!"这时正巧出现月食,此事就停息了。皇后与李辅

事,上颇不悦,而无如之何。

【纲】三月,九节度之兵溃于相州。 【目】郭子仪等九节度围邺城,庆绪坚守以待思明。而官军无统御,进退无所禀;城久不下,上下解体。思明引大军直抵城下,刻日决战。官军步骑六十万陈于安阳河北,李光弼、王思礼、许叔冀、鲁炅先战,杀伤相半;郭子仪承其后,未及布阵,大风忽起,吹沙拔木,天地昼晦,咫尺不辨,两军大惊,官军溃而南,贼溃而北,子仪断河阳桥,保东京。战马万匹,惟有三千;甲仗十万,遗弃殆尽。诸道兵溃归。

【纲】史思明杀安庆绪,还范阳。

【纲】苗晋卿、王玙罢,以李岘、李揆、吕諲、第五琦同平章事。

【纲】以郭子仪为东畿等道元帅。

【纲】夏四月,史思明僭号。

【纲】制停口敕处分。 【目】初,李辅国自上在灵武,侍直帷幄,宣传诏命。及还京师,制敕必经辅国押署,然后施行,宰相百司皆因辅国关白,口为制敕,付外施行。御史台、大理寺重囚,或推断未毕,辅国一时纵之,莫敢违者。李揆见之,执子弟礼,谓之"五父"。及李岘为相,于上前叩头,论制敕应出中书,具陈辅国专权乱政之状,上感悟,制:"停口敕处分。诸务各归有司。或有追摄,须经台府。"辅国由是忌岘。

【纲】五月,贬李岘为蜀州刺史。

【纲】秋七月,召郭子仪还京师,以李光弼为朔方节度使、兵马

国内外勾结,干预朝政,肃宗颇为不满,而又对她无可奈何。

【纲】三月,九节度使的军队在相州(即邺郡)溃败。 【目】郭子仪等九节度使率兵包围邺城,安庆绪坚守以等待史思明前来增援。然而官军没有统帅,进退都不知道听命于谁。邺城久攻不下,官军上下解体。史思明率领大军直抵城下,限定日期进行决战。官军步兵、骑兵共计六十万布阵于安阳河(即洹水,发源于河南安阳西,向东经内黄流入卫河)北岸,李光弼、王思礼、许叔冀、鲁炅等先与叛军交战,双方杀伤各半;郭子仪继他们之后,还没来得及布阵,忽然刮起了大风,吹得黄沙漫天,树木被拔起,天昏地暗,咫尺之内看不清物体,两军都大为惊慌,官军向南溃退,叛军向北溃退,郭子仪命人切断了河阳桥(在今河南孟县南),以保卫东京,官军原有的一万匹战马,只剩了三千,十万副盔甲兵仗几乎全部丢弃。各道的部队都溃逃回自己的驻地。

【纲】史思明杀死安庆绪,回到范阳。

【纲】肃宗罢免了苗俊卿、王玙的官职,任命李岘、李揆、吕諲、第五琦为同平章事。

【纲】肃宗任命郭子仪为东畿(即东京畿道)等道的元帅。

【纲】夏四月,史思明自称大燕皇帝。

【纲】肃宗下制取消口敕的处置形式。 【目】当初,李辅国从肃宗在灵武时起,就侍奉于帷幄之间,宣布肃宗的诏敕谕命。及至回到京城,肃宗所下制敕都必须经过李辅国画押签署,然后交付施行,宰相以及百官有事都由李辅国通报传达,李辅国口宣制敕,然后交付外面执行。御史台、大理寺关押的重要囚犯,有些还没有审讯判刑,李辅国就一下子把他们都放了。他的话没有人敢违抗。就连李揆见了李辅国,也要向他行子弟之礼,称他为"五父"。及至李岘做宰相时,在肃宗面前叩头,论说皇上制敕都应该出自中书省,将李辅国专权乱政的行为——陈述出来,肃宗这才省悟,下制说:"停止口敕的处置方式。各种事务都分别归主管部门处理,如果有追查稽捕的案子,必须经由御史台与京兆府处理。"李辅国由此而忌恨李岘。

【纲】五月,肃宗贬李岘为蜀州(治崇庆,今四川崇庆)刺史。

【纲】秋七月,肃宗召郭子仪回京城,任命李光弼为朔方节度使、

元帅。【目】鱼朝恩恶郭子仪,因其败,短之于上。上召子仪还京师,以李光弼代之。士卒涕泣,遮中使请留子仪。子仪绐之曰:"我钱中使耳,未行也。"因跃马而去。光弼以骑五百驰赴东都,夜,入其军。光弼治军严整,始至,号令一施,士卒、壁垒、旌旗,精彩皆变。是时朔方将士乐子仪之宽,惮光弼之严。

【纲】以王思礼为河东节度使。

【纲】赐仆固怀恩爵太宁郡王。【目】怀恩从郭子仪为前锋,勇冠三军,前后战功居多,故赏之。

【纲】八月,更铸大钱。

【纲】冬十月,李光弼与史思明战于河阳,大败之。【目】史思明至汴州,节度使许叔冀与战不胜,遂降之。思明乘胜西攻郑州,李光弼至洛阳,牒河南尹帅吏民避贼,而帅军士诣河阳。光弼夜至河阳,按阅守备,部分士卒,无不严办。

思明入洛阳,城空,无所得。遂引兵攻河阳,使骑将刘龙仙挑战,慢骂光弼。光弼顾诸将曰:"谁能取彼?"仆固怀恩请行。光弼曰:"此非大将所为。"裨将白孝德请挺身取之。光弼壮其志,因问所须。对曰:"愿选五十骑为后继,而请大军鼓噪以增气。"光弼抚其背而遣之。孝德挟二矛,策马乱流而进。半涉,怀恩贺曰:"克矣。"光弼曰:"何以知之?"对曰:"观其揽辔安闲,是以知之。"龙仙易之,慢骂如初。孝德瞋目大呼,运矛跃马搏之。城上鼓噪,五十骑继进。龙仙走堤上。孝德追及,斩之以归。

兵马元帅。【目】鱼朝恩忌恨郭子仪，就趁他战败，在肃宗面前贬低他，于是肃宗就召郭子仪回到京城，让李光弼代替他原先的职务。士兵们听说郭子仪要走，就哭泣着挡住宫廷使者的去路请求留下郭子仪。郭子仪骗他们说："我是要去送送宫廷使者，并不是要离开。"借此一跃上马而去。李光弼率领五百骑兵奔赴东都，趁夜进驻朔方军。李光弼治军严整，刚一到任，一个号令下达，士卒、营垒、旌旗以及整个部队的精神面貌全部为之一变。此时朔方的将士都喜欢郭子仪的宽厚，惧怕李光弼的严厉。

　　【纲】肃宗任命王思礼为河东节度使。

　　【纲】肃宗赐封仆固怀恩太宁郡王爵位。【目】仆固怀恩在郭子仪麾下任前锋，其英勇堪为三军之冠，先后立了许多战功，所以肃宗以封爵来嘉奖他。

　　【纲】八月，铸造更大面值的钱币。

　　【纲】冬十月，李光弼与史思明在河阳交战，大败叛军。【目】史思明来到汴州，节度使许叔冀与之交战没有获胜，于是就投降了史思明。史思明乘胜向西攻取郑州，李光弼来到洛阳，通知河南道尹率领官吏和民众出城躲避叛军，他自己则率军到达河阳。李光弼连夜赶到河阳，立即检查城中守备情况，部署士兵防守，没有任何不严格处置之处。

　　史思明进入洛阳，城中空空如也，没得到任何东西。于是率兵来攻河阳，派骑将刘龙仙前来挑战，大声谩骂李光弼。李光弼环顾一下身边的各位将领，说："谁敢去取他的首级？"仆固怀恩请求前去。李光弼说："这件事不应该由大将去干。"偏将白孝德挺身而出，请求去攻取刘龙仙。李光弼称赞他的志气，并问他需要什么配备，白孝德回答说："希望选派五十名骑兵作为后援，并请大军击鼓呐喊以增加气势。"李光弼拍拍他的后背就派他去了。白孝德手持两根长矛，策马横流渡河而进，刚涉到河水的一半，仆固怀恩就祝贺说："肯定胜了。"李光弼说："你怎么知道会胜？"仆固怀恩说："看他手揽缰绳，神态安闲自若，所以知道他必胜无疑。"叛将刘龙仙不把白孝德放在眼里，谩骂如初。白孝德怒睁双目大吼一声，挥舞双矛跃马冲上去直取刘龙仙。这时城上鼓

思明有良马千余匹，每日出于河南渚浴之，循环不休。光弼命索军中牝马，得五百匹，縶其驹而出之，思明马见之，悉浮渡河，尽驱入城。

思明屯兵于河清，欲绝光弼粮道，光弼军于野水渡以备之。既夕，还河阳，留兵千人，使将雍希颢守其栅，曰："贼将高庭晖、李日越皆万人敌也，至勿与之战。降，则与之俱来。"诸将莫谕其意，皆窃笑之。既而思明果谓日越曰："李光弼长于凭城，今出在野，汝以铁骑宵济，为我取之。不得，则勿返。"日越将五百骑晨至栅下，问曰："司空在乎？"希颢曰："夜去矣。"日越曰："失光弼而得希颢，吾死必矣。"遂请降。希颢与之俱见光弼，光弼厚待之，任以心腹。高庭晖闻之，亦降。或问光弼："降二将，何易也？"光弼曰："思明常恨不得野战，闻我在外，以为必可取。日越不获我，势不敢归。庭晖才勇过于日越，闻日越被宠任，必思夺之矣。"

思明复攻河阳，时光弼屯中潬。贼将周挚攻之，光弼以短刀置靴中，曰："战，危事。吾，国之三公，不可死贼手，万一不利，诸君死敌，我自刭，不令诸君独死也。"郝廷玉、仆固怀恩更前决战，诸将齐进致死，呼声动天地，贼众大溃，思明及挚皆遁去。

【纲】庚子，上元元年，春正月，以李光弼为太尉兼中书令。

声呐喊声骤起,五十名骑兵也紧跟着杀上来。刘龙仙逃到河堤上,白孝德追上来,砍下他的头回到城中。

史思明有良马一千余匹,每天都出来到黄河南岸洗浴,往复不断。李光弼于是下令把军中的母马挑出来,共计五百匹,把它们的马驹都拴起来,带母马到水边去。史思明的良马见到这些母马,都游过河来,全部被驱赶进河阳城。

史思明在河清(今河南孟津西南)屯兵,想要切断李光弼的粮道,李光弼驻扎在野水渡以防备史思明。天黑后,又回到河阳,只留一千兵力,派部将雍希颢守卫野水渡的营栅,说:"叛将高庭晖、李日越都是能敌万人的战将,如果他们来了不要同他们交战,如果他们投降,就与他们一起回到河阳来。"诸将领都不明白他的用意,都偷偷地笑他。不久,史思明果然对李日越说:"李光弼擅长于凭借城池作战,如今出城到了野外,你以铁甲骑兵连夜渡河,为我取他的首级来,如果取不到,就别回来见我。"李日越率领五百铁骑于凌晨来到野水渡官军的营栅下,问道:"李司空在吗?"雍希颢说:"他已在夜间离去了。"李日越说:"抓不到李光弼而只抓住雍希颢,我是死定了。"于是请求投降。雍希颢与他一同来见李光弼,李光弼以优厚的礼遇接待他,以他为心腹将领。高庭晖得知此事,也前来归降。有人问李光弼:"招降这两员大将,为什么能这么轻而易举?"李光弼说:"史思明总恨不能在野外交战,听说我在城外,就认为必定能抓到我。李日越抓不到我,必然不敢回去,高庭晖的才智和勇敢超过李日越,听说李日越受到信赖和重用,必然想夺得李日越的地位。"

史思明再次进攻河阳,此时李光弼驻扎在中潬(今河南孟县西南)。叛将周挚攻击中潬,李光弼将短刀放进自己的靴子里说:"战斗是有危险的,我身为国家的三公,不能死于叛军之手,万一作战失利,诸位死于敌手,我则自刎,不能只让你们去死。"郝廷玉、仆固怀恩轮番向前与叛军决战,诸将也一齐冒死进攻,呼喊声惊天动地,叛军大败。史思明和周挚都逃跑了。

【纲】唐肃宗上元元年(庚子,760),春正月,肃宗任命李光弼为太尉兼中书令。

【纲】夏闰四月,以王思礼为司空。

【纲】五月,以苗晋卿行侍中。　【目】晋卿练达吏事,而谨身固位,时人比之胡广。

【纲】以刘晏为户部侍郎,充度支、铸钱、盐铁等使。

【纲】六月,敕小钱一当十,其重轮者当三十。　【目】三品钱行浸久,属岁荒,米斗至钱七千,人相食。乃敕开元钱与乾元小钱皆当十,其重轮者当三十。

【纲】秋七月,李辅国迁太上皇于西内。　【目】上皇爱兴庆宫,自蜀归即居之。陈玄礼、高力士侍卫。上皇多御长庆楼,父老过者往往瞻拜,呼万岁,上皇常于楼下置酒食赐之,又尝召将军郭英义等上楼赐宴。李辅国言于上曰:"上皇居兴庆宫,日与外人交通,玄礼、力士谋不利于陛下。臣不敢不以闻。"上泣曰:"圣皇慈仁,岂容有此!"对曰:"上皇固无此意,其如群小何!陛下当为社稷大计,消乱于未萌,岂得徇匹夫之孝!且兴庆浅露,非至尊所宜居。大内深严,奉迎居之,有何不可。"上泣不应。会上不豫,辅国矫称上语,迎上皇游西内,辅国将射生五百骑,露刃遮道,奏曰:"皇帝以兴庆宫湫隘,迎上皇迁居西内。"上皇惊,几坠马。遂如西内。刑部尚书颜真卿首帅百寮上表,请问上皇起居;辅国恶之,奏贬蓬州长史。高力士流巫州,陈玄礼勒致仕。上皇日以不怿,因不茹荤,辟谷,浸以成疾。其后上稍悔寤,恶辅国,欲诛之,畏其握兵,竟不能决。

【纲】夏季，闰四月，肃宗任命王思礼为司空。

【纲】五月，肃宗任命苗晋卿为行侍中。　【目】苗晋卿练达官事，但又处事谨慎以保住自己的官位，当时的人们把他比作东汉的胡广。

【纲】肃宗任命刘晏为户部侍郎，兼度支、铸钱、盐铁等使。

【纲】六月，肃宗下敕小钱一钱为十钱，重轮钱一钱为三十钱。【目】三种钱币（即开元钱、乾元重宝钱和重轮钱）流通已久，适逢年荒，一斗米贵达七千钱，以至人吃人。于是肃宗下敕开元钱与乾元重宝小钱都一钱为十钱，重轮钱一钱为三十钱。

【纲】秋七月，李辅国将太上皇迁往西内宫（即大明宫，又名蓬莱宫，故址在今陕西西安东北）。　【目】太上皇喜欢兴庆宫，从蜀地回来就居住在此。陈玄礼、高力士依然护卫和侍奉在太上皇身边。太上皇经常登临兴庆楼，父老百姓凡从这里经过的总是瞻仰和下拜，高呼万岁，太上皇常在楼下设酒宴赏赐他们，也曾经召将军郭英义等上楼赐宴。李辅国对肃宗说："太上皇住在兴庆宫，每天与外面的人交往，陈玄礼、高力士谋划不利于陛下的事。我不敢不把这些事讲给陛下听。"肃宗流着泪说："父皇慈善仁义，哪里会容得这样的事！"李辅国回答说："太上皇固然没有这样的意图，但他对那群小人又能怎么样！陛下应该为国家大计，除乱于未发之际，怎么能遵循凡夫俗子的孝道呢！况且兴庆宫位置比较显露，并不是太上皇适宜居住的地方。皇宫内戒备森严，把太上皇迎接进来居住，有什么不可以呢？"肃宗流着泪不作回答。此后不久，适逢肃宗身体有病，李辅国就假称肃宗的旨意，接太上皇到西内宫游玩儿，李辅国率领五百名殿前射生手，骑马拿刀挡住太上皇去往西内宫的道路，奏道："皇帝因为兴庆宫低下狭小，迎接太上皇迁居西内。"太上皇一惊，差一点儿从马上坠落下来，于是只好到西内宫居住。刑部尚书颜真卿首先率领百官上表，请问太上皇的起居情况，李辅国因此而痛恨他，奏请将他贬为蓬州（治大宣，今四川仪陇西南）长史。高力士被流放到巫州（治龙标，今湖南黔阳），陈玄礼被勒令辞官归乡。太上皇因此一天天心情不畅，于是不食荤菜，不食五谷，逐渐积郁成疾。此后肃宗有所悔悟，厌恶李辅国，想要杀死他，但又因为他握有兵权而怕他，最终不能决断。

【纲】命郭子仪出镇邠州。

【纲】制:"郭子仪统诸道兵取范阳,定河北。"不果行。【目】制下旬日,为鱼朝恩所沮,事竟不行。

【纲】辛丑,二年,春二月,李光弼与史思明战于邙山,败绩。河阳、怀州皆陷。 【目】或言:"洛中将士皆燕人,久戍思归,上下离心,急击之,可破也。"鱼朝恩以为信然,屡言之,上敕李光弼等进取东京。光弼奏:"贼锋尚锐,未可轻进。"仆固怀恩勇而愎,麾下皆蕃、汉劲卒,恃功,多不法。光弼一裁之以法,怀恩不悦,乃附朝恩,言东都可取。由是中使相继督光弼出师,光弼不得已,将兵会朝恩等攻洛阳。陈于邙山,光弼命依险而陈,怀恩陈于平原,光弼曰:"依险则可进可退;若陈平原,战而不利则尽矣。思明不可忽也。"命移于险,怀恩复止之。史思明乘其未定,薄之,官军大败。走保闻喜,河阳、怀州皆没于贼。朝廷闻之,大惧,益兵屯陕。

【纲】贬李揆为袁州长史,以萧华同平章事。

【纲】三月,史朝义杀史思明。 【目】史思明猜忍好杀,群下人不自保。朝义,其长子也,无宠。爱少子朝清,使守范阳。常欲杀朝义立朝清为后。既破李光弼,欲乘胜西入关,使朝义袭陕,自将大军继之。朝义数进兵,皆败。思明诟怒,欲斩之。朝义忧惧,召思明宿卫将曹将军者与之谋,遂以兵入,射思明,杀之。朝义即伪位,使人至范阳杀朝清。

【纲】肃宗任命郭子仪出镇邠州（即豳州,治新平,今陕西邠县）。

【纲】肃宗下制书说:"郭子仪统帅各道军队攻取范阳,平定河北。"此令并没有实行。 【目】此制颁下十天,被鱼朝恩所阻挠,事情最终没能实行。

【纲】上元二年（辛丑,761）,春二月,李光弼与史思明战于邙山（即北邙山,在今河南洛阳北）,李光弼大败,河阳、怀州（治河内,今河南沁阳）两郡都陷落敌手。 【目】有人说:"洛中的将士都是燕人,由于长期戍守洛中而人心思归,军中上下离心离德,发起突袭,就可以把他们击败。"鱼朝恩信以为真,多次对肃宗提起此事,肃宗于是下敕书,命令李光弼等人前去攻取东京。李光弼上奏说:"叛军的锋芒还很锐利,不能轻举冒进。"仆固怀恩勇敢而刚愎自用,他的部下都是蕃、汉两族的强兵,仗着有功,做了不少违法的事。李光弼对他们一律依法制裁,仆固怀恩大为不满,于是附和鱼朝恩,声称东都可以攻取。于是朝廷派出的宫廷使者相继前来敦促李光弼出兵。李光弼不得已,率兵会同鱼朝恩等人进攻洛阳。李光弼的部队在邙山一带布下阵,李光弼命令凭借险要地形布阵,而仆固怀恩却不服从命令,在平原地带布阵,李光弼说:"依据险要地形就可以进退自如,如果在平原布阵,一但战事不利就会全军覆没。史思明是个不可忽视的强敌啊。"他命令把阵地迁移到险要的地方去,仆固怀恩再次阻止执行他的命令。史思明则趁着官军阵势尚未部署完毕的机会发起了攻击,于是官军大败。李光弼率部退守闻喜（今山西闻喜）,而河阳、怀州都落入叛军之手。朝廷得知此情,大为惊恐,于是增兵驻守陕州。

【纲】肃宗贬李揆为袁州（治宜春,今江西宜春）长史。任命萧华为同平章事。

【纲】三月,史朝义杀死史思明。 【目】史思明生性多疑残忍,喜欢杀人,他的部下人人不能自保。史朝义是他的长子,不得宠。史思明偏爱他的小儿子史朝清,派他守范阳。史思明常想杀死史朝义而立史朝清为太子。打败李光弼后,史思明想乘胜西进入关,派史朝义袭击陕州,自己率领大军跟在后面。史朝义几次进攻都失败了。史思明怒骂他,并想杀死他。史朝义十分恐惧和忧虑,召史思明的宿卫将曹将军与

【纲】贬李光弼为开府仪同三司。

【纲】夏四月,复以李光弼为太尉,统八道行营,镇临淮。

【纲】秋七月朔,日食既,大星皆见。

【纲】八月,加李辅国兵部尚书。 【目】辅国求为宰相,上曰:"以卿之功,何官不可为,其如朝望未孚何!"辅国乃讽仆射裴冕等使荐己。冕曰:"吾臂可断,宰相不可得!"上大悦;辅国衔之。

【纲】九月,置道场于三殿。 【目】上以天成地平节,于三殿置道场,以宫人为佛菩萨,北门武士为金刚神王,召大臣膜拜围绕。

【纲】制去尊号及年号,以建子月为岁首。

【纲】制除五品以上官,令举一人自代。

【纲】冬建子月,受朝贺,如正旦仪。

【纲】以元载为度支、盐铁、转运等使。

【纲】上朝太上皇于西内。 【目】先是山人李唐见上,上方抱幼女,谓唐曰:"朕念之,卿勿怪也。"对曰:"太上皇思见陛下,计亦如陛下之念公主也。"上泫然泣下,然畏张后,不敢诣西内,至是,始往朝。

【纲】壬寅,宝应元年,春建卯月,河东军乱,杀其节度使邓景山。 【目】初,管崇嗣代王思礼为河东节度使,为政宽弛。上以邓景山代之。有裨将抵罪当死,诸将请之,不许;其弟请代之,亦不许;请入一马以赎罪,乃许之。诸将怒曰:"我辈曾不及一马乎!"遂杀景山。上以景山抚御失所,以致乱,遣使慰谕以安之。诸将请以兵

他谋划杀史思明,于是率兵进入史思明帐中,箭射史思明,把他杀死。史朝义即伪帝位,派人到范阳去杀死史朝清。

【纲】肃宗贬李光弼为开府仪同三司。

【纲】夏四月,肃宗又任命李光弼为太尉,统领八道行营,坐镇临淮郡。

【纲】秋季,七月初一,出现日全食,较大的星星都显现出来。

【纲】八月,肃宗加封李辅国为兵部尚书。 【目】李辅国请求肃宗任他为宰相,肃宗说:"以你的功劳,什么官不可以做,但如果在朝中不服众望,那该怎么办?"李辅国就以委婉的口气暗示仆射裴冕等人,让他们推荐自己。裴冕说:"我的臂可以断,但宰相一职绝不能让李辅国得到!"肃宗听他这样说很高兴,而李辅国却对他怀恨在心。

【纲】三月,肃宗在三殿设置道场。 【目】肃宗因为九月三日的天成地平节是他生日,便在三殿设置道场,让宫人装扮成菩萨,北门武士装扮成金刚神王,召集大臣围绕他们行膜拜礼。

【纲】肃宗下制书,命令去掉尊号及年号,以建子月(十一月)为每年的第一个月。

【纲】肃宗下制书规定任命五品以上官职的人,都要推举一人代替自己。

【纲】冬建子月,肃宗接受朝贺,所行仪式如同正月初一。

【纲】肃宗任命元载为度支、盐铁、转运等使。

【纲】肃宗到西内宫朝见太上皇。 【目】在这之前,山野之人李唐进见肃宗,肃宗当时正抱着自己的小女儿,对李唐说:"我挂念她,你不要见怪啊!"李唐回答说:"太上皇想见到陛下,大概也像陛下挂念公主这样吧!"肃宗听了这话,不禁潸然泪下,然而又畏惧张皇后,不敢到西内宫去,直到此时才前去朝见太上皇。

【纲】唐肃宗宝应元年(壬寅,762),春建卯月(二月),河东的守军作乱,杀死了节度使邓景山。 【目】当初,管崇嗣取代王思礼任河东节度使,为政宽松,肃宗以邓景山取代管崇嗣。这时,一个副将应该以死抵罪,诸将请求赦免他,邓景山不答应;该副将的弟弟请求代他去死,邓景山也不答应;有人又请求缴纳一匹马来为他赎罪,邓景山才答

马使辛云京为节度使,从之。

【纲】行营兵杀都统李国贞、节度使荔非元礼。【目】绛州粮赐不充,朔方行营都统李国贞屡以状闻;朝廷未报,军中咨怨。又以国贞治军严,突将王元振因谋作乱,帅众执国贞,杀之。镇西、北庭行营兵亦杀其节度使荔非元礼,推裨将白孝德为帅,朝廷因而授之。

【纲】建辰月,赐郭子仪爵汾阳王,知诸道行营。【目】绛州诸军剽掠不已,朝廷忧其与太原乱军合,非新进诸将所能镇服,以郭子仪为汾阳王,知诸道行营,发京师粟帛数万以给绛军。时上不豫,群臣莫得进见。子仪请曰:"老臣受命,将死于外,不见陛下,目不瞑矣。"上召入卧内,谓曰:"河东之事,一以委卿。"

子仪至军,王元振自以为功。子仪曰:"吾为宰相,岂受一卒之私邪!"收元振及其党四十人,皆杀之。辛云京闻之,亦按诛杀邓景山者数十人。由是河东诸镇率皆奉法。

【纲】萧华罢,以元载同平章事,领度支、转运使如故。

【纲】夏建巳月,楚州得宝玉十三枚。

【纲】太上皇崩。【目】太上皇崩,年七十八。上自仲春寝疾,闻上皇登遐,疾转剧,乃命太子监国。

【纲】复以建寅为正月。

【纲】帝崩,李辅国杀皇后张氏。【目】初,张后与辅国相表

应了。诸将愤怒地说："我们这些人还不如一匹马吗！"于是杀死邓景山。肃宗认为邓景山对部下的安抚和管理失当，以招致军士作乱，所以派人前去安慰和劝说以使将士们平定下来。诸将请求任命兵马使辛云京为节度使，肃宗同意了。

【纲】行营兵杀死都统李国贞和节度使荔非元礼。　【目】绛州（治正平，今山西侯马西北）粮食供给不足，朔方行营都统李国贞屡次奏报这一情况，朝廷都没有答复，军中将士无不叹息埋怨。又因为李国贞治军严厉，突将王元振借机图谋作乱，率众把李国贞抓起来，杀死了他。与此同时，镇西、北庭行营兵也杀了那里的节度使荔非元礼，推举偏将白孝德为统帅，朝廷因而任命白孝德为节度使。

【纲】建辰月（三月），肃宗赐封郭子仪汾阳王爵位，并任命他为知诸道行营。　【目】绛州诸军抢掠不止，朝廷担心如果他们与太原作乱的军队联合起来，那就不是新提拔的各将领所能镇服得了的了，所以任郭子仪为汾阳王，知诸道行营，并从京城调拨粟、帛数万以供给绛州军队。当时肃宗身体有病，群臣都不得进见。郭子仪请求说："老臣受命，将要死在朝廷外，不见陛下一面，死不能瞑目啊！"于是肃宗召他进入卧室，对他说："河东的事，就全托付给你了。"

郭子仪来到军中，王元振自以为有功，郭子仪说："我身为宰相，难道会接受一个士卒的私托吗？"于是拘捕了王元振及其同伙四十人，全部杀死了。辛云京得知此事，也追究和杀死了参与杀害邓景山的数十人。从此河东各镇将士都遵奉法纪了。

【纲】肃宗罢萧华宰相官职，任命元载为同平章事，并兼任度支、转运使和已往一样。

【纲】夏建巳月（四月），楚州（治山阳，今江苏淮安）奏报得到宝玉十三枚。

【纲】太上皇去世。　【目】太上皇去世，年七十八岁。肃宗自春季第二个月就卧病不起，得知太上皇升天，病情加剧，于是命太子监理国政。

【纲】肃宗下制命令重新以建寅月（正月）为正月。

【纲】肃宗驾崩，李辅国杀死了张皇后。　【目】当初，张皇后与李

里,专权用事,晚更有隙。内射生使程无振党于辅国。上疾笃,后召太子谓曰:"辅国久典禁兵,阴与程元振谋作乱,不可不诛。"太子泣曰:"陛下疾甚危,不告而诛,必致震惊,恐不能堪也。"太子出,后召越王係,选宦官授甲,以诛辅国。元振知其谋,密告辅国。以兵送太子于飞龙厩,勒兵收係,迁后于别殿。明日,上崩。辅国等杀后并係及兖王僴。

【纲】太子即位。 【目】辅国引太子素服与宰相见,遂即位,辅国恃功益横,明谓上曰:"大家但居禁中,外事听老奴处分。"上内不平,以其方握禁兵,外尊礼之。号为"尚父"而不名,事无大小皆咨之,群臣出入皆先诣辅国,辅国亦晏然处之。

【纲】以李辅国为司空,兼中书令。

【纲】敕大小钱皆当一。

【纲】六月,进李辅国爵博陆王。

【纲】秋七月,郭子仪入朝。 【目】时程元振用事,忌子仪功高任重,数谮之。子仪不自安,奏请解副元帅、节度使。遂留京师。

【纲】以程元振为骠骑大将军。

【纲】九月,以来瑱同平章事。

【纲】贬裴冕为施州刺史。

【纲】回纥举兵入援。冬十月,以雍王适为天下兵马元帅,讨史朝义。大败之,取东京及河阳,贼将薛嵩、张忠志以州降。 【目】上遣中使刘清潭使回纥,修旧好,且征兵讨史朝义。回纥登里可汗起兵至三城,见州县皆为丘墟,有轻唐之志,乃困辱清潭。清潭遣使言状,京师大骇。初,肃宗以仆固怀恩女妻登里。上令怀恩往见

辅国内外勾结，专权用事，然而后来两人有了矛盾。内射生使程元振与李辅国结为同党。肃宗病重，张皇后召太子李俶前来，对他说："李辅国长期执掌禁军，暗中与程元振策划作乱，不能不杀死他。"太子哭着说："陛下的病十分危急，不请示而杀死李辅国，必然使陛下大为震惊，恐怕陛下不能承受。"太子出去后，张皇后又召越王李係前来，挑选了一些宦官，授给他们铠甲，让他们去杀李辅国。程元振知道了他们的计谋，就密告李辅国。李辅国派兵把太子李俶送到飞龙厩，率兵拘捕了越王李係，把张皇后迁移到别殿。第二天，肃宗去世，李辅国等人就杀死了张皇后、越王李係和兖王李僴。

【纲】太子李俶即位。　【目】李辅国带着太子身着素服与宰相相见，然后即帝位。李辅国自恃有功更加专横，明着对代宗说："皇上只管深居宫中，外面的事全听老奴处置好了。"代宗心里忿忿不平，但因为李辅国正掌握着禁军，所以表面很尊敬他。称他为"尚父"而不直呼其名，事情无论大小都征询他的意见。群臣出入朝廷都先到李辅国那儿去，李辅国也安然处之。

【纲】代宗任命李辅国为司空，兼中书令。

【纲】代宗下敕规定大小钱都以一当一。

【纲】六月，代宗进封李辅国博陆王爵位。

【纲】秋七月，郭子仪入朝。　【目】此时程元振在朝廷专权，忌恨郭子仪功高任重，多次诬陷他。郭子仪不能自安，奏请解除自己副元帅、节度使的职务，于是留在京城。

【纲】代宗任命程元振为骠骑大将军。

【纲】九月，代宗任命来瑱为同平章事。

【纲】代宗贬裴冕为施州刺史（治清江县，今湖北恩施）。

【纲】回纥举兵来唐朝增援。冬十月，代宗任命雍王李适为天下兵马元帅，征讨史朝义。大败叛军，攻取了东京及河阳，叛将薛嵩、张忠志率州归降。　【目】代宗派中使刘清潭出使回纥，以求重修旧好，并且想征调回纥军队讨伐史朝义。回纥登里可汗发兵到达河阳三城（南城、北城、中潬城），见到州县都成了废墟，就产生了轻视唐朝的意向，于是就困扰和羞辱刘清潭。刘清潭派人回朝报告了这个情况，京师上下大为惊

之,为言唐家恩信不可负。可汗悦,自陕州大阳津渡河,与诸道俱进。制以雍王适为天下兵马元帅,会诸道节度使及回纥于陕州,进讨史朝义。上欲以郭子仪为适副,程元振、鱼朝恩等沮之而止。加仆固怀恩同平章事,领诸军节度行营以副适。

诸军发陕州,仆固怀恩与回纥为前锋,郭英乂、鱼朝恩为殿,李抱玉自河阳入;李光弼自陈留入,会于洛阳,陈于横水。怀恩遣骁骑及回纥并南山出贼栅东北,表里合击,大破之。朝义悉其精兵十万救之,官军击之不动;镇西节度使马璘单骑奋击,大军乘之而入,贼众大败。朝义将轻骑数百东走。怀恩进克东京及河阳城,获伪中书令许叔冀。怀恩留回纥营河阳,使其子玚帅步骑万余逐朝义,至郑州,再战皆捷。汴州降。

回纥入东京,肆行杀掠。朝义自濮州北渡河,怀恩追败之于卫州。贼将田承嗣等将兵四万与朝义合,复来拒战,仆固玚击破之。于是朝义邺郡节度使薛嵩以四州降于李抱玉,恒阳节度使张忠志以五州降辛云京。怀恩皆令复位。由是抱玉、云京各表怀恩有贰心,朝廷宜密为备。

【纲】盗杀李辅国。 【目】上在东宫,以李辅国专权,心甚不平;及嗣位,以辅国有杀张后之功,不欲显诛之,夜遣盗入其室,窃辅国首及一臂而去。敕有司捕盗,遣中使存问其家,仍赠太傅。

【纲】十一月,以张忠志为成德军节度使,赐姓名李宝臣。

骇。当初，肃宗将仆固怀恩的女儿嫁给登里可汗为妻，所以此时代宗就命仆固怀恩前去拜见登里可汗，对他说不能辜负唐朝的恩德和信赖。登里可汗很高兴，从陕州大阳津渡过黄河，与各道军队一同进击史朝义。代宗下制书任命雍王李适为天下兵马元帅，与诸道节度使以及回纥的军队会合于陕州，然后出发去讨伐史朝义。代宗想要任命郭子仪为李适的副帅，由于程元振、鱼朝恩的阻止而作罢。代宗加封仆固怀恩为同平章事，并兼诸军节度行营以充当李适的副帅。

　　各路军队从陕州出发，仆固怀恩与回纥充当前锋，郭英义、鱼朝恩殿后，李抱玉从河阳进击，李光弼从陈留进击，几路兵力最后会于洛阳，并在横水（在今河南洛阳北）摆开阵势。仆固怀恩派骁勇的骑兵及回纥军队依南山出现在叛军营栅的东北面，内外夹击，大破叛军。史朝义倾其精兵十万前去救援，官军攻击叛军，而叛军不出动，镇西节度使马璘单枪匹马奋勇出击，大军乘势攻入敌阵，叛军大败。史朝义率领数百轻骑向东逃跑。仆固怀恩进而攻克东京及河阳城，俘虏了伪中书令许叔冀。仆固怀恩留下回纥军队守卫河阳，派他的儿子仆固玚率领步兵、骑兵一万余人追击史朝义，追至郑州，两次与叛军交战都取得了胜利。驻守汴州的叛军归降。

　　回纥军队进入东京，肆意进行烧杀抢掠。史朝义从濮州向北渡过黄河，仆固怀恩在卫州追击并打败史朝义。叛将田承嗣等率兵四万与史朝义会合，又来抵抗，仆固怀恩打败了他们。于是史朝义、邺郡节度使薛嵩率领相、卫、洛、邢四州向李抱玉投降。恒阳节度使张忠志率领恒、赵、深、易、定五个州向官军将领辛云京投降。仆固怀恩都命他们官复原位。于是李抱玉、辛云京上表奏说仆固怀恩有二心，朝廷应该暗中防备他。

　　【纲】强盗杀死李辅国。　　【目】代宗任太子时，就因为李辅国专权，心中颇为忿恨不平，及至即帝位之后，因为李辅国有杀死张皇后之功，代宗不想明着杀他，就派盗人夜间进入他家，偷了李辅国的头颅和一条手臂而去。代宗下敕令主管部门抓盗贼，派宫廷使者慰问李辅国的家人，并仍然封赠他为太傅。

　　【纲】十一月，代宗任命张忠志为成德军节度使，赐他姓名叫李宝臣。

【纲】以仆固怀恩为河北副元帅。

【纲】诸军围史朝义于莫州。

【纲】代宗任命仆固怀恩为河北副元帅。

【纲】诸军于莫州(治鄚县,今河北任丘北)围史朝义。

纲鉴易知录卷五二

唐纪

代宗皇帝

【纲】癸卯,代宗皇帝广德元年,春正月,以刘晏同平章事,度支等使如故。

【纲】流来瑱于播州,杀之。 【目】初,来瑱在襄阳,程元振有所请托,不从。及为相,元振谮瑱言涉不顺,与贼合谋。坐削官爵,流播州,赐死。由是藩镇皆切齿于元振。

【纲】贼将田承嗣以莫州降,李怀仙杀史朝义,传首京师。【目】史朝义屡出战,皆败。田承嗣说朝义令往幽州发兵,朝义从之。承嗣即以城降。时朝义范阳节度使李怀仙已请降,朝义至,不得入。独与胡骑数百东奔,欲入奚、契丹,怀仙遣兵追及之;朝义穷蹙,缢于林中,怀仙取其首以献。仆固怀恩与诸军皆还。

【纲】以薛嵩、田承嗣、李怀仙为河北诸镇节度使。 【目】以史朝义降将薛嵩为相、卫、邢、洺、贝、磁六州节度使,田承嗣为魏、博、德、沧、瀛五州都防御使,李怀仙仍故地为卢龙节度使。时河北诸州皆已降,嵩等迎仆固怀恩拜于马首,乞行间自效;怀恩恐贼平宠衰,故奏留嵩等及李宝臣分帅河北,自为党援。朝廷亦厌苦兵革,苟冀无事,因而授之。

代宗皇帝

【纲】唐代宗广德元年（癸卯，763），春正月，代宗任命刘晏为同平章事，度支使等职务仍然不变。

【纲】代宗下令将来瑱流放到播州（治遵义，今贵州遵义），继而又将他杀死。 【目】当初，来瑱在襄阳（今湖北襄樊），程元振曾有私事嘱托他，他没答应。及至作了宰相，程元振诬陷他曾说过反对朝廷的话，并与叛军合谋，于是被削去官职和爵位，流放播州，后又被赐死。由此各藩镇将吏都对程元振切齿痛恨。

【纲】叛将田承嗣率莫州归降唐朝，李怀仙杀死史朝义，把他的首级传送到京城。 【目】史朝义屡次出战官军都失败了。田承嗣劝说史朝义，让他去幽州（治幽州城，今天津蓟县）调兵，史朝义听了他的话。田承嗣待史朝义走后，就率城投降了朝廷。此时史朝义的范阳节度使李怀仙已请求归降唐朝，史朝义来到范阳城下，不得进入。就独自与胡人骑兵数百人向东逃跑，企图进入奚和契丹境内。李怀仙派兵追上了他，史朝义被逼得走投无路，自缢在树林中，李怀仙割下他的头颅献给朝廷。其后，仆固怀恩与各路军队都返回京城。

【纲】代宗任命薛嵩、田承嗣、李怀仙为河北各镇节度使。 【目】代宗任命史朝义的降将薛嵩为相州（治安阳，今河南安阳）、卫州（治汲县，今河南汲县）、邢州（治龙岗，今河北邢台西南）、洺州（治永年，今河北永年东南）、贝州（治清河，今河北南宫东南）、磁州（治滏阳，今河北磁县）等六州节度使；田承嗣为魏州（治贵乡，今河北大名东）、博州（治聊城，今山东聊城东北）、德州（治安德，今山东德州）、沧州（治清池，今河北沧县东南）、瀛州（治河间，今河北河间）等五州都防御使；李怀仙仍在故地任庐龙节度使。当时河北各州都已归降，薛嵩等人迎接仆固怀恩，在他的马前叩拜，请求让他们留在军中效力。仆固怀恩生怕叛乱平息了自己受宠的地位会衰微，所以就奏请留薛嵩等人以及李宝臣

【纲】回纥归国。

【纲】以梁崇义为山南东道节度留后。

【纲】三月,葬泰陵、乔陵。

【纲】夏四月,敕议举孝廉。 【目】礼部侍郎杨绾上疏曰:"古之选士必取行实。自隋炀帝始置进士科,犹试策而已;至高宗时,考功员外郎刘思立始奏进士加杂文,明经加帖括,从此成俗。公卿以此待士,长老以此训子,其明经则诵帖括以侥幸,又令举人投牒自应,如此,欲其返淳朴,崇廉让,何可得也!请置孝廉科,令县令取行著乡闾、学知经术者,荐之于州。刺史考试,升之于省。任占一经,问经义二十条,对策三道,上第注官,中第出身,下第罢归。其道举亦非理国所资,望与明经、进士并停。"上命诸司通议,或以为:"明经进士,行之已久,不可遽改。"事虽不行,识者是之。

【纲】秋九月,遣使征仆固怀恩入朝,不至。 【目】初,仆固怀恩受诏,与回纥可汗相见于太原;河东节度使辛云京恐其合谋袭军府,闭城自守,亦不犒师。怀恩怒,具表其状,不报。中使骆奉仙至太原,云京厚结之,使言怀恩反状已露。怀恩亦奏请诛云京、奉仙,诏和解之。

怀恩自以兵兴已来,所在力战,一门死王事者四十六人,女嫁

分别统帅河北各州，形成自己的党羽。朝廷也厌烦了战争，苟且希望平安无事，所以就授职给他们。

【纲】回纥军队返回自己的国家。

【纲】代宗任命梁崇义为山南东道（治襄州，今湖北襄樊）节度留后。

【纲】三月，代宗葬玄宗于泰陵（在今陕西蒲城东北金粟山），葬肃宗于乔陵（在今陕西乾县东武将山）。

【纲】夏四月，代宗下敕书命令议举孝廉。【目】礼部侍郎杨绾上疏说："古代选士必须以生平事迹为取弃的依据。从隋炀帝开始设立进士科，还只是考试策论而已；到唐高宗时，考功员外郎刘思立上奏后才有了考进士科加试杂文、明经科加试帖经的做法，并且从此形成风俗。公卿大臣以此来看待士人，长辈也以此来教训子弟。明经科考试，人们背诵帖经文以求侥幸，还命令举人呈递书札自荐。像这样下去，想要让士人回归淳朴，崇尚清廉谦让，哪能做得到呢！"请设置孝廉科，让县令选取那些以品行好而著称乡里的、学习和通晓经书的，向州里推荐。由刺史对他们加以考试，然后再上升到省。任取一部经典，考问经义二十条，对策三道，考试成绩上等的授以官职，中等的就给予起码的身份和资格，下等的就罢归故里。那些以玄学中举的也不是治国所能凭借的人才，希望与明经科、进士科的考试一同停止。"代宗命令各有关部门共同商议，有人认为："明经和进士科考，已施行很久了，不能骤然改变。"事情虽然没能实行，但有识之士却认为杨绾的建议是对的。

【纲】秋九月，代宗派使者前去征召仆固怀恩入朝，仆固怀恩却不来。【目】当初，仆固怀恩受诏命与回纥可汗在太原（河东节度使治所，今山西太原西南）相见，河东节度使辛云京怕他们合谋袭击军府，所以就闭城自守，也不犒劳他们的部队。仆固怀恩十分恼怒，将辛云京的行为全都表奏朝廷，但没得到答复。宫廷使者骆奉仙到太原，辛云京深深地结交他，让他对代宗说仆固怀恩谋反的行藏已经显露出来。仆固怀恩也奏请杀辛云京和骆奉仙，代宗下诏让他们和解。

仆固怀恩认为自己从兴师讨伐叛军以来，无论在哪里都竭力作

绝域，说喻回纥，再收两京，平定河南、北，功无与比，而为人构陷，愤怨殊深，上书自讼曰："臣罪有六：昔同罗叛乱，臣为先帝扫清河曲，一也；男玢陷房亡归，臣斩之以令众士，二也；二女远嫁，为国和亲，三也；身与男玚，为国效命，四也；河北新附，抚安反侧，五也；说喻回纥，使赴急难，六也。臣既负六罪，诚合万诛。思得一奉天颜，又以来瑱之死，深畏中官谗口，虚受陛下诛夷。臣奏奉仙，非不摭实，陛下竟无处置，宠任弥深。窃闻四方遣人奏事，陛下皆云与骠骑议之，远近无不疑阻。倘不纳愚恳，臣实不敢保家，陛下岂能安国！惟陛下图之。"上遣裴遵庆诣怀恩喻旨，讽令入朝。怀恩竟不奉诏。

【纲】冬十月，吐蕃入寇。上如陕州。吐蕃入长安，关内副元帅郭子仪击之，吐蕃遁去。　【目】自安禄山反，边兵精锐者皆征发入援，谓之行营。留兵单弱，数年之间，胡虏蚕食，自凤翔以西，邠州以北，皆为左衽矣。至是，吐蕃入大震关，尽取河西、陇右之地。边将告急，程元振皆不以闻。十月，虏至奉天、武功，京师震骇。诏以雍王适为关内元帅，郭子仪副之，出镇咸阳以御之。

子仪闲废日久，部曲离散，至是召募，得二千骑而行，至咸阳，吐蕃帅吐谷浑、党项、氐、羌三十余万众渡渭。子仪使判官王廷昌入奏，请益兵，程元振遏之，竟不召见。吐蕃渡便桥，上仓猝不知所

战，一门之中为朝廷的事业而死的就有四十六人，自己的女儿嫁到偏僻贫瘠的远方，自己曾亲自去劝喻回纥，再度收复两京，平定河南、河北，功绩无与伦比，然而却遭人算计和诬陷，因而内心的愤怨极深，上书为自己申辩说："我有六条罪状：昔日同罗人叛乱，我为先帝扫清了河曲（即宥州，今内蒙古准格尔北，正好在黄河曲转向南的地方），这是其一；我的儿子仆固玢陷入同罗人之手，后又逃回来，我将他斩首以号令众将士，这是其二；我的两个女儿都嫁到偏远之地，为国家的利益而与外夷和亲，这是其三；我与儿子仆固玚，一道为国效命，这是其四；河北叛军新近归附朝廷，我前去安抚，以防其反复，这是其五；劝导回纥，使他们出兵急救国难，这是其六。我既然身负六条罪状，实在该当万死。我很想能一睹圣上的容颜，但是又因为来瑱的死而深怕宦官口出谗言，枉被陛下诛杀。我上奏控告骆奉仙，所讲的无不属实，陛下竟然不处置他，反而对他宠任更深。我私下听说各地派人入朝奏事，陛下都说要与骠骑大将军程元振商议，使地方的入朝使者，不论地域远近，没有不受阻滞的。倘若陛下不接受我愚蠢的恳求，我实在不敢保家，陛下又岂能安国！只希望陛下审慎地考虑这件事。"代宗派裴遵庆到仆固怀恩那里宣喻圣旨，婉言相劝，让他入朝。仆固怀恩竟不接受诏令。

【纲】冬十月，吐蕃入侵，代宗到陕州避难。吐蕃军队攻入长安，关内副元帅郭子仪攻打他们，他们就逃跑了。 【目】自从安禄山反叛以来，唐朝戍边军队中的精锐兵力都被征发到内地来救援，他们被称为行营。而留下的兵力势单力薄，几年之中，胡虏不断蚕食大唐国土，从凤翔（即岐州，今陕西凤翔西）以西，邠州（今陕西邠县）以北，都被外族侵占了。到此时，吐蕃侵入大震关（即陇关，在今陕西陇县西），全部占领了河西、陇右地区。边将向朝廷告急，程元振都不把情况向代宗奏报。十月，吐蕃人已侵入到奉天县（今陕西乾县）、武功县（今陕西兴平西北），京城大为震惊和恐惧。代宗下诏任命雍王李适为关内元帅，郭子仪为副元帅，出兵镇守咸阳以抵御吐蕃军队。

郭子仪闲居日久，部下已经离散，到这时临时召募，征得骑兵二千人便出发了，到达咸阳时，吐蕃率领吐谷浑、党项、氐、羌等族共三十余万人已经渡过渭水。郭子仪派判官王延昌入朝奏报，请求增兵，程

为，出幸陕州，官吏六军逃散。子仪遽自咸阳归长安。吐蕃入长安，纵兵焚掠，长安中萧然一空。子仪引三十骑，自御宿川循山而东。谓王廷昌曰："六军逃溃，多在商州，速往收之。"廷昌径入商州抚谕之。诸将方纵兵暴掠，闻子仪至，皆大喜听命。得四千人，军势稍振。子仪乃泣谕将士以共雪国耻，取长安，皆感激受约束。子仪使羽林大将军长孙全绪将二百骑出蓝田，全绪至韩公堆，昼则击鼓张旗帜，夜则多然火以疑吐蕃。吐蕃惧，百姓又绐之曰："郭令公自商州将大军至矣！"吐蕃惶骇，悉众遁去。诏以子仪为西京留守。

【纲】十一月，削程元振官爵，放归田里。【目】骠骑大将军程元振专权自恣，人畏之甚于李辅国。诸将有大功者，元振皆忌嫉欲害之。吐蕃入寇，元振不以时奏，致上狼狈出幸。上发诏征诸道兵，李光弼等皆忌元振，莫有至者，中外切齿，莫敢言。

太常博士柳伉上疏曰："犬戎犯阙度陇，不血刃而入京师，劫宫闱，焚陵寝，武士无一人力战者，此将帅叛陛下也；陛下疏元功，委近习，日引月长，以成大祸，群臣在庭，无一人犯颜回虑者，此公卿叛陛下也；陛下始出都，百姓填然，夺府库，相杀戮，此三辅叛陛下也；自十月朔召诸道兵，尽四十日，无只轮入关，此四方叛陛下也。陛下必欲存宗庙，安社稷，独斩程元振首，驰告天下，然后削尊号，下诏引咎。如此，而兵不至，人不感，天下不服，臣请阖门寸斩以

元振从中阻拦,致使王廷昌不被代宗召见。吐蕃人已渡过便桥(即西渭桥,在今陕西西安西北,长安故城便门外),代宗仓猝间不知所措,出京师逃往陕州,长安城中官吏和禁军部队都四下逃散。郭子仪闻迅立即从咸阳回救长安。吐蕃军队进入长安后,纵容士兵焚烧掳掠,长安城中萧然一空。郭子仪率领三十名骑兵从御宿川(今陕西西安西北)顺着山势向东进发。他对王廷昌说:"禁军溃退逃散的将士,大多在商州(治上洛,今陕西商县),你速去把他们召集起来。"王廷昌迳直赶到商州,对溃逃的禁军将士加以安抚和劝喻。禁军的将领们当时正放任士兵横暴地抢掠,听说郭子仪来了,都非常欣喜,甘愿听命。于是,郭子仪又得到四千人,军队的威势稍有加强。郭子仪流着眼泪激励将士要共雪国耻,攻克长安,将士们都被他的话所感动甘愿接受他的指挥。郭子仪派羽林大将军长孙全绪率领二百骑兵出蓝田(今陕西蓝田),长孙全绪来到韩公堆,白天击鼓摇动旗帜,夜间燃起许多火堆,用来迷惑吐蕃人。吐蕃见此情形害怕了,老百姓又骗他们说:"郭令公从商州率大军来了!"吐蕃人听后更加惊慌恐惧了,全部逃跑了。代宗下诏任命郭子仪为西京留守。

【纲】十一月,代宗削去程元振的官爵,将他放归田里。 【目】骠骑大将军程元振在朝中专权,为所欲为,人们害怕他甚于害怕李辅国。诸将中立有大功的,程元振都嫉妒和仇恨该人,并想加害其人。吐蕃军队入侵,程元振不把下面的奏报及时转达代宗,致使代宗狼狈出逃。代宗下诏征发各道的军队,李光弼等人都因为恨程元振,没一个前来的,朝廷内外的人对程元振无不切齿痛恨,却又没人敢说。

太常博士柳伉上疏说:"犬戎侵犯关陇地区,兵不血刃就进入京师,抢劫皇宫,焚毁陵墓,武士中没有一个拼死而战的,这是将帅背叛陛下啊;陛下疏远立有大功的将帅,而托命于身边的亲信,日久月长,酿成大祸,而群臣们身在朝廷,竟没有一个人犯颜真谏,使陛下回心转意,这是公卿大臣背叛陛下啊;陛下刚刚离开都城,老百姓便蜂拥而起,抢夺官府的仓库,互相杀戮,这是京畿一带的人们背叛陛下啊;从十月初一下诏征调各道的军队至今,已过了四十天,没有一支军队入关迎敌,这是地方背叛陛下啊。陛下如果决心要保存宗庙,安定国家,那

谢陛下。"上犹以元振尝有保护功,削官爵,放归田里。

【纲】十二月,上还长安。 【目】车驾发陕州,左丞颜真卿请上先谒陵庙,然后还宫,元载不从,真卿怒曰:"朝廷岂堪相公再坏邪!"载由是衔之。上至长安,郭子仪帅百官诸军奉迎,伏地待罪。上劳之曰:"用卿不早,故及于此。"

【纲】以鱼朝恩为天下观军容宣慰处置使,总禁兵。
【纲】苗晋卿、裴遵庆罢,以李岘同平章事。
【纲】甲辰,二年,春正月,流程元振于溱州。

【纲】立雍王适为皇太子。
【纲】以魏博为天雄军。
【纲】仆固怀恩反,寇太原。 【目】怀恩谋取太原;辛云京觉之,乘城设备。怀恩使其子玚攻之,大败而还。

【纲】以郭子仪为河中节度等使。 【目】上谓子仪曰:"怀恩父子负罪实深。闻朔方将士思公如枯旱之望雨,公为朕镇抚河东,汾上之师必不为变。"乃以子仪为关内、河东副元帅、河中节度等使。怀恩将士闻之,皆曰:"吾辈从怀恩为不义,何面目见汾阳王。"

【纲】仆固玚为其下所杀。怀恩走云州。 【目】仆固玚围榆次,其将焦晖、白玉攻杀之。怀恩闻之,入告其母。母曰:"吾语汝勿反,国家待汝不薄,今众心既变,祸必及我,将如之何!"怀恩不

就只有将程元振斩首,并迅速通告天下,然后削去尊号,下诏书引咎自责。如果这样做了,而各路军队仍然不到,人心仍然不受感动,天下还不臣服,就请将我满门抄斩,以谢罪于陛下。"代宗还是因为程元振曾有保驾之功,而仅仅将他削去官爵,放归田里。

【纲】十二月,代宗回到长安。 【目】代宗的车驾从陕州出发,左丞相颜真卿请代宗先拜谒祖宗陵庙,然后再回宫,元载不听从他的意见,颜真卿愤怒地说:"朝廷难道还经得起你再祸害吗?"元载因此而对颜真卿怀恨在心。代宗到达长安时,郭子仪率领百官和各路军队恭迎,并伏地听候代宗问罪。代宗慰劳他说:"任用你不及时,所以才落到如此地步。"

【纲】代宗任命鱼朝恩为天下观军容宣慰处置使,总管禁军。

【纲】代宗罢免苗晋卿、裴遵庆的官职,任命李岘为同平章事。

【纲】广德二年(甲辰,764),春正月,代宗将程元振流放到溱州(治荣懿,今四川綦江南)。

【纲】代宗立雍王李适为皇太子。

【纲】代宗改魏博地名为天雄军(魏博节度使治魏州城)。

【纲】仆固怀恩反叛,侵犯太原。 【目】仆固怀恩阴谋夺取太原,被辛云京觉察,登城设防。仆固怀恩派他的儿子仆固玚攻打太原,大败而归。

【纲】代宗任命郭子仪为河中(即蒲州,开元九年改名,治河东,今山西芮城西北)节度等使。 【目】代宗对郭子仪说:"仆固怀恩父子负罪实在太深。听说朔方(治灵州城,今宁夏灵武)将士思念你如同枯旱盼雨,你为我镇守和安抚河东(治太原,今山西太原西南),汾水之上的军队必定不会生变。"于是任命郭子仪为关内、河东副元帅、河中节度使等。仆固怀恩的将士听到这个消息,都说:"我们跟着仆固怀恩作不义之事,有什么脸去见汾阳王。"

【纲】仆固玚被他的部下杀死了。仆固怀恩逃到云州(治大利,今山西朔县平鲁城西北)。 【目】仆固玚围攻榆次(今山西榆次),他的部将焦晖、白玉攻击并杀死了他。仆固怀恩得知后,就到他母亲面前禀告。他的母亲说:"我劝告你不要谋反,国家待你不薄,如今众人的心

对而出。母提刀逐之曰："吾为国家杀此贼，取其心以谢三军。"怀恩疾走，得免，遂与麾下三百渡河，北走云州。都虞侯张维岳闻怀恩去，乘传至汾州，抚定其众，杀焦晖、白玉而窃其功，以告子仪。子仪奏维岳杀场，传首诣阙。群臣入贺，上惨然不悦，曰："朕信不及人，致勋臣颠越，深用为愧，又何贺焉！"命辇怀恩母至长安，给待优厚，月余，以寿终；以礼葬之，功臣皆感叹。子仪如汾州，怀恩之众数万悉归之，咸鼓舞涕泣，喜其来而悲其晚也。

【纲】刘晏、李岘罢。以王缙、杜鸿渐同平章事。

【纲】三月，以刘晏为河南、江、淮转运使。 【目】自丧乱以来，汴水堙废，漕运者自江、汉抵梁、洋，迂险劳费。兵火之后，中外艰食，关中米斗千钱，百姓挏穗以给禁军，官厨无兼时之积。晏乃疏浚汴水，遗元载书，具陈漕运利害，令中外相应。自是每岁运米数十万石以给关中。唐世称漕运之能者，推晏为首，后来者皆遵其法度云。

【纲】秋七月，税青苗钱，给百官俸。

【纲】临淮武穆王李光弼卒。 【目】上之幸陕也，李光弼竟迁延不至；上恐遂成嫌隙，以其母在河中，数遣中使存问之。吐蕃退，除光弼东都留守；光弼辞以就江、淮粮运，引兵归徐州。上迎其母至长安，厚加供给，使其弟光进掌禁兵，遇之加厚。

已变,大祸必然会殃及于我,那时该怎么办?"仆固怀恩不作回答便出来了。他的母亲提着刀追赶他说:"我为国家杀死你这个逆贼,取出你的心向三军谢罪。"仆固怀恩快步逃走,才免于一死,随即与部下三百人渡过黄河,向北逃到云州。都虞侯张维岳闻知仆固怀恩逃走了,便乘驿车来到汾州(治西河,今山西汾阳),安抚仆固怀恩的部众,杀死焦晖、白玉而窃取了他们的功劳,以此禀报郭子仪。郭子仪上奏说张维岳杀了仆固玚,并把仆固玚的首级驿传到朝廷。群臣进宫祝贺,代宗神情惨然而不高兴,说:"我的信义不能传达到人,致使大功臣陨落叛变,深深地以此为愧,有什么可祝贺的呢!"下令用车把仆固怀恩的母亲接到长安,给以优厚的待遇,一个多月后,她因年老而死,代宗又按礼节安葬了她。功臣们都由此而感叹不已。郭子仪到达汾州,仆固怀恩的部众数万人都归附了他,将士们无不感到鼓舞,激动地流下眼泪,欢喜郭子仪的到来而悲叹他来得迟了。

【纲】代宗罢了刘晏、李岘的官职,任命王缙、杜鸿渐为同平章事。

【纲】三月,代宗任命刘晏为河南、江、淮转运使。 【目】自从发生战乱以来,汴水(故道由河南商丘经安徽宿县、灵璧、泗县流入淮水,唐代漕运东南地区的粮食入京城都走此道)因堵塞而废用,漕运改从长江入汉水再到梁州、洋州,曲回绕道,艰难险阻,人力物力耗费极大。战乱之后,朝廷内外粮食匮乏,关中地区一斗米价值一千钱,老百姓将下麦穗来供给禁军,官府的厨房没有可供两个季节所需的存粮。于是刘晏就疏通和开掘汴水,并写信给元载,全面陈述了漕运的利害,要求朝廷内外相呼应。从此每年运米数十万石供给关中地区。唐代掌管漕运称得上有才能的,当首推刘晏。后来的人都遵循他的方法和制度来治理漕运。

【纲】秋七月,征收青苗钱税,供给百官俸禄。

【纲】临淮(今安徽泗县东南)人武穆王李光弼去世。 【目】代宗到陕州时,李光弼竟拖延不到,代宗怕因此形成猜疑和仇怨,因为李光弼的母亲居住在河中,就多次派宫廷使者前去问安。吐蕃军队退去后,代宗任命李光弼为东都留守,李光弼推辞而就任江淮粮运使,率兵回到

光弼治军严整，指顾号令，诸将莫敢仰视，谋定而后战，能以少制众，与郭子仪齐名。及在徐州，拥兵不朝，诸将田神功等不复禀畏，光弼愧恨成疾而卒。诏以王缙都统诸道行营。

【纲】仆固怀恩引回纥、吐蕃入寇，诏郭子仪出镇奉天。【目】怀恩至灵武，收合散亡，其众复振。上厚抚其家。下诏曰："怀恩勋劳，著于帝室，疑隙之端，起自群小；君臣之义，情实如初。但当诣阙，更勿有疑。"怀恩竟不从，遂引回纥、吐蕃十万众入寇，京师震骇。会郭子仪自河中入朝，诏子仪出镇奉天，召问方略，对曰："怀恩勇而少恩，士心不附，所以能入寇者，因思归之士耳。怀恩本臣偏裨，其麾下皆臣部曲，必不忍以锋刃相向，无能为也。"

【纲】冬十月，怀恩逼奉天。郭子仪出兵，怀恩退。【目】怀恩与回纥、吐蕃进逼奉天，诸将请战，郭子仪曰："虏深入，利速战，吾坚壁以待之，彼必以吾为怯而不戒，乃可破也。若遽战而不利，则众心离矣。敢言战者斩！"既而夜出，陈于乾陵之南。虏始以子仪为无备，欲袭之，忽见大军，惊愕，遂不战而退。

【纲】十二月，加郭子仪尚书令，不受。【目】子仪以太宗为此官，近皇太子亦为之，不敢当，遂不受，还镇河中。

徐州。代宗将李光弼的母亲接到长安，供给优厚，又派李光弼的兄弟李光进掌管禁军，待他更优厚了。

　　李光弼治军严整，手指目视发号施令，所属将领没有人敢抬头看他。他总是在经过谋划作出决策之后再作战，总能以少胜多，在当时与郭子仪齐名。及至到徐州后，他把持重兵而不回朝，于是所属的各个将领如田神功等人便不再敬畏他了，李光弼心中十分愧悔和怨恨，积郁成疾以至去世。李光弼死后，代宗诏命王缙代替他统率各道行营。

　　【纲】仆固怀恩招引回纥、吐蕃军队来犯，代宗诏命郭子仪出京城前去镇守奉天。　【目】仆固怀恩到了灵武，收拢逃散的将士，重振其兵力。代宗对仆固怀恩的家属抚恤优厚，下诏说："仆固怀恩为国家建立的功勋非常显著，他对朝廷产生怀疑和怨恨的起因，是来自一些小人的挑唆；现在君臣之间的情义，坚实而一如当初。他只应该回到朝廷，再不要心存疑虑。"仆固怀恩竟然不听从皇帝旨意，而招引回纥、吐蕃军队共十万人来犯，京城上下大为震惊。此时恰好郭子仪从河中回到朝廷，代宗下诏命令他出京城前去镇守奉天。代宗召见郭子仪征询对策，郭子仪回答说："仆固怀恩虽然勇敢，但对部下缺少恩义，士兵的心并不归顺于他，他之所以能来犯，靠的不过是那些思归故里的兵士。仆固怀恩本是我的部将，他的部下也都是我的部队，他们必然不忍心以兵刃对着我，所以，仆固怀恩是不能成功的。"

　　【纲】冬十月，仆固怀恩进逼奉天。郭子仪出兵迎战，仆固怀恩退却了。　【目】仆固怀恩与回纥、吐蕃军队进逼奉天，诸将请求出战，郭子仪说："敌人深入内地，以打速决战对他们有利，我军坚守壁垒以等待他们，他们必然会认为我军胆怯而不予防备。这样就可以打败敌人了。如若仓促出战而又不利，那么军心就要离散了。有敢说出战的，我就斩了他！"时间已经入夜，才出兵在乾陵（在今陕西乾县北）的南边摆开阵势，仆固怀恩起初以为郭子仪没有防备，想要偷袭他，却忽见他的大军出现，十分惊愕，于是不战而退。

　　【纲】十二月，代宗加封郭子仪为尚书令，郭子仪推辞不受。【目】郭子仪由于太宗曾任此官职，近世的皇太子也任过此官，所以不敢担当，于是不肯接受，返回去镇守河中。

【纲】乙巳，永泰元年，春正月，以李抱真为泽潞节度副使。【目】抱真以山东有变，上党为兵冲，而荒乱之余，土瘠民困，无以赡军，乃籍民每三丁选一壮者，免其租、徭，给弓矢，使农隙习射，岁暮都试，行其赏罚。比二年，得精兵二万，既不费廪给，府库充实，遂雄视山东，步兵为诸道最。

【纲】三月，命文武之臣十三人于集贤殿待制。
【纲】旱。
【纲】夏四月，以裴谞为左司郎中。【目】河东租庸使裴谞入奏事，上问："榷酤之利，岁入几何？"谞不对。复问，对曰："臣自河东来，所过见菽粟未种，农夫怨愁，臣以为陛下见臣，必先问人之疾苦，乃责臣以营利，臣是以未敢对也。"上谢之，拜左司郎中。

【纲】剑南节度使严武卒。【目】武三镇剑南，厚赋敛，穷奢侈，专杀戮，母数戒之，武不从。及死，母曰："吾今始免为官婢矣！"然吐蕃畏之，不敢犯其境。

【纲】畿内麦稔。【目】京兆尹第五琦请税百姓田，十亩收其一，曰："此古什一之法也。"上从之。

【纲】平卢将李怀玉逐其节度使侯希逸，诏以怀玉为留后，赐名正己。【目】平卢节度使侯希逸，好游畋，营塔寺。兵马使李怀玉得众心，希逸忌之，因事解其军职。希逸宿于城外，军士闭门，奉怀玉为帅。希逸奔滑州，召还京师。以郑王邈为节度使，怀玉知留后，赐名正己。时成德李宝臣、魏博田承嗣、相卫薛嵩、卢龙李怀仙收安、史余党，各拥劲卒数万，治兵完城，自署将吏，不供贡赋，与

【纲】唐代宗永泰元年（乙巳，765），春正月，代宗任命李抱真为泽潞（治上党，今山西长治）节度副使。　【目】李抱真认为山东如有变故，上党便是军事要冲，然而兵荒马乱之余，又加上土地贫瘠百姓困苦，没有东西可以给养军队，于是就让当地户籍居民每三个成年男丁中选出一个体力强壮的，免除他们的租税和徭役，发给弓箭，让他们在农闲时练习武艺，年终进行总考试，然后施行赏罚。连续两年下来，练得精兵两万人，既不破费官府粮食以作供给，又使府库得到充实，于是威武地坐视山东。这里的步兵是各道中实力最强的。

【纲】三月，代宗命令文武大臣十三人在集贤殿待命。

【纲】气候干旱。

【纲】夏四月，代宗任命裴谞为左司郎中。　【目】河东道租庸使裴谞入朝奏事，代宗问他："官府专利卖酒，每年可以收入多少？"裴谞不答话。代宗再问，他才回答说："我从河东来，所过之处只见庄稼没有播种，农夫怨叹忧愁，我以为陛下见了我，一定会先问人民的疾苦，然而却是责问我营利之事，所以我没敢回答。"代宗对他表示感谢，授予他左司郎中之职。

【纲】剑南（治益州城，今四川成都）节度使严武去世。　【目】严武曾三次出任剑南节度使，横征暴敛，穷奢极侈，专事杀戮，他的母亲多次劝诫他，他都不听。及至严武去世，他的母亲叹道："我从现在起可以免除沦为官婢的忧患了。"然而吐蕃惧怕严武，不敢侵犯剑南境地。

【纲】京畿一带小麦成熟。　【目】京兆尹第五琦奏请征收百姓田税，每十亩收一亩的产量为田税，说："这就是古代的十分之一的征税法。"代宗同意了这个办法。

【纲】平卢将领李怀玉驱逐了平卢（治营州城，今辽宁朝阳）节度使侯希逸，代宗下诏任命李怀玉为平卢留后，赐他名为李正己。　【目】平卢节度使侯希逸喜欢游猎和营造佛塔寺庙。兵马使李怀玉深得人心，侯希逸忌恨他，借故解除了他的军职。侯希逸在城外住宿，军士们就关闭了城门，拥立李怀玉为主帅。侯希逸逃往滑州（治白马，今河南滑县东），代宗召他回京城。任命郑王李邈为平卢节度使，李怀玉为知留后，赐他名为李正己。这时，成德（治恒州城，今河北正定）节度使李宝臣、

山南东道梁崇义及正己皆结为婚姻，互相表里。朝廷专事姑息，不能复制。

【纲】秋九月，置百高座，讲《仁王经》。 【目】内出《仁王经》二宝舆，以人为菩萨、鬼神之状，导以音乐卤簿，百官迎，从至资圣、西明寺讲之。

【纲】仆固怀恩诱回纥、吐蕃杂虏入寇，怀恩道死。召郭子仪屯泾阳。冬十月，回纥受盟而还，吐蕃夜遁。 【目】仆固怀恩诱回纥、吐蕃、吐谷浑、党项、奴剌数十万众俱入寇，令吐蕃趣奉天，党项趣同州，吐谷浑、奴剌趣盩厔，回纥继吐蕃之后，怀恩又以朔方兵继之。

子仪奏："请使诸道节度各出兵以扼其冲要。"上从之。诸道多不时出兵，淮西李忠臣得诏，亟命治行。诸将请择日，忠臣怒曰："父母有急，岂可择日而后救邪！"即日就道。

怀恩中涂遇暴疾死，大将范志诚领其众。怀恩拒命三年，再引胡寇，为国大患，上犹为之隐，曰："怀恩不反，为左右所误耳！"

吐蕃十万至奉天，京师闻之，始罢百高座讲；召郭子仪使屯泾阳。会大雨旬日，虏不能进，大掠而去。十月，复讲经。

吐蕃退至邠州，遇回纥，复相与入寇，合兵围泾阳，子仪严备不

魏博节度使田承嗣、相卫节度使薛嵩、卢龙节度使李怀仙收罗安禄山、史思明的余党，各自拥有精兵数万，整治军队，修筑城池，自行任命所署文武官员，不纳贡赋，并与山南东道（治襄州，今湖北襄樊）节度使梁崇义以及李正己等彼此联结为姻亲，互相呼应。而朝廷则一味予以姑息，不能重新控制他们。

【纲】秋九月，代宗设置百尺之高的座坛，宣讲《仁王经》。
【目】从皇宫内运出由两辆装饰着珠宝的车装载的《仁王经》，由人装扮成菩萨、鬼神的样子，以音乐和仪仗队作为前导，百官迎接，并跟随着到资圣寺、西明寺进行宣讲。

【纲】仆固怀恩诱使回纥、吐蕃等多种外族一同来犯，他死在中途。代宗召郭子仪驻守泾阳县（今陕西三原西南）。冬十月，回纥接受盟约返回本地，吐蕃也趁夜逃走。　　【目】仆固怀恩诱使回纥、吐蕃、吐谷浑、党项、奴剌等族共数十万人一同来侵犯唐朝。他命令吐蕃军队去往奉天，党项军队去往同州（治冯翊，今陕西大荔），吐谷浑、奴剌军队前往盩厔（今陕西盩厔），回纥军队跟在吐蕃军的后面，仆固怀恩则率朔方军队继回纥军之后。

郭子仪上奏道："请陛下派诸道节度使分别出兵扼守当地的军事要冲。"代宗听从了他的意见。然而诸道节度使大多不及时出兵，只有淮西（治蔡州城，今河南汝南）节度使李忠臣在得到诏令后立即下令集合出发，诸将领请求择吉日出兵，李忠臣愤怒地说："父母有急难，难道可以选择日期然后再去救助吗！"于是当天就出发了。

仆固怀恩在行军途中得急病而死，大将范志诚继他之后率领部队。仆固怀恩抗拒皇帝的诏命达三年之久，一再招引外族军队入侵大唐，成为国家的大祸患，代宗还要为他隐晦罪责，说："仆固怀恩没有反叛，不过是被部下所误罢了。"

吐蕃军队十万人来到奉天，京师听到这一消息，才停止了在百尺高坛之座的讲经；代宗召郭子仪，派他去驻守泾阳。此时恰巧天降大雨连续十天，来犯的外族军队不能前进，于是大肆掳掠之后就撤走了。十月，恢复讲经。

吐蕃军队退到邠州，遇到回纥军队，又一同进兵，合力围攻泾阳，

战。时二虏闻怀恩死,已争长,不相睦。子仪使牙将李光瓒说回纥,欲与共击吐蕃。回纥不信,曰:"郭公在此,可得见乎?"光瓒还报,子仪曰:"今众寡不敌,难以力胜。昔与回纥契约甚厚,不若挺身说之,可不战而下也。"诸将请选铁骑五百卫从,子仪曰:"此适足为害耳。"郭晞扣马谏曰:"大人,国之元帅,奈何以身为虏饵!"子仪曰:"今战,则父子俱死而国家危;往以至诚与之言,或幸而见从,则四海之福也!不然,则身没而家全。"以鞭击其手曰:"去!"遂与数骑出,使人传呼曰:"令公来!"回纥大惊。太师药葛罗执弓注矢立于阵前。子仪免胄释甲投枪而进,诸酋长相顾曰:"是也!"皆下马罗拜。子仪亦下马,前执药葛罗手,让之曰:"汝回纥有大功于唐,唐之报汝亦不薄。奈何负约,深入吾地,弃前功,结后怨,背恩德而助叛臣乎!且怀恩叛君弃母,于汝何有!今吾挺身而来,听汝杀之,我之将士必致死与汝战矣。"药葛罗曰:"怀恩欺我,言天可汗已晏驾,令公亦捐馆,中国无主,我是以来。今皆不然,怀恩又为天所杀,我曹岂肯与令公战乎!"子仪因说之曰:"吐蕃无道,所掠之财不可胜载,马牛杂畜长数百里,此天之赐汝也。全师而继好,破敌以取富,为汝之计,孰便于此!不可失也。"药葛罗曰:"吾为怀恩所误,负公诚深,今请为公尽力以谢过。然怀恩之子,可敦兄弟也,愿勿杀之。"子仪许之。回纥观者为两翼,稍前,子仪麾下亦进,子仪挥手却之,因取酒与其酋长共饮。药葛罗使子仪先执酒为誓,子仪酹地曰:"大唐天子万岁!回纥可汗亦万岁!两国将相亦万岁!有负约者,身陨阵前,家族灭绝。"杯至药葛罗,亦酹地曰:"如令公誓!"于是诸酋长大喜曰:"军中巫言,此行安稳,不与唐战,见一大人而还,今果然矣。"遂与定约而还。吐蕃闻之,夜遁。

郭子仪严加防范而不出战。此时两族军队得知仆固怀恩病死，于是互相争起上风来，不再和睦相处。郭子仪趁机派牙将李光瓒去劝说回纥，想与他们共同打击吐蕃。回纥人不相信李光瓒的话，说："郭公如果真的在这里，可以见见他吗？"李光瓒回来报告了这个情况，郭子仪说："现在敌众我寡兵力不相当，难以武力取胜。昔日我国与回纥有着深厚的契约之交，不如我挺身前往劝说他们，这样才能不战而胜。"诸将请求选五百个最好的骑兵随行护卫，郭子仪说："这样做恰恰会害了我。"郭子仪的儿子郭晞拦住父亲的马说："大人是国家的元帅，怎么可以以自己的身体给敌人当食物呢！"郭子仪说："现在如果两军交战，则你我父子都会死掉而国家仍然危险，我前去以至诚同他们商谈，或许能侥幸使他们服从，那将是国家的福气啊！不然的话，就是我虽身死而家人得以保全。"他以马鞭抽打郭晞拉直马缰的手说："走开！"随即与几名骑兵出城来到回纥营前，派人传呼说："郭令公来了！"回纥人得知后大惊，太师药葛罗挽弓搭箭立在阵前，郭子仪解除身上穿的甲胄，扔掉手中的长枪走了过去，回纥各首长相互看看说："真是郭令公呀！"于是都下马围着郭子仪施礼，郭子仪也下了马，上前握住药葛罗的手，义正辞严地责备他说："你们回纥对唐朝有过大功，唐朝报答你们也不算薄，为什么要负约，深入我大唐内地，弃前功而结后怨，负恩德而助叛臣呢？何况仆固怀恩反叛国君抛弃母亲，对你们有什么好处呢？今天我挺身而来，凭你们杀，我的将士们必定会拼死与你们作战的。"药葛罗说："仆固怀恩欺骗我，说大唐天子已经驾崩，您也已经去世，中国没有君主，所以我才来了。今天看来全不是像他说的那样，况且仆固怀恩已被上天所杀，我们难道愿意与您交战吗？"郭子仪趁机劝他说："吐蕃无道，所掠夺的财物用车装都装不完，抢走的马牛和其他牲畜排起来长达数百里，这是上天赐给你们的。保全军队使之不遭受伤亡，继续与大唐友好相处，同时击败敌人以取得财富，我为你们考虑，还有比这更为便利的吗？机不可失啊！"药葛罗说："我被仆固怀恩蒙骗，辜负您实在太深，而今请让我为您尽力以向您谢罪。然而仆固怀恩之子是我回纥可敦（回纥可汗的妻子号称可敦，相当于汉语的皇后）的兄弟啊，希望别杀死他。"郭子仪答应了这个请求。这时，在一旁观看的回

【纲】闰月,郭子仪还河中。 【目】子仪在河中,以军食常乏,乃自耕百亩,将校以是为差。于是士卒皆不劝而耕,野无旷土,军有余粮。

【纲】丙午,大历元年,春正月,敕复补国子学生。 【目】自安史之乱,国子监室堂颓坏,军士多借居之。祭酒萧昕上言:"学校不可遂废。"故有是诏。

【纲】二月,贬颜真卿为峡州别驾。 【目】元载专权,恐奏事者攻讦其私,乃请:"百官论事,皆先白宰相,然后奏闻。"真卿上疏曰:"谏官、御史,陛下之耳目。今使论事者先白宰相,是自掩其耳目也。太宗著司门式云:'其无门籍人,有急奏者,皆令门司与仗家引奏,无得关碍。'所以防壅蔽也。李林甫为相,深疾言者,下情不通,卒成幸蜀之祸。陵夷至于今日,其所从来者渐矣。夫人主大开不讳之路,群臣犹莫敢尽言,况令宰相大臣裁而抑之,则陛下所闻见者不过三数人耳。天下之士从此钳口结舌,陛下见无复言者,以为天下无事可论,是林甫复起于今日也!陛下倘不早寤,渐成孤立,后虽悔之,亦无及矣!"载以为诽谤,贬之。

纥人逐渐向前靠近，郭子仪的部下也向前靠过来，郭子仪挥手让他们退后，然后取酒来与回纥酋长们共饮。药葛罗让郭子仪首先举着酒杯起誓，郭子仪把酒洒在地上发誓说："大唐天子万岁！回纥可汗也万岁！两国将相也万岁！有谁负约，就让他在阵前毙命，家族灭绝。"酒杯传到药葛罗手中，他也把酒洒在地上说："我的誓言与郭令公的誓言一样！"于是诸酋长都兴奋地议论说："军中巫师预言此行安稳，不与唐朝交战，见到一位大人物就回师，如今果然如此。"于是郭子仪与回纥订立盟约，然后返回泾阳。吐蕃人听到这个消息，就连夜逃走了。

【纲】闰月，郭子仪率军回到河中。【目】郭子仪在河中，由于部队的口粮常常缺乏，于是就自己耕种了一百亩地，他手下的将校军官以耕作为差事，于是士卒们也都无需劝说而自动耕种起来，从而使河中的原野上见不到荒芜的土地，军队的粮食自给有余。

【纲】唐代宗大历元年（丙午，766），春正月，代宗下敕修复国子监并补充国子监学生。【目】自安史之乱以来，国子监的教室厅堂逐渐坍塌毁坏，军队多借住在这里。国子监祭酒萧昕上奏说："学校不能就这样衰败下去。"所以代宗颁布了这个诏令。

【纲】二月，代宗将颜真卿贬为峡州（治夷陵，今湖北宜昌东）别驾。【目】元载在朝廷专权，深怕上奏论事的人揭露他的真相，于是奏请代宗说："百官论事，都应该先禀报宰相，然后再奏报陛下。"颜真卿上疏说："朝廷中的谏官、御史，是陛下的耳目。如今让上奏论事的人都先禀报宰相，这是陛下遮掩了自己的耳目，太宗所著《司门式》中说：'那些没有出入宫门凭证的人，如果有急事要上奏，都让掌管宫门和执掌仪仗侍卫的人引导着进宫奏报，不得有任何阻拦。'这是用来防止言路闭塞不通的有力措施。李林甫作宰相时，非常忌恨上奏论事的人，以至下情不能上达，终于酿成了逃奔蜀地的祸患。国家衰落到今天这样的地步，是逐渐形成的。人主大开直言不讳的门路，群臣尚且不敢全部说出自己想说的话，何况如今由宰相大臣先行裁断而加以抑制，致使陛下所能听到见到的不过三几个人而已。天下有识之士从此闭口不言，陛下看到没有再上奏言事的了，认为天下没有事情可以谈论，这就是李林甫再现于今天了！陛下假如不及早省悟，逐渐形成孤立的局面，

【纲】以马璘兼邠宁节度使。 【目】以四镇、北庭行营节度使马璘兼领邠宁。璘以段秀实为都虞候,卒有能引弓重二百四十斤者,犯盗当死,璘欲死之,秀实曰:"将有爱憎而法不一,虽韩、彭不能为理。"璘善其议,竟杀之。璘处事或不中理,秀实争之。璘或怒甚,秀实曰:"秀实罪若可杀,何以怒为!无罪杀人,恐涉非道。"璘摄衣起,良久,置酒召秀实谢之。自是事皆咨秀实而后行,声称甚美。

【纲】秋八月,以鱼朝恩判国子监事。 【目】命鱼朝恩判国子监。中书舍人常衮言:"成均之任,当用名儒,不宜以宦者领之。"不听,命宰相百官送上。朝恩执易升高座,讲"鼎折足",以讥宰相。王缙怒,元载怡然。朝恩曰:"怒者常情,笑者不可测也。"

【纲】冬十月,上生日,诸道节度使上寿。 【目】上生日,诸道节度使献金帛、器服、珍玩、骏马为寿,共直缗钱二十四万。常衮上言:"节度使非能男耕女织,必取之于人。敛怨求媚,不可长也。请却之。"上不听。

【纲】丁未,二年,春二月,郭子仪入朝。 【目】上礼重子仪,常谓之大臣而不名。其子暧尚升平公主,尝与争言,暧曰:"汝倚乃父为天子邪?我父薄天子不为!"公主恚,奔车奏之。上曰:"此非汝

以后即使悔恨，也来不及了。"元载认为这是颜真卿诽谤自己，于是就贬了他的职。

【纲】代宗任命马璘兼任邠宁（治宁州城，今甘肃宁县东南）节度使。　【目】代宗让四镇（治龟兹城，今新疆库车、沙雅之间）、北庭（治庭州城，今新疆乌鲁木齐）节度使马璘兼领邠宁。马璘让段秀实担任都虞候。马璘部下有个士兵能拉开二百四十斤重的弓，因犯了盗窃罪理当处死，马璘想免他一死，段秀实说："将领如果由于对士兵各有爱憎而执法不一，那么，即使是韩信、彭越那样的大将也不能治理好军队。"马璘认为他的话很对，最终还是杀死了那个犯罪的士兵。马璘处理事情有时不合理，段秀实就据理力争。马璘有时非常恼怒，段秀实就说："如果我罪该杀头，你何必对我发怒！没有罪而杀人，恐怕就属于无道了。"马璘气得提衣而起，过很长时间后，他却设酒席召段秀实来向他赔礼致谢。从此他遇事都先征询段秀实的意见，然后才实行，他的名声非常美好。

【纲】秋八月，代宗任命鱼朝恩负责国子监事。　【目】代宗命鱼朝恩负责国子监事。中书舍人常衮说："国子监的职任，应该用名儒来担当，不应该由宦官负责。"代宗不听，命宰相以及百官送鱼朝恩上任。鱼朝恩手持《易经》登上高高的座位，讲解《易经》中的"鼎折足"（意为鼎折断一足，就要倾覆其中的食物，比喻大臣的任用如果不是应该的人选，必然会使国事败坏），以讥讽当朝宰相。王缙听后大为恼怒，而元载却是一副怡然自得的神情。鱼朝恩说："发怒是人之常情，而微笑则是不可揣测的。"

【纲】冬十月，代宗过生日，诸道节度使都上贡祝寿。　【目】代宗过生日，诸道节度使贡献了黄金、丝帛、器物、服装、珍宝玩物以及骏马等作为寿礼，价值共合缗钱二十四万。常衮向代宗进言说："节度使本人并不会男耕女织，所献的财物必然取自百姓。这是聚敛怨恨而取媚，此风不可助长。请陛下拒绝这些贡品。"代宗不听他的进谏。

【纲】大历二年（丁未，767），春二月，郭子仪入朝。　【目】代宗对郭子仪礼遇极厚，常称他为大臣而不直呼其名。郭子仪的儿子郭暧娶了升平公主为妻，有一次两人发生争吵，郭暧说："你仗着你父亲是天

所知。彼诚如是,彼欲为天子,天下岂汝家所有邪!"慰谕令归。子仪闻之,囚暧,入待罪。上曰:"鄙谚有之:'不痴不聋,不为家翁。'儿女子闺房之言,何足听也!"子仪归,杖暧数十。

【纲】秋七月,鱼朝恩作章敬寺。 【目】鱼朝恩以赐庄为章敬寺,以资太后冥福,穷壮极丽,奏毁曲江及华清宫馆以给之。卫州进士高郢上书曰:"先太后圣德,不必以一寺增辉。国家永图,无宁以百姓为本。舍人就寺,何福之为!且古之明主,积善以致福,不费财以求福;修德以消祸,不劳人以禳祸。今徇左右之过计,伤皇王之大猷,臣窃为陛下惜之!"不报。

【纲】冬十二月,郭子仪入朝。 【目】时盗发子仪父冢,捕之,不获。人以鱼朝恩素恶子仪,疑其使之。子仪入朝,朝廷疑其为变;及见上,上语及之,子仪流涕曰:"臣久将兵,不能禁暴,军士多发人冢。今日及此,乃天谴,非人事也。"朝廷乃安。

子仪禁无故军中走马。南阳夫人乳母之子犯禁,都虞候杖杀之。诸子泣诉,子仪叱遣之。明日,以事语僚佐而叹息曰:"子仪诸子,皆奴材也。不赏父之都虞候,而惜母之乳母子,非奴才而何!"

【纲】戊申,三年,春正月,上幸章敬寺,度僧尼千人。

子吗？我父亲轻视天子之位，还不肯当呢！"公主听了这话非常气愤，乘车奔入皇宫奏报这件事，代宗说："此事并不是你所能了解的，郭子仪确实如此，他如果想做天子，天下哪会是你家的呀！"代宗劝慰之后让公主回去。郭子仪听说此事后，把郭暧囚禁起来，然后入宫去听候代宗问罪。代宗说："有句民间谚语说：'不痴不聋，不能当一家之长。'儿女闺房中的话，哪值得去听呢！"郭子仪回家后，用棍杖打了郭暧数十下。

【纲】秋七月，鱼朝恩修章敬寺。　【目】鱼朝恩把代宗赏赐他的庄园改为章敬寺，以供为太后祈冥求福之用，他想使这座寺院壮丽以极，奏请拆毁曲江（在今陕西西安东南，汉武帝所凿）以及华清宫（今陕西临潼骊山下）馆舍以供建这座寺庙之用。卫州进士高郢上书说："已故太后有圣德，没必要以一座寺庙来增辉。从国家长久利益考虑，不如以百姓为根本。抛弃人而趋就寺庙，还有什么福可祈呢！而且古代的圣明君主，都是靠积善以致福，而不是靠破费资财以求福；靠修德来消除灾祸，而不是靠劳动人力来攘除灾祸。现在听从身边人的错误谋划，而损害朝廷的根本大计，我暗自为陛下痛惜啊！"然而他的意见没得到任何答复。

【纲】冬十二月，郭子仪入朝。　【目】当时盗贼发掘了郭子仪父亲的坟冢，虽经搜捕，却没能将盗贼抓获。人们鉴于鱼朝恩向来忌恨郭子仪，所以怀疑是他派人干的。郭子仪回朝来，朝廷上下都担心他会叛变，及至郭子仪进见代宗时，代宗说起此事，郭子仪流着泪说："我多年统帅军队，却不能禁止暴行，以致兵士中有许多人挖掘别人的坟墓。今天竟挖到我的头上，这只是上天在谴责我，而并不是人事之争。"朝廷这才安定下来。

郭子仪下令禁止无故在军营中跑马。他的妻子南阳夫人奶娘的儿子触犯了禁令，都虞候用棍杖打死了他。郭子仪的几个儿子向郭子仪哭诉，郭子仪喝退了他们。第二天，他把此事告诉自己的僚属，并叹息说："我的几个儿子，都是奴才，他们不赞成父亲的都虞候，却痛惜母亲奶娘的儿子，不是奴才是什么？"

【纲】大历三年（戊申，768），春正月，代宗亲临章敬寺，度一千人出家为僧尼。

【纲】夏四月,征李泌于衡山。 【目】泌既至,复赐金紫,为之作书院于蓬莱殿侧。上时过之,除拜方镇、给、舍以上,军国大事皆与之议。欲以泌为相,泌固辞。

【纲】秋七月,内出盂兰盆,赐章敬寺。 【目】内出盂兰盆,赐章敬寺。设七庙神座,书尊号于旛上,百官迎谒于光顺门。自是岁以为常。

【纲】八月,以王缙领河东节度使。

【纲】冬十二月,以马璘为泾原节度使。

【纲】己酉,四年,春正月,郭子仪入朝。 【目】子仪入朝,鱼朝恩邀之游章敬寺。元载恐其相结,密使告子仪曰:"朝恩谋不利于公。"子仪不听。将士请束甲以从者三百人,子仪曰:"我国之大臣,彼无天子之命,安敢害我! 若受命而来,汝曹欲何为!"乃从家僮数人而往。朝恩惊问其故。子仪以所闻告,且曰:"恐烦公经营耳。"朝恩抚膺流涕曰:"非公长者,能无疑乎!"

【纲】夏五月,以仆固怀恩女嫁回纥。

【纲】六月,郭子仪徙镇邠州。 【目】子仪迁邠州,其精兵皆自随,余兵使裨将将之,分守河中。

【纲】冬十月,杜鸿渐卒。 【目】鸿渐病甚,令僧削发,遗令为塔以葬。

【纲】以裴冕同平章事;十二月卒。 【目】元载以冕老病,易制,故举以为相。受命之际,蹈舞仆地,未几而卒。

【纲】夏四月，代宗征召李泌从衡山（在今湖南衡山西北）入朝。
【目】李泌来到朝廷后，代宗再次赐给他金鱼袋和紫衣，并在蓬莱殿的旁边为他修建书院。代宗不时前往那里，凡任命各藩镇节度使及给事中、中书舍人以上的官员，以及军政大事都与他商议。代宗还想让李泌任宰相，李泌坚决推辞不受。

【纲】秋七月，代宗从宫内拿出盂兰盆赏赐给章敬寺。 【目】代宗从宫内拿出盂兰盆，赏赐给章敬寺。在寺内设置七庙神灵牌座，将他们的尊号写在幡上，百官都聚集在光顺门迎拜。从这以后，每年都举行这种仪式。

【纲】八月，代宗任命王缙兼河东节度使。

【纲】冬十二月，代宗任命马璘为泾原（治泾州城，今甘肃泾川北）节度使。

【纲】大历四年（己酉，769），春正月，郭子仪入朝。 【目】郭子仪入朝后，鱼朝恩邀请他游览章敬寺，元载深怕他们相结交，就暗地派人去告诉郭子仪说："鱼朝恩图谋加害于您。"郭子仪不听。将士中请求身系铠甲跟随他前往的有三百人，郭子仪说："我是国家的大臣，他没有天子的命令，难道敢加害于我！假若他正是受天子之命而来，你们想怎么办？"于是郭子仪只带了几名家僮随从前往。鱼朝恩惊奇地问他这是什么缘故。郭子仪将所听到的告诉了他，并且说："我不过怕烦劳你谋划罢了。"鱼朝恩听后捶着胸痛哭流涕说："如果不是您这样的长者，能对我不存怀疑吗？"

【纲】夏五月，代宗将仆固怀恩的女儿嫁到回纥。

【纲】六月，郭子仪迁往并镇守邠州。 【目】郭子仪迁往邠州，他手下的精兵都跟随他到邠州，其余兵力派裨将率领，仍然分别驻守河中各郡。

【纲】冬十月，杜鸿渐去世。 【目】杜鸿渐病重时，令僧人为他削发剃度，并留下遗嘱让后人为他造佛塔以葬身。

【纲】代宗任命裴冕为同平章事，裴冕十二月去世。 【目】元载因为裴冕年老有病，容易控制，所以推举他为宰相。裴冕接受任命的时候，因向代宗行跪拜礼而仆倒在地，上任不久就去世了。

【纲】庚戌,五年,春三月,鱼朝恩伏诛。 【目】朝恩专典禁兵,势倾朝野,陵侮宰相。每奏事,以必允为期;朝廷政事有不预者,辄怒曰:"天下事,有不由我者邪!"上闻之,不怿。元载乘间奏朝恩专恣不轨,请除之;上令载为方略。朝恩入朝,常使射生将周皓将百人自卫,又使陕州节度使皇甫温握兵于外以为援。载皆以重赂结之,徙温为凤翔节度使,外重其权,实内温以自助也。温至京师,载留之,因与温、皓密谋诛朝恩。既定计,白上。上曰:"善图之,勿反受祸!"上以寒食宴贵近于禁中。宴罢,朝恩将出,上责其异图,皓与左右缢杀之,以尸还其家,赐钱以葬。

【纲】以杨绾为国子祭酒,徐浩为吏部侍郎。 【目】元载既诛鱼朝恩,上宠任益厚。载遂志气骄溢;自谓有文武才略,弄权舞智,政以贿成。吏部侍郎杨绾典选平允,性介直,不附载。岭南节度使徐浩贪佞,倾南方珍货以赂载。载以绾为国子祭酒,引浩代之。

载有丈人来从载求官,但赠河北一书而遣之。丈人不悦,行至幽州,私发书视之,无一言,惟署名而已。丈人不得已试谒,判官闻有载书,大惊,立白节度使,遣大校以箱受书,馆之上舍,赠绢千匹。其威权动人如此。

【纲】秋七月,以李泌为江西观察判官。 【目】上悉知元载所为,以其任政日久,欲全始终,因独见,深戒之;载犹不悛,上由是稍恶之。载以李泌有宠于上,忌之。会江西观察使魏少游求参佐,上

【纲】大历五年（庚戌，770），春三月，鱼朝恩被处死刑。 【目】鱼朝恩专门掌管禁军，权势之大压倒朝廷内外的所有人，甚至可以凌辱宰相。每次以事上奏，都以得到代宗的允诺为理所当然，朝廷政务只要没预先同他商量，他就会大光其火，说："天下的事，有不经过我的吗！"代宗听说后，很不高兴。元载乘机上奏告鱼朝恩专横放肆，图谋不轨，请求代宗除掉他。代宗命元载想办法。鱼朝恩出入朝廷，常常让射生将周皓率领百人护卫自己，同时又派陕州节度使皇甫温掌握重兵作为外援；元载都以厚重的贿赂来结交他们，并把皇甫温改任为凤翔节度使。表面看是加重了他的权力，实际上是让他入朝来协助自己。皇甫恩来到京师，元载留住他，趁机与他和周皓密谋杀死鱼朝恩。计策商定后，元载奏报了代宗，代宗说："好好地谋划这件事，不要反受祸害。"代宗以寒食节为由在宫中宴请达官近臣。宴会结束，鱼朝恩正要出宫，代宗指责他有反叛的图谋，于是周皓与他手下的人把鱼朝恩勒死了，将其尸体送回他的家中，代宗赐钱埋葬了他。

【纲】代宗任命杨绾为国子祭酒，徐浩为吏部侍郎。 【目】元载杀掉鱼朝恩后，代宗对他的宠信更重了，元载因此而得意洋洋，骄傲自大，自称有文才武略，玩弄权术，处理政务视贿赂多少而定。吏部侍郎杨绾主持官吏的选任一向公允无私，性情耿介正直，不依附于元载。而岭南（治广州城，今广州）节度使徐浩为人贪婪奸佞，倾南方的珍宝财物来贿赂元载。于是元载以杨绾为国子祭酒，推荐徐浩代替杨绾任吏部侍郎。

元载有位长辈来向他谋求官职，元载只给他一封写给河北节度使的信，就打发他走了。这位长辈很不高兴，走到幽州时，就私自把信打开来看，信中没有一句话，只有元载的署名而已。长辈没办法，试着到官府去见节度使，节度判官听说他带有元载的信，大吃一惊，立即告诉节度使，节度使派遣军校用箱子收受那封信，让这位长辈住上等客房，并赠给他一千匹丝绢。元载的权威就是这样能惊动人。

【纲】秋七月，代宗任命李泌为江西观察判官。 【目】代宗完全了解元载的所作所为，但考虑到他执政时间很长了，想使他有始有终，于是单独召见他，深深地告诫他。元载还是不改，代宗因此逐渐讨厌他

谓泌曰:"元载不容卿,朕今匿卿于魏少游所,俟朕决意除载,当有信报卿,可束装来。"乃以泌为江西判官,且属少游使善待之。

【纲】辛亥,六年,秋八月,以李栖筠为御史大夫。 【目】元载所拟官多非法,恐为有司所驳,奏:凡别敕除六品以下官,乞令吏部、兵部无得检勘,上亦从之。然益厌其所为,思得士大夫之不阿附者为腹心,渐收载权。内出制书,以栖筠为御史大夫,宰相不知,载由是稍绌。

【纲】壬子,七年,秋七月,卢龙将吏杀其节度使朱希彩;冬十月,诏以朱泚代之。

【纲】癸丑,八年,秋九月,召郇谟入见。 【目】晋州男子郇谟,以麻辫发,持竹筐苇席,哭于东市。人问其故,对曰:"愿献三十字,一字为一事;若言无所取,请以席裹尸,贮筐中,弃于野。"京兆以闻。上召见,赐新衣,馆于客省。其言"团"者,请罢诸州团练使也;"监"者,请罢诸道监军使也。

【纲】冬十月,吐蕃寇泾、邠,郭子仪遣浑瑊拒却之。 【目】吐蕃寇泾、邠,浑瑊将步骑五千战于宜禄。宿将史抗等不用命;官军大败。马璘亦败,为虏所隔。段秀实发城中兵出,陈东原,吐蕃稍却。璘乃得还。郭子仪谓诸将曰:"败军之罪在我,不在诸将。然朔方兵精闻天下,今为虏败,何以雪耻?"浑瑊曰:"今日之事,惟理瑊罪,不则,再见任。"子仪赦其罪,使将兵趣朝那。虏欲掠汧、陇。盐州刺史李国臣曰:"虏乘胜必犯郊畿,我捣其后,虏必返顾。"乃引兵

了。元载因为李泌在代宗面前受宠而忌恨他。恰巧这时江西观察使魏少游请求派任僚属，代宗对李泌说："元载不容你，我现在把你隐藏到魏少游那里，等到我决意除掉元载，会报信给你，那时你就整理行装返回来。"于是就任命李泌为江西判官，并且嘱托魏少游，让他善待李泌。

【纲】大历六年（辛亥，771），秋八月，代宗任命李栖筠为御史大夫。 【目】元载拟奏任命的官吏多不遵守法规，他怕受到有关部门的反驳，就上奏说，凡是另外颁敕任命六品以下官吏，请命令吏部、兵部不得检查核定，代宗也表示了同意。然而却更加厌恶他的所作所为，想找到一位不阿谀和趋附于元载的士大夫作为心腹，逐渐收缩元载的权势。代宗从宫内发出制书，任命李栖筠为御史大夫，此事连宰相都不知道，元载从此逐渐被排斥。

【纲】大历七年（壬子，772），秋七月，卢龙的将领和官吏杀了那里的节度使朱希彩；冬十月，代宗下诏任命朱泚代替朱希彩为卢龙节度使。

【纲】大历八年（癸丑，773），秋九月，代宗召见郇谟。 【目】晋州有位男子叫郇谟，把麻编在发辫上，手拿着竹筐苇席，在刑场上哭泣。有人问他原因，他回答说："我希望献上三十个字，一个字表示一件事，如果我所说的话没有可取之处，请用这个苇席裹住我的尸体，放在竹筐中，再扔到荒野上去。"此事传到了京城。代宗召见他，赐给他新衣服，安排他在客省居住下来。他所说的"团"字，是请求罢免各州的团练使；"监"字，是请求罢免各道监军使。

【纲】冬十月，吐蕃入侵泾州、邠州，郭子仪派浑瑊率军抵御吐蕃军队。 【目】吐蕃军队进犯泾州、邠州，浑瑊率领步兵、骑兵五千人与吐蕃军队战于宜禄（今陕西邻县西北）。老将史抗等人不服从命令，官军大败。马璘也战败了，被吐蕃军队拦阻。段秀实发兵出城，在东原布阵，吐蕃见势逐渐退却，马璘这才得以回城。郭子仪对诸将说："作战失败的罪责在我，不在各位将军。然而朔方军队精锐强悍是闻名天下的，今天却为胡虏所败，用什么来雪耻呢？"浑瑊说："今天的事，只该治我的罪，否则，就再请受任杀敌。"郭子仪赦免了他的罪，派他率兵

趣秦原,鸣鼓而西。虏闻之,至百城,返,浑瑊邀之于隘,尽复得其所掠;马璘亦出精兵袭虏辎重,杀数千人,虏遂遁去。

【纲】元载奏请城原州。 【目】初,元载尝为西州刺史,知河西、陇右山川形势。言于上曰:"四镇、北庭既治泾州,无险要可守。陇山高峻,南连秦岭,北抵大河。今国家西境尽潘原,而吐蕃戍摧沙堡,原州居其中间,当陇山之口,其西皆监牧故地,草肥水美,平凉在其东,独耕一县,可给军食,故垒尚存,吐蕃弃而不居。每岁夏,吐蕃畜牧青海,去塞甚远,若乘间筑之,二旬可毕。移京西军戍原州,移郭子仪军戍泾州,为之根本,分兵守石门、木峡,渐开陇右,进达安西,据吐蕃腹心,则朝廷可高枕矣。"并图地形献之。会田神功入朝,上问之,对曰:"行军料敌,宿将所难,陛下奈何用一书生语,欲举国从之乎!"载寻得罪,事遂寝。

【纲】甲寅,九年,春二月,郭子仪入朝。

【纲】秋九月,卢龙节度使朱泚入朝。 【目】初,朱泚遣弟滔奉表请入朝;上喜,为筑第京师以待之。泚至蔚州,有疾,诸将请还,泚曰:"死则舆尸而前!"至京师,宴犒甚盛。泚请留阙下,以弟滔知留后;许之。

赶往朝那（今甘肃平凉西北）。吐蕃军队打算掠夺汧（即汧水，在今陕西陇县）、陇（陇即陇山，今陕西陇县西北）地区。盐州（治五原，今宁夏盐池北）刺史李国臣说："假如敌人乘胜前进，就必然要进犯京畿城郊，如果我们从后面牵制他们就一定会返回头来。"于是他领兵前往秦原（今甘肃清水东北），鸣鼓向西行进。敌军听到消息，刚走到百城（即百里城，今甘肃庆阳西南），就返了回来，浑瑊在关陇之处阻截，将吐蕃军队所掠夺的财物全部收回；马璘也派出精兵袭击吐蕃军队装载衣物的随行车辆，杀敌数千人，吐蕃人于是逃走了。

【纲】元载奏请修筑原州城（治高平，今宁夏固原）。【目】当初，元载曾任西州（即汉车师前王庭，治交河城，今新疆吐鲁番西）刺史，了解河西、陇右的山川地势。他对代宗说："四镇、北庭节度使既以泾州为治所，却没有险要地形可以用作防守。陇山高峻，南连秦岭，北抵黄河。如今国家西部边境到达潘原县（今甘肃平凉东），而吐蕃人戍守着摧沙堡（今宁夏固原西北），原州则处于这两地的中间，正对着陇山口，它的西面都是已往监牧所放牧之地，草肥水美，平凉在它的东面，是那里唯一的农耕县，可以供给军队所需的粮食，旧的壁垒尚在，吐蕃人放弃而不居住在那里。每年夏季，吐蕃人都在青海（即青海，今青海西宁西）放牧，离开边塞很远，如果乘此机会修筑原州城，只需二十天就可以完成。调京西的军队去戍守原州城，调郭子仪的军队戍守泾州，以此为根据地，分兵把守石门、木峡两关（都在今宁夏固原西，为陇山之口），逐渐打通陇右，进而抵达安西，占据吐蕃的腹心之地，那么朝廷就可以高枕无忧了。"元载同时绘制了地形图献给代宗。恰巧此时田神功入朝，代宗问他的意见，他回答说："指挥军队，估计敌情，是老将军都感到为难的事，陛下为什么要采用一介书生的话，想让全国都听从他呢！"此后不久元载获罪，此事于是作罢。

【纲】大历九年（甲寅，774），春二月，郭子仪入朝。

【纲】秋九月，卢龙节度使朱泚入朝。【目】当初，朱泚派他的弟弟朱滔奉表请求入朝，代宗很高兴，特意为他在京师修建宅第以待他来。朱泚行至蔚州（治灵丘，今山西灵丘）的时候，患了病，诸将请求暂时回去，朱泚说："如果我死了就用车载着尸体前往京城。"到了京城，

【纲】乙卯,十年,春正月,田承嗣反,陷相州。

【纲】郭子仪入朝。 【目】子仪尝奏除州县官一人,不报,僚佐以为言。子仪谓曰:"兵兴以来,方镇跋扈,凡有所求,朝廷必委曲从之;盖疑之也。今子仪所奏,朝廷以其不可行而置之,是不以武臣相待而亲厚之也;诸君可贺矣,又何怪焉!"闻者皆服。

【纲】田承嗣陷洺、卫州。

【纲】夏四月,敕贬田承嗣,发诸道兵讨之。 【目】初,李宝臣、李正己皆为田承嗣所轻。及承嗣拒命,宝臣、正己皆表讨之;于是贬承嗣永州刺史,命诸道进兵讨之。时朱滔方恭顺,与宝臣及河东节度使薛兼训攻其北,正己与淮西节度使李忠臣等攻其南。承嗣以诸道兵四合,惧,请束身归朝。宝臣与朱滔攻沧州,不克。承嗣将卢子期攻磁州,城几陷;宝臣与昭义节度使李承昭共击,擒子期送京师,斩之。

【纲】冬十月,李正己按兵不进。李宝臣袭卢龙军。 【目】初,李正己遣使至魏州,田承嗣因之,至是,礼而遣之,籍境内户口、甲兵、谷帛之数以与正己,曰:"承嗣老矣,溘死无日,诸子不肖,今为公守耳,岂足以辱师乎!"正己遂按兵不进。于是诸道兵皆不敢进。上嘉李宝臣之功,遣中使马承倩赍诏劳之;宝臣遗之百缣,承倩诟詈,掷出道中。王武俊说宝臣曰:"今公在军中新立功,竖子尚尔,况寇平之后,召归阙下,一匹夫耳,不如释承嗣以为己资。"宝臣遂有玩寇之志。

代宗设宴犒赏，礼仪十分隆重。朱泚请求留在朝中，以他的兄弟朱滔为知留后，代宗允许了。

【纲】大历十年（乙卯，775），春正月，田承嗣反叛，攻陷相州。

【纲】郭子仪入朝。　【目】郭子仪曾奏请任命一位州县官员。没得到答复，他的同僚和下属对这件事有议论。郭子仪对他们说："自从战乱发生以来，方镇势力飞扬跋扈，凡是他们所要求的，朝廷必然委曲求全而予以答应，这完全是由于对他们怀有疑虑呀。如今我所奏请的事，朝廷因为那是不可行的而搁置下来，这正是不把我当作同那些武臣一样的人来对待，而是亲近和深信我呀，诸位理应祝贺啊，又有什么可责怪的呢！"听到这番话的人都心悦诚服了。

【纲】田承嗣攻陷洺州、卫州。

【纲】夏四月，代宗下敕书贬田承嗣的官职，并征发各道的军队讨伐他。　【目】当初，李宝臣、李正己都为田承嗣所轻视。及至田承嗣抗拒圣命，举兵反叛时，李宝臣、李正己都上表请求征讨他，于是代宗贬田承嗣为永州（治零陵县，今湖南零陵）刺史，命令各道进兵讨伐他。此时朱滔正恭顺，他与李宝臣及河东节度使薛兼训攻击田承嗣的北面、李正己与淮西节度使李忠臣等攻击田承嗣的南面。田承嗣由于受到各道军队的四面合击，害怕了，请求投案归顺朝廷。李宝臣与朱滔一同攻打沧州，没有攻克。田承嗣派卢子期攻打磁州，磁州城几乎陷落，李宝臣与昭义节度使李承昭共同反击，俘虏了卢子期并将他押送到京城，斩死了他。

【纲】冬十月，李正己按兵不进。李宝臣袭击卢龙军。　【目】当初，李正己派使者到魏州，田承嗣把使者囚禁起来，到此时，又对使者以礼相待并放他回来，把境内的户籍、军队及武器装备、粮食、布帛的数量全部交给李正己，并说："我老了，距离溘然而死没几天了，儿子们又都不肖，而今我不过是为您守卫这里罢了，哪里值得您的军队屈辱地前来攻击呢！"李正己于是按兵不进。于是各道军队都不敢进攻了。代宗嘉奖李宝臣的战功，派中使马承倩携带诏书前去慰劳，李宝臣赠马承倩一百匹丝绢，马承倩却将他辱骂一番，把丝绢抛掷在道路当中。王武俊劝李宝臣说："现在您在军中刚刚立了大功，这小子尚且如此，更何

承嗣知范阳宝臣乡里，心常欲之，因刻石云，"二帝同功势万全，将田为侣入幽、燕"，密令瘗宝臣境内，使望气者言彼有王气，宝臣掘而得之。又令客说之曰："公与朱滔共取沧州，得之，则地归国，非公所有。公能舍承嗣之罪，请以沧州归公，而从公取范阳以自效。"宝臣喜，谓事合符谶，遂与承嗣通谋，选精骑二千，夜袭卢龙军，滔不虞有变，战败，走免。承嗣闻之，引军南还，使谓宝臣曰："河内有警，不暇从公。石上谶文，吾戏为之耳！"宝臣惭惧而退。

【纲】十一月，田承嗣将吴希光以瀛州降。

【纲】丙辰，十一年，冬十二月，泾原节度使马璘卒。

【纲】丁巳，十二年，春三月，诛元载，贬王缙为括州刺史。
【目】元载、王缙俱纳贿赂，又以政事委群吏。上欲诛之，独与元舅金吾大将军吴凑谋之。会有告载、缙夜醮图不轨者，上命凑收之。命吏部尚书刘晏与御史大夫李涵等同鞫之，皆伏罪，赐自尽。刘晏谓李涵曰："故事，重刑覆奏，况大臣乎！且法有首从，宜更禀进止。"涵等从之。上乃诛载而贬缙。载妻子皆伏诛，有司籍载家财，胡椒至八百石，他物称是。遣中使发载祖父墓，斫棺弃尸，毁其庙主。

况叛乱平定之后，被召回朝廷，不过一介匹夫而已，不如放过田承嗣，把他作为自己可以凭借的力量。"李宝臣于是产生了玩弄叛军的意图。

田承嗣知道范阳是李宝臣的家乡，李宝臣总想着攻取范阳，于是就在一块石头上刻了"二帝同功势万全，将田为侣入幽、燕"几个字，秘密地派人把这块写有符言的石头埋在李宝臣的境内，又派观阴阳山水的人对李宝臣说他的所在地有帝王之气，李宝臣于是挖掘到了那块石头。田承嗣又派说客劝他说："您与朱滔共同攻取沧州，攻克了，那一地区也属于国家，并不归您所有。如果您能饶恕田承嗣的罪过，就请允许他把沧州归于您，并跟随您去攻取范阳，来亲自为您效力。"李宝臣听后很高兴，说这件事正与符谶相吻合，于是与田承嗣串通一气，共谋攻取范阳。他选派二千名精锐骑兵，夜袭卢龙军，朱滔没料到情况有变，打了败仗，逃走而得免一死。田承嗣听到这个消息，率部队南归，派人对李宝臣说："河内有紧急情况，无暇跟随您出战，石头上的谶文，不过是我做着玩儿的罢了！"李宝臣惭愧而又愤恨，随即率部撤退。

【纲】十一月，田承嗣的部将吴希光率瀛州归降朝廷。

【纲】大历十一年（丙辰，776），冬十二月，泾原节度使马璘去世。

【纲】大历十二年（丁巳，777），春三月，代宗杀了元载，贬王缙为括州（治括苍，在今浙江丽水东南括苍山下）刺史。　【目】元载、王缙都收受贿赂，又将政务委托给官吏们。代宗想杀掉他们，就单独与长舅金吾大将军吴凑商议计策。恰巧这时有人告发元载、王缙夜间举行祭礼，图谋不轨。代宗命令吴凑逮捕他们，命令吏部尚书刘晏与御史大夫李涵等人一同审讯他们。元载、王缙都服了罪，代宗赐他们自尽。刘晏对李涵说："按以前的做法，重要的刑事犯都应该详审并重行上奏，何况大臣啊！况且犯法有首恶有胁从，应该再行禀报，或进或止由圣上处分。"李涵等人听从了他的意见。代宗于是下令杀了元载而贬了王缙的官。元载的妻子、儿子都伏法被杀，有关部门查抄了元载的家财，仅胡椒就多达八百石，其他财物也与此差不多，代宗派中使发掘了元载祖先和父亲的坟墓，劈开棺木抛弃尸体，砸毁了他家宗庙供奉的祖宗牌位。

【纲】夏四月,以杨绾、常衮同平章事。 【目】绾性清简俭素,制下之日,朝野相贺。郭子仪方宴客,闻之,减坐中声乐五分之四。京兆尹黎乾驺从甚盛,即日省之,止存十骑。中丞崔宽第舍宏侈,亟毁撤之。

初,元载以仕进者多乐京师,恶其逼己,乃薄其俸,于是京官不能自给,常从外官乞贷。至是,绾、衮乃奏增之。

开元中,诏宰相共食实封三百户,谓之堂封。及载、缙为相,日赐御馔可食十人,遂为故事。衮奏停之。又欲辞堂封,同列不可而止。时人讥衮,以为"朝廷厚禄,所以养贤;不能,当辞位,不当辞禄。"

【纲】秋七月,司徒、文简公杨绾卒。 【目】上方倚杨绾,使厘革弊政,会绾有疾,卒,上痛悼之甚,谓群臣曰:"天不欲朕致太平,何夺朕杨绾之速也!"

【纲】以颜真卿为刑部尚书。

【纲】九月,以段秀实为泾原节度使。 【目】秀实军令简约,有威惠,奉身清俭,室无姬妾,非公会,未尝饮酒听乐。

【纲】霖雨,度支奏河中有瑞盐。 【目】先是,秋霖,河中府池盐多败。户部侍郎韩滉奏雨不害盐,仍有瑞盐。上疑其不然,遣谏议大夫蒋镇往视之。京兆尹黎乾奏秋霖损稼,滉奏乾言不实;上命御史按视,还奏:"所损凡三万余顷。"渭南令刘澡附滉,称县境不损;御史赵计奏与澡同。上曰:"霖雨溥博,岂得渭南独无!"更命御史朱敖视之,损三千余顷。上叹息久之,曰:"县令,字人之官,不损犹应言损,乃不仁如是乎!"贬澡南浦尉,计沣州司户,而不问

【纲】夏四月,代宗任命杨绾、常衮为同平章事。 【目】杨绾生性清廉简约勤俭朴素,代宗任命的制书颁布之日,朝廷内外的人们都彼此祝贺。当时,郭子仪正在宴请宾客,听说此事,当即把在座助兴的奏乐者减去五分之四。京兆尹黎乾出行时随从很多,当天就裁减人员,只留下十名骑兵。中丞崔宽的宅第宏伟奢华,也很快拆毁了它。

当初,元载因为官吏们进身后大多愿意留在京师,厌恶他们靠近自己,于是就降低他们的俸禄,致使京官们的收入不足以自给,常常从朝廷外面的官员那里乞求借贷。到这时,杨绾、常衮奏请增加了京官们的薪俸。

开元年间,玄宗曾下诏规定宰相共享有实际封邑三百户,称之为"堂封",及至元载、王缙作宰相时,每天得到的御赐食品可供十个人食用,并且逐渐形成了惯例。常衮奏请停止这种作法,又想辞去自己的堂封,同僚们认为不可以而作罢,当时的人们讥讽常衮说:"朝廷的优厚俸禄,是用来供养贤能之人的,如果无能,应当辞掉官位,而不应当辞去俸禄。"

【纲】秋七月,司徒、文简公杨绾去世。 【目】代宗刚刚倚重杨绾,让他改革弊政,就碰到他患病、去世,代宗非常哀痛,对群臣说:"上天不想让我实现太平,干嘛要这么快就夺去我的爱臣杨绾啊!"

【纲】代宗任命颜真卿为刑部尚书。

【纲】九月,代宗任命段秀实为泾原节度使。 【目】段秀实军令简明扼要,对部下兼有威严和恩惠,自身奉行清廉俭朴的准则,家中没有姬妾,不是因公聚会,从来不曾饮酒听乐。

【纲】天降连绵大雨,度支官奏报说河中地区有好盐。 【目】在此之前,河中府的池盐大多毁坏了。户部侍郎韩滉奏报说降雨并不损害盐的生产,仍然有好盐。代宗怀疑实际情况并非如此,派谏议大夫蒋镇前去视察。京兆尹黎乾奏报说连绵的秋雨损坏了庄稼,韩滉奏说黎乾的话不真实。代宗命御史巡视核察,御史回来后奏报说:"所损坏的庄稼共计三万余顷。"渭南县令刘藻附和韩滉(渭南县,即今陕西渭南县),声称他的县境内庄稼没有损坏,御史赵计的奏报与刘藻相同。代宗说:"连绵大雨淹没的地域广远,难道单单渭南不受灾吗?"再命御

溔。蒋镇还奏"瑞盐如溔言",仍上表贺,请置神祠。上从之,赐号宝应灵庆池,时人丑之。

【纲】戊午,十三年,春正月,敕毁白渠碾硙。 【目】敕毁白渠支流碾硙以溉田。升平公主有二硙,请存之。上曰:"吾欲利苍生,汝识吾意,当为众先。"公主即日毁之。

【纲】夏六月,陇右献猫鼠同乳。 【目】陇右节度使朱泚献猫鼠同乳不相害者以为瑞;常衮帅百官贺。中书舍人崔祐甫不贺,曰:"物反常为妖。猫捕鼠,乃其职也,今同乳,妖也。何以贺为!宜戒法吏之不察奸、边吏之不御寇者,以承天意。"上嘉之。祐甫知选事,数以公事与常衮争,衮由是恶之。

【纲】冬十二月,郭子仪入朝。 【目】子仪入朝,命判官杜黄裳主留务。李怀光阴谋代子仪,矫为诏书,欲诛大将温儒雅等。黄裳察其诈,以诘怀光;怀光伏罪。于是诸将之难制者,黄裳矫子仪之命,皆出之于外,军府乃安。

子仪尝以副使张昙刚率轻己,孔目官吴曜因而构之。奏昙扇动军众,诛之。掌书记高郢力争,子仪不听,奏贬郢。既而僚佐多以病求去,子仪悔之,悉荐于朝,曰:"吴曜误我。"遂逐之。

史朱敖到渭南去视察，查明那里庄稼损毁达三千余顷。代宗因此叹息了很久，说："县令，是抚养人民的官员。不受损尚且应该说受损，你们竟然不仁慈到如此地步！"于是贬刘澡为南浦县尉（南浦县，即今四川万县市），赵计为沣州司户（沣州治沣阳县，即今湖南沣县），而免问韩滉的罪。蒋镇从河中府回来后奏报说那里盐很好，正如韩滉所说的，并上表表示祝贺，请求设置神庙。代宗同意了，给盐池赐号为宝应灵庆池，当时的人们都认为此事很丑恶。

【纲】大历十三年（戊午，778），春正月，代宗下敕书命令拆毁白渠（在今陕西三原西南，汉武帝时，赵地的大夫白公奏请修筑，用以引泾水灌溉农田，故名）上的水磨。 【目】代宗敕令拆毁白渠支流上的水磨，以便用渠水灌溉农田。水磨中有两部是升平公主的，她请求保留这两个水磨。代宗说："我想做有利于百姓的事，你懂得我的用意，应当作众人的表率。"公主当天就毁掉水磨。

【纲】夏六月，陇右进献一对同乳的猫、鼠。 【目】陇右节度使朱泚奉献给代宗一对同乳而不相伤害的猫、鼠，认为这是吉祥之兆。常衮带领百官祝贺。而中书舍人崔祐甫不肯祝贺，说："事物反常就成了妖怪，猫捉老鼠，是它的天职，如今与鼠同乳，简直是妖怪。为什么要祝贺呢？应该惩诫那些不察奸情的法官和那些不抵抗入侵者的边官，以秉承天意。"代宗表彰了他。崔祐甫掌管选官事宜，多次因为公事与常衮发生争执，常衮因此厌恶他。

【纲】冬十二月，郭子仪入朝。 【目】郭子仪入朝，任命判官杜黄裳主持留府事务。李怀光阴谋取代郭子仪，假造诏书，企图杀掉大将温儒雅等人。杜黄裳觉察了其中的伪诈，以此责问李怀光，李怀光认了罪。于是将领中那些难以控制的人，都被杜黄裳假托郭子仪的命令，派往外地，军府这才安定了。

郭子仪曾认为节度副使张昙刚直而轻视自己，孔目官吴曜趁机挑拨离间。郭子仪奏报说张昙煽动军中将士，把他杀死了。掌书记高郢据理力争，郭子仪不听，奏请贬了高郢的官职。此后不久郭子仪的僚属大多托病请求离开，郭子仪很懊悔，将他们全部向朝廷推荐，说："吴曜害了我。"于是将吴曜赶走了。

【纲】以路嗣恭为兵部尚书。　【目】上召李泌入见,语以元载事,曰:"与卿别八年,乃能除此贼。不然,几不见卿。"对曰:"陛下知群臣有不善,则去之;含容太过,故至于此。"上因言:"路嗣恭初平岭南,献琉璃盘,径九寸,朕以为至宝。及破载家,得嗣恭所遗载盘,径尺。当议罪之。"泌曰:"嗣恭为人,小心,善事人,精勤吏事而不知大体。昔为县令,有能名;陛下未暇知之,而为载所用,故为之尽力。陛下诚知而用之,彼亦为陛下尽力矣。且嗣恭新立大功,陛下岂得以一琉璃盘罪之邪!"上意乃解,以嗣恭为兵部尚书。

【纲】代宗任命路嗣恭为兵部尚书。 【目】代宗召李泌入朝进见,对他谈起元载的事,说:"与你分别八年,才得以除掉这个奸贼。如果不是这样,几乎见不到你了。"李泌回答说:"陛下知道群臣中有人不好,就应该果断地除掉他。包容太过分,所以才弄到如此地步。"代宗接着说:"路嗣恭刚刚平定岭南时,进献了一个琉璃盘,直径九寸,我把它当作至宝。及至抄了元载的家,查获了路嗣恭送给元载的琉璃盘,直径竟是一尺。应该议论一下治他的罪。"李泌说:"路嗣恭为人小心谨慎,善于侍奉人,对职务精心而勤勉,却不识大体。当年作县令时,就有能干的名声,陛下没顾上了解他,而致使他被元载所利用,所以他为元载尽力。陛下如果确实了解并任用他,他也会为陛下竭尽全力的。况且路嗣恭新立了大功,陛下怎么能因为一个琉璃盘而治他的罪呢?"代宗听了这一席话心中的怒意才化解了,任命路嗣恭为兵部尚书。

纲鉴易知录卷五三

唐纪

代宗皇帝

【纲】己未,十四年,春正月,以李泌为澧州刺史。 【目】常衮言于上曰:"陛下久欲用李泌,昔汉宣帝欲用人为公卿,必先试理人,请且以为刺史,使周知人间利病,俟报政而用之。"

【纲】二月,田承嗣卒。 【目】以其侄悦为魏博留后。

【纲】三月,淮西将李希烈逐其节度使李忠臣,诏以希烈为留后。

【纲】夏五月,帝崩,太子即位。 【目】上崩,遗诏以郭子仪摄冢宰。德宗即位,动遵礼法,食马齿羹,不设盐、酪。

【纲】闰月,贬崔祐甫为河南少尹。

【纲】贬常衮为潮州刺史,以崔祐甫同平章事。 【目】时郭子仪、朱泚虽以军功为宰相,皆不预朝政,衮独居政事堂,代二人署名奏贬祐甫。既而二人表其非罪,上问:"卿向言可贬,何也?"二人对"初不知。"上以衮为欺罔,贬为潮州刺史,而以祐甫代之,闻者震悚。时上居谅阴,委政祐甫,所言皆听。而群臣丧服,竟从衮议。

初,至德以后,天下用兵,官爵冗滥。元、王秉政,贿赂公行。及衮为相,思革其弊,四方奏请,一切不与;而无所甄别,贤愚同滞。祐甫欲收时望,作相未二百日,除官八百人。前后相矫,终不

代宗皇帝

【纲】唐代宗大历十四年（己未，779），春正月，朝廷任命李泌为沣州（今湖南沣县）刺史。　【目】常衮对唐代宗说："您想启用李泌已经很长时间了，从前汉宣帝想提升某人到公卿这样高的职位，一定要先考验他管理人的能力。请您暂时让他担任刺史，让他了解社会中的利弊，等到他入朝报告政绩时再启用他。"

【纲】二月，田承嗣死去。　【目】朝廷任命田承嗣的侄子为魏博（今河北大名东）留后。

【纲】三月，淮西将领李希烈赶走淮西（治蔡州，今河南汝南）节度使李忠臣，唐代宗下诏任命李希烈为留后。

【纲】夏五月，唐代宗去世，太子即位。　【目】唐代宗去世，遗诏命郭子仪总领百官。唐德宗李适即位，行为合乎礼法，吃马齿苋羹，不放盐和酪。

【纲】闰月，唐德宗将崔祐甫贬为河南（河南府，今河南洛阳）少尹。

【纲】唐德宗将常衮贬为潮州（治海阳，今广东潮安）刺史，任命崔祐甫为同平章事。　【目】当时郭子仪、朱泚虽然凭借军功当上了宰相，但都不干预朝政，常衮独掌大权，代郭、朱二人署名上奏贬斥崔祐甫。后来，郭、朱二人上表说崔祐甫无罪，唐德宗问道："你们以前说他有罪应该贬斥，为什么？"二人回答说："不知此事。"唐德宗认为常衮欺骗自己，将他贬为潮州刺史，而启用崔祐甫代替他的职位，听说此事的人都十分震惊害怕。当时，唐德宗正在守丧期间，将朝政委托给崔祐甫，对他言听计从。但大臣们的服丧期限，却听从了常衮的建议。

起初，从至德年间以后，连年用兵，滥封官爵。元载、王缙执政以后，贿赂公行。后来常衮担任宰相，想革除这些弊端，因而对各方面的奏请，一律不答应。这样不加甄别，以至于有才能的和庸人一样，都

得其适。上尝谓祐甫曰："人或谤卿，所用多涉亲故，何也？"对曰："臣为陛下选择百官，不敢不详慎。苟平生未之识，何以谙其才行而用之。"上以为然。

【纲】诏罢四方贡献，又罢梨园。

【纲】尊郭子仪为尚父，加太尉，兼中书令。　【目】上以山陵近，禁屠宰。子仪之隶人犯禁，金吾将军裴谞奏之。或谓曰："君独不为郭公地乎？"谞曰："此乃所以为之地也。郭公勋高望重，上新即位，以为群臣附之者众，吾故发其小过，以明郭公之不足畏。上尊天子，下安大臣，不亦可乎！"

【纲】诏天下毋得奏祥瑞。纵驯象，出宫女。　【目】泽州上《庆云图》，上曰："朕以时和年丰为嘉祥，以进贤显忠为良瑞，如卿云、灵芝、珍禽、奇兽、怪草、异木，何益于人！布告天下，自今有此，毋得上献。"

先是，外国累献驯象，上曰："象费豢养而违物性，将安用之！"命纵于荆山之阳，及豹、貀、斗鸡、猎犬之类，悉纵之；又出宫女数百人。于是中外皆悦，淄青军士，至投兵相顾曰："明主出矣，吾属犹反乎！"

【纲】以李希烈为淮西节度使。　【目】代宗优宠宦官，奉使四方者，还问所得颇少，则以为轻我命；由是中使所至，公求赂遗，重载而归。上素知其弊，遣中使邵光超赐希烈旌节；希烈赠之仆、马及缣七百匹。上怒，杖光超而流之。于是中使之未归者，皆潜弃所得于山谷，虽与之莫敢受。

得不到任用。崔祐甫企图收买人心,当宰相不到二百天,就提升了八百人。两人各执一端,谁也没有做得恰到好处。唐德宗曾对崔祐甫说:"有人攻击你,说你所任用的人多是亲朋故旧,你为什么这样做呢?"崔祐甫回答说:"我为您挑选百官,不敢不细致慎重。如果是我不认识的人,我怎么能了解他的才能而任用他呢!"唐德宗认为他说得有道理。

【纲】唐德宗下诏四方停止进贡,罢除梨园。

【纲】尊郭子仪为尚父,加封太尉,兼任中书令。 【目】唐德宗因为唐代宗新葬不久,下令禁止屠宰。郭子仪的奴仆违犯了禁令,金吾将军裴谞上奏此事。有人对他说:"你难道不能为郭公着想,遮掩此事吗?"裴谞回答:"这正是我为他着想之处啊。郭公功高望重,皇帝刚刚即位,一定认为大臣中有许多他的党羽,我特意揭露他小的过失,以便让皇帝明白郭公并不可怕。这样做,对上是尊重天子,尽为臣之道,对下安抚朝廷重臣,有什么不可以的呢!"

【纲】唐德宗下诏,令天下不要上奏祥瑞。放掉驯象,释放宫女。【目】泽州(治晋城,今山西晋城东)刺史李鹍献《庆云图》。唐德宗说:"我以太平丰年为祥,以得到贤才忠臣为瑞,像卿云、灵芝、珍禽、异兽、怪草、异木之类,对人有什么益处!布告天下,从今以后,发现这些不要进贡!"

起初,外国多次进贡驯象,唐德宗说:"驯象花费很大而且违反动物本性,用它来做什么呢!"命人将驯象在荆山的南坡放掉。包括豹、貀、斗鸡、猎犬之类的全部放掉;又释放数百名宫女。朝廷内外都很振奋。淄青(今山东东平)的士兵甚至将武器扔到地上说:"圣明的君主出世了,我们为什么还要造反!"

【纲】朝廷任命李希烈为淮西节度使。 【目】唐代宗宠幸宦官,奉命出使的宦官回来后,如果得到财物少,唐代宗就认为自己受到轻视。因此,宫中出使的宦官,所到之处,公开索取馈赠,满载而归。唐德宗早已知道其中的弊端。他派使者邵光超赐给李希烈旌节,李希烈送给邵光超仆人、马和七百匹缣。唐德宗大怒,杖责邵光超,并将他流放。因此还未回来的使者,都暗中将得到的财物抛入山谷中,即使有人

【纲】以马燧为河东节度使。

【纲】以刘晏判度支。 【目】初,第五琦始榷盐以佐军用,及刘晏代之,法益精密。初岁入钱六十万缗,末年所入逾十倍,而人不厌苦。计一岁征赋所入总一千二百万缗,而盐利居其大半。以盐为漕佣,自江、淮至渭桥,率万斛,佣七千缗,自淮以北,列置巡院,择能吏主之,不烦州县而集事。

【纲】六月,诏:"冤滞听诣三司使及挝登闻鼓。"

【纲】遣使慰劳淄青将士。 【目】李正己畏上威名,表献钱三十万缗;上欲受之恐见欺,却之则无辞。崔祐甫请遣使慰劳淄青将士,因以赐之,使将士人人戴上恩,诸道知朝廷不重货财。上悦,从之;正己惭服。天下以为太平之治,庶几可望焉。

【纲】秋七月,毁元载、马璘、刘忠翼之第。 【目】安、史乱后,法度堕弛,将相宦官竞治第舍,各穷其力而后止,时人谓之"木妖"。上素疾之,故毁其尤者。

【纲】以张涉为右散骑常侍。 【目】上之在东宫也,国子博士张涉为侍读,即位之夕,召入禁中,事皆咨之;明日,以为翰林学士,亲重无比。至是,以为散骑常侍,学士如故。

【纲】八月,以杨炎、乔琳同平章事。 【目】上方励精求治,不次用人,卜相于崔祐甫,祐甫荐炎器业,上亦素闻其名,故自道州司马用之。琳,粗率喜诙谐,无他长,与张涉善,涉称其才可大用,上信而用之;闻者无不骇愕。既而祐甫病,不视事。

赠送,也不敢接受了。

【纲】唐德宗任命马燧为河东(治太原,今山西太原西南)节度使。

【纲】唐德宗任命刘晏判度支。 【目】起初,自第五琦开始实行食盐专卖以补充军费,等到刘晏代替他的职位后,专卖的办法更加精密。开始每年收入六十万缗,后来每年收入超过当初十倍以上,而百姓并未感到不堪忍受。每年赋税收入总计一千二百万缗,盐利占大半。用盐作为漕运的佣金,从江、淮到渭桥(指东渭桥,在今陕西西安东北),大约一万斛,佣金七千缗,自淮河以北,设置管理机构,选择有能力的官吏管理,而不用州郡官吏参加管理。

【纲】六月,唐德宗下诏:"有冤屈者听凭其到三司使击鼓鸣冤。"

【纲】唐德宗派使者慰劳淄青将士。 【目】李正己畏惧唐德宗威名(李正己时为平卢节度使,平卢即淄青),上表贡钱三十万缗。唐德宗想接受,又担心被欺哄,想推却又没有借口。崔祐甫请唐德宗派人慰劳淄青将士,并把这笔钱赏赐给他们,让将士们人人都感恩戴德,也使诸道知道朝廷不看重财物。唐德宗很高兴,采纳了崔祐甫的建议。李正己又惭愧又佩服。天下人都认为太平的世道,差不多有指望了。

【纲】秋七月,毁掉元载、马璘、刘忠翼的宅第。 【目】安史之乱后,国家的法令制度遭到破坏,将相和宦官竞相修建宅院,都穷尽所能才肯罢休,被当时的人称为"木妖"。唐德宗一向痛恨这种现象,因此毁掉其中最为铺张的。

【纲】唐德宗任命张涉为右散骑常侍。 【目】唐德宗在东宫做太子时,国子博士张涉任侍读,即位当天,将他召入宫中,凡事都向他咨询;即位第二天,任命他为翰林学士,对他无比器重。现在,又任命他为散骑常侍,仍任翰林学士。

【纲】八月,唐德宗任命杨炎、乔琳为同平章事。 【目】唐德宗正想要励精图治,因此用人不拘常法,他要崔祐甫举荐宰相,崔祐甫称道杨炎的才干。唐德宗平素也耳闻杨炎的名声,因此将他从道州(治营道,今湖南道县)司马提升为相。乔琳,性情粗犷、诙谐,没有别的特

【纲】沈既济上选举议。　【目】议曰："选举之法三科：曰德也，才也，劳也。然安行徐言，非德也；丽藻芳翰，非才也；累资积考，非劳也。今乃以此求天下之士，固未尽矣。臣谓五品以上及群司长官，宜令宰臣进叙，吏部、兵部得参议焉。其六品以下或僚佐之属，许州、府辟用；其或选用非公，则吏部、兵部察而举之，加以谴黜，则众才咸得，而官无不治矣。"

【纲】冬十月，吐蕃、南诏入寇，遣神策都将李晟等击破之。

【纲】葬元陵。

【纲】十一月，乔琳罢。　【目】琳以衰老耳聋，论议疏阔，罢政事，上由是疏张涉。

【纲】十二月，立宣王诵为皇太子。

【纲】诏财赋皆归左藏。　【目】旧制，天下金帛皆贮于左藏，太府四时上其数，比部覆其出入。及第五琦为度支使，奏尽贮于大盈内库，使宦官掌之，天子亦以取给为便。由是以天下公赋为人君私藏，有司不复得窥其多少，殆二十年。宦官蚕食其中，蟠结根据，牢不可动。杨炎顿首于上前曰："财赋者，国之大本，生民之命，重轻安危，靡不由之。是以前世皆使重臣掌其事，犹或耗乱不集。今独使中人出入盈虚，大臣皆不得知，政之蠹弊，莫甚于此。请出之以归有司，度宫中岁用，量数奉入。如此，然后可以为政。"上即日下诏，从之。炎以片言移人主意，议者称之。

【纲】遣关播招抚湖南盗贼。　【目】湖南贼帅王国良阻山为盗，遣都官员外郎关播招抚之。播辞行，上问以为政之要，对曰："为政之本，必求有道贤人与之为理。"上曰："朕比已下诏求贤，又

长,和张涉关系很好,张涉说他有才干可以重用,唐德宗就相信而且启用了他。听说的人都很惊讶。不久崔祐甫患病,不再参与政事。

【纲】沈既济上选举议。　【目】沈既济的选举议说:"选举内容有三项:德、才、劳。但是言行慢条斯理,并不是德;词藻华美,并不是才;资深历久,也并不是劳。但现在却以此为准搜求天下人才,当然是很不全面的。我认为五品以上以及诸司长官的任用,应允许宰相参与评议,吏部和兵部也应参与评议。六品以下以及僚佐之类,应允许州府自行荐举。其中或许有选用不公正的,则由吏部、兵部监察、检举,然后再加以贬斥。这样,众多的人才就能各得其所,百官都会得到管理了。"

【纲】冬十月,吐蕃、南诏入境骚扰,唐德宗派神策都将李晟等将其击败。

【纲】代宗葬于元陵(今陕西铜川南檀山)。

【纲】十一月,乔琳罢官。　【目】乔琳年老耳聋,论议简略,停止参与政事;唐德宗从此疏远张涉。

【纲】十二月,册立宣王李诵为皇太子。

【纲】唐德宗下诏财赋都贮存于左藏。　【目】唐德宗以前惯例,财物金帛都贮存在左藏,由太府按四季上报其数目,由比部审核其收入支出。等到第五琦任度支使时,上奏改为贮存于大盈内库,让宦官掌管,皇上也认为这样使用更加方便。从此征敛于天下的赋税,都落入天子的私囊,数量多少,有司也不得而知,这样持续了近二十年。宦官们从中蚕食鲸吞,相互庇护,盘根错节,牢不可破。杨炎在唐德宗面前恳请说:"财税赋敛,是国家的根本,百姓的命脉,重轻安危,无不取决于此。因此从前都由国家重臣掌管此事,即便如此,也时有账目不清的时候。如今只让宦官掌握收支盈亏,大臣都不得而知,国政的弊端,莫过于此。请您将其重归有司,计算宫中每年的开支,再从中支取。只有这样做,然后才可以治理国政。"唐德宗当天便下诏,采纳他的意见。杨炎一席话便改变了天子的主意,谈论此事的人赞叹不已。

【纲】唐德宗派关播招抚湖南(治潭州,今湖南长沙)盗贼。【目】湖南强盗头王国良依山为盗。唐德宗派都官员外郎关播前往招抚。关播辞行时,唐德宗向他询问治理国家的要领,关播说:"处理国

遣使搜访矣。"对曰:"此唯得文词干进之士耳,安有有道贤人肯随牒举选乎!"上悦。

德宗皇帝

【纲】庚申,德宗皇帝建中元年,春正月,始作两税法。 【目】唐初,赋敛之法曰租、庸、调,有田则有租,有身则有庸,有户则有调。玄宗之末,版籍浸坏,至德兵起,所在赋敛,迫趣取办,无复常准。下户旬输月送,不胜困弊,率皆逃徙,其土著者百无四五。至是,杨炎建议作两税法:先计州县每岁所用及上供之数而赋于人,量出以制入。户无主、客,以见居为簿;人无丁、中,以贫富为差;为行商者,在所州县税三十之一。居人之税,秋夏两征之。其租、庸、调杂徭悉省,皆总于度支。上用其言,仍诏两税外辄率一钱者,以枉法论。

【纲】罢转运、租庸、盐铁等使,贬刘晏为忠州刺史。

【纲】二月,命黜陟使十一人分巡天下。

【纲】以段秀实为司农卿。 【目】崔祐甫有疾,多不视事;杨炎独任大政,专以复恩雠为事,奏用元载遗策城原州。炎欲发两京、关内丁夫浚丰州陵阳渠,以兴屯田。上遣中使访之泾原节度使段秀实,秀实以为:"边备尚虚,未宜兴事以召寇。"炎怒,以为沮己,征秀实为司农卿,使李怀光兼泾原。既而渠竟不成。

【纲】以朱泚为泾原节度使。 【目】杨炎欲城原州,命李怀光

政的根本，在于一定要访求有道德有才能的人，向他们请教治国的法则。"唐德宗说："我已经下诏求贤，并且派人访求了。"关播回答说："那样只能得到卖弄词藻、一心想当官的人，真正有才能的哪里是一纸诏书就能得到的呢！"唐德宗很高兴。

德宗皇帝

【纲】唐德宗建中元年（庚申，780），春正月，开始实行两税法。

【目】唐初，赋敛的办法叫租、庸、调。有田则有租，有人则有庸，有户则有调。唐玄宗末年，户籍散失毁坏。至德年间战乱又起，处处征收赋敛，而且要求又很急迫，完全失去平常的标准。下等户十天半月就要输庸送调，不堪重负，因而纷纷逃散，留下的土著每百户中不足四、五户。到现在，杨炎建议实行两税法。先统计州县每年的开支以及上贡的数量，然后均摊给每户每人，根据支出多少确定赋敛的数量。不分主户、客户，一律以现有居民造册登录；不分丁男、中男，以贫富不同为准。往返贩运的行商按三十税一的标准向所在州县纳税。居民的税，分春、夏两次征收。租、庸、调和各种杂役一概免除，由度支使统一管理。唐德宗采纳他的建议，并下诏说两税之外额外征收哪怕是一文钱，也以违法论处。

【纲】唐德宗罢除转运、租庸、盐铁等使，将刘晏贬为忠州（治临江，今四川忠县）刺史。

【纲】二月，唐德宗命黜陟使十一人分别巡视天下各郡。

【纲】唐德宗任命段秀实为司农卿。　【目】崔祐甫患病，基本不参与政事。杨炎独揽大权，专做报恩复仇的事，上奏采用当年元载的建议驻军原州。杨炎想征调两京、关内丁夫疏浚丰州（今内蒙古杭锦旗西北）的陵阳渠，以便于屯田。唐德宗派宫中使臣就此事访问泾原（治泾州，今甘肃泾川北）节度使段秀实，段秀实认为："目前边备还很空虚，因此不适宜做这些事，以免招来寇扰。"杨炎很生气，认为段秀实诋毁自己，征调段秀实为司农卿，让李怀光兼任泾原节度使。后来疏浚渠道的事终于没做。

【纲】唐德宗任命朱泚为泾原节度使。　【目】杨炎想驻军原州

居前督作,朱泚、崔宁各将万人翼其后。诏下泾州为城具,其将士怒曰:"吾属始居邠州,甫营耕桑,有地著之安。徙屯泾州,披荆榛,立军府;坐席未暖,又投之塞外。吾属何罪而至此乎!"又以怀光严刻,皆惧。别驾刘文喜因众心不安,据泾州不受诏,复求段秀实或朱泚为帅。诏以泚代怀光。

【纲】三月,张涉坐赃,放归田里。

【纲】以韩洄判度支,杜祐权江、淮转运使。

【纲】夏四月,上生日,不受献。

【纲】六月,门下侍郎同平章事崔祐甫卒。

【纲】筑奉天城。 【目】术士桑道茂上言:"陛下不出数年,暂有离宫之厄,臣望奉天有天子气,宜高大其城,以备非常。"上命京兆发丁夫数千,杂六军之士筑奉天城。

【纲】秋七月,杀忠州刺史刘晏。 【目】荆南节度使庾准希杨炎指,奏晏与朱泚书求营救,辞多怨望;炎证成之。上密遣中使缢杀之,天下冤之。

初,安、史之乱,天下户口什亡八九,所在宿重兵,其费不赀,皆倚办于晏。晏有精力,多机智,变通有无,曲尽其妙。常以厚直募善走者,置递相望,觇报四方物价,不数日皆达,食货轻重之权,悉制在掌握,国家获利而天下无甚贵甚贱之忧。

晏以为"办集众务,在于得人,故必择通敏、精悍、廉勤之士而用之。"常言:"士陷赃贿,则沦弃于时,名重于利,故士多清修;吏虽洁廉,终无显荣,利重于名,故吏多贪污。"其句检簿书,出纳钱谷,事虽至细,必委之士类;吏惟书符牒,不得轻出一言。

城，命李怀光在前督察，朱泚、崔宁各率万余人紧随其后。唐德宗下诏命令泾州城准备筑城工具，泾州将士怨愤地说："我们这些人最早驻守邠州（治新平，今陕西邠县），刚刚开始经营农桑，有了定居的安定感，就迁徙到泾州。我们披荆斩棘，设立军府，可是枕席尚未焐热，又要把我们抛向塞外。我们有什么罪过，以致如此对待我们！"又因为李怀光为人严酷刻薄，因此都很害怕。别驾刘文喜因为人心不稳，据守泾州不接受诏书，又要求段秀实或朱泚为统帅。唐德宗下诏命朱泚替代李怀光。

【纲】三月，张涉受贿，被削职回乡。

【纲】唐德宗任命韩洄判度支，杜佑代理江、淮转运使。

【纲】夏四月，唐德宗生日，不接受贺礼。

【纲】六月，门下侍郎、同平章事崔祐甫去世。

【纲】筑造奉天城（今陕西乾县）。　【目】术士桑道茂上奏说："陛下在数年之内，会有暂时的离开皇宫的灾难。我看奉天有天子气，应加高扩大奉天城墙，以备不策。"唐德宗命京兆地区征调数千壮士和六军士兵，修筑奉天城。

【纲】秋七月，杀忠州刺史刘晏。　【目】荆南节度使庾准上奏说刘晏写信给朱泚请求营救，信中有许多怨恨的话。并且他希望杨炎指证，杨炎证明了此事。唐德宗秘密派宫中使者将刘晏吊死，天下都说刘晏是冤枉的。

起初，安史之乱时，天下户口损失十之八九，到处驻扎重兵，费用之大无法计量，全凭刘晏一人筹措。刘晏精力旺盛，机智多谋，善于变通有无，极尽其妙。他时常用重金募请善长赶路的人，将他们安置在驿站中，监视报告各地物价，只要几天时间就可以到达。国家经济财政的运转变化，都在他的掌握之中，国家获利，但天下并没有物价太贵或太贱的困扰。

刘晏认为，办理牵涉众人的事务，在于用人。因此，必须选择和使用通达机敏、精明强干、廉洁勤恳的人。常言说："士人贪赃受贿，就会被时代抛弃，对他来说名比利重要，因此士人大多很清廉；吏即使很廉洁，终究没有显赫的声名，对他来说利比名重要，因此，吏大都贪婪卑

晏又以为户口滋多，则赋税自广，故其理财常以养民为先。诸道各置知院官，每旬月具雨雪丰歉之状以告，丰则贵籴，歉则贱粜，或以谷易杂货供官用，而于丰处卖之。知院官始见不稔之端，先申至，某月须如干蠲免，某月须如干救助，及期，晏不俟州、县申请，即奏行之，不待困弊、流殍，然后赈之也。由是户口蕃息。始为转运使，时天下见户不过二百万，其季年乃三百余万，非晏所统亦不增也。其初财赋岁入不过四百万缗，季年乃千余万缗。

晏专用榷盐法充军国之用。晏以为，官多则民扰，故但于出盐之乡置官收盐，转鬻于商人，任其所之，其去盐乡远者，转官盐于彼贮之。或商绝盐贵，则减价鬻之，谓之常平盐，官获其利而民不乏盐。其始江、淮盐利不过四十万缗，季年乃六百余万缗。由是国用充足而民不困弊。

先是，运关东谷入长安者，以河流湍悍，率一斛得八斗至者，则为成劳，受优赏。晏以为江、汴、河、渭，水力不同，各随便宜，造运船，教漕卒，缘水置仓，转相受给。自是每岁运谷或至百余万斛，无斗升沉覆者。船十艘为一纲，使军将领之，十运无失，授优劳官。于扬子置场造船，艘给千缗。或言："用不及半，请损之。"晏曰："不然，论大计者不可惜小费，凡事必为永久之虑。今始置船场，执事者多，当先使之私用无窘，则官物坚完矣。若遽与之屑屑较计，安能久行乎！异日必有减之者；减半以下犹可也，过此则不能运矣。"后五十年，有司果减其半。及咸通中，有司计费而给之，无复羡余，船益脆薄，漕运遂废。

鄙。"建立簿籍账册,出纳钱粮,这些事虽然十分琐细,但一定要委托给士人。吏只可以做些书写文告之类的事,不得随便发表意见。

  刘晏还认为户口增加,赋税的来源就多了。因此,他的理财方法把休养百姓放在首要位置。在诸道设置知院官,每十个月书面报告一次雨雪丰歉的情况。丰收就高价买入,歉产就低价卖出,或者用谷物换取日用杂货供官府使用以及在丰收的地方卖掉。知院官刚刚发现歉收的苗头,就提前申请,某月须免除若干赋税,某月需要若干救济。到时,刘晏不等州县申请,就上奏实行,而不用等已经贫困、破败,逃荒、饿死人的时候再去赈济,从此户口得以繁衍。刘晏初为转运使时,天下户口不足二百万,第三年时就有三百多万。要不是刘晏管理得当就不会增加。他上任初,每年赋税收入不足四百万缗,第三年就有一千多万缗了。

  刘晏专门用食盐专卖来补充国家的费用。他认为官多就要扰民。因此,只在盐的产地设官收购食盐,然后转卖给商人,任其四方贩运。距离盐产地较远的地方,就转运官盐贮存在那里。一旦商人贩卖的盐太贵,就减价出售,称为"常平盐",官府获利而百姓就不会缺少食盐了。开始时,江、淮盐利不过四十万缗,第三季就达到六百多万缗。从此,国家收入充足而百姓也不用为此愁苦了。

  原先,关东运入长安的谷物,因为黄河水流湍急,一斛谷物能运到八斗,就是很大功劳,要受到优厚的奖赏。刘晏认为江、汴、河、渭,水情不同,应根据不同情况制造漕船,训练漕运船工,并沿河流两岸设置粮仓,接替运送。从此,每年漕运谷物甚至达到百余万斛,也没有一升一斗沉入水中的。每十条船编为一纲,派一名军官统帅,如果运送漕粮十次没有损失,就会得到优厚的奖励。在扬子(今江苏仪征东南)设造船场,造一条船给一千缗钱。有人说:"实际费用不到一半,可以减少些。"刘晏说:"不能那样。做大事不可吝惜小的花销,凡事都要做长远打算。如今刚刚设置船厂,役使的人很多,让他们个人的花费没有什么困难,官府的财物才能坚固完好。如果现在就斤斤计较,必然难为长久之计!以后必定会有人认为我给钱太多而要削减。如果削减一半以下还可以,超过一半漕运就无法维持了。"五十年后,有司果然将钱削减了

晏为人勤力，事无闲剧，必于一日中决之。后来言财利者，皆莫能及。

【纲】冬十月，贬薛邕为连山尉。 【目】大历以前，赋敛、出纳、俸给皆无法，长吏得专之；重以元、王秉政，货赂公行，天下不按赃吏者殆二十年。上以宣歙观察使薛邕文雅旧臣，征为左丞；邕去宣州，盗隐官物以巨万计，殿中侍御史员寓发之，贬连山尉。于是州县始畏朝典。上初即位，疏斥宦官，亲任朝士，而张涉、薛邕继以赃败，宦官、武将皆曰："南牙文臣，赃至巨万，而谓我曹浊乱天下，岂非欺罔邪！"于是上心始疑，不知所倚仗矣。

【纲】辛酉，二年，春正月，成德节度使李宝臣卒，子惟岳自称留后。 【目】李宝臣欲以军府传其子惟岳，以其年少暗弱，豫诛诸将之难制者数十人。及卒，孔目官胡震、家僮王他奴劝惟岳匿丧，诈为宝臣表，请继袭，不许；乃发丧，自称留后，使将佐共奏求旌节，又不许。初，宝臣与李正己、田承嗣、梁崇义相结，期以土地传子孙，故承嗣之死，宝臣力为悦请继袭。至是，悦屡为惟岳请，上亦不许；或曰："不与必为乱。"上曰："贼本无资以为乱，皆藉我土地，假我位号，以聚其众耳。向日因其所欲而命之多矣，而乱益滋，是爵命不足以已乱而适足以长乱也。"竟不许。

田悦乃与李正己各遣使诣惟岳，潜谋勒兵拒命。正己发兵万人屯曹州，悦亦完聚，与崇义、惟岳相应，河南士民骚然惊骇。诏以永平节度使李勉为都统，备之。

一半。到咸通年间，有司计费付钱，不再有剩余，结果船板日益薄脆容易损坏，漕运因此无法维持。

刘晏非常勤勉，事情不分缓急，一定当天处理完毕。后来理财的，没有人能和他相比。

【纲】冬十月，唐德宗将薛邕贬为连山（今广东连山西北）尉。

【目】大历以前，赋敛、出纳、俸禄都没有法规，完全由主管的官吏掌握；再加上元载、王缙当权，贿赂公行，大约二十年没有审查贪官污吏。唐德宗认为宣歙（治宣州，今安徽宣城）观察使薛邕温文儒雅，资历深，征调为左丞。薛邕离开宣州，贪污官府财物数以万计，殿中侍御史员寓告发此事，薛邕被贬为连山尉。从此州郡官吏才知畏惧朝廷法典。唐德宗即位初期，疏远、排斥宦官，亲近信任朝廷大臣。后来张涉、薛邕贪赃相继败露，宦官和武将都说："南衙的文臣，贪赃以致巨万，却说我辈污浊败坏天下，这不是欺骗吗！"唐德宗因此心中疑惑，不知自己应该倚仗什么人。

【纲】唐德宗建中二年（辛酉，781），春正月，成德（治恒州，今河北正定）节度使李宝臣去世，其子李惟岳自称留后。　【目】李宝臣想把军府职位传给儿子李惟岳。因为他年轻懦弱，便预先将数十名难以驾驭的将领处死。等到李宝臣死后，孔目官胡震、家僮王他奴劝李惟岳密不发丧，假借李宝臣的名义上表，请求袭取职位，唐德宗不许。于是发丧，李惟岳自称为留后，命部下将领共同请求朝廷任命，唐德宗又不许。起初，李宝臣和李正己、田承嗣、梁崇义相勾结，希望把自己管辖的地区传给子孙，因此，田承嗣死后，李宝臣竭力促成田悦袭任。现在，田悦屡次替李惟岳请求袭任，唐德宗也不答应。有人说："不答应，一定会叛乱。"唐德宗说："叛贼本来没有作乱的资本，都凭借我的土地，打着我的旗号聚集众人。以前遵照他们意愿的任命已经不少了，可是祸乱滋生得更多。这说明封爵任命不足以消除祸乱，相反，恰恰助长了祸乱。"终于没有答应。

田悦于是与李正己各派使者去见李惟岳，阴谋兴兵抗拒朝廷的命令。李正己调兵万人屯驻曹州（治济阴，今山东曹县西北）。田悦也修城聚兵与梁崇义、李惟岳相呼应，河南军民感到震惊不安。唐德宗下诏任

【纲】以杨炎、卢杞同平章事。 【目】杞貌丑，色如蓝，有口辩；上悦之。郭子仪每见宾客，姬妾不离侧。杞尝往问候，子仪悉屏侍妾。或问其故，子仪曰："杞貌陋而心险，妇人见之必笑，他日杞得志，吾族无类矣！"

杨炎既杀刘晏，朝野侧目，李正己累表请晏罪。炎惧，遣腹心分诣诸道，密谕以"晏昔尝请立独孤后，上自杀之"。上闻而恶之，由是有诛炎之志，擢杞为相，不专任炎矣。炎素轻杞无学，多托疾不与会食；杞亦恨之。

杞阴狡，欲起势立威，小不附者必欲置之死地，引裴延龄为集贤直学士，亲任之。

【纲】发京西兵戍关东。 【目】发京西防秋兵万二千戍关东。上御望春楼宴劳之，神策将士独不饮，上使诘之，其将杨惠元对曰："臣等发奉天，军帅张巨济戒之曰：'此行大建功名，凯旋之日，相与为欢。苟未捷，毋饮酒。'故不敢奉诏。"及行，有司缘道设酒食，独惠元所部罴不发。上深叹美，赐书劳之。

【纲】夏五月，田悦举兵寇邢、洺。 【目】田悦、李正己、李惟岳定计，连兵拒命。悦欲阻山为境，曰："邢、洺如两眼，在吾腹中，不可不取。"乃遣兵马使康愔将兵八千人围邢州，自将兵数万围临洺。邢州刺史李共、临洺将张伾坚壁拒守。

【纲】六月，以韩滉为镇海军节度使。梁崇义拒命，诏淮西节度使李希烈督诸道兵讨之。

命永平节度使李勉为都统，以防备叛乱。

【纲】唐德宗任命杨炎、卢杞为同平章事。　【目】卢杞相貌丑陋，面色铁青，有口才。唐德宗很喜欢。郭子仪会见宾客，姬妾从来不离左右。卢杞曾前去问候，郭子仪将侍妾全部屏退。有人问他为什么这样做，郭子仪说："卢杞貌丑但心机凶险，妇人看见他的长相一定会嘲笑。有朝一日卢杞得志，我郭家就要断子绝孙了！"

杨炎杀死刘晏后，朝野上下都对他侧目而视。李正己多次上表责问刘晏的罪名。杨炎很害怕，派心腹分别前往诸道，秘密宣称"刘晏从前曾请求册独孤氏为后，皇上自己决定要杀掉他"。唐德宗听说此事十分憎恶杨炎，从此产生杀掉杨炎的想法，提升卢杞为宰相，不再一心信任杨炎了。杨炎一向轻视卢杞不学无术，多次托病不同卢杞一同赴宴。卢杞也十分忌恨杨炎。

卢杞为人阴险狡猾，他企图培植自己的势力，树立权威，因此，即使很小的事情也不依顺他，他必置之死地而后快。征引裴延龄为集贤殿直学士，对他很亲近、信任。

【纲】唐德宗征发京西士兵戍守关东。　【目】唐德宗征发京西防秋兵二十万戍守关东。唐德宗在望春楼设宴慰劳，只有神策军将士不肯饮酒，唐德宗派人责问，神策军将领杨惠元答道："我们自奉天出发，统帅张巨济告诫说：'此行如能建立卓著的功勋，凯旋之日，我与你们共同庆贺。如果没有得胜，不要喝酒。'因此我们不敢遵命饮酒。"出发时，有司沿途提供酒食，只有杨惠元部下杯酒不沾。唐德宗深为赞赏，下诏慰劳。

【纲】夏五月，田悦率兵侵扰邢（治龙岗，今河北邢台西南）、洺（治永年，今河北永年）。　【目】田悦、李正己、李惟岳定下计策，联合对抗朝廷的命令。田悦想要依山为界作为自己的势力范围，他说："邢、洺有如两眼，位于我的腹地，不可不夺取。"于是派兵马使康愔率兵八千围攻邢州，自己带兵数万围攻临洺（今河北永年）。邢州刺史李共、临洺守将张伾据城坚守。

【纲】六月，唐德宗任命韩滉为镇海军（治润州城，今江苏镇江）节度使。梁崇义抗拒唐德宗命令，唐德宗下诏命淮西节度使李希烈督率

【纲】尚父、太尉、中书令、汾阳忠武王郭子仪卒。 【目】子仪为上将,拥强兵,程元振、鱼朝恩谗谤百端,诏书一纸征之,无不即日就道,由是谗谤不行。尝遣使至田承嗣所,承嗣西望拜之曰:"此膝不屈于人若干年矣!"李灵曜据汴州,公私物过汴者皆留之,惟子仪物不敢近,遣兵卫送出境。校中书令考凡二十四,家人三千人,八子、七婿皆为显官;诸孙数十人,每问安,不能尽辨,颔之而已。仆固怀恩、李怀光、浑瑊辈皆出麾下,虽贵为王公,尝颐指役使,趋走于前,家人亦以仆隶视之。天下以其身为安危者殆三十年,功盖天下而主不疑,位极人臣而众不疾,穷奢极欲而人不非之,年八十五而终。其将佐为名臣者甚众。

【纲】秋七月,杨炎罢,以张镒同平章事。

【纲】诏马燧、李抱真、李晟讨田悦,战于临洺,大破之。
【目】田悦攻临洺,累月不拔,城中食且尽。张伾饰其爱女,使出拜将士曰:"诸军守战甚苦,伾家无他物,请鬻此女为将士一日之费。"众皆哭曰:"愿尽死力,不敢言赏。"李抱真告急于朝,诏马燧及神策兵马使李晟将兵讨悦,又诏朱滔讨惟岳。燧等军至临洺,悦悉众力战,悦兵大败,悦夜遁,邢州围亦解。

【纲】平卢节度使李正己卒,子纳自领军务。与李惟岳遣兵救田悦。

【纲】八月,李希烈与梁崇义战,大破之。崇义死,传首京师。

【纲】九月,以张孝忠为成德军节度使。
【纲】加李希烈同平章事,以李承为山南东道节度使。 【目】

诸道兵马讨伐他。

【纲】尚父、太尉、中书令、汾阳忠武王郭子仪去世。【目】郭子仪位居上将,手握重兵,程元振、鱼朝恩对他百般诽谤。但每次有诏书征调,他都在接到诏书当天就应召上路,因此诽谤之辞无法流行传播。他曾派使者到田承嗣驻所,田承嗣向西跪拜说:"我这双膝盖已经多年不跪拜别人了!"李灵曜占据汴州(治浚仪县,今河南开封),无论官方还是私人财物经过汴州境,都要被他留下,但唯独不敢染指郭子仪的财物,并且要派兵护送出境。他任中书令之职共二十四年,有家人三千。他的八个儿子、七个女婿都官居显位。有孙子数十人,每次问安时,郭子仪无法一一答话,只能点头示意。仆固怀恩、李怀光、浑瑊都是他的部下,他们虽然贵为王公,也曾被郭子仪颐指气使,奔走效力在郭子仪的马前,家人也将他们视如奴仆一般。天下的安危系于郭子仪一身大约三十年。功盖天下却没有招致主上的怀疑,位极人臣却没有招致众人的嫉恨,穷奢极欲也不招致人们的非议,活了八十五岁后死掉了。他部下的将佐有很多成为一代名臣。

【纲】秋七月,唐德宗罢免杨炎,任命张镒为同平章事。

【纲】唐德宗下诏命马燧、李抱真、李晟讨伐田悦,双方在临洺大战,田悦大败。【目】田悦围攻临洺,数月不能攻克,城中的粮食快吃光了。张伾打扮好爱女,带她拜见将士们说:"大家守城作战十分辛苦,我张伾家里没有什么可以犒劳大家,就请将我的这个女儿卖掉,供给将士们一天的费用。"大家都哭着说:"愿拼死尽力,不敢谈及犒赏的事。"李抱真向朝廷告急,唐德宗下诏命马燧和神策兵使李晟率兵征讨田悦,又下诏命朱滔讨伐李惟岳。马燧等大军来到临洺,田悦全力作战,结果大败,趁夜逃走,邢州之围被解。

【纲】平卢(治郓城,今山东东平西北)节度使李正己去世,他的儿子李纳自己统领军务,和李惟岳派兵援救田悦。

【纲】八月,李希烈和梁崇义交战,大败梁崇义,梁崇义战死,首级被送到京师。

【纲】九月,唐德宗任命张孝忠为成德军节度使。

【纲】擢升李希烈同平章事,任命李承为山南东道节度使。【目】

初，希烈请讨梁崇义，上亟称其忠。黜陟使李承自淮西还，言于上曰："希烈必立微功；但恐有功之后，更烦朝廷用兵耳！"上不以为然。希烈既得襄阳，遂据之。上乃思承言，以为山南东道节度使。承单骑赴镇，至襄阳，希烈迫胁万方，承不屈，希烈乃大掠而去。

【纲】冬十月，杀左仆射杨炎。　【目】初，萧嵩家庙临曲江，玄宗以娱游之地，非神灵所宅，命徙之。杨炎为相，立庙复直其地。炎恶京兆尹严郢，卢杞欲陷炎，引以为御史大夫。先是炎有宅在东都，卖以为官廨，郢按之，以为有羡利。吏议以为："监主自盗，当绞。"杞因言："嵩庙地有王气，故玄宗徙之；炎有异志，故取以建庙。"遂贬崖州司马；遣中使护送，缢杀之。

【纲】徐州刺史李洧以州降。　【目】徐州刺史李洧，正己之从父兄也。举州归国；遣巡官崔程奉表诣阙，乞领徐、海、沂观察使，且曰："今海、沂皆为李纳所有。洧与其刺史王涉、马万通有约，苟得朝廷诏书，必能成功。"程先白张镒。卢杞怒，不从其请。以洧为招谕使。

【纲】十一月，刘洽、唐朝臣等，大破青、魏兵于徐州。
【纲】壬戌，三年，春正月，马燧等大破田悦等于洹水，博、洺州降。
【纲】朱滔、张孝忠与李惟岳战，大败之，赵州降。成德兵马使王武俊杀惟岳，传首京师。
【纲】二月，以张孝忠为易、定、沧州节度使，王武俊为恒冀团练使，康日知为深赵团练使，以德、棣隶幽州。　【目】时河北略定，惟魏州未下。李纳势日蹙。朝廷谓天下不日可平，以孝忠为易、定、

起初，李希烈请求讨伐梁崇义，唐德宗极力称赞他的忠义。黜陟使李承从淮西回来，对唐德宗说："李希烈肯定会立下一小功。但恐怕他立功之后，会更让朝廷兴兵用武！"唐德宗不以为然。李希烈得到襄阳后，据为己有。唐德宗这才想起李承的话，于是任命李承为山南东道节度使。李承单人独骑赴任，来到襄阳，李希烈百般胁迫，李承没有屈从，于是李希烈大肆抢掠后离去。

【纲】冬十月，杀左仆射杨炎。 【目】起初，萧嵩的祖庙临近曲江，唐玄宗认为娱乐游玩的地方，不是神灵的宅所，下令迁走。后来杨炎当了宰相，又在附近设立宗庙。杨炎憎恶京兆尹严郢，卢杞想陷害杨炎，便推举严郢做御史大夫。原先，杨炎在东都有一处住宅，他将其卖给了官府，严郢调查此事，认为杨炎从中获得不正当的利益。掌握刑法的官吏认为："这是监主自盗，应当绞死。"卢杞就势说："萧嵩家庙所在地有王者之气，因此玄宗将其迁走。杨炎怀有二心，因此在那里建立宗庙。"于是贬杨炎为崖州（治舍城，今广东琼山）司马，派宫中使者监送，并在途中将他吊死。

【纲】徐州刺史李洧投降。 【目】徐州刺史李洧是李正己的堂兄，率州投降，派巡官崔程奉表上奏，请求担任徐、海（治朐山，今江苏连云港）、沂（治临沂，今山东临沂）各州观察使，并且说："现在海州、沂州都为李纳所有。我和他的刺史王涉、马万通有约定，如果得到朝廷诏书任命，一定能够成功。"崔程先告诉张镒，卢杞很恼怒，不允许其请求，任命李洧为招谕使。

【纲】十一月，刘洽、唐朝臣等人在徐州大败青、魏军队。

【纲】唐德宗建中三年（壬戌，782），春正月，马燧等在洹水（在今河南安阳北）大败田悦，博（治聊城，今山东聊城）、洺州投降。

【纲】朱滔、张孝忠和李惟岳交战，大败李惟岳，赵州（治平棘，今河北宁晋西北）投降。成德兵马使王武俊杀李惟岳，并将首级送到京师。

【纲】二月，唐德宗任命张孝忠为易（治易县，今河北易县）、定（治安喜，今河北定县）、沧州（治清池，今河北沧县东南）三州节度使，任命王武俊为恒冀（治恒州，今河北正定）团练使，任命康日知为深赵

沧州节度使，武俊、日知为恒冀、深赵团练使，以德、棣二州隶朱滔，令还镇。滔固请深州，不许，由是怨望，留屯深州。武俊自以不得为节度使，又失赵、定，不悦。复有诏令武俊以粮三千石给朱滔，马五百匹给马燧。武俊以为魏博既下，朝廷必取恒冀，故分其粮马以弱之，疑，未肯奉诏。田悦闻之，遣判官王侑说朱滔救魏博。滔大喜，即遣侑归报。又遣王郅说王武俊共救田悦，武俊亦喜，许诺，相与刻日举兵南向。

【纲】三月，以李洧兼徐、海、沂观察使。 【目】刘洽攻李纳于濮州，克其外城。纳于城上涕泣求自新，李勉又遣人说之，纳遣判官房说入见。会中使宋凤朝称纳势穷蹙，不可舍，上乃囚说等，纳遂归郓州，复与田悦等合。朝廷以纳势未衰，始以洧兼徐、海、沂观察使，而海、沂已为纳所据，洧竟无所得。

【纲】夏四月，朱滔、王武俊反，发兵救田悦，寇赵州。诏李怀光讨之。

【纲】括富商钱。 【目】时两河用兵，月费百余万缗，府库不支数月。太常博士韦都宾、陈京建议，"请括富商钱，出万缗者，借其余以供军。"上从之。判度支杜祐大索长安中，长安嚣然，如被寇盗，计所得才八十余万缗。又括僦柜质钱，凡蓄积钱帛粟麦者，皆借四分之一，封其柜窖；百姓为之罢市。计并借商所得，才二百万缗，人已竭矣。

团练使,将德州(治安德,今山东陵县)、棣州(治厌次,今山东惠民南)划归幽州节度使管辖。 【目】当时河北基本安定,只有魏州还未攻克。李纳的局面日益窘迫。朝廷认为天下平定指日可待,任命张孝忠为易、定、沧州节度使,王武俊、康日知为恒冀、深赵团练使,将德、棣二州划归朱滔统辖,并令其归回藩镇。朱滔再三请求将深州划归其管辖,朝廷不准,因此他十分怨愤,屯驻在深州。王武俊觉得自己没有被任命为节度使,并且又失掉赵、定二州,很不愉快。接着,又有诏书命令王武俊供给朱滔三千石粮食,供给马燧五百匹马。王武俊认为朝廷既然拿下魏博,一定会继续攻取恒冀,因此要分散他的粮食、马匹以削弱他的力量,故而他心生疑虑,不肯遵奉诏命。田悦听说此事,派判官王侑劝说朱滔援救魏博。朱滔大喜,立即派王侑回去报信,同时又派王郅劝说王武俊共同救援田悦。王武俊也十分高兴,与他约定立刻率兵南下。

【纲】三月,唐德宗任命李洧兼任徐、海、沂三州观察使。 【目】刘洽进攻濮州(治鄄城,今山东鄄城)的李纳,已经攻克外城。李纳在城墙上痛哭流涕,请求悔过自新,李勉也派人劝说他,李纳派判官房说入朝求见。适逢中使宋凤朝宣称李纳已经势穷力竭,不可半途而废。唐德宗于是将房说等囚禁。李纳于是回到郓州,重新和田悦等会合。朝廷见李纳势力并未衰败,便任命李洧兼任徐、海、沂三州观察使,可是海、沂二州已被李纳占据,李洧始终无所收获。

【纲】夏四月,朱滔、王武俊反叛,出兵救援田悦,寇扰赵州。唐德宗下诏命李怀光征讨。

【纲】搜括富商的钱财。 【目】当时,朝廷在两河地区用兵,每月耗费钱财百余万缗,国库所有还不够几个月的开支。太常博士韦都宾、陈京建议:"请朝廷搜括富商的钱财,获利万缗以上的,就征借万缗以上部分作为军费。"唐德宗采纳了这个建议。判度支杜佑在长安城中大肆搜括,长安城为之萧然,好象遭到强盗洗劫一样。搜括的钱总计才八十余万缗。又搜括僦柜,(僦柜:唐代有柜房,以收费代人保管金钱及贵重物品为业,称为僦柜。后演变为当铺)以物抵钱,凡积蓄钱、帛、粟、麦的,一律征借四分之一,并查封柜窖。百姓因此而罢市。加上向商人征借的,总共才二百余万缗,可是百姓钱财已经被榨干了。

【纲】洺州刺史田昂入朝。 【目】李抱真、马燧数以事相恨望,怨隙遂深,不复相见。由是诸军逗挠,久无成功,上遣中使和解之。及王武俊逼赵州,抱真分麾下二千人戍邢州,燧大怒,欲引兵归。李晟说燧曰:"李尚书以邢、赵连壤,分兵守之,诚未有害。今公遽自引去,众谓公何!"燧悦,乃单骑造抱真垒,相与释憾结欢。会田昂请入朝,燧奏以洺州隶抱真。李晟军先隶抱真,又请兼隶燧,以示协和。

【纲】召朱泚入朝,以张镒兼凤翔节度使。 【目】朱滔遣人以蜡书遗朱泚,欲与同反;马燧获之,并使者送长安,泚不之知。上驿召泚至,示之,泚顿首请罪。上曰:"相去千里,初不同谋,非卿之罪也。"因留之长安,赐赉甚厚,以安其意。

上以幽州兵在凤翔,思得重臣代之。卢杞忌张镒忠直,为上所重,欲出之,乃对曰:"凤翔将校皆高班,非宰相无以镇抚,臣请自行。"上俯首未言,杞遽曰:"陛下必以臣貌寝,不为三军所伏,固惟陛下神算。"上乃顾镒曰:"无以易卿。"镒知为杞所排而无辞以免,因再拜受命。

上初即位,崔祐甫为相,务崇宽大,当时以为有贞观之风;及杞为相,知上性多忌,因以疑似离间群臣,始劝上以严刻御下,中外失望。

【纲】六月,李怀光击朱滔、王武俊于魏山,败绩。 【目】朱滔、王武俊军至魏州,田悦具牛酒出迎。滔营于魏山,李怀光军亦至,马燧等盛军容迎之,滔以为袭己,遽出陈;怀光欲乘其营垒未就击之。燧请且休士观衅;怀光曰:"时不可失。"遂击滔,滔军崩沮;

【纲】洺州刺史田昂入朝。 【目】李抱真、马燧几次因事相互怨恨,嫌隙愈来愈深,两人因此不再见面。从此各路兵马遇事推诿观望,日久无功,唐德宗为此派中使为他们调解。后来王武俊兵临赵州,李抱真拨调部下二千兵马戍卫邢州,马燧大怒,想率兵撤回。李晟劝说他:"李尚书因为邢、赵两州接壤,分出兵力守卫,的确没有坏处。如今你断然率兵撤走,大家会怎样议论你呢!"马燧转怒为喜,单人独骑造访李抱真,于是两人尽释前嫌。这时,田昂入朝,马燧于是上奏,请求将洺州划归李抱真管辖。李晟军先划归李抱真指挥,后又请求兼属马燧,以示两人团结协作。

【纲】唐德宗征召朱滔入朝,任命张镒兼任凤翔节度使(治岐州,今陕西凤翔)。 【目】朱滔派人送蜡书给朱泚,想约他一同反叛,结果被马燧截获,马燧派使者送往长安,朱泚对这些一无所知。唐德宗派驿使召朱泚入朝,拿出朱滔写的蜡书给他看,朱泚叩首请罪。唐德宗说:"你与他相距千里,与他本不是同谋,不是你的罪过。"并把他留在长安,赏赐丰厚,以示安抚。

唐德宗觉得幽州兵驻凤翔,应该有权位较高的朝臣管理。卢杞忌恨张镒忠义耿直,深得唐德宗重用,想将他排挤出朝廷,于是对唐德宗说:"凤翔驻军的将官职位品级很高,除非宰相,否则无人能够镇抚,我请求亲自前往。"唐德宗低头不语,卢杞猝然说道:"您一定认为我貌不压众,难于令三军将帅服从,我当然服从您的神机妙算。"唐德宗于是转向张镒说:"没有人能够代替你。"张镒明知自己遭到卢杞的排挤,但苦于没有推托的借口,只好跪拜接受命令。

唐德宗即位初期,崔祐甫任宰相,他为政崇尚宽松,被当时人们认为有贞观时期政治的风尚。后来卢杞任宰相,知道唐德宗性好猜忌,便混淆是非以离间群臣,并劝唐德宗严厉、刻苛地对待臣下,朝廷内外都很失望。

【纲】六月,李怀光在惬山(在今河北大名东南)进攻朱滔、王武俊,遭到失败。 【目】朱滔、王武俊率军到魏州,田悦准备好牛肉、酒出城迎接。朱滔在惬山扎营,李怀光也率军到达,马燧等整军列队迎接。朱滔以为是要袭击自己,仓猝排兵布阵。李怀光想乘他扎营未稳进

怀光按辔观之，有喜色。武俊引骑横冲之，怀光军分为二；滔引兵继之，官军大败，溺死者不可胜数。燧等与诸军涉水而西，保魏县以拒滔。滔等亦引兵营魏县东南，与官军隔水相拒。

【纲】冬十月，以曹王皋为江西节度使。

【纲】以关播同平章事。【目】卢杞知上必更立相，恐其分己权，荐播儒厚，可镇风俗；遂以为相。政事皆决于杞，播但敛衽无所可否。上尝从容与宰相论事，播欲有所言，杞目之而止。出谓之曰："以足下端悫少言，故相引至此，向者奈何发口欲言邪！"播自是不敢复言。

【纲】十一月，朱滔、田悦、王武俊、李纳皆自称王。

【纲】十二月，李希烈自称天下都元帅。

【纲】癸亥，四年，春正月，李希烈陷汝州，诏遣颜真卿宣慰之。【目】李元平者，薄有才艺，性疏傲，敢大言，好论兵；关播奇之，荐于上，以为将相之器，以汝州近许，擢元平为别驾，知州事。元平至，即募工徒治城；希烈阴使壮士数百人往应募，继遣其将李克诚将数百骑突至城下，应募者应之于内，缚元平驰去。元平见希烈恐惧，便液污地。希烈骂之曰："盲宰相以汝当我，何相轻也！"遣别将取尉氏，围郑州，东都震骇。

初，卢杞恶太子太师颜真卿，欲出之。真卿谓曰："先中丞传首至平原，真卿以舌舐面血。今相公忍不相容乎！"杞矍然起拜，而恨

行袭击。马燧则主张暂且休整部队观望事态的发展,李怀光说:"机不可失。"于是向朱滔进攻,朱滔军崩溃。李怀光揽辔观望,脸上显出得意的神情。这时,王武俊率骑兵拦腰冲击李怀光军,李怀光军被分割为二截,朱滔乘机率兵进攻,官军大败,被水淹死的人无数。马燧等人率各路兵马涉水向西,退保魏县(今河北大名西)抗拒朱滔。朱滔等也率兵在魏县东南驻扎,和官军隔水对峙。

【纲】冬十月,唐德宗任命曹王皋为江西(治洪州,今江西南昌)节度使。

【纲】唐德宗任命关播为同平章事。 【目】卢杞知道唐德宗要再设立一位宰相,恐怕会削夺自己的权势,便举荐关播,说他儒雅敦厚,可安定风俗,于是便任命为宰相。但政事都由卢杞定夺,关播只能端坐一旁,无法加以可否。唐德宗有一次安闲地和宰相议论政事,关播想要发表意见,被卢杞用目光制止。退朝出来后,卢杞对关播说:"因为足下端庄谨慎,少言寡语,所以我才将你引荐推举到这个职位上,刚才为什么想张口发表意见呢!"关播从此不敢再说什么。

【纲】十一月,朱滔、田悦、王武俊、李纳都自称为王。

【纲】十二月,李希烈自称天下都元帅。

【纲】唐德宗建中四年(癸亥,783)春正月,李希烈攻陷汝州(治梁县,今河南临汝)。唐德宗下诏命颜真卿去安抚他。 【目】李元平这个人,有点才能,性情孤傲,敢说大话,好谈兵论武。关播认为他才情少见,将他推荐给唐德宗,认为他是做将相的人才。因为汝州距许(今河南许昌)地很近,提升李元平为汝州别驾,执掌州中政事。李元平上任便招募民工整修城墙。李希烈暗中派数百名武士前往应招,紧接着派部将李克诚率几百骑兵突然杀到城下,应招的武士在城中作内应,将李元平绑走。李元平看见李希烈非常害怕,大小便拉了一地。李希烈骂道:"瞎了眼的宰相居然让你来抵挡我,真是太小看我了!"派部将攻取尉氏(今河南尉氏),围困郑州(治管城,今河南郑州),东都洛阳受到震动。

起初,卢杞憎恶太子太师颜真卿,想将他排挤出朝廷。颜真卿对他说:"先中丞(指卢奕,即卢杞父。安史之乱,被安禄山杀,首级传至平

之益深。至是，上问计于杞，杞对曰："诚得儒雅重臣，为陈祸福，可不劳军旅而服。颜真卿三朝旧臣，忠直刚决，名重海内，人所信服，真其人也！"上以为然。遣真卿宣慰希烈。诏下，举朝失色。

真卿乘驿至东都，留守郑叔则曰："往必不免，宜少留，须后命。"真卿曰："君命也，将焉避之！"遂行。至许，欲宣诏旨，希烈使其养子千余环绕慢骂，拔刃拟之；真卿色不变。遂留不遣。

朱滔等各遣使诣希烈劝进，希烈召真卿示之曰："四王见推，不谋而同，岂吾独为朝廷所忌无所自容邪！"真卿曰："此乃四凶，何谓四王！相公不自保功业，为唐忠臣，乃与乱臣贼子相从，求与之同覆灭邪？"希烈不悦。他日，又与四使同宴，四使曰："都统将称大号，而太师适至，是天以宰相赐都统也。"真卿叱之曰："汝知有骂安禄山而死者颜杲卿乎？乃吾兄也。吾年八十，知守节而死耳，岂受汝曹诱胁乎！"希烈掘坎于庭，云欲坑之，真卿怡然，见希烈曰："死生已定，何必多端！亟以一剑相与，岂不快公心事邪！"希烈乃谢之。

【纲】夏四月，初税间架、除陌钱法。　【目】旧制，诸道军出境，则仰给度支；上优恤士卒，每出境，加给酒肉，本道粮仍给其家，一人兼三人之给，故将士利之。各出军才逾境而止，月费钱百三十余万缗，常赋不能供。判度支赵赞乃奏行二法：所谓税间架者，每屋两架为间，上屋税钱二千，中税千，下税五百。敢匿一间，杖六十，赏告者钱五十缗。所谓除陌钱者，公私给与及卖买，每缗官留

原时，颜真卿为平原太守，用舌舐尽其脸上血迹，续以蒲身葬之。）首级送到平原，我颜真卿用舌舐干他脸上血迹。如今相公你忍心这样容不得我吗！"卢杞很震惊，起身下拜，但从此更加憎恨他。如今，唐德宗问卢杞有何计策，卢杞说："如能选派一名儒雅敦厚，德高望重的大臣，去向李希烈陈说祸福，就可以不必劳师动众而使李希烈降服了。颜真卿是三朝元老，忠诚、耿直、刚毅、果决，名重天下，人们都很信服他，真是最合适的人选！"唐德宗很赞许。于是，派颜真卿安抚李希烈，诏书颁下，举朝大臣，震惊失色。

　　颜真卿乘驿马来到东都，东都留守郑叔则说："去李希烈军中是免不了的，但应稍事停留，等待以后的诏命。"颜真卿说："这是皇上的命令，是无法避免的。"于是上路。到许地，颜真卿想宣读诏书，李希烈让他的养子千余人围着颜真卿诅咒谩骂后，并拔刀挥舞，颜真卿面不改色。李希烈将颜真卿扣留。

　　朱滔等人各自派使者觐见李希烈，劝他称帝，李希烈召见颜真卿说："四王共同推戴我，不谋而同，难道只有我一人为朝廷忌恨无所自容吗！"颜真卿说："这是四凶，哪里是什么四王！相公自己不保重前程功业，作唐室忠臣，却和乱臣贼子为伍，这不是自找的要和他们共同覆灭吗！"李希烈很不高兴。过几天，宴请四名使者，四使说："都统将要称帝，而这时太师来到，这是上天把宰相赐给都统啊。"颜真卿斥责说："你知道痛骂安禄山而死的颜杲卿吗？那是我的兄长。我已经八十岁了，还知道应守节而死，难道会受你们这些小人的诱惑和威胁吗！"李希烈在庭院中挖坑，说要将颜真卿活埋，颜真卿泰然自若，见到李希烈说："死生已命中注定，何必多此一举！赶快给我一剑，岂不是很痛快地了结了你的心事吗！"李希烈于是向颜真卿谢罪。

　　【纲】夏六月，开始征收房屋税，实行除陌钱法。　【目】按原来的制度，诸道军队离开辖境，费用则是度支使供给。皇上体恤士兵，每次出境，都加倍供给酒肉，本道粮食仍然供给其家人，并且每人供给三人的份额，因此将士们有利可图。出兵时，刚刚越过边境就停止不前，每月用钱一百三十万缗，通常的赋税无法满足这样大的开销。判度支赵赞因此上奏实行这两种办法。所谓房屋税，这是每屋以两架为一间，上

五十钱,给他物及相贸易者,约钱为率。敢隐钱百者,杖六十,罚钱二千,赏告者钱十缗,赏钱皆出坐者。于是愁怨之声,盈于远近。

【纲】秋八月,李希烈寇襄城,诏发泾原等道兵救之。 【目】初,上在东宫,闻监察御史陆贽名,即位,召为翰林学士,数问以得失。贽曰:"克敌之要,在乎将得其人;驭将之方,在乎操得其柄。将非其人者,兵虽众不足恃;操失其柄者,将虽材不为用。将不能使兵,国不能驭将,非止费财玩寇之弊,亦有不戢自焚之灾。"又曰:"人者,邦之本。财者,人之心。心伤则其本伤,本伤则枝叶颠瘁矣。"又论关中形势,以为:"王者蓄威以昭德,偏废则危;居重以驭轻,倒持则悖。王畿者,四方之本也。太宗列置府兵,分录禁卫,诸府八百余所,而在关中者殆五百焉。举天下不敌关中,则居重驭轻之意明矣。承平渐久,武备浸微,故禄山窃倒持之柄,一举滔天。乾元之后,继有外虞,悉师东讨,故吐蕃乘虚深入,先帝避之东游。是皆失居重驭轻之权,忘深根固柢之虑。追想及此,岂不寒心!今朔方、太原之众,远在山东;神策、六军之兵,继出关外。倘有贼臣唼寇,黠虏觎边,未审陛下何以御之!立国之安危在势,任事之济否在人。势苟安,则异类同心;势苟危,则舟中敌国。陛下岂可不追鉴往事,惟新令图,修偏废之柄以靖人,复倒持之权以固国乎!今关辅之间,征发已甚,宫苑之中,备卫不全。万一将帅之中,又如朱滔、希烈,窃发郊畿,惊犯城阙,未审陛下复何以备之!臣愿追还神策六军、节将子弟,明敕泾、陇、邠、宁,更不征发,仍罢间架等税,冀已输者弭怨,见处者获宁,则人心不摇,而邦本固矣。"上不能用。

等屋征税二千,中等一千,下等五百。敢隐匿一间的,杖责六十,并赏告发的人五十缗。所谓除陌钱,就是公私交易以及买卖,每缗钱官收取五十,以物抵钱或物物交换的交易,都按这个比例折算。隐匿不交超过一百钱的,杖责六十,罚钱二千,并赏给告发的人钱十缗,赏钱由犯法者出。因此,到处充满愁怨之声。

【纲】秋八月,李希烈侵扰襄城(今河南襄城)。唐德宗下诏征发泾原等道军队救援。　【目】起初,唐德宗在东宫做太子时,就耳闻监察御史陆贽的名声,即帝位后,召陆贽为翰林学士,多次向他询问国家政事的得失利弊。陆贽说:"克敌致胜的关键,在于选择将帅。驾御将帅的方法,在于掌握其把柄。将帅选择不当,兵虽多,不足以依仗;没有掌握其把柄,将帅即使很有才能,也无法得到充分利用。将帅不能带兵,国家不会驾驭将帅,那就不止会带来浪费财物的弊病和养虎贻患的危险,也会造成引火烧身的灾难。"又说:"百姓是国家的根本,财富是百姓之心。伤心则伤本,伤本则枝焦叶枯啊。"又曾谈论关中形势,认为:"为王者要蓄养威严以彰明恩德,有所偏废就会产生危险;居重以驭轻,颠倒了就会发生祸乱。王畿是天下的根本。太宗设置府兵,分属禁卫,诸府共八百多所,设在关中的就有五百多。天下合力也不敌关中,居重驭轻的意图十分明显。太平日久,武备松弛,因此,被安禄山窃居轻重颠倒的权位,发生颠覆的祸乱。乾元以后,又发生外患,大军全力东征,因此吐蕃乘虚而入,先帝被迫东游避祸。这都是因为失掉了驾驭轻重的权柄,忘掉了根深蒂固的道理。追忆至此,令人心寒!如今朔方、太原的军队远在山东,神策、六军兵马相继出关。倘若有贼臣招来寇扰,狡黠的胡虏觊觎边疆,不知您凭什么来抵挡!国家安危取决于形势,成事与否取决于用人。形势如果安定,那么异族也会与我同心同德;形势如果危乱,同船的也会成为敌人。您千万不可忘记前事的教训,一切重新做起,纠正不应有的偏废以安定人心,恢复被颠倒了的轻重关系以巩固国家!如今关中和三辅之间,征发已经很重,宫苑朝中防备和护卫还不全面。万一将帅当中又有像朱滔、李希烈之流,在京畿近郊策动祸乱,惊扰京城,不知您还有什么可以防备的办法!我自愿去将神策军、六军、节将子弟追回,明令不再征发泾、陇(治汧源,今陕西陇

【纲】冬十月，泾原兵过京师，作乱，上如奉天。朱泚反，据长安。　【目】上发泾原等道兵救襄城。十月，节度使姚令言将兵五千至京城。军士冒雨，寒甚，多携子弟而来，冀得厚赐遗其家，既至，一无所赐。发至浐水，诏京兆尹王翃犒师，惟粝食菜䬚；众怒，蹴而覆之，曰："吾辈将死于敌，而食且不饱，安能以微命拒白刃邪！闻琼林、大盈二库，金帛盈溢，不如相与取之。"乃擐甲张旗鼓噪，还趣京城。上遽命赐帛，人二匹；众益怒，射中使，杀之。遂入城，百姓骇走。

初，京城召募使白志贞募禁兵，东征死亡者皆不以闻，但受市井富儿赂而补之，名在军籍受给赐，而身居市廛为贩鬻。至是，上召禁兵以御贼，竟无一人至者。乃与太子、诸王、公主自苑北门出，王贵妃以传国宝系衣中；宦官窦文场、霍仙鸣帅宦官左右仅百人以从，后宫诸王、公主不及从者什七八。翰林学士姜公辅叩马言曰："朱泚尝为泾帅，废处京师，心常怏怏。今乱兵若奉以为主，则难制矣。请召使从行。"上曰："无及矣！"夜至咸阳，饭数匕而过。群臣皆不知乘舆所之。卢杞、关播、白志贞、王翃、陆贽等追及于咸阳。

贼登含元殿，讙噪，争入府库运金帛。姚令言曰："今众无主，不能持久。朱太尉间居私第，请相与奉之。"众许诺。乃遣骑迎朱泚入宫，居白华殿，自称权知六军。百官出见泚，或劝迎乘舆，泚不悦。源休以使回纥还，赏薄，怨朝廷，入见泚，为陈成败，引符命，劝之僭逆。

县)、邠、宁(治定安,今甘肃宁县)等地,并罢除房屋等税,希望已交税的人能消除怨愤,被处罚的人心境得到安宁。这样人心就不会动摇,国家的根本也就巩固了。"唐德宗不采纳他的意见。

【纲】冬十月,泾原兵经过京师,作乱。唐德宗逃往奉天。朱泚反叛,占据长安。　【目】唐德宗征发泾原等道兵马援救襄城。十月,节度使姚令言率兵五千到达京城,兵士们冒着冬雨,非常寒冷,有很多人是带着子弟家眷前来的,希望全家都能得到丰厚的赏赐和馈赠。到达京城后,没有得到任何赏赐。出发来到浐水(在今西安东北),唐德宗下诏,命京兆尹王翃犒赏兵士,但只有粗食淡菜。兵士们十分愤怒,将饭菜踢翻在地,说道:"我们就要去和敌人拼死,可是饭都吃不饱,疲弱的身体怎么去抵抗敌人的刀枪呢!听说琼林、大盈二库装满了金银财帛,我们不如自己去取来。"于是掷掉盔甲,张开旗帜,鼓噪着回奔京城。唐德宗赶快下令,赐每人帛二匹,结果兵士们更加愤怒,将宫中的使者射死,冲进京城,百姓们惊慌逃走。

起初,京城召募使白志贞召募禁军,东征战死的禁军,他隐匿不报,而是收受市井富商的贿赂,用这些人顶替充数。他们的名字虽在军籍中,并接受朝廷赏赐,但实际他们仍在市井经商赚钱。如今,唐德宗召集禁军防卫寇贼,居然找不到一个人,于是,只好和太子、诸王和公主从宫苑北门逃走,王贵妃将传国宝藏在衣服里。宦官窦文场、霍仙鸣率百余名宦官跟随。后宫诸王、公主等来不及跟走的有十分之七、八。翰林学士姜公辅在唐德宗马前叩头说:"朱泚曾任泾源节度使,后被夺职住在京师,心中常怏怏不快。现在叛乱的士兵如果推戴他做统帅,就很难制服了。请下诏命朱泚与您同行。"唐德宗说:"已经来不及了!"夜里到了咸阳,只吃了几勺饭就又走了。大臣们都不知皇上到哪里去了。只有卢杞、关播、白志贞、王翃、陆贽等在咸阳追赶上了唐德宗。

叛兵登上含元殿,齐声鼓噪,争相闯入府库抢运金银财帛。姚令言说:"现在,大家没有统帅,势难长久。朱太尉闲居在家,让我们大家共同推戴他吧。"大家都同意。于是派骑兵迎接朱泚入宫,居白华殿,自称为"权知六军"。百官都来见朱泚,有人劝他迎回唐德宗,朱泚不高兴。源休出使回纥回来,因为赏赐不丰厚,怨恨朝廷,他进宫见朱泚,向

上思桑道茂之言，幸奉天。金吾大将军浑瑊继至。瑊素有威望，众心恃之，稍安。检校司空李忠臣、太仆卿张光晟皆郁郁不得志，至是，与工部侍郎蒋镇皆为泚用。

泚以司农卿段秀实久失兵柄，意其必怏怏，遣骑召之。不纳，骑士逾垣入，劫之。秀实乃谓子弟曰："吾当以死徇社稷耳。"乃往见泚，说之曰："犒师不丰，有司之过也，天子安得知之！公宜以此开谕将士，示以祸福，奉迎乘舆，此莫大之功也！"泚不悦。

上征近道兵入援。有上言"朱泚为乱兵所立，且来攻城，宜早修守备"。卢杞切齿言曰："朱泚忠贞，群臣莫及，臣请以百口保其不反。"上亦以为然。又闻群臣劝泚奉迎，乃诏诸道援兵至者皆营于三十里外。姜公辅谏曰："今宿卫军寡，有备无患。若泚奉迎，何惮兵多！"上乃悉召援兵入城。

【纲】司农卿段秀实谋诛朱泚，不克，死之。　【目】秀实与将军刘海滨、泾原将吏何明礼、岐灵岳谋诛朱泚，迎乘舆，未发。泚遣韩旻将锐兵三千，声言迎驾，实袭奉天。秀实谓灵岳曰："事急矣！"使灵岳诈为姚令言府，令旻且还。窃其印未至，秀实倒用司农印印符，追之，旻得符而还。泚、令言大惊；灵岳独承其罪而死。泚召李忠臣、源休、姚令言及秀实等议称帝事。秀实勃然起，夺休象笏，前唾泚面，大骂曰："狂贼！吾恨不斩汝万段，岂从汝反邪！"因以笏击泚，中其额，溅血洒地。海滨不敢进，而逸。忠臣前助泚，泚得脱走。秀实知事不成，谓泚党曰："我不同汝反，何不杀我！"众争前杀之。海滨捕得，见杀。明礼从泚攻奉天，复谋杀泚，亦死。上闻秀实之死，恨委用不至，涕泗久之。

朱泚陈述得失利弊，并根据"符命"，劝朱泚称帝。

唐德宗想起桑道茂的话，逃到奉天。金吾大将军浑瑊接着也到了。浑瑊素来很有威望，众人心里有他为依靠才稍稍安定下来。检校司空李忠臣、太仆张光晟都抑郁不得志，如今和工部侍郎蒋镇等都被朱泚任用。

朱泚认为司农卿段秀实失去兵权很久，一定怏怏不快，派骑兵召见他。段秀实不理睬，骑士翻墙进去，将他劫走。段秀实对子弟家眷说："我会以死以殉社稷。"于是去见朱泚，劝他说："对军队犒赏不丰厚，是有司的过错，天子怎么知道呢！你应该这样开导将士们，为他们讲清祸福，重新迎回皇上，这是莫大的功劳！"朱泚不高兴。

唐德宗征调附近诸道兵马前来援救，有人上奏说："朱泚被乱兵拥戴，要来攻城，应该早做防守的准备。"卢杞咬牙切齿地说："朱泚忠贞不二，大臣们都比不上。我可以一百个保证他不会反叛。"唐德宗也深信不疑。又听说大臣们劝朱泚迎接自己，于是命诸道援兵在三十里以外驻扎。姜公辅劝谏说："现在防卫的军队很少，应该做到有备无患。如果朱泚前来迎接，何必害怕兵多！"唐德宗于是将援兵全部调入城中。

【纲】司农卿段秀实策划杀掉朱泚，没有成功，被杀。　【目】段秀实和将军刘海滨、泾原将官何明礼、岐灵岳策划杀掉朱泚，迎回唐德宗，还没有开始行动。朱泚派韩旻率三千精兵，扬言说要迎接唐德宗，实际是袭击奉天。段秀实对岐灵岳说："事情很急迫了！"派岐灵岳假造姚令言的调兵符，命令韩旻暂且返回。姚令言的符印还没有偷到，段秀实派人执司农印符，将韩旻追回，朱泚、姚令言大为震惊。岐灵岳独自承担罪责被杀。朱泚召见李忠臣、源休、姚令言和段秀实等商议称帝的事。段秀实勃然起立，夺过源休的象牙笏板，上前唾朱泚，大骂说："狂贼！我恨不得将你碎尸万段，岂能跟你一同反叛！"并将笏板向朱泚掷去，击中朱泚额头，血流一地。刘海滨不敢上前，逃走。李忠臣上前帮助朱泚，朱泚脱身逃走。段秀实知道谋划的事情已不能成功，对朱泚的党羽说："我不跟你们反叛，为什么不来杀我！"众人争相上前将段秀实杀掉。刘海滨被捉住杀掉。何明礼跟随朱泚进攻奉天，再次谋杀朱泚，也死了。唐德宗得知段秀实死难，非常悔恨对段秀实的使用不

【纲】凤翔将李楚琳杀节度使张镒，降于朱泚。

【纲】朱泚僭号。　【目】朱泚自称大秦皇帝，改元应天。以姚令言、李忠臣为侍中，源休同平章事，蒋镇、樊系、张光晟等拜官有差。立弟滔为皇太弟。休劝泚诛翦宗室以绝人望，杀凡七十七人。系为泚撰册文，即成，仰药而死。泚寻改国号汉。

【纲】李希烈陷襄城。

【纲】李怀光帅众赴长安。

【纲】以萧复、刘从一、姜公辅同平章事。

【纲】泚犯奉天，诏韩游瓌、浑瑊拒之。　【目】泚自将逼奉天。邠宁留后韩游瓌将兵拒泚，遇于醴泉。遂引兵还，泚亦随至。浑瑊与游瓌血战竟日，贼乃退。造攻具，毁佛寺以为梯冲。游瓌曰："寺材皆乾薪，但具火以待之。"

上与陆贽语及乱故，深自克责。贽曰："致今日之患，皆群臣之罪也。"上曰："此亦天命，非由人事。"贽退，上疏曰："陛下志一区宇，四征不庭，凶渠稽诛，逆将继乱，兵连祸结，行及三年。非常之虞，亿兆同虑。惟陛下独不得闻，至使凶卒鼓行，白昼犯阙。陛下有股肱之臣，有耳目之任，有谏诤之列，有备御之司，见危不能竭其诚，临难不能效其死；所谓群臣之罪，岂徒言欤！臣又闻之，天所视听，皆因于人。人事理而天命降乱者，未之有也；人事乱而天命降康者，亦未之有也。自顷征讨颇频，刑网稍密，物力竭耗，人心惊疑。上自朝列，下达蒸黎，日夕族党聚谋，咸忧必有变故，旋属泾原叛卒，果如众庶所虞。京师之人，动逾亿计，固非悉知算术，皆晓占书，则明致寇之由，未必尽关天命。臣闻理或生乱，乱或资理，有以无难而失守，有以多难而兴邦。今生乱失守之事，则既往不可复追矣；其资理兴邦之业，在陛下克励而谨修之而已。"

当，涕泪俱下很长时间。

【纲】凤翔将官李楚琳杀节度使张镒，投降朱泚。

【纲】朱泚称帝。　【目】朱泚自称"大秦皇帝"，改元应天。任命姚令言、李忠臣为侍中，源休为同平章事，蒋镇、樊系、张光晟等也各自拜官不等。册立弟弟朱滔为皇太弟。源休劝朱泚剪除唐宗室以断绝人们恢复唐室的希望，共杀七十七人。蒋系为朱泚杜撰册文，事成后，服毒而死。朱泚不久改国号为汉。

【纲】李希烈攻陷襄城。

【纲】李怀光率众奔赴长安。

【纲】唐德宗任命萧复、刘从一、姜公辅为同平章事。

【纲】朱泚进犯奉天，唐德宗命韩游瑰、浑瑊抵抗。　【目】朱泚亲自率兵攻逼奉天。邠宁留后韩游瑰率兵抵抗，两军在醴泉（今陕西乾县东）相遇，韩游瑰率兵退回奉天，朱泚跟随而至。浑瑊、韩游瑰与朱泚血战一天，打退朱泚的进攻。朱泚修造攻城器具，并拆毁佛寺制造攻城用的云梯、冲车。韩游瑰说："造寺用的木材都很干燥，只要准备好火种等待敌人就可以了。"

　　唐德宗和陆贽谈及祸乱的原因，深深地自责。陆贽说："造成今天这样的祸患，都是大臣们的罪过。"唐德宗说："这也是天命，不是人事造成的。"陆贽退朝后，上疏说："陛下志在一统天下，四出征伐不道。凶悍的贼首伏诛，叛逆的将领接着作乱，兵连祸结，延续三年。种种严重的祸患，天下人都很忧虑，却只有陛下不得而知，致使骄兵悍将公然作乱，光天化日之下进犯京师。陛下有股肱之臣，有担任耳目职责的官员，有负责劝谏的大臣，有担任防御保卫任务的机构，发生危机却不能竭尽诚心，面临危难不能效死力，所说的群臣之罪，难道只是没有凭据的空话吗！我还听说，天所看见和听到的，全在于人。人事有条有理而天却降下祸乱的，是没有的；人事混乱而天却降下平安的，也是没有的。自不久前开始频频征伐，刑罚稍加严酷，人力物力消耗殆尽，民心震惊忧惶。上自朝臣，下至百姓，每天聚集议论，都担心一定要发生变故。刚刚发生的泾原兵变，就正像百姓所忧患的一样。京师人口，多以亿计，当然并非人人通晓推算预测之术，占卜之书，这说明导致发生祸

【纲】将军高重捷及泚兵战,死。 【目】将军高重捷与泚骁将李日月战于梁山,破之;乘胜逐北,贼伏兵掩之,斩其首而去。上哭之尽哀,结蒲为首而葬之,泚见其首亦哭曰:"忠臣也!"束蒲为身而葬之。日月亦战死于城下;归其尸。其母不哭,骂曰:"奚奴!国家何负于汝而反?死已晚矣!"及泚败,独日月之母不坐。

【纲】十一月,李晟将兵入援。浑瑊击朱泚,破走之,奉天围解。 【目】李晟闻上幸奉天,引兵出飞狐道,昼夜兼行。诏以为行营节度使。泚围奉天经月,城中资粮俱尽。时供御才有粝米二斛,每伺贼间,夜缒人于城外,采芜菁根而进之。李怀光以兵五万入援,至蒲城。李晟亦自蒲津济,军于东渭桥。马燧遣其司马王权及子汇将兵五千人屯中渭桥。泚党所据,惟长安城。出战屡败,泚以为忧,乃急攻奉天,造云梯,高广数丈,上容壮士五百人;城中恟惧。浑瑊迎其所来,凿地道积薪蓄火以待之。时士卒冻馁,又乏甲胄,瑊抚谕之,激以忠义,皆鼓噪力战。瑊中流矢,进战不辍。会云梯辗地道,轮陷,不能前却,火从地出,须臾灰烬,贼乃引退。于是三门出兵,太子督战,贼徒大败。

李怀光引兵西,先遣兵马使张韶赍蜡表,间行至奉天,值贼方攻城,驱使填堑,得闯入城。上大喜,城中欢声如雷。怀光亦败泚兵

乱的原由，未必都与天命有关。我听说有由治而生乱的，也有由大乱而达到大治的，有因为没有灾难而丧失宗庙社稷的，也有因为多灾多难而振兴邦国的。如今滋生祸乱失守宗庙的事，都成为既成事实，无法追悔了。振兴邦国达到大治的事业，完全在于陛下克勤克俭，努力而谨慎地治理了。"

【纲】将军高重捷与朱泚拼死作战，战死。 【目】将军高重捷和朱泚部下骁将李日月在梁山（在今陕西乾县西北）交战，大败李日月，高重捷乘胜追击，结果中了朱泚军的埋伏，被杀并斩首。唐德宗为此痛哭，并用蒲草代替头颅将他安葬。朱泚看见他的头颅也哭道："忠臣啊！"并用蒲草为身，将他安葬。李日月也战死在城下，尸首运回，他母亲不哭，并骂道："奚奴！国家有什么对不起你的，你还要反叛？死了也晚了！"后来，朱泚失败，只有李日月的母亲没有获罪。

【纲】十一月，李晟率兵援救。浑瑊进攻朱泚，朱泚大败，逃走，奉天之围被解。 【目】李晟听说唐德宗逃往奉天，率兵走飞狐道（自代到平城，长约三百里），日夜兼程。唐德宗下诏任命李晟为行营节度使。朱泚围困奉天月余，城中粮食物资都消耗光了。当时，供给唐德宗食物也只有粗米二斛，每当叛兵防备松懈时，夜里就将人从城墙缒下，在城外野地采掘蔓菁根供给唐德宗食用。李怀光率兵五万来援，到达蒲州城。李晟也从蒲津（在今陕西大荔东，黄河西岸）渡河，驻扎在东渭桥。马燧派他的司马王权和儿子王汇率五千人屯驻中渭桥（今陕西咸阳东）。朱泚及党羽所占据的，只有长安城。朱泚屡次出城作战失利，深为忧虑，因此猛攻奉天，造云桥，高宽数丈，上可容壮汉五百人。奉天城中十分恐惧。浑瑊在云桥要来的地方，挖掘地道，并堆积薪柴，备好火种。当时士兵又冻又饿，缺乏甲胄，浑瑊安抚并用忠义来激励士兵。士兵们呐喊着竭力作战。浑瑊被流箭射中，仍坚持作战。云桥进攻时，碾过地道，轮子陷入地道中，不能前进，薪柴点燃，火从地下窜出，一会儿就将云桥烧成灰烬，叛兵这才退却。奉天守兵从三个城门中冲出来，太子督战，叛兵大败。

李怀光率兵向西前进，先派兵马使张韶带蜡书从小路赶赴奉天。到达奉天时，正赶上叛兵攻城，填埋奉天城的护城河，张韶趁乱混入

于醴泉，泚遂遁归长安。众以为怀光复三日不至，则城不守矣。泚退，从臣皆贺。汴滑兵马使贾隐林进言曰："陛下性太急，不能容物，若此性未改，虽朱泚败亡，忧未艾也！"上甚称之。

【纲】李怀光至奉天，诏引军还取长安。　【目】李怀光来赴难，数与人言卢杞、赵赞、白志贞之奸佞，且曰："天下之乱，皆此曹所为也！吾见上，当请诛之。"杞闻之惧，言于上曰："怀光勋业，社稷是赖，贼徒破胆，皆无守心，若使之乘胜取长安，则一举可以灭贼，此破竹之势也。今听入朝，留连累日，使贼得成备，恐难图矣！"上以为然。诏怀光直引军屯便桥，与李建徽、李晟、杨惠元共取长安。怀光自以数千里赴难，破泚解围，而咫尺不得见天子，意殊怏怏，曰："吾今已为奸臣所排，事可知矣！"遂引兵行。

上问陆贽以当今切务。贽上疏曰："当今急务，在于密察群情而已矣。群情之所甚欲者，陛下先行之，所甚恶者，陛下先去之。欲恶与天下同，而天下不归者，未之有也。理乱之本，系于人心，况当变故危疑之际乎！顷者中外意乖，君臣道隔，郡国之志不达于朝廷，朝廷之诚不升于轩陛。上泽阙于下布，下情壅于上闻，实事不知，知事不实，此群情之所甚恶也。夫总天下之智以助聪明，顺天下之心以施教令，则君臣同志，何有不从！远迩归心，孰与为乱！"疏奏旬日，无所施行。

贽又上疏曰："臣闻立国之本，在乎得众；得众之要，在乎见情。在易，乾下坤上曰泰，坤下乾上曰否，损上益下曰益，损下益上

城中。唐德宗大喜,城中欢声雷动。同时,李怀光也在醴泉打败朱泚军队,朱泚于是逃回长安。大家都认为李怀光再有三天不到,奉天城就守不住了。朱泚败退,跟从唐德宗的大臣都庆贺此事。汴滑兵马使贾隐林对唐德宗说:"您性情太急躁,心里存不住事。如果这种性情不改,虽然朱泚被打败逃走了,但是令人忧虑的事不会从此消失。"唐德宗很赞赏他的话。

【纲】李怀光到奉天,唐德宗下诏命其攻取长安。 【目】李怀光前来奔赴奉天的急难,多次与人谈起卢杞、赵赞、白志贞等人的奸佞,并且说:"天下的祸乱,都是这几个人造成的!我见到皇上,一定请求杀掉这些人。"卢杞知道后很害怕,对唐德宗说:"李怀光的功勋和业绩,是国家社稷所依赖的。叛贼心惊胆破,无心防守作战,假若这时让李怀光乘胜攻取长安,就可以一举消灭叛逆,势如破竹。现在要是听任他入朝觐见,逗留数日,让叛贼得以抓住机会防守,恐怕就会难以成功了!"唐德宗认为有道理,下诏令李怀光直接将军队开赴便桥(在今陕西咸阳西南)屯驻,和李建徽、李晟、杨惠元共同攻取长安。李怀光觉得自己从数千里外奔赴急难,破解了朱泚的围困,可是与天子近在咫尺却得不到召见,怏怏不快,说:"我如今被奸臣排挤,事情是明摆着的!"于是率兵出发。

唐德宗问陆贽当前最急迫的事务。陆贽上疏说:"当前最急迫的事情,莫过于审察群情了。群情最喜好的,您要先做,最憎恶的,您要先除掉。好恶和天下一致,而天下却不归顺,这是从未有过的。治理动乱的根本,在于人心,更何况当此动荡危机之际呢!近来朝廷内外意愿背离,君臣之间的想法也有隔阂,州郡地方的意愿不能传达给朝廷,朝廷的诚意也没有充分地表达。上德不能充分地播布于下,下情也不能通畅地表达于上,实际的情形没有了解,了解到的情形又不符合实际,这是群情最为憎恶的。总括天下的智慧再加上您的聪明,顺应天下的意愿再加以您的教化,那么,君臣同心同德,还会有什么不顺从的!远近归心,谁还会作乱!"上疏十几天,唐德宗无所实施。

陆贽又上疏说:"我听说立国的根本,在于争取大多数;争取大多数的关键,在于洞察下情。《易经》中,乾下坤上叫做泰,坤下乾上叫做

曰损。夫天在下而地处上,于位乖矣,而反谓之泰者,上下交故也。君在上而臣处下,于义顺矣,而反谓之否者,上下不交故也。上约己而裕于人,人必悦而奉上矣,岂不谓之益乎! 上蔑人而肆诸己,人必怨而叛上矣,岂不谓之损乎! 是以古先圣王之居人上也,必以其欲从天下之心,而不敢以天下之人从其欲。陛下以明威照临,以严法制断,故远者惊疑而阻命逃死之乱作,近者畏慑而偷容避罪之态生。人各隐情,以言为讳,至于变乱将起,亿兆同忧,独陛下恬然不知,方谓太平可致。陛下以今日之所睹,验往时之所闻,孰真孰虚? 何得何失? 则事之通塞备详之矣! 人之情伪尽知之矣!"

上乃遣中使谕之曰:"朕本性甚好推诚,亦能纳谏。将谓君臣一体,全不提防,缘推诚信不疑,所以反致患害。谏官论事,例自矜衒,归过于朕以自取名。又多雷同,道听涂说,试加质问,遽即辞穷。所以近来不多对人,非倦于接纳也。"贽即书对曰:"天不以地有恶木而废发生,天子不以时有小人而废听纳。且一不诚则心莫之保,一不信则言莫之行。陛下所谓失于诚信以致患害者,斯言过矣。夫驭之以智则人诈,示之以疑则人偷。上行之则下从,上施之则下报。若诚不尽于己而望尽于人,众必怠而不从矣。不诚于前而曰诚于后,众必疑而不信矣。是知诚信之道,不可斯须而去身。愿陛下慎守而力行之,非所以为悔也! 夫仲虺赞扬成汤,不称其无过而称其改过;吉甫歌诵周宣,不美其无阙而美其补阙。是则圣贤唯以改过为能,不以无过为贵。盖以为智者改过而迁善,愚者耻过而遂非;迁善则其德日新,遂非则其恶弥积也。谏官不密,信非忠厚,其于圣德固亦无亏。陛下若纳谏不违,则传之适足增美;陛下若违谏不纳,又安能禁之勿传! 且陛下虽穷其辞而未穷其理,能服其口而未服其

否，损上益下叫做益，损下益上叫做损。天在下地在上，位置是颠倒了，却称之为泰，这是因为上下交融。君在上而臣在下，从礼义上说是顺畅的，但却称之为否，就是因为上下不交融。在上的严格约束自己而宽松对待别人，大家一定会很高兴地供奉在上的，这难道不是益吗！在上的蔑视别人而放纵自己，人们一定十分怨恨因而背叛他，这难道不是损吗！因此古代的圣贤虽位居人上，但一定让自己的欲望顺从天下人的心愿，而不敢令天下人顺从自己的欲望。您凭着英明、威严君临天下，凭着严酷的法度裁定、决断，因此远离您的人由于惊恐疑虑而抗命不遵，发生冒死亡命的动乱，您身边的人则因为慑于您的威严而做出苟且迎合只求容身的媚态。人们都把事情的真相隐匿起来，而用语言来敷衍搪塞。以至于变乱就要发生，普天忧虑，只有您心境安闲，毫无所知，还认为可以达到天下太平。您用今天亲眼看到的事实，验证以往听到的传闻，就会知道哪是实哪是虚，什么是得什么是失，事情的来龙去脉就都清楚了，人情的真伪就都了解了！"

于是唐德宗派宫中使者告诉陆贽说："我的本性是非常愿意对人以诚相等的，也能接受劝谏。认为君臣一体，丝毫不加提防，因为对人以诚相待不存疑心，所以反而招致祸患和伤害。谏官讨论事情，向来好矜持夸大，把过错都推给我，以便自己博取名声。议论大多雷同，道听途说，稍加质询，立刻理屈词穷。所以近来很少听取他们的意见，这并不是我讨厌纳谏。"陆贽上书回答说："天不会因为地上有恶劣的树木就不发生万物，天子不因为会遇到小人而拒绝纳谏。有一点儿不够诚恳，人心就失去保证，有一次失去信用，所说的话就得不到实行。您所说的错在对人以诚相待，因而导致祸患，实在是言过其实了。靠智谋驾驭别人就会使人变得狡诈，对人表现出猜疑就会使人变得怠惰。上行则下效，上有所施则下有所回报。如果自己不能竭尽诚意却指望别人开诚布公，人们一定会怠惰而不跟从他了。诚信不能前后始终如一，人们就会心怀疑虑而不会信任他了。由此可知，关于诚信的道理，是一时一刻也不可以忘掉的。希望您能留心记住这个道理并且能身体力行，这是不应该悔恨的！仲虺赞扬成汤，不是称赞他没有过错，而是称赞他能改正过错；尹吉甫颂扬周宣王，不是颂扬他没有缺失，而是颂扬他能

心也。夫上好胜必甘于佞辞，上耻过必剿于直谏；如是则下之谄谀者顺旨，而忠实之语不闻矣。上骋辩必勒说而折人以言，上眩明必臆度而虞人以诈，如是则下之顾望者自便，而切磨之辞不尽矣。上厉威必不能降情以接物，上恣愎必不能引咎以受规，如是则下之畏懦者避辜，而情理之说不申矣。上情不通于下则人惑而不从其令；下情不通于上则君疑而不纳其诚。诚而不见纳则应之以悖，令而不见从则加之以刑；下悖上刑，不败何待！故谏者多，表我之能好；谏者直，示我之能贤；谏者之狂诬，明我之能恕；谏者之漏泄，彰我之能从。有一于斯，皆为盛德。"上颇采用其言。

【纲】十二月，贬卢杞、白志贞、赵赞为远州司马。 【目】李怀光顿兵不进，上表暴扬杞等罪恶；众论喧腾，亦咎杞等。上不得已，皆贬为司马。

【纲】以陆贽为考功郎中。 【目】贽辞曰："行罚先贵近而后卑远，则令不犯；行赏先卑远而后贵近，则功不遗。望先录大劳，次遍群品，则臣亦不敢独辞。"上不许。

弥补缺失。因此圣贤都把能够改正过错作为美德，而不认为没有过错是可贵的。这是因为聪明的人改过从善，愚昧的人耻于改过而因循错误；改过从善那么他的德行日益完善，因循错误那么他的过失就日积月累。谏官的劝谏不够周密，的确是他不忠实厚道，但这对您的德行并没有任何损伤。您如果能接受劝谏而不拒绝，那么事情传扬出去恰好为您的美德增添光彩。您如果拒绝纳谏，又如何不让事情传扬出去呢！况且您虽然能使之无言以对，但并没有驳倒其劝谏的理由，能令其口服却不能使其心服。在上的争强好胜，就一定会喜欢谄媚的话，在上的耻于改过，就一定会忌讳直言劝谏。这样，在下的人谄佞阿谀，那么忠实正直的话就听不到了。在上的好显露自己的辩才，就一定会截取别人的话用来伸述自己的见解从而使人折服。在上的好炫耀自己的聪明，就一定会以己之心猜度别人并且欺人以诈。这样下面观望的人就会自讨方便，那么切磋砥砺朝政的话就不能都说出来了。在上的要树立自己的威仪，就一定不会放下架子与人相处。在上的刚愎自用，就一定不会引咎自责，接受规谏。这样，下面畏怯懦弱的人就会一心逃避责难，那么本来入情入理的意见就得不到申述了。上情不能下达，那么人们就会心怀疑虑而不遵从其命令；下情不得上通，那么君主就会心怀疑虑而不接纳臣下的诚心。诚心不被接纳就只好回应以悖逆，命令不被执行就只好施以刑罚；臣下悖逆，君上施刑，不遭受败亡，还等待什么！因此，进谏的人多，正说明我能欢迎规谏；进谏的人耿直，正显示我能任用贤能；进谏的人狂悖诬罔，正表明我能宽恕；进谏的人流露真情，正彰明我的从谏如流。能有其中之一，都是很了不起的德行。"唐德宗颇能采纳他的话。

【纲】十二月，唐德宗将卢杞、白志贞、赵赞贬为边远州郡的司马。　　【目】李怀光屯兵不前，上表揭露卢杞等人的罪行。人们议论纷纷，也都指责卢杞等人。唐德宗迫不得已，将他们都贬为司马。

【纲】唐德宗任命陆贽为考功郎中。　　【目】陆贽推辞说："施行惩罚应该先从尊贵亲近的人做起，然后才是低下疏远的人，这样命令就无人敢于违犯；施行奖赏应该先从低下疏远的人做起，然后才是尊贵亲近的人，这样才不会遗漏有功的人。希望先录用有大功的人，然后是群臣百官，这样我一人就不敢推辞了。"唐德宗不允许。

纲鉴易知录卷五四

唐纪

德宗皇帝

【纲】甲子,兴元元年,春正月,大赦。 【目】陆贽言于上曰:"昔成汤以罪己勃兴,楚昭以善言复国。陛下诚能不吝改过,以谢天下,使书诏之辞无所避忌,则反侧之徒革心向化矣。"上然之。故奉天所下书诏,虽骄将悍卒闻之,无不感激挥涕。

上又以中书所撰赦文示贽,贽言:"动人以言,所感已浅,言又不切,人谁肯怀!今兹德音,悔过之意不得不深,引咎之辞不得不尽,洗刷疵垢,宣畅郁堙,使人人各得所欲,则何有不从者乎!然知过非难,改过为难;言善非难,行善为难。假使赦文至精,止于知过言善,犹愿圣虑更思所难。"上然之。乃下制曰:"致理兴化,必在推诚;忘己济人,不吝改过。小子长于深宫之中,暗于经国之务,积习易溺,居安忘危,不知稼穑之艰难,不恤征戍之劳苦,泽靡下究,情未上通,事既壅隔,人怀疑阻。由昧省己,遂用兴戎,远近骚然,众庶劳止。天谴于上而朕不悟,人怨于下而朕不知,驯致乱阶,变兴都邑,万品失序,九庙震惊,上累祖宗,下负蒸庶,痛心觍貌,罪实在予,自今中外书奏,不得言'圣神文武'之号。李希烈、田悦、王武俊、李纳等,咸以勋旧,各守藩维,朕抚御乖方,致其疑惧;皆由上失其道,下罹其灾,朕实不君,人则何罪!宜并所管将吏等一切待之如初。朱滔虽缘朱泚连坐,路远必不同谋,念其旧勋,务在弘贷,如能效顺,亦与维新。朱泚反易天常,盗窃名器,暴犯陵寝,所不忍言,获罪祖宗,朕不敢赦。其胁从将吏百姓等,官军未到以前,并从赦例。赴奉天及收京城将士,并赐名奉天定难功臣。其所加垫陌钱,税间架、竹、木、茶、漆、榷盐之类,悉宜停罢。"赦下,四方人心

德宗皇帝

【纲】唐德宗兴元元年（甲子，784）春正月，大赦。 【目】陆贽对唐德宗说："从前成汤因为勇于检讨自己而勃然兴起，楚昭王因为善于言辞而复兴楚国。您如果确实不吝惜改正过失，以此谢罪天下，并且诏书用辞无所避讳，那么有背叛之心的人就会洗心革面，敬仰归心了。"唐德宗认为他说得不错，所以在奉天颁布的诏书，就是那些骄兵悍兵，也无不感动流泪。

唐德宗又把中书省撰写的赦文拿给陆贽看，陆贽说："靠言辞来打动人，本来就不能感人至深。言辞又不恳切，谁肯归附您！所以，您现在的检讨，悔过之意不可不深刻，自责之辞不可不恳切，洗刷缺点过错，渲泄郁闷，让每个人都能从中看得到所需要的，那么还会有不肯跟从您的人吗！但是知过并不难，难在改过；说得好并不难，难在做得好。如果赦文的神髓仅仅停留于检讨过错和说漂亮话，那我愿您更进一步想想我说的那些难于做到的。"唐德宗认为他说得对。于是颁下制书说："治理国家，振兴教化，贵在以诚相待；忘我助人，不吝惜改正过错。我长期生活在宫中，不懂得治理国家的方法，容易沉迷在积习中，居安忘危，不了解耕种收获的艰难，不体恤戍边征战的劳苦。上德不能下达，下情不得上通，上下隔绝不通，人们心怀疑虑。可是我仍然昏昧不醒，不知反省自己，以至于兴兵动武，远近不得安宁，百姓遭受劳苦。受到上天的谴责还不醒悟，遭到百姓的怨恨还不知道。祸乱的种子逐渐滋生，都邑之中发生变乱，万事都失去秩序，宗庙也受到惊扰。对上连累祖宗，对下辜负百姓，令人痛心疾首，这实在是我的过错。从此以后，朝廷内外，上书奏事，不得称'圣神文武'的名号。李希烈、田悦、王武俊、李纳等人，凭着他们的功勋和资历，守卫各自的藩镇。我督抚统帅的方法不对，以致他们心生疑惧，这都是由于在上的无道，在下的因此遭殃，实在是我失掉了为君之道，别人有什么过错呢！应该和从前

大悦。后李抱真入朝，为上言："山东宣布赦书，士卒皆感泣；臣见人情如此，知贼不足平也！"

【纲】王武俊、田悦、李纳上表谢罪。

【纲】李希烈僭号。　【目】李希烈自恃兵强，遂谋称帝，遣人问仪于颜真卿，真卿曰："老夫尝为礼官，所记惟诸侯朝天子礼耳！"希烈遂称大楚皇帝，以其党郑贲、孙广、李缓、李元平为宰相。遣其将辛景臻谓颜真卿曰："不能屈节，当自焚！"积薪灌油于其庭。真卿趋赴火，景臻遽止之。

【纲】置琼林大盈库于行宫。　【目】上于行宫庑下贮诸道贡献之物，榜曰琼林大盈库。陆贽谏曰："天子与天同德，以四海为家，何必挠废公方，崇聚私货，效匹夫之藏，以诱奸聚怨乎！今者攻围已解，衣食已丰，而谣谗方兴，军情稍阻，岂不以患难既与之同忧，而安乐不与之同利乎！诚能近想重围之殷忧，追戒平居之专欲，凡在一库货贿，尽令出赐有功，每获珍华，先给军赏，如此则乱必靖，贼必平，徐驾六龙，旋复都邑。天子之贵，岂当忧贫！是乃散小储而成大储，损小宝而固大宝也。"上即命去其榜。

【纲】以萧复为江、淮等道宣慰、安抚使。　【目】萧复尝言于上曰："宦官为监军，恃恩纵横。此属但应掌宫掖之事，不宜委以兵

一样对待他们和他们的将士。朱滔因为朱泚的罪过受到牵连，但他们相距路途遥远，一定不会是同谋。姑念他是国家的功臣勋旧，务必从宽处理。如果能恭顺从命，也允许他改过自新。朱泚叛逆，违反天常，盗用名器，冒犯陵寝，难于言表。他得罪祖宗，我也不敢赦免。胁从的将士、百姓，在官军没有到奉天以前，一律赦免。奔赴奉天和收复京城的将士，一律赐给'奉天定难功臣'的称号，所加收的垫陌钱和间架、竹、木、茶、漆、榷盐等税一律免除。"赦文颁布，人心大快。后来，李抱真入朝，上奏说："山东宣布赦书，将士们都感动流泪，看到人心如此，我知道叛逆是不难讨平的。"

【纲】王武俊、田悦、李纳上表谢罪。

【纲】李希烈冒用尊号。 【目】李希烈依仗自己的军事实力强大，策划称帝，派人问颜真卿称帝的礼仪。颜真卿回答说："老夫曾做过礼官，但所记得的都是诸侯朝见天子的礼仪！"李希烈称"大楚皇帝"，任命他的党羽郑贲、孙广、李缓、李元平为宰相。派他的部将辛景臻对颜真卿说："你既然不肯投顺，就请自焚吧！"并在院中堆柴倒油，颜真卿走向火堆，辛景臻赶快拉住他。

【纲】唐德宗在行宫设琼林、大盈库。 【目】唐德宗在行宫的廊屋贮藏诸道上贡的宝物，称为琼林、大盈库。陆贽劝谏说："天子的德行和上天一样，以四海为家，为什么要损害国家的法规，积聚私产，效法匹夫的收藏，引来奸佞、招致怨恨呢！如今叛逆的攻击和围困已经解除，衣食富裕，可是谣言和诽谤正开始流传，军情刚刚缓解，这样做岂不是要被人们认为可以分担您的忧患，却不能和您分享安乐吗！如果能想想不久前遭到重重围困的忧患，戒除平时的专权和贪欲，凡贮存在二库中的财宝，都拿出来赏赐立功的人，每当得到珍宝，都首先用于犒赏军队，那么祸乱一定会消除，叛逆一定会平定，您就可以乘龙辇，从容地返回京师。凭着天子的尊贵，还用担心受到贫穷的困扰吗！这就是变储藏于个人而为储藏于天下，损个人的小利而巩固国家的大利。"唐德宗当即下令撤掉二库的匾额。

【纲】唐德宗任命萧复为江、淮等道宣慰、安抚使。 【目】萧复曾经对唐德宗说："宦官任监军，依仗皇恩，专横跋扈。这种人只能让

权国政。"上不悦。又尝言:"陛下践祚之初,圣德光被,自用杨炎、卢杞黩乱朝政,以致今日。陛下诚能变更睿志,臣敢不竭力。傥使臣依阿苟免,臣实不能!"又尝与卢杞同奏事,杞顺上旨,复正色曰:"卢杞言不正!"上愕然,退,谓左右曰:"萧复轻朕!"命复充山南、荆湖、江、淮等道宣慰、安抚使,实疏之也。

【纲】二月,赠段秀实太尉,谥忠烈。

【纲】李晟还军东渭桥。 【目】李怀光有异志,又恶李晟独当一面,恐其成功;奏请与晟合军,诏许之。晟与怀光会于咸阳西。怀光密与朱泚通谋,事迹颇露,李晟屡奏,恐为所并,请移军东渭桥,上从之。

【纲】加李怀光太尉,赐铁券。 【目】李晟以为:"怀光反状已明,缓急宜有备,蜀、汉之路不可壅,请以裨将赵光铣等为洋、利、剑三州刺史,各将兵以防未然。"上欲亲总禁兵幸咸阳,趣诸将进讨。或谓怀光曰:"此汉祖游云梦之策也!"怀光大惧,反谋益甚。诏加怀光太尉,赐铁券,遣使谕旨。怀光对使者投铁券于地曰:"人臣反,赐铁券;怀光不反,今赐铁券,是使之反也!"辞气甚悖。

怀光潜与朱泚通谋,其养子石演芬遣客诣行在告之。事觉,怀光召演芬责之曰:"我以尔为子,奈何负我,死甘心乎?"演芬曰:"天子以太尉为股肱,太尉以演芬为心腹;太尉既负天子,演芬安得不负太尉乎?演芬胡人,不能异心,惟知事一人。苟免贼名而死,死甘心矣!"怀光使左右脔食之,皆曰:"义士也!"以刀断其喉而去。

他们掌管宫庭中的事,而不应该把国政兵权委托给他们。"唐德宗很不高兴。他还曾说:"您即位初期,恩德普照。自从启用杨炎、卢杞,朝政败坏,导致今天这种状况。您如果确实能回心转意,为臣的岂敢不尽心竭力。倘若要我阿谀苟且,但求免过,我实在不能这样做!"他还曾同卢杞同朝奏事,卢杞顺承唐德宗的旨意。萧复郑重地说:"卢杞的话不正派!"唐德宗很惊愕,退朝后,对身边的人说:"萧复轻视我!"他任命萧复为山南、荆湖、江、淮等道宣慰、安抚使,实际是疏远他。

【纲】二月,唐德宗追赠段秀实为太尉,谥号忠烈。

【纲】李晟回兵屯驻东渭桥。 【目】李怀光有叛乱的企图,又很憎恶李晟独当一面,恐怕他会阻碍自己的行动,上奏请求与李晟合兵一处,唐德宗下诏准许李晟和李怀光在咸阳西会合。李怀光与朱泚秘密往来策划,叛乱的形迹十分明显。李晟屡次上奏,恐怕被他们吞并,请求将部队移驻东渭桥,唐德宗遵从了他的意见。

【纲】唐德宗加封李怀光为太尉,并赐给铁券。 【目】李晟认为:"李怀光谋反企图已经十分清楚,对可能发生的紧急情况要有所准备,蜀地和汉中的交通路线不可发生阻塞中断,请求派副将赵光铣等人为洋(治兴道,今陕西洋县)、利(治绵谷,今四川广元)、剑(治普安,今四川剑阁)三州刺史,分别率兵,以防患未然。"唐德宗想亲自统率禁军前往咸阳,督察诸将进讨。有人对李怀光说:"这是:仿效汉高祖游云梦的计策!"李怀光十分恐惧,加快谋反的准备。唐德宗下诏加封李怀光为太尉,并赐铁券,派使者前往宣布旨意。李怀光在使者面前将铁券掷到地上说:"为臣的造反,才赐给铁券;我李怀光没有谋反,现在却赐给我铁券,这是让我不得不造反!"语气十分狂悖。

李怀光暗中和朱泚合谋策划,他的养子石演芬派门客到行在向唐德宗告发。事情败露,李怀光召见石演芬指责他说:"我把你当成自己的儿子,你为什么辜负我,死了甘心吗?"石演芬回答说:"天子把太尉当做股肱之臣,太尉把石演芬当做心腹;太尉既然可以背叛天子,石演芬怎么不可以背叛太尉呢?我石演芬是个胡人,也知道不能怀有二心,只知道应事奉一人。假如死了能够免去为贼的名声,死了也甘心了!"李怀光命部下将其切碎吃肉,部下都说:"真是义士!"用刀割断喉管就离

【纲】李怀光反，帝奔梁州。 【目】上以怀光附贼，将幸梁州，山南节度使严震遣大将张用诚将兵五千迎卫。用诚为怀光所诱，阴与之通谋。会震继遣牙将马勋奉表，上语之故。勋诣梁州，取震符召用诚，壮士自后擒之，送震杖杀之。

李怀光袭夺李建徽、杨惠元军，杀惠元，建徽走免。怀光又与韩游瓌书，约使为变，游瓌奏之。

怀光遣其将赵升鸾入奉天，约为内应。升鸾诣浑瑊自言，瑊遽以闻，且请决幸梁州。上遂出城，命戴休颜守奉天。休颜徇于军中曰："怀光已反！"遂乘城拒守。

怀光遣其将孟保、惠静寿、孙福达将精骑趣南山邀车驾，至盩厔，相谓曰："彼使我为不臣，我以追不及报之，不过不使我将耳。"帅众而东，纵之剽掠。由是百官从行者皆得入骆谷。以追不及还报，怀光皆黜之。

【纲】加神策行营节度使李晟同平章事。 【目】李晟得除官制，拜哭受命，谓将佐曰："长安，宗庙所在，天下根本，若诸将皆从行，谁当灭贼者！"乃治城隍，缮甲兵，为复京城之计。是时怀光、朱泚连兵，声势甚盛；晟以孤军处其间，内无资粮，外无救援，徒以忠义感激将士，故其众虽单弱而锐气不衰。

【纲】三月，魏博兵马使田绪杀其节度使田悦，权知军事。【目】田悦用兵数败，其下厌苦之。上以给事中孔巢父为魏博宣慰使。巢父，孔子三十七世孙也，性辩博，至魏州，对其众为陈逆顺祸福，悦及将士皆喜。兵马使田绪，承嗣之子也，凶险多过失，悦杖而拘之。悦以归国，撤警备，绪遂与左右杀悦，于是将士皆归绪；因请

开了。

【纲】李怀光造反,唐德宗逃往梁州(治南郑,今陕西汉中)。
【目】唐德宗因为李怀光归附叛贼,准备逃往梁州,山南节度使严震派大将张用诚率五千兵马前去迎接并护卫。张用诚被李怀光收买,与他暗中勾结。适逢严震又派牙将马勋前往听候唐德宗的命令,唐德宗便将事情告诉了马勋。马勋到了梁州,取出严震的符印将张用诚召来,令武士将其捉住,送往严震处,乱棍打死。

李怀光袭击李建徽、杨惠元军,杀了杨惠元,李建徽逃走免于一死。李怀光又写信给韩游瓌,策动其反叛,韩游瓌将此事上奏。

李怀光派部将赵升鸾到奉天城中,约定好作为内应。赵升鸾向浑瑊自首。浑瑊赶快将消息告诉唐德宗,并请求赶快做出决定逃往梁州。唐德宗于是离开奉天城,命戴休颜留守。戴休颜向守军宣布说:"李怀光已经反叛!"于是据城坚守。

李怀光派部将孟保、惠静寿、孙福达率精锐骑兵赶往南山(即终南山,在今陕西西安南)拦截唐德宗,众人到达盩厔(今陕西周至),相互议论说:"他使我们丧失为臣的体统,我们就告诉他说没有追上,也不过是不用我们作将领罢了。"于是率众向东,纵兵剽掠。因此跟从唐德宗的文武百官得以全部进入骆谷(在今陕西周至西南)。回去报告李怀光说没有追上,李怀光将他们全部贬黜。

【纲】唐德宗加封神策行营节度使李晟为同平章事。【目】李晟官职提升,他哭着下拜,接受命令,对部下将领说:"长安,是宗庙的所在地,天下的根本。如果众将都跟随皇上,谁来消灭贼逆!"于是整治护城的濠堑,修缮盔甲兵刃,做收复京城的准备。当时,李怀光、朱泚联合,声势很大,李晟率孤军处于两者之间,内无粮草,外无援兵,只好用忠义之道激励将士,因此他的人马虽然单薄,但锐气不衰。

【纲】三月,魏博兵马使田绪杀掉节度使田悦,暂时代管军事。
【目】田悦用兵屡遭败绩,部下叫苦不迭。唐德宗任命孔巢父为魏博宣慰使。孔巢父是孔子三十七世孙,见闻广博,善辩驳,来到魏州,对众人陈述顺逆祸福的道理,田悦和将士们都很欢喜。兵马使田绪,是田承嗣的儿子,凶残阴险,过失很多,田悦杖责并拘禁了他。现在田悦因为

命于巢父，巢父命绪权知军府。朱滔遣人说绪，许以本道节度使；绪送款于滔。李抱真、王武俊又遣使诣绪，许以赴援。绪召将佐议之，幕僚曾穆、卢南史曰："用兵虽尚威武，亦本仁义，然后有功。幽陵之兵恣行杀掠，今虽盛强，其亡可立而待也。奈何以目前之急，欲从人为反逆乎！不若归命朝廷。天子方蒙尘于外，闻魏博使至必喜，官爵旋踵而至矣。"绪从之，遣使奉表诣行在。

【纲】李怀光奔河中。　【目】始，怀光方强，朱泚与书，以兄事之，约分帝关中。及怀光已反，其下多叛，泚乃赐以诏书，且征其兵。怀光惭怒，内忧麾下为变，外恐李晟袭之，遂烧营东走。至河中，或劝守将吕鸣岳焚桥拒之。鸣岳以兵少，恐不能支，遂纳之。

【纲】车驾至梁州。　【目】上在道，民有献瓜果者，上欲以散试官授之，陆贽奏曰："爵位恒宜慎惜，不可轻用。献瓜果者，赐之钱帛可也。"上曰："试官虚名，无损于事。"贽曰："当今所病，方在爵轻，设法贵之，犹恐不重，若又自弃，将何劝人！今之员外、试官，虽则授无费禄，然而突铦锋、排患难、竭筋力、展勤效者，皆以是酬之。若献瓜果者亦以授之，则彼必相谓曰：'吾以忘躯命而获官，此以进瓜果而获官，是国家以吾之躯命同于瓜果矣。'视人如草木，谁复为用哉！今陛下既未有实利以敦劝，又不重虚名而滥施，则后之立功者，将曷用为赏哉！"

上居艰难中，虽有宰相，小大之事，必与贽谋之，故当时谓之"内相"。然贽数直谏，忤上意。卢杞虽贬，上心庇之。贽极言杞奸邪致乱，上虽貌从，心颇不悦。车驾至梁州。山南地薄民贫，盗贼之

归顺唐朝，便撤除警戒。田绪便纠合部下杀掉田悦，于是将士们都归附田绪，并向孔巢父请求任命。孔巢父命田绪暂时代管军府。朱滔派人策动田绪，并许给他幽州节度使职位。田绪送钱给朱滔。李抱真、王武俊派使者见田绪，许诺派兵支援。田绪召集将领商议此事，幕僚曾穆、卢南史说："用兵虽然崇尚威武，但也以仁义为本，然后才讲求战功。幽州朱滔军队肆意杀掠，现在虽然强盛，但其败亡是指日可待的，为什么要只因为眼前的急务，就去同别人一同反叛呢！不如归附朝廷。天子现在奔波在外，听说魏博使者到来，一定喜出望外，官位爵禄就会接踵而至了。"田绪听从大家的建议，派使者到行在听候指令。

【纲】李怀光前往河中（治河东，今山西芮城西北）。　【目】当初，李怀光力量强盛时，朱泚写信给他，尊为兄长，相约分割关中。李怀光反叛以后，他的部下很多人背叛了他，朱泚下诏书给这些人，并且征召其士兵。李怀光又羞又恼，对内忧虑部下的叛离，对外害怕李晟袭击，只好烧掉营盘东逃。到河中，有人劝守将吕鸣岳烧掉吊桥拒其入城。吕鸣岳认为自己兵力有限，恐怕难以支撑，便允其入城。

【纲】唐德宗到梁州。　【目】唐德宗在去梁州途中，百姓中有人进献瓜果，唐德宗想授给他散试官。陆贽上奏说："授予爵位，应当审慎、吝惜，不应轻易使用。献瓜果的人，赐他钱帛就可以了。"唐德宗说："试官不过是虚衔，于事无害。"陆贽说："当前的弊端，正在于爵位轻贱。想方设法地使其尊贵，还恐怕不被人看重，如果又这样自暴自弃，用什么来勉励别人！现在的员外、试官，虽然并没有俸禄，但那些冲锋陷阵的人，排忧解难的人，竭尽筋骨之力勤恳效力的人，都要用这个来酬劳。如果献瓜果的人也得授此官位，那么他们就要说：'我们舍生忘死获得的官位，靠献瓜果也能得到，国家这是把我们的身体和性命等同于瓜果了。'把人视为草木，谁还肯替您卖命呢！如今您既没有能力用实际的利益实行敦促和勉励，又不看重虚名而滥施封赏，那么以后立功的人，您用什么奖赏呢！"

唐德宗避难期间，虽然设置宰相，但大事小情，必定要与陆贽商议，因此当时人们称陆贽为"内相"。但陆贽多次直言劝谏，忤逆了唐德宗。卢杞虽然被贬斥，实则唐德宗心里还是想庇护他。陆贽竭力说明卢

余,户口减半。严震百方以聚财赋,民不至困穷,而供亿无乏。

【纲】凤翔节度使李楚琳遣使诣行在。 【目】初,奉天围解,李楚琳遣使入贡,上不得已除凤翔节度使,而心恶之。使者数辈至,上皆不引见。欲以浑瑊代之,陆贽奏曰:"楚琳之罪固大,必欲精求素行,追抉宿疵,则是改过不足以补愆,自新不足以赎罪。凡今将吏,岂尽无疵,人皆省思,孰免疑畏,又况阻命胁从之流,安敢归化哉!"上乃善待楚琳使者,优诏存慰之。

上又问贽:"近有卑官自山北来者,论说贼势,语多张皇,察其事情,颇似窥觇。若不适寻,恐成奸计。"贽上奏曰:"以一人之听览而欲穷宇宙之变态,以一人之防虑而欲胜亿兆之奸欺,役智弥精,失道弥远。项籍纳秦降卒二十万,虑其怀诈而尽坑之,其于防虞,亦已甚矣。汉高豁达大度,天下之士至者,纳用不疑,其于备虑,可谓疏矣。然而项氏以灭,刘氏以昌,蓄疑之与推诚,其效固不同也。陛下智出庶物,有轻待人臣之心;思用万机,有独驭区寓之意;谋吞众略,有过慎之防;明照群情,有先事之察;严束百辟,有任刑致理之规;威制四方,有以力胜残之志。由是才能者怨于不任,忠荩者忧于见疑,著勋业者惧于不容,怀反侧者迫于及讨,驯致离叛,构成祸灾。愿陛下以覆辙为戒,天下幸甚。"

【纲】夏四月,以韩游瓌为邠宁节度使。

【纲】加李晟诸道副元帅。 【目】晟家百口及神策军士家属皆

杞的奸佞导致动乱，唐德宗虽然表面上听从，但实际心里很不高兴。唐德宗避难梁州，山南道土地贫瘠，百姓贫穷，盗贼成灾，户口减半。严震千方百计聚集财赋，百姓不至贫困，按需要供应不至匮乏。

【纲】凤翔（治岐州，今陕西凤翔）节度使李楚琳派使者到行在。
【目】起初，奉天之围被解，李楚琳派使者入朝进贡，唐德宗不得已，升任他为凤翔节度使，但心里很憎恶他。使者数人多次求见，唐德宗都拒绝不见，想用浑瑊代替李楚琳为凤翔节度使。陆贽上奏说："李楚琳的罪孽固然不小，如果一定要严格地挑剔他历来的作为，追查他过去的错误，那么，即使他改过也不足以补偿所犯罪过，自新也不足以赎罪。举凡当今的将士，哪有毫无过错的，人人都去反省，谁能免除疑虑和畏惧，更何况那些胁从叛逆抗命不遵的人，怎么敢重新归顺呢！"唐德宗于是很好地接待李楚琳的使者，并下诏抚慰。

唐德宗还问陆贽："近来有些来自秦岭以北的下级官吏，议论叛逆的势力，语气十分张狂，看情形，非常像是在窥探虚实。如果不加追查，恐怕他们会搞阴谋诡计。"陆贽上奏说："凭一个人的见闻想穷尽宇宙的变化，凭一个人的防范想战胜亿万人的欺诈，用心越精细周密，迷失得越远。项籍受降秦兵二十万，害怕他们心怀欺诈，因而将他们全部活埋，这样做对于防范欺诈，可以说很过份了。汉高祖豁达大度，普天之下投奔他的人，他都不加怀疑地接纳任用，这样做对于防备不测，可以说很疏忽了。然而项氏因此而灭亡，刘氏因此而昌盛，心怀疑虑和开诚布公，效果大不相同。您智慧超乎常人，有轻视慢待臣下的心思；思虑周全，有独断天下的欲望；谋略压倒众人，有过于慎重的猜防；洞察人情，有先见之明；严格约束百官，有刑赏统治的规矩；威仪制御天下，有以实力制御凶残的志向。因此，有才能的人抱怨得不到充分地任用，忠诚尽力的人忧虑受到怀疑，建功立业的人害怕不为所容，心怀反志的人感到被征讨的压力，渐渐导致叛离，形成灾祸。愿您汲取前车之鉴，那就是天下人的幸运了。"

【纲】夏四月，唐德宗任命韩游瓌为邠宁（治邠州，即今陕西邠县）节度使。

【纲】唐德宗加封李晟为诸道副元帅。【目】李晟家眷百余人以

在长安，朱泚善遇之。军中有言及家者，晟泣曰："天子何在，敢言家乎！"泚使晟亲近以家书遗晟曰："公家无恙。"晟怒曰："尔敢为贼为间！"立斩之。军士未授春衣，盛夏犹衣裘褐，终无叛志。

【纲】以田绪为魏博节度使。

【纲】姜公辅罢为左庶子。　【目】上长女唐安公主薨，上欲为造塔，厚葬之。姜公辅表谏，以为："山南非久安之地，且宜俭薄，以副军须之急。"上谓陆贽曰："造塔小费，非宰相所宜论。公辅正欲指朕过失，自求名耳。"贽上奏曰："凡论事者当问理之是非，岂计事之大小！故唐、虞之际，主圣臣贤，而虑事之微，日至万数。然则微之不可不重也如此，陛下又安可忽而勿念乎！若谓谏争为指过，则剖心之主，不宜见罪于哲王；以谏争为取名，则匪躬之臣，不应垂训于圣典。"上意犹怒，罢公辅为左庶子。

【纲】以贾耽为工部尚书。　【目】先是，耽为山南东道节度使，使行军司马樊泽奏事行在。泽既复命，方大宴，有急牒至，以泽代耽。耽内牒怀中，颜色不变；宴罢，召泽告之，且命将吏谒泽。牙将张献甫怒曰："行军自图节钺，事人不忠，请杀之。"耽曰："天子所命，则为节度使矣！"即日离镇，以献甫自随，军府遂安。

【纲】韩游瓌引兵会浑瑊于奉天。

【纲】李抱真会王武俊于南宫。　【目】朱滔攻贝州百余日，马寔攻魏州亦逾四旬，皆不能下。贾林复为李抱真说王武俊曰："朱滔志吞贝、魏，复值田悦被害，傥旬日不救，则魏博皆为滔有矣。魏博

及神策军将士的家属都在长安，朱泚待他们很好。军中有人谈到家人，李晟流泪说："天子何在，岂敢谈及家小！"朱泚指使李晟亲属送信给李晟说："您家小安然无恙。"李晟发怒说："你竟敢为叛贼做奸细！"当场将其斩首。兵士们还没有夏装，盛夏还穿着粗陋的冬衣，始终没有背叛的企图。

【纲】唐德宗任命田绪为魏博节度使。

【纲】姜公辅被罢免为左庶子。　【目】唐德宗的长女唐安公主去世，唐德宗想为她造佛塔，厚葬她。姜公辅上表劝谏，认为："山南不是久留之地，应暂时薄殓，以供应急需的军费。"唐德宗对陆贽说："造塔这样小的花费，不是宰相应该议论的。姜公辅这是想指摘我的过失，这样做不过是为了沽名钓誉罢了。"陆贽上奏说："凡是讨论事情，应当讨论事情的是非曲直，岂能只考虑事情的大小！唐、虞时代，君主圣明，臣子贤能，可是考虑事情至为细微，以至日以万计。可见，即使是在当时，小事也不可以不被重视，您又怎么可以忽视而不加考虑呢！如果说争谏只是为了指摘过失，那么剖取忠臣心肝的君主，就不会为先哲所指责；如果说争谏只是为博取名声，那么鞠躬尽瘁的忠臣，就不会被写入圣典而垂训后世了。"唐德宗的恼怒还是没有平息，将姜公辅罢免为左庶子。

【纲】唐德宗任命贾耽为工部尚书。　【目】原先，贾耽是山南东道节度使，派行军司马樊泽到行在向唐德宗奏事。樊泽回来复命，正在举行宴会，有紧急的牒文送到，命令樊泽代贾耽为山南东道节度使。贾耽将牒文藏在怀里，脸不变色。宴会结束，召见樊泽，宣布牒文命令，并且命将士官吏拜见樊泽。副将张献甫发怒说："行军自己谋取军政大权，这是侍奉人而没有尽忠，请杀掉他。"贾耽说："这是天子的命令，他已经是节度使了！"当天就离开军镇，并让张献甫跟随自己，军府于是安定。

【纲】韩游瓌带兵和浑瑊在奉天会合。

【纲】李抱真和王武俊在南宫（今河北南宫西北）会合。　【目】朱滔围攻贝州（治清河，今河北南宫东南）百余天，马寔围攻魏州也超过四十天，都没有攻陷。贾林再次替李抱真游说王武俊说："朱滔志在

既下,则张孝忠必为之臣。滔连三道之兵,进临常山,明公欲保其宗族,得乎!常山不守,则昭义退保西山,河朔尽入于滔矣。不若乘贝、魏未下,与昭义合兵救之;滔既破亡,则朱泚不日枭夷,銮舆反正,诸将之功,孰居明公之右者哉!"武俊悦,从之。军于南宫东南,抱真自临洺引兵会之。两军尚相疑,抱真以数骑诣武俊营;命行军司马卢玄卿勒兵以俟,曰:"今日之举,系天下安危,若其不还,领军事以听朝命亦惟子,励将士以雪雠耻亦惟子。"言终,遂行。见武俊,叙国家祸难,天子播迁,持武俊哭,流涕纵横。武俊亦悲不自胜,左右莫能仰视。遂与武俊约为兄弟,誓同灭贼。抱真退入武俊帐中,酣寝久之;武俊感激,待之益恭,指心仰天曰:"此身已许十兄死矣!"遂连营而进。

【纲】五月,韩滉遣使贡献。 【目】山南地热,上以军士未有春服,亦自御夹衣。至是,盐铁判官王绍以江、淮缯帛来至,上命先给将士,然后御衫。韩滉又遣幕僚何士干献绫罗四十担于行在,又运米百艘以饷李晟。时关中斗米五百,及滉米至,减五之四。滉为人强力严毅,自奉俭素,夫人常衣绢裙,破,然后易。

【纲】李抱真、王武俊大破朱滔于贝州。
【纲】六月,李晟等收复京城。朱泚亡走,其将韩旻斩之以降。 【目】李晟大陈兵,谕以收复京城,召诸将谓曰:"贼重兵皆聚苑中,自苑北攻之,溃其腹心,贼必奔亡。"乃檄浑瑊、骆元光等,领兵刻期集于城下。李晟移军于光泰门外,方筑垒,泚兵大至。晟纵

并吞贝、魏二州，又适逢田悦被害，倘若十天内不加以救援，那魏博就都为朱滔占有了。魏博既然被攻陷，张孝忠必定会臣服朱滔。朱滔联合三道的兵力，进逼常山（即恒州，治真定，今河北正定），您想要保护宗族，做得到吗！常山失守，昭义（治潞州城，今山西长治）节度就会退保西山，河北就完全落入朱滔手中了。不如趁贝、魏还没有被攻陷，和昭义节度使合兵救援。朱滔要是失败，朱泚则指日可灭，将来皇上拨乱反正，诸将的功劳，谁会超过您呢！"王武俊很高兴，听从了他的建议，屯兵在南宫东南。李抱真从临洺（今河北永年）带兵与他会合。两支军队尚且不能相互信任，李抱真带几名骑兵去王武俊营垒，走前命令行军司马卢玄卿率兵等候，并说："今天的这个举动，关系到天下的安危。若是不能安然归来，那么执掌军权听命于朝廷，就全靠你了。激励将士雪耻复仇，也只有靠你了！"说罢，率人出发。见到王武俊述说国家遭受危难，天子也遭受颠沛流离，抱着王武俊痛哭流涕。王武俊也不胜悲哀，身边的人不忍抬头观看。于是李抱真和王武俊相约结为兄弟，发誓共同消灭叛贼。李抱真来到王武俊的营帐中，酣睡很久。王武俊很受感动，待他更加恭敬，抚胸仰天发誓说："此身已应允要为十兄而死！"于是两人联兵共进。

【纲】五月，韩滉派使者进贡。　【目】山南气候炎热，唐德宗因为士兵们还没有春服，自己也穿袷衣。现在盐铁判官王绍送来江、淮地区的缯帛，唐德宗命令先供给将士穿用，然后再供给自己穿用。韩滉又派幕僚何士斡贡献绫罗四十担，并运一百船米供给李晟作为军饷。当时关中一斗米五百钱，韩滉的米运到，米价下降了五分之四。韩滉为人勤勉、严谨、刚毅，自己十分俭朴，夫人平常穿绢制衣裙，坏了，才换新的。

【纲】李抱真、王武俊在贝州大败朱滔。

【纲】六月，李晟等人收复京城。朱泚逃走，部将韩旻将其斩首投降。　【目】李晟集结大批兵马，宣布要收复京城，召见诸将说："敌人重兵集结在苑中，从苑北进攻，击溃其中心腹地，敌人必定会四散逃亡。"于是发牒文给浑瑊、骆元光等人，命其率兵按期集结在城下。李晟移兵驻扎在光泰门外，正在构筑营垒，朱泚大批兵马已经到了。李

兵击之，贼败走。明日，晟使兵马使李演、王佖将骑兵，史万顷将步兵，直抵苑墙。晟先开墙二百余步，贼栅断之。万顷帅众拔栅而入，佖、演继之，贼众大溃，诸军分道并入，贼不能支，皆溃。张光晟劝泚出亡，泚乃与姚令言帅余众西走。光晟降。晟遣兵马使田子奇以骑兵追泚，令诸军曰："晟赖将士之力，克清宫禁。长安士庶，久陷贼庭，若小有震惊，非吊民伐罪之意。晟与公等室家相见非晚，五日内无得通家信。"

晟遣掌书记于公异作露布上行在，曰："臣已肃清宫禁，祗谒寝园，钟簴不移，庙貌如故。上览之泣下，曰："天生李晟，以为社稷，非为朕也。"

朱泚将奔吐蕃，其众随道散亡，比至泾州，才百余骑。田希鉴闭城拒之，泾卒遂杀姚令言，诣希鉴降。泚独与亲兵北走；宁州刺史夏侯英拒之。泚将梁庭芬射泚坠坑中，韩旻等斩之，诣泾州降。传首行在。诏以希鉴为泾原节度使。

上命陆贽草诏赐浑瑊，使访求奉天所失内人。贽上奏曰："今臣盗始平，疲瘵之民，疮痍之卒，尚未循拊，而首访妇人，非所以副惟新之望也。"上遂不降诏，而遣中使求之。

【纲】以李晟为司徒、中书令，浑瑊为侍中，骆元光等迁官有差。

【纲】上发梁州。 【目】上问陆贽："今至凤翔，诸军甚盛，因此遣人代李楚琳，何如？"贽上奏曰："如此则事同胁执，以言乎除乱则不武，以言乎务理则不诚，用是时巡，后将安入！义者或谓之权，臣窃未喻其理。夫权之为义，取类权衡，今辇路所经，首行胁

晟纵兵攻击，朱泚军败退。第二天，李晟派兵马使李演、兵马使吴诜、王佖等率骑兵，史万顷率步兵，直逼苑墙。李晟先将苑墙打开二百余步的缺口，叛兵用栅栏将缺口拦住。史万顷率步兵将栅栏拔掉冲进去，王佖、李演紧跟其后，叛兵大败。各路兵马分头杀入，叛兵抵挡不住，纷纷溃逃。张光晟劝朱泚逃走，朱泚于是和姚令言等人率余部向西逃窜。张光晟投降。李晟派兵马使田子奇率骑兵追赶朱泚，号令军中，说："李晟依靠将士们齐心合力，才肃清宫禁。长安的士民百姓，长期沦陷于叛逆的掌握中，即使稍稍受到惊扰，也会失掉我们抚民伐罪的本意。李晟和大家与家人相见不会太晚，五天之内不得和家人通信联系。"

李晟派掌书记于公异起草捷报上奏唐德宗，说："臣已经将宫禁肃清，并拜谒了陵寝，连钟鼓的支架都没有移动，宗庙的面貌还像过去一样。"唐德宗看到后流泪说："天生李晟，是为了社稷，而不只是为我一个人啊。"

朱泚要逃往吐蕃，跟随他的人沿途逃亡，等到达了泾州，跟随他的只剩百余人。田希鉴紧闭城门拒绝朱泚入城，泾州的士兵于是杀掉姚令言，向田希鉴投降。朱泚只身与亲兵向北逃窜。宁州(治安定，今甘肃宁县)刺史夏侯英拒绝接纳他。朱泚的部将梁庭芬将其射落坑中，韩旻等人将其斩首，回到泾州投降。朱泚首级被送到行在。唐德宗下诏任命田希鉴为泾原节度使(治泾州，在今甘肃泾川北)。

唐德宗命陆贽起草诏书给浑瑊，让他访求在奉天失散的宫女。陆贽上奏说："现在大盗刚刚平定，疲病的百姓，受伤的士兵，都还没有得到安抚，却先要访求女人，这是不符合除旧布新的愿望的。"于是唐德宗不再坚持下诏，但还是派中使去访求宫女。

【纲】唐德宗任命李晟为司徒、中书令，浑瑊为侍中，骆元光等人也都得到升迁不等。

【纲】唐德宗自梁州出发。 【目】唐德宗问陆贽说："如今到凤翔来迎驾的各路兵马，军容盛大，就势派人取代李楚琳怎么样？"陆贽上奏说："这样做就如同使用武力胁迫一样，说这是消除动乱，未免不足以显示威武，说这是致力于治理，未免不足以显示诚心，以此作为巡察的表示，以后如何进入京城。有人可能会说这就是所谓的权术。我恐

夺，易一帅而亏万乘之义，得一方而结四海之疑，乃是重其所轻而轻其所重，谓之权也，不亦反乎！夫以反道为权，以任数为智，此古今所以多丧乱而长奸邪也。不如俟奠枕京邑，征授一官，彼将奔走不暇，安敢复劳诛鉏哉！"

【纲】秋七月，遣给事中孔巢父宣慰河中，李怀光杀之。

【纲】车驾还长安。　【目】李晟谒见上于三桥，先贺平贼，后谢收复之晚，伏路左请罪。上驻马慰抚，为之掩涕，令左右扶上马。至宫，每闲日，辄宴勋臣，李晟为之首，浑瑊次之，诸将相又次之。

【纲】征李泌为左散骑常侍。　【目】李泌为杭州刺史，征诣行在，日直西省，朝野属目。上问河中为忧？泌曰："天下事甚有可忧者；若惟河中，不足忧也。陛下已还宫阙，怀光不束身归罪，乃虐杀使臣，窜伏河中，不日必为帐下所枭矣。"

初，上发吐蕃以讨朱泚，许以安西、北庭之地与之；及泚诛，吐蕃来求地，上欲与之。泌曰："安西、北庭之人，势孤地远，尽忠竭力，为国家固守近二十年，诚可哀怜。一旦弃之戎狄，彼必深怨中国，他日从吐蕃入寇，如报私雠矣。况日者吐蕃观望不进，阴持两端，何功之有！"上遂不与之。

【纲】八月，颜真卿为李希烈所杀。　【目】李希烈闻希清伏诛，忿怒，遣中使至蔡州杀颜真卿。中使曰："有敕。"真卿再拜。中

怕还不明白其中的道理。权术的意义,是以权和衡为喻,取其能审察轻重的意思。可现在,您在车驾经过的地方,首先施行的却是胁迫夺官,仅仅更换一个统帅,但代价是损害了做为天子的道义。笼络了一方却和天下四方之间结下疑惧之心,这是看重所不当看重的,却没有看重应当看重的,称之为权术,不是恰恰相反吗!把这种轻重颠倒的做法称为权术,把任用权诈当做智谋,这正是古往今来祸乱频仍,奸佞滋生的原因。不如等到在京都站稳脚跟,将其征调授官,他就会为此奔走不暇,怎么敢劳您诛伐征讨呢!"

【纲】秋七月,唐德宗派给事中孔巢父去河中安抚慰问,李怀光将他杀了。

【纲】唐德宗回到长安。　【目】李晟在三桥(今西安北三桥镇)觐见唐德宗,先庆贺平定叛逆,然后向唐德宗谢罪没有早日收复长安,跪拜路左边请罪。唐德宗勒马安慰他,百感交集地掩面落泪,令身边的人将他扶上马。回到宫中,每当闲暇时,就大宴群臣,李晟居群臣之首,浑瑊次之,诸将又次之。

【纲】唐德宗征调李泌为左散骑常侍。　【目】李泌原任杭州刺史(治钱塘,今浙江杭州),奉旨进京后,每天都到中书省听候唐德宗召见,引起朝野上下的注目。唐德宗问:"河中很让我忧虑,怎么办?"李泌说:"天下令人担忧的事很多,如果单指河中,不值得担忧。您现在已经回到宫殿中,李怀光不负荆请罪,却虐杀您的使臣,逃窜潜伏在河中,被部下砍头指日可待。"

当初,唐德宗征发吐蕃人讨伐朱泚,许愿将安西(治龟兹,今新疆库车)、北庭(治庭州,今新疆吉木萨尔西北破城子)送给他们。朱泚被灭掉,吐蕃来要求兑现诺言,唐德宗想将土地给他们。李泌说:"安西、北庭人民,地处偏远,势单力孤,却能尽忠竭力,为国家固守近二十年,真是可敬可叹。一旦将他们抛给戎狄,他们一定怨恨中原朝廷。将来有一天,跟随吐蕃侵扰,就如同报私仇了。何况当初吐蕃观望不前,首鼠两端,又有什么功劳可言呢!唐德宗于是没有给他们"

【纲】八月,颜真卿被李希烈杀害。　【目】李希烈听说李希清伏罪被杀,十分恼怒,派中使到蔡州去杀颜真卿。中使说:"有敕令。"毅

使曰:"今赐卿死。"真卿曰:"老臣无状,罪当死。不知使者几日发长安?"使者曰:"自大梁来。"真卿曰:"然则贼耳,何谓敕邪!"遂缢杀之。

【纲】以李晟为凤翔、陇右节度等使,进爵西平王。

【纲】遣浑瑊等讨李怀光军于同州。 【目】上命浑瑊、骆元光讨怀光,怀光遣其将徐庭光军长春宫以拒之,瑊等数战不利。时度支用度不给,议者多请赦怀光,上不许。

【纲】马燧讨李怀光,取晋、慈、隰州。以浑瑊为河中节度使,康日知为晋慈隰节度使。

【纲】冬十月,以窦文场、王希迁为监神策军兵马使。

【纲】十一月,加韩滉同平章事。 【目】议者或言:"滉聚兵修城,阴蓄异志。"上疑之,以问李泌,对曰:"滉公忠清俭,贡献不绝。镇抚江东,盗贼不起。所以修城为迎扈之备耳。此乃人臣忠笃之虑,奈何更以为罪乎!滉性刚严,不附权贵,故多谤毁,臣敢保其无他。"上曰:"外议汹汹,卿弗闻乎?"对曰:"臣固闻之。其子皋为郎,不敢归省,正以谤语沸腾故也。"退,遂上章,请以百口保滉。他日,又言于上曰:"臣之上章,非私于滉,乃为朝廷计也。"上曰:"如何?"对曰:"今天下旱、蝗,关中米斗千钱,仓廪耗竭,而江东丰稔。愿陛下早下臣章,以解朝众之惑,而谕韩皋使之归觐,令滉速运粮储,此朝廷大计也。"上即下泌章,令皋归觐,而谕之曰:"卿父比有谤言,朕不复信。关中乏粮,宜速致之。"皋至,滉感悦,即日发米百万斛,听皋留五日即还朝,自送至江上,冒风涛而遣之。陈少游闻之,即贡米二十万斛。

真卿跪拜。中使说："现在赐你死。"颜真卿说："老臣无功，有罪该死。只是不知使者哪天自长安出发？"使者说："从大梁来。"颜真卿说："那不过叛逆罢了，称什么敕令。"于是将颜真卿缢杀。

【纲】唐德宗任命李晟为凤翔、陇右节度使，进爵西平王。

【纲】唐德宗派浑瑊等在同州（治冯翊，今陕西大荔）讨伐李怀光。　【目】唐德宗命浑瑊、骆元光征讨李怀光，李怀光派部将徐庭光在长春宫（今陕西大荔东北）抵抗。浑瑊等多次作战没有得手。当时度支使无力支付费用，很多人请求赦免李怀光，唐德宗不许。

【纲】马燧征伐李怀光，攻取晋（治临汾，今山西临汾）、慈（治吉昌，今山西乡宁西北）、隰（治隰川，今山西隰县）三州。唐德宗任命浑瑊为河中节度使，康日知为晋慈隰节度使。

【纲】冬十月，唐德宗任命窦文场、王希迁为监神策军兵马使。

【纲】十一月，唐德宗加封韩滉为同平章事。　【目】有人议论说："韩滉招兵买马，修筑城池，暗藏反叛的企图。"唐德宗对此十分疑虑，向李泌询问此事，李泌说："韩滉忠诚清廉，进贡不断。镇守抚慰江东，盗贼不兴，修筑城池，是为迎接、护卫圣驾做准备。这正表现了作为臣子的忠诚，为什么要当成罪过呢！韩滉性情刚直严谨，不阿谀依附权贵，因此遭到很多诽谤，我敢担保他没有别的企图。"唐德宗说："外面议论纷纷，您难道没有耳闻吗？"李泌答道："我当然有所耳闻。他的儿子韩皋是考功员外郎，却不敢去探望父亲，正是诽谤的话太多的缘故。"退朝后，又上奏章，请求用身家性命为韩滉担保。隔了几天，又对唐德宗说："我奏上的奏章，并不是偏袒韩滉，而是为朝廷打算。"唐德宗说："这是什么意思？"李泌答道："现在天下闹旱灾、蝗灾，关中一斗米要一千文钱，国库储备已经耗尽，可是江东却获得丰收。愿您早日颁下我的奏章，以解除朝野上下的迷惑，并且当面命令韩皋，让他回去探亲，同时传令韩滉，让他火速运来粮食等物资，这才是朝廷的大计。"唐德宗当即颁下奏章，命韩皋归家探亲，并对他说："你父亲现正受到诽谤，我是不相信的。关中现在缺粮，应尽快送粮来。"韩皋回到家中，韩滉很高兴而且感激朝廷的信任，当即发运米百万斛，留韩皋住五天，立即返回朝中，并亲自将他送到江上，打发他冒着风浪返回朝廷。陈少游

会刘洽得《李希烈起居注》，云"某月日，陈少游上表归顺。"少游闻之惭惧，发疾，卒。大将王韶欲自为留后，韩滉遣使谓之曰："汝敢为乱，吾即日全军渡江诛汝矣！"韶惧而止。上闻之喜，谓李泌曰："滉不惟安江东，又能安淮南，真大臣之器，卿可谓知人！"遂加滉平章事、江淮转运使。滉入贡无虚月，朝廷赖之，使者劳问相继，恩遇始深矣。

【纲】马燧取绛州。

【纲】乙丑，贞元元年，春正月，赠颜真卿司徒，谥文忠。

【纲】以卢杞为澧州别驾。　【目】卢杞遇赦，移吉州长史，谓人曰："吾必再入。"未几，上果欲用为饶州刺史。给事中袁高奏："杞极恶穷凶，何可复用！"上不听。补阙陈京、赵需等亦争之，上谓宰相："与杞小州。"乃以杞为澧州别驾。上谓李泌曰："朕已可袁高所奏。"泌曰："累日外人窃议，比陛下于桓、灵；今承德音，乃尧、舜之不逮也！"上悦。杞竟卒于澧州。

【纲】三月，马燧败李怀光兵于陶城。夏四月，燧及浑瑊又破怀光兵于长春宫。　【目】马燧败怀光兵于陶城，斩首万余级；分兵会浑瑊，逼河中。破怀光兵于长春宫南，遂围宫城。

时连年旱、蝗、资粮匮竭，言事者多请赦李怀光。李晟上言："赦怀光有五不可：河中距长安才三百里，同州当其冲，多兵则未为示信，少兵则不足提防，忽惊东偏，何以制之？一也；今赦怀光，必以晋、绛、慈、隰还之，浑瑊既无所诣，康日知又应迁移，土宇不安，何以奖励，二也；陛下连兵一年，讨除小丑，兵力未穷，遽赦其罪，

听说此事，立即向朝廷贡米二十万斛。

恰巧刘洽得到《李希烈起居注》上面记载说："某月某日，陈少游上表归顺。"陈少游知道后羞惭惧怕，发病而死。大将王韶想自命为留后，韩滉派人对他说："你胆敢作乱，我立即率军渡江讨伐你！"王韶十分害怕，停止了行动。唐德宗听说了十分高兴，对李泌说："韩滉不仅能安定江东，还能安抚淮南，真是作朝廷大臣的人材，你也可说是了解人啊！"于是加封韩滉为平章事、江淮转运使。韩滉逐月进贡，从不中断，成为朝廷的依靠，朝廷派去慰问的使者接连不断，恩宠开始加深了。

【纲】马燧攻取绛州（治正平，今山西侯马西北）。

【纲】唐德宗贞元元年（乙丑，785），春正月，追赠颜真卿为司徒，谥文忠。

【纲】唐德宗任命卢杞为沣州（治沣阳，今湖南沣阳）别驾。

【目】卢杞得到赦免，迁任吉州（治庐陵，今江西吉安）长史，对人说："我一定再返回朝廷。"不久，唐德宗果然想启用他为饶州（治鄱阳，今江西波阳）刺史。给事中袁高上奏："卢杞穷凶极恶，怎么可以重新启用！"唐德宗不听。补阙陈京、赵需等人也与唐德宗争辩。唐德宗对宰相说："给卢杞一个小州。"于是任命卢杞为沣州别驾。唐德宗对李泌说："我已经恩准了袁高的上奏。"李泌说："几天来外面人们暗中议论，将您比作东汉桓帝、灵帝，如今听到您的德音，您的贤明，就是尧、舜也比不上啊！"唐德宗很高兴。卢杞后来就死在沣州。

【纲】三月，马燧在陶城（今山西芮城西北）打败李怀光。夏四月，马燧和浑瑊又在长春宫打败李怀光。 【目】马燧在陶城打败李怀光，斩首万余，分出兵马与浑瑊会合，进逼河中。在长春宫再次打败李怀光，并围困宫城。

当时连年旱灾、蝗灾，物资、粮食十分匮乏。议论国事的人有很多请求赦免李怀光。李晟上奏说："赦免李怀光有五不可：河中距长安只有三百里，同州是防卫的要冲，兵多则无法显示信任，兵少则不足以提防，如果他在东边突然起事，如何制止？这是其一。如果现在赦免李怀光，一定会把晋、绛、慈、隰诸州归还给他，这样一来，浑瑊就已经无处安置，康日知也得另行迁任，造成天下不安，用什么来奖赏、激励别

今西有吐蕃，北有回纥，南有淮西，观我强弱，必起窥觊，三也；怀光既赦，则朔方将士皆应叙勋行赏，今府库方虚，赏不满望，是愈激之使叛，四也；既解河中，罢诸道兵，赏典不举，怨言必起，五也。今河中斗米五百，刍藁且尽，陛下但敕诸道围守旬时，彼必有内溃之变，何必养腹心之疾为他日之悔哉！"马燧入朝，奏曰："怀光凶逆尤甚，赦之无以令天下，愿更得一月粮，必为陛下平之。"上许之。

【纲】六月，朱滔死，以刘怦为幽州节度使。

【纲】秋七月，陕虢军乱，杀其节度使张劝，诏以李泌为都防御转运使。

【纲】八月，马燧取长春宫，遂及诸军平河中。李怀光缢死。【目】马燧与诸将谋曰："长春宫不下，则怀光不可得。然其守备甚严，攻之旷日持久，我当身往谕之。"遂径造城下，呼其守将徐庭光，庭光帅将士罗拜城上。燧曰："汝曹徇国立功四十余年，何忽为灭族之计！从吾言，非止免祸，富贵可图也。"众不对。燧披襟曰："汝不信吾言，何不射吾！"将士皆伏泣。燧曰："此皆怀光所为，汝曹无罪。第坚守勿出。"皆曰："诺。"燧等遂进逼河中，怀光举火，诸营不应。

骆元光使人招庭光；庭光骂辱之。及燧还，乃开门降。燧以数骑入城慰抚之，其众大呼曰："吾辈复为王人矣！"浑瑊谓僚佐曰："始吾谓马公用兵不吾逮也，今乃知吾不逮多矣！"

燧帅诸军至河西，河中军士自相惊，皆易其号为"太平"字；怀

人,这是其二。您现在已经用兵一年,要除掉跳梁小丑,兵力还没有穷尽,突然赦免了他的罪过。如今西有吐蕃,北有回纥,南有淮西李希烈,都在窥视朝廷的强弱,这样一来,必然激起他们觊觎之心,这是其三。李怀光既然得到赦免,那么朔方将士自然应论功行赏。可现在国库空虚,奖赏无法满足人们的愿望,这必然更加激怒群情,引起变乱,这是其四。既然解散围攻河中的兵马,停止征调诸道军队,但又不行赏赐,必然激起怨言,这是其五。如今河中每斗米价钱达五百,饲草也快用尽,您只要下令诸道兵马再围困上十天半月,必然造成其内部崩溃。何必留着心腹之患,将来后悔呢!"马燧入朝,上奏说:"李怀光气焰嚣张,赦免了他就无法号令天下,我愿再请求一个月的粮草,一定为您讨平河中。"唐德宗答应了他的请求。

【纲】六月,朱滔死。唐德宗任命刘怦为幽州(治幽州城,今北京西南)节度使。

【纲】秋七月,陕虢(治陕州城,今河南陕县)军队叛乱,杀节度使张劝。唐德宗下诏任命李泌为都防御转运使。

【纲】八月,马燧攻取长春宫,乘胜与诸路军队平定河中,李怀光自缢而死。 【目】马燧和将领们商议说:"不攻下长春宫,就打不败李怀光。但长春宫防守十分严密,如若进攻,定会旷日持久。我应该亲自前去劝说。"于是径直来到城下,呼唤守将徐庭光,徐庭光与将领们在城上环拜。马燧说:"你们为国立功四十多年,怎么忽然打起这种招致灭族的主意呢!听我的话,不但可以免祸,还可以谋取富贵。"众人不答话。马燧披起衣襟说:"你们不信,为什么不射我!"诸将都俯身哭泣。马燧说:"这都是李怀光一人的事,你们并无罪过。只须坚守不要出城。"众人都答应说:"好吧。"于是马燧等进逼河中,李怀光虽然举火为号,可是各部都不响应。

骆元光派人招抚徐庭光,受到谩骂侮辱。后来马燧回来了,徐庭光开门投降。马燧先派几人进城安抚徐庭光,徐庭光的部下高声呼喊说:"我们又成为君王的人了!"浑瑊对僚佐说:"以前我以为马公用兵不如我,现在才知道我比他可差多了!"

马燧率各路兵马到达河西县(今陕西大荔东),河中军队自相惊

光不知所为，乃缢而死。

初，怀光之解奉天围也，上以其子璀为监察御史。及怀光屯咸阳不进，璀密言于上曰："臣父必负陛下，愿早为之备。臣闻君、父一也；但今日陛下未能诛臣父，而臣父足以危陛下，故不忍不言。"上惊曰："卿大臣爱子，当为朕委曲弥缝之！"对曰："臣父非不爱臣，臣非不爱其父与宗族也；顾臣力竭，不能回耳。"上曰："然则卿以何策自免？"对曰："臣父败，则臣与之俱死，复有何策哉！使臣卖父求生，陛下亦安用之！"及李泌赴陕，上谓之曰："朕所以欲全怀光，诚惜璀也。卿至陕，试为朕招之。"对曰："陛下未幸梁、洋，怀光犹可降也。今虽请降，臣不敢受，况招之乎！璀固贤者，必与父俱死矣；若其不死，则亦无足贵也。"及怀光死，璀亦自杀。

朔方将牛名俊断怀光首出降。燧自辞行，至是凡二十七日。浑瑊尽得怀光之众。朔方军自是分居邠、蒲矣。

【纲】加马燧兼侍中。

【纲】赦怀光一子，收葬其尸。罢讨淮西兵。　【目】上问陆贽："今复有何事当区处者？"贽以河中既平，虑必有希旨生事之人，请乘胜讨淮西者。李希烈必诱谕其所部及新附诸帅曰："奉天息兵之旨，乃因窘急而言，朝廷稍安，必复诛伐。"如此，则四方负罪者孰不自疑，建中之忧行将复起。乃上奏曰："陛下悔过降号，闻者涕泣，故诸将效死，叛夫请罪，逆泚、怀光相继枭殄。曩以百万之师而力殚，今以咫尺之诏而化洽。是则圣王之敷理道，服暴人，任德而不任兵，明矣；群帅之悖臣礼，拒天诛，图活而不图王，又明矣。今叛帅革面，复修臣礼，然其深言密议固亦未尽坦然，必当聚心而谋，倾耳而听，观陛下所行之事，考陛下所誓之言。若言与事符，则迁善之心渐固；傥事与言背，则虑祸之态复回。所宜布恤人之惠以济威，

扰,纷纷将旗号换成"太平"字号。李怀光不知所措,自缢而死。

当初,李怀光解奉天之围,唐德宗任命他的儿子李璀为监察御史。后来李怀光在咸阳屯兵不前,李璀暗中对唐德宗说:"我父亲必定要辜负您,愿提早做好准备。我知道君、父本是一体的。但现在您没有诛杀我的父亲,而我父亲却足以危害您,因此不忍心不说。"唐德宗吃惊地说:"你是朝廷大臣的爱子,应当替我设法弥补!"李璀答道:"我父亲并非不爱我,我也不是不爱父亲和宗族。只是我用尽全力,也无法劝其回头了。"唐德宗说:"那么你有什么办法脱离关系呢?"回答说:"我父亲败亡,那么我也只有和他一样去死,还能有什么办法呢!假使我卖父求生,您又如何再任用我呢!"后来李泌赴陕,唐德宗对他说:"我所以要保全李怀光,实在是怜惜李璀呀。你到了陕,替我试着招抚他。"李泌说:"如果您没有出走梁、洋,还可以接受李怀光投降。现在就是他请求投降,我也不敢接受,何况招抚呢!李璀固然贤能,必定与父玉石俱焚了。如果他不死,也没有什么可贵的。"李怀光死后,李璀也自杀了。

朔方将领牛名俊砍下李怀光首级投降。马燧从辞行到现在共二十七天。浑瑊将李怀光部众全部收编,朔方将士从此分居邠、蒲。

【纲】唐德宗加封马燧兼任侍中。

【纲】唐德宗赦免李怀光的一个儿子,收葬其尸体。罢征讨淮西兵。　【目】唐德宗问陆贽:"现在还有什么事急需处置?"陆贽以为河中已经平定,想必会有希望天子颁旨再生事端的人,请求乘胜征讨淮西。李希烈一定会引诱部下以及新归附诸将说:"奉天息兵的诏书,是朝廷的窘急之言。朝廷稍安定,一定会重新加以讨伐。"这样的话,天下负罪者谁能不心怀疑虑,建中年间的忧患就会再次发生。于是上奏说:"您下诏悔过,自贬名号,知道的人都感激涕零,因此诸将拼死效命,叛逆自请伏罪,朱泚、李怀光相继伏诛。先前动用百万大军,竭尽全力而无所得,如今仅凭一纸诏书而化干戈为玉帛。这说明,圣贤的君主施行治道,治服暴虐的人,依靠德行而不依靠武力,道理是显而易见的。蕃帅违背为臣的礼法,抗拒上天的谴责,是为了活命而不是希图称王,这也是显而易见的。如今叛帅洗心革面,重新遵守为臣的礼法。但他们

乘灭贼之威以行惠臣所未敢保者，惟希烈耳。陛下但敕诸镇各守封疆，彼既气夺算穷，不有人祸，则有鬼诛。古所谓不战而屈人之兵者，斯之谓欤！"诏以"李怀光尝有功，宥其一男，归其尸使收葬。诸道与淮西连接者，非被侵轶，不须进讨。李希烈若降，当待以不死；自余一无所问。"

【纲】以张延赏为左仆射。 【目】初，李晟成成都，取其营妓以还。西川节度使张延赏怒，追而返之，晟遂与延赏有隙。至是，上召延赏入相，晟表陈其过恶；上重违其意，以延赏为左仆射。

【纲】丙寅，二年，春正月，以刘滋、崔造、齐映同平章事。【目】造少与韩会、卢东美、张正则为友，以王佐自许，时人谓之"四夔"。上以造敢言，故不次用之，滋、映多让事于造。造久在江外，疾钱谷诸使罔上之弊，奏罢水陆度支、转运等使，诸道租赋悉委观察使、刺史遣官送京师。令宰相分判六曹：映判兵部，李勉判刑部，滋判吏礼部，造判户、工部；造与户部侍郎元诱善，使判诸道盐、铁、榷酒，韩滉奏论其过失，罢之。

【纲】夏四月，淮西将陈仙奇杀李希烈以降，以仙奇为节度使。 【目】希烈兵势日蹙，会有疾，仙奇使医毒杀之；因屠其家，举众来降。诏以为淮西节度使。

【纲】秋七月，陈仙奇为其将吴少诚所杀，以少诚为留后。

对您深切坦诚的谈话以及体贴的议论还不能完全明白和理解，必定会专心谋划，侧耳倾听，观察您的所作所为，考察您许下的诺言。如果您的作为与许诺相符，那么他们改过从善的决心就会坚定起来；倘若您的作为与许诺相反，那么他们企图作乱的心态就会复萌。所以应给人抚恤和恩惠以佐济您的威严，乘着讨灭叛逆的威猛气势给人恩惠。我所不敢担保的，只有李希烈一人了。您只要下令各道自守辖境，他既已智穷力尽，不遭人祸，也会受到鬼神诛杀。古人所说的不战而使人屈服，指的就是这种情况啊！"唐德宗下诏说："李怀光曾经立过功，赦免他的一个儿子，归回李怀光的尸首，令其收葬。和淮西接壤各道，如果没有受到侵掠，不必进兵讨伐。李希烈如果投降，自当免其不死。其他人一律不加追究。"

【纲】唐德宗任命张延赏为左仆射。【目】起初，李晟率神策军戍守成都，回去时，娶走了张延赏军营中的一名歌妓。西川节度使张延赏很恼怒，将歌妓追回，李晟与张延赏因此结下嫌隙。现在，唐德宗征调张延赏入朝做宰相，李晟上表陈述张延赏的过错。唐德宗难以违抗李晟的意见，任命张延赏为左仆射。

【纲】贞元二年（丙寅，786），春正月，唐德宗任命刘滋、崔造、齐映为同平章事。【目】崔造年轻时和韩会、卢东美、张正则是朋友，以君王的佐助自任，被当时的人称为"四夔"。唐德宗因为崔造敢说话，对他破格任用。刘滋和齐映把很多事都推给崔造做。崔造长期生活在江北，十分痛恨主管粮钱的官员营私舞弊，欺瞒天子，上奏罢除水陆、度支、转运等使，诸道缴纳的租赋全部委托观察使、刺史派人押运到京师。令宰相分别主管六部：齐映主管兵部，李勉主管刑部，刘滋主管礼部、吏部，崔造主管户部、工部。崔造和户部侍郎元琇关系很好，让他主管诸道盐、铁、榷酒等事务。韩滉上奏指摘其过失，将元琇罢免。

【纲】夏四月，淮西将领陈仙奇杀李希烈，投降，唐德宗任命他为节度使。【目】李希烈的兵势日益窘迫，恰好又生了病，陈仙奇让医生下毒杀死了他，并且屠杀他全家，然后率众投降。唐德宗下诏任命他为淮西节度使。

【纲】秋七月。陈仙奇被部将吴少诚杀死。唐德宗任命吴少诚为留后。

【纲】吐蕃入寇,诏浑瑊、骆元光屯咸阳。

【纲】九月,置十六卫上将军。 【目】初,上与常侍李泌议复府兵,泌言:"府兵平日皆安居田亩,每府有折冲领之,农隙教战。有事征发,则以符契下州府参验发之,至所期处。将帅按阅,有不精者,罪其折冲,甚者罪及刺史。军还,则赐勋加赏,行者近不逾时,远不经岁。高宗以刘仁轨为洮河镇守,使以图吐蕃,于是始有久戍之役。又牛仙客以积财得宰相,边将效之;诱戍卒,使以所赍缯帛寄于府库,而苦役之,利其死而没入其财,故戍卒还者什无二三。然未尝有外叛内侮者,诚以顾恋田园,恐累宗族故也。自开元之末,张说始募长征兵,兵不土著,不自重惜,忘身徇利,祸乱遂生。向使府兵之法不废,安有如此下陵上替之患哉!"上以为然,因有是命,然卒亦不能复也。

【纲】李晟遣兵击吐蕃于汧城,败之。 【目】尚结赞败走,谓其人曰:"唐之良将,李晟、马燧、浑瑊而已,当以计去之。"入凤翔境,以兵直抵城下,曰:"李令公召我来,何不出犒我!"经宿而退。

【纲】冬十一月,韩滉、刘玄佐、曲环俱入朝。 【目】先是关中仓廪竭,禁军或自脱巾呼于道曰:"拘吾于军而不给粮,吾罪人也!"上忧之甚,会韩滉运米三万斛至陕,李泌奏之。上喜,谓太子曰:"吾父子得生矣!"时禁中不酿,命于坊市取酒为乐。又遣中使谕神策六军,军士皆呼万岁。时比岁饥馑,兵民率皆瘦黑,及麦熟,市有醉者,人以为瑞。然人乍饱食,死者甚众。数月,人肤色乃复故。

【纲】吐蕃进扰,唐德宗下诏,命浑瑊、骆元光屯住咸阳。

【纲】九月,朝廷设置十六卫上将军。 【目】起初,唐德宗和常侍李泌商议恢复府兵的事,李泌说:"府兵平时居家种田,每府设折冲都尉统领,农闲时进行作战训练。发生战事需要征发时,朝廷颁下符信,州府验证后,凭符信征调到指定地点。由将帅检阅,凡训练不够精良的,要追究折冲都尉的罪责,甚至追究刺史的责任。作战归来,朝廷赐给勋位,加以奖赏,服役时间短的不过二、三个月,多的不超过一年。高宗任命刘仁轨为洮河镇守使,防范吐蕃,从此才有了长期服役的。又如,牛仙客因为积累了大笔财产做了宰相,边将纷纷仿效,并引诱戍边的士兵,让他们把得到的缯帛寄存在官家的府库中,然后拼命地役使他们,期望将他们累死以便占有他们的财物,因此戍边的士兵能活着回到家乡的十人之中不到二、三个人。然而即使如此也没有叛逃外族或内讧的,就是因为留恋家园,恐怕连累宗族。自从开元末年,张说开始招募长期服役的士兵,士兵中没有土著,自己不珍重爱惜,为了钱财不惜生命,于是祸乱不断发生。要是府兵制没有废弃,怎么会发生这种在下的强暴,在上的不断更替的祸患呢!"唐德宗认为他说得很有道理,因此才产生这个想法,但是直到唐德宗死也没有能够恢复。

【纲】李晟派兵在汧城(即汧源,今陕西陇县)抗击吐蕃,并将其击败。 【目】尚结赞失败逃走,他对族人说:"唐朝的优秀将领,只有李晟、马燧、浑瑊三人而已,应设计除掉。"进入凤翔境内,率兵直逼城下,说:"李令公叫我来,为什么不出城犒劳我!"一夜后离去。

【纲】冬十一月,韩滉、刘玄佐、曲环都奉诏入朝。 【目】起先,关中粮仓空虚,禁军中有人摘下头巾在路上高呼:"把我们约束在军中,却又不给粮食,把我们当成罪犯了!"唐德宗十分忧愁。恰好韩滉此时运到陕三万斛米,李泌上奏此事,唐德宗大喜,对太子说:"我们父子有救了!"当时宫中已不酿酒,便命令从集市上的作坊中取酒来庆贺。又派中使宣抚神策六军,士兵们都高呼万岁。当时,连年饥荒,士兵百姓大都面黄肌瘦。等到麦收时,街市中有人喝醉了酒,人们都认为是吉兆。但是人们长期挨饿,猛然间能够吃饱饭,有许多人竟因此撑死。几个月后,人们的脸色才恢复正常。

滉遂入朝，过汴，时宣武节度使刘玄佐久未入朝。滉与约为兄弟，请拜其母；其母喜，为置酒。酒半，滉曰："弟何时入朝？"玄佐曰："久欲入朝，力未能办耳！"滉曰："滉力可及。"乃遗玄佐钱二十万缗，备行装。滉留大梁三日，大出金帛赏劳，一军为之倾动。玄佐惊服，遂与陈许节度使曲环俱入朝。

【纲】十二月，以韩滉兼度支、盐铁、转运等使。

【纲】李晟入朝。 【目】工部侍郎张彧，李晟之婿也。晟在凤翔，以女嫁幕客崔枢，礼重之过于彧；彧怒，遂附于张延赏。上忌晟功名，会吐蕃有离间之言，延赏等腾谤于朝，无所不至。晟闻之，昼夜泣，目为之肿，悉遣子弟诣长安，表请为僧，不许。入朝，称疾，恳辞方镇，亦不许。韩滉素与晟善，上命滉谕旨，使与延赏释怨。引延赏诣晟第谢，因饮尽欢；晟表荐延赏为相。

【纲】丁卯，三年，春正月，以张延赏同平章事。 【目】李晟为其子请婚于延赏，不许。晟谓人曰："武夫性快，释怨于杯酒间，则不复贮胸中矣；非如文士难犯，外虽和解，内蓄憾如故，吾得无惧哉！"

【纲】刘滋罢，以柳浑同平章事。

【纲】二月，遣右庶子崔澣使吐蕃。

【纲】镇海节度使、同平章事韩滉卒。 【目】滉久在二浙，所辟僚佐，各随其长，无不得人。尝有故人子谒之，滉考其能，一无所长，然与之宴，竟席，未尝左右视。因使监库门，其人终日危坐，吏卒无敢妄出入者。

韩滉奉召入朝，途经汴（即大梁，今河南开封）。当时宣武节度使刘玄佐很长时间没有入朝了，韩滉和他结为兄弟，并请求拜见他的母亲。刘玄佐的母亲十分高兴，为他置办酒席。酒喝到一半，韩滉说："弟什么时候入朝？"刘玄佐说："我想入朝已经很长时间了，只不过凭我的力量，无法做到罢了！"韩滉说："我有力量办成此事。"于是送给刘玄佐二十万缗钱，用来准备行装。韩滉在大梁停留三天，拿出大笔的钱财用于赏赐，大梁的军人为之倾倒。刘玄佐十分惊讶叹服，于是和陈许（治陈州城，今河南淮阳）节度使曲环一同入朝。

【纲】十二月，唐德宗任命韩滉兼任度支、盐铁转运使。

【纲】李晟入朝。【目】工部侍郎张彧，是李晟的女婿。李晟在凤翔时，把女儿嫁给幕僚崔枢，礼仪比张彧娶妻时隆重。张彧很恼怒，因而去依附张延赏。唐德宗忌惮李晟的功劳和名声，正逢吐蕃人散布离间的流言，张延赏等人乘机在朝中诽谤，方方面面，无所不至。李晟知道了，日夜哭泣，眼睛也哭肿了，把子弟门徒都派往长安，上表请求出家当和尚。唐德宗没有答应。入朝后，自称身体有病，恳切请求辞掉方镇的兵权，也没有得到准许。韩滉与李晟一向关系很好，唐德宗命韩滉宣谕自己的旨意，让李晟和张延赏放弃结下的嫌隙和好，并带张延赏去李晟家里。于是双方一起饮酒和好。李晟上表举荐张延赏做宰相。

【纲】贞元三年（丁卯，787），春正月，唐德宗任命张延赏为同平章事。【目】李晟替儿子向张延赏的女儿请求婚配，张延赏不同意。李晟对人说："武夫性情爽快，杯酒之间放弃怨恨，就不记在心里了。不像文士那样得罪不得，表面与你和解，心里却仍像以前一样积蓄着怨恨，我能不害怕吗！"

【纲】刘滋被罢免，唐德宗任命柳浑为同平章事。

【纲】二月，唐德宗派右庶子崔澣出使吐蕃。

【纲】镇海（治润州城，今江苏镇江）节度使，同平章事韩滉去世。【目】韩滉长期在两浙任职，所聘用的僚佐，都各有所长，使用上都能各得其所。曾经有一位老友的儿子前来拜见，韩滉考察他的能力，发现他一无所长。但是发现他在酒宴上，自始至终，目不斜视，于是让他去监守府库。这个人每天都正襟危坐，小吏和士兵没有敢随便出入的。

【纲】三月，以李晟为太尉。　【目】初，吐蕃尚结赞屡遣使求和，上未之许，乃卑辞厚礼求和于马燧。燧信其言，为之请于朝。李晟曰："戎狄无信，不如击之。"张延赏与晟有隙，数言和亲便。上亦素恨回纥，欲与吐蕃击之，遂从燧、延赏计。

延赏又言："晟不宜久典兵。"上乃谓晟曰："朕以百姓之故，与吐蕃和亲决矣。大臣既与吐蕃有怨，宜留辅朕，自择代者。"晟荐都虞候邢君牙，遂以君牙为凤翔尹，加晟太尉，罢镇。

晟在凤翔，尝谓僚佐曰："魏徵好直谏，余窃慕之。"行军司马李叔度曰："此儒者事，非勋德所宜也。"晟敛容曰："司马失言矣。晟任兼将相，知朝廷得失而不言，何以为臣哉！"叔度惭而退。及在朝廷，上有所顾问，极言无隐；而性沉密，未尝泄于人。

【纲】夏五月，以浑瑊为会盟使。　【目】崔澣见尚结赞，责以负约。尚结赞曰："破朱泚，未获赏，是以来耳。公欲修好，固所愿也。然浑侍中信厚闻于异域，请必使之主盟。"遂遣瑊与盟，许盟于平凉。

【纲】闰月，省州县官。
【纲】浑瑊与吐蕃盟于平凉，吐蕃劫盟。　【目】浑瑊之发长安也，李晟深戒之，以盟所为备不可不严。张延赏言于上曰："晟不欲盟好之成，故戒瑊以严备。我有疑彼之形，则彼亦疑我矣，盟何由成！"上乃召瑊，切戒以推诚待虏，勿为猜疑。瑊奏吐蕃决以辛未盟。延赏集百官，称诏示之曰："李太尉谓和好必不成，今盟日定矣。"晟闻之泣曰："吾生长西陲，备谙虏情，所以论奏，但耻朝廷为

【纲】三月,唐德宗任命李晟为太尉。 【目】当初,吐蕃的尚结赞多次派人求和,唐德宗不许。因此只好准备厚礼,很谦卑地向马燧求和。马燧相信了他的话,替他向朝廷请求和解。李晟说:"戎狄没有信用,不如用武力打击他们。"张延赏和李晟有矛盾,多次说和解的好处。唐德宗也历来痛恨回纥,想联合吐蕃打击回纥,于是采纳了张延赏、马燧的计策。

张延赏又说:"不应该让李晟长期掌握兵权。"于是唐德宗对李晟说:"我因为要考虑到百姓的安宁,所以决心与吐蕃和亲了。作为朝廷重臣你既然和吐蕃有怨仇,应该留在朝中辅佐我,请你自己选择一个人来接替你。"李晟推荐了都虞候邢君牙,于是唐德宗任命邢君牙为凤翔尹。加封李晟为太尉,罢免了他在藩镇大权。

李晟在凤翔的时候,曾对幕僚说:"魏徵性好直言劝谏,我私下里很仰慕他。"行军司马李叔度说:"这是文人的事,不是勋臣、德高望重的人适宜做的。"李晟正色答道:"司马的话说走嘴了吧。我李晟一身而兼任将相,知道朝廷的得失却不说,还如何在朝中为臣呢!"李叔度惭愧地退下了。他在朝廷时,唐德宗每次有所询问时,都尽力做到知无不言,言无不尽。而他的性情又很沉稳,做事周密,从未将机密泄露给别人。

【纲】夏五月,唐德宗任命浑瑊为会盟使。 【目】崔澣约见尚结赞,责备他违背盟约。尚结赞说:"打败朱泚,没有得到奖赏,所以才来了。您若想重修旧好,这当然也是我所愿意的。不过浑侍中诚信、忠厚,闻名于异域他邦,请一定让他主持盟会。"于是派浑瑊去与吐蕃结盟,双方相约在平凉(今甘肃平凉)举行盟会。

【纲】闰五月,精简州县长官。

【纲】浑瑊和吐蕃在平凉举行盟会,吐蕃人劫掠了盟会。 【目】浑瑊从长安出发时,李晟深深地告诫他,盟会的警戒防卫不可以不严格。张延赏对唐德宗说:"李晟不愿盟会成功,因此告诫浑瑊严加防范。我方显露出戒备的情形,对方必然会对我方产生疑心了,盟会怎么能成功!"于是唐德宗召见浑瑊,极力告诫他对吐蕃人要以诚相待,不要猜疑。浑瑊上奏说:"吐蕃决定辛未和我们举行盟会。"张延赏召集百官,拿出唐德宗批示的浑瑊的上表说:"李太尉说与吐蕃人和好一

犬戎所侮耳！"上始命骆元光屯潘原，韩游瓌屯洛口，以为浑瑊援。将盟，吐蕃伏精骑数万于坛西，瑊等入幕，易礼服，虏伐鼓三声，大噪而至，瑊自幕后出，偶得他马乘之，虏纵兵追击，唐将卒死者数百人。元光成陈以待之，虏骑乃还。

是日上视朝，谓诸将曰："今日和戎息兵，社稷之福！"柳浑曰："戎狄，豺狼也，非盟誓可结。今日之事，臣窃忧之！"李晟曰："诚如浑言。"上变色曰："柳浑书生，不知边计；大臣亦为此言邪！"皆顿首谢。是夕，韩游瓌表言："虏劫盟者，兵临近镇。"上大惊，谓浑曰："卿书生，乃能料敌如此其审邪！"上欲出幸，大臣谏而止。

【纲】六月，以马燧为司徒，兼侍中。　【目】初，吐蕃尚结赞恶李晟、马燧、浑瑊，曰："去三人，则唐可图也。"于是离间李晟，因马燧以求和，欲执浑瑊以卖燧，使并获罪，因纵兵直犯长安，会失浑瑊而止。获马燧之侄弅，谓曰："胡以马为命。吾在河曲，春草未生，马不能举足。当是时侍中渡河掩之，吾全军覆没矣。今蒙侍中力，全军得归，奈何拘其子孙？"弅遣与宦官俱文珍等归。上由是恶燧，罢其副元帅、节度使，以为司徒、侍中。张延赏惭惧谢病。

【纲】以李泌同平章事。　【目】泌初视事，与李晟等俱入见。上谓泌曰："朕欲与卿有约，卿慎勿报雠，有恩者朕当为卿报之。"对曰："臣素奉道，不与人为雠。李辅国、元载皆害臣者，今自毙矣。素有善者，率已显达，或多零落，臣无可报也。臣今日亦愿与陛下为约，可乎？"上曰："何不可！"泌曰："愿陛下勿害功臣。李晟、马燧

定不会成功,现在盟会的日期已经确定了。"李晟知道后,哭着说:"我生长在西部边陲,太熟悉吐蕃人的性情了,所以上奏,就是不愿朝廷蒙受被犬戎欺侮的耻辱啊!"唐德宗命骆元光屯兵潘原县(今甘肃平凉东),韩游瓌屯兵洛口(今甘肃泾原西南)作为浑瑊的后援。盟会要举行之前,吐蕃人在祭坛西埋伏了数万名精锐骑兵。浑瑊等人到幕布后面更换礼服。这时吐蕃人擂鼓三通,大声呐喊着冲了过来。浑瑊从幕布后出来,随手牵过一匹别人的马骑上。吐蕃人在后面追杀,唐朝将士死了数百人。骆元光严阵以待,吐蕃人才撤回。

这天,唐德宗上朝,对诸将说:"今天和吐蕃人息兵罢战,真是社稷的福份!"柳浑说:"戎狄,豺狼本性,并不是盟誓可以结交的。今天的事,我私下里很担忧!"李晟说:"正如柳浑所说的。"唐德宗脸色大变,说:"柳浑一介书生,不懂边疆大计。大臣怎么也说这话呢!"二人只有叩头谢罪。当晚,韩游瓌上表说:"吐蕃人劫掠了盟会,已经兵临附近边镇。"唐德宗大吃一惊,对柳浑说:"你是名书生,怎么会料敌如此准确呀!"唐德宗想出逃,受到大臣劝谏才作罢。

【纲】六月,唐德宗任命马燧为司徒,兼任侍中。 【目】当初,吐蕃的尚结赞憎恨李晟、马燧、浑瑊,说:"除掉这三个人,唐朝就可以图谋了。"因此离间李晟,利用马燧求和,想捉住浑瑊,这样就把马燧也装进去了,使这两人同时获罪。因此纵兵直逼长安,因为没有捉到浑瑊才作罢了。但捉住了马燧的侄子马弅,并对他说:"胡人将马匹视为生命。我们游牧在河曲(指黄河弯曲处),春天的牧草还没有生长出来,马匹无力扬蹄奔跑。如果在此时,马侍中渡河袭击,我们就全军覆没了。现在承蒙侍中出力,全军安然返回,为什么还要扣押他的子孙呢!"将马弅和宦官俱文珍等人放回。唐德宗因此很憎恨马燧,罢免了他的副元帅、节度使职位,降为司徒、侍中。张延赏羞惭畏惧,称病不朝。

【纲】唐德宗任命李泌为同平章事。 【目】李泌上任初,同李晟共同上朝叩见唐德宗。唐德宗说:"我想和你约定,你不要轻率地报复仇敌。对你有恩的,我替你报答他。"李泌回答说:"我为人向来不违背事理,不与人结仇。李辅国、元载,都是迫害我的人,现在都已自取灭亡了。平素和我较好的人,一般也已荣显闻达,或许有很多飘零落

有大功于国，间有谗之者，陛下万一害之，则宿卫之士，方镇之臣，无不愤惋反仄，恐中外之变复生也！陛下诚不以二臣功大而忌之，二臣不以位高而自疑，则天下永无事矣。"上以为然。晟、燧皆起，泣谢。上因谓泌曰："自今凡军旅粮储事，卿主之；吏、礼委延赏；刑法委浑。"泌曰："陛下不以臣不才，使待罪宰相。宰相之职，天下之事咸共平章，不可分也。若各有所主，是乃有司，非宰相矣。"上笑曰："朕适失辞，卿言是也。"

【纲】以李自良为河东节度使。 【目】自良从马燧入朝，上欲使镇太原。自良固辞曰："臣事燧久，不欲代之。"上曰："卿于马燧，存军中事分，诚为得体，然北门之任，非卿不可。"卒以授之。

【纲】复所省州县官。
【纲】秋七月，以李升为詹事。
【纲】募戍卒屯田京西。
【纲】张延赏卒。
【纲】八月，柳浑罢为左散骑常侍。 【目】初，浑与张延赏议事，数异同，延赏使人谢曰："相公节言，则重位可久矣。"浑曰："为吾谢张公，柳浑头可断，舌不可禁。"由是交恶。上好文雅蕴藉，而浑质直无威仪，时发俚语。上不悦，罢之。

魄的,我也没有什么可以报答的。我今天也愿和您达成一个约定,可以吗?"唐德宗说:"有什么不可以!"李泌说:"希望您不要迫害功臣。李晟、马燧都为国家立过大功,近来有人说他们的坏话。您万一害了他们,那么护卫您的将士、方镇重臣,恐怕无人不悲愤惋叹,忐忑不安,这样朝廷内外又要发生变乱了!您如果确实能做到不因二人功高而猜忌,这二人也不因地位太高而疑虑不安,天下就会永远太平无事了。"唐德宗觉得他的话很有道理。李晟、马燧都起身,哭着拜谢李泌。唐德宗于是对李泌说:"从今往后凡是有关军旅、粮食储备等事,都由你掌管。吏部、礼部委托给张延赏。刑法委托浑瑊。"李泌说:"您没有把我当成毫无才能的人,才让我待罪于宰相这个职位。宰相这个职位,是要使天下大事都能够均衡彰明,是不可以分割的。如果各司其职,那就是具体的职能部门,而不是宰相了。"唐德宗笑着说:"我刚才说走嘴了,你的话是对的。"

【纲】唐德宗任命李自良为河东(治太原,今山西太原西南)节度使。 【目】李自良是跟随马燧一起入朝的,唐德宗想让他出镇太原。李自良坚决推辞说:"我事奉马燧很长时间了,不想取代他的位置。"唐德宗说:"你和马燧之间,保持着在军队中上下级的名份,确实做得很得体。但守卫国家北大门的任务,也非你不可。"最终还是把河东节度使的职位授予他了。

【纲】唐德宗恢复所精简的州郡长官。

【纲】秋七月。唐德宗任命李晟为詹事。

【纲】招募士兵在京西屯田。

【纲】张延赏去世。

【纲】八月,柳浑被降职为左散骑常侍。 【目】当初,柳浑和张延赏一块儿讨论国家大事,很多次,意见都不相同,张延赏叫人去婉言劝说:"相公如果能少说两句,那么您重臣的地位就可以保持长久了。"柳浑说:"你替我去谢谢张公的好心,我柳浑头可断,要讲话的舌头是禁止不了的。"从此两人关系恶化。唐德宗喜好温文尔雅的人,可是柳浑质朴、耿直,貌不惊人,并且常好说乡俗俚语土话。唐德宗很不高兴,因此将他降职。

【纲】幽郜国大长公主,流李升于岭南。 【目】公主,肃宗女也,适萧升。女为太子妃,恩礼甚厚,宗戚皆疾之。主素不谨,李升等数人出入其第。或告主淫乱,且为厌祷。上大怒,幽之禁中,流升等岭表,切责太子;太子惧,请与妃离昏。

上召李泌告之,且曰:"舒王近已长立,孝友温仁。"泌曰:"陛下惟有一子,奈何欲废之而立侄!且陛下所生之子犹疑之,何有于侄!舒王虽孝,自今陛下宜努力,勿复望其孝矣!"上曰:"卿不爱家族乎?"对曰:"臣惟爱家族,故不敢不尽言。若畏陛下盛怒而为曲从,陛下明日悔之,必尤臣云:'吾独任汝为相,不力谏,使至此;必复杀而子。'臣老矣,余年不足惜,若冤杀臣子,使臣以侄为嗣,臣未知得歆其祀乎?"因呜咽流涕。上亦泣曰:"事已如此,奈何?"对曰:"此大事,愿陛下审图之。自古父子相疑未有不亡国者,且陛下不记建宁之事乎?"上曰:"建宁叔实冤,肃宗性急故耳!"泌曰:"臣昔为此,故辞归,誓不近天子左右;不幸今日复为陛下相,又睹兹事。且其时先帝常怀危惧,臣临辞日,因诵《黄台瓜辞》,肃宗乃悔而泣。"上意稍解,乃曰:"贞观、开元皆易太子,何故不亡?"对曰:"承乾谋反事觉,太宗使朝臣数十人鞫之,事状显白,然当时言者犹云:'愿陛下不失为慈父,使太子得终天年。'太宗从之,并废魏王泰。且陛下既知肃宗急而建宁冤,则愿陛下深戒其失,从容三日,究其端绪,必释然知太子之无他矣。若果有其迹,愿陛下如贞观之法,并废舒王而立皇孙,则百代之后,有天下者,犹陛下子孙也。至于武惠妃潛太子瑛兄弟杀之,海内冤愤,乃百代所当戒,此又可法乎!幸赖陛下语臣,臣敢以家族保太子。向使杨素、许敬宗、李林甫之徒承此旨,已就舒王图定策之功矣。"上曰:"此朕家事,何预于卿,而力争如此?"对曰:"天子以四海为家。臣今独任宰相之重,四海之内,一物失所,责归于臣。况坐视太子冤横而不言,臣罪大矣。"

【纲】幽囚鄁国大长公主，将李升流放到岭南（指岭南道，今广东）。　【目】鄁国大公主是唐肃宗的女儿，嫁给萧升。女儿是太子的妃子，受到的恩宠和礼遇很重，宗室外戚都很嫉恨。公主行事历来不谨慎，李升等人多次出入公主的府第。有人告发公主与之淫乱，并且诅咒唐德宗短命。唐德宗大怒，将公主幽囚在宫中，将李升流放到岭表（即岭南），严厉责备太子。太子害怕，请求和妃子离婚。

唐德宗召见李泌，将事情告诉他，并且说："舒王李谊已近成人，对上孝顺，对兄弟友善，温文仁义。"李泌说："您只有一个儿子，为什么想要废掉而册立侄儿！况且您对自己的儿子还这样疑心而不信任，何况侄儿！舒王固然孝顺，但从今以后，您好自为之吧，不要指望他孝顺了！"唐德宗说："你难道不爱护家族吗？"李泌答道："我正是因为爱护家族，才不敢不把话都说出来。如果畏惧您的盛怒而委曲顺从，你有一天后悔了，必然怪罪我说：'我唯独让你作了宰相，你却不能尽力劝谏，以致于此，我一定要杀你的儿子。'我已经老了，余下的岁月不足吝惜，但要是冤杀了我的儿子，要我不得不让侄儿作我的子嗣，我真不知道还能不能保住家族宗庙的香火了！"说着哽噎流泪。唐德宗也落泪说："事已至此，怎么办？"答道："这是件大事，希望您审慎地考虑。自古以来父子相互猜疑没有不亡国的，况且您难道忘记建宁的事了吗？"唐德宗说："建宁叔李倓确实冤枉，都是肃宗他性情急躁的原因。"李泌说："我当初因为这件事，向皇上请求辞职回家，发誓不再靠近天子的左右。不幸今天又做了您的宰相，又看到了这种事情。况且当时先帝就时常感到危险和恐惧。我临辞行时，诵读了《黄台瓜辞》，肃宗很悔恨并且落了泪。"唐德宗心情这才稍缓和，又说："贞观、开元年间都更换过太子，为什么没有亡国？"答道："太子李承乾谋反败露，太宗让数十名大臣审问，因此事情明白清楚。然而当时还有人说：'希望您还不失为慈爱的父亲，让太子得享天年。'太宗顺了这种意愿，将魏王李泰也一并废掉。何况您既然知道肃宗的急躁造成建宁的冤情，那么我希望您能够深深地以其失误为借鉴，宽容几天，弄清事情的原委，一定会很宽心地了解到太子并没有不轨的企图了。如果真有不轨的迹象，希望您按照太宗贞观年间的做法，将舒王也一并废掉而册立皇孙，这样百年以

上曰："为卿迁延至明日思之。"泌抽笏叩头而泣曰："如此，臣知陛下父子慈孝如初矣！然陛下还宫，当自审思，勿露此意于左右；露之，则彼皆欲树功于舒王，太子危矣！"上曰："具晓卿意。"泌归，太子遣人谢泌曰："若必不可救，欲先自仰药，如何？"泌曰："必无此虑。愿太子起敬起孝。苟泌身不存，则事不可知耳。"间一日，上开延英殿独召泌，流涕曰："非卿切言，朕今日悔无及矣！太子仁孝，实无他也。自今军国及朕家事，皆当谋于卿矣。"泌拜贺，因曰："臣报国毕矣。惊悸亡魂，不可复用，愿乞骸骨。"上慰喻，不许。

【纲】九月，回纥求和亲，许之。

【纲】冬十月，吐蕃城故原州而屯之。

【纲】十二月，大稔，诏和籴粟麦。　【目】上畋于新店，入民赵光奇家，问："百姓乐乎？"对曰："不乐。"上曰："今岁颇稔，何为不乐？"对曰："诏令不信。前云两税之外悉无他徭，今非税而诛求者殆过于税。又云和籴，而实强取之，曾不识一钱，如云所籴粟麦纳于道次，今则遣致京西行营，动数百里，车摧牛毙，破产不能支。愁苦如此，何乐之有！"上命复其家。

后，拥有天下的，还是您的子孙。至于武惠妃当年诬陷太子李瑛等兄弟三人，以致被杀，天下都认为他们兄弟冤枉因而怨愤不平，这应该是世代引以为戒的，又怎么可以效法呢！幸亏您对我说了此事，我敢用我的家族为太子担保。假使像从前一样让杨素、许敬宗、李林甫之类的人承顺了旨意，那么现在他们已经到舒王那里去谋取另立太子的功劳了！"唐德宗说："这是我家里的事，与你有什么相干，你要如此竭力争辩？"答道："天子以四海为家。我现在独自担当宰相这样的重任，天下四方，有一件事措置不当，都是我的责任。更何况坐视太子的冤屈而无动于衷，不置一辞，那我的罪过可就大了。"唐德宗说："为了你的心意，我就拖到明天考虑这事。"李泌拿出笏板叩头流泪说："如果像这样，我就知道你们父子像原先一样慈爱、孝顺了！"唐德宗说："你的心意我全都知道了。"李泌回去后，太子派人去感谢李泌说："如果实在无法挽回，我想先服毒自尽，怎么样？"李泌说："一定不要有这种忧虑。希望太子尽心尽孝。假若李泌不在了，那以后的事就无法预测了。"隔了一天，唐德宗在延英殿单独召李泌，流泪说："要不是你痛切进言，我今天已经后悔不及了！太子仁义孝顺，实在是没有任何过错呀。从今以后，军国大事和我家里的事，都应当和你商量啊。"李泌下拜祝贺，并说："我报国的心愿已了，前几天受到惊吓，我已经失魂落魄，不堪任用了，愿意向您讨回这把老骨头。"唐德宗着意安抚劝慰，不答应他的请求。

【纲】九月，回纥人请求和亲，准许其请求。

【纲】冬十月，吐蕃人在原州筑城屯住。

【纲】十二月，大丰收，下诏议价收购粟麦。　【目】唐德宗在新店（在今河南陕县西）田猎，到平民赵光奇家，问："百姓高兴吗？"答道："不高兴。"唐德宗说："今年收成很好，为什么不高兴？"答道："诏令没有信用。先说两税之外没有其他徭役，现在虽然征要的不是税，可索求的比税还多。又说议价收购，实际是强行索取，根本不曾给过一文钱。原说所收购的粟麦送到本道即可，现在则要求送到京西行营，路途动辄数百里，车毁牛亡，破产了也无法支撑。如此愁苦，有什么欢乐可言！"唐德宗下令免除他家的徭役赋税。

纲鉴易知录卷五五

唐纪

德宗皇帝

【纲】戊辰,四年,春二月,以诸道税外钱帛输大盈库。

【纲】夏四月,更命殿前射生曰神威军。【目】左右羽林、龙武、神武、神策、神威,凡十军。

【纲】六月,征阳城为谏议大夫。【目】城,夏县人,以学行著闻,隐居柳谷,李泌荐之。

【纲】冬十月,回纥来迎公主,仍请改号回鹘。

【纲】十一月,册回鹘长寿天亲可汗,以咸安公主归之。

【纲】己巳,五年,春二月,以董晋、窦参同平章事。【目】李泌此陈衰老,乞更除一相,上曰:"朕深知卿劳苦,但未得其人耳。"因从容论即位以来宰相曰:"卢杞忠清强介,人言杞奸邪,朕殊不觉。"泌曰:"此乃杞之所以为奸邪也。傥陛下觉之,岂有建中之乱乎!"上曰:"建中之乱,术士豫请城奉天。此盖天命,非杞所致也。"泌曰:"天命,他人皆可以言之,惟君相不可言。盖君相所以造命也。若言命,则礼、乐、政、刑皆无所用矣。纣曰:'我生不有命在天!'此商之所以亡也。"既而泌荐窦参通敏,可兼度支盐铁;董晋方正,可处门下。上皆以为不可。泌疾甚,复荐二人,上遂相之。

参为人刚果峭直,无学术,多权数。敏奏事,诸相出,参独居后,以奏度支事为辞,实专大政,多引亲党置要地,使为耳目;董晋充位而已。然晋为人重慎,所言于上前者未尝泄于人,子弟或问之,

德宗皇帝

【纲】贞元四年（戊辰，788），春二月，诸道税收以外的钱帛都存入大盈库。

【纲】夏四月，唐德宗将殿前射生更名为神威军。【目】神威军分为左右羽林、龙武、神武、神策、神威，共十军。

【纲】六月，征调阳城为谏议大夫。【目】阳城，是夏县（今山西夏县）人，以学识和品行闻名，隐居在柳谷（在今山西夏县中条山中），是李泌推荐的他。

【纲】冬十月，回纥来人迎娶唐室公主，并请仍然改称回鹘。

【纲】十一月，册封回鹘长寿天亲可汗，并将咸安公主嫁给他。

【纲】贞元五年（己巳，789），春二月，唐德宗任命董晋、窦参为同平章事。【目】李泌对唐德宗说自己已经年老体衰，乞求再提升一人为宰相。唐德宗说："我深知你十分劳累，只不过现在没有合适的人选罢了。"并从容不迫地议论即位以来的宰相说："卢杞忠直、清廉、耿介，人们说卢杞奸佞邪恶，我一点也不觉得。"李泌说："这正是卢杞的奸邪之处。如果您有所察觉，哪里还会有建中年间的祸乱呢！"唐德宗说："建中年间的祸乱，术士曾预先请求修筑奉天城。这大概是天命，不是卢杞造成的。"李泌说："天命，别人都可以这样说，惟有君王宰相不可以这样说。这是因为君王宰相是制造天命的人。如果一切都是所谓的天命，那么礼、乐、政、刑就都没有用了。纣王说：'我的出生难道不是天命吗！'这就是商亡的原因。"后来李泌推举窦参，说他通达、机敏，可以兼任度支使、盐铁转运使；董晋品行端正，可任门下省长官。唐德宗认为都不行。李泌很担忧，再次推荐，唐德宗才拜为宰相。

窦参为人果断、严峻、刚直，没有学问，但善于权术。每次奏事后，诸相都出来了，他一人落在后面，借口上奏度支方面的事，实际是专权大政。他引荐很多亲朋党羽，安插在重要位置，作为耳目。董晋不过

晋曰："欲知宰相能否，视天下安危。所谋议于上前者，不足道也。"

【纲】三月，中书侍郎、同平章事、邺侯李泌卒。【目】泌有谋略而好谈神仙诡诞，故为世所轻。

【纲】辛未，七年，秋八月，以陆贽为兵部侍郎，解内职。【目】窦参恶之也。

【纲】壬申，八年，夏四月，赐谏议大夫吴通玄死，贬窦参为柳州别驾。【目】窦参每迁除，多与族子给事中申议之。申招权受赂，时人谓之"喜鹊"。上颇闻之。申恐陆贽进用，阳与谏议大夫吴通玄作谤书以倾贽。上察知之，贬参，赐通玄死。

【纲】以赵憬、陆贽同平章事。【目】陆贽请令台省长官各举其属，著其名于诏书，异日考其殿最，并以升黜举者，诏行之。未几，或言于上曰："诸司所举皆有情故，不得实才。"上密谕贽："自今除孜，卿宜自择，勿任诸司。"贽上奏曰："今之宰相则往日之台省长官，今之台省长官乃将来之宰相，岂有为长官之时则不能举一二属吏，居宰相之位则可择千百具僚；物议悠悠，其惑甚矣。盖尊者领其要，卑者任其详，是以人主择辅臣，辅臣择庶长，庶长择佐僚，将务得人，无易于此。夫求才贵广，考课贵精，往者则天欲收人心，进用不次，然而课责既严，进退皆速，是以当代诵知人之明，累朝赖多士之用。然则则天举用之法，虽伤易而得人，而陛下慎简之规，则太精而失士矣。"上竟追前诏不行。

是充数的摆设罢了。但是董晋为人慎重，在唐德宗面前说过的话，从未泄漏给他人，子弟门徒有人问起，董晋回答说："要知道宰相是否贤能，只要看天下的安危就知道了。在皇上面前的议论不值一提。"

【纲】三月，中书侍郎、同平章事邺侯李泌去世。　【目】李泌有谋略，但好谈论神仙鬼怪等诡秘怪诞的事，因此被世人轻视。

【纲】贞元七年（辛未，791），秋八月，唐德宗任命陆贽为兵部侍郎，免除其他职务。　【目】因为窦参憎恶他。

【纲】贞元八年（壬申，792），夏四月，唐德宗赐谏议大夫吴通玄死，将窦参贬为柳州（治马平，今广西柳州）别驾。　【目】窦参每次升迁朝臣，多爱与同族儿辈的给事中窦申商谈。窦申揽权受贿，被当时人称为"喜鹊"。唐德宗对此颇有些耳闻。窦参惟恐陆贽受到重用得揽大权，暗中和谏议大夫吴通玄炮制诽谤陆贽的书信排挤陷害他。唐德宗觉察此事，贬斥窦参，并赐吴通玄死。

【纲】唐德宗任命赵憬、陆贽为同平章事。　【目】陆贽请求让三省长官举荐下属，将名字写在诏书上，他日考核其政绩高下，并据此提升或贬抑举荐者。唐德宗下诏实行。不久，有人对唐德宗说："三省等各部门举荐的人都是举荐人的亲朋故旧，有才能的人并没有得到推举。"唐德宗秘密地指示陆贽："从今以后，提拔或任免官员，请你自行决定人选，不要依靠各部门的荐举。"陆贽上奏说："现任的宰相都是以往三省的长官，现在的三省长官都是将来的宰相。做三省长官时连举用一、二名下属的能力都不具备，做了宰相却能选用千百名官吏，哪里会有这样的事呢。众人议论不断，恐怕他们最感迷惑的事莫过于此了。尊贵的人掌握事情的总要，卑下的人负责具体的事情。所以君主要挑选宰相，宰相要挑选各部门的长官，长官选择自己的僚属。要是想务求用人得当，这就是不可更改的。招纳贤才贵在范围宽广，考核政绩贵在严格精审。从前武则天想收买人心，用人不拘于资历，但是要求严格苛刻；无论迁升或是贬抑都很快，所以当代人颂扬她有知人之明，连续几朝都依靠她选拔出来的士人。那么就是说武则天选拔用人的方法，虽然有任免频繁的弊端，但确实能选拔出人才，而您的方法虽然谨慎、简要，但太过精审因而失掉许多士人。"唐德宗最后追回先前的诏令不再推行。

【纲】平卢节度使李纳卒。 【目】军中推其子师古知留后。

【纲】秋七月,以司农少卿裴延龄判度支事。 【目】陆贽请以李巽权判度支,上许之。既而复欲用延龄,贽言:"度支准平万货,刻吝则生患,宽假则容奸。延龄诞妄小人,用之恐伤圣鉴。"上不从。

【纲】天下四十余州大水。 【目】溺死者三万余人。

【纲】八月,遣使宣抚诸道。 【目】陆贽以大水请遣使赈抚。上曰:"闻所损殊少,即议优恤,恐生奸欺。"贽奏曰:"流俗之弊,多徇诡谀,揣所悦意则侈其言,度所恶闻则小其事,制备失所,恒病于斯。且今遣使巡抚,所费者财用,所收者人心,苟不失人,何忧乏用乎!"上曰:"淮西贡赋既阙,不必遣也。"贽曰:"陛下息师含垢,宥彼渠魁,惟兹下人,所宜矜恤。昔秦、晋雠敌,穆公犹救其饥,而况帝王怀柔万邦,惟德与义。宁人负我,无我负人。"乃遣中书舍人奚陟等宣抚诸道。

【纲】九月,减江、淮运米,令京兆边镇和籴。

【纲】冬十一月,贬姜公辅为吉州别驾。 【目】姜公辅久不迁官,诣陆贽求迁。贽密语之曰:"闻窦相奏拟,上有怒公之言。"公辅惧,请为道士。上问其故,公辅不敢泄贽语,以闻参言为对。上怒,贬公辅,遣中使责参。

【纲】平卢（治郓州，今山东平阴西北）节度使李纳去世。 【目】平卢军人推举李纳儿子李师古为留后。

【纲】秋七月，唐德宗任命司农少卿裴延龄判度支事。 【目】陆贽请求由李巽暂时担任判度支，唐德宗准许。后来又想用裴延龄。陆贽说："度支平抑各种货物的价格，过于苛刻吝啬就会产生祸患，过于宽大就会滋生奸邪。裴延龄是个狂妄奸诈的小人，任用这种人恐怕有损您明察鉴别的声誉。"唐德宗不理睬。

【纲】天下四十多个州发生水灾。 【目】溺水而死的达三万多人。

【纲】八月，派使者宣慰安抚诸道。 【目】因为发生水灾，陆贽请求派使者前往赈济安抚。唐德宗说："我听说受到的损失不大，立即宣布救济安抚，恐怕会滋生奸邪欺诈。"陆贽上奏说："流俗的弊病在于人们大多阿谀谄媚，曲意顺从，揣摸着是您高兴听到的就故意夸大其辞，估计是您讨厌的就极力缩小事实，朝廷采取措施和防备失去准确的依据，问题就经常出在这里。况且现在派人巡视安抚，花费的是钱财，收拢的却是人心，假如没有失掉人心，还用发愁缺乏用度吗！"唐德宗说："淮西（治蔡州，今河南汝南）拒不缴纳贡赋，就不必派人安抚了吧。"陆贽说："您息兵消祸，忍辱负重，宽宥那些叛逆的首领，应该优抚的，正是这些下层的人。当年秦、晋是仇敌，秦穆公还能救济晋国的饥荒。何况您是帝王，要招抚四方万邦，应当重视的只有恩德和道义！宁可让人亏负我，而我却不可亏负别人。"于是派中书舍人奚陟等人宣慰安抚诸道。

【纲】九月，减少江、淮等地贡米的数量，并下令京兆地区和边镇议价收购。

【纲】冬十一月，唐德宗将姜公辅贬为吉州（治庐陵，今江西吉安）别驾。 【目】姜公辅长期不得升迁，便去向陆贽请求升迁。陆贽悄悄地告诉他："听宰相窦参说他曾多次上奏为你请求升迁，皇上不许，并对你有不满之辞。"姜公辅害怕了，请求免官当道士。唐德宗问他为什么，姜公辅不敢泄漏陆贽的话，只回答说从窦参处得知皇上对他不满。唐德宗很生气，贬斥了姜公辅，并派中使斥责窦参。

【纲】癸酉，九年，春正月，初税茶。　【目】凡州、县产茶及茶山外要路，皆估其值，什税一，从盐铁使张滂之请也。滂又奏："税钱别贮，俟有水旱，代民田税。"自是岁收钱四十万缗，未尝以救水、旱也。

【纲】三月，贬窦参为驩州司马，寻赐死。　【目】初，窦参恶李巽，出为常州刺史。及参贬汴州，节度使刘士宁遗参绢五十匹，巽奏参交结藩镇。上大怒，欲杀参，陆贽曰："刘晏之死，罪不明白，至使叛臣得以为辞。参之贪纵，天下共知；至于潜怀异图，事迹暧昧。若遽加重辟，骇动不细。"乃更贬参驩州司马。时宦官恨参尤深，谤毁不已，竟赐死于路。窦申杖杀。

【纲】夏五月，以赵憬为门下侍郎，与贾耽、卢迈同平章事。

【纲】秋七月，诏宰相迭秉笔以处政事。　【目】贾耽、陆贽、赵憬、卢迈为相，百官白事，更让不言，乃奏请依至德故事，宰相迭秉笔，旬日一易，诏从之，其后日一易之。

【纲】置欠负耗剩染练库。
【纲】八月，太尉、中书令、西平忠武王李晟卒。
【纲】甲戌，十年，夏六月，昭义节度使李抱真卒。

【纲】冬十二月，陆贽罢为太子宾客。　【目】陆贽为相，奏论备边六失，以为："措置乖方，课责亏度，财匮于兵众，力分于将多，怨生于不均，机失于遥制。"上虽不能尽从，心甚重之。

【纲】贞元九年（癸酉，793），春正月，开始征收茶税。 【目】凡是产茶的州、县所产茶叶以及茶山以外交通要路过往的茶叶，都按其价值，上缴十分之一的茶税，这是根据盐铁使张滂的建议。张滂又上奏："税钱请单独存放，等到有水旱灾害时，用以代替百姓的田税。"从此，每年收茶税四十万缗，可是从未用于补救水旱灾害。

【纲】三月，唐德宗将窦参贬为驩州（治九德，今越南北部边境）司马。不久，又赐窦参死。 【目】当初，窦参憎恶李巽，将他调出朝廷作常州（治晋陵，今江苏常州）刺史。后来窦参被贬汴州（即大梁，今河南开封），节度使刘士宁送窦参绢五十匹。李巽上奏说窦参结交藩镇。唐德宗大怒，想杀了窦参。陆贽说："当初刘晏之死，罪名就不清楚，以致使叛臣得到口实。窦参的贪婪和骄纵，天下人都知道。致于说他暗怀反叛的企图，行为表现得还不明显。如果骤然处以这么重的刑罚，对人们的震动和惊吓可不小。"于是，唐德宗改变主意，将其贬为驩州司马。当时，宦官们十分痛恨窦参，因此不停地诋毁、攻击，最后，到底将窦参赐死在路上。窦申被乱棍打死。

【纲】夏五月，唐德宗任命赵憬为门下侍郎，并与贾耽、卢迈同为同平章事。

【纲】秋七月，唐德宗下诏命宰相轮流执笔起草诏书，处理政事。【目】贾耽、陆贽、赵憬、卢迈是当时的宰相，百官上奏军国大事，他们相互推诿，谁也不肯出面处理，因此上奏唐德宗请求依照至德年间的惯例，宰相轮流执政，每十天轮换一人，唐德宗下诏施行。后来每天轮换一人。

【纲】设置欠负、耗剩、染练库。

【纲】八月，太尉、中书令西平忠武王李晟去世。

【纲】贞元十年（甲戌，794），夏六月，昭义（治潞州，今山西长治）节度使李抱真去世。

【纲】冬十二月，唐德宗将陆贽罢免为太子宾客。 【目】陆贽任宰相时，上奏论述边疆防卫的六条失误，他认为："事务的处理前后矛盾方法不一，考查、要求过于严厉失去限度，兵多以致财政虚空，将多以致力量分散，待遇厚薄不均以致产生怨愤，遥控指挥以致失掉机先。"唐

赞又以"郊赦已近半年，而窜谪者尚未沾恩"，乃为三状拟进。上以所拟超越，不从。赞曰："王者待人以诚，有责怒而无猜嫌，有惩沮而无怨忌。斥远以儆其不恪，甄恕以勉其自新；行法而暂使左迁，念材而渐加进叙。人知复用，谁不增修！如其贬黜，便谓奸凶，恒处防间，长从摈弃，则悔过者无由自补，蕴才者终不见伸。凡人之情，穷则思变，含凄念乱，或起于兹矣。"

上性猜忌，不委任臣下，官无大小，必自选用；一经遣责，终身不收；好以辩给取人，不得敦实之士。赞又谏曰："登进以懋庸，黜退以惩过，二者迭用，理如循环。故能使黜退者克励以求复，登进者警饬以恪居，上无滞疑，下无蓄怨。"又曰："明王不以辞尽人，不以意选士，如或好善而不择所用，悦言而不验所行，进退随爱憎之情，离合系异同之趣，是由舍绳墨而意裁曲直，弃权衡而手揣重轻，虽甚精微，不能无谬。"上不听。

上欲修神龙寺，裴延龄奏："同州有木数千株，皆可八十尺。"上曰："开元、天宝间求美材于近畿，犹不可得，今安得有之？"对曰："天生珍材，固待圣君乃出，开元、天宝何从得之！"又奏："简阅左藏，于粪土中得银十三万两，杂货百万有余。请入杂库以供别支。"太府少卿韦少华抗表称："皆月申见在之物，请加推验。"上不许。廷

德宗虽不能完全听从，但心里对他的意见十分重视。

陆贽还认为，郊赦已经将近半年，可是那些畏罪逃匿和被贬谪的人还没有享受到天子的恩惠。于是草拟了三道奏折准备上奏。唐德宗认为所谈论的问题超过了职权范围，没有听取他的意见。陆贽说："作为君王应以诚心待人，对有错误的臣子可以发怒，斥责，而不可以猜忌，可以惩罚他们败坏事情的行为，而不可以怨恨他们。将臣下贬斥到边远的地方，是为了要让他们知道遵行诏命，甄别不同情况加以宽恕，是为了勉励他们改过自新；推行法规而暂时将他们降职使用，但还应念及他们的才能逐渐加以提拔任用。人们知道还会被重新启用，谁会不加强自己的修养！如果一旦受到贬斥，便认为是奸佞邪恶之徒，永远处于被闲置和提防的境地，长期受到排斥，那么想悔过的人没有机会补救过失，有才能的人也永远不得施展。一般人的心理，处境穷困就会思谋变革，处境凄苦因而图谋作乱，变乱或许就是因此而发生的。"

唐德宗性好猜忌，不敢将政事放手委托给臣下，官不分大小，一定亲自选任，一旦受到贬斥，便终身不能得到录用。录用人往往看他是否能言善辩，因此敦厚朴实的人得不到选用。陆贽又劝谏说："提拔、进用以奖励有功，贬斥、降职以惩处过失，二者交替使用，道理就像循环的圆圈，因此能促使被贬斥的人刻苦砥砺以便求得重新得到录用，被提拔进用的人引以为戒忠于职守，在上的就没有阻滞疑问，在下的也不会积蓄怨愤。"又说："圣明的君王不会仅凭一句话就对人盖棺论定，不会仅凭依自己的意愿选拔士子，如果是自己喜好的就不加选择地予以任用，听到悦耳的言辞就不考察其行为，提拔或贬斥完全根据自己的爱憎喜好，亲疏远近完全根据兴趣爱好是否投合，这就像丢弃墨线而凭自己的意愿裁定曲直，丢弃秤砣秤杆而用手衡量轻重，即使十分细致，也无法避免纰缪。"唐德宗不予接受。

唐德宗想修神龙寺，裴延龄上奏说："同州（治冯翊，今陕西大荔）有数千株大树，都高达八十尺。"唐德宗说："开元、天宝年间在京畿附近搜求美质良材，尚未得到，现在怎么又有了呢？"答道："上天生就珍贵的材质，本来就是为了等待圣明君主的出现，开元、天宝之君怎么会得到呢！"又上奏说："检查左藏库的物品，在粪土中找到银十三万两，

龄由是恣为诡谲，处之不疑。上亦颇知其诞妄，但以其好诋毁人，冀闻外事，故亲厚之。群臣畏之，莫敢言，惟盐铁使张滂、京兆尹李充、司农卿李铦以职事相关，时证其妄，而贽独以身当之，日陈其不可用。上不悦，待延龄益厚。

贽以上知待之厚，事有不可，常力争之。所亲或规其太锐，贽曰："吾上不负天子，下不负所学，他无所恤。"

延龄日短贽于上。赵憬密以贽所讥弹延龄事告之，故延龄益得以为言，上由是信延龄而不直贽。贽与憬约至上前极论延龄奸邪，上怒形于色，憬默而无言。遂罢贽为太子宾客。

【纲】乙亥，十一年，夏四月，贬陆贽为忠州别驾。 【目】裴延龄谮李充、张滂、李铦党于陆贽。会旱，延龄奏言："贽等失势怨望，言：'天旱，民流，度支多欠诸军刍粮。'动摇众心，其意非止欲中伤臣而已。"后数日，上猎苑中，适有军士诉"度支不给马刍"。上意延龄言为信，遽还宫，贬贽为忠州别驾，充、滂、铦皆为诸州长史。

初，阳城自处士征为谏议大夫，拜官不辞。人皆想望风采，曰："城必谏诤，死职下。"及至，诸谏官纷纷言事细碎，天子益厌之。而城方与客日夜痛饮，人莫能窥其际，皆以为虚得名耳。前进士韩愈作《争臣论》以讥之，城亦不以屑意。及陆贽等坐贬，上怒未解，中外惴恐，以为罪且不测，无敢救者。城即帅拾遗王仲舒、补阙熊

杂货百万余。请收入杂库以供给其他的开销支用。"太府少卿韦少华上表抗争说："这些都是按月申报见在的物品，请予以查验。"唐德宗不许。从此裴延龄任意说些荒诞诡谲的事，并且言之凿凿不容怀疑。唐德宗也知道他说得都很荒诞不经，但因为他喜欢对人恶意诽谤，并且希望从裴延龄口中听到外面的事情，因此十分亲近厚待他。大臣们都很畏惧他，没有人敢说实话戳穿他，只有盐铁使张滂、京兆尹李充、司农卿李铦因为职务相关，不时证明他所说事情的虚妄，陆贽只身抵挡裴延龄，每天向唐德宗陈述不可信任裴延龄。唐德宗不高兴，反而更加厚待裴延龄。

陆贽因为唐德宗有知遇之恩，并且厚待自己，因此，有不同意的事，便竭力争辩。和他亲近的人有的规劝他不要太锋芒外露，陆贽说："我对上不辜负天子，对下不辜负平生的学识，其他没有什么可顾恤的。"

裴延龄每天在唐德宗面前说陆贽的短处。赵憬也偷偷地将陆贽指摘裴延龄的事告诉他，因此裴延龄更加得以设法说陆贽的坏话。唐德宗因此信任裴延龄而不依靠陆贽。陆贽和赵憬相约在唐德宗面前共同论争裴延龄的奸佞，唐德宗怒形于色，赵憬却沉默不语。于是唐德宗将陆贽罢为太子宾客。

【纲】贞元十一年（乙亥，795），夏四月，唐德宗将陆贽贬为忠州（治临江，今四川忠县）别驾。 【目】裴延龄诬陷李充、张滂、李铦与陆贽结党。适逢天旱，他上奏说："陆贽等因为失势，十分怨愤，说'天旱，百姓流离，度支亏欠诸军很多粮草。'以动摇人心，用意不只是要中伤我一人而已。"过了几天，唐德宗在苑中打猎，恰好有军人投诉说："度支不给马匹草料。"唐德宗想裴延龄的话大概是可信的，立即回宫，将陆贽贬为忠州别驾，李充、张滂、李铦都被贬为各州长史。

当初，阳城从隐士被征调为谏议大夫，他接受任命也不推辞，人们都争着想一睹他的风采，说："阳城一定会拼死力争谏，以身殉职。"阳城到任后，各谏官纷纷上奏论事，但都是些琐细小事，唐德宗更加感到厌烦。可是阳城却和门客每天饮酒作乐，人们都无法窥探到他的底细，以为他不过浪得虚名罢了。进士韩愈为此作《争臣论》讥刺他，阳

执易、崔邠等守延英门,上疏论延龄奸佞,贽等无罪。上大怒,欲罪之。太子为营救,乃解,令宰相谕遣之。金吾将军张万福闻谏官伏阁,趣往大言贺曰:"朝廷有直臣,天下必太平矣!"遂遍拜城等。万福,武人,年八十余,自此名重天下。时朝夕相延龄,城曰:"脱以延龄为相,当取白麻坏之,恸哭于廷。"李繁者,泌之子也,城尽数延龄过恶,欲密论之,使繁缮写,繁径以告延龄。延龄先诣上,一一自解。疏入,上以为妄,不之省。

【纲】秋七月,以阳城为国子司业。 【目】坐言裴延龄故也。

【纲】八月,司徒、侍中、北平庄武王马燧卒。

【纲】丙子,十二年,夏六月,以窦文场、霍仙鸣为护军中慰。 【目】初,上置六统军,视六尚书,以处罢镇者,相承用麻纸写制。至是,文场讽宰相比统军降麻。翰林学士郑絪奏:"故事惟封王、命相用白麻,今不识陛下特以宠文场邪,遂为著令也?"上乃谓文场曰:"朕今用尔,不谓无私。若复降麻,天下必谓尔胁我为之矣。"文场叩头谢。遂焚之,谓絪曰:"宰相不能违拒中人,朕得卿言方寤耳。"

【纲】以严绶为刑部员外郎。 【目】初,上以奉天窘乏,故还宫以来,专意聚敛。藩镇多以进奉市恩,皆云:"税外方圆",亦云"用度羡余",其实或增敛百姓,或减刻吏禄,或贩鬻蔬果,往往自

城也毫不介意。后来陆贽等获罪被贬，唐德宗的气还没有消解，朝廷上下都惴惴不安，认为还不知道要给陆贽等定多大的罪名，没有人敢于营救。阳城等已经率拾遗王仲舒，补阙熊执易、崔邠等人守候在延英殿门口，上疏指摘裴延龄的奸佞，为陆贽等人开脱罪名。唐德宗大怒，想给他们治罪。太子出面营救，才得解脱，仅令宰相奉旨斥责他们。金吾将军张万福听说谏官在延英殿等候进谏的事，急忙前去，大声祝贺说："朝廷有忠诚正直的大臣，天下一定会太平了！"并一一拜见阳城等人。张万福，是行武中人，时年八十多岁，从此名闻天下。当时，裴延龄随时可能被任命为宰相，阳城说："如果任命裴延龄为宰相，我就把白麻纸书写的任命诏书拿来毁坏，并在朝廷上放声痛哭。"李繁是李泌的儿子，阳城历数裴延龄的罪恶，想要秘密上奏弹劾他，便让李繁执笔书写奏折，李繁却径直去告诉了裴延龄。裴延龄先到唐德宗那里，一一为自己辩解开脱。等到奏折奏上的时候，唐德宗便认为奏疏中所说都十分虚妄，因而不予理会。

【纲】秋七月，唐德宗任命阳城为国子司业。　【目】这是指摘了裴延龄的缘故。

【纲】八月，司徒、侍中、北平庄武王马燧去世。

【纲】贞元十二年（丙子，796），夏六月，任命窦文场、霍仙鸣为护军中尉。　【目】当初，唐德宗设置六统军，比照六部尚书，用以安置被免除藩镇职务的节度使，相沿用白麻纸书写任命诏书。现在，窦文场劝宰相比照六统军任命的惯例，也用白麻纸书写任命护军中尉的诏书。翰林学士郑絪上奏说："按照相沿的成例，只有封王、拜相才用白麻纸书写诏命，现在我不知道您是特别宠爱窦文场呢，还是要以此作为定例呢？"唐德宗于是对窦文场说："我现在启用你，不能说我没有私心。如果再用白麻纸书写诏命，天下人一定会说是你胁迫我这样做的。"窦文场于是叩头谢罪。于是焚掉白麻纸诏书，对郑絪说："宰相都不能违抗宦官的意愿，我得到你的劝告，今天才算醒悟了。"

【纲】唐德宗任命严绶为刑部员外郎。　【目】当初，唐德宗因为避难奉天时十分困窘，因此，回到京师宫城以后，专心聚敛财物。藩镇也大多凭借着向朝廷贡奉财宝以博取天子的恩宠，并且都说"这都是纳

入,所进才什一二。李兼在江西有月进,韦皋在西川有日进。其后常州刺史裴肃以进奉迁浙东观察使,刺史进奉自肃始。宣歙判官严绶掌留务,竭府库以进奉,征为刑部员外郎,幕僚进奉自绶始。

【纲】秋八月,赵憬卒。

【纲】九月,裴延龄卒。 【目】中外相贺,上独悼惜之。

【纲】冬十月,以崔损、赵宗儒同平章事。 【目】损尝为裴延龄所荐,故用之。

【纲】十一月,以韦渠牟为谏议大夫。 【目】上自陆贽贬官,尤不任宰相,自县令以上皆自选用,中书行文书而已。然深居禁中,所取信者裴延龄、礼部尚书李齐运、司农卿李贺、翰林学士韦执谊及渠牟,皆权倾宰相,趋附盈门。

【纲】丁丑,十三年,冬十二月,以宦者为宫市使。 【目】先是,宫中市外间物,令官吏主之,随给其直。比岁以宦者为使,谓之宫市,置白望数百人,抑买人物。以红紫染故衣、败缯,尺寸裂而给之,仍索进奉门户及脚价钱。名为宫市,其实夺之。徐州节度使张建封入朝,具奏之;上以问判度支苏弁,弁希宦者意,对曰:"京师游手万家,无土著生业,仰宫市取给。"上信之,故凡言宫市者皆不听。

【纲】以姚南仲为义成节度使。

税以后设法得到的",也有的说"这都是日常开支以外所节余的",其实都是搜刮百姓或者是克扣官吏俸禄所得到的,或者贩卖蔬菜瓜果,收入全归自己,用于进贡的不过十分之一、二。李兼在江西(治洪州,今南昌)每月进贡,韦皋在西川(治益州,今四川成都)每天进贡。此后,常州刺史裴肃因为进贡被提升为浙东观察使。刺史进贡自裴肃开始。宣歙(治宣州,今安徽宣城)判官严绶执掌留后事务;竭尽府库所有,用以进贡,被征调为刑部员外郎,幕僚进贡自严绶开始。

【纲】秋八月,赵憬去世。

【纲】九月,裴延龄去世。 【目】朝廷内外,人们相互祝贺,只有唐德宗十分痛惜,哀悼他。

【纲】冬十月,唐德宗任命崔损、赵宗儒为同平章事。 【目】崔损曾得到裴延龄的推举,因此唐德宗才启用他。

【纲】十一月,唐德宗任命韦渠牟为谏议大夫。 【目】唐德宗自陆贽被贬以后,更加不依赖宰相,县令以上的官吏都亲自选任,中书省行使的职权不过收发文书而已。然而,唐德宗居深宫之中,所信任的只有裴延龄、礼部尚书李齐运、司农卿李贺、翰林学士韦执谊和韦渠牟,这些人权势都超过宰相,趋炎附势的人挤满家门。

【纲】贞元十三年(丁丑,797),冬十二月,唐德宗任命宦官为宫市使。 【目】原先,宫中买外面的东西,都由官吏主持,随时付给他们所需要的钱,后来连年由宦官主使此事,人称"官市",他们设置数百人在闹市中左右张望,低价强买别人的东西,人称"白望",这些人把旧衣和败坏的丝绸染成红色或紫色,按尺寸撕给卖主,并且仍然索要所谓的进奉门户钱和脚价钱。名义上是为宫廷所买,实际是巧取豪夺。徐州(治徐州,今江苏徐州)节度使张建封入朝,向唐德宗具体地奏报了这些事情。唐德宗向判度支苏弁询问,苏弁迎合宦官的意思,回答说:"京师有游手好闲的人有万余家,他们没有住处和职业,依靠宫市作为糊口的营生。"唐德宗信以为真,因此后来凡是有人指责宫市他都听不进去。

【纲】唐德宗任命姚南仲为义成(治滑州,在今河南滑县东)节度使。

【纲】戊寅,十四年,秋七月,赵宗儒罢,以郑余庆同平章事。

【纲】九月,以于頔为山南东道节度使。

【纲】吴少诚叛,侵寿州。

【纲】贬阳城为道州刺史。 【目】太学生薛约师事司业阳城,坐言事,徙连州,城送之郊外;贬道州刺史。城治民如治家,赋税不登,观察使数加诮让,城自署其考曰:"抚字心劳,征科政拙,考下下。"观察使遣判官督其赋,城自系狱。判官大惊,驰谒之,城不复归。判官辞去,遣他判官往案之,判官乃载妻子行,中道逸去。

【纲】己卯,十五年,秋八月,诏削夺吴少诚官爵,令诸道进兵讨之。

【纲】冬十二月,中书令、咸宁王浑瑊卒。

【纲】庚辰,十六年,春二月,以韩全义为蔡州招讨使。

【纲】夏四月,姚南仲入朝。 【目】义成监军薛盈珍有宠,欲夺节度使姚南仲军政,南仲不从,由是有隙。屡毁南仲于上,上疑之,征盈珍入朝,南仲亦请入朝待罪。上召见,问曰"盈珍扰卿邪?"对曰:"盈珍不扰臣,但乱陛下法耳。且天下如盈珍辈,何可胜数!虽使羊、杜复生,亦不能行恺悌之政,成攻取之功也。"上默然,竟不罪盈珍,仍使掌机密。

【纲】五月,于頔奏贬元洪为吉州长史。 【目】山南东道节度使于頔因讨淮西,大募战士,缮甲厉兵,聚敛货财,有据汉南之志。诬邓州刺史元洪赃罪,上为之流端州,頔复奏洪责太重,上复以洪

【纲】贞元十四年(戊寅,798),秋七月,赵宗儒被罢免,任命郑余庆为同平章事。

【纲】九月,唐德宗任命于頔为山南东道(治襄州,今湖北襄阳)节度使。

【纲】吴少诚反叛,侵掠寿州(治寿春,今安徽寿县)。

【纲】唐德宗将阳城贬为道州(治营道,今湖南道县)刺史。
【目】太学生薛约以对师长的礼节对待司业阳城,因上书议论政事得罪唐德宗,被迁徙连州(治桂阳,今广东连县)。阳城为他送行到郊外,因此被贬为道州刺史。阳城治理百姓如同治理家人一样,赋税征收不上来,观察使多次加以责备,阳城自己考核政绩说:"抚养百姓,操心劳神,但征税不利,考核成绩属下下等。"观察使派判官督促其征收赋税,阳城将自己囚入狱中。判官大惊失色,急忙奔去谒见他,但阳城不肯回去。判官辞别而去,另外派去调查的判官,带着妻儿中途逃走了。

【纲】贞元十五年(己卯,799),秋八月,唐德宗下诏削夺吴少诚的官职爵位,命令诸道发兵讨伐。

【纲】冬十二月,中书令、咸宁王浑瑊去世。

【纲】贞元十六年(庚辰,800),春二月,唐德宗任命韩全义为蔡州招讨使。

【纲】夏四月,姚南仲入朝。 【目】义成监军薛盈珍得到唐德宗宠幸,想夺取姚南仲的军政大权,姚南仲不肯,因此双方产生矛盾。薛盈珍多次在唐德宗面前诋毁姚南仲,唐德宗因此对姚南仲产生了疑心,征调薛盈珍入朝,姚南仲也请求入朝等待治罪。唐德宗召见他,问道:"薛盈珍扰乱你了吗?"答道:"薛盈珍并没有扰乱我,他扰乱的是您的法度啊。何况普天下像薛盈珍一类的人,真是数不胜数。即使是羊祜、杜预再世,也无法推行和乐简易的政务,取得克敌致胜的功业。"唐德宗默然不语,到底也没有治薛盈珍的罪,仍然让他掌握军政机密大事。

【纲】五月,于頔上奏,将元洪贬为吉州长史。 【目】山南东道节度使于頔因为征讨淮西吴少诚的需要,大量招募士兵,修缮盔甲兵器,聚敛财物,有占据汉南的志向。他诬告邓州(治穰县,今河南邓县)刺史

为吉州长史。又怒判官薛正伦，奏贬之；比敕下，顿怒已解，复奏留为判官。上一一从之。

【纲】徐泗濠节度使张建封卒。

【纲】以张愔为徐州团练使。 【目】张愔表求旄节，朝廷不许；加淮南节度使杜祐兼徐泗濠节度使，使讨之。前锋济淮而败，祐不敢进。朝廷不得已，除愔团练使，后名其军曰武宁，以愔为节度使。

【纲】以李藩为秘书郎。 【目】初，张建封之疾病也，濠州刺史杜兼阴图代之，疾驱至府。幕僚李藩曰："仆射疾危如此，公宜在州防遏，来欲何为！不速去，当奏之。"兼错愕，径归。及是，兼诬奏藩摇动军情，上大怒，密诏杜祐杀之。祐素重藩，出诏示之；藩神色不变。祐曰："吾已密论，用百口保君矣。"上犹疑之，召藩诣长安，望见其仪度安雅，乃曰："此岂为恶者邪！"即除秘书郎。

【纲】秋七月，吴少诚袭韩全义于五楼，全义大败，走保陈州。

【纲】九月，贬郑余庆为郴州司马。 【目】余庆与户部侍郎于頔素善，頔所奏事，余庆多劝上从之。上以为朋比，贬之。

【纲】以齐抗同平章事。
【纲】冬十月，赦吴少诚，复其官爵。
【纲】癸未，十九年，春三月，以杜祐同平章事。

【纲】自正月不雨至于秋七月。
【纲】齐抗罢。

元洪贪赃,唐德宗因此将其流放端州(治高要,今广东肇庆)。于頔又上奏说对元洪责罚太重,唐德宗便又任命元洪为吉州长史。于頔还曾对判官薛正伦不满,上奏将其贬官。等到敕令颁下,于頔怒气已经消解,便又上奏仍将薛正伦留用为判官,唐德宗对此都一一遵从。

【纲】徐泗濠节度使张建封去世。

【纲】唐德宗任命张愔为徐州团练使。 【目】张愔上表请求节度使的旌节,朝廷不肯,令淮南(治扬州,今江苏扬州)节度使杜佑兼任徐泗濠节度使,命令他前往讨伐。杜佑的前锋刚渡过淮河便遭失败,杜佑因此不敢前进。朝廷迫不得已,提升张愔为团练使,后来又命名其军队为"武宁",任命张愔为节度使。

【纲】唐德宗任命李藩为秘书郎。 【目】当初,张建封患病,濠州(治钟离,今安徽凤阳东北临淮关)刺史杜兼暗中企图取而代之,急忙赶回幕府。幕僚李藩说:"仆射病得这么厉害,您应该留在濠州防止意外,回来做什么!不赶快走,我就要上奏此事。"杜兼十分诧异惊愕,只得原路返回。现在,杜兼诬陷李藩动摇军心。唐德宗大怒,秘密诏令杜佑杀掉他。杜佑素来推重李藩,将诏书拿给他看。李藩神态镇定。杜佑说:"我已经秘密上奏,愿意以一家百口的性命为你担保了。"唐德宗犹自心怀疑虑,征召李藩到长安,看到他风度安详优雅,才说:"这哪里会是邪恶之徒啊!"当即升任为秘书郎。

【纲】秋七月,吴少诚在五楼(今地不详)袭击韩全义。韩全义大败,逃到陈州(治宛丘,今河南淮阳)。

【纲】九月,唐德宗将郑余庆贬为郴州司马。 【目】郑余庆和户部侍郎于頔一向十分友好,凡于頔上奏的事情,郑余庆多劝唐德宗依从。唐德宗认为他们朋比为奸,因此贬斥了郑余庆。

【纲】唐德宗任命齐抗为同平章事。

【纲】冬十月,唐德宗赦免吴少诚,恢复他的官职爵位。

【纲】贞元十九年(癸未,803),春三月,唐德宗任命杜佑为同平章事。

【纲】从正月至秋季七月干旱无雨。

【纲】齐抗被罢官。

【纲】冬十月,崔损卒。

【纲】十二月,以高郢、郑珣瑜同平章事。

【纲】贬韩愈为阳山令。 【目】京兆尹李实务征求以给进奉,言于上曰:"今岁虽旱而禾苗甚美。"由是租税皆不免,人穷至坏屋卖瓦木、麦苗以输官。监察御史韩愈言:"京畿百姓穷困,今年税物征未得者,请俟来年。"遂坐贬。

【纲】甲申,二十年,秋九月,太子有疾。 【目】初,翰林待诏王伾善书,王叔文善棋,俱出入东宫,娱侍太子。叔文诡谲多诈,自言读书知治道。太子尝与诸侍读论及宫市事,曰:"寡人方欲极言之。"众皆称赞,独叔文无言。既退,太子自留叔文谓曰:"向者君独无言,岂有意邪?"叔文曰:"太子职当视膳问安,不宜言外事。陛下在位久,如疑太子收人心,何以自解!"太子泣曰:"非先生,寡人无以知此。"遂大爱幸,与伾相依附。因言:"某可为相,某可为将,幸异日用之。"密结翰林学士韦执谊及朝士有名而求速进者陆淳、吕温、李景俭、韩晔、韩泰、陈谏、柳宗元、刘禹锡等,定为死友。而凌准、程异等又因其党以进,日与游处,踪迹诡秘,莫有知其端者。

顺宗皇帝

【纲】乙酉,二十一年,春正月,帝崩,太子即位。 【目】正月朔,诸王亲戚入贺,太子独以疾不能来,上涕泣悲欢,由是得疾。帝崩,仓猝召翰林学士郑絪、卫次公等草遗诏。宦官或曰:"禁中议所立尚未定。"次公遽言曰:"太子虽有疾,地居冢嫡,中外属心。必不

【纲】冬十月，崔损去世。

【纲】十二月，唐德宗任命高郢、郑珣瑜为同平章事。

【纲】唐德宗将韩愈贬为阳山（今广东阳山）县令。【目】京兆尹李实专事括刮百姓用来向皇上进贡，他对唐德宗说："今年虽然干旱少雨，但禾苗长势很好。"因此租税都没有蠲免，百姓穷困以至于要拆掉屋房，卖掉屋瓦、木料、麦苗交给官府以充赋税。监察御史韩愈说："京畿百姓十分穷困，今年无力缴纳赋税的，就等到来年再交吧。"因此获罪被贬。

【纲】贞元二十年（甲申，804），秋七月，太子患病。【目】当初，翰林待诏王伾善长书法，王叔文善长下棋，他们都出入于太子居住的东宫，陪伴服侍太子。王叔文诡谲多谋，自称读书很多懂得统治之道。太子曾和陪伴他读书的各位侍读谈论"宫市"的事，说："我正想要极力劝阻这种事情。"众人对太子的话都交口称赞，只有王叔文沉默不语。众人退下后，太子将王叔文单独留下，说："刚才只有您一言不发，难道您有什么用意吗？"王叔文说："做太子的只适宜问候天子的起居饮食，不宜于谈论宫廷外面的事。皇上在位时间久了，如果怀疑太子您收买人心，您如何为自己辩解！"太子流泪说："要不是先生，我哪里懂得这个道理。"因此，对王叔文十分宠信，王叔文则与王伾相互依托。王叔文趁机对太子说："某人可以做宰相，某人可以做将帅，将来可以启用他们。"并且暗中结交翰林学士韦执谊以及朝廷士人中有名望而想尽快得到任用和晋升的人，比如陆淳、吕温、李景俭、韩晔、韩泰、陈谏、柳宗元、刘禹锡等，与他们约定为生死之交的朋友。凌准、程异也因为是这些人的同党而得到提拔任用。这些人每天交游来往，踪迹诡秘，没有知道他们底细的人。

顺宗皇帝

【纲】贞元二十一年（乙酉，805），春正月，唐德宗去世，太子李诵即位。【目】正月初一，诸王、宗亲入朝向唐德宗祝贺新年，只有太子因病不能前来，唐德宗流泪悲叹，因此得病。唐德宗去世，人们匆忙将翰林学士郑絪、卫次公等人召来起草遗诏。宦官们有的说："由谁继

得已，犹应立广陵王；不然，必大乱。"絪等从而和之，议始定。太子知人心忧疑，力疾出九仙门，召见诸军使，京师粗安。明日，即位。时顺宗以风疾失音，宦官李忠言、昭容牛氏侍左右；百官奏事，自帷中可其奏。王伾召叔文，坐翰林中使决事。伾入言于忠言，称诏行下，外初无知者。

【纲】以韦执谊同平章事。 【目】王叔文专国政，首引执谊为相，己用事于中，与相唱和。

【纲】以王伾为左散骑常侍，王叔文为翰林学士。 【目】伾寝陋、吴语，上所褻狎；而叔文自许，微知文义，好言事，上以故稍敬之。以伾为散骑常侍，仍待诏翰林，叔文为学士。每事先下翰林，使叔文可否，然后宣于中书，韦执谊承而行之。韩泰、柳宗元、刘禹锡等采听谋议，汲汲如狂，互相推奖，傲然自得，以为伊、周、管、葛复出也，荣辱进退，生于造次，惟其所欲，不拘程式。其门昼夜车马如市。

【纲】大赦，罢进奉、宫市、五坊小儿。 【目】先是，盐铁月进羡余经入益少，五坊小儿张捕鸟雀于闾里者，皆为暴横以取人钱物，至有张罗网于门，或张井上，近之，辄曰："汝惊供奉鸟雀！"即痛殴之，出钱物求谢，乃去。上在东宫知其弊，故即位首禁之。

【纲】以王任为翰林学士。

位宫中还没有商议确定。"卫次公赶快说："太子虽然有病，但在家族中处于嫡长子的地位，朝廷内外，人心所向。万不得已，也应该册立广陵王李纯，否则，一定会天下大乱。"郑绚等人随声附和，才最后商议确定下来。太子知道人们心怀忧虑和疑问，强撑着病弱的身体，走出九仙门，诏见诸军使者，京师人心稍微安定。三天后，即皇帝位。当时，唐顺宗因中风不能说话，宦官李忠言和昭容牛氏在身边侍服。百官奏事，唐顺宗只能在帷帐中准许他们的上奏。王伾召见王叔文，让他在翰林院决判朝廷政事。王伾进宫将王叔文的意图告诉李忠言，并声称是诏书颁下，起初，外面无人知道此事。

【纲】唐顺宗任命韦执谊为同平章事。　　【目】王叔文专断国家大事，第一件事便是引荐韦执谊为宰相，他自己执内廷大权，与韦执谊一唱一和。

【纲】唐顺宗任命王伾为左散骑常侍，王叔文为翰林学士。【目】王伾相貌丑陋，口操吴地方言，为唐顺宗所宠幸。而王叔文则好自我夸耀，略微懂得些文辞大义，好议论政事，唐顺宗因此对他还算敬重。任命王伾为散骑常侍，仍在翰林院待诏；王叔文为翰林学士。每遇大事都先交给翰林院，让王叔文判断可否，然后再向中书省宣布，由韦执谊承接诏命施行。韩泰、柳宗元、刘禹锡等探听外界的事情，策划谋议，急切如狂，相互推崇，俨然一副得意洋洋，不可一世的样子，自以为是伊尹、周公、管仲、诸葛亮再世。荣耀或屈辱，提拔或贬斥，都在仓促之间决定，只要是他们想做的，完全不受规矩、程序的约束。他们的门前日夜车马喧嚣如同闹市。

【纲】唐顺宗大赦天下，罢除进贡、宫市和雕坊、鹘坊、鹞坊、鹰坊、狗坊等五坊杂役。　　【目】先前，盐铁使按月进贡正税以外的杂税钱，但正常的税钱收入却愈来愈少。五坊杂役在市井街巷中张网捕鸟，尽干些强横无理夺取别人钱财的事。甚至在别人门前或井上张网，有人靠近，就说："你竟敢惊扰捕捉用于进贡的鸟雀！"随即痛打，直到拿出财物求饶，才把人放走离开。唐顺宗在东宫为太子时，就知道其中的弊端，即位后首先禁除。

【纲】唐顺宗任命王伾为翰林学士。

【纲】追陆贽、阳城赴京师，未至，卒。 【目】德宗之末，十年无赦，群臣以微谴逐者不复叙用，至是始得量移。追陆贽、阳城赴京师。二人皆未闻追诏而卒。

贽之秉政也，贬李吉甫为明州长史，及贽贬，吉甫徙刺忠州。贽门人以为忧，而吉甫忻然以宰相礼事之。贽遂与深交。吉甫，栖筠之子也。西川节度使韦皋屡表请以贽自代，不从。

【纲】以杜佑为度支等使，王叔文为副使。 【目】先是叔文与其党谋，得国赋在手，则可以结诸用事人，取军士心，以固其权，又惧人心不服，藉杜佑雅有会计之名，位重而务自全，易可制，故先令佑主其名，而自除为副以专之。叔文不以簿书为意，日夜与其党屏人窃语，人莫测其所为。

【纲】立广陵王纯为皇太子。 【目】初，上疾久不愈，中外危惧，思早立太子，而王叔文之党欲专大权，恶闻之。宦官俱文珍、刘光琦、薛盈珍等疾叔文等，乃启上召学士郑絪等入草制。时牛昭容辈以广陵王淳英睿，恶之；絪不复请，书纸为"立嫡以长"字呈上；上颔之。乃立淳为太子，更名纯。百官睹太子仪表，大喜，相贺，有感泣者，而叔文独有忧色。

先是杜黄裳为裴延龄所恶，留滞台阁，十年不迁，及其婿韦执谊为相，始迁太常卿。黄裳劝执谊帅群臣请太子监国，执谊惊曰："丈人甫得一官，奈何启口议禁中事！"黄裳勃然曰："黄裳受恩三朝，岂得以一官相买乎！"拂衣起出。至是执谊恐太子不悦，故以陆质为侍读，使潜伺太子意，且解之。太子怒曰："陛下令先生为寡人

【纲】唐顺宗追诏陆贽、阳城赴任京城,诏书未到两人已经去世。
【目】唐德宗在位末期,十年未实行大赦,大臣们因此一点小错失就被斥遂贬官,不再录用,直到现在才得到量情升迁。追诏陆贽、阳城赴任京城,二人都没有得到诏命就去世了。

陆贽在朝执政时,将李吉甫贬为明州(治鄞县,今浙江宁波)长史,后来陆贽遭贬,李吉甫迁为忠州刺史,陆贽的门人十分担忧,可是李吉甫仍然很高兴地以对待宰相的礼节对待陆贽,陆贽遂与李吉甫结为交情深厚的朋友。李吉甫,是李栖筠的儿子。西川节度使韦皋也屡次上表请求让陆贽取代自己的职位,没有被允许。

【纲】唐顺宗任命杜佑为度支等使,王叔文为副使。【目】先前,王叔文和他们党羽策划,将国家的赋税控制在手中,那么就可以用来结交掌握实权的人,赢得军队的支持,用以巩固自己的权利地位。又害怕人心不服,借着杜佑素有善长理财的名声,地位重要又务求保全自己,易于控制,因此便先让杜佑挂名主持财政事务,自任为副使而实际上掌握实权,专断其事。王叔文完全不在意那些账簿,而是每天和同党屏退左右窃窃私语,谁也猜不出他们在干些什么。

【纲】唐顺宗册立广陵王李纯为太子。【目】当初,唐顺宗患病长期不愈,朝廷内外都十分担心忧惧,想早些册立太子,可是王叔文及党羽想专断朝政,因此不喜欢听到这些议论。宦官俱文珍、刘光琦、薛盈珍等人嫉恨王叔文等人,于是启奏唐顺宗,下诏召翰林学士郑絪等人入朝起草册立太子的诏制。当时牛昭容等人因为广陵王李淳英明聪敏,十分厌恶。郑絪也不再请示,径直在纸上写"立嫡以长"四字呈给唐顺宗。唐顺宗看了微微点头。于是立李淳为太子,改名为李纯。群臣百官目睹太子的风采仪表,都十分高兴,相互祝贺,有人甚至激动地流泪,只有王叔文神色忧虑。

先前,杜黄裳受到裴延龄的嫌恶,在侍御史的职位上停滞了十年,没有得到升迁。后来,他的女婿韦执谊当上了宰相,才升任太常卿。杜黄裳劝韦执谊带领群臣向唐顺宗请求让太子监国,韦执谊惊讶地说:"丈人刚刚得到一官半职,怎么开口就敢议论宫里的事!"杜黄裳勃然大怒,说:"我杜黄裳受到三朝皇上的恩惠,难道是一官半职就能收买

讲经义耳,何为预他事!"质惧而出。质即淳也,避太子名改之。

【纲】贾耽、郑珣瑜病,不视事。

【纲】夏六月,韦皋表请太子监国。 【目】韦皋上表曰:"陛下哀毁成疾,请权令太子亲监庶政,俟皇躬痊愈,复归春宫。"又上太子笺曰:"圣上亮阴不言,委政臣下,而所付非人。王叔文、王伾、李忠言之徒,辄当重任,堕紊纪纲。树置心腹,恐危家邦,愿殿下即日奏闻,斥逐群小,使政出人主,则四方获安。"俄而荆南裴均、河东严绶笺表继至,意与皋同,中外皆倚以为援,而邪党震惧。

【纲】秋七月,太子监国。以杜黄裳、袁滋同平章事,郑珣瑜、高郢罢。

【纲】八月,帝传位于太子,自号太上皇。贬王伾为开州司马,叔文为渝州司户。 【目】伾寻病死。明年,赐叔文死。

【纲】太子即位。 【目】宪宗初即位,升平公主献女口。上曰:"上皇不受献,朕何敢违!"遂却之。荆南献毛龟,上曰:"朕所宝惟贤。嘉禾、神芝,皆虚美耳,所以《春秋》不书祥瑞。自今勿复以闻。珍禽奇兽,亦毋得献。"

【纲】南康忠武王韦皋卒。

【纲】以袁滋为西川节度使。 【目】西川节度副使刘辟自为留后,表求节钺,朝廷不许。以滋为节度使,征辟为给事中。

【纲】郎州江涨。 【目】流万余家。

的吗！"起身拂袖而走。现在韦执谊怕太子不高兴，便让陆质做侍读，让他暗中窥伺太子的心意，并且为自己辩解。太子发怒说："陛下不过是让先生为我讲解经义罢了，为什么要把别的事也拉扯进来！"陆质惊慌地退出。陆质就是陆淳，因避太子的名讳而改名。

【纲】贾耽、郑珣瑜患病，不再管事。

【纲】夏六月，韦皋上表请求让太子监国。　【目】韦皋上表说："陛下过于哀痛以至患病，请暂且令太子亲自监理纷繁的政事，待陛下身体康复，再回到东宫。"又上书太子说："圣上居丧，不便言事，只好将朝政委托给臣下，可是所托付的并不是合适的人选。王叔文、王伾、李忠言之类的人，担当国家重任，败坏朝纲，安插党羽，恐怕会危及国家。愿陛下立即上奏，驱逐这伙小人，使得政令由君主口中发出，那么天下四方就会获得安宁了。"接着荆南（治荆州，今湖北江陵）裴均、河东（治并州，今山西太原西南）严绶的上书也接踵而至，大意与韦皋相同，朝廷内外都以此为声援，邪党受到震慑。

【纲】秋七月，太子监国。任命杜黄裳、袁滋为同平章事。罢免郑珣瑜、高郢。

【纲】八月，唐顺宗将帝位传给太子，自称太上皇。贬王伾为开州（治开江，今四川开县）司马，王叔文为渝州（治巴县，今四川重庆）司户。　【目】王伾不久病死，第二年，赐王叔文死。

【纲】太子即位。　【目】唐宪宗刚刚即位，升平公主进贡女人。唐宪宗说："太上皇都不接受进贡，我怎敢违反！"拒绝接受。荆南节度使上贡长毛的乌龟，唐宪宗说："我只以贤才为宝。嘉禾、神芝，这都是徒有美名的东西罢了，所以《春秋》不记载祥瑞。从今以后不要再向我奏报这些事情。珍禽奇兽也不许进贡。"

【纲】南康（今江西南康）忠武王韦皋去世。

【纲】唐宪宗任命袁滋为西川节度使。　【目】西川节度副使刘辟自命为留后，并上表请求节钺，朝廷不准，而任命袁滋为节度使，征调刘辟为给事中。

【纲】郎州（治武陵，今湖南常德）江水泛滥。　【目】万余家流离失所。

【纲】以郑余庆同平章事。

【纲】始令史官撰日历。 【目】从监修国史韦执谊之请也。

【纲】贬韩泰、韩晔、柳宗元、刘禹锡为诸州刺史。

【纲】冬十月,贾耽卒。

【纲】葬崇陵。

【纲】贬韦执谊为崖州司户。

【纲】贬袁滋为吉州刺史。 【目】刘辟不受征,阻兵自守;滋畏其强,不敢进。上怒,贬之。

【纲】以武元衡为御史中丞。

【纲】再贬韩泰等及陈谏、凌准、程异为诸州司马。

【纲】十二月,以刘辟为西川节度副使,韦丹为东川节度使。【目】上以初即位,力未能讨刘辟,故因而授之。谏议大夫韦丹上疏曰:"今释辟不诛,明朝廷可以指臂而使者,惟两京耳。此外谁不为叛!"上善其言。以丹镇东川。

【纲】以郑絪同平章事。

宪宗皇帝

【纲】丙戌,宪宗皇帝元和元年,春正月,太上皇崩。

【纲】刘辟反,命神策行营节度使高崇文将兵讨之。 【目】辟既得旌节,志益骄,求兼领三川,上不许。辟遂发兵围梓州,推官林蕴力谏辟,辟怒,将斩之,阴戒行刑者使不杀,但数砺刃于其颈,欲使屈服而赦之。蕴叱之曰:"竖子,当斩即斩,我颈岂汝砥石邪!"辟曰:"忠烈士也!"乃黜之。

【纲】唐宪宗任命郑余庆为同平章事。

【纲】开始命令史官修撰日历。 【目】修撰日历是根据监修国史韦执谊的请求。

【纲】唐宪宗贬韩泰、韩晔、柳宗元、刘禹锡为诸州刺史。

【纲】冬十月,贾耽去世。

【纲】将唐德宗安葬在崇陵(在今陕西三原县西嵯峨山)。

【纲】唐宪宗将韦执谊贬为崖州(治舍城,今广东琼山)司户。

【纲】唐宪宗将袁滋贬为吉州刺史。 【目】刘辟拒不接受朝廷征调,拥兵自保。刘滋惧怕其兵强马壮,不敢进讨。唐宪宗大怒,将其贬斥。

【纲】唐宪宗任命武元衡为御史中丞。

【纲】唐宪宗再次贬斥韩泰等人以及陈谏、凌准、程异为诸州司马。

【纲】十二月,唐宪宗任命刘辟为西川节度使。韦丹为东川(治梓州,今四川三台)节度使。 【目】唐宪宗因为刚刚即位,没有力量征讨刘辟,因此顺水推舟任命他为西川节度使。谏议大夫韦丹上疏说:"如果现在放过刘辟不加以诛伐,那么朝廷可像指挥自己的臂膀一样可以随意调动的,就只有两京地区了。除此而外谁还会不叛乱!"唐宪宗认为他说得很好。因此任命他镇守东川。

【纲】唐宪宗任命郑絪为同平章事。

宪宗皇帝

【纲】唐宪宗元和元年(丙戌,806),春正月,太上皇去世。

【纲】刘辟反叛,唐宪宗命神策行营节度使高崇文率兵征讨。 【目】刘辟得到朝廷节度使的任命后,更加骄横,得寸进尺,要求兼任三川(西川、东川、汉川)节度使,唐宪宗不肯。刘辟便发兵围攻梓州,推官林蕴极力劝谏,刘辟发怒,要将其斩首,但却暗中命令行刑的人不要真的砍头,只将几柄锋利的钢刀架在他的脖子上,想使其屈服而赦免。林蕴喝叱说:"小子,当杀就杀,我的脖子难道是你的磨刀石吗!"刘辟说:"真是忠义刚烈之士!"于是只将其贬官了事。

上欲讨辟而重于用兵，公卿议者亦以为蜀险固难取，杜黄裳独曰："辟狂戆书生，取之如拾芥耳！臣知神策军使高崇文勇略可用，愿陛下专以军事委之，勿置监军，辟必可擒。"上从之。翰林学士李吉甫亦劝上讨蜀，上由是器之。乃削辟官爵，诏崇文与兵马使李元奕、山南西道严砺讨之。

时崇文屯长武城，练卒五千，常如寇至，受诏即行，器械粮粮一无所阙。军士有食于逆旅，折人匙筯者，崇文斩以徇。刘辟陷梓州，执东川节度使李康。崇文引兵趣梓州，辟归康以求自雪，崇文以康败军失守，斩之。

初，上与杜黄裳论及藩镇，黄裳曰："德宗自经忧患，务为姑息，不生除节帅；有物故者，遣中使察军情所与则授之，未尝出朝廷之意。陛下必欲振举纲纪，宜稍以法度裁制藩镇，然后天下可得而理也。"上深以为然，于是始用兵讨蜀，以至威行两河，皆黄裳启之也。

上尝与宰相论"自古帝王，或勤劳庶政，或垂拱无为，何为而可？"黄裳对曰："王者上承天地宗庙，下抚百姓四夷，夙夜忧勤，固不可自暇逸。然上下有分，纪纲有叙；苟慎选贤才而委任之，有功则赏，有罪则刑，则谁不尽力！明主劳于求人而逸于任人，此虞舜所以无为而治者也。至于簿书狱市烦细之事，各有司存，非人主所宜亲也。昔秦始皇以衡石程书，魏明帝自按行尚书事，隋文帝卫士传餐，皆无补当时，取讥后世，所务非其道也。夫人主患不推诚，人臣患不竭忠。苟上疑其下，下欺其上，将以求理，不亦难乎！"上深然之。

唐宪宗想征讨刘辟却不敢轻易用兵，公卿大臣议论此事，也认为蜀地形势险固，难以攻取，只有杜黄裳说："刘辟不过是个狂妄愚蠢的书生，攻取他就像拾草芥一样容易！我知道神策军使高崇文有勇有谋，堪当此任，希望您将兵权全权委托给他，不要设置监军，刘辟一定可以捉到。"唐宪宗依从了他的话。翰林学士李吉甫也劝唐宪宗讨伐蜀地，唐宪宗从此开始器重他。于是削夺刘辟官职爵位，下诏命高崇文和兵马使李元奕、山南西道严砺讨伐刘辟。

当时高崇文屯住在长武城，训练五千士兵，经常保持准备迎战的状态，接到诏命，立即行动，器械粮草完备无缺。士兵中有人在客栈中吃饭，折断了店家匙子和筷子，高崇文将其斩首示众。刘辟攻陷梓州，捉到东川节度使李康。高崇文率兵赶往梓州，刘辟为了洗刷罪责，放回了李康。高崇文认为李康兵败失守，责任不可推脱，将其斩首。

当初，唐宪宗和杜黄裳讨论藩镇问题，杜黄裳说："德宗自从历经忧患，一心只求苟且偷安，不肯在节度使生前免去其职务。有节度使死了，就派中使去探察军中人心所向的人，授予节度使职务，从未有过出自朝廷本意的。您如果一定要重振朝纲，应该逐渐地用法令来约束藩镇，这样就可以得到天下并使之得以治理了。"唐宪宗深表赞同，于是兴兵讨蜀，以致朝廷的威严震慑了河南、河北，这都是由杜黄裳的建议发端的。

唐宪宗曾和宰相讨论说："自古以来的帝王，有的勤于朝政，有的拱手无为，究竟怎样才可以呢？"杜黄裳说："为王的人，对上承担天地与宗庙的责任，对下安抚百姓四方，操心劳累，夜以继日，当然不该自求轻闲，贪图安逸。但是君臣上下，各有职分，朝廷的法纪纲常也有一定的程序，假如能慎重地选择贤才而委以重任，有功劳政绩则加以奖赏，犯了错误、过失则加以刑罚，那么谁敢不尽心竭力！圣明的君主只在寻求人才的时候劳累而启用人才以后就很安逸了，这就是虞舜能够无为而治的道理。至于掌管账簿文书、审理讼狱这类琐细的事，都由各自的职能部门管理，不是君主应该身体力行的事。从前秦始皇用衡石称取需批阅的奏章，魏明帝亲自管理尚书台的事务，隋文帝议事时卫士们只好相互传递食物充饥，都对当时毫无益处，反而被后世取笑：这是因为

【纲】夏四月，以高崇文为东川节度副使。 【目】韦丹至汉中，表言："高崇文客军远斗，无所资，若与梓州，缀其士心，必能有功。"故有是命。

【纲】策试制举之士。 【目】于是元稹、独孤郁、白居易、萧俛、沈传师出焉。

【纲】以李巽为度支、盐铁、转运使。 【目】杜佑请解盐铁，举巽自代。自刘晏之后，居职者莫能继之。巽掌使一年，征课所入，类晏之多，明年过之，又一年加一百八十万缗。

【纲】以元稹、独孤郁、萧俛为拾遗。 【目】稹上疏曰："自古人主即位之初，必有敢言之士，苟受而赏之，则君子乐行其道，竞为忠谠；小人亦贪得其利，不为回邪。如是，则上下之志通，幽远之情达，欲无理得乎！苟拒而罪之，则君子括囊以保身，小人迎合以窃位；十步之事，皆可欺也，欲无乱得乎！昔太宗初即位，孙伏伽以小事谏，太宗厚赏。故当时言事者惟患不深切，未尝以触忌讳为忧也。陛下践阼，今已周岁，未闻有受伏伽之赏者。臣等备位谏列，犹且弥年不得召见，而况疏远之臣乎！"因条奏请次对百官，复正牙奏事，禁非时贡献等十事。又劝上以伾、文为戒，早择修正之士，辅导诸子。上颇嘉纳其言，时召见之。

他们劳神费心所致力的事情，并不是他所应该真正努力去做的。为君主的忌在不能与人推心置腹，为臣下的忌在不能尽忠竭力。假如君主怀疑臣下，臣下欺瞒君主，像这样想要求得国家大治，不是太难了吗！"唐宪宗深表赞同。

【纲】夏四月，唐宪宗任命高崇文为东川节度副使。 【目】韦丹到了汉中，上表说："高崇文率军长途跋涉前来作战，没有任何凭借和依靠。如果将梓州划归他统辖，以联缀士兵的心愿，一定能取得战功。"因而有此任命。

【纲】唐宪宗亲自考试应试的士子。 【目】元稹、独孤郁、白居易、萧俛、沈传师因此得以崭露头角。

【纲】唐宪宗任命李巽为度支、盐铁转运使。 【目】杜佑自己请求解除盐铁转运使职，推举李巽代替自己。从刘晏以后，任此职的没有人能赶上他。李巽任职的第一年，征收课税的收入就和刘晏在时一样多，第二年就超过刘晏，第三年，又超出一百八十万缗。

【纲】唐宪宗任命元稹、独孤郁、萧俛为拾遗。 【目】元稹上疏说："自古以来，君主即位初期，必定有敢于直言不讳的人，假如君主能够接受并加以赏赐，那么君子就会乐于追求他们的理想，竞相显示自己的忠诚，小人也会贪图利益，不作奸佞的事。像这样，就能够做到君臣上下志趣相通，远方的民情也能得到通达，想要天下大乱，做得到吗！假如拒绝并因此而治罪，那么君子就会缄口不言以求自保，小人就会曲意奉迎以便窃取权位。即使是近在咫尺，也可以做出欺上瞒下的事来，想要天下大治，做得到吗！当年，太宗即位初期，孙伏伽因一件小事加以劝谏，得到太宗丰厚的赏赐。因此当时讨论政事的人惟恐所言不够深刻切直，而不必担心会触动君主的忌讳。您从即位至今已经一周年了，可是还没有听说有人得到类似孙伏伽那样的奖赏。像我们这些职责专门是负责劝谏的大臣，尚且一年没有得到召见，更何况那些地位疏远的大臣呢！"并趁势上奏，请求依次接见百官奏对，恢复在正殿讨论朝政，禁止临时进贡等十件事。又劝唐宪宗对王伾、王叔文的事引以为戒，及早地选择善良正派的人，辅导诸子。唐宪宗十分赞赏他的话，不时地召见他。

【纲】郑余庆罢。

【纲】尊太上皇后为皇太后。

【纲】六月,高崇文破鹿头关,连战皆捷。

【纲】秋七月,葬丰陵。

【纲】八月,平卢节度使李师古卒。【目】师古薨,判官高沐、李公度奉师古异母弟师道以为帅,奉表京师。杜黄裳请乘其未服而分之;上以刘辟未平,以师道为留后。

【纲】九月,高崇文克成都,擒刘辟,送京师,斩之。【目】高崇文又败刘辟之众于鹿头关。河东将阿跌光颜将兵会崇文于行营,愆期一日,惧诛,欲深入自赎,军于鹿头之西,断其粮道;于是绵江、鹿头诸将皆以城降。崇文遂长驱直指成都,克之。辟奔吐蕃,崇文使高霞寓追擒之。遂入成都,屯于通衢,市肆不惊,秋毫无犯。槛辟送京师,斩其大将邢泚,余无所问。命军府事,一遵韦南康故事,从容指挥,一境皆平。

辟有二妾,皆殊色,监军请献之,崇文曰:"天子命我讨平凶竖,当以抚百姓为先,遽献妇人以求媚,岂天子之意邪!崇文义不为此。"乃以配将吏之无妻者。

杜黄裳建议征蜀,指授方略,皆悬合事宜。及蜀平,宰相入贺,上目黄裳曰:"卿之功也!"

辟至长安,并族党悉诛之。

【纲】征少室山人李渤为左拾遗。【目】渤辞疾不至,然朝政有得失,辄附奏陈论。

【纲】冬十月,以高崇文为西川节度使,柳晟为山南西道节度

【纲】郑余庆被罢免。

【纲】唐宪宗尊太上皇后为皇太后。

【纲】六月,高崇文攻破鹿头关(今四川德阳北),连战连胜。

【纲】秋七月,唐宪宗将唐顺宗安葬在丰陵(在今陕西铜川东南金山)。

【纲】八月,平卢节度使李师古去世。 【目】李师古去世,判官高沐、李公度推奉李师古异母弟李师道为统帅,并上表京城。杜黄裳请求乘李师道立足未稳,将平卢分而治之。唐宪宗因为刘辟还未平定,暂时任李师道为留后。

【纲】九月,高崇文攻克成都,擒获刘辟,送往京城,斩首。【目】高崇文再次在鹿头关击败刘辟。河东将领阿跌光颜率兵与高崇文在行营会合,误期一天,他惧怕得罪被杀,想深入敌后立功赎罪,便驻扎在鹿头关以西,切断刘辟的粮道。于是绵江、鹿头关诸将都率众投降。高崇文长驱直入,直取成都。刘辟逃奔吐蕃,高崇文派部将高霞寓将其追拿擒获。于是进入成都,屯驻于街头,店市百姓都没受到惊扰,秋毫无犯。将刘辟用槛车送往京城,将其大将邢泚斩首,其余人都不予追究。命令军府中事无大小一律遵照韦南康时的定例,从容指挥,全境都被平定。

刘辟有两名妾,都十分漂亮,监军请求将其献上,高崇文说:"天子命我讨平凶逆,应当把安抚百姓作为当前的要务,这样急于贡献妇人以求献媚于上,难道是天子的本意吗!高崇文决不做这种事。"于是将她们配给尚未娶妻的将士。

杜黄裳首先建议征伐蜀地,并且提出征蜀的谋略方法,都十分切合事实。蜀地平定后,宰相上朝祝贺,唐宪宗目视杜黄裳说:"这都是你的功劳!"

刘辟被解至长安,其家族和党羽全都被杀。

【纲】征调少室山(在中岳嵩山中。中岳三峰,东太室,西少室,在今河南登封境内)人李渤为左拾遗。 【目】李渤推辞有病拒绝应征。但朝政有所得失,他就上奏陈述论证。

【纲】冬十月,唐宪宗任命高崇文为西川节度使,柳晟为山南西道

使。

【纲】十一月,以吐突承璀为左神策中尉。

【纲】回鹘入贡。 【目】始以摩尼偕来,置寺处之。

【纲】丁亥,二年,春正月,杜黄裳罢为河中节度使。 【目】黄裳有经济大略而不修小节,故不得久在相位。

【纲】以武元衡、李吉甫同平章事。 【目】吉甫谓中书舍人裴垍曰:"吉甫流落江、淮,逾十五年,一旦蒙恩至此,思所以报德,惟在进贤,而朝廷后进,罕所接识,君有精鉴,愿悉为我言之。"垍取笔疏三十余人;数月之间,选用略尽。当时翕然称吉甫为得人。

【纲】夏四月,李锜反,制削官爵属籍,发诸道兵讨之。 【目】夏、蜀既平,藩镇惕息。镇海节度使李锜不自安,求入朝;上许之。锜实无行意,屡迁行期;称疾,请至岁暮。武元衡曰:"锜求朝得朝,求止得止,将何以令四海!"上以为然,下诏征之。锜计穷,遂谋反。杀留后王澹、大将赵琦,使人杀所部五州刺史。制削锜官爵属籍。遣淮南节度使王锷统诸道兵以讨之。

【纲】以武元衡为西川节度使,高崇文为邠宁节度使。 【目】高崇文在蜀期年,谓监军曰:"西川乃宰相回翔之地,崇文岂敢自安!"屡上表称"蜀中安逸,无所陈力,愿效死边陲",故有是命。

【纲】镇海兵马使张子良执李锜,送京师,斩之。 【目】有司籍其家财输京师。翰林学士裴垍、李绛言:"锜割剥六州以富其家,

节度使。

【纲】十一月,唐宪宗任命吐突承璀为左神策中尉。

【纲】回鹘人入朝进贡。【目】开始带摩尼教僧人一道前来,唐廷设立寺院安置他们。

【纲】元和二年(丁亥,807),春正月,杜黄裳被罢免为河中(治蒲州城,今山西芮城西北)节度使。【目】杜黄裳有经国济世的雄才大略,但不拘小节,因此不能长期担任宰相。

【纲】唐宪宗任命武元衡、李吉甫为同平章事。【目】李吉甫对中书舍人裴垍说:"我李吉甫流落于江、淮,超过十五年,现在突然蒙受皇恩到这种地步,想想能够报恩的途径,只有为国家推举贤才,可是在我之后进入朝廷为官的,我所认识了解的太少,您鉴别人才精当,希望能对我说出您的见解。"裴垍提笔开列出三十多人。几个月的时间,这些人差不多都得到选用。当时人们纷纷称道李吉甫善于用人。

【纲】夏四月,李锜反叛。朝廷削夺其官职爵位,并从宗室名册中除名,征发诸道兵马讨伐。【目】夏绥(治夏州城,今陕西米脂西)、蜀平定后,藩镇十分恐慌惧怕。镇海(治润州,今江苏镇江)节度使李锜也感到十分不安,请求入朝,唐宪宗同意了。可李锜实际并没有上朝的诚心,因而屡次迁延行期,又推说有病,请求拖延到年末。武元衡说:"李锜请求入朝就准许入朝,请求中止就得以中止,那朝廷还如何号令天下!"唐宪宗觉得此话有理,颁下诏令征讨李锜。李锜计穷,于是谋反。杀掉留后王澹、大将赵琦,并派人刺杀辖境内五个州的刺史。唐宪宗下令削夺其官职、爵位,并从宗室名册中除名,派淮南节度使王锷统帅诸道兵马征讨。

【纲】唐宪宗任命武元衡为西川节度使,高崇文为邠宁(治邠州,今陕西邠县)节度使。【目】高崇文在蜀地一年,对监军说:"西川是宰相回旋的地方,高崇文怎敢妄自安居此地!"多次上表,声称"蜀中安定,没有需要我效力的地方,愿为朝廷效死命驻守边陲",因而有此任命。

【纲】镇海兵马使张子良捉到李锜,押送京城,斩首。【目】有关部门抄没了李锜的家产准备送往京城。翰林学士裴垍、李绛说:"李锜

今以输上京，恐远近失望。愿以赐浙西百姓，代今年租赋。"上嘉叹，从之。

【纲】以白居易为翰林学士。 【目】居易作乐府百余篇，规讽时事，流闻禁中；上悦之，故有是命。

【纲】李吉甫上《元和国计簿》。

【纲】戊子，三年，夏四月，策试贤良、方正、直言极谏举人。【目】牛僧孺、皇甫湜、李宗闵皆指陈时政之失，无所避；考官杨于陵、韦贯之署为上第，上亦嘉之。李吉甫恶其言直，泣诉于上，且言："湜，翰林学士王涯之甥也，涯与裴垍覆策而不自言。"上不得已，罢垍，贬贯之巴州刺史，涯虢州司马，於陵岭南节度使。僧孺等久之不调，各从辟于藩府。

【纲】以裴均为右仆射，卢坦为庶子。 【目】均素附宦官。尝入朝，逾位而立；御史中丞卢坦揖而退之，均不从。坦曰："昔姚南仲为仆射，位在此。"均曰："南仲何人？"坦曰："是守正不交权幸者。"坦寻改右庶子。

【纲】秋七月，以卢坦为宣歙观察使。 【目】坦到官，值岁饥，谷价日增。或请抑之，坦曰："宣歙谷少，仰食四方；若价贱，则商船不来，益困矣。"既而米斗二百，商旅辐辏，民赖以生。

【纲】以裴垍同平章事。 【目】上虽以李吉甫故罢垍学士，然宠信弥厚，故未几复擢为相。尝谓之曰："以太宗、玄宗犹藉辅佐以成其理，况如朕不及先圣万倍者乎！"垍亦竭诚辅佐。上尝问垍："为理之要何先？"对曰："先正其心。"

搜刮六州百姓，才使他家如此富有，现在将其家产送往京城，恐怕会让远近各地的人们感到失望。希望把他的家产赐给浙西的百姓，代替今年的租赋。"唐宪宗赞叹并听从了这个建议。

【纲】唐宪宗任命白居易为翰林学士。　【目】白居易创作了乐府诗百余篇，规谏讽劝时事，流传到宫中。唐宪宗很喜欢，因而有此任命。

【纲】李吉甫奏上《元和国计簿》。

【纲】元和三年（戊子，808），夏四月，唐宪宗亲自策试贤良方正、直言极谏科应试的士子。　【目】牛僧孺、皇甫湜、李宗闵都指摘时政弊病，无所避讳。考官杨于陵、韦贯之将他们归入优秀的名册中，唐宪宗对他们也十分称赞。李吉甫憎恶他们直言不讳，在唐宪宗面前哭诉说："皇甫湜是翰林学士王涯的外甥，王涯和裴垍审核策试，却没有说明与皇甫湜的关系。"唐宪宗不得已，罢免裴垍，将韦贯之贬为巴州（治化城，今四川巴中）刺史，王涯贬为虢州（治弘农，今河南灵宝）司马，杨於陵贬为岭南（治广州，今广东广州）节度使。牛僧孺等人长期得不到调任，分别被征辟为藩镇军府的幕僚。

【纲】唐宪宗任命裴均为右仆射，卢坦为庶子。　【目】裴均向来依附于宦官。有次入朝，站在超过自己地位的位置上。御史中丞卢坦拱手行礼请他退后，他不肯。卢坦说："当年姚南仲任仆射，就站在这个位置上。"裴均说："姚南仲是何许人？"卢坦说："他是为人正派，不结交当权受宠者的人。"不久卢坦改任右庶子。

【纲】秋七月，唐宪宗任命卢坦为宣歙观察使。　【目】卢坦到任，正值饥荒，谷价与日俱增。有人请求抑制谷价，卢坦说："宣歙地区谷物欠收，只有依靠四面八方供给。如果谷价太贱，那么商船不来，就会更加穷困了。"不久米一斗值钱二百，商人就像轮辐集中于轮轴一样从四面八方赶来，百姓赖以为生。

【纲】唐宪宗任命裴垍为同平章事。　【目】唐宪宗虽然因为李吉甫而罢免了裴垍的翰林学士，但却对他更加宠信，因此不久又将他提升为宰相。并曾对他说："太宗、玄宗那样贤能的君主，尚且要依靠辅佐才能达到天下大治，何况我还不抵先圣的万分之一呢！"裴垍也能竭尽忠

垍器局峻整，人不敢干以私。尝有故人自远诣之，垍厚遇之。其人乘间求京兆判司，垍曰："公才不称此官，垍不敢以私害公。"先朝执政，多恶谏官言时政得失，垍独赏之。

【纲】己丑，四年，春正月，南方旱饥，遣使宣慰赈恤。 【目】宣慰使郑敬等将行，上戒之曰："朕宫中甩帛一匹，皆籍其数，惟赒救百姓，则不计费，卿等宜识此意。"

【纲】郑絪罢，以李藩同平章事。 【目】藩给事中制敕有不可者，即于黄纸后批之。吏请更连素纸，藩曰："如此，乃状也，何名批敕！"裴垍荐藩有宰相器。上以絪循默，罢之，擢藩为相。藩知无不言，上甚重之。

【纲】三月，成德节度使王士真卒。 【目】子承宗自为留后。河北三镇，相承各置副大使，以嫡长为之，父没则代领军务。

【纲】闰月，立邓王宁为皇太子。

【纲】夏四月，起复卢从史为金吾大将军。 【目】上欲乘王士真死，除人代之；不从则兴师讨之，以革河北诸镇世袭之弊。李绛曰："武俊父子相承，四十余年，今承宗又已总军务，一旦易之，恐未即奉诏。又河北诸镇事体正同，必不自安，阴相党助。且今江、淮大水，公私困竭，军旅之事，恐未可轻议也。"中尉吐突承璀自请将兵讨之。时昭义节度使卢从史遭父丧，朝廷久未起复；从史惧，因承璀进说，请以本军讨承宗。诏起复金吾大将军。

诚辅佐唐宪宗。唐宪宗曾问他："治理国家的关键，哪个应当放在首要的地位？"回答说："要首先端正民心。"

裴垍气度严肃庄重，人们不敢用私事求他。曾经有个裴垍的朋友从远方来投奔他，裴垍很厚待他。那个人找机会要求裴垍给他京兆判司的官做。裴垍说："凭你的才干难以担当这个职位，我裴垍可不敢因私事而损害公事。"先朝的宰相，大多讨厌谏官谈论时政得失，只有裴垍十分赞赏。

【纲】元和四年（己丑，809），春正月，南方发生旱灾、饥荒，唐宪宗派宣慰使赈济抚恤灾民。 【目】宣慰使郑敬将要出发，唐宪宗告诫说："我在宫中即使用一匹帛，都要在帐簿中记上数量，但只要是周济百姓，则不考虑花费，希望你们能领会我的意思。"

【纲】唐宪宗罢免郑絪，任命李藩为同平章事。 【目】李藩任给事中时，凡制敕中有不同意的，就在黄纸背后批写。官吏请他批写在白纸上再连在后面，李藩说："如果那样，就是写文状了，还叫什么批敕！"裴垍认为李藩有做宰相的才能器用。唐宪宗认为郑絪因循守旧，沉默少言，罢免了他，提拔李藩为宰相。李藩知无不言，很受重用。

【纲】三月，成德（治恒州，今河北正定）节度使王士真去世。【目】王士真的儿子王承宗自命为留后。河北三镇（成德、魏博、卢龙）相继分别设置副大使，由节度使的嫡长子担任，父死则由长子代替掌管军务。

【纲】闰月，唐宪宗册立邓王李宁为皇太子。

【纲】夏四月，重新启用卢从史为金吾大将军。 【目】唐宪宗想乘王士真去世之机，另行提拔别人取代其职位。如果不从朝廷任命就兴师讨伐，以革除河北诸镇世袭的弊端。李绛说："王武俊父子相承袭，已经四十多年。现在王承宗又已经总领军务，一旦要更换，恐怕未必会立即接受诏命。河北各镇情形大体相同，一定会自觉不安，暗中结党，相互呼应。况且今年江、淮大水成灾，官府百姓都很困难，兴师用兵的事，恐怕不可轻举妄动。"中尉吐突承璀自荐率兵征讨。当时昭义节度使卢从史正值父丧，朝廷很长时间没有启用。卢从史很担心，于是借着吐突承璀的话头儿，请求以昭义节度使军征讨王承宗。于是唐宪宗下诏

【纲】秋七月,贬杨凭为临贺尉。 【目】中丞李夷简弹京兆尹杨凭贪汗僭侈,贬临贺尉。凭亲友无敢送者,栎阳尉徐晦独至蓝田与别。权德舆谓之曰:"君送杨临贺,诚为厚矣,无乃为累乎!"对曰:"晦自布衣蒙杨公知奖,今日远谪,岂得不与之别!借如明公他日为谗人所逐,晦敢自同路人乎!"德舆嗟叹,称之于朝。后数日,李夷简奏为监察御史,谓之曰:"君不负杨临贺,肯负国乎!"

【纲】九月,王承宗表献德、棣二州,诏以承宗为成德节度使。德州刺史薛昌朝为保信节度使,领德、棣二州。承宗袭昌朝,执之以归。

【纲】冬十月,削夺王承宗官爵,发兵讨之。以吐突承璀为招讨、处置等使。

【纲】十一月,彰义节度使吴少诚卒。 【目】初,吴少诚宠其大将吴少阳,名以从弟,出入如至亲。少诚病,少阳杀其子自摄副使、知军事。少诚死,少阳遂自为留后。

重新启用他为金吾大将军。

【纲】秋七月,贬降杨凭为临贺县(今广西贺县东南贺街镇)县尉。 【目】中丞李夷简弹劾京兆尹杨凭贪污奢侈,杨凭被贬为临贺县尉,他的亲友没有人敢于为他送行,只有栎阳(今陕西临潼北)县尉徐晦到蓝田(今陕西蓝田)为他送别。权德舆对他说:"你去送杨临贺,的确交情深厚,但不怕被连累吗!"徐晦答道:"徐晦还在布衣百姓时,承蒙杨公的知遇和奖掖,如今他遭贬远行,岂能不与他告别!假如您有一天被人谗言诬害,遭到斥逐,徐晦敢自视为与您无关的人吗!"权德舆感慨万分,在朝中称道徐晦。过了几天,李夷简上奏举荐徐晦为监察御史,并对他说:"你不肯亏负杨临贺,难道肯亏负国家吗!"

【纲】九月,王承宗上表献出德州(治安德,今山东陵县)、棣州(治厌次,今山东惠民南),唐宪宗下诏任命王承宗为成德节度使。德州刺史薛昌朝为保信节度使,兼管德、棣二州。王承宗袭击薛昌朝,将他捉住带回。

【纲】冬十月,唐宪宗削夺王承宗官职、爵位,发兵讨伐。任命吐突承璀为招讨处置使。

【纲】十一月,彰义(即淮西)节度使吴少诚去世。 【目】当初,吴少诚宠信大将吴少阳,声称是自己的堂弟,携手出入,如同至亲。吴少诚患病,吴少阳杀掉他的儿子,自己任副使,知军事。吴少诚死后,吴少阳自命为留后。

纲鉴易知录卷五六

唐纪

宪宗皇帝

【纲】庚寅，五年，春正月，卢龙节度使刘济将兵讨王承宗，拔饶阳、束鹿。

【纲】吐突承璀讨王承宗，战不利。

【纲】贬元稹为江陵士曹。　【目】河南尹房式有不法事，东台监察御史元稹奏摄之，擅令停务；朝廷以为不可，罚俸，召还。至敷水驿，有内侍后至，破驿门入，击稹伤面；上复引稹前过，贬之。李绛、崔群言稹无罪。白居易言："中使陵辱朝士，中使不问而稹先贬，恐自今中使出外益暴横，人无敢言者。"上不听。

【纲】三月，以吴少阳为淮西留后。

【纲】吐突承璀诱卢从史执送京师，以乌重胤为河阳节度使。【目】卢从史阴与王承宗通谋，上甚患之。会从史遣牙将王翊元入奏事，裴垍引与语，为言君臣之义，微动其心；翊元遂输诚，言从史阴谋及可取之状。垍令翊元还本军经营，遂得其都知兵马使乌重胤款要。垍言于上曰："从史必为乱，今与承璀对营而不设备，失今不取，后虽兴大兵，未可以岁月平也。"上许之。承璀乃召从史入营与博，伏壮士擒缚之，驰诣京师。昭义士卒闻之，皆甲以出。乌重胤当军门叱之曰："天子有诏，从者赏，违者斩！"遂皆散。上嘉重胤功，欲即以为昭义帅；李绛以为不可，请授重胤河阳。上乃以重胤镇河阳，而徙河阳节度使孟元阳镇昭义。贬从史为驩州司马。

宪宗皇帝

【纲】唐宪宗元和五年（庚寅，810），春正月，卢龙节度使刘济率兵讨伐王承宗，攻下饶阳（今河北献县西北）、束鹿（今河北束鹿东）。

【纲】吐突承璀讨伐王承宗，作战失利。

【纲】唐宪宗将元稹贬为江陵（今湖北江陵）曹。　【目】河南府（即洛州，今河南洛阳）尹房式干了犯法的事，东台监察御史元稹上奏请求将其收审，并擅自下令停止其职务。朝廷认为不可以这样做，罚没元稹的俸禄，并召其回朝。元稹走到敷水驿（今陕西渭南东敷水镇），内廷侍卫后至，闯进驿站，并且打伤了元稹的面部。唐宪宗又追究了元稹以前的错误，将其贬官。李绛、崔群等都说元稹无罪。白居易说："中使欺凌辱侮朝廷士子，但却不问中使的罪，反而先将元稹贬官，恐怕从今以后中使外出要更加强横暴虐，没有人敢于说话了。"唐宪宗不予理睬。

【纲】三月，唐宪宗任命吴少阳为淮西留后。

【纲】吐突承璀诱捕了卢从史并将其押送京城，任命乌重胤为河阳（治怀州，今河南沁阳）节度使。　【目】卢从史暗中与王承宗勾结，唐宪宗十分担忧。适逢卢从史派副将王翊元入朝奏事，裴垍接见并和他谈话，讲明君臣上下的道理，用委婉的语言来打动他。于是王翊元也说出心里话表达自己的诚意，揭露卢从史的阴谋，陈述了应该对其采取行动的情况和理由。裴垍让他仍然回到自己的军营中，进行筹措，从而赢得都知兵马使乌重胤的诚心。裴垍对唐宪宗说："卢从史必然会反叛，如今他和吐突承璀营垒相对却没有防备，失去这个机会，以后即使兴师动众，一年半载之中也未必能够平定。"唐宪宗采纳了他的建议。于是吐突承璀叫卢从史到自己的营垒中来博艺游戏，暗中埋伏武士将其擒住，并派人火速赶往京城报信。卢从史部下的士兵知道后，都披上盔甲从营帐中走出来。乌重胤挡住军营的营门，大声喝叱说："天子颁下诏命，

【纲】秋七月，制雪王承宗，复其官爵。加刘济中书令。

【纲】九月，罢吐突承璀为军器使。

【纲】以权德舆同平章事。 【目】上问："宰相为政，宽猛何先？"权德舆对曰："秦以惨刻而亡，汉以宽大而兴，先后可见矣。"上善其言。

【纲】冬十一月，裴垍罢为兵部尚书。

【纲】十二月，以吕元膺为鄂岳观察使。 【目】元膺尝欲夜登城，门已锁，守者不为开，左右曰："中丞也。"对曰："夜中谁辨真伪，虽中丞亦不可。"元膺乃还。明日，擢为重职。

【纲】以李绛为中书舍人。 【目】上每有军国大事，必与诸学士谋之。白居易因论事，言"陛下错"，上色庄而罢，密召绛谓曰："居易小臣不逊，须令出院。"绛曰："陛下容纳直言，故群臣敢竭诚无隐。居易言虽少思，志在纳忠。陛下今日罪之，臣恐天下各思箝口，非所以广聪明，昭圣德也。"上悦，待居易如初。

上尝欲近猎苑中，至蓬莱池西，谓左右曰："李绛必谏，不如且止。"

绛尝面陈吐突承璀专横，语极恳切。上作色曰："卿言太过！"绛泣曰："陛下置臣于腹心耳目之地，若臣畏避左右，爱身不言，是

顺从的奖赏，违逆的斩首！"于是众人散去。唐宪宗嘉许乌重胤的功劳，想就地封他为昭义军的统帅。李绛认为不行，请求授予乌重胤河阳节度使。于是唐宪宗令乌重胤镇守河阳，而让原河阳节度使孟元阳镇守昭义。将卢从史贬为驩州（治九德，在今越南北部边镜）司马。

【纲】秋七月，唐宪宗下令为王承宗平反，恢复其官职爵位。加封刘济为中书令。

【纲】九月，唐宪宗将吐突承璀罢免为军器使。

【纲】唐宪宗任命权德舆为同平章事。　【目】唐宪宗问权德舆："宰相执掌政务，宽松与威猛哪个应放为首位？"权德舆回答说："秦因为残酷、苛刻而灭亡，汉由于宽容、大度而兴盛，由此可见哪个应摆在首位了。"唐宪宗十分赞许他的话。

【纲】冬十一月，裴垍被罢免为兵部尚书。

【纲】十二月，唐宪宗任命吕元膺为鄂岳（治鄂州城，今湖北武汉武昌）观察使。　【目】吕元膺曾想连夜进入鄂州城，但城门已锁上，守城的人不肯开城门，旁边有人说："是御使中丞来了。"守城的回答说："现在是夜里，谁能辨别得出是真是假，即使是御使中丞来了，也不能开门。"吕元膺便回去了。第二天，将守城的人提拔到一个重要的职位上。

【纲】唐宪宗任命李绛为中书舍人。　【目】每当有军国大事，唐宪宗都和翰林学士们讨论商议。白居易在讨论政事时，说了一句"陛下错了"这类的话，唐宪宗神态严肃，不高兴地停止讨论，秘密地召见李绛说："白居易一个小小的臣子，出言不逊，应该把他赶出翰林院。"李绛说："您能容纳切直的话，因此大臣们才敢于竭尽诚心，毫无隐讳。白居易的话虽然欠考虑，但他的动机出自一片忠心，您现在责罚他，我恐怕天下人就都去想着如何缄口不言，这样就无以广纳天下的聪明才智，昭彰您的德行了。"唐宪宗转怒为喜，像从前一样对待白居易。

唐宪宗曾想在京畿附近的苑囿中行猎，来到蓬莱池（今陕西西安东北）西，对身边的人说："李绛一定会劝谏，不如到此为止。"

李绛曾当面指摘吐突承璀专权蛮横，言辞十分恳切。唐宪宗脸色一变说："你的话太过分了！"李绛流泪说："您把我当做心腹和耳目，

臣负陛下；言之而陛下恶闻，乃陛下负臣也。"上怒解，曰："卿所言皆人所不能言，真忠臣也。"遂以为中书舍人，学士如故。

【纲】辛卯，六年，春正月，以李吉甫同平章事。

【纲】二月，李藩罢为太子詹事。 【目】上尝与宰相语及神仙，李藩对曰："秦始皇、汉武帝学仙之效，具载前史，太宗服天竺僧长年药致疾，此古今之明戒也。陛下春秋鼎盛，励志太平，宜拒绝方士之说。苟道盛德充，人安国理，何忧无尧、舜之寿乎！"

【纲】以李绛为户部侍郎。 【目】宦官恶李绛在翰林，以为户部侍郎，判本司。上问绛："故事，户部皆进羡余，卿独无进，何也？"对曰："守土之官，厚敛于人以市私恩，天下犹共非之；况户部所掌，皆陛下府库之物，给纳有籍，安得羡余！若自左藏输之内藏以为进奉，是犹东库移之西库，臣不敢踵此弊也。"上喜其直，益重之。

【纲】夏四月，以卢坦判度支。

【纲！秋九月，梁悦报仇杀人，杖而流之。 【目】富平人梁悦报父仇，杀秦杲，自诣县请罪。敕："复雠，据《礼经》则义不同天，征法令则杀人者死。宜令都省集议闻奏。"职方员外郎韩愈议曰："律无复雠之条，非阙文也。盖不许，则伤孝子之心，而乖先王之训；许之，则人将倚法专杀，而无以禁止其端。故圣人丁宁其义于经，而深没其文于律，其意将使法吏一断于法，而经术之士得引经而议也。宜定其制曰：'凡复父雠者，事发，具事申尚书省集议奏闻，酌其宜而处之。'则经律无失其指矣。"于是杖悦一百，流循州。

我要是因为害怕而躲躲闪闪，只求爱惜自身而不肯说话，这是我辜负了您。但如果我说了您却讨厌听到，就是您亏负了我。"唐宪宗怒气消解，说："你所说的话都是别人所不能说的，你是真正的忠臣。"于是任命他为中书舍人，并仍像从前一样做翰林学士。

【纲】元和六年（辛卯，811），春正月，唐宪宗任命李吉甫为同平章事。

【纲】二月，李藩被罢免为太子詹事。【目】唐宪宗曾和宰相谈及神仙的事，李藩说："秦始皇、汉武帝学仙访道的结果，都记载在前代史书中，太宗服用天竺僧人的长寿药以致患病，这些都是古往今来显而易见的教训。您现在正当盛年，潜心励志，致力于天下大治，应该拒绝方士的说教。假如大道鼎盛，德行充盈，人民安定，国家大治，还用担忧会没有尧舜那样长寿吗！"

【纲】唐宪宗任命李绛为户部侍郎。【目】宦官们讨厌李绛在翰林院做翰林学士，因此让他做户部侍郎，执掌户部。唐宪宗问李绛说："按照过去的惯例，户部都要进贡额外的收入，只有你不进贡，为什么？"李绛回答："守疆卫土的官员，搜刮百姓用以赢得个人的恩宠，天下人尚且异口同声地加以责难。何况户部掌管的，都是您府库中的东西，收入支出都有账簿记载，哪里会有额外的收入！如果将财物从左藏移至内藏，以此作为进贡，这就好比从东库移至西库，我不敢重复这种弊端。"唐宪宗很高兴他的直率，更加器重他。

【纲】夏四月，唐宪宗任命卢坦为判度支。

【纲】秋九月，梁悦报仇杀人，受到杖责并被流放。【目】富平（今陕西铜川东南）人梁悦为父报仇，杀掉仇人秦果，到县衙自首请罪。唐宪宗下令："复仇，根据《礼经》，父仇不共戴天。可是根据法令杀人者，应当处死。应该让尚书省召集有关人员商议，然后上报。"职方员外郎韩愈议论说："法律条文中，没有关于复仇的条文，这并不是缺漏。大概是因为如果不许复仇，就会伤了天下孝子们的心，而且有悖先王的训诫。允许复仇，那么人们就会依仗法律大开杀戒，而且无法阻止这种事端。因此圣人在经书中反复阐明其含义，而在法律中又将这类条文深深地隐没，其用意在于让执法的官吏能依法而断，而研习经

【纲】冬十二月，以李绛同平章事。 【目】李吉甫为相，多修旧怨，上颇知之，故擢绛为相。吉甫善逢迎上意，而绛鲠直，数争论于上前；上多直绛而从其言，由是二人有隙。

上御延英，吉甫言："天下已太平，陛下宜为乐。"绛曰："汉文帝时，兵木无刃，家给人足，贾谊犹以为厝火积薪之下，不可谓安。今法令所不能制者，河南、北五十余州，犬戎腥膻，近接泾、陇，烽火屡惊，加之水旱时作，仓库空虚，此正陛下宵衣旰食之时，岂得谓之太平，遽为乐哉！"上欣然曰："卿言正合朕意。"退谓左右曰："吉甫专为悦媚；如李绛真宰相也。"

吉甫尝言："人臣不当强谏，使君悦臣安，不亦美乎！"李绛曰："人臣当犯颜苦口，指陈得失，若陷君于恶，岂得为忠！"上曰："绛言是也。"

吉甫又尝言于上曰："赏罚，人主之二柄，不可偏废。今惠泽已深，而威刑未振，中外懈惰，愿加严以振之。"上顾李绛曰："何如？"对曰："王者之政，尚德不尚刑，岂可舍成、康、文、景而效秦始皇父子乎！"上曰："然。"后旬余，于頔入对，亦劝上峻刑。上谓宰相曰："于頔大是奸臣，劝朕峻刑，卿知其意乎？"皆对曰："不知也。"上曰："此欲使朕失人心耳。"吉甫失色，退而抑首不言笑竟日。

书的人也可以引述经义。应该这样制定这类律条'凡为父报仇,事情发生,都应申报尚书省,召集有关人员商议上报,酌情处理。'这样经义和律条意义就都能得以表现了。"于是杖责梁悦一百,流放循州(治归善,今广东惠阳东北)。

【纲】冬十二月,唐宪宗任命李绛为同平章事。 【目】李吉甫任宰相,爱报旧怨,唐宪宗对此很清楚,因此提升李绛为宰相。李吉甫善于逢迎唐宪宗的心愿,而李绛则十分梗直,多次与唐宪宗争论。唐宪宗也多认为李绛很忠直,因而采纳他的建议,二人由此发生矛盾。

唐宪宗驾临延英殿,李吉甫说:"天下已经太平,您应该作乐。"李绛说:"汉文帝时,兵器都像木制的一样钝而无刃,家家都很富裕,百姓用度充足,贾谊尚且认为形势如同在柴堆下点火,不能认为安全。现在不接受法令制约的,有河南、河北五十多个州,犬戎等异族的腥膻气味,已经接近泾(治安定,今甘肃泾川北)、陇(治汧源,今陕西陇县)二州,以致屡次燃起烽火,加上水旱灾害时有发生,国库空虚,这正应该是您天不亮就起身,很晚了才吃饭,日夜操劳的时候,怎么能说已经天下太平而急于作乐呢!"唐宪宗高兴地说:"你的话正符合我的心意。"退朝后对身边的人说:"李吉甫专爱做些献媚于上的事,像李绛这样,才是真正的宰相。"

李吉甫曾说:"作为臣下不应该犯颜强谏,假使能做到君主高兴,人臣安心,不也是很好的事吗!"李绛说:"作为臣下应当不怕触怒君主,苦口婆心地劝谏,指出得失。如果使君主处于作恶的地位上,能说是忠臣吗!"唐宪宗说:"李绛的话很对。"

李吉甫还曾对唐宪宗说:"奖赏和惩罚是作为君主的两大权柄,不可有所偏重和废弃。现在您的恩惠已经很深厚了,可是威严和刑罚还没有振举,朝廷上下,人们都很懈怠,希望您严加刑罚,以使人们振作。"唐宪宗对李绛说:"怎么样?"李绛回答说:"为君王的人处理国家政事,崇尚恩德而不崇尚刑罚,怎么可以舍弃周成王、周康王、汉文帝、汉景帝不去效法,却去效仿秦始皇父子呢!"唐宪宗说:"对。"过了十来天,于頔入朝问对,也劝唐宪宗严刑峻法。唐宪宗对宰相说:"于頔是大奸臣,劝我严刑峻法,你知道他的用意吗?"都回答说:"不知道。"

【纲】太子宁卒。

【纲】大稔。【目】是岁天下大稔,米斗有直二钱者。

【纲】壬辰,七年,春正月,以元义方为鄜坊观察使。【目】义方媚事吐突承璀。李吉甫欲自托于承璀,擢义方为京兆尹。李绛恶而出之,义方入谢,因言:"绛私其同年许季同,以为京兆少尹,故出臣鄜坊,专作威福。"明日,上以诘绛,曰:"人于同年固有情乎!"对曰:"同年乃四海九州之人,偶同科第,情于何有!且陛下不以臣愚备位宰相,宰相职在量才授任,若其人果才,虽在兄弟子侄之中,犹将用之,况同年乎!避嫌而弃才,是乃便身,非徇公也。"上曰:"善。"遂趣义方之官。

【纲】夏四月,以崔群为中书舍人。【目】上嘉翰林学士崔群谠直,命学士:"自今奏事必取群连署,然后进之。"群曰:"翰林举动,皆为故事。必如是,后来万一有阿媚之人为之长,则下位直言,无从而进矣。"遂不奉诏。

【纲】五月,诏蠲淮、浙租赋。【目】上尝与宰相论治道于延英殿,日旰,暑甚,汗透御服。宰相求退,上留之,曰:"朕入禁中,所与处者独宫人、宦官耳,故乐与卿等且共谈为理之要,殊不知倦也。"

【纲】秋七月,立遂王恒为皇太子。

【纲】八月,魏博节度使田季安卒。【目】魏博牙内兵马使田

唐宪宗说："这是想让我不得人心啊。"李吉甫大惊失色，退朝后，仰头朝天，一天不说不笑。

【纲】太子李宁去世。

【纲】大丰收。　【目】这一年，天下获得丰收，有些地方每斗米甚至只值二个钱。

【纲】元和七年（壬辰，812），春正月，唐宪宗任命元义方为鄜坊（治鄜州城，在今陕西洛川西北）观察使。　【目】元义方献媚吐突承璀。李吉甫正想巴结吐突承璀，提拔元义方为京兆尹。李绛很讨厌他，将他赶出了朝廷。元义方入朝向唐宪宗辞射，乘机说道："李绛偏爱与他同年考中的许季同，任命他为京兆少尹，因此将我调出朝廷到鄜坊，以便他专权，作威作福。"第二天，唐宪宗责问李绛说："人们对自己的同年本来就很有情义啊！"李绛回答说："所谓的同年，本来都是四海九州的人，碰巧同年登第，会有什么情义！何况您认为我还不算愚笨，得以位居宰相。宰相的职责就在于量才授官，假如这人真的有才干，即使是兄弟子侄，也要任用，何况不过是同年呢！为了避嫌而抛弃贤才，这是为了自己方便，这可不符合公而忘私的原则。"唐宪宗说："很好。"于是赶快催促元义方赴任。

【纲】夏四月，唐宪宗任命崔群为中书舍人。　【目】唐宪宗嘉许翰林学士崔群的正直，命令学士们说："从今以后奏论事，必须取得崔群的署名认可，然后才能上奏。"崔群说："翰林院的举动，都相沿成例。如果一定这样做，万一以后有阿谀谄媚的人做了翰林院的长官，那么他手下的人有忠直的言辞就没有办法表达于上了。"于是唐宪宗不再颁布这个诏命。

【纲】五月，唐宪宗下诏免除淮、浙地区的租赋。　【目】唐宪宗曾和宰相在延英殿讨论统治之道，日到中天，天气十分暑热，汗水湿透了唐宪宗的衣服。宰相请求退朝，唐宪宗挽留他们，说："我回到宫中，和我相处的只有宫女、宦官，因此我很愿意和你们大家一起共同讨论治理国家的要务，并不觉得疲倦。"

【纲】秋七月，唐宪宗册立遂王李恒为皇太子。

【纲】八月，魏博节度使田季安去世。　【目】魏博牙内兵马使田

兴,有勇力,颇读书,性恭逊。季安病,军政废乱,夫人元氏立其子怀谏为副大使,知军务,时年十一;召兴为都知兵马使。上与宰相议魏博事,李吉甫请兴兵讨之。李绛曰:"魏博不必用兵,当自归朝廷。"上意以吉甫议为然。绛曰:"今怀谏乳臭子,不能自听断,军府大权必有所归。诸将不服,怨怒必起,田氏不为屠肆,则悉为俘囚,何足烦天兵哉!"上曰:"善。"

【纲】冬十月,魏博兵马使田兴请吏奉贡,诏以兴为节度使。【目】田怀谏幼弱,军政皆决于家僮蒋士则,众皆愤怒。田兴晨入府,士卒大噪,环拜请为留后。兴谓众曰:"汝肯听吾言乎?"皆曰:"惟命!"兴曰:"勿犯副大使,守朝廷法令,申版籍,请官吏,然后可。"皆曰:"诺。"兴乃杀蒋士则等十余人,迁怀谏于外。监军以闻,上亟召绛曰:"卿揣魏博若符契。"吉甫请遣中使宣慰以观其变,绛曰:"今田兴奉其土地兵众,坐待诏命,不乘此际推心抚纳,必待敕使至彼,持将士表来,然后与之,则是恩出于下,而其感戴之心非今日比矣。"

吉甫素与枢密使梁守谦相结,守谦亦为之言,上竟遣中使张忠顺如魏。绛复上言:"朝廷恩威得失,在此一举,时机可惜,奈何弃之!计忠顺之行,甫应过陕,乞明旦即降白麻除兴节度使,犹可及也。"上欲且除留后,绛曰:"田兴恭顺如此,自非恩出不次,无以深慰其心。"上从之。忠顺未还,制命已至,兴感恩流涕,士众鼓舞。

【纲】十一月,遣知制诰裴度宣慰魏博。 【目】李绛言:"魏

兴,勇武有力,很读了些书,性情恭谨谦逊。田季安患病,军政要务荒疏混乱,夫人元氏册立儿子田怀谏为副大使,掌管军务,当时年仅十一岁。他召见田兴任命他为都知兵马使。唐宪宗和宰相议论魏博的形势,李吉甫请求兴兵讨伐。李绛说:"对魏博不必用兵,它会自动归顺朝廷。"唐宪宗心里认为李吉甫的建议正确。李绛说:"现在田怀谏是个乳臭未干的小孩子,还没有能力自己处理事情做出判断,军府大权一定旁落他人,诸将不服,必然引起怨愤,田氏不是被屠杀,就是全部沦为阶下之囚,有什么足以劳烦天朝军队的呢!"唐宪宗说:"很好。"

【纲】冬十月,魏博兵马使田兴请求朝廷派官并向朝廷进贡,唐宪宗下诏任命田兴为节度使。 【目】田怀谏年幼,军政大事都由家僮蒋士则决断,人们都很怨愤不满。田兴早晨到军府时,士兵们大声呐喊,并围着田兴,拜请他担任留后。田兴对众人说:"你们肯听我的话吗?"众人都说:"唯命是听。"田兴说:"不要冒犯副大使,遵守朝廷法令,申报版图户籍,请朝廷任命官吏,只有这样我才答应你们。"众人都说:"好吧。"于是田兴杀掉蒋士则等十余人,并将田怀谏迁到外地。监军将此事上报,唐宪宗急忙召见李绛说:"你揣度魏博的事情就像符契相合那样准确无误。"李吉甫请求派中使前往宣慰,以观察事情的变化,李绛说:"现在田兴献出土地和兵马,在当地等待诏命,不乘此机会推心置腹加以安抚,一定要等待使者到他那里,拿着将士的上表回来,然后再任命他,那就是恩情出自于下了,而他感恩戴德的心情就不是今天可以相比的了。"

李吉甫一向和枢密使梁守廉相互结交,梁守廉也帮助他说话,唐宪宗最终还是派中使张忠顺去魏博。李绛又上奏说:"朝廷的恩威得失,在此一举,机会应当珍惜,为什么要弃之不用呢!估计张忠顺的行程,现在刚刚过陕(今河南陕县陕县镇),请明天一早立即颁下白麻诏书任命田兴为节度使,这样还来得及。"唐宪宗想暂时任命他为留后,李绛说:"田兴这样恭顺,要是不能不拘等次地施以恩德,就不足以表达朝廷对他超乎寻常的抚慰。"唐宪宗采纳了他的意见。张忠顺还没有回来,朝廷的任命诏书已经送到,田兴感激流泪,将士欢欣鼓舞。

【纲】十一月,唐宪宗派知制诰裴度抚慰魏博。 【目】李绛说:

博五十余年不沾皇化，一旦来归，不有重赏过其所望，则无以慰士卒之心，使四邻劝慕，请发内库钱百五十万缗以赐之。"宦官以为太多，上以语绛，绛曰："田兴不贪专地之利，不顾四邻之患，归命圣朝，陛下奈何爱小费而遗大计，不以收一道人心！钱用尽更来，机事一失不可复追。借使国家发十五万兵以取六州，期年而克之，其费岂止如此而已乎！"上悦，曰："朕所以恶衣菲食，蓄聚货财，正为欲平定四方；不然，徒贮之府库何为！"十一月，遣知制诰裴度宣慰魏博，颁赏军士，六州百姓给复一年。军士受赐，欢声如雷。成德、兖郓使者数辈见之，相顾失色，叹曰："倔强者果何益乎！"度为兴陈君臣上下之义，兴听之，终夕不倦。

【纲】癸巳，八年，春正月，权德舆罢。

【纲】赐田兴名弘正。

【纲】征西川节度使武元衡入知政事。

【纲】甲午，九年，春正月，李绛罢为礼部尚书。 【目】上尝谓宰相曰："卿辈当为朕惜官，勿用之私亲故。"李吉甫、权德舆皆谢不敢，李绛曰："崔祐甫有言，非亲非故不谙其才，谙者尚不与官，不谙者何敢复与！但问其才器与官相称否耳；若避亲故之嫌，使圣朝亏多士之美，此乃偷安之臣，非至公之道也。苟所用非其人，则朝廷自有典刑，谁敢逃之！"上以为然。

又尝问绛："人言外间朋党太盛，何也？"李绛对曰："自古人君所甚恶者，莫若朋党，故小人潛君子者必曰朋党。盖言之则可恶，寻之则无迹。以此目之，则天下之贤人君子无能免者，此东汉之所以亡也。愿陛下深察之。夫君子固与君子合，岂可必使之与小人合然

"魏博五十多年没有沐浴皇恩感化，一旦归顺，如果不加以超过其所期望的重赏，就没有什么能够抚慰士卒的心情，使得四邻美慕。请拨发内库一百五十万缗钱用以赏赐他们。"宦官认为太多，唐宪宗便对李绛说了，李绛说："田兴不贪图专断于地方的利益，不顾四邻的祸患，归顺朝廷。您怎么可以为了不舍得小的费用而放弃长远大计，不用它来收买一道的人心！钱用尽了还会再有，机会失掉了就无可挽回。假使国家调十五万兵马取得六州，花费一年的时间，那么所需的费用岂止是这样一个小数目就能了事呢！"唐宪宗很高兴，说道："我所以穿薄劣的衣服，吃粗茶淡饭，积蓄财物，正是为了用来平定天下。否则，白白地把它们存在府库中有什么用呢！"十一月，派知制诰裴度到魏博慰劳犒赏将士，六州百姓，免除一年的赋役。将士们受到赏赐，欢声雷动。成德、衮郓使者数人见此情形，面面相觑，惊惶失色，叹息说："态度倔强的藩镇果真有什么好处吗！"裴度给田兴讲叙君臣上下的道理，田兴听着，整夜都没有倦怠。

【纲】元和八年（癸巳，813），春正月，权德舆被罢免。

【纲】唐宪宗赐田兴名弘正。

【纲】唐宪宗征调西川节度使武元衡入朝执掌政事。

【纲】元和九年（甲午，814），春正月，李绛被罢免为礼部尚书。

【目】唐宪宗曾对宰相说："你们这些人应当为我爱惜自己的官位，不要用来偏袒自己的亲朋故旧。"李吉甫、权德舆都谢罪说自己不敢。李绛说："崔祐甫有句话说：不是亲朋故旧，不了解他的才能。熟悉的人尚且不给他官做，更何况不熟悉的人，那敢给他官做呢！所要关心的只是他的才能和官职是否相称罢了。如果为了回避亲朋故旧的嫌疑，而使得朝廷没有了人才济济的局面，这就是苟且偷安的臣子，不符合公而忘私的原则。假如用人不得当，那么朝廷自有责罚的刑典，谁又敢逃避呢！"唐宪宗深表赞同。

唐宪宗还曾问李绛："人们说外面朋党势力十分盛大，为什么？"李绛说："古往今来为君主的所厌恶的，莫过于朋党，因此小人诬陷君子必定要说他们是朋党。这是因为，这种事情说起来十分可恶，寻找起来却又不落把柄。这样看来，天下的贤才、君子，无人能够幸免，

后谓之非党邪?"绛屡以疾辞位,至是遂罢。

【纲】以吐突承璀为神策中尉。　【目】初,上欲相绛,先出吐突承璀为淮南监军。至是,召还承璀,复以为左神策中尉。

【纲】夏六月,以张弘靖同平章事。
【纲】秋闰七月,彰义节度使吴少阳卒。　【目】少阳死,其子元济匿丧,自领军务。
【纲】以乌重胤为汝州刺史。
【纲】冬十月,李吉甫卒。十二月,以韦贯之同平章事。

【纲】乙未,十年,春正月,吴元济反。制削其官爵,发兵讨之。　【目】吴元济纵兵侵掠,及东畿。制削其官爵,发十六道兵讨之。

【纲】三月,以柳宗元为柳州刺史,刘禹锡为连州刺史。【目】王叔文之党,十年不量移,执政有怜其才欲渐进之者,悉召至京师;谏官争言其不可,上亦恶之,皆以为远州刺史。宗元得柳州,禹锡得播州。宗元曰:"播州非人所居,而梦得亲在堂,万无母子俱往理。"欲请于朝,以柳易播。中丞裴度亦以禹锡母老为上言。上曰:"为人子不自谨,贻亲忧,此则重可责也。"度曰:"陛下方侍太后,恐禹锡在所宜矜。"上良久乃曰:"朕所言,以责为子者耳;然不欲伤其亲心。"退,谓左右曰:"裴度爱我忠切。"禹锡得改连州。

宗元善为文,尝作《梓人传》曰:"梓人不执斧斤刀锯之技,专以

这就是东汉灭亡的原因。希望您能深入地体察。君子当然与君子志趣相投,但又何必非要使他们与小人同流合污,然后才说他们不是朋党呢?"李绛屡次推说有病,到此终于被罢官。

【纲】唐宪宗任命吐突承璀为神策中尉。 【目】当初,唐宪宗想任命李绛为宰相,先调出吐突承璀为淮南监军。到现在,召回吐突承璀,仍然担任左神策中尉。

【纲】夏六月,唐宪宗任命张弘靖为同平章事。

【纲】秋季,闰七月,彰义节度使吴少阳去世。 【目】吴少阳去世后,他的儿子吴元济秘不发丧,自己统领军务。

【纲】唐宪宗任命乌重胤为汝州(治梁县,今河南临汝)刺史。

【纲】冬十月,李吉甫去世。十二月,唐宪宗任命韦贯之为同平章事。

【纲】元和十年(乙未,815),春正月,吴元济反叛。唐宪宗下令削夺其官职爵位,调兵征讨。 【目】吴元济放纵兵马侵掠,到达东畿。宪宗下诏削其官爵,征发十六道军队讨伐他。

【纲】三月,唐宪宗任命柳宗元为柳州(治马平,今广西柳州)刺史,刘禹锡为连州(治桂阳,今广东连县)刺史。 【目】王叔文一党获罪贬官的人,十年没有得到赦免重新录用,宰相中有人怜惜他们的才干,想逐渐提升录用,便将他们都召回京城。谏官竭力争谏认为不可以这样做。唐宪宗也讨厌这些人,把他们全都斥逐到边远的州郡做刺史。柳宗元得任柳州,刘禹锡得任播州(治遵义,今贵州遵义)。柳宗元说:"播州不是人宜于居住的地方,而且刘梦得(刘禹锡字梦得)母亲尚在高堂,万万没有母子一同前去的道理。"并想请求朝廷用柳州代换播州。中丞裴度也认为刘禹锡老母年事已高,替刘禹锡说话。唐宪宗说:"作为儿子自己不谨慎,贻害亲人,仅此一点也应重责。"裴度说:"您现在正侍奉太后,恐怕刘禹锡那里也应加以怜悯。"唐宪宗沉吟很久才说:"我所说的,不过是要责难他作儿子的罢了。当然也不想让他母亲伤心。"退朝后,对身边的人说:"裴度爱护我,非常忠直恳切。"刘禹锡因此改任连州。

柳宗元善写文章,曾作《梓人传》说:"建筑师不用掌握使用斧头、

寻引、规矩、绳墨度材视制，指麾众工，各趋其事，不胜任者退之。大厦既成，则独名其功。犹相天下者，立纲纪、整法度，择天下之士使称其职，能者进之，不能者退之，万国既理，而谈者独称伊、傅、周、召，其百官执事之勤劳不得纪焉。或者不知体要，炫能矜名，亲小劳，侵众官，听听于府庭，而遗其大者、远者，是不知相道者也。"

又作《种树郭橐驼传》曰："橐驼善种树，其言曰：'凡木之性，其根欲舒，其土欲固，既植之，勿动勿虑，去不复顾，则其天全而性得矣。他人不然，根拳而土易，爱之太恩，忧之太勤，旦视而暮抚之，甚者爪其肤以验其生枯，摇其本以观其疏密，而木之性日以离矣。虽曰爱之，其实害之，故不我若也！长人者，好烦其令，若甚怜焉，而卒以祸之，亦犹是已。'"

【纲】田弘正遣其子布将兵助讨淮西。

【纲】盗焚河阴转运院。　【目】李师道数上表请赦吴元济，上不从。师道使大将将二千人趋寿春，声言助官军，实以援元济也。师道素养刺客奸人数十人，说师道曰："用兵用急，莫先粮储。今河阴院积江、淮租赋，请潜往焚之。因劫东都，焚宫阙，亦救蔡一奇也。"师道从之。遣攻河阴转运院，烧钱帛三十余万缗匹，谷二万余斛。人情恇惧，多请罢兵，上不许。

【纲】夏五月，遣御史中丞裴度宣慰淮西行营。　【目】诸军讨淮西，久未有功，上遣裴度诣行营宣慰，察用兵形势。度还言淮西必可取之状，且曰："观诸将，惟李光颜勇而知义，必能立功。"既而

刀锯之类的技巧，只一心使用尺、圆规、墨绳，审度材料的用途，指挥众多的工匠，各司其职，不能胜任的就辞退，宏伟的建筑落成，却能单单铭刻他的功绩。这就好比担当宰相职务的人，设立朝纲，整饬法度，选择天下的士子担任他们力能胜任的职务，贤能的加以擢用，不称职的加以贬斥。有多少朝代，国家大治，可是谈论的人却只称道伊尹、傅说、周公、召公这些身为宰相的人而百官勤于政事的劳苦却得不到记载。但有些宰相却不识大体，夸耀自己的能力和名望，亲自去做细小的工作，侵夺百官的职责，在官府中喋喋不休地争辩，却把重大而长远的方略抛在一旁，这是不懂得做宰相的方法和道理。"

又作《种树郭橐驼传》说："橐驼善长植树，他自己说：'大凡树木的本性，根喜欢舒展，土应该用原来的陈土，种上以后，不要挪动，也无须多虑，离开它不再看管，那么就会使它的天性得到保全，本性得到发展了。别人则不然，根拳缩不得舒展，土也换上新的。爱护之心大切，忧虑之情太勤，早晨要看一看，晚上要摸一摸，甚至刮开树皮看它是活着还是枯萎了，摇动树干看它枝条的疏密，可是与树木的天性却日益背离了。虽说是爱护，其实是损害了它，因此不如我呀！当官的人，好频频地发布政令，像是可怜百姓，但最终要给他们带来灾祸，也像这种植树的道理一样。'"

【纲】田弘正派他儿子田布带兵帮助讨伐淮西。

【纲】强盗焚毁河阴（今河南荥阳县东北）转运院。 【目】李师道多次上表请求赦免吴元济，唐宪宗不肯依从。李师道派大将率二千人奔寿春（今安徽寿县），声言援助官军，实际是援助吴元济。李师道平素豢养刺客数十人，他们对李师道说："用兵所急迫需要的，莫过于粮草储备。现在河阴转运院中堆积着江、淮的租赋，请派人暗中前去烧毁。并乘势劫掠东都，焚烧宫殿，这也是救助蔡州的奇着。"李师道采用这个计谋，派人攻击河阴转运院，焚烧了钱帛三十多万缗匹，谷物二万余斛。人心惶惶，很多人请求罢兵，唐宪宗不肯。

【纲】夏五月，唐宪宗派御史中丞裴度去慰劳淮西行营的将士。【目】诸路兵马征讨淮西，很久未立战功，唐宪宗派裴度前往行营慰劳，观察双方用兵的态势。裴度回去后，讲述了淮西必定可以攻取的情

光颜数败贼军，上以度为知人。知制诰韩愈亦言："淮西三小州，残弊困剧之余，而当天下之全力，其破败可立而待。然所未可知者，在陛下断与不断耳。"

【纲】六月，盗杀中书侍郎同平章事武元衡，击裴度，伤首。【目】上悉以兵事委武元衡。师道客曰："天子所以锐意诛蔡者，元衡赞之也，请密往刺之。元衡死，则他相不敢主其谋，争劝天子罢兵矣。"师道资给遣之。王承宗亦遣牙将尹少卿奏事，且诣中书为元济游说。元衡叱出之；承宗又上书诋元衡。至是，元衡入朝，有贼自暗中射杀之，取其颅骨而去。又击裴度，伤首，坠沟中。京城大骇，于是诏宰相出入，加金吾骑士，张弦露刃以卫之。王士则告承宗遣卒张晏所为，捕得，鞫之，晏等具服。张弘靖以为疑，上竟诛之，而师道客潜遁去。

【纲】以裴度同平章事。【目】或请罢度官，以安恒、郓之心，上怒曰："若罢度官，是奸谋得成，朝廷无复纲纪。吾用度一人，足破二贼。"遂以度为相。度言："淮西，心腹之疾，不得不除；且朝廷业已讨之，两河跋扈者，将视此为高下，不可中止。"上以为然，悉以用兵事委度，讨贼愈急。

【纲】秋七月，灵武节度使李光进卒。【目】光进与弟光颜友善，光颜先娶，其母委以家事。母卒后，光进乃娶，光颜使其妻奉管钥，籍财物，归于其姒。光进反之曰："新妇逮事先姑，先姑命主家事，不可易也。"因相持而泣。

形,并且说:"观察每个将领,只有李光颜勇猛并且深明大义,一定能立战功。"不久,李光颜多次击败叛军。唐宪宗认为裴度善于了解人。知制诰韩愈也说:"淮西不过三个小州,正当残破困窘之际,而要抵挡的却是天下全部兵力,失败指日可待。然而现在还不知道的,就是您能否下决心了。"

【纲】六月,强盗刺杀中书侍郎、同平章事武元衡,袭击裴度,打伤头部。 【目】唐宪宗将兵权全部交给武元衡。李师道门客说:"天子所以能下决心诛取蔡州,都是因为武元衡赞同此事,请秘密地派人去刺杀他。武元衡死了,那么其他的宰相就不敢坚持采用他的计谋,反而会争相劝天子罢兵了。"李师道资助他并派他去刺杀武元衡。王承宗也派牙将尹少卿奏事,乘机到中书省为吴元济游说。被武元衡叱责赶出。王承宗又上书诋毁武元衡。到现在,武元衡上朝时,被刺客暗中射杀,并砍下头颅逃掉。又袭击裴度,打伤了他的头部,裴度掉在沟里。京城大为震惊,唐宪宗下诏,宰相出入,增派金吾骑士张弓提力护卫。王士则告发说是王承宗派部下张晏干的,捉到后,加以审讯,张晏等人供认伏罪。张弘靖觉得可疑,但人已被唐宪宗下令杀掉,李师道派来的刺客趁机逃掉了。

【纲】唐宪宗任命裴度为同平章事。 【目】有人请求罢裴度的官,以安定恒、郓两地人心。唐宪宗恼怒地说:"如果罢了裴度的官,叛逆的奸计就会得逞,朝廷的纲常法度就不复存在了。我重用裴度一人,足以击败两个叛贼。"于是任命裴度为宰相。裴度说:"淮西是心腹之患,不能不除掉。况且朝廷业已开始征讨,两河地区骄横跋扈的藩帅,都把这看作是朝廷与藩镇在一争高下,因此不可以中途停止。"唐宪宗深以为然,将兵权全部交给裴度,对叛逆加紧征讨。

【纲】秋七月,灵武(治灵州城,今宁夏灵武西南)节度使李光进去世。 【目】李光进和弟弟李光颜十分友善。李光颜先娶妻,他母亲把家事托付给李光颜,母亲去世后,李光进才娶妻,李光颜让妻子捧着钥匙、财物账簿,交给兄嫂。李光进命妻将钥匙、账簿等送还,说:"弟媳赶上侍俸已故去的婆婆,婆婆在世时命令你主持家事,这是不可改变的。"两人拉手相对而泣。

【纲】八月，李师道遣兵袭东都。捕得，伏诛。 【目】李师道置留后院于东都，潜内兵数百人，谋焚宫阙，纵兵杀掠。其小卒诣留守吕元膺告变，元膺发兵围之；贼众突出，望山而遁。东都西南，皆高山深林，民不耕种，专以射猎为生，人皆遒勇，谓之"山棚"。元膺设重购以捕贼。数日，有山棚遇贼，走召其侪，引官军共围获之。按验，得其魁，乃中岳寺僧圆净。捕获，伏诛。元膺鞫圆净党与，始知杀武元衡者乃师道也，元膺密以闻；上业已讨王承宗，不复穷治。

【纲】九月，以韩弘为淮西诸军都统。 【目】弘欲倚贼自重，不愿淮西速平。时李光颜战最力，弘欲结之，举大梁城索得一美妇人，容色绝世，遣使遗之。光颜乃大飨将士，谓使者曰："战士数万，皆弃家远来，冒犯白刃，光颜何忍独以声色自娱悦乎！"因流涕，坐者皆泣；乃即席厚赠使者，并妓返之，曰："为光颜多谢相公，光颜以身许国，誓不与逆贼同戴日月，死无贰矣！"

【纲】丙申，十一年，春正月，张弘靖罢为河东节度使。 【目】王承宗纵兵四掠，幽、沧、定三镇皆苦之，争上表请讨承宗。上欲许之，弘靖以为"两役并兴，恐国力不支，请并力平淮西，乃征恒冀。"上不为之止，弘靖乃求罢，从之。

【纲】制削王承宗官爵，发兵讨之。
【纲】二月，以李逢吉同平章事。三月，皇太后崩。

【纲】夏四月，以司农卿皇甫镈判度支。 【目】镈始以聚敛得幸。
【纲】五月，李光颜、乌重胤败淮西兵于凌云栅。

【纲】八月，李师道派兵袭击东都，东都罪魁全部被擒，伏罪斩首。　【目】李师道在东都设置留后院，院中暗藏士兵数百人，阴谋焚烧宫殿，纵兵烧掠。其中有名小卒去向留守吕元膺告发，吕元膺调兵包围，叛兵突围冲出，向山中逃窜。东都西南都是深山密林，百姓不事耕作，以捕猎为生，人人骁勇矫健，人称"山棚"。吕元膺悬重赏捉拿逃入深山的叛兵。几天后，有名山棚碰上了叛兵，他跑去召来同伴，带领官军一同围困并擒获。经过查验，为首的是中岳寺里的僧人圆净，官军前去将其捉获，伏罪斩首。吕元膺审讯其同党，才知道刺杀武元衡是受李师道的指使，吕元膺将此事秘密上报。唐宪宗因为已经在讨伐王承宗，对此不再彻底处治。

【纲】九月，唐宪宗任命韩弘为淮西诸军都统。　【目】韩弘想借重叛兵抬高自己的地位，因此不希望淮西得到迅速平定。当时李光颜作战最得力，韩弘想结纳笼络他，寻遍大梁城，得一美女，姿容绝代，派人送给李光颜，李光颜设宴招待将士，对使者说："数万名战士，抛家舍业，远道而来，在闪着寒光的兵刃中冲杀，我李光颜怎么忍心独自享用声色的愉悦呢！"说着流下泪来，在座的人也都流了泪。于是李光颜当场厚厚地赏赐了使者，将他和妓女一块送回，并说："请替我李光颜多谢相公。李光颜以身许国，誓与叛逆不共戴天，至死没有二心！"

【纲】元和十一年（丙申，816），春正月，张弘靖被罢免为河东节度使。　【目】王承宗纵兵四处抢掠，幽、沧、定三镇都深受其害，争相上表请求讨伐王承宗。唐宪宗想答应他们，张弘靖认为："两个战役一块打，恐怕国力无法支撑。请先全力讨平淮西，然后再征讨恒冀。"唐宪宗没有依从他而停止战争。于是张弘靖请求罢官，唐宪宗答应了他的请求。

【纲】唐宪宗削夺王承宗的官职爵位，调兵征讨。

【纲】二月，唐宪宗任命李逢吉为同平章事。【纲】三月，皇太后去世。

【纲】夏四月，唐宪宗任命司农卿皇甫镈判度支。　【目】皇甫镈凭着搜刮聚敛得到宠幸。

【纲】五月，李光颜、乌重胤在凌云栅（今河南郾城东北）击败淮

【纲】六月,唐邓节度使高霞寓大败于铁城。

【纲】秋七月,贬高霞寓,以袁滋为唐邓节度使。
【纲】八月,韦贯之罢为吏部侍郎。
【纲】葬庄宪皇后。
【纲】九月,饶州大水。 【目】漂失四千七百户。

【纲】冬十一月,以柳公绰为京兆尹。 【目】公绰初赴府,有神策小将跃马冲其前导,公绰驻马,杖杀之。明日,入对,上怒诘之,对曰:"京兆为辇毂师表,今视事之初,而小将敢尔唐突,此乃轻陛下诏命,非独慢臣也。臣知杖无礼之人,不知其为神策军将也。"上曰:"何不奏?"对曰:"臣职当杖之,不当奏。"上退谓左右曰:"汝曹须作意,此人朕亦畏之。"

【纲】十二月,义武节度使浑镐与王承宗战,大败。

【纲】以王涯同平章事。
【纲】贬袁滋,以李愬为唐邓节度使。 【目】袁滋至唐州,元济围其新兴栅,滋卑辞以请之,元济由是不复以滋为意。朝廷知之,贬滋抚州刺史,以李愬代之。

【纲】丁酉,十二年,春三月,淮西文城栅降。 【目】李愬谋袭蔡州,表请益兵;诏以步骑二千给之。愬遣大将马少良将十余骑巡逻,遇吴元济捉生虞候丁士良,与战,擒之。士良,元济骁将,常为东边患;众请刳其心,愬许之。士良无惧色,愬命释其缚。士良请尽死以报德。愬署为捉生将。士良言于愬曰:"吴秀琳据文城栅,为贼左

西兵马。

【纲】六月,唐邓(治唐州城,今河南沁阳)节度使高霞寓在铁城(今河南遂平西南)大败。

【纲】秋七月,唐宪宗贬斥高霞寓,任命袁滋为唐邓节度使。

【纲】八月,韦贯之被罢免为吏部侍郎。

【纲】安葬庄宪皇后。

【纲】九月,饶州(治鄱阳,今江西波阳)大水成灾。 【目】大水冲散淹没了四千七百户人家。

【纲】冬十一月,唐宪宗任命柳公绰为京兆尹。 【目】柳公绰初次去官府赴任时,有名神策军的小将骑马冲撞了开路的仪仗,柳公绰勒住马,将其杖杀。第二天,上朝问对,唐宪宗恼怒地责问他,他回答说:"京兆府是天子车驾的仪表,现在是我掌管政事的初期,可这名小将敢如此唐突不逊,这是轻视您的诏命,不只是轻慢臣下。我只知道应该杖责不知遵守礼法的人,不知道他是神策军的将领。"唐宪宗说:"为什么不上奏?"答道:"按照我的职责,我应当杖责他,不应当上奏。"唐宪宗退朝后对身边的人说:"你们这些人要留心,这个人我也很怕他。"

【纲】十二月,义武(治定州城,今河北定县)节度使浑镐和王承宗交战,大败。

【纲】唐宪宗任命王涯为同平章事。

【纲】唐宪宗贬斥袁滋,任命李愬为唐邓节度使。 【目】袁滋来到唐州,吴元济围攻他的新兴栅(今河南遂平西南),袁滋低三下四地请吴元济撤兵,吴元济从此不把袁滋放在眼里。朝廷知道后,贬袁滋为抚州(治临川,今江西抚州)刺史,任命李愬取代他的职位。

【纲】元和十二年(丁酉,817),春三月,淮西文城栅(今河南遂平南驻马店附近)投降。 【目】李愬打算袭取蔡州,上表请求增兵。唐宪宗下诏拨步兵、骑兵共二千人给他。李愬派大将马少良率十余骑兵巡逻,与吴元济的捉生虞候丁士良遭遇,经过战斗,活捉了丁士良。丁士良是吴元济的骁将,经常骚扰唐廷东部地区。众人请求将他剖腹剜心,李愬同意。丁士良却面无惧色。李愬命令松绑。丁士良请求以死来报答

臂,官军不敢近者,有陈光洽为之谋主也。光洽勇而轻,好自出战,请为公擒之,则秀琳降矣。"遂擒光洽以归。秀琳果以栅降。愬引兵入据其城。其将李宪有才勇,愬更其名曰忠义而用之。于是军气复振。

【纲】夏四月,淮西郾城降。 【目】官军逼郾城,李光颜败其兵三万,杀士卒什二三。李愬分兵攻下数栅。元济以董昌龄为郾城令,而质其母。其母谓昌龄曰:"顺死贤于逆生。汝去逆而吾死,乃孝子也;从逆而吾生,是戮吾也。"会官军绝郾城归路,昌龄乃举城降,光颜入据之。元济闻之,甚惧。时董重质守洄曲,元济悉发亲近及守城卒诣重质以拒官军。

【纲】五月,罢河北行营。 【目】李逢吉及朝士多言"宜并力先取淮西,俟淮西平,乘胜取恒冀,如拾芥耳!"上从之。罢河北行营。

【纲】李愬擒淮西将李祐。 【目】愬厚待吴秀琳,与谋取蔡。秀琳曰:"非得李祐不可,秀琳无能为也。"祐有勇略,守兴桥栅,时帅士卒刈麦于张柴村,愬召厢虞候史用诚,以三百骑伏林中,诱而擒之以归。将士争请杀之;愬释缚,待以客礼。时时召祐及李忠义屏人语,或至夜分,他人莫敢预闻。诸将恐祐为变,多谏愬;愬待祐益厚。士卒亦不悦,诸军日牒愬,称得贼谍者,言祐为贼内应。愬恐谤先达于上,己不及救,乃持祐泣曰:"岂天不欲平此贼邪,何吾二人相知之深而不能胜众口也!"乃械祐送京师,先密奏曰:"若杀祐,则无以成功。"诏以还愬。愬见之喜,执其手曰:"尔之得全,社稷之灵也!"除散兵马使。

他的恩德，李愬任命他为捉生将。丁士良对李愬说："吴秀琳占据文城栅，就好比叛兵左臂，官军所以不敢与之交战，是因为有陈光洽为他们出谋划策。陈光洽勇武但失于轻率，好独自出城作战，请让我为您捉住他，那么吴秀琳就会投降了。"于是，果然将陈光洽捕获带回。吴秀琳果然率文城栅投降，李愬带兵占领。吴秀琳部将李宪有才能有勇力，李愬给他改名叫忠义并任用了他。于是军队士气大振。

【纲】夏四月，淮西郾城（今河南郾城）投降。 【目】官军逼近郾城。李光颜打败淮西三万兵马，杀死十分之二、三的敌兵。李愬派兵分别攻下几个栅垒。吴元济任命董昌龄为郾城令并扣押他母亲为人质。董昌龄的母亲对他说："忠顺而死强于叛逆而生。你摈弃叛逆，我为此而死，你也不失为孝子。顺从叛逆，我即使活着，也和把我杀了没有什么不同。"这时官军已经断绝了郾城所有的逃路，董昌龄率全城兵马投降，李光颜占领了郾城。吴元济闻讯，非常害怕。当时，董重质驻守洄曲，吴元济调集亲信部队和守城士兵全部去帮助董重质抗拒官军。

【纲】五月，撤河北行营。 【目】李逢吉和很多朝臣都认为："应该集中全力先攻取淮西。等淮西平定后，乘胜攻取恒冀，就像拣草棍一样容易了！"唐宪宗采用了建议，撤销河北行营。

【纲】李愬捉住淮西将领李祐。 【目】李愬十分厚待吴秀琳，和他商议攻取蔡州。吴秀琳说："非李祐不行，我吴秀琳也无能为力。"李祐勇敢而且有谋略，他驻守兴桥栅（在文城栅东），当时，他率士兵收割张柴村的麦子。李愬召见厢虞候史用诚，派三百骑兵埋伏在林中，引诱并捉到李祐，将他带回。将士们争相请求杀掉他。李愬为他松绑，客气地以礼相待。并且常常召见李祐和李忠义屏退左右，单独谈话，有时甚至谈到深夜，别人都无法参预。诸将领恐怕李祐制造变乱，很多人都劝谏李愬。但李愬待他反而更加优厚。士兵也不高兴，各部队每天都有文书给李愬，声称捉到奸细，供认出李祐是叛兵的内应。李愬恐怕唐宪宗先听到诽谤的话，自己营救不及，便拉着李祐哭着说："难道是上天不想让我们平定叛逆吗，为什么我们两人相知如此之深还不能胜过众人之口！"于是给李祐带上枷锁，送往京城，事先秘密上奏说："如果杀了李祐，征讨淮西便不会成功。"唐宪宗下诏将李祐送还李愬。李

【纲】秋七月，以孔戣为岭南节度使。　【目】先是，明州岁贡蚶、蛤，水陆递夫劳费，华州刺史孔戣奏罢之。至是，岭南择帅，宰相奏拟数人，上皆不用，曰："顷有谏进蚶、蛤者，可与也。"乃以戣为岭南节度使。

【纲】以裴度兼彰义节度使，充淮西宣慰招讨使。　【目】诸军讨淮西，四年不克，馈运疲弊，民至有以驴耕者，上亦病之。宰相李逢吉等竞言师老财竭，意欲罢兵，度独无言。上问之，度曰："臣誓不与此贼俱生，今请自往督战。且元济势实窘迫，但诸将心不一，不并力迫之，故未降耳。若臣自诣行营，诸将恐臣夺其功，必争进破贼矣。"上悦，从之。度奏刑部侍郎马总为宣慰副使，右庶子韩愈为行军司马。将行，言于上曰："臣若灭贼，则朝天有期；贼在，则归阙无日。"上为之流涕，御通化门送之。

【纲】九月，以崔群同平章事，李逢吉罢。
【纲】李愬攻吴房，入其外城。　【目】李愬将攻吴房，诸将曰："今日往亡。"愬曰："吾兵少，不足战，宜出其不意。彼以往亡，不吾虞，正可击也。"遂往，克其外城而还。

【纲】冬十月，李愬夜袭蔡州，擒吴元济，槛送京师。　【目】李

愬看见他喜出望外，拉着他的手说："你能得以保全，这是社稷有知显灵啊！"升任他为散兵马使。

【纲】秋七月，唐宪宗任命孔戣为岭南节度使。　【目】先前，明州（治鄞县，今浙江宁波）每年进贡蚶、蛤，水路、陆路辗转运送，劳民伤财，华州刺史孔戣上奏撤销了这项进贡。现在，朝廷要选择岭南的统帅，宰相拟定几人的名单候选，唐宪宗都不予接受，说："不久前有人进谏免除蚶、蛤的进贡，可以把这个职位给他。"于是任命孔戣为岭南节度使。

【纲】唐宪宗任命裴度兼任彰义节度使，充任淮西宣慰招讨使。【目】诸军征讨淮西，四年未能获得成功，粮草转运，让人疲惫不堪，百姓甚至有人只好用驴耕地，唐宪宗也感到忧虑。宰相李逢吉等人争相上奏说军队士气低落，财政枯竭，意思是想就此停止征伐，只有裴度一言不发。唐宪宗问他，裴度说："我发誓与这些叛逆不共戴天，现在，我请求亲自前往督战。况且吴元济实在是已经穷途末路了，只是将领们不能齐心协力，共同对他施加压力，因此到现在还没有投降。假如我亲自在行营督战，诸将会担心我夺取他们的战功，必定会争相进兵打败叛逆了。"唐宪宗很高兴，依从了他的建议。裴度上奏任刑部侍郎马总为宣慰副使，右庶子韩愈为行军司马，临行，对唐宪宗说："我若是讨灭了叛贼，就回朝觐见天子，只要叛贼还在，我就不会回来。"唐宪宗为之感动流泪，驾临通化门为他送行。

【纲】九月，唐宪宗任命崔群为同平章事。李逢吉被罢免。

【纲】李愬进攻吴房（今河南遂平），攻进外城。　【目】李愬要进攻吴房，诸将说："今天是往亡日。"（立春后七天，惊蛰后十四天，清明后二十一天，立夏后八天，芒种后十六天，小暑后二十四天，立秋后九天，白露后十八天，寒露后二十七天，立冬后十天，大雪后二十天，小寒后三十天，古人称为"往亡日"）李愬说："我们兵力少，不足以与之正面交战，应该出其不意。他们认为今天是往亡日，对我们不加防范，我们正可以趁机袭击他们。"于是出发，攻克外城得胜而归。

【纲】冬十月，李愬夜袭蔡州，擒获吴元济，用槛车押送京师。

祐言于李愬曰:"蔡之精兵皆在洄曲,守州城者皆羸卒,可以乘虚直抵其城。比贼将闻之,元济已成擒矣。"愬然之。十月,遣掌书记郑澥白裴度。度曰:"兵非出奇不胜,常侍良图也。"愬乃命祐及李忠义帅突将三千为前锋,自与监军将三千人为中军,李进诚将三千人殿其后。军出,不知所之;愬曰:"但东行!"行六十里,夜,至张柴村,尽杀其戍卒,据其栅。命士卒少休,复夜引兵出;诸将请所之,愬曰:"入蔡州取吴元济!"诸将皆失色。时大风雪,人马冻死者相望。人人自以为必死,然畏愬,莫敢违。夜半,雪愈甚,行七十里,至州城。自吴少诚拒命,官军不至蔡州城下三十余年,故蔡人不为备。四鼓,愬至,无一人知者。祐、忠义钁其城以先登,壮士从之;杀守门卒,而留击柝者,使击柝如故。遂开门纳众。鸡鸣,雪止,愬入居元济外宅。或告元济曰:"官军至矣!"元济不信,起,听于庭,闻愬军号令,曰"常侍传语",应者近万人。始怯曰:"何等常侍,能至于此!"乃帅左右登牙城拒战。

时董重质拥精兵万余人据洄曲。愬曰:"元济所望者,重质之救耳!"乃访重质家,厚抚之,遣其子传道持书谕重质;重质遂单骑诣愬降。愬攻牙城,烧其南门,门坏,执元济,槛送京师,且告于裴度。申、光二州,及诸镇兵相继来降。自元济就擒,愬不戮一人,自官吏、帐下、厨厩之卒,皆复其职,使之不疑,然后屯于鞠场以待裴度。

诸将请曰:"始公败于朗山而不忧,胜于吴房而不取,冒大风甚雪而不止,孤军深入而不怯,然卒以成功,皆众人所不谕也,敢问其故。"愬曰:"郎山不利,则贼轻我不为备矣。取吴房,则其众奔蔡,并力固守,故存之以分其兵。风雪阴晦,则烽火不接,不知吾至。孤

【目】李祐对李愬说："蔡地的精兵都在洄曲，守城的都是年老体弱的士兵，可以乘其空虚，直逼城下。等敌将闻讯，吴元济已经被捉住了。"李愬十分赞同，十月，派掌书记郑澥报告裴度。裴度说："不出奇兵不能制胜，常侍好计啊。"李愬命李祐和李忠义率三千敢死队为前锋，自己和监军率三千人为中军，李进诚率三千人殿后。军队出发，不知要去哪里。李愬说："只管向东前进！"走了六十里，夜里，到达张柴村，杀掉全部守军，占据了栅垒。命令士兵稍事休息，又连夜率兵出发。诸将请求说明去向，李愬说："打进蔡州城，活捉吴元济！"将领们大惊失色。这时，刮起大风，飘下大雪，被冻死的人和马匹随处可见。人人都认为自己必死无疑，但都畏惧李愬，不敢违抗命令。到了半夜，雪更大了，行军七十余，到达蔡州城。自从吴少诚抗拒朝廷命令，官军已经三十多年没有到过蔡州城，因此蔡人也不防备。四更天，李愬来到，没有人知道。李祐和李忠义在城墙上刨坑攀登上城墙，强壮的士兵紧随其后，杀掉守门士兵，但留下了打更的，让他继续打更，就像什么也没发生一样。于是打开城门，放进众人。鸡叫时，大雪停止了，李愬等进入了吴元济的外宅，有人告诉吴元济说："官军来了！"吴元济不信，起身，站在庭院里侧耳倾听，听到李愬军队的号令，说"常侍有令"，响应的人足有上万人，这才胆怯地说："这是个什么样的常侍，竟然能到这里来！"于是率手下人登上内城抵抗。

当时，董重质掌握精兵万人据守洄曲。李愬说："吴元济所盼望的，就是董重质来援救了！"于是造访董重质家，优厚地安抚他的家人，派他的儿子董传道带着信去劝谕董重质，董重质单人独骑向李愬投降。李愬进攻内城，烧毁南门，捉住吴元济，用槛车押送京师，并且报告裴度。申、光二州以及诸镇兵马先后前来投降。自吴元济被捉住，李愬不杀一个人，从官吏到帐下、厨房、马厩的士兵，都让他们仍然担任原来的职事，使他们不至心怀疑虑，然后屯驻在鞠场等待裴度。

诸将请教说："开始您在朗山（今河南确山）作战不利却不忧虑，在吴房取胜却不占领，顶风冒雪却不肯停止前进，孤军深入却不胆怯，但最终获得成功，这都是大家不明白的，敢请告诉我们为什么。"李愬说："朗山作战不利，敌人就会轻视我而不加防备了。占领吴房，那么

军深入,则人皆致死,战自倍矣。夫视远者不顾近,虑大者不计细,若矜小务,恤小败,先自挠矣,何暇立功乎!"众皆服。愬俭于奉己而丰于待士,知贤不疑,见可能断,此其所以成功也。

【纲】以李愬同平章事。

【纲】裴度入蔡州。 【目】裴度建彰义节,将降卒万余人入城,李愬具橐鞬出迎,拜于路左。度将避之,愬曰:"蔡人顽悖,不识上下之分,数十年矣,愿公因而示之,使知朝廷之尊。"度乃受之。愬还军文城。

度以蔡卒为牙兵,或谏曰:"蔡人反仄者尚多,不可不备。"度笑曰:"吾为彰义节度使,元恶既擒,蔡人则吾人也,又何疑焉!"蔡人闻之感泣。先是,吴氏父子阻兵,禁人偶语、然烛,有以酒食相过从者罪死。度除其禁,蔡人始知有生民之乐。

【纲】十一月,上御门受俘,斩吴元济。

【纲】赐李愬爵凉国公,韩弘等迁官有差。 【目】愬奏请判官、大将以下官凡百五十员;上不悦,曰:"愬诚有奇功,然奏请过多。使如李晟、浑瑊,又何如哉!"遂留中不下。

【纲】以李祐为神武将军。

【纲】十二月,赐裴度爵晋国公,复入知政事。

【纲】戊戌,十三年,春正月,李师道奉表纳质,并献三州。

【目】淮西既平,李师道忧惧。幕僚李公度说之,使遣子入侍,并献

余众就会逃奔蔡州,合力固守,因此要留着它而不去占领,让敌人分散兵力。刮风下雪天气阴暗,烽火就不能传递,敌人就不会知道我已经到了。孤军深入,那么就把每个人都置于死地,作战自然加倍努力了。所谓目光远大的人,不会顾及眼前小利,考虑大事的人就不计较细小的事,如果获得小小的成功就夸耀,遭到小小的失败就很担忧,自己先灰了心,哪还有立功的时间呢!"众人都很佩服。李愬自己十分节俭,对待将士却十分优厚。了解到一个人的贤能,就对他不加猜疑,见到可以办到的事能当机立断,这就是为什么他能获得成功。

【纲】唐宪宗任命李廊为同平章事。

【纲】裴度到蔡州城。　【目】裴度以彰义节度使身份,带投降的士兵万余人入城,李廊佩带弓和箭囊出城迎接,在路左下拜。裴度想躲闪开,李廊说:"蔡州人顽劣狂悖,不知道上下级的名分,已经数十年了。希望您趁此机会做给他们看,让他们知道朝廷的尊严。"裴度这才接受。李廊回军屯驻文城栅。

裴度任用蔡州士兵为牙兵,有人劝谏说:"蔡州人反复多变的很多,不可不加防备。"裴度笑道:"我身为彰义节度使,元凶首恶已经被擒,蔡人就是我的人,有什么可担忧的呢!"蔡州人听说此事感激涕零。以前,吴氏父子拥兵对抗朝廷,禁止二人在一起谈话,不许点蜡烛,有酒饭往来的人,都是死罪。裴度废除这些禁令,蔡州人才体会到做百姓的快乐。

【纲】十一月,唐宪宗驾临城门接受战俘,将吴元济处斩。

【纲】唐宪宗赐李廊凉国公爵位。韩弘等人也都得到不同程度的荣升。　【目】李廊奏请朝廷任命判官、大将以下的官员共一百五十位。唐宪宗不高兴地说:"李廊固然建立了奇功,但奏请也太多了。如果他立下了像李晟、浑瑊那样的功劳,又该怎么办呢!"便把他的奏请留在宫中,没有下达。

【纲】唐宪宗任命李祐为神武将军。

【纲】十二月,唐宪宗赐裴度晋国公爵位,又入朝掌握朝政。

【纲】元和十三年(戊戌,818),春正月,李师道上表归顺,送去人质,并献出三个州。　【目】淮西被讨平后,李师道忧愁惧怕。幕僚李

沂、海、密三州以自赎。从之。上遣左散骑常侍李逊诣郓州宣慰。

【纲】二月，修麟德殿，浚龙首池，起承晖殿。 【目】上命六军修麟德殿。龙武统军张奉国、大将军李文悦以外寇初平，营缮太多，白宰相，冀有论谏；裴度言之。上怒，贬奉国等。于是浚龙首池，起承晖殿，土木浸兴矣。

【纲】李鄘罢为户部尚书。 【目】初，吐突承璀为淮南监军，鄘为节度使，性刚严，与承璀互相敬惮，故未尝相失。承璀归，引鄘为相。鄘耻由宦官进。至京师，辞疾不入见，不视事，固辞相位，至是罢。

【纲】以李夷简同平章事。

【纲】夏四月，王承宗纳质请吏，复献二州。诏复其官爵。【目】裴度之在淮西也，布衣柏耆以策干韩愈曰："元济就擒，承宗破胆矣。愿得奉丞相书往说之，可不烦兵而服。"愈白度，为书遣之。承宗惧，求哀于田弘正，请以二子为质，及献德、棣二州，输租税，请官吏。弘正为之请，上许之。弘正遣使送其二子知感、知信及二州图印至京师。

幽州大将谭忠亦说刘总曰："自元和以来，刘辟、李锜、田季安、卢从史、吴元济，阻兵冯险，自以为深根固蒂，天下莫能为也。然顾盼之间，身死家覆，此非人力所能及，殆天诛也。况今天子神圣威武，苦身焦思，缩衣节食，以养战士，此志岂须臾忘天下哉！今国兵骎骎北来，赵人已献城十二，忠深为公忧之。"总泣曰："闻先生言，吾心定矣。"遂专意归朝廷。

公度劝说他，让他将儿子送到朝中侍奉天子，并献出沂（治临沂，今山东临沂）、海（治朐山，今江苏连云港）、密（治诸城，今山东诸城）三州，替自己赎罪。唐宪宗派左散骑常侍李逊去郓州安抚慰问。

【纲】二月，修缮麟德殿，疏浚龙首池，建造承晖殿。 【目】唐宪宗命六军修缮麟德殿。龙武统军张奉国、大将军李文悦认为外面的侵扰刚刚平定，营建和修缮太多，便对宰相谈起，希望他能议论阻止。裴度便对唐宪宗谈起此事，唐宪宗大怒，贬斥了张奉国等人。于是疏挖龙首池，建造承晖殿，又开始大兴土木了。

【纲】李鄘被罢免为户部尚书。 【目】当初，吐突承璀任淮南监军，李鄘任节度使，性情刚毅，和吐突承璀两个相互敬畏，因此也没有什么过节。吐突承璀回朝后，引荐李鄘为宰相。因为是由宦官引荐的，李鄘感到很耻辱，到京城后，推辞有病，不入朝觐见天子，也不过问朝政，坚决推辞宰相的职位，至此终于作罢。

【纲】唐宪宗任命李夷简为同平章事。

【纲】夏四月，王承宗送人质到朝中，并请朝廷派官，又献出两个州。唐宪宗下诏恢复他的官职和爵位。 【目】裴度在淮西时，平民柏耆向韩愈献策说："吴元济被擒，王承宗胆都吓破了。我愿意带着宰相的书信前去劝说他，这样就可以不必兴师动众而使他归顺了。"韩愈告诉裴度，裴度写了封信派他前去。王承宗很害怕，向田弘正哀求，请求允许让自己的两个儿子到朝廷去作为人质，并且献出德（治安德，今山东陵县）、棣（治厌次，在今山东惠民县南）二州，交纳租税，请朝廷派官。田弘正替他向朝廷请求，唐宪宗答应了他的请求。田弘正派人将他的两个儿子王知感、王知信以及二州版图和官印送到京师。

幽州大将谭忠也劝说刘总道："从元和年间以来，刘辟、李锜、田季安、卢从史、吴元济等人拥兵据险，认为自己根深蒂固，朝廷对他们无能为力，但转眼之间，家破身亡，这不是人的力量所能达到的，恐怕是上天的诛杀。何况当今天子神圣威武，处心积虑，节衣缩食，供养军队，有这样的志向，哪会有片刻的时间忘掉天下大事呢！现在，官兵迅速地向北推进，赵人已经献出十二城，谭忠深深地为您担心啊。"刘总哭着说："听了先生的话，我下定决心了。"于是一心一意地归顺朝廷。

【纲】五月,以李光颜为义成节度使。 【目】李逊察师道非实诚,归言于上曰:"师道顽愚反复,恐必须用兵。"既而师道表言"军情不听纳质割地。"上怒,决意讨之。五月,以光颜镇滑州,谋讨师道也。

【纲】秋七月,以李愬为武宁节度使。

【纲】诏诸道发兵讨李师道。

【纲】李夷简罢为淮西节度使。 【目】上方委裴度以用兵,夷简自谓才不及度,求出镇,故有是命。

【纲】八月,王涯罢。

【纲】以皇甫镈、程异同平章事。 【目】淮西既平,上浸骄侈。判度支皇甫镈、盐铁使程异晓其意,数进羡余,由是有宠。又以厚赂结吐突承璀,上遂以为相。制下,朝野骇愕,至于市道负贩者亦嗤之。

裴度耻与小人同列,求退,不许。乃上疏曰:"镈、异皆钱谷俗吏,佞巧小人,陛下一旦寘之相位,中外骇笑。臣若不退,天下谓臣无耻。所可惜者,淮西荡定,河北底宁,承宗敛手削地,韩弘舆疾讨贼,岂朝廷之力能制其命哉?直以处置得宜,能服其心耳。陛下建升平之业,十已八九,何忍还自堕坏,使四方解体乎!"上以度为朋党,不之省。由是镈益无所惮。

程异亦自知不合众心,能廉谨谦逊,为相月余,不敢知印秉笔,故终免于过。

其后上语宰相曰:"人臣当力为善,何乃好立朋党?"度对曰:"方以类聚,物以群分,君子、小人志趣同者,势必相合。君子为徒,谓之同德;小人为徒,谓之朋党;外虽相似,内实悬殊,在圣主辨其

【纲】五月，唐宪宗任命李光颜为义成节度使。　【目】李逊觉察到李师道对朝廷并非诚心实意，回来对唐宪宗说："李师道顽固愚蠢，反复无常，恐怕免不了要对他用兵。"此后，李师道上表说："军队不情愿交纳人质割让土地。"唐宪宗很恼怒，决心讨伐他。五月，任命李光颜镇守滑州（义成节度使治），准备讨伐李师道。

【纲】秋七月，唐宪宗任命李愬为武宁（治徐州城，今江苏徐州）节度使。

【纲】唐宪宗下诏，命诸道调兵征讨李师道。

【纲】李夷简被罢为淮西节度使。　【目】唐宪宗正要委任裴度统兵打仗，李夷简自己说才能不如裴度，请求出镇，因此才有这个诏命。

【纲】八月，王涯罢官。

【纲】唐宪宗任命皇甫镈、程异为同平章事。　【目】淮西平定后，唐宪宗逐渐地骄奢起来。判度支皇甫镈、盐铁使程异揣摸到他的心理，多次进贡额外的赋税，因此得到宠幸。他们还通过重贿结交吐突承璀，唐宪宗便任命他们为宰相，诏命颁下，朝野上下震惊错愕，甚至在城市里往来贩运做买卖的小贩也都嘲笑他们。

裴度耻于和小人为伍，请求引退，唐宪宗不许，于是上疏说："皇甫镈、程异不过是掌管钱、谷的庸俗小吏，是奸佞投机的小人，您突然把他们放在宰相的位置，让朝廷内外都觉得惊骇可笑。我若是不引退，天下人会认为我无耻。令人可惜的是，淮西扫荡平定，河北归于安宁，王承宗拱手割地，韩弘抱病登车讨贼，难道是朝廷的力量能制服他们吗？只不过是因为安排处置得当，能使他们心服罢了。您所要建立的天下太平的大业，已经成就了十分之八、九，怎么忍心自己再将它毁坏，令天下四方分崩离析呢！"唐宪宗却认为裴度属于朋党，竟不予理睬。因此皇甫镈更加肆无忌惮。

程异自知不符合大家的心愿，所以还能清廉恭谨，廉逊退让，作宰相一个多月，还不敢掌管大印、执笔草诏，最终得以免除灾祸。

后来，唐宪宗和宰相说："作为臣下，应尽力做好事，为什么好树立朋党？"裴度说："物以类聚，人以群分。君子和君子，小人和小人，志趣相同的，必须相互投合。君子结交同类的人，叫做同德；小人结交同

所为邪正耳。"

【纲】冬十一月,以柳泌为台州刺史。【目】上好神仙,诏天下求方士。宗正卿李道古因皇甫镈荐山人柳泌,云能合长生药。泌言:"天台多灵草,诚得为彼长吏,庶几可求。"上以泌权知台州刺史。谏官争论奏,以为"人主喜方士,未有使之临民者。"上曰:"烦一州之力而能为人主致长生,臣子亦何爱焉!"由是群臣莫敢言。

【纲】己亥,十四年,春正月,遣中使迎佛骨至京师。贬韩愈为潮州刺史。【目】先是,功德使上言:"凤翔法门寺塔有佛指骨,相传三十年一开,开则岁丰人安。来年应开,请迎之。"上从其言。至是,佛骨至京师,留禁中三日,历送诸寺,王公士民瞻奉舍施,惟恐弗及。刑部侍郎韩愈上表谏曰:"佛者,夷狄之一法耳。自黄帝以至禹、汤、文、武,皆享寿考,百姓安乐,当是时,未有佛也。汉明帝始有佛法,其后乱亡相继,运祚不长。宋、齐、梁、陈、元魏已下,事佛渐谨,年代尤促。惟梁武帝在位四十八年,前后三舍身为寺家奴,竟为侯景所逼,饿死台城。事佛求福,乃更得祸。由此观之,佛不足信亦可知矣!佛本夷狄之人,不知君臣之义、父子之恩。假如其身尚在,来朝京师,陛下容而接之,不过宣政一见,礼宾一设,赐衣一袭,卫而出之于境,不令惑众也。况其身死已久,枯朽之骨,岂宜以入宫禁!乞付有司,投诸水火,永绝根本,断天下之疑,绝后代之惑。佛如有灵,能作祸福,凡有殃咎,宜加臣身。"上得表,大怒,将加愈极刑。裴度、崔群言:"愈虽狂,发于忠恳,宜宽容以开言路。"乃贬潮州刺史。

类的人，叫作朋党。表面虽然相同，实质却大不一样，作为圣明的君主，只要辨别他们的作为是邪是正就知道了。"

【纲】冬十一月，唐宪宗任命柳泌为台州（治临海，今浙江临海）刺史。　【目】唐宪宗好求仙访道，诏令天下寻找方士。宗正卿李道古通过皇甫镈推荐山人柳泌，声称会配制长生药。柳泌说："天台山（今浙江天台北）出产很多仙草，如果我能担任那里的地方长官，就可以求到仙草。"唐宪宗任命他暂时担任台州刺史。谏官争相劝阻，认为"君主宠爱方士，但还没有让这种人管理百姓的先例"。唐宪宗说："劳烦一个州的力量，就可以使君主得以长生，臣下还有什么可吝惜的呢！"从此大臣们谁也不敢再议论此事。

【纲】十四年（己亥，819），春正月，唐宪宗派中使将佛骨迎接到京城，将韩愈贬斥为潮州（治海阳，今广东潮安）刺史。　【目】先前，功德使对唐宪宗说："凤翔法门寺有佛指骨（法门寺，今陕西兴平西北崇正镇），相传三十年开放一次，每次开放，年景丰稔，百姓平安。明年又到开放的时候了，请去迎接佛骨。"唐宪宗听从他的话。现在，佛骨被迎到京师，留在宫中三天，然后轮番送往各寺院，王公贵族，平民百姓，争相瞻仰、施舍，惟恐不能赶上。刑部侍郎韩愈上表劝谏说："所谓的佛，不过是异族的法术罢了。从黄帝直到禹、汤、文王、武王，都得享天年，百姓安乐，当时，并没有佛。汉明帝才开始有佛法，可是此后，战乱不断，国运不兴。宋、齐、梁、陈以后，事奉佛法渐渐严谨，可这些朝代存在的年限尤为短促。只有梁武帝在位四十八年，却先后三次舍身到寺中为奴，终于受侯景的逼迫，饿死在台城。事佛本想求福，结果反因此遭祸。这样看来，佛不值得信赖，可以说是显而易见的了！佛祖本是异族人，不懂得君臣上下的名分和道理、父子的恩情。假如他的肉身还活在人世，来到京师朝见，您能够容纳并接见他，也不过是在宣政殿见一见，在礼宾院设一次宴，赐他一身衣服，护卫他出境，不让他迷惑百姓。更何况他肉身死掉很久了，枯朽的骨头，哪适合进入宫中！请把它交给有关部门，扔到火水之中，永远断绝其根本，以免除天下的迷惑，断绝后代的迷惑。佛如果有灵，能操纵祸福，那么凡是有所灾祸，都由我一人承担。"唐宪宗得到上表，大怒，想要将韩愈处以极刑。裴度、

自战国之世，老、庄与儒者争衡，更相是非。至汉末，益之以佛，然好者尚寡。晋、宋以来，日益繁炽，自帝王至士民，莫不尊信。下者畏慕罪福，高者论难空有。独愈恶其蠹财惑众，力排之，尝作《原道篇》行于世云。

【纲】二月，平卢都将刘悟执李师道，斩之。　【目】田弘正、李愬屡败平卢兵。李师道发民治城堑，役及妇人，民惧且怨。都知兵马使刘悟将兵万余人屯阳谷以拒官军，务为宽惠，使士卒人人自便，军中号曰刘父。或谓师道曰："悟专收众心，恐有他志。"师道潜遣二使赍帖授行营副使张暹，令斩悟。暹素与悟善，怀帖示之。悟召诸将谓曰："悟与公等不顾死亡以抗官军，诚无负于司空。今司空信谗，来取悟首。悟死，诸公其次矣。且天子所欲诛者独司空一人，今军势日蹙，吾曹何为随之族灭？欲与诸公还入郓州，奉行天子之命，岂徒免危亡，富贵可图也。"有后应者，皆立斩之。众惧，皆曰："惟都头命！"乃令士卒皆饱食执兵，夜半，听鼓，三声绝，即行。天未明，至城下，子城门已洞开，悟勒兵捕师道与二子，斩之。慰谕军民。函师道父子三首送田弘正营。弘正大喜，露布以闻。淄、青等十二州皆平。自广德以来，垂六十年，藩镇跋扈河南、北三十余州，自除官吏，不供贡赋，至是尽遵朝廷约束矣。裴度纂述蔡、郓用兵以来帝之忧勤机略，因侍宴献之，请内印出付史官。帝曰："如此，似出朕志，非所欲也。"弗许。

【纲】以刘悟为义成节度使。

崔群说:"韩愈虽然狂妄,但所说的出自忠心,十分恳切,应该予以宽容,以便广开言路。"于是,贬为潮州刺史。

自战国以来,老庄和儒家学说互争短长,论辩是非。到了西汉末年,又增加了佛家,但崇尚的人还很少。晋、宋以后,日益兴盛,从帝王到平民,没有不尊崇信俸的。一般人是因为畏惧灾祸,企慕福寿。地位很高的人则相互论难,空无实有的学说。只有韩愈,憎恶佛家损耗钱物,蛊惑人心,竭力排斥,曾作《原道篇》流传于世。

【纲】二月,平卢都将刘悟抓住李师道,将其斩首。【目】田弘正、李愬多次击败平卢兵马。李师道征集百姓整修城墙壕堑,甚至妇女也被征调服役,百姓又惧怕又怨恨。都知兵马使刘悟率兵万余人屯住阳谷(今山东寿张北)抵抗官军,务求宽松,让士兵人人自讨方便,在军中被称为"刘父"。有人对李师道说:"刘悟专事收买人心,恐怕另有所图。"李师道暗派二人送手令给行营副使张暹,要他将刘悟斩首。张暹一向和刘悟很友好,拿着手令去给刘悟看。刘悟召集诸将说:"我刘悟和大家不顾生命危险抵抗官军,对司空的确没有什么亏负。现在司空相信谗言,来索取我刘悟的首级,我死了,下面就轮到你们大家了。况且,天子所想诛灭的,只有司空一人,如今,军事形势日益窘迫,我们为什么要跟着他一道被灭族?我想和大家回到郓州,执行天子的命令,不仅可以免除危亡,还可以谋取富贵。"有响应稍慢的,当场被斩杀。大家害怕,都说:"唯命是从!"于是命令士兵饱餐一顿,拿好兵刃,夜里,听到更鼓敲到三更时,立即出发。天还没亮,来到城下,城门已经大敞四开。刘悟率兵擒获李师道父子三人,将其斩首,并安抚军民,将李师道父子三人首级装在匣中送往田弘正军营。田弘正大喜,发布捷报,奏报天子。淄、青等十二个州都被讨平。自广德年间以来,持续六年,藩镇横行跋扈在河南、河北三十余州,自行任免官吏,不缴纳贡赋,至此又都完全接受朝廷约束了。裴度编纂叙述蔡、郓两地用兵以来,唐宪宗的忧喜、辛劳、机智、谋略,在宴会时献给唐宪宗,希望他能接受,并刻印交付史官,唐宪宗说:"这样做,看起来好像出自我的心愿,实际并不是我愿意的。"没有答应其请求。

【纲】唐宪宗任命刘悟为义成节度使。

【纲】夏四月,诏诸道支郡兵马,并令刺史领之。 【目】横海节度使乌重胤奏曰:"河朔藩镇所以能旅拒朝命者,由诸州县各置镇将领事,收刺史、县令之权也。向使刺史各得行其职,则虽有奸雄如安、史,必不能以一州独反也。臣所领德、棣、景三州,已举牒各还刺史职事,应在州兵并令刺史领之。"故有是诏。其后河北诸镇,惟横海最为顺命,由重胤处之得宜故也。

【纲】程异卒。
【纲】裴度罢为河东节度使。 【目】度在相位,知无不言,皇甫镈之党挤之。诏度以平章事镇河东。
镈专以掊克取媚,人无敢言者,独谏议大夫武儒衡上疏言之。镈自诉于上,上曰:"卿欲报怨邪!"镈乃不敢言。

史馆修撰李翱上疏曰:"定祸乱者,武功也;兴太平者,文德也。今陛下既以武功定海内,若遂革弊事,复旧制;用忠正而不疑,屏邪佞而不迩;改税法,不督钱而纳布帛;绝进献,宽百姓租赋;厚边兵,以制戎狄;数访问待制官,以通塞蔽:此六者,政之根本,太平所以兴也。陛下既已能行其难,若何不为其易乎!臣恐大功之后,逸欲易生,进言者必曰'天下既平,陛下可以高枕自逸,则太平未可期也。"

【纲】秋七月,宣武节度使韩弘入朝。
【纲】以令狐楚同平章事。 【目】楚与皇甫镈同年进士,故镈引以为相。
【纲】八月,以韩弘为司徒兼中书令,张弘靖为宣武节度使。

【纲】魏博节度使田弘正入朝。
【纲】以田弘正兼侍中,遣还镇。

【纲】夏四月，唐宪宗下诏命令诸道支领各郡兵马，并由刺史统帅。 【目】横海（治沧州城，今河北沧县东南）节度使乌重胤上奏说："河朔各藩镇所以能率众抗拒朝廷命令，是因为诸州县分别设置将帅统领政权，而收回刺史、县令的权力。以前刺史能行使职权，那么即使出现像安禄山、史思明这类奸雄，也不可能凭着一州的力量单独造反。我所统领的德、棣、景（治弓高，今河北吴桥东北）三州，都已送上文书归还刺史的职权，所在州郡兵马也由刺史统领。"因此有此诏命。此后，河北诸镇，只有横海最为顺从朝命，都是乌重胤处置得当的缘故。

【纲】程异去世。

【纲】裴度被罢免为河东节度使。 【目】裴度任宰相，知无不言，皇甫镈及党羽排挤他。唐宪宗诏命裴度以平章事职镇守河东。

皇甫镈专门靠苛税搜刮民财取媚于唐宪宗，但没有人敢于指责他，只有谏议大夫武儒衡上疏指责。皇甫镈在唐宪宗面前为自己辩解，唐宪宗说："你想报复所怨恨的人吗！"皇甫镈于是不敢再多说。

史馆修撰李翱上疏说："平定祸乱，依靠的是武功；达到太平，靠的是文德。现在您已经靠武功平定了天下，如果趁势革除弊端，恢复传统的制度；任用忠诚正派的人而不加以猜忌，摈斥奸佞小人而不去亲近他们；改革税法，不收钱币而收布帛；杜绝进贡，放宽百姓的租赋；加强边防兵力，制御异族；多多地访问待制官员，以打通上下相通的阻塞和障碍。这六条，都是为政的根本，是国家所以能太平兴旺的原因。您既已经实行了难于做到的，为什么不去实行容易做到的呢！我恐怕在大功告成之后，容易产生安逸的欲望，进言的人会说'天下已经太平，您可以高枕无忧'，那么太平就不可期待了。"

【纲】秋七月，宣武（治汴州城，今河南开封）节度使韩弘入朝。

【纲】唐宪宗任命令狐楚为同平章事。 【目】令狐楚和皇甫镈是同年进士，因此引荐他为宰相。

【纲】八月，唐宪宗任命韩弘为司徒兼任中书令，张弘靖为宣武节度使。

【纲】魏博节度使田弘正入朝。

【纲】唐宪宗任命田弘正为侍中，并将他派回藩镇。

【纲】冬十月,贬裴潾为江陵令。 【目】柳泌至台州,驱吏民采药,岁余,无所得而惧,逃入山中。浙东观察使捕送京师,皇甫镈、李道古保护之,上复使待诏翰林。服其药,日加燥渴。起居舍人裴潾上言曰:"除天下之害者受天下之利,同天下之乐者飨天下之福,自黄帝至于文、武,享国寿考,皆用此道也。自去岁以来,所在多荐方士。借令真有神仙,彼必深潜岩壑,惟畏人知。凡候伺权贵之门,以大言自炫奇伎惊众者,皆不轨徇利之人,岂可信其说而饵其药邪!夫药以愈疾,非朝夕常饵之物;况金石酷烈有毒,又益以火气,殆非五藏所能胜也。古者君饮药,臣先尝之,乞令献药者先饵一年,则真伪可辨矣。"上怒,贬潾。

【纲】崔群罢为湖南观察使。 【目】初,帝问宰相:"玄宗之政,先理而后乱,何也?"崔群对曰:"玄宗用姚崇、宋璟、卢怀慎、苏颋、韩休、张九龄则理,用宇文融、李林甫、杨国忠则乱。故用人得失,所系非轻。人皆以天宝十四年安禄山反为乱之始,臣独以为开元二十四年罢张九龄相,专任李林甫,此理、乱之所分也。愿陛下以开元初为法,以天宝末为戒,乃社稷无疆之福。"皇甫镈深恨之,上寻罢群。

【纲】庚子,十五年,春正月,上暴崩于中和殿。闰月,太子即位。 【目】初,左军中尉吐突承璀谋立澧王恽为太子,上不许。太子忧之,密问计于其舅司农卿郭钊,钊曰:"殿下但尽孝谨以俟之,勿恤其他。"上服金丹,多躁怒,左右宦官往往获罪,有死者,人人自危。至是暴崩于中和殿,时人皆言内常侍陈弘志弑逆;其党类讳之,不敢讨贼,但云药发,外人莫能明也。中尉梁守谦与宦官王守澄等共立穆宗,杀璀及恽。

【纲】冬十月,唐宪宗贬裴潾为江陵令。 【目】柳泌到台州,驱使官吏平民进山采药,一年多,毫无所获,很害怕,逃入山中。浙东观察使将其捕获送到京城。皇甫镈、李道古保护了他。唐宪宗又让他做翰林院待诏。唐宪宗服用了他配制的药,日益烦躁干渴。起居舍人裴潾对唐宪宗说:"为天下除掉祸害的人,享受天下的利益;与天下同乐的人,享天下的福分。从黄帝到文帝、武帝,他们在位时间很长并且都得享天年,都是由于遵从了这个道理。从去年以来,不少地方都推荐方士。假如真有神仙,他们一定藏身在丛山深谷当中,唯恐被人知道。大凡在权贵门前低三下四一心巴结的或说大话夸口自己身怀绝技以哗众取宠的,都是心怀不轨急功好利的人,怎么可以听信他们的话,并且还服用他们配制的药呢!药是用来治病的,不是可以早晚经常服用的东西,何况金石性酷烈有毒,再加上烧煅后增加的火气,恐怕是五脏难以承受的。古时候,君主服药先由臣子品尝。请您下令,让进贡丹药的人自己先服用一年,那么真伪就可以分辨了。"唐宪宗很生气,将其贬官。

【纲】崔群被罢为湖南(治潭州,今湖南长沙)观察使。 【目】当初,唐宪宗问宰相:"玄宗当政,国家先治后乱,为什么?"崔群回答说:"玄宗任用姚崇、宋璟、卢怀慎、苏颋、韩休、张九龄国家就得到治理,任用宇文融、李林甫、杨国忠国家就产生变乱。所以用人的得与失,关系实在重大。人们都认为天宝十四年安禄山之乱是动乱的开始,我却认为开元二十四年张九龄罢相,李林甫专权是治与乱的分界。希望您遵照开元初年的办法,而以天宝末年为戒,这才是国家社稷永久的福分。"皇甫镈对此十分痛恨。唐宪宗不久罢了崔群的宰相。

【纲】元和十五年(庚子,820),春正月,唐宪宗在中和殿暴死。闰月,太子即位。 【目】当初,左军中尉吐突承璀策划册立沣王李恽为太子,唐宪宗不许。太子十分忧惧,偷偷地向舅舅司农卿郭钊讨问计策,郭钊说:"殿下只要孝顺、恭谨地慢慢等待,不要顾虑别的事情。"唐宪宗服用了金丹,性情变得暴躁易怒,身边的宦官常常受责罚,有的甚至被责打至死,因而人人自危。到现在,暴死在中和殿。当时,人们都说是被内常侍陈弘志杀死,其党羽避讳谈论真情,不追查凶手,只说是药性发作致死,外人没办法知道真相。中尉梁守谦和宦官王守澄共同拥立

【纲】贬皇甫镈为崖州司户,以萧俛、段文昌同平章事。

【纲】柳泌伏诛,贬李道古为循州司马。

【纲】尊贵妃郭氏为皇太后。【目】后,郭暧之女也,为广陵王妃。宪宗即位,群臣累表请立为后;宪宗以妃宗门强盛,恐正位之后,后宫莫得进,托以岁时禁忌不许。至是,乃尊为皇太后。

【纲】二月,赦天下。

【纲】以柳公权为翰林侍书学士。【目】上见公权书迹,爱之,问之曰:"卿书何能如是之善?"对曰:"用笔在心,心正则笔正。"上默然改容,知其以笔谏也。

【纲】夏五月,以元稹为祠部郎中、知制诰。【目】江陵士曹元稹,与监军崔潭峻善,上在东宫,闻宫人诵稹歌诗而善之。及即位,潭峻归朝,荐之,上以为知制诰;朝论鄙之。会同僚食瓜于阁下,有青蝇集其上,武儒衡以扇挥之曰:"适从何来,遽集于此!"同僚皆失色,儒衡意气自若。

【纲】六月,葬景陵。

【纲】以崔群为吏部侍郎。

【纲】秋七月,令狐楚罢。

【纲】八月,浚鱼藻池。

【纲】以崔植同平章事。

【纲】九月,大宴。

【纲】冬十月,成德节度使王承宗卒,诏以田弘正代之。王承元为义成节度使。

【纲】幸华清宫。

唐穆宗,杀掉吐突承璀和沣王李恽。

【纲】皇甫镈被贬为崖州司户,萧俛、段文昌被任命为同平章事。

【纲】柳泌伏罪被斩,李道古被贬为循州司马。

【纲】尊奉贵妃郭氏为皇太后。【目】郭氏是郭暧的女儿,广陵王李纯(即唐宪宗)的妃子。唐宪宗即位后,大臣们多次上表请求立为皇后。唐宪宗认为郭妃宗族强盛,恐怕将她扶正为皇后之后,后宫中得不到进贡的嫔妃,便推托时令禁忌,没有答应。现在,终于被尊为皇太后。

【纲】二月,大赦天下。

【纲】唐穆宗任命柳公权为翰林侍书学士。【目】唐穆宗看到柳公权的书法,很喜爱,问他说:"你的书法怎么会这么好?"柳公权答道:"用笔在于用心,心术正则笔正。"唐穆宗默然变色,知道是在借笔法规谏他。

【纲】夏五月,唐穆宗任命元稹为祠部郎中、知制诰。【目】江陵士曹元稹和监军崔潭峻很要好。唐穆宗在东宫为太子时,听到宫女吟诵元稹的诗,十分赞赏。即位后,崔潭峻回到朝中,推荐了元稹,唐穆宗任命他为知制诰。朝廷舆论都很鄙视他。有一次同僚们在中书省吃瓜,有群苍蝇落在瓜上,武元衡挥扇轰赶,并说:"哪里来的苍蝇,聚集到这儿来了!"同僚们都大惊失色,武元衡却神态自若。

【纲】六月,将唐宪宗安葬在景陵(在今陕西蒲城西北金帜山)。

【纲】唐穆宗任命崔群为吏部侍郎。

【纲】秋七月,令狐楚被罢官。

【纲】八月,疏浚鱼藻池。

【纲】唐穆宗任命崔植为同平章事。

【纲】九月,大宴群臣。

【纲】冬十月,成德节度使王承宗去世,唐穆宗下诏由田弘正代替他的职位。王承元任义成节度使。

【纲】唐穆宗驾临华清宫(在今陕西临潼东南)。